신라지방통치제도사

신라지방통치제도사

2023년 6월 20일 초판 1쇄 발행

지은이　전덕재
펴낸이　권혁재
편　집　조혜진
표　지　이정아

인　쇄　성광인쇄
펴낸곳　학연문화사
등　록　1988년 2월 26일 제2-501호
주　소　서울시 금천구 가산디지털1로 16 가산2차SKⅤ1AP타워 1415호

전　화　02-6223-2301
팩　스　02-6223-2303
E-mail　hak7891@chol.com

ISBN　978-89-5508-489-4 93910

가운데 어느 하나에 초점을 맞추어 박사학위논문을 작성하는 것이 바람직하다고 말씀하셨다. 결국 1995년 2월에 「신라육부체제연구」란 제목으로 박사학위논문을 제출하였고, 후에 이를 수정, 보완하여 『신라육부체제연구』(일조각, 1996)를 출간하였다.

본인은 신라 6부 연구를 어느 정도 마무리한 후에 한국 고대 사회경제사 연구에 관심을 집중하여 여러 논고를 학계에 발표한 후에 2006년에 『한국고대사회경제사』(태학사)를 출간하였다. 이후 직장이 경주에 있다는 이점을 적극 활용하여 신라 6부 연구의 연장선상에서 신라 왕경에 관한 연구에 집중하였고, 그 결과물을 정리하여 2009년에 『신라 왕경의 역사』(새문사)를 출간하였다. 2014년 이래 본인은 『삼국사기』 원전에 관심을 기울여 이에 초점을 맞추어 연구를 진행하여 2018년과 2021년에 『삼국사기 본기의 원전과 편찬』, 『삼국사기 잡지·열전의 원전과 편찬』(주류성)을 출간하였다.

애초 박사학위논문을 준비하면서 상고기와 중고기 지방통치체제의 변천과정을 체계적으로 정리할 계획이었지만, 박사학위논문의 주제를 신라 6부체제의 전개과정에 초점을 맞추면서 지방통치체제에 관한 체계적인 연구는 후일을 기약하지 않을 수 없었다. 개인적인 관심과 공동연구를 진행하면서 틈틈이 지방통치조직에 대한 연구를 진행하여 학계에 발표하였는데, 대표적인 연구가 바로 2001년에 발표한 「신라 중고기 주의 성격 변화와 군주」(『역사와 현실』40)이다. 본인은 여기서 상주(上州)와 하주(下州), 신주(新州) 등 추상적인 명칭의 주를 지역명을 관칭한 주로 분할하고, 백제고지에 3주를 설치하면서 9주를 완비하였으며, 군주(軍主)는 추상적인 명칭의 주의 주치(州治)에 주둔한 정군단(停軍團)의 사령관이면서도 이러한 주를 행정적으로 총괄하는 지방관의 위상을 겸유(兼有)하였음을 밝혔다.

2000년대에 들어 함안 성산산성 출토 하찰목간이 대량으로 발견되면서, 이것들을 기본 자료로 활용한 연구의 필요성이 증대되었다. 이에 본인은 금석문과 성산산성 출토 하찰목간을 활용하여 중고기에 행정촌과 자연촌이 존재하였고, 당시 부세수취의 기본 단위가 행정촌이었으며, 당시에 군은 법당군단(法幢軍團)인 외여갑당(外餘甲幢)을 효율적으로 운용하기 위한, 즉 군사적인 목적에서 활용하였음을 논증한 논고를 계속해서 발표하였다[「함안 성산산성 목간의 내용과 중고기 신라의 수취체계」(『역사와 현실』65, 2007);「중고기 신라의 지방행정체계와 군의 성격」(『한국고대사연구』48, 2007);「함안 성산산성 출토 신라 하찰목간의 형태와 제작지의 검토」(『목간과 문자』3, 2009)]. 한편 2000년 무렵까지 소개되지 않은 한국 고대와 고려의 금석문을 정리하고, 이를 활용하여 지방사회의 내부 구성을 규명하는 공동연구를 진행하였는데, 이때에 정리한 금석문 자료를 토대로 신라 소경에 대한 연구를 진행하여 학계에 발표하였다[「신라 소경의 설치와 그 기능」(『진단학보』93, 2002);「서원소경의 설치와 행정체계에 대한 고찰」(『호서사학』41, 2005)]. 2000년대 후반에 이르러 본인은 소경까지 망라하여 통일 이전 지방통치조직과 지방관에 대한 대체적인 윤곽을 그릴 수 있었다.

2000년대 중반에 동국대학교 신라문화연구소의 요청을 받아 태봉의 지방제도를 고찰한 논고를 발표하였다(「태봉의 지방제도에 대한 고찰」『신라문화』27, 2006). 이를 통해 태봉의 지방제도가 고려 지방제도의 모태(母胎)가 되었음을 확인할 수 있었다. 본인은 2013년에 동북아역사재단에서 주최한 '전통시대 동아시아 외교와 변경기구'라는 주제의 학술회의에서 「신라 하대 패강진의 설치와 그 성격」을 발표하였고, 이를 수정, 보완하여 『대구사학』113호에 게재하였는데, 여기에서 패강진을 9주와 같은 광역의 지방행정단위로 이해한 기존의 통설적 견해의 문제점을 지적하며 새로운 견해를 제기하였다. 그리고 2014년에 고려 초에 비로소 부곡(部曲)을 설치하였고, 중고기 말·중대 초에 지역촌을 향(鄕)으로 편제하였으며, 고려 초에 향이 부곡과 같은 특수 지방행정단위로서의 성격을 지니게 되었음을 논증한 「통일신라의 향에 대한 고찰」(『역사와 현실』94)을 학계에 발표하였다. 이후 학회의 요청을 받아 중고기에 신라에서 행정촌을 기본 단위로 하여 부세를 수취하고, 역역을 징발한 실상을 보다 구체적으로 해명한 논고를 발표하여[「7세기 백제·신라의 지배체제와 수취제도의 변동」(『신라사학보』42, 2018); 「중고기 신라의 조세수취와 역역동원」(『한국고대사연구』98, 2020)], 기존에 본인이 제기한 입론을 보완하였다

2020년 무렵 본인의 연구를 기초로 하여 신라 지방통치조직과 지방관에 대한 연구를 정리한 단행본을 출간할 계획을 가지고, 기존에 본인이 발표한 연구성과를 재정리하였는데, 이 과정에서 통일신라 지방통치조직의 기능과 성격, 그리고 통일신라의 주와 군, 현에 파견된 지방관에 대한 정밀한 검토가 더 필요하다는 사실을 깨달았다. 이때부터 통일신라의 지방관 및 지방통치조직의 기능과 운영 등에 대한 연구를 진행하여 마침내 2021년에 「신라 중고기 말·중대 초 현제의 실시와 지방관에 대한 고찰」(『신라문화』58), 「통일신라 주·군·현의 기능과 운영」(『역사문화연구』79)을 발표하였다. 두 논고를 발표한 이후 신라 전 시기 지방통치조직과 지방관에 대해 체계적으로 정리할 수 있는 토대가 마련되었다고 자평하였고, 여기에 태봉의 지방제도에 대하여 고찰한 논고를 추가한다면, 신라 전 시기와 태봉의 지방제도를 체계적이고 종합적으로 정리한 단행본의 출간이 가능하다고 판단하였다.

그런데 2016년 17차 함안 성산산성 발굴 조사 이후에 성산산성 출토 하찰목간에 대한 정리가 비로소 마무리되었다. 필자는 2010년 이전에 발굴 조사된 하찰목간을 기본 자료로 활용하여 연구하였기 때문에 그 이후에 발견된 하찰목간에 전하는 정보를 제대로 반영할 수 없어 본인의 연구결과에 여러 가지 오류와 한계가 있었음을 인지할 수 있었다. 그리고 2017년에 국립가야문화재연구소에서 『한국의 고대목간』II를 발간하면서 기존의 판독 및 목간번호에 대한 수정이 불가피하다는 사실도 인식하게 되었다. 이에 본서를 서술하면서 추가로 발굴된 함안 성산산성 출토 하찰목간을 토대로 중고기의 지방통치조직과 지방관에 대한 본인의 견해를 대폭 수정, 보완하며 재정리하지 않을 수 없었다. 이로 말미암아 중고기 지방통치조직과 지방관에 대한 본서의 내용은 기존의 논고에서 발표한 것과 차이가 있을 수밖에 없었다.

한편 울진봉평리신라비와 포항냉수리신라비, 포항중성리신라비의 발견 이후에 상고기 신라의 지방통제방식과 주군제의 정비과정에 대한 이해와 연구가 크게 진전되었다고 말할 수 있다. 본인은 여러 논고에서 이들 금석문을 활용하여 이와 관련된 견해를 피력하였는데, 본서를 작성하면서 세 금석문 발견 이후 학계에 제출된 연구성과와 새로 제출한 본인의 견해를 반영하여 530년대 주군제의 정비 및 신라 국가의 지방 소국의 국읍과 읍락의 행정촌으로의 재편과정, 즉 영역화과정을 재정리하였다. 반면에 통일신라의 지방통치조직과 지방관 및 태봉의 지방제도에 대해서는 기존에 본인이 발표한 논고를 약간 수정, 보완하여 본서에 반영하는 선에서 그쳤다.

　1990년대와 2000년대 초반에 중고기 지방제도를 검토한 연구서와 박사학위논문이 다수 제출되었다. 또한 1990년대 전반에 신라 전 시기의 지방제도를 망라하여 검토한 박사학위논문이 제출되었다. 그러나 2009년에 발견된 포항중성리신라비, 2000년대에 추가로 발견된 함안 성산산성 출토 하찰목간에 전하는 정보를 토대로 연구를 진행하여 통일 이전 신라 지방제도에 대한 지견이 크게 증대되었다고 말하여도 과언이 아닐 정도였다. 따라서 이들 자료를 적극 활용하지 못한 2010년 이전 연구성과는 여러 가지 한계와 문제를 지닐 수밖에 없었음은 물론이다. 여기다가 통일신라의 지방통치조직과 지방관에 관한 자료는 중고기에 비하여 상대적으로 적은 편이기 때문에 연구가 활성화되었다고 보기 어렵지만, 사천 선진리비를 비롯한 새로운 자료가 발굴되고, 일본 사서에 전하는 정보를 적극 활용한 연구성과가 제출되면서 기존의 연구에 대한 문제점이 노정되어 재검토의 필요성이 크게 증대되었다. 이와 더불어 중고기 지방제도가 통일신라기에 어떻게 재편되어 운영되었는가에 대하여 체계적으로 검토할 필요가 있다는 인식도 확산되었다. 본인은 이와 같은 기존의 신라 지방제도 연구의 문제점과 한계, 그리고 학계의 과제를 조금이나마 해결하기 위하여 본서를 준비하였다.

　본인은 본서에서 상고기 신라의 지방통제방식과 주변 제소국의 영역화과정, 이건과 논란이 분분한 중고기 지방통치조직의 내용과 운영 및 그 변화, 군주(軍主)와 당주(幢主), 나두(邏頭), 도사(道使)의 성격과 역할을 규명하는 데에 초점을 맞출 것이다. 물론 중고기의 지방제도가 통일신라시기에 어떻게 변화되었으며, 당시 지방통치조직은 어떠한 성격을 지녔고, 어떻게 운영되었는가를 해명한 다음, 태봉의 지방제도를 검토하여 신라에서 고려로 넘어가면서 지방제도가 어떻게 변화되었는가를 조명하는 데에도 중점을 둘 예정이다. 본서를 작성하면서 기존의 연구성과를 최대한 반영하려 노력하였지만, 부득이하게 본서에 반영하지 못한 연구성과가 적지 않게 발생하였다. 또한 기존의 연구성과를 본인의 관점에서 재정리하는 과정에서 여러 가지 오류와 왜곡이 있을 수밖에 없었다. 이에 대해 동학의 넓은 양해와 용서를 구하는 바이다. 본서가 향후 신라 지방제도에 대한 연구와 이해의 진전에 조금이나마 기여하기를 기대해 마지않는다. 아울러 신라의 역사를 체계적으로 이해하고자 하는 독자들의 시야와 안목을 높이는 데에도 약간의 도움이 되기를 간절하게 소망한다. 나아가 본서의 출간을 계기로 신라와 고구려, 백제 지방제도와의 비교 검토, 신라와 고려 지방제도와의 계기적인 연관성을 둘러싼 연구가 활성화되기를 기대해본다.

본서를 출간하면서 여러 분의 도움을 받았다. 일일이 거명하지 않겠지만, 이번 기회를 빌어 진심으로 감사의 말씀을 올리는 바이다. 아울러 어려운 출판 환경 속에서도 본서의 출간을 기꺼이 허락해주신 학연문화사 권혁재 사장님과 본서를 편집하고 출간하는 데에 온갖 정성을 아끼지 않은 학연문화사 조혜진님께 진심으로 감사의 말씀을 올린다. 이와 더불어 항상 격려와 충고를 아끼지 않으신 주위의 여러 선생님과 동료, 사랑하는 가족들에게 이 기회를 빌어 감사의 말씀을 전하고 싶다.

목   차

서 론

1. 지방통치제도 연구동향

1) 상고기와 중고기의 지방통치제도 연구동향

신라는 530년대에 단위정치체로서의 성격을 지닌 6부를 왕경의 행정구역단위로 개편하고, 지방의 복속 소국과 읍락을 해체하여 지방통치조직으로 재편한다음, 왕경과 지방의 지배층을 국왕을 정점으로 하는 일원적인 관위체계인 경위(京位)와 외위(外位)에 편제하고, 왕경과 지방의 주민을 개별인신적(個別人身的)인 수취체계를 매개로 직접 지배하는 중앙집권적인 영역국가체제를 정비하였다. 530년대 이전에 신라 국가는 단위정치체인 6부를 매개로 6부지역과 그 외곽에 존재한 복속 소국이나 읍락을 지배하였는데, 이때 사로국(신라)은 복속 소국과 읍락 지배자에게 내부 통치에 대하여 자치를 허용하였고, 그 대가로 소국이나 읍락의 지배자에게 신라 국가에 공납(貢納)을 바치도록 하였다. 결국 530년대이전에 사로국, 즉 신라 국왕은 6부, 소국과 읍락 지배자를 매개로 하여 6부 또는복속 소국과 읍락의 주민에 대한 지배를 실현하였다고 정리할 수 있다. 요컨대신라 국왕은 6부와 복속 소국, 읍락의 지배자를 통하여 6부지역과 소국, 읍락의주민을 간접적으로 통치하였다고 말할 수 있는 것이다.

3세기 중반의 사정을 전하는『삼국지』위서 동이전 한조에 진한지역에 사로국(斯盧國)을 비롯한 12국이 있다고 전하지만, 여기서 사로국이 진한의 대표세력이라 분명하게 언급하지 않았다. 『진서(晉書)』 사이(四夷) 동이전(東夷傳) 진한(辰韓) 조에서 280년과 281년, 286년에 진한왕(辰韓王)이 서진(西晉)에 사신을 보내 방물(方物)을 바쳤다고 하였다. 여기서 진한왕(辰韓王)은 사로국(斯盧國)의 왕을 가리킨다고 보인다. 이를 통해 3세기 후반에 사로국이 진한을 대표하는 세력, 즉 맹주국(盟主國)이었음을 엿볼 수 있다. 『삼국사기』 신라본기와 열전에서 탈해이사금대부터 주변의 소국을 정복하여 병합하였다고 전하나, 실은 이것은 3세기 후반 이후에 사로국이 주변의 여러 소국을 정복하여 복속시킨 사실을 반영한다고 이해할 수 있다.

현재 6세기 이전에 사로국(신라)이[1] 주변의 소국을 해체하지 않고 그 수장(首長)의 자치를 허용해준 다음, 그 대가로 공납을 바치게 하였으며, 전략 요충지나 변방에 관리를 파견하여 소국들을 통제 감찰하였다고 이해하는 것이 일반적이다.[2] 특히 마립간시기에 신라의 지방 복속 소국과 읍락에 대한 통제를 강화하였

---

1 『삼국사기』에는 기원전 57년에 박혁거세가 新羅를 건국하였다고 전하고, 『삼국지』 위서 동이전 한조에는 3세기 중반에 경주에 斯盧國이 존재하였다고 전한다. 본서에서는 대체로 이사금시기의 역사를 서술할 경우에는 사로국 또는 사로국(신라), 마립간시기 이후 역사를 서술할 경우에는 신라 또는 신라(사로국)라고 표현하는 것을 원칙으로 하였음을 밝혀둔다.
2 전덕재, 1990 「신라 주군제의 성립 배경 연구」 『한국사론』 22, 서울대학교 국사학과; 강봉룡, 1994 「신라 지방통체제 연구」, 서울대학교 박사학위논문, 11~25쪽; 주보돈, 1998 『신라 지방통치체제의 정비과정과 촌락』, 신서원, 40~72쪽; 강문석, 2017 「신라 상대의 지방지배와 '성주'」, 한국학중앙연구원 박사학위논문.
   특히 주보돈은 마립간시기 신라 지방통치방식의 유형을 첫째, 의례적인 공납 등의 형식으로 臣屬을 표하는 대가로 완전한 자치를 허용하는 경우, 둘째, 피복속지역의 자치는 그대로 허용하되, 당해 지역의 유력세력에 대해서는 중앙에 의해 일정한 재편을 거치는 경우, 셋째, 피복속지역의 유력세력을 중앙으로 옮겨 귀족화시키고 원래의 지역을 재편하여 그에게 食邑으로 지급하는 경우, 넷째, 피복속지 가운데 중요한 군사요충지에는 중앙에서 직접 파견한 軍官을 常駐시키는 경우 등으로 구분한 다음, 국왕이 직접 지방을 순행하거나 임시 감찰관을 파견하거나 재지세력을 중앙으로 불러들이는 방식 등을 통해 지방을 통제, 감찰하였다고 이해하였다.

는데, 이와 같은 사실은 신라의 영향권 아래에 있었던 낙동강 동안의 각 지역에서 신라 양식의 토기 또는 신라계의 위세품(威勢品)이 출토되는 사실을 통해 입증하려 하였다.[3] 다만 일부 학자는 4세기 중엽 이후 신라가 낙동강 동안지역의 전략 요충지에 토성을 쌓아 지방지배의 거점으로 삼고, 거기에 6부인을 이식시켜 직접 지배를 실현하였으며, 거점성을 토대로 하여 그 주변지역까지 지배를 확대하였다고 이해하기도 하였다.[4] 즉 종래에 신라에서 6부인을 지방에 파견하여 지방 소국을 통제 감찰하였다고 이해한 것에 반하여, 이 연구자는 그들을 통해 지방 소국에 대한 직접 지배를 확산시켜 나갔다고 이해한 점이 특징이라 말할 수 있다.

『삼국사기』 신라본기제4 지증왕 6년(505) 봄 2월 기록에 '왕이 몸소 나라 안의 주(州)·군(郡)·현(縣)을 획정하였다. 실직주(悉直州)를 설치하고, 이사부(異斯夫)를 군주(軍主)로 삼았다. 군주라는 명칭은 이로부터 시작되었다.'고 전한다. 1988년에 울진봉평리신라비가 발견되기 이전 시기에도 신라에서 현제(縣制)를 실시한 것은 중고기 말·중대 초였다고 알려졌기 때문에 505년(지증왕 6)에 지증왕이 몸소 주와 군, 현의 영역을 획정하였다고 전하는 지증왕 6년 봄 2월 기록을 그대로 신뢰하지 않았다. 다만 학계에서는 이 기록에 주목하여 505년에 지방 복속 소국을 군(郡)으로 편제하고, 군을 몇 개 묶어 주(州)를 설치하여 주군제(州郡制)를 정비하였다고 이해하는 것이 일반적이었다. 그러나 524년(법흥왕 11)에 건립된 울진봉평리신라비에 주와 군에 관한 정보가 전하지 않았기 때문에 505년(지증왕 6)

3 이한상, 1995 「5~6세기 신라의 변방지배방식-장신구 분석을 중심으로-」 『한국사론』33, 서울대학교 국사학과; 2022 『신라의 성장과 복식 사여체계』, 서경문화사; 이희준, 2007 「5세기 신라의 지방지배」 『신라고고학연구』, 사회평론; 김용성, 2015 「신라의 고총과 고총체계」 『신라 고분고고학의 탐색』, 진인진.
4 박성현, 2010 「新羅의 據點城 축조와 지방 제도의 정비 과정」, 서울대학교 박사학위논문, 61~94쪽.

에 전면적으로 주군제를 실시하였다고 이해한 기존 학계의 통설적 견해에 대해 근본적인 의문이 세기되었다.

1990년대에 들어 『양서(梁書)』 신라전에 전하는 52읍륵(邑勒)을 행정촌·성으로 이해한 전제 하에서 지증왕 6년 봄 2월 기록은 신라가 행정촌·성의 영역을 새로 조정한 사실을 반영한다고 파악한 견해가 제기되어[5] 널리 받아들여졌다. 이와 더불어 필자는 중앙집권적인 영역국가체제를 정비한 530년대에 신라가 6부를 왕경의 행정구역단위로 재편함과 동시에 지방을 상주(上州)와 하주(下州)로 구분하고, 그 아래에 행정촌 몇 개를 묶어 군(郡)을 설치하였다고 이해하는 견해를 제기하였다.[6]

주군제 성립 이후의 중고기 지방통치조직과 지방관을 둘러싸고 다양한 의견이 제기되었다. 『삼국사기』 지리지에서 665년(문무왕 5)에 상주와 하주의 땅을 나누어 삽량주(歃良州)를 설치하였다고 언급하였고, 561년(진흥왕 22)에 건립된 진흥왕순수비 창녕비에 당시에 상주와 하주가 존재하였다고 전한다. 두 기록을 통해 상주와 하주가 561년 이전에 설치되어 665년까지 존재하였음을 확인할 수 있다. 한편 『삼국사기』 신라본기에서 진흥왕 14년(553) 7월에 신주(新州)를 설치하였다가 진흥왕 18년(557)에 신주를 폐지하고 북한산주(北漢山州)를 설치하였다고 하였지만, 『삼국사기』 열전제7 해론조에 건복(建福) 28년(진평왕 33; 611)에 진평왕이 '장수에게 명하여 상주와 하주, 신주의 군대[上州下州新州之兵]로써 (가잠성을) 구하게 하였다.'고 전하기 때문에 신라본기 기록에는 무엇인가 착오가 있다고 볼 수밖에 없고, 적어도 신주가 611년(진평왕 33)까지 존재하였다고 말할 수 있다. 상주와 하주, 신주를 추상적인 명칭의 주라 부른다. 그런데 『삼국사기』 신라본기에 지증왕 6년(505) 이후에 실직주(悉直州), 하슬라주(何瑟羅州), 사벌주(沙

5 주보돈, 1998 앞의 책, 75~82쪽.
6 전덕재, 2000 「6세기 초반 신라 6부의 성격과 지배구조」 『한국고대사연구』 17, 287~289쪽.

伐州), 완산주(完山州) 등과 같이 지역명을 관칭한 주에 관한 기록이 다수 전한다. 『삼국사기』와 금석문에 따른다면, 중고기에 추상적인 명칭의 주와 지역명을 관칭한 주가 병존하였다고 볼 수 있을 것이다.

일찍이 중고기의 주를 수시로 치폐(置廢)가 가능한 지리적 의미의 주와 이를 포괄하는 광역의 정치적 의미의 주로 구분하고, 전자가 후자의 영역 내에서 수시로 치폐되는 것으로 파악하는 견해가 제기되었다.[7] 한편 전자를 명칭이 변하지 않는 주, 후자를 그 중심지역 내지 군관구(軍管區)의 중추[정(停)]의 소재지로서 이동이 가능한 주로 이해하고, 주의 이동은 바로 주에 속하는 정(停)의 이동을 의미한다고 이해한 견해가 제기되었다.[8] 이들 견해는 향후 중고기의 주에 관한 연구의 기초가 되었다.

561년(진흥왕 22)에 건립된 진흥왕순수비 창녕비에 비자벌군주(比子伐軍主), 한성군주(漢城軍主), 비리성군주(碑利城軍主), 감문군주(甘文軍主)가 전한다. 여기서 이들을 사방군주(四方軍主)라 표현한 것을 보건대, 561년 당시에 지방에 파견된 군주는 이들 4명뿐이었다고 이해할 수 있다. 비자벌은 오늘날 경남 창녕, 한성은 한강 이북의 서울, 비리성은 비열홀(比列忽)이라 알려진 오늘날 북한의 강원도 안변, 감문은 경북 김천시 개령면에 해당한다. 사방군주는 이들 4곳에 파견된 군주를 말한다고 볼 수 있다. 그런데 진흥왕순수비 창녕비에 비자벌정(比子伐停) 조인(助人)이 훼(喙)의 멱살지(覓薩智) 대나말(大奈末)이라 전한다. 조인(助人)이라는 표현으로 보아, 멱살지는 비자벌정을 지휘한 사령관을 보좌하는 임무를 수행하였다고 짐작된다. 물론 그 사령관은 바로 비자벌군주였을 것이다. 동일한 맥락에서 한성군주는 한성정, 비리성군주는 비리성정, 감문군주는 감문정의 사령관이었다고 추론할 수 있다. 결과적으로 진흥왕순수비 창녕비는 561년 당시 군주

7 今西龍, 1933「新羅上州下州考」『新羅史研究』, 近沢書店.
8 末松保和, 1954「新羅幢停考」『新羅史の諸問題』, 東洋文庫.

가 지방에 주둔한 정군단(停軍團)을 지휘한 사령관이었음을 알려주는 유력한 증거자료라 할 수 있다. 한편 진흥왕순수비 창녕비에 상주행사대등(上州行使大等), 하주행사대등(下州行使大等), 우추실지하서아군사대등(于抽悉支河西阿郡使大等)에 2명의 관리가 임명되었다고 전한다. 상주와 하주뿐만 아니라 신주에도 2명의 행사대등이 파견되었을 것이다. 이처럼 진흥왕순수비에 '~주행사대등'이란 존재가 전하기 때문에 주와 군주와의 관계에 대한 논의는 자연히 행사대등과 군주와의 관계와 밀접하게 연계시켜 진행하지 않을 수 없었다.

1970년대 전·중반까지 국내에서 추상적인 명칭의 주와 지역명을 관칭한 주를 뚜렷하게 구분하지 않고 군주를 주의 지방장관이라 이해하는 견해가[9] 널리 받아들여졌다. 비슷한 시기에 일본 학계에서 군주는 정군단이 주둔한 군사거점에 배치된 군단의 지령관(指令官)이고, 주행사대등은 추상적인 명칭의 주에 파견된 행정관이었으며, 중고기에 군정(軍政)과 민정(民政)을 각기 담당한 군주와 주행사대등의 통일에 의해서 추상적인 명칭의 주에 대한 지방지배가 행해졌다고 이해하는 견해가 제기되었다.[10] 한편 중고기에 도독(군주)이 파견된 지방지배의 거점인 주읍(主邑)을 가리키는 주를 협의의 주, 이와 같은 주읍을 비롯해 다른 성읍을 포함한 일정한 영역을 가리키는 주를 광의의 주라 부른 다음, 당시 군주는 협의의 주에 파견되어 그곳을 지배하는 지방관의 위상을 지녔고, 복수의 중앙 고위 관리를 광의의 주 단위로 임시로 편성한 주병(州兵) 또는 주군(州軍)을 지휘하는 장군으로 임명하였기 때문에 광의의 주는 군관구(軍管區)로서의 성격을 지녔다

---

9 이종욱, 1974「남산신성비를 통하여 본 신라의 지방통치체제」『역사학보』64; 신형식, 1975 「신라군주고」『백산학보』19; 1984『한국고대사의 신연구』, 일조각.

10 木村誠, 1976「新羅郡縣制の確立過程と村主制」『朝鮮史研究會論文集』13, 18~19쪽.
木村誠은 군사거점으로서의 郡의 경우 幢主가 軍政, 郡使大等이 民政을 관장하였고, 촌의 경우는 도사가 군정을, 外村主가 민정을 관할하였다고 이해한 다음, 6세기 중엽의 신라 지방통치체제는 軍主系列과 使大等系列의 兩者로 이루어진 2중의 지배체체로서의 성격을 지녔다고 주장하였다.

고 이해하는 견해가 제기되었다.[11] 다만 이 견해를 제기한 연구자는 주행사대등의 역할에 대하여 분명한 의견을 개진하지 않았다.

1980년대 후반에 중고기 신라에 군사적 전진기지인 정(停)이 소재한 소주(小州)와 행정적 편제단위로서의 성격을 지닌 광역주(廣域州)가 존재하였는데, 전자는 정군단의 사령관인 군주가 직접 통치하였고, 후자는 주치에 해당하는 소경(小京)에 파견된 2명의 사대등(使大等)이 관할하였다고 주장하는 견해가 제기되었다.[12] 일찍이 진흥왕대에 사대등(使大等)은 특수지, 즉 소경의 장이 되어 사대등(仕大等)이라 고쳐 불렀다고 주장한 견해가 제기되었는데,[13] 소경의 장관인 사대등을 광역주를 행정적으로 관할하는 관리로 연결시키는 발상은 이러한 견해에서 계발된 것이라 볼 수 있다. 그러나 중고기 광역주의 하나인 하주(下州)의 영역에다 소경을 설치하였다는 자료가 전하지 않기 때문에 사대등(使大等)을 소경의 장관인 사대등(仕大等)과 직결시켜 이해하는 것은 좀 더 숙고할 필요가 있다.[14]

1990년대 전반에 중고기 군주는 협의의 주의 지방장관이면서 동시에 그 영역 내에서 동원한 군사로 구성된 6정군단을 지휘하였고, 중앙관인 사대등(使大等)이 국왕의 명령을 받아 수시로 광의의 주에 파견되어 행정을 관장하였다고 이해한

---

11 李成市, 1979「新羅六停の再檢討」『朝鮮學報』92; 1998『古代東アジアの民族と國家』, 岩波書店.

12 강봉룡, 1987「신라 중고기 주제의 형성과 운영」『한국사론』16, 서울대학교 국사학과.
강봉룡은 자신의 논지를 강봉룡, 1994 앞의 논문, 93~137쪽에서 보다 체계적으로 정리하여 개진한 바 있다.

13 末松保和, 1954 앞의 논문, 320~321쪽.
末松保和는 진흥왕대에 軍主가 지방 軍政의 長, 使大等이 지방 民政의 長이었고, 중대에 들어 군주의 직능이 확대되어 민정도 겸하면서 都督으로 고쳐 불렀고, 使大等은 특수지, 즉 소경의 장이 되어 仕大等이라 고쳐 불렀다고 주장하였다.

14 강봉룡, 1994 앞의 논문, 136쪽에서 본래 하주지역에 소경이 설치되었으나 자료가 散逸되어 현재 전하지 않았을 가능성이 높다고 주장하였다.

견해가 제기되었다.[15] 다만 이와 같은 견해를 제기한 연구자는 군주는 협의의 주에 위치한 정군단만을 지휘하였고, 주행사대등이 광역의 주에 편성된 법당군병이나 10정의 병력을 지휘하였다고 주장하였으나, 이를 입증할 수 있는 구체적인 증거를 제시하지 못하였다고 평가할 수 있다. 1990년대 중반에 중고기에 군사적 거점=지배 거점으로서의 주와 상주·하주·신주 등과 같은 추상적인 명칭을 지닌 감찰구역으로서의 주가 존재하였고, 군주는 군사적 거점=지배 거점의 주에 주둔한 정군단을 지휘하였을 뿐만 아니라 그 지역을 다스리는 행정관의 역할을 수행하였고, 감찰구역으로서의 주는 사대등이 관할하였다고 이해한 견해가 제기되었다.[16] 그런데『삼국사기』신라본기와 열전에 중고기에 상주와 하주, 신주를 단위로 주병(州兵) 또는 주군(州軍)을 편성하였고, 군주가 주병 또는 주군을 지휘하였음을 시사해주는 기록이 전하는 것을 감안하건대, 주가 군관구(軍管區)로서 기능하였을 뿐만 아니라 적어도 군주가 주의 군정(軍政)에 관여하였을 가능성이 높다고 보인다는 측면에서 추상적인 명칭의 주를 감찰구역으로 이해하는 것에 대해서는 여전히 논란의 여지가 적지 않다고 판단된다.

　　지금까지 군주는 지역명을 관칭한 주에 위치한 정군단의 사령관이면서 정군

---

15 이인철, 1993「신라 중고기의 지방통치체제」『신라정치제도사연구』, 일지사, 164~173쪽.

16 이수훈, 1995「신라 중고기 촌락지배 연구」, 부산대학교 박사학위논문, 78~128쪽.
　　이수훈은 군사적 거점=지배 거점의 주는 6세기 초부터 존재하였고, 감찰구역으로서의 주는 6세기 중엽에 새로 설치되었으며, 두 유형의 주가 한동안 공존하다가 7세기 말에 군사적 거점=지배 거점의 주는 9주의 州治로 변하였고, 감찰구역이었던 주는 행정영역의 9주로 바뀌었다고 보았다. 그리고 7세기 말에 감찰구역으로서의 주가 행정영역, 즉 통치영역으로서의 주로 바뀌면서 군사와 행정을 동시에 관할하는 도독을 주의 장관으로 임명하였으며, 이후 행사대등은 그 존재 가치를 상실하고 중앙 司正府 소속의 外司正으로 분화되어 갔다고 주장하였다. 한편 武田幸男, 2000「新羅の二人派遣官と外司正-新羅地方檢察官の系譜」『東アジア史の展開と日本』(西嶋定生博士追悼紀念會編), 山川出版社; 2020『新羅中古期の史的研究』, 勉誠出版, 496쪽에서도 진흥왕순수비 창녕비에 보이는 州와 郡은 감찰구역이고, 使大等은 檢察官이었다고 이해한 견해를 제기한 바 있다.

단이 주둔한 소주(小州) 또는 협의의 주를 행정적으로 관할하였고, 행사대등은 추상적인 명칭의 광역의 주를 행정적으로 관할하는 성격을 지녔다고 이해하는 견해들을 살펴보았다. 반면에 군주가 정군단을 지휘하는 사령관이면서 추상적인 명칭의 광역주를 행정적으로 관할하는 지방관의 위상을 지녔다고 이해한 견해가 제기되었다. 1980년대 후반에 군주는 광역을 포괄하는 영역단위로서의 주의 지방장관이면서 동시에 군사적 전진기지였던 정(停)의 지휘관이기도 하였다고 파악한 다음, 행사대등은 정의 조인(助人)을 통해 전달된 군주의 명령에 따라 주의 행정을 처리한 존재였다고 이해하는 견해가 제기되었다.[17]

또한 1990년대 후반에 중고기 신라에 군사적 거점으로서의 정(停)을 의미하는 주와 정을 중심으로 일정한 영역을 포괄하는 광역의 개념을 지닌 주가 존재하였고, 정을 통솔하는 사령관인 군주가 광역의 주를 행정적으로 총괄하는 최고상급 지방관의 성격을 지녔다고 이해한 견해가 제기되었다.[18] 필자 역시 군주가 정군

---

17 최재관, 1987「신라 중고기 지방통치제도-지방관을 중심으로-」『경희사학』14(박성봉교수회
  갑기념논총).
18 주보돈, 1998 앞의 책, 97~110쪽.
  주보돈은 505년(지증왕 6)부터 550년대 이전까지 군주는 단지 군사적 거점에 주둔한 정군
  단의 사령관이었고, 그 거점이 위치한 행정촌·성은 도사가 행정적으로 관할하였다가 552
  년(진흥왕 13)에 上州, 553년(진흥왕 14)에 新州, 555년(진흥왕 16)에 下州라 불리는 광역
  의 주가 설치되고, 거기에 각각 상주정과 신주정, 하주정을 두게 되면서 비로소 停制와 州
  制를 결합하여 운용하기에 이르렀다고 보았다. 그리고 이를 계기로 정을 통솔하는 사령관
  인 군주가 동시에 광역의 주를 행정적으로 총괄하는 최고상급 지방관의 성격을 아울러 지
  니게 되었을 뿐만 아니라 정이 위치한 거점 지배는 본격적으로 州治로서 기능하기 시작하
  였다고 주장하였다. 『삼국사기』 잡지제9 직관(하) 외관조에 군주가 주의 장관인 총관과 도
  독의 전신이었다고 전하는 사실에 의거하건대, 군주가 상주 등의 광역의 주를 행정적으로
  총괄하는 지방관의 성격을 지녔다고 이해한 것은 충분히 수긍할 수 있으나, '새로운 주'라
  는 의미를 지닌 신주 설치 이후인 555년에 하주를 설치하였다고 추론하기가 쉽지 않고, 게
  다가 552년 이전에 사벌지역(경북 상주)에 정군단을 설치하고 군주가 그 사령관으로 파견
  되어 있는 상황에서 552년에 다시 그 지역에 상주정을 설치하였다고 전하는 『삼국사기』 잡

단의 사령관이면서 추상적인 명칭을 지닌 광역의 주를 행정적으로 총괄하던 지방장관으로서의 성격을 지녔다고 이해하는 견해를 제기하였는데,[19] 필자의 견해는 본문에서 자세하게 제시할 것이다. 필자가 주장한 핵심적인 내용은 555년(진흥왕 16)에 비사벌(比斯伐)에 정군단을 설치하고 군주를 거기에 파견함으로써 비로소 사방군주체제(四方軍主體制)가 완비되었는데, 이때부터 진흥왕순수비 창녕비를 건립한 561년(진흥왕 22) 사이에 정군단의 사령관인 군주에게 광역의 주에 해당하는 상주와 하주, 신주, 그리고 동해안지역의 광역행정단위를 행정적으로 총괄하게 하였고, 군주가 주로 군사적인 업무에 치중하였기 때문에 이를 보완하기 위하여 한곳에 머물지 않고 주의 영역을 돌아다니며 수취 또는 행정업무를 처리한 중앙관인 사대등(행사대등)을 주 또는 동해안지역에 파견하여 군주의 행정을 보좌하게 하였다는 것이다.[20]

　이상에서 중고기 주와 주에 파견된 지방관을 둘러싼 연구성과를 살펴보았

─────────────

지제9 직관(하) 범군호 6정조의 기록을 사료비판을 하지 않고 그대로 신뢰하고 논지를 전개한 사실 등에 대해서는 비판의 여지가 없지 않다고 판단된다. 주보돈은 주행사대등을 幢主와 道使를 가리키는 汎稱으로 이해하였기 때문에(주보돈, 1979 「신라 중고 지방통치조직에 대하여」『한국사연구』23; 1998 앞의 책, 348~353쪽) 광역의 주와 주행사대등의 관계에 대해서는 특별하게 더 이상 논급하지 않았는데, 대등은 중앙관, 당주와 도사는 지방관을 가리키는 용어였음을 염두에 둔다면, 주행사대등을 당주와 도사, 즉 중고기 핵심 지방관의 범칭이라고 이해하는 것에 대하여 의문을 제기하지 않을 수 없다고 하겠다. 주행사대등이 광역의 주와 어떤 연관성을 지녔을 가능성이 매우 높다는 점에서 이 견해는 보완할 여지가 적지 않다고 생각된다.

19　전덕재, 2001 「신라 중고기 주의 성격 변화와 군주」『역사와 현실』40.

20　필자는 전에 중고기에 戰線의 상황에 따라 정군단의 주둔지와 주치를 자주 옮겼는데, 중대에 이러한 사실을 지역명을 관칭한 주의 置廢 사실을 전하는 내용으로 부회하여 정리하였고, 구삼국사와『삼국사기』찬자가 신라 중대에 정리된 내용을 그대로 수용하여 전재한 결과『삼국사기』신라본기 중고기 기록에 마치 지역명을 관칭한 주를 置廢한 것처럼 전하게 되었음을 논증한 바 있다(전덕재, 2018『삼국사기 본기의 원전과 편찬』, 주류성, 80~95쪽).

다.[21] 주지하듯이 중고기에 상주와 하주, 신주 등은 몇 개의 군을 묶어 설치한 것이었다. 금석문 가운데 551년(진흥왕 12)에 작성된 명활산성작성비에 처음으로 군에 관한 정보가 전한다. 여기에서 군중상인(郡中上人)이 오대곡(烏大谷) 구지지(仇智支) 하간지(下干支)라 하였다. 결국 군은 551년 이전에 설치되었다고 볼 수 있는데, 필자는 530년대 6부체제를 해체하고 중앙집권적인 영역국가체제를 정비하면서 지방의 행정촌 몇 개를 묶어 군을, 군을 몇 개 묶어 상주와 하주를 설치하였다고 주장한 바 있다.[22] 한편 법당군단(法幢軍團)을 설치하고 지방에 당주(幢主)를 파견하기 시작한 524년(법흥왕 11)에 군을 설치하였거나 또는 외관(外官)이 가족을 데리고 임지에 나가는 것을 허락한 538년(법흥왕 25)에 군을 설치하였다고 이해한 견해가 제기되기도 하였다.[23] 현재 군과 관련하여 행정촌 몇 개를 통합한 군의 영역 전체를 총괄하는 지방관으로서 당주(幢主)를 파견하였다고 보는 견해와 중고기의 군은 단지 몇 개의 행정촌을 통합한 성격을 지닌 중간행정구역이었고, 그것을 통괄하는 지방관은 파견하지 않았으며, 군의 중심 행정촌에 파견된 당주 또는 나두가 군을 대표하는 지방관을 위상을 지녔다고 이해하는 견해가 대립하고 있다고 볼 수 있다.

일찍이 군에 당주(幢主)를 지방관으로 파견하였다고 이해한 견해가 제기되어 한동안 널리 받아들여졌다.[24] 그러나 1978년 1월에 540년대 후반의 진흥왕대

---

21 이상에서 언급한 연구성과 이외에 최경선, 2018 「6세기 신라의 軍主와 광역 州의 관계」『중원문화연구』26에서 7세기 전반에서 중반에 동해안지역에 河西州를 설치하기 이전까지 군주는 6정군단의 사령관으로서의 성격만을 지녔고, 광역주와는 전혀 관계가 없었다고 이해하는 견해를 제기하기도 하였다.

22 전덕재, 2000 앞의 논문, 287~289쪽.

23 주보돈, 1998 앞의 책, 122쪽.

24 이종욱, 1974 앞의 논문, 42~46쪽.
이종욱은 邏頭는 道使와 마찬가지로 성과 촌에 파견된 지방관이라 이해하면서 당주가 파견된 곳에 함께 파견된 지방관을 특별하게 나두라고 불렀다는 견해를 제기하였다.

에 건립된 단양신라적성비가 발견되면서 이와 같은 통설적 견해에 대하여 의문이 제기되었다. 단양신라적성비에 물사벌성당주(勿思伐城幢主), 추문촌당주(鄒文村幢主)가 전하여 당주가 군이 아니라 행정촌·성에 파견된 관리였음을 추론할 수 있었기 때문이다. 이후 군과 당주와의 관계에 대한 다양한 의견이 제기되었다.

먼저 군을 구성하는 행정촌에 각기 도사(道使)라는 지방관을 파견하였고, 도사와 같은 성격의 지방관으로서 당주의 기능을 행정적으로 보좌해주던 역할을 수행하는 나두(邏頭)가 파견되어 있는 군의 중심 행정촌에 당주를 파견하면서 각 거점(중심 행정촌)을 연결하여 통일적으로 파악할 필요성에 따라 군이라는 행정단위를 설정하였다고 이해한 견해가 제기되었다.[25] 한편 『양서』 신라전에 전하는 52읍륵을 거점 성·촌을 가리킨다고 이해한 다음, 거기에 도사(道使)라는 지방관을 파견하여 통치하게 하였으며, 행정적인 성격이 강한 도사가 지닌 한계를 보완하기 위하여 군이라는 지역 단위를 설정하고, 도사가 파견된 군의 중심 거점 성·촌에 또 당주를 파견하여 군사적으로 군을 총괄하게 하였다고 이해한 견해도 제기되었다.[26]

6세기 중엽 이후에 군 내의 중심촌에 나두를, 그 나머지 촌(행정촌?)에는 도사를 파견하였고, 군 내의 중심촌에 파견된 나두를 중심으로 군을 운영하였으며, 당주는 군주 예하의 부장군(副將軍)을 가리킨다고 이해하는 견해가 제기되었다.[27] 또한 중고기에 군은 통일기와 같이 군치(郡治)가 있는 행정단위가 아니

---

25 주보돈, 1998 앞의 책, 110~130쪽.
　 주보돈은 중고기에 군은 당주가 관할하는 軍管區의 성격을 지녔다고 파악하였다.
26 박성현, 2010 앞의 논문, 134~142쪽.
　 박성현은 전방에 위치한 군의 경우 군의 중심 거점 성·촌에 당주와 도사를 동시에 파견하였고, 반면에 후방에 위치한 군의 경우에는 군에 당주를 파견하지 않고 군의 중심 거점 성·촌에 파견된 도사가 邏頭의 직을 띠고, 나두를 중심으로 군을 운영하였다고 주장하였다.
27 강봉룡, 1994 앞의 논문, 59~92쪽.

라 역역징발과 조세수취의 편의를 기하기 위하여 설치한 광역의 구분에 지나지 않으며, 군에는 지방관을 파견하지 않고 군의 중심 촌·성에 나두를, 그 외의 촌· 성에는 도사를 파견하였다고 이해한 다음, 군 내의 중심 촌·성의 명칭을 군의 명 칭으로 사용하였고, 군의 행정에 대해서는 나두와 도사들이 공동 책임을 졌다고 파악한 견해가 제기되었다.[28]

필자는 물사벌(勿思伐)과 추문촌이 경북 예천군 예천읍, 의성군 금성면으로 고 증된다는 점, 물사벌성당주와 추문촌당주, 금산당주(金山幢主) 모두가 군의 중심 행정촌에 파견된 존재라는 사실, 남산신성 제1비를 통해 아량군(阿良郡)의 중심 행정촌인 아량촌에 나두라 불리는 지방관이 파견된 사실을 알 수 있는 점 등을 두루 고려하여, 군의 중심 행정촌에는 당주 또는 나두를, 군을 구성하는 일반 행 정촌에는 도사를 지방관으로 파견하였고, 군의 행정은 군을 대표하는 지방관의 위상을 지닌 당주 또는 나두가 도사 및 군의 촌주(村主)들과 협의하여 처리하였 다고 이해하는 견해를 제기한 바 있다. 그리고 군을 단위로 법당군단(法幢軍團)의 하나인 외여갑당(外餘甲幢)을 편성하고, 군의 중심 행정촌에 파견된 당주 또는 나 두가 외여갑당을 지휘하였으며, 이러한 측면에서 군은 군관구서로서의 성격을 지녔음을 논증한 바 있다.[29]

이밖에 진흥왕순수비 창녕비에 나오는 '우추실지하서아군(于抽悉支河西阿郡)' 을 3개의 군을 합칭(合稱)한 것이 아니라 하나의 군을 가리키는 것으로 이해한 다 음, 6세기 중엽에 군은 광역의 주와 마찬가지로 감찰구역으로서 기능하였고, 군 사대등이 군을 관할하였다고 파악한 견해가 제기되었다.[30] 당주는 군주 예하의

28 김재홍, 2001 「신라 중고기 촌제의 성립과 지방사회구조」, 서울대학교 박사학위논문, 86~104쪽.
29 전덕재, 2007 「중고기 신라의 지방행정체계와 군의 성격」『한국고대사연구』48, 107~118쪽.
30 이수훈, 1995 앞의 논문, 106~128쪽.
    이수훈은 6세기 중엽에 신라 전역에 걸쳐 광역의 군이 설치되지 않았다가 6세기 말에 군을

소규모 부대의 지휘관이었고, 군의 성과 촌에 도사와 나두 3인을 파견하였는데, 나두는 군사적인 성격이 강한 성과 촌에 파견하였다고 이해한 견해,[31] 당주는 군의 중심촌에 파견되어 군의 군정업무를 처리하였고, 나두는 당주가 소재한 군의 중심촌에 파견되어 당주의 군사적 부담을 덜어주기 위하여 경계와 축성 임무를 수행하였으며, 도사는 일반 촌이나 성에 파견되어 행정적 측면에서 당주를 보좌하였다고 이해한 견해도[32] 제기된 바 있다.

예전에 신라가 복속 소국을 군으로 편제하였다고 이해하면서 소국 내의 국읍과 읍락을 성 또는 촌으로 개편하고,[33] 거기에 도사라는 지방관을 파견하여 다스리게 하였다고 이해하는 것이 일반적이었다.[34] 그런데 여기서 문제는 모든 성과 촌에 지방관을 파견하였는가에 관해서이다. 남산신성비와 대구무술오작비 등에 지방관이 파견되지 않은 촌이 다수 보이고 있기 때문이다. 종래에 이와 같은 측면에 유의하여 지방관이 파견된 성과 촌을 행정촌·성이라[35] 부르고, 지방관이 파

설정한 지역이 확대되면서 군의 영역이 축소되었으며, 7세기 말에 군이 행정단위로 바뀌면서 행정을 담당하는 태수가 거기에 파견되었다고 보았다. 그리고 성과 촌에 邏頭와 道使를 파견하여 다스리게 하였는데, 도사는 일반 성과 촌에, 경찰과 경계 업무를 담당한 邏頭는 주로 해안지역에 위치한 성과 촌에 파견되었다고 이해한 바 있다.

31 최재관, 1987 앞의 논문, 108~121쪽.
32 강재광, 2005「신라 중고기 나두·도사의 성·촌지배와 6부인의 지방민 인식」『사학연구』79.
33 이우태, 1981「신라의 촌과 촌주」『한국사론』7, 서울대학교 국사학과, 85~102쪽.
34 이종욱, 1974 앞의 논문, 26~48쪽; 김재홍, 2001 앞의 논문, 86~114쪽.
　함안 성산산성에서 하찰목간이 대량으로 출토되기 이전에 대부분의 연구자가 이와 같은 관점에서 연구하였다고 하여도 과언이 아니라고 말할 수 있다. 한편 浜田耕策, 1977「新羅の城·村設置と州郡制の施行」『朝鮮學報』84에서는 신라가 변경지역에다 山城을 축조하고, 그 주변에 村邑을 창설하였으며, 이렇게 창출된 성·촌의 보완관계를 토대로 6세기에 州郡制를 시행하였다고 이해하였다. 이에 따른다면, 변경지방의 경우는 기존 소국의 국읍과 읍락을 성·촌으로 편제한 것이 아니라 신라가 인위적으로 성·촌을 창설하고, 여기에 도사와 당주, 군주 등의 지방관을 파견하여 지방통치조직을 정비하였다고 파악할 수 있을 것이다.
35 행정촌의 성격에 대해서는 2부에서 자세하게 고찰할 예정이다. 다만 행정촌과 더불어 '~

견되지 않았으면서도 그 지방관이 관할하였다고 짐작되는 촌을 자연촌이라 명명하는 견해가 제기되었다.[36] 이러한 견해는 함안 성산산성 출토 하찰목간에 '지명+지명' 형식의 묵서가 대량으로 발견되면서 널리 지지를 받게 되었다. 나아가 행정촌은 자연촌 몇 개를 묶은 행정단위를 가리키는 개념이고, 자연촌 가운데 지방관이 파견된 중심 자연촌을 거점 촌·성이라 부른 견해도 제기되었다.[37]

반면에 일부 학자는 중고기에 촌을 출신지 표기로 사용하면서 어떤 사람은 행정촌을, 어떤 사람은 자연촌을 기준 없이 혼용하였다고 보기 어렵다는 점, 둘째, 출신지명에 자연촌까지를 기록할 정도로 중고기 신라의 지방통치조직이 체계적으로 정비되었다고 보기 어렵다는 점, 셋째, 과연 촌락문서에 보이는 자연촌과 같은 기능을 수행할 수 있을 정도로 중고기에 자연촌이 성장하였다고 보기 어려운 점 등을 근거로 중고기 금석문이나 목간 등에 보이는 '~촌'과 '~성'은 모두 행정촌으로 보아야 한다는 주장을 폈다.[38] 즉 중고기의 성과 촌을 자연촌과 행정촌으로 구분하는 것에 반대하였던 것인데, 함안 성산산성에서 복수의 지명이 묵서된 하찰목간이 대량으로 출토되면서 이와 같은 반론의 성립 근거가 약화되었다고 볼 수 있지 않을까 한다.

城'이라고 불리는 행정성도 존재하였다. 이 때문에 엄밀하게 말해서 행정촌·성 또는 행정촌(성)이라고 표현하는 것이 정확하지만, 본서에서는 이를 편의상 '행정촌'이라 표현하는 것으로 통일하고자 한다.

36 주보돈, 1988 「신라 중고기의 군사와 촌사」『한국고대사연구』1; 주보돈, 1998 앞의 책, 85~97쪽 및 217~236쪽; 주보돈, 2000 「신라 중고기 촌의 성격」『복현사림』23.

37 박성현, 2010 앞의 논문, 131~136쪽; 박성현, 2019 「삼국통일 후 신라의 지방 제도, 얼마나 달라졌나?」『역사비평』127, 269쪽.

38 김재홍, 1991 「신라 중고기의 촌제와 지방사회구조」『한국사연구』72, 25쪽; 이수훈, 1993 「신라 촌락의 성격-6세기 금석문을 통한 행정촌, 자연촌 문제의 검토-」『한국문화연구』6, 24~33쪽; 이수훈, 2007 「신라 중고기 행정촌·자연촌 문제의 검토」『한국고대사연구』48; 김창호, 2009 「금석문 자료에서 본 고신라 성촌의 연구사적 조망」『삼국시대 금석문 연구』, 서경문화사.

현재 학계에서 행정촌에 파견된 지방관을 도사(道使)라고 보는 것에 대하여 크게 이견이 없는 편이다. 다만 일부 학자를 중심으로 촌제(村制)의 실시와 더불어 도사의 성격이 바뀌었다고 보는 견해를 제기하기도 하였다. 1990년대 중반에 포항냉수리신라비에 보이는 탐수도사(躭須道使)에서 '탐수'를 인명으로 이해하고, 도사는 중앙정부에서 사정이 발생할 때마다 지방에 파견한 지방관이었다가 주군제 시행 이후에 비로소 도사가 성과 촌에 파견된 지방관의 위상을 지니게 되었다고 파악한 견해가 제기되었다.[39] 또한 도사는 '관도에 파견된 사자(使者)'라는 의미이고, 487년(소지마립간 9) 3월에 사방에 우역(郵驛)을 두고 관도(官道)를 수리하는 조치를 취하였을 때에 처음으로 왕경과 지방을 연결하는 관도가 통과하는 중요한 거점에 도사를 파견하여 우역을 담당하게 하였으며, 지증왕대와 법흥왕대에 이르러 도사는 행정촌에 파견되어 그곳을 다스리는 지방관의 위상을 지니게 되었다고 이해한 견해도 있다.[40] 이외에 505년에 촌제가 전면적으로 실시되기 이전에 도사는 관도를 따라 파견된 관리로서 일정 지역을 통치하였다기보다는 일정한 지역에서 수취업무 등의 제한된 임무를 수행하였다고 이해하는 견해,[41] 487년에 지방에 도사를 파견하여 관도를 수리할 때에 도로의 규격이나 작업 공정이 통일성을 가지도록 각 읍락을 지휘, 감독하게 하였다가 503년(지증왕 4) 이후에는 재지사회를 지방의 행정촌으로 재편하는 일을 수행하게 하였고, 505년(지증왕 6)에 이르러 지방관으로서 행정촌을 다스리게 하였다고 이해한 견해도[42] 제기된 바 있다.

이상에서 중고기 지방통치조직과 지방관을 둘러싼 연구성과를 간략하게 정리

---

39 이수훈, 1995 앞의 논문, 51~63쪽.

40 주보돈, 1998 앞의 책, 60~72쪽.

41 김재홍, 2001 앞의 논문, 105~109쪽; 2015 「신라 중고기 道使의 운영과 성격 변화」『한국학논총』44, 3~14쪽.

42 이미란, 2012 「6세기 전후 신라 道使의 파견과 지방의 출현 과정」『역사와 경계』85.

하여 보았다. 『삼국사기』 신라본기 중고기 기록과 금석문에 전하는 정보가 편차가 있기 때문에 중고기 지방통치조직과 지방관에 접근하기가 쉽지 않은 것이 사실이다. 여기다가 지방제도가 군사제도와 유기적으로 연관되어 있어 더욱 더 그러하였다고 볼 수 있다. 그러나 새로운 금석문과 목간 자료가 추가로 발견되면서 중고기 지방통치조직과 지방관에 대해서는 이견이 상당히 좁혀지고 있는 추세라 말하여도 과언이 아닐 것이다.

중고기에 주와 군, 행정촌 이외에 지방에 설치한 또 다른 행정단위가 바로 소경(小京)이다. 신라는 514년(지증왕 15)에 아시촌소경(阿尸村小京), 557년(진흥왕 18)에 국원소경(國原小京), 639년(선덕여왕 8)에 북소경(北小京)을 설치하였다. 이 가운데 통일 이후까지 계속 존치된 것은 국원소경뿐이다. 국원소경은 충북 충주, 북소경은 강원도 강릉에 설치한 소경이라는 데에 이론이 없다. 기존에 아시촌소경의 위치를 둘러싸고 논의가 분분하였지만, 최근에 상주(尚州) 문소군(聞韶郡) 영현(領縣)의 하나인 아시혜현(阿尸兮縣)[아을혜현(阿乙兮縣)]과 연결시켜 이해하는 것이 일반적이다.[43] 아시혜현은 현재 경북 의성군 안계면 일대로 비정된다.

현재 중고기 소경의 성격과 관련하여 다양한 견해가 제기되었다. 중고기 소경의 성격을 규명하고자 할 때, 첫 번째, 소경은 모두 교통의 요지에 설치하였다는 점, 두 번째, 왕경 6부민을 천사(遷徙)시켜 거주하게 하였다는 점, 세 번째, 가야 유민을 소경에 천사시켜 거주하게 하였다는 점, 네 번째, 사대등(仕大等)이란 관리가 소경의 장관에 임명되었다는 점, 다섯 번째, 신라의 왕경이 동남쪽에 편재하였다는 점 등을 주목하였다. 먼저 첫 번째와 다섯 번째의 특징을 주목한 연구

---

43 종래에 아시촌의 위치를 경주 근방의 安康(이병도, 1977 『국역 삼국사기』, 을유문화사, 53쪽)과 함안(임병태, 1967 「신라소경고」 『역사학보』 35·36합집, 95~96쪽)으로 비정한 바 있었다. 그러나 천관우, 1976 「삼한의 국가형성」 『한국학보』 3, 146쪽; 1989 『고조선사·삼한사연구』, 일조각, 338쪽에서 아시촌을 阿尸兮縣으로 비정한 이래, 다수의 연구자들이 이에 동조하였다.

자는 소경은 지방지배에 있어서 수도의 편재성을 보완하기 위하여 설치한 것으로 이해하였다.[44] 반면에 두 번째와 세 번째 특징에 유의한 연구자는 소경을 복속민시책이나 피정복민에 대한 사민책의 일환으로 설치하였다고 주장하였고,[45] 일부 연구자는 이와 같은 특징들을 근거로 소경의 설치를 기본적으로 중앙권력의 지방에 대한 통제력을 강화해 나간 집권화시책과 연결시켜 이해하기도 하였다.[46] 한편 중고기에 주(州)는 군사적 거점임에 반하여 소경에 문신(文臣)의 성격이 강한 사대등이나 사대사(仕大舍)가 파견되었다는 사실과 첫 번째 특징, 다섯 번째 특징에 주목하여 소경은 왕경의 기능을 분산 배치한 지방의 정치·문화적 중심지로서의 성격을 지녔다고 규정한 바도 있다.[47] 한편 소경에 파견된 사대등을 진흥왕순수비 창녕비에 나오는 주행사대등(州行使大等)과 동일한 실체로 이해하여 소경은 광역주의 통제·감찰을 위하여 설치하였다고 파악하기도 하였다.[48]

이밖에 필자는 중고기에 신라가 촌주의 자치력에 크게 의존하여 지방을 통치하였음을 주목하여 지방에 파견된 6부의 관리, 즉 지방관의 통치를 배후에서 지원해주기 위하여 교통의 요지에 6부인들을 집단적으로 이주시켜 소경을 설치하였다는 견해를 제기하였다.[49] 또한 지방에서 거둔 수취물을 가장 효율적으로 왕

---

44 藤田亮策, 1953「新羅九州五小京攷」『朝鮮學報』5, 107~109쪽.
45 한우근, 1960「고대국가성장과정에 있어서의 대복속민시책-기인제기원설에 대한 검토에 붙여서-(상·하)」『역사학보』12·13; 임병태, 1967 앞의 논문; 이인철, 1990「신라 중고기의 지방통치체제」『한국학보』56; 1993 앞의 책.
46 양기석, 1993「신라 오소경의 설치와 서원경」『호서문화연구』11.
    양기석은 신라가 지방지배의 효율성을 높이기 위하여 왕경과 변경지역을 연결하는 거점을 개발하여 소경으로 삼았다고 주장하기도 하였다.
47 한우근, 1960 앞의 논문(상), 112~114쪽.
    여기서 한우근은 州는 군사적인 거점인데 비하여 소경은 정치적·문화적 중심지로서 가야·백제·고구려 舊領統治의 거점으로 여겨진다고 이해하였다.
48 강봉룡, 1994 앞의 논문, 127~137쪽.
49 전덕재, 2002「신라 소경의 설치와 그 기능」『진단학보』93, 36~41쪽.

도로 운송할 수 있는 교통의 요지에 6부인들을 집단적으로 이주시켜 소경을 설치하였다고 이해하는 견해,[50] 5세기 말 이후 왕경으로 인구와 재화가 집중되자, 인구와 재화를 분산하기 위하여 소경을 설치하였고, 소경으로 이주한 왕경인들의 경우는 왕경 6부에 편적지(編籍地)를 두어 골품 신분으로서의 특권을 유지할 수 있었다고 이해하는 견해[51] 등이 제기되기도 하였다. 중대에 국원소경을 중원소경(中原小京)으로 바꾸고, 북원소경(北原小京), 서원소경(西原小京), 남원소경(南原小京), 금관소경(金官小京)을 더 설치하면서 5소경을 완비하였는데, 당시 9주의 주치(州治)와 더불어 소경의 경우도 계획적으로 시가지를 정비하고, 그 영역을 6부로 구분하였음이 확인된다.[52]

2) 중대와 하대의 지방통치제도 연구동향

중대에 이르러 전국에 9주와 5소경을 설치하고, 주의 장관을 총관(摠管) 또는 도독(都督)이라 불렀으며, 군의 중심인 군치(郡治)에 태수(太守)라 불리는 지방관을, 행정촌을 현(縣)으로 재편하고, 거기에 현령(縣令) 또는 소수(少守)라 불리는 지방관을 파견함으로써 주군현제(州郡縣制)를 완비하였다. 『신증동국여지승람』권7 경기도 여주목 고적 등신장조에 '신라가 주군(州郡)을 설치할 때, 그 전정(田丁)과 호구(戶口)가 현을 삼기에 부족한 경우에는 혹은 향(鄕)을 설치하거나 혹은

50 여호규, 2002 「한국 고대의 지방도시-신라 5소경을 중심으로」『강좌 한국고대사-촌락과 도시-』7권, 재단법인 가락국사적개발연구원, 139~152쪽.

51 하일식, 2011 「신라 왕경인의 지방 이주와 편적지」『신라문화』38, 199~211쪽.

52 이경찬, 1997 「고대 중국 격자형 토지구획법의 변용계열에 관한 연구」『도시계획학회지』32-2; 이경찬, 2002 「고대 한국 지방도시 격자형 토지구획의 형태특성에 관한 연구」『건축역사연구』11-4, 한국건축역사학회; 박태우, 1987 「통일신라의 지방도시에 대한 연구」『백제연구』18; 윤정숙, 1990 「통일신라시대의 도시계획-9주5소경을 중심으로」, 한국전통지리학 연속강좌 발표논문; 나경준, 2000 「신라 西原京 治址 硏究」, 단국대학교 석사학위논문; 전덕재, 2002 앞의 논문, 42~50쪽.

부곡(部曲)을 설치하여 소재(所在)한 읍(군·현)에 소속시켰다.'고 전하여, 통일기에 전정(토지)과 호구를 헤아려 군·현을 설치하였음을 엿볼 수 있다. 게다가 촌을 단위로 인구의 현황, 우마(牛馬)와 과실수의 숫자, 토지지목과 면적 등을 상세하게 촌락문서에 기술하였음을 확인할 수 있고, 아울러 촌락문서에서 가호를 9등급으로 나누고, 호등(戶等)을 기초로 하여 계연(計烟)을 산출하였음을 살필 수 있다. 이를 통해 중대에 신라가 행정촌을 현으로 재편하면서, 촌락문서와 같은 형식 또는 이와 유사한 형식의 집계장(集計帳)을 작성하였음을 추론할 수 있다. 현재 이와 같은 사실들을 근거로 중대에 들어 군(군치)과 현을 단위로 부세(賦稅)와 역역(力役)을 부과하는 한편, 중고기에 비하여 보다 체계적이고 효율적이면서도 합리적으로 중앙정부에서 군과 현을 관리·통제하였다고 이해하는 것이 일반적이다.

중고기와 달리 중대 지방통치조직과 지방관을 둘러싸고 상대적으로 활발한 논의가 이루어졌다고 보기 어렵지만, 현재 현제(縣制)의 실시 시기, 주의 지방장관을 군주에서 총관 또는 도독으로 개칭한 시기, 지방행정체계 및 수취체계의 내용, 향(鄕)의 설치 시기와 그 성격 등을 둘러싸고 연구자들 사이에 다양한 의견이 제기되었음을 살필 수 있다. 종래에 『삼국사기』 신라본기와 열전에 진평왕대에 현을 설치하였음을 시사해주는 기록이 다수 전하는 사실을 주목하여, 신라에서 진평왕대인 7세기 전반에 현제를 실시하였다고 보는 견해가 제기되었다.[53] 이에 반해 현과 관련된 7세기 전반 진평왕대의 신라본기와 열전의 기록을 그대로 신뢰하기 어렵다고 주장하면서, 7세기 중반 선덕여왕 또는 진덕여왕대,[54] 또는 문무왕 13년(673)에서 15년(675) 사이,[55] 9주체제를 갖춘 신문왕 5년(685) 무렵

---

53 이인철, 1993 앞의 책, 207쪽; 김창석, 2007 「신라 현제의 성립과 기능」 『한국고대사연구』 48.
54 村上四男, 1978 「新羅における縣の成立について」 『朝鮮古代史研究』, 開明書院, 175~176쪽.
55 주보돈, 2002 『금석문과 신라사』, 지식산업사, 303~305쪽.

에 현제를 실시하였다고 보는 견해[56] 등이 제기되었다. 현제 실시 시기를 둘러싼 견해 차이는 현(縣)과 관련된 자료에 대한 이해의 차이에서 비롯되었다고 말할 수 있다. 따라서 기존의 견해 차이를 극복하기 위해서는 현과 관련된 자료를 세밀하게 분석, 비판하여 사료로써 활용하는 방법론을 개발하는 것에 있다고 하여도 과언이 아닐 것이다.

신라 중대의 지방관과 관련하여 학계에서 언제부터 주의 장관을 총관 또는 도독이라 불렀는가를 둘러싸고 이견이 표출되었다. 『삼국사기』 잡지제9 직관(하) 외관조에 문무왕 원년(661)에 주의 장관 명칭을 군주에서 총관으로, 원성왕 원년(785)에 총관에서 도독으로 고쳤다고 전하나, 신라본기 중대의 기록에 주의 장관을 총관 또는 도독이라 불렀음을 알려주는 기사가 다수 전하기 때문에 외관조의 기록을 그대로 신뢰하기 어렵다. 종래에 외관조의 기록을 신뢰하지 않은 전제 위에서 총관은 주의 장관이 아니라 당(幢)·정(停)의 사령관을 가리키는 칭호였고, 외사정(外司正)을 설치한 문무왕 13년(673) 또는 군두(郡頭)를 군태수(郡太守)로 개칭하고, 명실상부한 행정단위로서 현을 설치한 태종무열왕대에 주의 장관을 군주에서 도독으로 고쳤다고 주장하는 견해가 제기되었다.[57] 한편 태종무열왕대에 주의 장관을 도독이라 부르기 시작하였고, 문무왕대부터 효소왕 7년까지 도독과 더불어 총관이라 부르다가 성덕왕대 이후에는 주의 장관을 오로지 도독이라고만 불렀다고 이해하는 견해도 제기되었다.[58] 2004년 6월에 혜공왕대에

---

56 이문기, 1990 「통일신라의 지방관제 연구」 『국사관논총』 20, 14~16쪽; 박성현, 2010 앞의 논문, 179~182쪽 및 201~204쪽.

57 村上四男, 1978 「新羅の摠管と都督」 『朝鮮古代史研究』, 開明書院, 157~166쪽.
　　村上四男은 남산신성 제1비에 나오는 '阿良邏頭'를 '阿良邏의 頭'로 해석하여, 중고기에 신라에서 郡에 郡頭를 파견하였다고 이해하였다. 현재 阿良邏頭는 경남 함안군 가야읍으로 비정되는 阿良郡의 郡治에 해당하는 阿良(村)이라고 불리는 행정촌에 파견된 邏頭라고 이해하는 것이 일반적이다.

58 이문기, 1990 앞의 논문, 25~26쪽.

제작된 사천 선진리비가 발견되었는데, 여기에 '신술시주총관소간(神述時州總官蘇干)'이라는 표현이 전한다. 선진리비의 발견으로 총관(總官), 즉 총관(摠管)을 단지 당(幢)·정(停)의 사령관을 가리키는 칭호라 이해한 견해 및 성덕왕대 이후에는 주의 장관을 오로지 도독이라 불렀다고 이해하는 견해는 재고의 여지가 있음을 확인할 수 있었다. 이럼에도 불구하고 현재까지 중대 주의 장관 명칭 변화에 대해 체계적으로 재검토한 논고를 찾기 어려운 실정이라 하겠다.

종래에 주의 총관(도독)은 군태수에게, 군태수는 현령(縣令)이나 소수(小守, 少守)에게 명령하는 방식으로 행정체계가 운용되었고, 수취체계는 그 반대로 운용되었다고 이해한 견해가 제기되었다.[59] 한편 행정상의 명령계통은 도독→군태수→현령(소수)의 순으로 이루어졌고, 보고계통은 이의 역순으로 이루어졌으며, 수취체계는 주치와 그것의 영현으로 구성된 중간 지방행정단위로서의 주와 군치 및 그것의 영현으로 구성된 군, 소경을 기본 단위로 운용되었다고 이해한 견해가 제기되었다.[60] 이밖에 통일기에 중간 지방행정단위로서의 주와 군은 동질적인 성격을 지녔고, 그 예하에 현이 영속(領屬)되어 있었으며, 전국을 9개로 나눈 주는 삼국통일 이후에 지방지배의 거점으로서의 주의 관할구역으로 설정된 단순한 행정구획에 불과하였다고 주장한 견해가 제기되었다.[61] 이 견해에 따른다면, 당시 지방행정체계와 수취체계는 중간 지방행정단위로서의 주와 군을 중심으로 운용되었고, 현은 주와 군의 통제, 지휘를 받았다고 볼 수 있을 것이다.

한편 통일기에 주는 전국을 9대분한 광역 행정단위로서의 9주의 의미, 몇 개의 영현(領縣)만을 포함하는 중간영역으로서의 의미, 여타의 영현을 제외한 나머지 소영역[주치(州治)]으로서의 의미를 지녔고, 군의 경우는 몇 개의 영현을 포괄

---

59 이종욱, 1980 「신라장적을 통하여 본 통일신라의 촌락지배체제」 『역사학보』86, 4~11쪽.
60 이문기, 1990 앞의 논문, 28~34쪽.
61 木村誠, 1976 앞의 논문, 3~6쪽.

하는 중간영역으로서의 의미와 여타의 영현을 제외한 소영역[군치(郡治)]으로서의 의미를 지녔으며, 향은 왕실 직할의 특별행정구역이었다고 규정한 다음, 중간영역단위로서 주와 군이 요역의 징발, 각 영현에서 수취한 조세의 수송, 조세의 감면 및 진휼 등을 관장하는 주체였다고 이해하는 견해가 제기되었다.[62] 종래의 연구를 개괄해보면, 대체로 통일기에 중간행정단위로서의 주와 군이 지방행정체계와 수취체계상에서 핵심적인 역할을 수행하였다고 이해하는 것이 일반적이었다고 평가할 수 있다. 그러나 통일기에 지방행정과 수취의 기본 단위가 현이었을 뿐만 아니라 지방재정의 운영에서 독립적인 단위로서 기능하였음을 알려주는 자료가 여럿 전한다는 사실을 염두에 둔다면, 이와 같은 기존의 통설적견해는 재고의 여지가 없지 않다고 하겠다.

『신증동국여지승람』에서 신라가 주군(州郡)을 설치할 때, 그 전정(田丁)과 호구(戶口)가 현을 삼기에 부족한 경우에는 혹은 향(鄕)을 설치하거나 혹은 부곡(部曲)을 설치하여 소재(所在)한 읍(군·현)에 소속시켰다고 하였다. 이러한 이유 때문에 『삼국사기』 지리지에서 향과 부곡을 일반 군·현과 대비하여 잡소(雜所)라 표현하였다. 고려시대에 향·부곡은 특수한 지방행정단위였고, 거기에 거처한 주민들은 군·현인에 비하여 법제상으로, 사회신분적으로 차별 대우를 받았다고 알려졌다.

---

62 강봉룡, 1994 앞의 논문, 207~231쪽.
　　강봉룡은 군의 태수가 소영역인 군치에 소속한 촌을 직접 지배함과 동시에 영현에서 수취한 조세를 모아 중앙에 수송하는 등 2중의 의무를 수행하고, 광역행정구획으로서의 9주는 수취업무 등의 일상적인 업무를 관장하지 않고 주로 관내의 정치적이고 이념 교육적인 사안을 국왕에게 직보하는 고도의 정치적이고도 상징적인 일을 수행하였다고 주장하였다. 즉 주의 장관인 도독은 소영역으로서의 주치에 소속된 촌들을 직접 지배함과 동시에 중간영역행정단위로서 영현 단위로 요역을 징발하거나 수취한 조세를 모아 국가 공사에 활용하거나 또는 중앙에 수송하는 임무를 수행하는 한편, 더 나아가 광역행정구획으로서 관내의 안보에 관계된 정치적 및 이념 교육적 사안을 모아 국왕에 직접 보고하는 등의 3종의 임무를 수행하였다고 보았던 것이다.

현재 통일신라와 고려시대 향의 성격이 동일한가, 아니면 다른가를 둘러싸고 논란이 분분한 실정이다.

일찍이 신라와 백제가 지방의 소국을 정복, 병합하여 그것을 지방행정구(지방행정단위)로 편제한 다음, 두 나라는 지방토호(소국의 수장)를 중앙 관리로 전화시키고 그들이 가진 토지와 주민에 대한 일정한 지배관계(예속화)를 허용·이용하였는데, 이때 지방토호에게 예속된 촌락들을 부곡과 향으로 편제하고, 거기에 거처하는 주민들을 일반 군·현인과 차별된 천민집단으로서 대우하였다는 견해가 제기되었다.[63] 이 견해는 향후 부곡제 연구를 위한 초석으로 평가받을 만큼 학계에 커다란 영향을 끼쳤다.[64] 현재 학계의 통설적 견해는 신라의 향·부곡을 군·현 아래의 지방행정단위로, 거기에 거처한 주민을 양민(良民)으로 이해한 다음, 나말여초를 거치면서 향·부곡인이 일반 군·현인과 차별 대우를 받게 되었다고 보는 것이다. 현재 연구자들 사이에 이견이 심한 내용은 그것들의 설치 시기에 관해서이다. 현재까지 신라가 소국을 병합하여 주군제(州郡制)를 정비하는 과정에서 향·부곡이 성립되었다고 이해하는 견해,[65] 삼국통일 무렵 군현제를 정비할 때에 촌 가운데 전정과 호구가 현이 되기에 부족한 곳을 향·부곡으로 편제하였다는 견해,[66] 신라의 향은 주·소경·군·현과 동시에 설치된 것이 아니라 군현제가 성

---

63 임건상, 1963『조선의 부곡제에 관한 연구』, 과학원출판사; 1997「조선의 부곡제에 관한 연구」『임건상전집』, 혜안, 162~184쪽.

64 임건상의 견해를 수용한 대표적인 연구성과로서 김철준, 1976「신라의 촌락과 농민생활」『한국사』3, 국사편찬위원회; 1990『한국고대사연구』, 서울대학교출판부, 206~210쪽 및 이홍두, 2006「고대 사회의 예속민과 부곡」『한국중세부곡연구』, 혜안 등을 들 수 있다.

65 井上秀雄, 1974「新羅王畿の構成」『新羅史基礎硏究』, 東出版, 405~410쪽.
    井上秀雄은 鄕은 지방의 군현과 관계가 있는 王都·王畿에 위치한 소규모의 集落으로서 주로 신라에 복속된 소국의 지배자(小國王) 一族 및 그 가신들이 거기에 거처하였고, 그들의 연고지인 옛 소국은 食邑으로서 군현으로 편제되었다고 이해하였다.

66 이우태, 1981 앞의 논문, 117~124쪽; 노중국, 1988「통일기 신라의 백제고지지배」『한국고대사연구』1, 142~145쪽; 박종기, 1990『고려시대부곡제연구』, 서울대학교출판부, 123~134

립된 이후 시기인 8~9세기에 추가로 설치된 새로운 행정구획이었다고 이해하는 견해[67] 등이 제기되었다.

이와 같은 연구성과들에 힘입어 신라시대 향에 대한 대강의 이해는 어느 정도 가능해졌다고 평가할 수 있지만, 그러나 여전히 향의 성격과 그것의 설치 시기, 신라의 향과 고려의 향과의 공통점과 차이점에 대하여 연구자들 사이에 논란이 분분할 뿐만 아니라 나말여초에 향의 성격이 어떠한 과정을 거쳐 변화되었고, 그 배경은 무엇인가에 대한 이해는 여전히 초보적인 수준을 벗어났다고 말하기 어렵다. 앞으로 고대 일본·중국의 향 및 고려의 향과 신라의 향을 비교 검토하고, 비록 영성한 자료라 하더라도 향 관련 자료를 철저하고 치밀하게 분석한다면, 기존 연구의 한계를 조금이나마 극복할 수 있을 것으로 기대된다.

현재 신라 하대 지방통치조직을 둘러싸고 『삼국사기』 신라본기에 애장왕 9년(808) 2월에 12도(道)에 사자를 보내 여러 군읍(郡邑)의 경계를 나누어 정하였다고 전하는 기록[發使十二道 分定諸郡邑疆境]에 대한 이해, 패강진(浿江鎭)의 성격 및 부제(府制)의 실시를 둘러싸고 다양한 논의가 진행되었다. 종래에 애장왕 9년 2월 기록을 근거로 애장왕대에 도제(道制)를 실시하였다고 이해하는 견해가 제기되었다. 12도에 대해서는 9주와 왕도, 패강도(浿江道)와 패서도(浿西道)를 가리킨다고 이해하는 견해,[68] 남·북한산주, 나머지 8주, 왕도, 패강도(패서도) 등을 가리킨다고 보는 견해[69] 등이 제기되었다. 이들 견해에서 12도를 고려시대의 경우처럼 주보다 상급의 행정단위로서 인정한 것이 아니라 전국을 12개의 광역행

쪽; 박종기, 2012 『고려의 부곡인, 〈경계인〉으로 살다-부곡인과 부곡 집단의 기원과 전개-』, 푸른역사, 47~59쪽.

67 木村誠, 1983 「統一新羅時代の鄕-部曲制成立史の再檢討-」 『歷史評論』42-2.

68 木村誠, 1979 「統一新羅の郡縣制と浿江地方經營」 『朝鮮歷史論集』上, 龍溪書舍, 239~249쪽.

69 배종도, 1989 「신라 하대의 지방제도 개편에 대한 고찰」 『학림』11, 16~23쪽.

정구역으로 나눈 것을 12도라 표현하였다고 이해하였다.[70] 『삼국사기』 신라본기 제8 성덕왕 20년 가을 7월 기록에 하슬라도(何瑟羅道)의 정부(丁夫) 2천 명을 징발하여 북쪽 경계[北境]에 장성(長城)을 쌓았다고 전한다. 중국 수와 당나라에서 전쟁을 위해 출정(出征)한 군대를 진군하는 방면으로 뻗은 도로 이름을 따서 '~도(道)'라고 불렀고, 그 군대를 지휘하는 사령관을 '~도행군대총관(道行軍大摠管)' 또는 '~도행군총관(道行軍摠管)'이라 명명하였다. 중국의 사례를 참조하건대, 하슬라도는 하슬라로 향해 뻗은 도로라는 뜻으로 해석할 수 있고, 동일한 맥락에서 애장왕 9년 2월 기록에 전하는 '發使十二道'는 12방면으로 사자를 보냈다고 해석하는 것이 합리적이라 판단된다. 즉 12도는 도제(道制)의 실시 및 전국을 12구역으로 나눈 광역의 행정단위와 연결시켜 이해하는 것은 신중할 필요가 있을 것이다.

732년에 발해가 당나라의 등주(登州)를 공격하자, 당나라는 신라에 도움을 요청하였다. 이에 신라는 733년 겨울에 발해를 공격하였다가 커다란 성과 없이 되돌아왔다. 이를 계기로 당나라 현종(玄宗)은 735년에 패강지역을 신라에 사여한다는 조칙을 내렸다. 신라는 이후부터 패강지역을 개척하기 시작하여 748년(경덕왕 7) 8월에 대곡군(大谷郡) 등 4개의 군·현을, 762년(경덕왕 21)에 오곡군(五谷郡) 등 6군을, 헌덕왕대에 취성군(取城郡)과 거기에 소속된 3개 현을 설치하였다.[71] 이후 신라는 패강진(浿江鎭)을 설치하였는데, 현재 패강진의 설치 시기와 그 성격을 둘러싸고 논의가 분분한 실정이다. 지금까지 『삼국사기』 신라본기 기록에 의거하여 선덕왕 3년(782) 정월에 대곡성(大谷城; 북한의 황해북도 평산군)에

---

70 한준수, 2009 「신라 중·하대 鎭·道·府의 설치와 체제 정비」 『한국학논총』 31, 376~380쪽에서 12도는 특정 지방행정구역으로서의 도와 연결시켜 이해하는 것이 합리적이며, 다만 신라 사회의 여러 특질로 인해 공식적 행정단위로 활용되지 않고 다만 관념적 차원의 행정단위로서만 기능하였다고 주장하였다.

71 이기동, 1976 「신라 하대의 패강진-고려왕조의 성립과 관련하여-」 『한국학보』 4; 1984 『신라 골품제사회와 화랑도』, 일조각, 210~216쪽.

패강진을 설치하였다고 보는 것이 일반적이다. 반면에 8세기 중반에 패강지역에 패강진을 설치하고, 선덕왕 3년(782)에 별도로 대곡진(大谷鎭)을 설치하였다고 보는 견해,[72] 성덕왕 34년(735)에 당으로부터 패강 이남의 땅을 사여받은 직후에 장구진(長口鎭)을 본영으로 하는 패강진을 설치하였다고 이해하는 견해[73] 등이 제기된 바 있다.

현재 패강진은 다른 군진(軍鎭)과 달리 9주와 같은 광역의 지방행정단위로 기능하였고, 패강진전(浿江鎭典)의 군관(軍官)인 대감(大監) 7명과 소감(少監) 6명이 패강지역의 군과 현에 파견되어 다스렸다고 이해하는 견해가 널리 공감을 얻고 있다.[74] 필자는 패강지역의 14군·현에 태수와 현령(소수)이 파견되어 한주(漢州) 도독(都督)의 통제와 지휘를 받았고, 패강진전의 대감이나 소감이 패강지역의 전략적 요충지나 교통의 요지에 위치한 여러 군진의 지휘관으로 파견되었으며, 대곡성에 위치한 패강진의 두상대감으로 하여금 여러 군진을 통괄하게 하였다고 파악하며 기존 통설적 견해를 비판한 바 있다.[75] 필자는 패강진이 패강지역을 군관구로서 군사적으로 관할하며 그곳의 경비와 치안을 책임졌다고 이해하였던 것이다. 한편 재령강 동쪽의 14군·현은 한주 소속이었고, 패강진은 재령강 서쪽의 황해도지역을 통괄하는 광역의 지방행정단위로서의 성격을 지녔다고 이해한 견해가 새로 제기되기도 하였다.[76] 이밖에 패강진전의 군관인 대감 7인과 소감 6

72 木村誠, 1979 앞의 논문, 252~260쪽.

73 박남수, 2013「신라 성덕왕대 패강진 설치 배경」『사학연구』110.

74 이기동, 1976 앞의 논문; 1984 앞의 책, 219~220쪽; 강봉룡, 1994 앞의 논문, 197~203쪽; 1997「신라 하대 패강진의 설치와 운영」『한국고대사연구』11, 225~241; 李成市, 1981「新羅 兵制における浿江鎭典」『早稻田大學文學硏究科紀要』別冊7; 1998 앞의 책, 277~280쪽; 박수정, 2016「『삼국사기』직관지 연구」, 고려대학교 박사학위논문, 99~100쪽.

75 전덕재, 2013「신라 하대 패강진의 설치와 그 성격」『대구사학』113.

76 윤선태, 2018「문헌자료로 본 삼국통일 이후 화성지역의 동향」『삼국통일과 화성지역 사람들 삶의 변화』, 화성시.

인이 재령강 서쪽의 황해도지역에 위치한 대방위소(大防衛所) 7곳, 소방위소(小防衛所) 6곳의 장이었다고 이해하는 견해,[77] 처음에 패강진전의 관할 범위가 장구진을 비롯한 재령강 서쪽의 황해도지역에 위치한 14개의 진이었다가 헌덕왕대에 12진으로 축소되었고, 대감과 소감을 지진(支鎭)에 파견하였다고 보는 견해도[78] 제기된 바 있다.

봉림사진경대사탑비(鳳林寺眞鏡大師塔碑)와 태자사낭공대사백월서운탑비(太子寺朗空大師白月栖雲塔碑)에 '김해부(金海府)', 경문왕 10년(870)에 작성한 장흥 보림사(寶林寺) 북탑지(北塔誌)에 '서원부(西原部)'란 표현이 보인다. 신라에서 소경을 부(府)로 개편하였음을 시사해주는 자료들이다. 이외에 보림사보조선사탑비(寶林寺普照禪師彰聖塔碑)에 정변부(定邊府), 월광사원랑선사대보선광탑비(月光寺圓朗禪師大寶禪光塔碑)에 통화부(通化府), □강부(□江府)가 보인다. 또한 『삼국사기』와 『고려사』 등에 고울부(高鬱府), 홍려부(興麗府), 보성부(甫城府), 경산부(京山府), 의성부(義城府) 등이 전한다. 종래에 고울부 등을 신라에서 설치하였다고 보는 견해도 제기되긴 하였지만,[79] 그러나 현재 신라에서 설치하였다는 구체적인 증거자료가 발견되지 않기 때문에 고려에서 설치한 것으로 보는 것이 합리적이라 판단된다.[80]

---

77 末松保和, 1975「新羅の郡縣制, 特に完成期の二三の問題」『學習院大學 文學部研究年報』 21; 1995『末松保和朝鮮史著作集』2(新羅の政治と社會下), 吉川弘文館, 196쪽.

78 박남수, 2013「신라 패강진전의 정비와 한주 서북경의 군현 설치」『동국사학』54, 52~62쪽.

79 황선영, 1994「신라 하대의 부」『한국중세사연구』1; 2002『나말여초 정치제도사 연구』, 국학자료원, 80쪽; 윤경진, 2000「고려 군현제의 구조와 운영」, 서울대학교 박사학위논문, 58~59쪽.

80 필자는 전에 고려 초에 義城府, 興禮府, 京山府를 설치하였음을 논증한 바 있다(전덕재, 2012「고대 의성지역의 역사적 변천에 관한 고찰」『신라문화』39, 20~26쪽; 전덕재, 2020「고대·고려 초 울산지역 변동과 울주의 성립」『대구사학』141, 56~65쪽; 전덕재, 2021「나말여초 경산부의 설치와 동향」『한국사연구』195, 91~104쪽). 한편 정요근, 2009「후삼국시기 고려의 '주(州)'·'부(府)' 분포와 그 설치 의미」『역사와 현실』73에서 고울부를 신라에서 설치하

필자를 비롯한 대부분의 연구자들이 신라 하대에 소경을 부로 재편하였다는 사실에 대하여 공감을 표하고 있다. 다만 소경을 부로 개편한 시기에 대하여 일찍이 □강부와 통화부는 각기 중원부(中原府)와 북원경의 별칭, 통화부는 군사적 통제 강화의 필요성 때문에 상주와 강주, 명주, 무주 가운데 한 곳에 설치한 것이라 이해하고, 김헌창의 반란 이후 지방세력의 중앙정부에 대한 저항이 거세지자, 왕도 주변의 전략 거점지역에 경산부, 고울부, 의성부, 흥례부 등을 설치하고, 이어 지방의 문화적 중심지였던 소경 또한 군사기지로서의 부로 개편하여 지방의 사병세력을 통제하고자 하였다고 주장하는 견해가 제기되었다.[81] 또한 □강부는 북원경(北原京), 통화부는 왕경에 설치한 부였다고 이해한 다음, 흥덕왕대에 사회적인 동요에 대응하여 지방제도를 개편하였는데, 이때 왕경과 5소경 등 신라의 주요한 거점지역에 부를 설치하였다고 주장하는 견해가 제기되었다.[82]

필자는 9세기에 중앙정부의 집권력이 약화되면서 지방에서 농민들의 도적화 현상이 빈발하고, 주치에 거주한 진골귀족과 지방세력이 반란을 일으키는 경우가 발생하자, 이에 경문왕은 당나라 유수부제(留守府制)를 수용하여 5소경을 5부로 재편하고, 그곳의 군사력을 강화하여 지방에 대한 효과적인 통제를 모색하고자 하였다는 견해를 제기한 바 있다.[83] 이밖에 정변부는 당나라 변경에 설치된 번진(藩鎭)과 관계된 지명, 통화부는 삭정군(朔庭郡; 북한의 강원도 안변군), □강부는 나제군(奈堤郡; 충북 제천시)에 설치한 부로 이해하고, 신라 하대에 이르러 육상

였고, 나머지 흥례부 등은 고려에서 설치하였다는 견해를 제기하였다. 『고려사』권57 지11 지리2 동경유수관 영주조에 고려 초에 신라의 臨皐郡과 道同·臨川 2현을 합하여 영주 또는 고울부를 설치하였다고 전하는데, 신라에서 몇 개의 군·현을 합하여 府를 설치한 사례를 발견할 수 없음을 감안하건대, 고울부 역시 고려에서 설치하였다고 봄이 합리적이라고 판단된다.

81 황선영, 1994 앞의 논문; 2002 앞의 책, 92~97쪽.
82 배종도, 1989 앞의 논문, 35~46쪽.
83 전덕재, 2002 앞의 논문, 50~52쪽.

교통의 거점인 소경, 발해와 신라를 연결하는 교통의 요지, 신라 중앙의 영향력이 강하게 미쳤던 육상 교통의 거점을 부로 재편하였다고 이해하는 견해,[84] 월광사원랑선사대보선광탑비에 전하는 '□□江府'를 '□(漢)江府'로 판독한 다음, 이것은 중원부의 별칭이었는데, 소경을 부로 재편하면서 그 주변의 군·현도 부에 편제되었고, 822년(헌덕왕 14) 김헌창의 난으로 신라의 지배체제가 흔들리고 지방세력에게 의존해야 하는 상황이 생기면서 신라에서는 당의 부제를 수용하여 배도(陪都)에 해당하는 소경을 부로 개편하였다고 이해한 견해[85] 등이 제기되었다. 정변부는 신라에서 설치하였다고 보기 어렵고, 통화부와 □강부는 신라에서 설치하였던 것으로 이해되지만, 그것이 과연 소경 또는 군과 현을 재편한 부와 연관된 것인지의 여부에 대해서는 좀 더 숙고할 필요가 있다는 것이 필자의 판단이다.[86]

태봉의 지방제도에 대한 연구성과는 매우 적은 편이다. 태봉제도와 관련하여 종래에 패강도와 패서도와의 관계, 패서 13진의 위치 등을 둘러싸고 논란이 분분하였다. 일찍이 경덕왕 21년(762) 무렵에 멸악산맥 이남과 예성강 이서지역을

---

84 조혜정, 2020 「신라 하대 부의 설치와 그 의의-후삼국기 이전 사례를 중심으로-」『신라문화』 56.

85 최정선, 2021 「府를 통해 본 9세기 신라의 지방제도 개편과 의미: 「月光寺圓朗禪師塔碑」의 사례를 중심으로」『한국문화』94.
한편 우한홍, 1989 「신라 하대의 부에 관한 연구」, 동아대학교 석사학위논문에서 신라 하대에 정변부, □강부, 통화부, 김해부, 고울부, 보성부, 홍례부, 경산부 등이 존재하였으며, 이들 부는 경문왕·헌강왕대에 개혁정치의 일환으로 설치되어 진성여왕대 이후 독립적인 세력을 형성하였다가 고려에 투항하였다는 견해를 제기한 바 있다.

86 서의식, 1996 「통일신라기의 開府와 진골의 受封」『역사교육』59; 2010 『신라의 정치구조와 신분편제』, 혜안, 488~522쪽에서 통일신라기의 府는 受封眞骨들이 재산을 관리하기 위하여 설치를 허여받은 기관이며, 부에는 독자의 眷屬이 주어졌고, 군현의 지방관과 협조하여 食邑·祿邑民으로부터 租調를 수취하고 사유재산을 경영하였다는 견해를 제기하기도 하였다.

관장한 패강진(浿江鎭)을 설치하였고, 782년(선덕왕 3) 무렵에 멸악산맥 이북과 대동강 이남지역을 관장하는 대곡진(大谷鎭)을 설치하여 2진체제로 운영하다가 783년경에 패강진과 대곡진을 패강도와 패서도로 개편하여 2도체제로 운영하였다는 견해가 제기되었다.[87] 그리고 신라 말기에 재령강을 경계로 그 이서지역에 패강도를, 그 이동지역에 패서도를 설치하였다고 이해하는 견해도 있다.[88] 반면에 필자는 패강도와 패서도는 동일한 지역을 가리키는 이표기로 이해하는 견해를 제기하였다.[89] 필자는 패서도(패강도)는 태봉에서 설치한 광역의 행정단위에 해당하는 도 가운데 하나로 파악한 바 있다.

궁예는 905년에 패서 13진을 분정(分定)하였는데, 현재 13진의 위치를 둘러싸고 다양한 견해가 제기되었다. 1990년대 후반에 패서 13진은 신라가 경덕왕과 헌덕왕대에 패강지역에 설치한 14군·현을 재편·분정하여 이를 군사적 거점화하였다는 견해가 제기되었다. 필자는 궁예가 경덕왕과 헌덕왕대에 설치한 14군·현 가운데 교통의 요지 또는 전략 요충지에 해당하는 영풍군(永豊郡), 오관군(五關郡), 서암군(栖嵒郡), 취성군(取城郡), 해고군(海皐郡), 구택현(雊澤縣), 폭지군(瀑池郡), 중반군(重盤郡), 단계현(檀磎縣), 장새현(獐塞縣)에다 진을 설치하였고, 이외에 태봉에서 새롭게 군현으로 편제한 재령강 서쪽의 구을현(仇乙縣)[풍주(豊州)], 장구진(長口鎭)이 위치한 장연현(長淵縣), 양악군(楊岳郡)[안악군(安岳郡)]에 진을 설치하였다는 견해를 제기하였다.[90] 이에 반해 태봉에서 비로소 군·현으로 편제한 재령강 서쪽의 구을현(풍주), 궐구(闕口)[유주(儒州)], 율구(栗口)[은율현(殷栗縣)], 장연(長淵), 마경이(麻耕伊)[청송현(靑松縣)], 양악(안악군), 판마곶(板麻串)[가화현

87 木村誠, 1979 앞의 논문, 252~260쪽.

88 강봉룡, 1997 앞의 논문, 231~240쪽.

89 전덕재, 2006「태봉의 지방제도에 대한 고찰」『신라문화』27, 179~181쪽; 전덕재, 2013 앞의 논문, 35쪽.

90 전덕재, 2006 앞의 논문, 159~162쪽.

(嘉火縣)], 웅한이(熊閑伊)[수령현(水寧縣)], 옹천(瓮遷)[옹진현(甕津縣)], 부진이(付珍伊)[영강현(永康縣)], 곡도(鵠島)[백령진(白翎鎭)], 승산(升山)[신주(信州)]을 진으로 개편하고, 이외에 정주(貞州)에다 진을 설치하였다고 보는 견해도 있다.[91] 필자는 전에 궁예가 9주 이외에 그에게 귀순한 지방세력의 근거지나 또는 정치군사적 중심지에 위치한 군과 현을 주(州)로 승격시키고, 신라의 9주를 대신하여 전국을 몇 개의 도(道)로 나누어 편제하는 도제(道制)를 실시하였음을 밝힌 바 있다.[92]

이상에서 신라 지방통치조직과 지방관에 관한 연구동향을 정리하였다. 지금까지 중고기 지방통치조직과 지방관에 대하여 종합적이고 체계적으로 연구한 성과들이 적지 않게 제출되었지만,[93] 상대적으로 통일신라와 태봉의 지방제도까지 망라한 연구성과는 매우 적은 편이라 말할 수 있다. 1990년대 전반에 중고기와 중·하대의 지방제도를 검토한 논고가 발표되었지만,[94] 함안 성산산성 목간 자료를 활용하지 못한 관계로 행정촌과 자연촌에 대한 내용을 전혀 반영하지 못한 점, 중대 주의 장관의 변천에 대해 구체적으로 검토하지 않은 점, 향과 소경에

91 윤경진, 2012 「태봉의 지방제도 개편: 『삼국사기』 지리지 고구려조의 분석을 중심으로」 『동방학지』158, 11~20쪽.
92 전덕재, 2006 앞의 논문, 169~184쪽.
　　신라 지방통치조직과 지방관에 관한 연구동향을 정리할 때 김갑동, 1986 「신라 군현제의 연구동향 및 그 과제」 『호서사학』14; 노중국, 1990 「국사학 연구의 현황과 과제-통일신라의 지방통치조직의 편제를 중심으로-」 『한국학논집』17; 박명호, 2006 「신라의 지방통치와 촌」 『한국고대사입문』3(신라와 발해), 신서원; 문창로, 2007 「'신라 중고기 지방통치조직' 연구의 동향과 과제」 『진단학보』103을 참고하였다.
93 중고기 지방통치조직과 지방관에 대하여 종합적, 체계적으로 고찰한 대표적인 연구성과로서 이우태, 1991 「신라 중고기 지방세력 연구」, 서울대학교 박사학위논문; 이수훈, 1995 앞의 논문; 주보돈, 1998 앞의 책; 김재홍, 2001 앞의 논문; 박성현, 2010 앞의 논문 등을 들 수 있다.
94 강봉룡, 1994 앞의 논문.

대한 체계적인 검토가 미비한 점, 그리고 태봉의 지방제도에 관한 검토가 결여되어 있는 점 등의 한계가 있었기 때문에 신라 지방통치조직과 지방관에 관하여 체계적이고 종합적으로 이해하는 데에는 약간 미흡한 감이 없지 않았다. 본서는 지금까지 신라 전 시기의 지방제도를 통괄하여 정리한 연구성과가 제출되지 않은 현실을 고려하여, 신라 전 시기 지방통치방식과 지방통치조직, 그리고 지방관의 성격 및 그 변천과정을 체계적, 종합적으로 정리한 다음, 이어 태봉의 지방제도를 고찰하여 고려 지방제도의 기본틀이 태봉에서 마련되었음을 고구(考究)하기 위한 목적에서 준비한 것이다. 본서는 향후 신라와 고구려 및 백제 지방제도와의 공통점과 차이점, 신라와 고려 지방제도의 연속성과 단절성을 이해하는 데에 커다란 도움을 줄 것으로 기대해 마지않는다. 아울러 우리나라 지방제도사의 전개 과정 속에서 신라 지방제도가 차지하는 위상과 그 의의에 대한 논의와 연구의 활성화에도 크게 이바지할 것으로 판단된다.

2. 본서의 연구방법론

『삼국사기』 신라본기에 다음과 같은 기록들이 전한다.

> 진흥왕 16년 봄 정월에 비사벌(比斯伐)에 완산주(完山州)를 설치하였다.
> 진흥왕 26년 9월에 완산주를 폐하고, 대야주(大耶州)를 설치하였다.
> 신문왕 5년 봄에 완산주를 다시 설치하고 용원(龍元)을 총관(摠管)으로 삼았다.

신라본기 기록에 따른다면, 진흥왕 16년(555) 정월에 비사벌(경남 창녕)에 완산주를 설치하였다가 진흥왕 26년(565) 9월에 폐지하였고, 신문왕 5년(685) 봄에 완산주를 다시 설치하였다고 이해할 수 있다. 비슷한 내용이 『삼국사기』 잡지제

5 지리3 전주조에도 전한다. 여기에서 '전주(全州)는 본래 백제 완산(完山)이다. 진흥왕 16년에 주로 삼았고, 진흥왕 26년에 폐지하였다가 신문왕 5년에 다시 완산주를 설치하였다.'고 하였다. 이 기록은 신라본기에 전하는 기록을 그대로 인용한 것으로 이해된다. 한편『삼국사기』잡지제3 지리1 양주(良州) 화왕군(火王郡)조에서 '화왕군은 본래 비자화군(比自火郡)<또는 비사벌(比斯伐)이라도 하였다> 이었다. 진흥왕 16년(555)에 주를 설치하고 이름을 하주(下州)라 하였으며, 26년(565)에 폐지하였다.'고 언급하여,『삼국사기』신라본기와 지리지에 진흥왕 16년에 비사벌에 설치한 주와 26년에 폐지한 주의 이름이 다르게 전한다고 볼 수 있다. 그러면 신라본기와 지리지의 기록 가운데 어느 것이 사실을 정확하게 전달한다고 말할 수 있을까?

진흥왕 16년(555)에 전주는 신라가 아니라 백제의 영토였다. 신문왕 5년에 설치한 완산주의 주치(州治)는 바로 완산, 즉 지금의 전주지역이었다. 따라서 진흥왕 16년에 비사벌에 설치한 주의 이름은 확실하게 완산주는 아니었다고 하겠다. 그러면 당시에 설치한 주를 하주라 볼 수 있을까?『삼국사기』잡지제3 지리1 양주조에 '문무왕 5년, 인덕(麟德) 2년(665)에 상주(上州)와 하주(下州)의 땅을 나누어 삽량주(歃良州)를 설치하였다.'고 전한다. 이 기록은 상주와 하주가 665년까지 존재하였음을 알려주는 자료로서 주목된다. 이에 따른다면, 상주와 하주는 665년까지 존재하였다고 볼 수 있다. 따라서『삼국사기』지리지 양주 화왕군조에 진흥왕 26년에 하주를 폐지하였다고 전하는 것도 그대로 신뢰하기 어렵다고 말할 수 있다. 결국『삼국사기』신라본기와 지리지의 기록 모두 사실을 정확하게 반영한 사료로 볼 수 없는 셈이 된다. 여기에서 그렇다면 왜 신라본기와 지리지에 잘못된 내용이 전하는 것일까에 대한 의문을 제기할 수밖에 없다.

비사벌에 완산주를 설치하였다고 기술할 수 있는 시기는 신라가 백제를 멸망시키고 전주지역을 신라 영토로 편입한 이후에나 가능하다. 이에서 전주지역에 완산주를 설치한 신문왕 5년(685) 이후에 신라본기 진흥왕 16년 봄 정월 기록의 기본원전이 찬술되었음을 추론할 수 있다.[95] 그러면 왜 진흥왕 16년 정월 기록의 기본원전에 685년 이후에 신라인들이 비사벌에 완산주를 설치하였다고 기술하였을까가 궁금하다. 『삼국사기』 잡지제9 직관(하) 무관 범군호(凡軍號) 6정조에 '여섯 째는 완산정(完山停)인데, 신문왕 5년에 하주정(下州停)을 혁파하고 완산정을 두었다.'라 전한다. 전에 필자는 이 기록은 실제로는 신문왕 5년에 거열정(居烈停)을 혁파하고 완산정을 설치한 사실을 반영한 것인데, 범군호 6정조 원전의 찬자가 거열정을 하주정이라 고쳐 기술하였고, 『삼국사기』 찬자가 이것을 『삼국사기』 잡지제9 직관(하) 무관 범군호 6정조에 그대로 전재하였음을 논증한 바 있다.[96] 범군호 6정조 원전 찬자가 거열정을 하주정이라 고쳐 기술한 것은 거열정이 하주에 위치한 정이었기 때문에 가능한 일이었다.

거열정 설치 이전에 정군단은 하주의 대야성(大耶城; 경남 합천), 압독(押督; 경북 경산), 비사벌(경남 창녕) 등에 주둔하였다. 하주지역에서 최초로 설치된 정이 바로 비사벌정(比斯伐停)이었고, 561년(진흥왕 22)에 건립된 진흥왕순수비 창녕비에는 비자벌정(比子伐停)으로 전한다. 결국 범군호 6정조 원전의 찬자가 거열정을 하주정이라 고쳐 기술한 것에서 통일기 신라인들은 하주에 주둔하였던 정군단을 모두 하주정이라 인식하였음을 엿볼 수 있다. 이처럼 거열정과 비사벌정을 모두 하주정이라 불렀으므로, 신라인들은 비사벌정을 완산정의 전신이라 이해한 셈이 된다.

진흥왕 14년(553) 7월에 신라는 백제의 한강 하류지역을 차지하고, 한강 상류와 하류지역을 망라한 영역을 범위로 하는 신주(新州)를 설치하였다. 신주는 '새로운 주'라는 의미로서 그 이전에 이미 주가 설치되었음을 전제로 할 때 합리적

---

95 필자는 전에 『삼국사기』 신라본기의 원전은 구삼국사 신라 기록이었음을 논증한 바 있다(전덕재, 2018 앞의 책). 구삼국사 찬자는 신라인이 찬술한 기본원전을 기초로 구삼국사 신라 기록을 찬술하였다고 볼 수 있을 것이다.

96 전덕재, 2021 『삼국사기 잡지·열전의 원전과 편찬』, 주류성, 303~309쪽.

으로 이해할 수 있다. 그것은 다름 아닌 상주와 하주였을 것이다. 553년 이전에 이미 신라에서 왕경을 중심으로 상주와 하주를 설치하였을 것이라는 의미이다. 따라서 진흥왕 16년(555)에 비사벌에 완산주를 설치하였다고 전하는 신라본기 기록은 비사벌에 하주를 설치하였다고 전하는 사실을 반영한다고 보기 어렵다고 하겠다.

진흥왕순수비 창녕비를 근거로 진흥왕 22년(561) 이전에 비사벌에 정군단을 배치하였음을 알 수 있다. 중고기 신라본기 기록에 주를 설치하고 동시에 군주를 임명하였다는 기사가 여럿 보인다. 마찬가지로 진흥왕 16년에 완산주를 설치하고 군주를 임명하였음이 분명하다고 여겨진다. 그 군주가 바로 진흥왕순수비 창녕비 나오는 비자벌군주(比子伐軍主)였을 것이다. 진흥왕 16년에 비사벌에 완산주를 설치하였다고 전하는 것이 하주를 설치한 사실을 전하는 것이 아니라면, 결국 진흥왕 16년에 비사벌에 비사벌정(비자벌정)을 설치한 사실을 신라본기 기록에는 완산주를 설치한 것처럼 기술되어 있다고 이해하는 것이 합리적이라 할 수 있을 것이다.

그러면 신라본기에 비사벌정을 설치한 사실을 완산주를 설치한 것처럼 기술되어 있는 이유는 어떻게 설명할 수 있을까? 앞에서 통일기의 신라인들이 비사벌정을 완산정의 전신이라 인식하였음을 논증하였다. 이에 따른다면, 통일기의 신라인들은 완산정을 진흥왕 16년에 비사벌에 처음으로 설치하였고, 나아가 군주가 주의 지방장관인 총관 또는 도독의 전신이었으므로, 그들은 비사벌에 처음으로 완산주를 설치하였다고도 이해하여, 신라본기 기록의 기본원전에 진흥왕 16년에 비사벌에 완산주를 설치하였다고 찬술한 것으로 추론할 수 있지 않을까 한다. 나아가 이를 근거로 신라본기 기록에 정군단을 설치한 사실이 '~주'를 설치한 것으로, 정군단의 주둔지를 옮긴 사실이 '~주'를 폐지한 것으로 서술되어 있었다고 유추하여도 크게 문제가 되지 않을 것이다.

이상에서 『삼국사기』 신라본기에 진흥왕 16년에 비사벌에 완산주를 설치하였다고 전하는 연유를 상세하게 논증하였다. 또한『삼국사기』신라본기와 지리지 기록에 다음과 같은 기록들이 전하고 있다.

아달라이사금 4년 봄 2월에 처음으로 감물현(甘勿縣)과 마산현(馬山縣) 두 개의 현(縣)을 설치하였다(『삼국사기』신라본기제2).

나해이사금 3년 5월에 나라 서쪽에 홍수가 났으므로, 수해를 입은 주(州)와 현(縣)에는 1년간 조(租)와 조(調)를 면제해 주었다(위와 동일).

눌지마립간 25년 봄 2월에 사물현(史勿縣)에서 꼬리가 긴 흰 꿩을 바쳤다. 왕이 이를 가상히 여겨 현(縣)의 관리에게 곡식을 내려 주었다(『삼국사기』신라본기제3).

상주(尙州)는 첨해왕(沾解王) 때에 사벌국(沙伐國)을 빼앗아 주(州)로 삼은 것이다(『삼국사기』잡지제3 지리1).

장산군(獐山郡)은 지미왕(祗味王) 때에 압량소국(押梁小國)<양(梁)은 독(督)이라고도 썼다>을 쳐서 빼앗아 군(郡)으로 설치한 것이다(위와 동일).

의창군(義昌郡) 음즙화현(音汁火縣)은 파사왕(婆娑王) 때에 음즙벌국(音汁伐國)을 빼앗아 현(縣)으로 설치한 것이다(위와 동일).

필자가 본서에서 현은 642년 대야성전투 이후 설치하기 시작하였고, 주와 군은 530년대에 설치하였음을 자세하게 논증하였다. 이럼에도 불구하고『삼국사기』신라본기와 지리지에는 아달라이사금 4년, 즉 기년상으로 157년에 감문현과 마산현을 처음으로 설치하였다고 전하고, 여러 기록에 이사금시기와 마립간시기에 이미 현이 존재한 것처럼 전하고 있음을 확인할 수 있다. 또한 지리지에 이사금시기에 상주, 즉 사벌주(沙伐州)와 장산군, 즉 압독군(압량군)을 설치하였다고 전하고 있다. 신라본기와 지리지 기록의 원전은 분명히 현을 설치한 이후에 찬술되었음이 분명한데, 그 시기는 중대 또는 하대였을 것이다.[97] 결국 중대와 하대 신라인들이 잘못된 정보가 포함되어 있는 신라본기와 지리지 기록의 기본원전을 찬술하였고, 이것을 『삼국사기』 찬자가 그대로 수용하였다고 볼 수 있는 것이다. 따라서 위에서 제시한 기록들을 사료로 활용하기 위해서는 이들 기록의 기본원전이 언제 찬술되었고, 그것의 찬자가 잘못된 정보를 기본원전에 기술한 이유 및 배경을 고찰한 다음, 잘못된 정보를 기술한 기본원전이 어떻게 전승되어 『삼국사기』 신라본기에 게재되기에 이르렀는가를 살필 필요가 있다고 하겠다.

이상에서 『삼국사기』 기록에 전하는 신라 지방통치조직과 지방관에 관한 기록 가운데 왜곡된 내용이 다수 전하고 있고, 그러한 왜곡된 내용이 『삼국사기』에 게재되기에 이른 연유를 살펴보았다. 현재 신라 지방통치방식과 지방통치조직, 지방관에 대해 고찰하기 위해서는 『삼국사기』에 전하는 기록을 사료로써 활용하는 것이 불가피하다고 말할 수 있다. 그러나 왜곡된 내용이 적지 않게 전하고 있다는 사실을 감안하건대, 엄밀한 사료비판을 전제로 하여 사료로써 활용할 필요가 있겠는데, 필자는 본서에서 지방통치조직 및 지방관 관련 기록의 기본원전을 추적하고, 그것이 어떠한 전승과정을 거쳐 어떻게 왜곡되어 『삼국사기』에 개재되었는가를 탐색한 다음, 이를 기초로 신라 지방통치조직과 지방관의 성격 및 그 변천과정을 고구(考究)하는 방법론을 적극 활용할 예정이다.

다음의 기록들은 신라본기와 직관지 무관 범군호 6정조에 전하는 내용을 대비하여 제시한 것이다.

---

97 중고기 신라본기 기록의 기본원전은 8세기 전반 성덕왕대에 중고기의 기록을 전면 개수한 전승자료였고(전덕재, 2018 앞의 책, 93~95쪽), 9세기 후반 경문왕 또는 헌강왕대에 후대의 邑誌 또는 지리지의 형식으로 통일신라의 지명을 재정리하는 작업을 추진하였으며, 이때에 정리한 자료가 바로 『삼국사기』 지리지 기록 가운데 9주와 거기에 속한 군과 현에 관한 내용을 기술한 新羅志의 원전이었던 것으로 이해된다(전덕재, 2021 앞의 책, 123~124쪽).

신라본기 기록	범군호 6정조 기록
진평왕 26년에 남천주(南川州)를 폐하고 북한산주(北漢山州)를 다시 설치하였다.	진평왕 26년에 남천정(南川停)을 혁파하고 한산정(漢山停)을 두었다.
태종무열왕 5년 3월에 왕은 하슬라(何瑟羅)의 땅이 말갈과 맞닿아 있으므로 사람들이 편안치 못하다고 여겨 경(京)을 폐지하여 주(州)로 삼고 도독(都督)을 두어 지키게 하였다.	태종무열왕 5년에 실직정(悉直停)을 혁파하고 하서정(河西停)을 두었다.
신문왕 5년 봄에 완산주를 다시 설치하고 용원을 총관으로 삼았다.	신문왕 5년에 하주정(下州停)을 혁파하고 완산정(完山停)을 두었다.

신라본기에는 신문왕 5년에 완산주를 설치하였다고 전하고, 직관지 범군호 6 정조에는 완산정을 설치하였다고 전한다. 또한 태종무열왕 5년에 하슬라(강원도 강릉시)에 설치한 북소경(北小京)을 폐지하고 하슬라주로 삼았는데, 이 해에 하서 정을 두었음을 살필 수 있다. 진평왕 26년에 남천주를 폐하고 북한산주를 설치 하였는데, 같은 해에 남천정을 혁파하고 한산정을 두었다고 전한다. 여기서 한 산정은 한강 이북의 북한산에 설치한 정을 이른다. 신라본기 기록과 범군호 6정 조의 상호 비교를 통해, 주의 치폐(置廢)와 정군단의 이동이 유기적인 연관성을 지녔음을 확인할 수 있다.

직관지 범군호 6정조에 문무왕 13년(673)에 비열홀정을 혁파하고, 우수정(牛 首停)을 설치하였다고 전한다.[98] 그런데 신라본기에 문무왕 8년(668)에 비열홀주 (比列忽州)를 설치하였다는 기록과 문무왕 13년에 '수약주주양성(首若州走壤城)' 등을 쌓았다는 기록이 전하는 사실이 주목된다. 신라본기 기록에 문무왕 8년에 우수주를 폐지하였다는 언급은 보이지 않지만, 그러나 비열홀주의 설치는 우수 주의 폐지를 전제할 때 합리적으로 이해할 수 있기 때문에 문무왕 8년에 우수주 를 폐하고 비열홀주를 설치하였을 가능성이 높다고 보인다. 한편 신라본기 문무 왕 13년의 기록은 이 해에 다시 비열홀주를 폐지하고, 수약주(우수주)를 설치하

---

98 四日牛首停 本比烈忽停 文武王十三年罷比烈忽停 置牛首停 衿色綠白(『삼국사기』잡지제9 직관(하) 무관 범군호 6정).

였음을 반증하는 증거자료라 할 수 있다. 이러한 측면에서 직관지 범군호 6정조 기록은 바로 주치(州治)를 비열홀에서 수약(우수)지역으로 옮김과 동시에 비열홀에 소재하던 정을 수약지역으로 옮겼음을 전하는 것으로 이해할 수 있을 것이다. 비열홀정의 사례는 주치를 옮김과 더불어 군호 6정의 소재지도 옮겼음을 실증하는 구체적인 실례로서 유의된다고 하겠다.[99]

이상에서 주의 치폐 또는 주치의 이동이 정군단 주둔지의 이동과 유기적인 연관성을 지녔음을 살펴보았다. 이러한 사실에서 중고기 지방통치조직과 지방관을 고찰하기 위해서는 6정군단의 동향을 정확하게 파악할 필요가 있음을 추론할 수 있다. 『삼국사기』 열전제7 눌최조에 상주군(上州軍), 하주군(下州軍)이란 표현이 전하고, 열전제7 해론조에 '상주·하주·신주의 군대[上州·下州·新州之兵]'란 표현이 보인다. 주군(州軍)이나 주병(州兵)은 주를 단위로 하여 임시로 편성한 행군군단을 가리킨다. 이외에 신라본기에서 행군군단을 편성하면서 고위 관직자를 '~주장군(州將軍)', '~주총관(州摠管)', '~주행군총관(州行軍摠管)'으로 임명한 사실을 알려주는 기록을 발견할 수 있다. 여기서 장군이나 총관 또는 행군총관은 주 단위로 임시로 편성한 행군군단의 지휘관을 가리킨다. 대규모로 출정(出征)할 때, 주 단위로 행군군단을 편성하였음을 알려주는 자료로서 주목된다. 이를 통해서도 중고기와 중대의 주가 군사제도와 유기적인 연관성을 지녔음을 엿볼 수 있다.

한편 단양신라적성비에 신라가 540년대 후반 진흥왕대에 고구려의 적성(赤城)을 쳐서 빼앗을 때에 군주가 거느린 군단뿐만 아니라 물사벌성당주(勿思伐城幢主), 추문촌당주(鄒文村幢主)가 군사를 거느리고 참전하였음을 확인할 수 있다.

---

99 이외에 태종무열왕 8년(661)에 南川停이란 표현이 나온 뒤 州治 역시 남천지역으로 옮긴 사실을 증명하듯이 南川州란 명칭이 신라본기에 보이고, 다시 문무왕 4년 주치를 漢山으로 옮기면서 停도 漢山으로 옮긴 사실도 확인된다. 이에 관한 자세한 내용은 전덕재, 1997 「한산주의 설치와 변화」『경기도 역사와 문화』, 경기도사편찬위원회, 68~71쪽이 참조된다.

적성산성은 오늘날 충북 단양군 단성면에 위치하고 있다. 물사벌성은 현재 경북 예천군 예천읍, 추문촌은 경북 의성군 금성면에 해당한다. 적성에서 예천읍까지 직선거리로 30km, 의성군 금성면까지 80km가 넘는다. 물사벌성당주와 추문촌 당주는 물사벌군과 추문군의 주민들로 편성된 군대를 이끌고 30km 또는 80km 가 넘는 적성까지 가서 고구려군과 싸웠다고 추정된다. 또한『삼국사기』열전제 7 해론조에 618년(진평왕 40)에 해론(奚論)이 금산당주(金山幢主)로서 군대를 이끌 고 가잠성(椵岑城)을 공격하였다고 전한다. 금산은 오늘날 경북 김천시에 해당하 고, 가잠성은 충북 영동군 양산면에 위치한 성이었다. 이처럼 중고기에 행정촌 의 지방관으로 파견된 당주가 어떤 군대를 이끌고 전선에 투입되었음을 살필 수 있는데, 이러한 사례를 통해서도 중고기 지방통치조직과 지방관이 군사제도와 매우 밀접한 연관성을 지녔음을 다시금 상기할 수 있다.

통일기의 경우도 물론 예외는 아니었다.『삼국사기』신라본기제10 헌덕왕 11 년(819) 3월 기록에 '초적(草賊)들이 사방에서 일어났으므로 여러 주(州)·군(郡)의 도독(都督)·태수(太守)에게 명하여 붙잡게 하였다.'고 전한다. 이 기록은 주와 군 의 지방장관인 도독과 태수가 지휘하는 군대가 존재하였음을 알려주는 자료로 유의된다. 또한 헌덕왕 14년(822) 3월 기록에 한산주(漢山州)와 우두주(牛頭州), 삽량주(歃良州), 패강진(浿江鎭), 북원경(北原京) 등이 김헌창의 반역 음모를 미리 알고, 군사를 일으켜 스스로 지켰다[擧兵自守]고 전하고, 헌덕왕 17년(825) 정월 기록에 '헌창(憲昌)의 아들 범문(梵文)이 고달산적(高達山賊) 수신(壽神) 등 100여 명과 함께 반역(叛逆)을 꾀하여, 평양(平壤)에 도읍을 세우고자 북한산주(北漢山 州)를 공격하였다. 도독(都督) 총명(聰明)이 군사를 거느리고 그들을 붙잡아 죽였 다.'고 전한다. 9주와 패강진, 5소경의 지방장관이 자체적으로 운용할 수 있는 군 대가 존재하였음을 알려주는 또 다른 사례라 할 수 있다. 이처럼 중고기와 통일 기에 지방통치조직과 지방관의 성격을 규명하고자 할 때, 당시 군사제도의 운영 을 정확하게 이해하는 것이 전제된다고 말할 수 있다. 이에 본서에서는 신라 군사제도의 성격 및 그 변천과정과 지방통치조직·지방관의 성격과 그 변천과정을 상호 유기적으로 연계하여 고찰하는 방법론을 적극 활용하려 노력하였다.

지방의 행정촌과 군, 주에 파견된 지방관의 주요 임무로서 역역의 징발과 조세의 수취를 들 수 있다. 실제로 중고기와 통일기 금석문에서 지방관이 주민들을 성이나 저수지의 축조 및 수리에 동원하고 있음을 여럿 발견할 수 있다. 또한 지방에서 조세를 거두어 중앙에 공상(供上)하였음을 알려주는 자료들도 다수 확인할 수 있다. 특히 이와 관련하여 함안 성산산성에서 출토된 하찰목간이 매우 주목된다고 하겠다. 왜냐하면 이것들은 중고기 신라 지방행정과 수취의 기본 단위가 행정촌이었음을 알려줄 뿐만 아니라 당시 지방행정체계와 수취체계의 구체적인 운영 양상을 알려주는 중요한 자료로서 적극 활용되고 있기 때문이다. 통일기에 작성된 촌락문서 역시 통일기 수취제도의 일면을 알려주는 중요한 자료이면서 동시에 당시 지방통치체계의 운영 양상을 엿볼 수 있는 귀중한 자료로서 활용되고 있음은 주지의 사실이라 하겠다. 이처럼 신라 지방제도와 수취제도가 불가분의 관계였음을 염두에 둔다면, 신라 지방제도를 정확하게 이해하기 위해서는 수취제도의 운영과 변천과정을 올바로 이해하는 것이 필요충분조건이라 말할 수 있음은 물론이다. 이에 본서에서는 군사제도와 마찬가지로 수취제도와 지방제도의 상호 연관성을 충분히 고려하여 논지를 전개하는 방법론을 적극 활용할 것이다.

『삼국사기』 기록의 한계를 보완하기 위해서는 삼국과 통일신라의 사람들이 직접 작성한 금석문과 목간, 고문서 등에 전하는 기록을 사료로써 적극 활용할 필요가 있다고 하겠다. 현재까지 신라 지방제도의 연구에 활용된 대표적인 금석문으로 진흥왕순수비 창녕비와 남산신성비를 들 수 있고, 이외에 함안 성산산성 출토 하찰목간, 그리고 촌락문서 등도 지방제도 연구의 기본 사료로 널리 주목을 받았다.

진흥왕순수비 창녕비는 561년(진흥왕 22) 당시 상주(上州)와 하주(下州)라는 주가 존재하였을 뿐만 아니라 사방군주(四方軍主)가 주의 명칭이 아니라 행정촌의 명칭을 관칭하고 있으며, 주 및 동해안지역의 광역권에 행사대등(行使大等) 또는 사대등(使大等)을 파견하였음을 알려주어 중고기 지방통치조직과 지방관을 연구하는 데에 가장 중요한 기초자료를 제공하였다고 말할 수 있다. 일제식민지시기부터 현재까지 중고기 지방통치조직과 지방관에 대한 논의는 바로 이것을 기초로 하여 진행되었다고 보아도 과언이 아닐 정도이고, 현재에도 이 비문에 전하는 내용에 대한 이해를 둘러싸고 논쟁이 계속 진행중이라 이해하여도 지나치지 않을 정도라 하겠다. 551년에 작성된 명활산성작성비에 군이란 표현과 더불어 『삼국사기』에 전하는 않는 지방관인 나두(邏頭)가 전하고 있어 주목을 받았다. 그리고 591년(진평왕 13)에 작성된 남산신성비가 다수 발견되어 중고기의 역역징발과 지방통치조직, 지방관의 성격에 대한 이해의 진전에 크게 기여하였다고 평가할 수 있다.

1991년부터 2016년까지 함안 성산산성을 발굴 조사하여, 하찰목간 242점, 문서목간 3점을 발견하였다. 성산산성 출토 하찰 목간에 지명과 더불어 신라 백성들이 바친 피[패(稗)], 보리, 쌀 등의 곡물명이 전하고 있다. 특히 여기에서 하나의 하찰목간에 복수의 지명이 발견되어 중고기에 성과 촌이 행정촌(行政村)과 자연촌(自然村)으로 나누어졌음을 증명할 수 있었고, 또한 행정촌 단위로 목간을 제작하였음이 확인되어 당시 지방행정과 수취의 기본 단위가 행정촌이었음을 확인할 수 있었다. 이와 더불어 하찰목간에 '본파(本波)', '아나(阿那)', '말나(末那)', '전나(前那)' 등의 지명이 전하여, 중고기 촌락의 분화 양상을 구체적으로 해명할 수 있었다. 이외에 6세기 후반 신라의 수취체제가 어떻게 운영되었는가와 더불어 수취한 곡물을 어떻게 중앙 또는 제3의 장소에 운반하였는가를 규명할 수 있는 단서를 확보할 수 있었다. 뿐만 아니라 당시 신라인의 문자생활에 대한 기초적인 이해도 어느 정도 가능해졌고, 나아가 문서행정의 실태도 부분적으로 복원할 수 있었다고 말할 수 있다.

촌락문서의 작성 연대에 대하여 현재 7세기 말 또는 8세기 중반, 9세기 전반에 작성되었다고 이해하는 견해가 대립하고 있지만,[100] 이것은 통일기의 신라 수취제도와 지방제도를 연구하는 데에 가장 귀중한 사료로써 널리 활용되고 있다고 하여도 과언이 아니다. 이외에 2004년 6월에 발견된 사천 선진리비는 총관이 중대 주의 지방장관이었음을 입증해주는 자료로서 주목을 받았고, 규홍사종명(窺興寺鐘銘)은 신라 하대 촌주제의 운영과 지역촌에 대한 이해의 진전에 크게 기여하였다. 여기서 언급한 금석문과 고문서 이외에도 다양한 금석문과 고문서가 신라 지방제도 연구의 1차사료로써 널리 활용되었음은 물론이다. 이상에서 살핀 바와 같이 지금까지 금석문과 목간, 고문서 등은 당대 지방통치조직과 지방관의 실상을 알려주는 1차사료로써 널리 주목을 받았다고 말할 수 있는데, 필자 역시 본서에서 금석문과 목간, 고문서 등을 논지 전개의 가장 중요한 자료로 적극 활용할 예정이다. 특히 중고기 행정촌과 자연촌, 주와 군의 운영 및 군주와 당주 등의 성격을 고찰할 때에는 금석문과 목간에 전하는 정보를 기초로 논지를 전개하고, 『삼국사기』 신라본기 중고기 기록을 이를 보완하는 보조자료로 활용할 예정이다.

마지막으로 신라의 지방제도에 대한 이해를 진전시키기 위해서는 백제와 고구려, 그리고 중국 여러 왕조의 지방제도와의 비교 검토가 필수적이라 말할 수 있다. 『한원(翰苑)』을 비롯한 중국 사서 및 백제와 고구려유민 묘지명에 전하는 정보에 근거하여 백제·고구려의 지방통치조직과 지방관에 관한 이해가 상당히 진전된 상황이라 말할 수 있다. 이러한 측면에서 신라와 백제, 고구려 지방제도의 공통점과 차이점을 규명한다면, 신라 지방제도가 지니는 특징적인 면모와 더

---

100 촌락문서의 작성연대를 둘러싼 제견해에 대해서는 김수태, 2001 「신라촌락장적 연구의 쟁점」『한국고대사연구』21, 12~18쪽; 木村誠著·야마다후미토 옮김, 2018 「신라촌락문서의 작성 연대에 관하여」『대구사학』133이 참조된다.

불어 고대 지방제도상에서 신라 지방제도가 차지하는 역사적 위상을 보다 명확하게 규명할 수 있을 것으로 기대된다. 다만 본서에서는 신라와 백제, 고구려 지방제도와의 비교 검토를 활발하게 전개하지 못하였다. 필자는 본서 출간 이후 이와 같은 작업을 진행하여 삼국시대 지방제도 전반에 대하여 정리할 계획임을 밝혀두고자 한다.

한편 신라 지방관의 명칭인 당주와 군주, 총관과 도독 등은 모두 중국에서 수용한 것으로 이해된다. 물론 현과 군, 주라는 지방통지조직의 명칭 역시 중국의 그것을 받아들인 것이라 할 수 있다. 따라서 신라 지방제도에 대한 이해와 연구를 진전시키기 위해서는 신라의 지방제도와 중국 여러 왕조의 지방제도와의 비교 검토가 절실히 요구된다고 말할 수 있다. 다만 필자는 본서에서 본격적으로 중국의 여러 왕조 지방제도와 신라 지방제도와의 비교 검토를 진행하지 못하였음을 고백하지 않을 수 없다. 그러나 필자는 나름 최선을 다하여 당나라와 그 이전 시기 중국의 지방제도 관련 연구성과를 참조하여 신라 지방통치조직과 지방관의 성격을 규명하려 노력하였음을 밝혀두고자 한다. 본서 출간 이후 중국 여러 왕조 및 고대 일본의 지방제도와 신라 지방제도를 면밀하게 비교 검토하여, 동아시아사의 전개 속에서 신라 지방제도가 지니는 특징적인 면모와 역사적 위상에 대하여 천착할 계획이다.

이상에서 언급한 다양한 연구방법론을 바탕으로 필자는 본서에서 신라 전 시기 및 태봉의 지방통치방식과 지방통치조직, 지방관에 대하여 검토할 예정이다. 본서가 출간된다면, 필자가 활용한 다양한 연구방법론은 향후 고대 지방제도를 연구할 때에 하나의 시금석으로 주목을 받을 것으로 믿어 의심치 않는다. 아울러 본서의 출간을 계기로 새로운 지방제도 연구방법론이 개발되어 지방제도를 둘러싼 생산적인 논의가 더욱 더 활발하게 전개되기를 기대해 마지않는다.

3. 본서의 내용과 구성

본서는 신라의 지방통치방식과 지방통치조직, 지방관 및 태봉의 지방제도에 대하여 고찰하기 위하여 준비된 것이다. 필자는 이를 위하여 본서를 크게 4부로 구성하였다. 1부에서는 530년대 주군제의 시행, 상고기(上古期) 신라(사로국)의 지방통제방식과 제소국의 영역화작업을 검토하고, 2부에서는 중고기(中古期) 지방통지조직과 지방관에 대하여 고찰할 것이다. 3부에서는 통일신라시기 주·군·현의 정비과정과 지방관, 주·군·현·소경·향(鄕)의 기능과 운영, 그리고 패강진의 설치와 그 성격 및 운영을 살피고, 마지막으로 4부에서는 태봉(泰封)의 지방제도를 고찰할 것이다.

먼저 1부에서는 505년(지증왕 6)에 지방을 52개의 행정촌으로 편제하고, 중앙집권적인 영역국가체제를 정비한 530년대에 행정촌 몇 개를 묶어 군을, 군 몇 개를 묶어 상주(上州)와 하주(下州)를 설치하였음을 규명한 다음, 이어 530년대 이전 신라의 제소국에 대한 통제방식, 제소국 국읍(國邑)과 읍락(邑落)의 행정촌으로의 편제 작업, 즉 영역화작업을 서북지역과 동해안지역, 울산·부산지역으로 나누어 고찰 것이다. 1부 1장에서는 우선『양서(梁書)』신라전에 전하는 52읍륵(邑勒)은 바로 52개의 행정촌을 가리키며, 지방 소국의 국읍이나 읍락을 52개의 행정촌으로 재편한 시기는 505년(지증왕 6)이었음을 논증하고, 이어 지배체제가 6부체제에서 중앙집권적인 영역국가체제로 전화된 530년대에 지방에 주와 군을 설치하여 이른바 주군제를 정비하였음을 추적할 예정이다. 그리고 여기에서 520년(법흥왕 7)에 경위(京位) 17관등과 함께 외위(外位)를 정비하고, 행정촌과 자연촌의 지배자를 모두 외위체계에 편제함으로써 신라 국가가 행정촌과 자연촌에 대한 통제를 한층 더 강화한 사실을 고구(考究)하고, 신라 국가가 4~6세기 농업생산력의 발달과 그에 따른 읍락사회의 변동을 계기로 지방 소국이나 읍락 수장의 자치권을 부정하고, 그것들을 국가의 직접적인 지배영역, 즉 지방통치조직으로 재편하고 지방관을 파견하여 직접 지배를 실현하였음을 밝힐 것이다.

1부 2장에서는 3세기 후반 이후에 신라(사로국)가 주변의 여러 소국과 읍락을 정복하여 복속시켜 진한지역의 맹주국으로 부상한 이후부터 주군제를 정비하기 이전 시기까지 주변의 복속 소국들을 어떻게 통제하였는가를 집중적으로 검토할 예정이다. 특히 여기서는 지방의 복속 소국이나 읍락의 지배자에게 내부 통치에 대하여 자치를 허용해주는 대신, 그들에게 사로국(신라)에 정기적으로 공납(貢納)을 바치게 하는 방식으로 지배-복속관계를 맺었고, 만약에 사로국(신라)에 반기를 들면 군사를 보내 응징하고 다시 지배-복속관계를 회복시켰으며, 지방의 전략적 요충지나 교통의 요지에 사로국(신라)의 관리를 파견하여 소국의 동향과 교역 등을 통제, 감찰하게 하였음을 밝히는 데에 중점을 둘 것이다. 이와 더불어 마립간시기에 이르러 지방에 대한 통제를 강화하였음을 신라 세력권인 낙동강 동안지역에서 출토된 토기의 양식이 서로 유사하거나 또는 금동관이 출자형(出字形) 세움장식의 관으로 획일화된 모습을 통해 논증하려 한다.

1부 3장에서는 530년대 이전에 신라는 단위정치체인 6부를 중심으로 정치체제와 지배제체를 운영하였는데, 이때 신라 국왕은 6부를 매개로 지방을 지배하였음을 살필 예정이다. 여기서는 501년(지증왕 2)에 건립된 포항중성리신라비의 분석을 통해 경북 포항시 흥해지역에 대한 지배권을 둘러싸고 모단벌훼(牟旦伐喙), 즉 모량부(牟梁部)와 훼부(喙部)·사훼부(沙喙部) 소속의 왕족이 갈등을 벌인 사실에 유의하여, 501년 이전 모단벌훼가 흥해지역에 대한 지배권을 행사하였음을 논증한 다음, 이를 기초로 6부체제 단계에 각 부가 지방을 분할하여 지배하였음을 추론할 것이다. 그리고 고구려의 사례를 참조하여, 각 부의 대표가 지방의 소국이나 읍락을 정복할 때에 부인(部人)들을 군사로 동원하여 참여한 것에 대한 반대급부로 지방 소국이나 읍락을 지배할 수 있는 권리를 부여받았음을 밝히고, 5세기 후반 이후에 훼부와 사훼부 소속 왕족이나 귀족들이 지방에 대한 다른 부의 지배권을 축소시키는 방식으로 세력기반을 확대하여 나갔음을 고구할 것이다.

　1부 4장에서는 신라가 주변 여러 소국의 국읍이나 읍락을 행성촌으로 편제하고, 거기에 지방관을 파견하여 직접 지배를 실현하는 과정, 즉 신라 국가의 영역화작업에 대하여 고찰할 것이다. 고구려는 427년 평양으로 천도한 이후 남진정책을 본격적으로 추진하였는데, 신라는 백제와 나제동맹을 맺어 고구려의 남진에 공동으로 대응하는 한편, 소백산맥 일원에 산성을 축조하여 고구려의 남침에 대비하였다. 신라는 산성을 축조하는 과정에서 서북지역에 위치한 여러 소국의 국읍이나 읍락을 행정촌으로 재편하여 영역으로 편제하였다. 한편 강릉 이남에서 포항시 북구 청하면 이북의 동해안지역은 400년에 고구려가 신라 변방을 침략한 왜군을 무찌르기 위하여 군대를 파견한 이후 고구려의 영역으로 편입되었다가 450년 무렵에 신라가 다시 고구려세력을 구축(驅逐)하고 되찾았는데, 이후부터 신라는 동해안지역에 위치한 소국의 국읍이나 읍락을 해체하여 행정촌으로 재편하는 작업을 추진하여 마침내 460년대 후반에 동해안지역을 신라의 영역으로 편제하기에 이르렀다. 사로국은 3세기 후반 무렵에 울산에 위치한 우시산국(于尸山國)과 굴아화(국)[屈阿火(國)]를, 부산광역시 동래에 위치한 거칠산국(居柒山國)을 공격하여 복속시키고, 4~5세기에 걸쳐 신라가 세 소국의 지배세력에 대한 통제를 한층 더 강화하였으며, 5세기 후반에서 지증왕 6년(505) 사이에 우시산국의 영역을 우화촌(于火村)이라 불리는 행정촌으로, 굴아화지역은 굴아화촌, 거칠산국지역은 거칠산이라 불리는 행정촌으로 편제하였다. 이상의 내용이 1부 4장에서 살필 핵심 내용인데, 필자는 여기서 지역에 따라 영역화작업의 양상에 약간의 편차가 있음을 유념하려 한다.

　2부에서는 중고기의 지방통치조직인 행정촌과 군, 주의 성격과 기능, 이들 지방통치조직에 파견된 군주, 당주, 나두, 도사라 불리는 지방관의 성격에 대하여 고찰할 것이다. 2부 1장에서는 먼저 함안 성산산성에서 출토된 하찰목간의 묵서 내용을 5가지 유형으로 분류한 다음, 이를 기초로 중고기 행정촌과 자연촌의 성격을 규명할 것이다. 여기서는 특히 행정촌은 지방관이 파견되어 행정의 중심이 되었던 자연촌과 그 주변의 여러 자연촌을 망라하는 일정한 영역 단위를 가리키는 개념이었음을 논증하는 데에 초점을 맞출 예정이다. 그리고 이어 여러 하찰 목간에 공통으로 전하는 '본파(本波)', '아나(阿那)', '말나(末那)'의 뜻을 추적하고, 이를 기초로 하여 6세기 중·후반에 일부 취락을 자연촌으로 편제하는 양상 및 촌락도 여러 개의 취락으로 다시 분화되는 양상을 추출할 것이다. 이어 계속해서 하찰목간을 행정촌 단위로 제작하였음을 논증한 다음, 행정촌이 부세수취와 역역징발의 기본 단위로서 기능하였음을 규명하고, 행정촌에 파견된 도사(道使)나 나두(邏頭), 당주(幢主) 등이 호적(戶籍)이나 계장(計帳) 등을 근거로 촌민에게 부세(賦稅)를 부과하여 징수한 수취물을 주치(州治) 또는 제3의 장소에 운반하면, 주행사대등(州行使大等)이 주치 등에 집적된 수취물을 군상촌주(郡上村主)나 또는 장척(匠尺)을 운송책임자로 임명하여 왕경(王京) 또는 또 다른 장소에 그것들을 운반하도록 지시하는 형식으로 수취체계가 운용되었음을 고구할 것이다. 필자는 1장에서 중고기에 부세수취와 역역징발에서 행정촌이 기본 단위로 기능하였고, 주행사대등이 행정촌에 파견된 지방관을 지휘, 감독하는 시스템이 중요한 역할을 수행하였으며, 중간 지방행정단위인 군이 지방행정체계와 수취체계상에서 소외되었던 사실을 강조할 것이다.

2부 2장에서는 우선 당주나 나두는 군의 중심 행정촌에 파견되어 군을 대표하는 지방관의 위상을 지녔고, 그 예하 행정촌에 파견된 도사와 재지세력인 군의 촌주 등과 협의하여 군과 관련된 행정업무를 처리하였음을 논증할 것이다. 이어 중고기에 법당군단(法幢軍團), 즉 외여갑당(外餘甲幢)을 군 단위로 편성하고 운용한 사실을 규명한 다음, 중고기에 신라 정부는 중간 행정단위인 군을 법당군단을 효율적으로 운용하기 위한, 즉 군사적인 목적에서 활용하였음을 추출할 예정이다.

2부 3장에서는 추상적인 명칭의 주가 지역명을 관칭한 주로 바뀌었고, 백제 멸망 후에 백제고지에 3주를 설치함으로써 9주를 완비한 사실, 주와 군주(軍主)와의 관계를 집중적으로 조명하여 555년에서 561년 사이에 군주가 주치(州治)에 주둔한 정군단의 사령관이면서 동시에 추상적인 명칭의 광역의 주 및 동해안지역의 광역권의 행정을 총괄하는 지방장관의 성격을 겸유(兼有)하게 된 사실 등을 고찰할 것이다. 여기서는 먼저 530년대에 상주(上州)와 하주(下州)를, 553년에 한강 상류와 하류지역을 망라하는 영역을 범위로 하는 신주(新州)를 설치하였으며, 637년에 신주를 한산주(漢山州)와 우두주(牛頭州)로 분할하고, 665년에 상주와 하주의 땅을 분할하여 삽량주(歃良州)를 설치한 다음, 옛 상주지역을 일선주(一善州), 옛 하주지역을 거열주(居列州)라 불렀음을 살필 것이다. 그리고 백제 멸망 후에 백제고지에 소부리주(所夫里州), 발라주(發羅州), 완산주(完山州)를 설치하여 9주를 완비한 사실을 논증할 것이다.

이어 진흥왕순수비 창녕비에 전하는 사방군주(四方軍主)는 상주와 하주, 신주의 주치 및 동해안지역의 전략 요충지인 비열홀(比列忽)에 주둔한 정군단의 사령관이면서 3주 및 동해안지역의 광역행정단위를 행정적으로 총괄하는 지방관의 위상을 지녔음을 살필 것이다. 그리고 계속해서 중대에 도독 또는 총관이 6정군단의 운용에서 배제되고, 또 9주 전체에 6정군단을 확대하여 배치하지 않았기 때문에 6정군단도 그것이 주둔한 주의 민들을 군사로 징발하여 편성한 군사조직이라 말하기 곤란해졌으며, 이처럼 주와 6정군단이 분리됨에 따라 지방의 최상급 행정구역단위와 군관구로서 기능하던 주도 광역의 지방행정구역으로서의 성격만을 지니게 되기에 이르렀던 사실을 해명할 것이다.

2부 4장에서는 중고기에 아시촌소경(阿尸村小京), 국원소경(國原小京), 북소경(北小京)을 설치한 사실을 검토하고, 이어 중고기 소경의 기능에 대하여 고찰할 것이다. 여기서 필자는 중고기에 신라는 서북과 동북지역으로 진출하면서 그들 지역과 왕경을 연결하는 교통의 요지에 해당하는 아시촌(경북 의성군 안계면), 국원(충북 충주시), 하슬라(강원 강릉시)에 소경을 설치하고 6부인을 집단적으로 천사(遷徙)시켜 거주케 하였으며, 당시 소경은 서북지역과 동해안지역을 효율적으로 통치하기 위한 전략적 거점으로서, 또한 외적으로부터 왕경을 보위함과 동시에 영역팽창을 위한 군사적 전초기지로서도 기능하였고, 소경에 거주한 6부인들은 도사 등의 지방민통치를 배후에서 지원하는 역할을 수행하였음을 밝히는 데에 초점을 맞출 예정이다.

3부에서는 통일신라시기 행정촌의 현으로의 재편과 향(鄕)의 설치, 태수(太守)의 파견과 주의 장관 명칭의 변동, 주·군·현의 기능과 운영, 패강진(浿江鎭)의 설치와 그 성격 및 운영, 그리고 5소경의 설치와 기능 및 변화 등에 대하여 고찰할 것이다. 3부 1장에서는 먼저 현(縣) 관련 자료에 대한 세밀한 분석과 사료비판을 기초로 642년 대야성전투 이후에 고구려와 백제와의 접경지역에 위치한 행정촌의 전정(田丁), 즉 토지와 호구 등을 조사하여 현으로 재편하고 거기에 현령(縣令) 또는 소수(少守)라는 지방관을 파견하기 시작하여 마침내 녹읍(祿邑)을 혁파하고 관리들에게 세조(歲租)를 급여로 지급하기 시작한 689년(신문왕 9) 무렵에 전국의 행정촌을 현으로 재편하는 작업을 마무리하였음을 논증할 것이다. 이어 부곡(部曲) 관련 자료들을 세밀하게 분석하여 그것은 고려 초에 비로소 설치하였고, 중고기 말·중대 초에 행정촌을 현으로 재편하는 과정에서 전정(田丁)·호구가 군(군치)과 현을 삼기에 부족한 일부 지역촌을 향(鄕)으로 삼았으며, 9세기 후반에 신라는 일부 향의 전정과 호구가 크게 증가하자, 거기에 향령을 파견하여 향을 군·현과 비슷한 기능을 수행하는 공식적인 지방행정단위로 인정해주었음을 규명할 것이다.

그리고 3부 1장에서 마지막으로 642년 대야성전투 이후 행정촌을 현으로 재편하는 과정에서 군치(郡治)에 태수(太守)라 불리는 지방관을 파견하기 시작한 사실, 663년(문무왕 3)에 당나라에서 문무왕을 계림주대도독(雞林州大都督)으로 책봉하였는데, 이를 계기로 신라에서 주의 장관을 도독(都督)이라 부르기 시작하였고, 685년(신문왕 5)에 주의 장관을 총관(摠管)이라고도 부르기 시작하였으며,

이후 신라에서 한동안 주의 장관을 총관 또는 도독이라 부르다가 785년(원성왕 1)에 주의 장관을 오로지 도독이라 부르는 것으로 규정한 사실, 665년(문무왕 5)부터 일부 주에 도독을 보좌하는 속관(屬官)으로서 주조(州助)와 장사(長史)를 두기 시작하였다가 685년(신문왕 5) 무렵에 모든 주에 주조와 장사를 도독의 속관으로 임명한 사실 등을 차례대로 고찰할 것이다.

3부 2장에서는 먼저 통일신라시대에 현(縣)이 지방행정과 부세수취 및 요역 징발의 기본 단위였을 뿐만 아니라 지방재정의 독립적인 운영 주체로서 기능하였고, 중간 지방행정단위로서의 군(郡)은 지방 감찰과 진휼의 기본 단위였을 뿐만 아니라 국가적 차원에서 역사(役事)를 추진할 때 요역징발의 단위로서도 기능하였으며, 하대에 군을 단위로 외여갑당(外餘甲幢)[외법당(外法幢)]을 편성함으로써 그것이 군관구(軍管區)로서의 성격도 지녔음을 살필 것이다. 이어 주를 단위로 요역을 징발하는 사례가 있었음을 살펴본 다음, 하대에 주의 총관(도독)이 10정(停)과 만보당(萬步幢), 비금당(緋衿幢), 사자금당(師子衿幢)을 지휘하였음을 고찰할 것이다. 그리고 계속해서 광역의 영역을 대표하는 위상을 지닌 주의 총관(도독)이 관내(管內)에서 발생한 각종의 사건 사고, 괴변, 특이동향 등을 수렴하여 중앙정부에 보고하는 한편, 관내에서 발견된 서물(瑞物)과 서수(瑞獸), 서조(瑞鳥) 등을 수합하여 진상(進上)하였음을 규명하고, 주에서 사신 접대와 환송, 표류민의 송환 등 외국과 관련된 제반 사항도 관할하였음을 고구할 예정이다.

3부 3장에서는 먼저 733년에 신라가 발해를 공격한 것을 계기로 당나라 현종(玄宗)이 오늘날 황해도지역을 망라하는 패강지역을 신라에게 사여하자, 신라가 패강지역을 본격적으로 개척하기 시작하여 마침내 경덕왕과 헌덕왕대에 14군·현을 설치하여 영역으로 편제한 사실을 살피고, 이어 782년(선덕왕 3)에 패강진(浿江鎭)을 설치한 배경 및 그 성격과 운영을 상세하게 고찰할 것이다. 특히 여기서 신라는 782년(선덕왕 3) 정월에 발해의 잠재적인 침략에 대비하고, 새로 개척한 패강지역 군현의 치안을 안전하게 유지하기 위해 대곡성(大谷城; 북한의 황해북도 평산군)에 패강진을 설치하였고, 신라 정부는 패강진전(浿江鎭典)의 대감(大監)이나 소감(少監)을 패강지역의 전략적 요충지나 교통의 요지에 위치한 여러 군진(軍鎭)의 지휘관으로 파견하였으며, 대곡성에 위치한 패강진의 두상대감(頭上大監)으로 하여금 여러 군진을 통괄하게 하였음을 규명하는 데에 초점을 맞출 예정이다. 특히 필자는 여기서 신라가 재령강 서쪽의 황해도 해안지역을 군과 현으로 편제하지 않았지만, 해상교통의 요지에 군진을 설치하여 실효적 지배를 실현하였음을 강조할 예정이다. 패강진의 성격과 운영에 대한 필자의 이해는 종래에 패강진을 9주와 같은 광역의 지방행단위로 이해하고, 대감과 소감 등이 패강지역에 설치한 14군·현을 군사적, 행정적으로 다스렸다는 통설적 견해에 대한 비판으로서 의의가 있다고 하겠다.

3부 4장에서는 통일기에 국원소경을 중원소경(中原小京)으로 고치고, 문무왕과 신문왕대에 북원소경(北原小京)과 서원소경(西原小京), 남원소경(南原小京), 금관소경(金官小京)을 잇따라 설치하여 5소경체제를 갖추었음을 살핀 다음, 이어 5소경의 기능과 행정체계 및 그 변화에 대하여 고찰할 것이다. 통일 이후에 지방에 대한 통제력을 강화하기 위하여 왕경에서 각 지역을 연결하는 교통의 요지에 소경을 증치(增置)하여 5소경체제를 갖추었고, 왕경과 마찬가지로 영역을 6부로 구획하고 도심지를 도시계획에 의거하여 정비하였다. 한편 통일기에 주치가 지방지배의 새로운 거점으로 부각됨에 따라 주치(州治) 역시 6부로 구획하고 도시계획에 의거하여 정비하였다. 통일기에 지방통치에서 주치의 역할이 증대되면서 상대적으로 소경의 위상이 낮아졌고, 이에 따라 신라 정부는 소경을 주(州)의 통령(統領)을 받는 지방통치조직으로 대우하기 시작하였다. 그러나 9세기 중·후반에 치안이 불안해지자, 신라 정부는 당나라 유수부제(留守府制)를 수용하여 5소경을 5부(府)로 재편하고, 그곳의 군사력을 강화하는 방향에서 지방에 대한 효과적인 통제를 모색하고자 하였다. 3부 4장에서는 이상에서 언급한 내용을 집중적으로 고구(考究)하는 데에 초점을 맞출 것이다.

4부에서는 궁예가 북방을 개척하여 패서지역에 13진(鎭)을 설치하고, 일부 군·현을 주(州)로 승격시켜 주를 증설하는 한편, 전국을 도(道)라는 광역의 지방행정단위로 나누어 통치하였음을 살핀 다음, 이어 고려 초에 일반 군과 현에 거주하던 주민에 비하여 천한 존재로 인식되어 법제상으로, 사회적으로 차별 대우를 받았던 특수한 지방행정단위로서 부곡(部曲)을 설치하였고, 이와 더불어 향도 부곡과 같은 차별 대우를 받는 특수한 지방행정단위로서 대우받았음을 고찰할 예정이다. 여기서 필자는 태봉에서 신라가 개척하지 않은 대동강 입구에서 재령, 해주선을 잇는 황해도 서쪽지역을 개척하였음을 먼저 추적하고, 이어 계속해서 이를 기초로 황해도지역의 전략 요충지나 교통의 요지에 13개의 진(鎭)을 설치한 다음, 그 책임자로 각지에 근거지를 둔 지방세력을 임명하여 패서지역에 대한 지배를 실현하였음을 검토할 것이다. 그리고 이어서 패서 13진을 비롯하여 일부 군·현을 주(州)로 편제한 실상을 논증하여 궁예가 그에게 투항한 지방세력의 근거지나 또는 정치군사적 중심지를 주로 개편하였음을 점검하고, 신라의 9주를 대신하여 전국을 몇 개의 도(道)로 나누어 편제한 사실을 '나주도(羅州道)' 및 '패서도(浿西道)[패강도(浿江道)]'와 관련된 자료들을 집중 분석하여 고찰할 예정이다.

마지막으로 고려 태조대에 역명자(逆名者)와 관련된 군·현의 주민들을 일반 군·현인에 비하여 천한 존재로 대우하며 부곡인(部曲人)이라 부르는 한편, 그들이 거주하는 곳을 '~부곡'이라고 명명한 사실, 이때 기존 신라의 향을 주나 현으로 편제하면서 동시에 역명자와 관련된 일부 군·현이나 독자적 방어와 지배의 거점으로서 기능하던 지방의 지역자위공동체를 새롭게 향으로 재편하면서 고려 정부는 향에 거주하는 주민들을 신라의 향인과 달리 부곡인과 마찬가지로 천한 존재로 인식하여 일반 군·현인에 비하여 법제상으로, 사회적으로 차별 대우한 사실을 살필 것이다. 4부의 검토를 통해 태봉에서 주를 증설하거나 도제를 실시하고, 고려 초에 향이 부곡과 같은 특수한 지방행정단위로 재편됨으로써 고려 지방제도의 기본 골격이 갖추어졌음을 엿볼 수 있을 것이다.

필자는 본서에서 신라 지방제도의 전개과정을 종합적, 체계적으로 정리하여 향후 신라 지방제도뿐만 아니라 고대 삼국 및 고려시대 지방제도에 대한 이해와 연구의 진전에 조금이나마 도움을 주고자 하였다. 그러나 본서에서 필자는 신라의 건국부터 멸망에 이르기까지의 촌락사회의 변동과정을 지방통치조직과 유기적으로 연관시켜 고찰하지 못하였을 뿐만 아니라 고구려·백제 지방제도와 신라 지방제도와의 비교 검토를 통해 신라 지방제도가 지니는 특징적인 면모와 역사적 위상을 분명하게 설명하지 못하였음을 고백하지 않을 수 없다. 게다가 신라 지방제도에 대한 이해를 크게 진전시키기 위해서는 고대 중국 및 일본 지방제도와의 비교 검토도 필수적이지만, 여러 가지 어려움 때문에 그와 같은 방법론을 적극 활용하지 못하였다. 이와 같은 한계는 향후 수정, 보완할 것을 약속하는 바이다. 이와 더불어 포항중성리신라비와 함안 성산산성 출토 하찰목간을 기본 자료로 활용한 근래의 신라 지방제도와 수취제도에 대한 연구성과를 두루 섭렵하지 못하였기 때문에 필자의 논지에 여러 가지 미진한 점이 적지 않았을 것으로 짐작된다. 차후에 새로운 관점과 자료에 기초하여 연구된 논저들을 적극 참고하여 필자의 논지를 수정하고 보완할 계획임을 밝혀두고자 한다.

필자는 1990년 이래 최근까지 필자가 발표한 논고를 기초로 하여 본서를 찬술하였다. 본서를 찬술하는 과정에서 필자의 신라 지방통치조직과 지방관에 대한 이해가 시시각각으로 변하였음을 확인할 수 있었다. 본서에서 필자의 생각이 바뀐 내용에 대하여 일일이 각주를 달아 자세하게 밝히지 않았다. 이에 대해 독자들의 사려 깊은 양해를 구하는 바이다. 과거에 필자가 발표한 논고에서 밝힌 필자의 견해와 본서에서 밝힌 견해가 다를 경우, 본서에서 서술한 내용이 필자의 최종 견해임을 밝혀두고자 한다. 본서의 출간을 계기로 신라 지방제도에 대한 연구가 좀 더 활성화되어 신라 지방통치조직과 지방관에 대한 이해가 크게 진전되기를 바라 마지않는다. 아울러 본서의 성과를 기반으로 신라 지방제도와 고구려·백제 및 고려 지방제도와의 비교 검토가 활발하게 진행되어 고대 지방제도의 특징적인 면모와 역사적 위상에 대한 지견이 확대되기를 기대해본다. 본서의 부족한 점은 추후에 수정, 보완할 것을 약속하며, 많은 질정을 바란다.

1부
상고기(上古期) 신라의 지방통제와
영역화(領域化)

1. 530년대 주군제(州郡制)의 정비

당(唐) 태종(太宗) 정관(貞觀) 3년(629)부터 10년 간에 걸쳐 요사렴(姚思廉)이 칙서를 받들어 편찬한 『양서(梁書)』 신라전(新羅傳)에 다음과 같은 기록이 전한다.

> 그 (나라의) 습속(習俗)에 (왕)성[(王)城]을 건모라(健牟羅)라 부른다. 그(왕성)
> 읍 안쪽을 탁평(啄評)이라 부르고, 그 읍 바깥쪽을 읍륵(邑勒)이라 부르는데,
> 이것은 중국의 군현(郡縣)과 같은 말이다. 나라에 6탁평과 52읍륵이 있다.[1]

위의 기록에 전하는 건모라(健牟羅)에서 '건(健)'은 '큰'의 뜻으로 '대(大)'를 의미하고, '모라(牟羅)'는 모로(模盧, 牟盧), 모루(牟婁) 등과 마찬가지로 '마을'을 뜻한다. 결과적으로 건모라는 '대읍(大邑)'을 뜻한다고 볼 수 있다.[2] 신라의 대읍은 구체적으로 도읍(都邑)을 가리킨다고 이해할 수 있다. 위의 기록은 도읍 안에 6탁평, 그 바깥에 52읍륵이 존재한 사실을 반영한 것이라 할 수 있다.

---

1 其俗呼城曰健牟羅 其邑在內曰啄評 在外曰邑勒 亦中國之言郡縣也. 國有六啄評 五十二邑勒 (『양서』 신라전).
2 이병도, 1976 「고대남당고」 『한국고대사연구』, 박영사, 619쪽.

여기서 6탁평은 6부(部)를 말한다. 52읍륵을 중국의 군현과 같은 말이라 하였으므로, 이것은 6탁평에 대응된 지방의 통치조직과 연결시켜 이해할 수 있다. 읍륵은 읍락(邑落)을 가리킨다. 중국에서 '읍(邑)'은 본래의 발원취락(發源聚落)으로 비교적 많은 인구와 가옥들로 구성되었고, '낙(落)'은 그 주변에 새롭게 형성된 신흥(新興)의 소규모 취락들을 가리키는 것으로 이해되고 있다.[3] 삼한 소국은 읍락 가운데 소국의 중심이 되는 읍락을 가리키는 국읍(國邑)과 그 주변에 위치한 여러 개의 읍락으로 구성되었다.[4] 그런데 중고기에 군(郡)은 군의 중심 행정촌과 그 주변의 몇 개의 행정촌으로 구성되었다. 이와 같은 군의 성격은 다분히 국읍과 그 주변의 몇 개 읍락으로 구성된 소국(小國)과 기본적으로 맥락이 닿아 있다고 이해할 수 있다. 52읍륵은 바로 국읍을 비롯한 52개의 읍락을 가리킨다. 따라서 읍륵은 바로 중고기의 행정촌에 대응된다고 이해하는 것이 합리적이다. 이러한 측면에서 종래에 52읍륵을 도사(道使)가 파견된 52개의 행정촌을 이른다고 이해한 견해는[5] 충분히 공감을 받을 만하다고 하겠다.

『양서』 신라전에 보통(普通) 2년(521; 법흥왕 8)에 신라왕 모진(募秦)이 백제를 따라서 처음으로 사신을 보내 방물(方物)을 바쳤다고 전한다.[6] 『양서』 신라전의 기록은 바로 이때 신라 사신에게서 얻은 정보를 바탕으로 기술하였을 것으로 짐작된다. 따라서 신라 도읍 안에 6탁평(6부)이 있고, 지방에 52읍륵이 존재하였던 시점은 521년이라 보아도 무방하다고 하겠다. 결국 521년 당시 신라의 지방통치조직은 52개의 행정촌을 중심으로 운영되었다고 정리할 수 있다. 521년 무렵 행정촌의 내부 구조와 관련하여 524년(법흥왕 11)에 건립된 울진봉평리신라비를 주목할 필요가 있다.

---

3 池田雄一, 2002「中國古代の聚落形態」『中國古代の聚落と地方行政』, 汲古書院, 66~71쪽.
4 이현혜, 1984『삼한사회형성과정연구』, 일조각, 104~110쪽.
5 주보돈, 1998『신라 지방통치체제의 정비과정과 촌락』, 신서원, 88쪽.
6 普通二年 王姓募名秦 始使使隨百濟奉獻方物(『양서』 신라전).

울진봉평리신라비에 거벌모라도사(居伐牟羅道使) 본세(本洗) 소사제지(小舍帝智), 실지도사(悉支道使) 오루차(烏婁次) 소사제지(小使帝智), 거벌모라 이모리(尼牟利) 일벌(一伐), 미의지(弥宜智) 파단(波旦), 탄지사리(組只斯利) 일금지(一金智), 아다혜촌(阿大兮村) 사인((使人) 나이리(奈尓利), 갈시조촌(葛尸条村) 사인 나등리(奈木利) 거벌척(居伐尺), 남미지촌(男弥只村) 사인 익□(翼□), 거벌모라(居伐牟羅) 이지파(異知巴) 하간지(下干支), 신일지(辛日智) 일척(一尺) 등의 인물이 등장한다.[7] 거벌모라도사와 실지도사는 6부 소속이고, 나머지는 모두 지방민에 해당한다. 일반적으로 도사가 파견된 촌을 행정촌이라 부른다.[8] 따라서 거벌모라와 실지는 행정촌이라 이해할 수 있다. 거벌모라의 위치는 정확하게 고증하기 어렵고, 실지는 오늘날 강원도 삼척시에 비정되며, 실직(悉直)이라 부르기도 한다. 참고로 524년 당시 실지지역에 군주(軍主)가 파견되기도 하였다. 갈시조촌과 남미지촌, 아다혜촌에는 도사가 파견되지 않았으므로 행정촌으로 보기 어렵다. 뒤에서 자세하게 고증하겠지만, 행정촌은 몇 개의 자연촌으로 구성되었다. 따라서 도사가 파견되지 않은 갈시조촌 등은 거벌모라라는 행정촌에 소속된 자연촌이라 보아도 무방할 것으로 판단된다.

울진봉평리신라비에서 행정촌인 거벌모라에 하간지(下干支), 일벌(一伐), 일척(一尺), 파단(波旦), 일금지(一金智)를, 그 예하의 자연촌인 갈시조촌에 거벌척이라는 외위를 수여받은 인물이 존재하였음을 살필 수 있다. 501년(지증왕 2)에 건립된 포항중성리신라비에서 6부인에게 일벌(壹伐)이란 관등을 수여하였음을 확인할 수 있다.[9] 이때까지 일벌은 외위 관등이 아니었음을 시사해주는 자료로서 주

---

7 비문의 판독은 강종훈, 2009 「울진봉평신라비의 재검토」『동방학지』148, 3~17쪽을 참조하였다. 다만 강종훈은 '葛尸条村使人奈木利居□尺'으로 판독하였으나, 윤선태, 2016 「신라의 초기 외위체계와 '及伐尺'」『동국사학』61, 166~167쪽에서 '居□尺'을 '居伐尺'으로 판독하였다. 필자는 윤선태의 판독안을 수용한 것이다.

8 이에 대해서는 2부에서 자세하게 논증할 예정이다.

목된다.[10] 여기에 지방민으로 간거벌(干居伐) 일사리(壹斯利), 소두고리촌(蘇豆古利村) 구추열지간지(仇鄒列支干支), 비죽휴일금지(沸竹休壹金知), 나음지촌(奈音支村) 복악간지(卜岳干支), 걸근일금지(乞斤壹金知), 진벌(珍伐) 일석(壹昔) 등이 보인다.[11] 구추열지와 복악은 소두고리촌과 나음지촌의 촌주로 이해되며, 당시에 그들은 단지 '간지(干支)'란 위호(位號)만을 칭하고 있고, 각 촌에 일금지(壹金知)라는 관등을 보유한 인물이 존재하였음을 엿볼 수 있다. 비슷한 모습은 503년(지증왕 4)에 건립된 포항냉수리신라비에서도 발견할 수 있다. 여기에 촌주(村主) 유지간지(臾支干支)와 수지일금지(須支壹수智)가 나온다. 유지는 이름이고, 간지는 촌주를 가리키는 위호로 볼 수 있다. 유지는 진이마촌(珍而麻村)의 촌주로 이해된다. 501년과 마찬가지로 503년에도 지방의 촌에 촌주로 짐작되는 간지를 칭하는 존재와 일금지(壹金知, 壹수智)라는 관등을 보유한 존재가 촌을 지배하였음을 짐작해볼 수 있다.

일금지란 관등을 소지한 인물들의 성격과 관련하여『삼국유사』권제2 기이제2 가락국기조에 전하는 동기(同氣) 탈지이질금(脫知爾叱今)의 성격을 주목할 필요가 있다. 금관국왕(金官國王) 김구해(金仇亥)[김구형(金仇衡)]는 532년(법흥왕 19)에 신라에 항복하였는데, 이때 신라는 금관국을 금관군(金官郡)으로 삼고, 그곳을 김구해의 식읍(食邑)으로 수여하였는데,[12] 김구해(김구형)는 식읍의 관리를 위하

9 포항중성리신라비에 '爭人은 喙 評公斯弥, 沙喙 夷須, 牟旦伐喙 斯利壹伐, 皮朱智, 本波喙 柴干支, 弗乃壹伐, 金評□干支, 祭智壹伐이다.'라고 전한다. 일벌이란 관등을 소지한 인물들이 모단벌훼(모량부), 본파훼(본피부) 소속이었음을 알려준다.

10 일벌을 외위 관등으로 이해하면서, 일벌 소지자는 왕경인과 연결되어 지방에서 실무 역할을 하는 존재로 이해하는 견해가 제기되었다(하일식, 2009「포항중성리신라비와 신라 관등제」『한국고대사연구』56, 209쪽).

11 포항중성리신라비의 판독은 국립경주문화재연구소, 2019『포항중성리신라비』, 66쪽에서 제시한 판독문에 의거하였다. 판독을 둘러싼 이견에 대해서는 이현섭·전덕재, 2021「포항중성리신라비 연구의 쟁점과 논의」『사학지』61, 5~16쪽이 참조된다.

여 동기 탈지이질금을 금관국, 즉 가락국(駕洛國)에 머물게 한 것으로 이해된다. '질(叱)'은 '사이 시옷'을 의미하므로 이질금(爾叱今)은 '잇금'으로 독음(讀音)할 수 있다. 한편 아간지(阿干支), 즉 아찬(阿飡)을 알한지(謁旱支), 아질간(阿叱干)이라고도 표기하였다.[13] 아질간(阿叱干)에서 '질(叱)'은 '사이 시옷'을 의미하므로 이것은 '앗간'으로 음독할 수 있다. 아찬은 본래 '앗(앚, 앛)간'이었고, 이것을 아간(阿干), 알한(謁旱)[알간(謁干)]으로 음차(音借)하여 표기한 것으로 보인다. 동일한 맥락에서 '잇금'을 음차하여 '이질금(爾叱今)' 또는 '일금(壹金, 一金, 壹今)'이라 표기할 수 있을 것이다. 일벌간(一伐干)을 이벌간(伊伐干), 이간(伊干)을 일간지(壹干支), 일척간(一尺干)으로도 표기한 사실을 통해 이질금과 일금이 잇금의 음차 표기였음을 뒷받침할 수 있다. 이상의 검토에 따른다면, 울진봉평리신라비 등에 나오는 일금지[지(智) 또는 지(知)는 존칭어미의 뜻을 지닌 글자]는 바로 이질금과 동일한 관등을 가리킨다고 보아도 무방할 것이다. 그런데 흥미로운 사실은 금관국왕 김구형(김구해)은 동기(同氣), 즉 인척에게 이질금, 즉 일금지란 관등을 수여하였다

---

12 金官國主金仇亥 與妃及三子 長曰奴宗 仲曰武德 季曰武力 以國帑寶物來降. 王禮待之 授位上等 以本國爲食邑. 子武力仕至角干(『삼국사기』 신라본기제4 법흥왕 19).

　　仇衡王. 金氏 正光二年卽位 治四十二年. 保定二年壬午九月 新羅第二十四君眞興王 興兵薄伐 王使親軍卒 彼衆我寡 不堪對戰也. 仍遣同氣脫知爾叱今 留在於國 王子上孫卒支公等 降入新羅. 王妃分叱水爾叱女桂花 生三子 一世宗角干 二茂刀角干 三茂得角干. 開皇錄云 梁中大通四年壬子 降于新羅(『삼국유사』 권제2 기이제2 가락국기).

　　가락국기의 기록에는 대가야국의 멸망 사실과 금관국 왕족 구성원에 대한 내용이 뒤섞여 있다고 볼 수 있다. 아마도 同氣 脫知爾叱今 관련 내용부터는 금관국과 관련된 것으로 추정된다. 또한 武刀는 武力의 오기이고, 世宗은 奴宗, 武得은 武德을 가리킨다고 보인다. 가락국기 기록은 고려시대에 이르러 구해왕의 아들에 대한 전승에 약간의 착란이 생겼음을 반영한 것으로 이해할 수 있다.

13 『양서』 신라전에 謁旱支, 『삼국유사』 권제2 기이제2 가락국기조에 阿叱干이란 관등이 보인다.

는 점이다.

『일본서기』권9 신공황후(神功皇后) 섭정(攝政) 46년 봄 3월조에 탁순국왕(卓淳國王)이 말금한기(末錦旱岐)라 전한다. 신공황후 섭정 62년조에는 가라국왕(加羅國王)이 기본한기(己本旱岐)라 전한다. 같은 책, 권19 흠명천황(欽明天皇) 2년 여름 4월조에 '안라(安羅)·가라(加羅)·탁순한기(卓淳旱岐)'란 표현이 전하고, 여기에 안라차한기(安羅次旱岐) 이탄해(夷呑奚)·대불손(大不孫)·구취유리(久取柔利), 가라상수위(加羅上首位) 고전해(古殿奚), 졸마한기(卒麻旱岐), 산반해한기아(散半奚旱岐兒), 다라하한기(多羅下旱岐) 이타(夷他), 사이기한기아(斯二岐旱岐兒), 자타한기(子他旱岐)도 전한다. 졸마, 산반해, 사이기, 자타는 모두 가야 소국 이름이다. 『일본서기』에 전하는 여러 기록을 통해 가야 소국의 왕들을 '~한기'라고 불렀음을 엿볼 수 있는데, 한기는 신라 금석문에 전하는 간지(干支)와 동일한 표현에 해당한다. 금관국의 왕 김구해도 본래 '구해한기(仇亥旱岐)'라고 불렀을 가능성이 높고, 구해는 그의 동기, 즉 인척인 탈지에게 이질금, 즉 일금지란 관등을 수여하여 금관국의 통치에 관여하게 하였다고 이해할 수 있을 것이다.[14] 금관국의 왕이 '한기(간지)'를 칭하고, 그의 동기인 탈지에게 이질금, 즉 일금지란 관등을 수여한 것을 통해 신라에서도 촌주를 '~간지'라 칭하고, 간지를 칭하는 촌주가 그의 인척에게 일금지란 관등을 수여하였음을 추론할 수 있다.

포항중성리신라비에 '나소독지도사(奈蘇毒只道使)'가 전하는데, 이것은 5세기 후반에 신라에서 지방의 국읍 또는 읍락을 행정촌으로 편제, 즉 영역화하고, 거기에 도사라는 지방관을 파견하기 시작하였음을 알려주는 자료로 주목된다. 그러면 언제 지방을 52개의 행정촌으로 편제하였을까가 궁금한데, 이와 관련하여 다음의 기록을 주목할 필요가 있다.

---

14 전덕재, 2010「6세기 금석문을 통해 본 신라 관등제의 정비과정」『목간과 문자』5, 87~88쪽.

왕이 몸소 나라 안의 주(州)·군(郡)·현(縣)을 획정하였다(『삼국사기』신라본기제

4 지증왕 6년 봄 2월).

524년(법흥왕 11)에 건립된 울진봉평리신라비에 주와 군에 관한 언급이 전혀 보이지 않는다. 뒤에서 자세하게 살피겠지만, 신라에서 행정촌을 현(縣)으로 편제한 시기는 642년 대야성전투 이후였다. 따라서 지증왕 6년(505) 2월에 지증왕이 몸소 주와 군, 현의 영역을 획정하였다고 전하는 위의 기록을 그대로 신뢰하기 어려울 것이다. 종래에 이와 같은 사실을 고려하여, 위의 기록을 도사 파견지인 행정촌이 전국에 걸쳐 널리 분포하게 되자, 신라가 국가적 차원에서 도사의 관할 영역을 새로 조정한 사실을 후대에 '주·군·현을 획정하였다.'라 개서하였다고 이해한 견해가 제기되었다.[15] 5세기 후반부터 기존의 국읍이나 읍락을 행정촌으로 편제하기 시작하였고, 521년에 지방을 52개의 행정촌을 중심으로 지방을 통치하였다는 점을 염두에 둔다면, 이와 같은 견해는 충분히 수긍된다고 하겠다. 신라는 지증왕 6년(505)에 5세기 후반부터 진행된 기존의 국읍이나 읍락을 행정촌으로 편제하는 작업을 마무리하고, 이때부터 지방을 52개의 행정촌을 중심으로 통치하였던 것으로 짐작된다.

신라는 법흥왕 7년(520)에 간군(干群)[찬군(湌群)], 나마군(奈麻群)의 관등과 대사(大舍) 이하의 관등군[대사, 소사(小舍), 길사(吉士), 대오(大烏), 소오(小烏), 조위(造位)]을 결합하여 17관등체계를 완비하였다.[16] 503년(지증왕 4)에 건립된 포항냉수리신라비에 일금지란 관등만이 보일 뿐이고, 나머지 외위 관등에 관한 기록은 전하지 않는다. 더구나 501년(지증왕 2)에 건립된 포항중성리신라비에서 6부

---

15 주보돈, 1998 앞의 책, 75~82쪽.

16 노태돈, 1989 「울진봉평신라비와 관등제의 성립」『한국고대사연구』2; 2009 『한국고대사의 이론과 쟁점』, 집문당, 123~127쪽; 전덕재, 1996 『신라육부체제연구』, 일조각, 121~132쪽.

인이 일벌이란 관등을 소지하고 있음을 확인할 수 있다. 반면에 524년(법흥왕 11)에 건립된 울진봉평리신라비에는 외위 관등으로 하간지, 일벌, 일척, 파단, 일금지가 나온다. 특히 6부인이 아니라 지방민인 거벌모라에 거주하는 이모리(尼牟利)가 일벌이란 관등을 수여받았다고 전하여 유의된다. 세 금석문에 전하는 관등을 비교하여 보건대, 17관등을 정비한 법흥왕 7년(520)에 지방의 지배층에게 수여하는 외위체계도 함께 정비하였다고 보는 것이 합리적이라 판단된다.[17] 이때 신라는 종래 촌주가 칭하던 위호인 간지를 상·하간지로 분화하여 외위 관등으로 편제하고, 예전에 간지 예하에 존재하였다고 짐작되는 일벌, 일척, 파단[피일(彼日)], 아척과[18] 일금지 등을 하간지 아래에 배치하면서 외위체계를 정비한 것으로 이해된다. 이후 상간지 위에 찬간(撰干)[선간(選干)], 귀간(貴干), 고간(高干), 술간(述干), 악간(嶽干)을 증설하여 최종적으로 외위체계를 완비하지 않았을까 한다.[19]

---

17 하일식, 2006 『신라 집권 관료제 연구』, 혜안, 209~234쪽; 전덕재, 2010 앞의 논문, 86~87쪽; 윤선태, 2016 앞의 논문, 177~178쪽.

18 501년(지증왕 2)에 건립된 포항중성리신라비에서 지방민이 아니라 6부인이 壹伐이란 관등을 수여받았음을 확인할 수 있다. 이것은 501년 이전에 일벌이 지방민에게 수여한 관등이 아니라 6부인에게 수여한 관등이었음을 알려주는 증거자료인데, 필자는 이를 근거로 하여 喙部와 沙喙部 이외의 나머지 4부(牟梁部, 本彼部, 習比部, 漢祇部)의 지배자를 '干支'라 칭하고, 그 예하에 일벌을 비롯하여 一尺, 彼日(波旦), 阿尺 등의 관등이 존재하였을 것이라고 추정한 바 있다(전덕재, 2009a 「포항중성리신라비의 내용과 신라 6부에 대한 새로운 이해」『한국고대사연구』56, 109쪽).

19 하일식, 2006 앞의 책, 239~242쪽.
한편 신라가 530년대에 6부체제를 해체하면서 훼부와 사훼부 이외의 나머지 4부의 대표도 더 이상 간지라는 위호를 칭하지 않고, 17관등체계에 편제되었다(전덕재, 1996 앞의 책, 132~140쪽). 따라서 520년부터 530년대까지 일벌이란 관등을 6부인과 지방민에게 모두 수여하다가 530년대 6부체제 해체 이후에 오직 지방민에게만 일벌이란 외위 관등을 수여하였다고 볼 수 있을 것이다. 이외에 及伐尺(居伐尺)이란 외위 관등의 존재도 확인된다(윤선태, 2016, 앞의 논문, 162~167쪽). 일금지와 급벌척이란 외위 관등은 674년(문무왕 14)

이상에서 검토한 내용에 따르면, 5세기 후반부터 기존의 국읍이나 읍락을 행정촌으로 편제하고, 거기에 도사(道使)라는 지방관을 파견하기 시작하였고, 법흥왕 7년(520)에 외위체계를 정비할 때까지 촌주들은 '간지'라는 위호를 칭하였고, 그가 인척에게 일금지란 관등을 수여하여 촌의 통치에 관여하게 하였으며, 520년에 외위체계를 정비하여 지방의 촌주 등에게 상간지와 하간지를 비롯한 외위 관등을 수여하였다고 이해할 수 있다. 일금지는 간지를 칭하는 촌주가 그의 인척에게 수여한 관등이었기 때문에 520년 이전까지 비록 신라가 국읍이나 읍락을 행정촌으로 편제하여 지방관을 파견하여 통치하였다고 하더라도 여전히 간지라는 위호를 칭하는 촌주의 촌에 대한 전통적인 지배기반을 어느 정도 보장해주면서 촌에 대한 통치를 실현하였다고 짐작해볼 수 있다. 520년 외위체계를 정비하면서 촌주에게는 상간지 또는 하간지를, 행정촌이나 자연촌의 지배층에게 일벌, 일척, 파단, 아척 등의 외위 관등을 수여하였는데, 이것은 행정촌과 자연촌의 지배층을 계서적(階序的)인 외위체계에 조직적으로 편제시키고, 그들에 대한 신라 국가의 통제력을 한층 더 강화하는 통치체계를 구축하였다는 사실을 반영한 것으로 이해할 수 있다. 즉 520년에 신라는 지방의 행정촌에 대한 관리와 통제를 한층 더 강화하였다고 볼 수 있다는 의미이다.

524년(법흥왕 11)에 건립된 울진봉평리신라비에는 주와 군에 관한 언급이 전혀 보이지 않는다. 이것은 524년에 신라에서 주와 군을 설치하지 않았음을 시사해주는 측면으로 유의된다. 금석문 가운데 551년(진흥왕 12)에 제작한 명활산성작성비에 처음으로 군이란 표현이 보인다. 여기에 군중상인(郡中上人)이 오대곡(烏大谷) 구지지(仇智支) 하간지(下干支)라 전한다. 신라에서 군을 설치한 것은 551년 이전 어느 시기라 할 수 있다. 561년(진흥왕 22)에 건립된 진흥왕순수비 창녕비에 상주행사대등(上州行使大等), 하주행사대등(下州行使大等)이란 직명이 보인다.

이전에 소멸된 것으로 이해된다.

행사대등의 성격에 대해서는 뒤에서 자세하게 고찰할 것이다. 창녕비를 통해 신라에서 적어도 561년 이전에 상주와 하주를 설치하였음을 엿볼 수 있다. 그런데 『삼국사기』 신라본기제4 진흥왕 14년(553) 가을 7월 기록에 백제 동북 변경을 빼앗아 신주(新州)를 설치하였다고 전한다. 신주란 '새로운 주'라는 의미이므로, 이미 상주와 하주를 전제로 하여 새로운 주라는 의미를 지닌 신주를 진흥왕 14년(553)에 설치하였다고 추론할 수 있다. 결과적으로 군은 551년 이전, 주는 553년 이전 어느 시기에 설치하였던 셈이 된다.

524년에서 550년대 사이에 군과 주를 설치하였다고 볼 수 있는데, 금석문을 통해서는 더 이상의 추적이 불가능하다. 다만 한 가지 유념할 사항은 530년대에 신라가 6부체제를 해체하고 국왕 중심의 집권적인 정치체제를 정비하였다는 사실이다.[20] 이것은 6부의 성격이 부의 대표가 자치적으로 부를 통치하는 단위정치체에서 왕경의 행정구역으로 변화된 사실을 전제하는 것이다. 동일한 맥락에서 6부체제의 해체와 더불어 지방통치에도 커다란 변화가 있었을 것으로 짐작해 볼 수 있는데, 필자는 그것은 바로 군(郡)과 주(州)의 설치와 밀접한 관련이 있었을 것으로 추정한다. 즉 530년대에 국왕 중심의 집권적인 정치체제를 정비함과 동시에 지방의 행정촌을 몇 개 묶어 군을 설치하고, 다시 군을 몇 개 묶어 주를 설치하면서 지방통치방식에도 변화가 나타났다고 추정된다는 것이다. 아마도 이때 왕경을 중심으로 전국을 상주와 하주로 나누었던 것으로 보인다. 530년대 지방통치체제의 변화와 관련하여 법흥왕 25년(538) 정월에 지방관이 가족을 데리고 부임하는 것을 허락한 조치가 주목된다.[21] 이것은 지방관의 숫자가 늘어나고, 또 지방관이 지방에 머무는 기간이 늘어나면서 취해진 조치로 이해되기 때문이다. 이러한 조치를 통해 530년대에 주와 군을 설치하여 주군제를 본격적으

---

20 전덕재, 1996 앞의 책, 132~140쪽.
21 教許外官携家之任(『삼국사기』 신라본기제4 법흥왕 25년 봄 정월).

로 운영하였다고 추론하는 것이 억측만은 아니지 않을까 한다.[22]

　신라가 5세기 후반 이래 국읍과 읍락을 행정촌으로 재편하고, 행정촌을 중심으로 지방통치조직을 정비한 사회경제적 배경과 관련하여 4~6세기 철제농기구와 우경(牛耕)의 보급, 그리고 이에 따른 읍락공동체의 해체와 읍락사회의 변동, 지배관계의 변화를 주목할 필요가 있다. 삼국 초기에 철제농기구의 보급이 제한적이었기 때문에 여전히 목제나 석제농기구의 이용 빈도가 높은 편이었다. 이 때문에 파종시기나 수확시기 등 농사철을 제때에 맞추기 위해서는 집중적이고 집단적인 노동력의 투입이 필요하였다. 이에 따라 당시 사람들의 사회생활이 집단적이고 공동체적인 모습을 띠게 되었다. 예를 들면 2~3세기경까지 동예지역에서는 산과 내[山川]를 경계로 하여 읍락마다 관할하는 구역이 따로 설정되어 있었다. 만약에 함부로 다른 읍락이 관할하는 구역을 침범하면, 그 벌로 소

---

22 주보돈, 1998 앞의 책, 122쪽에서 군이 설정된 시점은 幢主가 파견된 524년으로 봄이 무방하지만, 그렇지 않다면 법흥왕 25년(538) 외관이 임지에 나갈 때에 가족을 데리고 가도 좋다고 허락한 조치 역시 군의 설치와 관련이 깊다고 이해하는 견해를 제기하였다.『삼국사기』 잡지제9 직관(하) 무관조에 법흥왕 11년(524)에 軍師幢主를 설치하였다고 전하나, 이것은 일반적으로 法幢主의 설치 사실을 잘못 기술한 것으로 이해하고 있으며, 軍師幢을 설치하였다고 전하는 진평왕 26년(604)에 군사당주를 설치하였다고 보는 것이 자연스럽다고 하겠다(주보돈, 1979「신라 중고의 지방통치조직에 대하여」『한국사연구』23, 17~18쪽 ; 이인철, 1988「신라 법당군단과 그 성격」『한국사연구』61·62합; 1993『신라정치제도사연구』, 일지사, 304쪽; 이우태, 1991「신라 중고기의 지방세력 연구」, 서울대학교 박사학위논문, 154~155쪽). 2부에서 자세하게 고찰할 예정이지만, 중고기에 군을 단위로 하여 법당군단, 즉 외여갑당을 편성하였다. 그러나 울진봉평리신라비에 군에 관한 언급이 전혀 나오지 않은 점, 524년(법흥왕 11)에 군마다 외여갑당을 설치하였다고 보기가 쉽지 않다는 점 등을 미루어 보건대, 법당주의 설치와 군의 설치를 연결시켜 이해하는 것은 재고의 여지가 많다고 여겨진다. 한편 주보돈, 1998 앞의 책, 104~106쪽에서 552년(진흥왕 12)에 上州를, 555년(진흥왕 16)에 下州를 설치하였다는 견해를 제기하였다. 그러나 진흥왕 14년(553)에 상주와 하주를 전제로 하여 新州를 설치하였음을 염두에 둔다면, 상주와 하주는 552년 이전 어느 시기에 설치하였다고 보는 것이 합리적이라 판단된다.

나 말, 생구(生口)를 부과하였는데, 이를 책화(責禍)라고 불렀다.[23] 책화제도는 동예의 읍락에서 공동체적인 전통이 강하게 유지되고 있는 사실을 전제로 할 때 합리적으로 이해할 수 있다. 또한 '그 나라 북방으로서 (중국의) 군(郡)에 가까운 국들은 그런대로 예속(禮俗)에 밝았지만, 멀리 떨어져 있는 지역은 흡사 죄수·노비와 같이 서로 모여 산다.'라고 『삼국지』 위서 동이전 한조에 전한다.[24] 3세기 중반에 백제를 비롯한 마한의 읍락사회에서 공동체적인 관계가 중시되었음을 알려주는 자료로 주목된다. 진한과 변한의 경우도 크게 다르지 않았을 것으로 짐작된다. 이러한 이유 때문에 삼한 사회에서 국읍(國邑)에 주수(主帥)가 존재하였다고 하더라도 읍락(邑落)이 서로 뒤섞여 있어서 능히 제어(制御)할 수 없었던 것이다.[25]

그런데 4~6세기 철제농기구와 우경의 보급, 수전의 확대에 따른 농업생산의 증대는 읍락사회의 변동을 초래하였다.[26] 삼국시대에 철제농기구와 소, 쇠보습을 모두 갖추어 농사를 지을 수 있는 계층은 매우 제한되었다. 4~6세기에 주로 호민(豪民)들이 철제농기구와 우경(牛耕)으로 농사를 지어 부를 축적하였을 텐데, 그들 가운데 일부는 기존의 공동체 공유토지를 개간하여 자신의 사유지로 만들거나 아니면 여러 가지 방법으로 열악한 읍락구성원들의 세습적인 점유(占有) 토지를 겸병했을 것으로 추정된다. 이런 현상의 심화 및 확대는 읍락 내 농민들 사이에 토지에 대한 사적 소유권을 확립시키는 데에 기여하였는데, 이 결과 읍락이나 토지에서 유리된 계층이 발생하기 시작하였다. 『삼국사기』에 고구려에

---

23 其俗重山川 山川各有部分 不得妄相涉入. … 其邑落相侵犯 輒相罰責生口牛馬 名之爲責禍 (『삼국지』 위서 동이전 예).

24 其北方近郡諸國差曉禮俗 其遠處直如囚徒奴婢相聚(『삼국지』 위서 동이전 한).

25 其俗少綱紀 國邑雖有主帥 邑落雜居 不能善相制御(위와 동일).

26 철제농기구와 우경의 보급, 水田의 확대에 따른 4~6세기 농업생산력의 발달에 대한 자세한 내용은 전덕재, 2006 「4~6세기 농업생산력의 발달」『한국고대사회경제사』, 태학사가 참조된다.

서는 300년(봉상왕 9)에 백성들이 유망(流亡)하였다고 전하는 기사가 보이고,[27] 신라에서는 4세기 말에 유망민이 발생하였음을 알려주는 기사가 보이고 있다.[28] 더구나 5세기 후반에 이르면 읍락에서 유리되어 유식(遊食)하는 자들이 사회문제로 대두된 것 같으며, 이에 신라 국가는 소지마립간 11년(489)에 유식하는 자들을 강제로 농사를 짓게 만드는 조치를 취하기도 하였다.[29] 물론 이때 국가에서는 유식자들에게 농사를 지을 수 있는 토지를 지급하였을 가능성이 높다고 보인다.

읍락이나 토지에서 유리된 빈농들은 상업이나 수공업 계통에 일부 흡수되기는 하나 대부분은 부호층에게 품을 팔아 생계를 유지하거나 아니면 자식이나 자신의 몸을 팔아 생계를 유지하였다. 고구려에서 이미 3세기를 전후한 시기에 품을 팔아 어머니를 봉양한 존재가 확인된다.[30] 한편 신라지역에서도 유망민의 발생기록이 보인 이후인 5세기 단계에 자손을 팔아 생계를 유지하는 농민들이 나타났다.[31] 이것은 읍락사회의 구성원들을 노비로 만드는 관행과 관련하여 주목되는데, 이때에 채무노비가 적지 않게 발생하였을 것으로 추정된다. 채무노비의 발생은 읍락사회에서 공동체적인 관계가 약화되었음을 시사하는 중요한 지표로 이해되고 있다.

읍락사회에서 읍락민들이 다양한 계층으로 분화되면서[32] 공동체적 관계에 의

---

27 自二月至秋七月不雨 年饑民相食. 八月 王發國內男女年十五已上 修理宮室. 民乏於食 困於役 因之以流亡(『삼국사기』 고구려본기제5 봉상왕 9년 정월).

28 春夏大旱. 年荒民飢 多流亡 發使開倉廩賑之(『삼국사기』 신라본기제3 나물이사금 17년).

29 驅游食百姓歸農(『삼국사기』 신라본기제3 소지마립간 11년 봄 정월).

30 王畋于質陽 路見坐而哭者 問何以哭爲. 對曰 臣貧窮 常以傭力養母. 今歲不登 無所傭作 不能得升斗之食 是以哭耳(『삼국사기』 고구려본기제4 고국천왕 16년 겨울 10월).

31 春夏大旱. 秋七月 隕霜殺穀 民飢 有賣子孫者 慮囚原罪(『삼국사기』 신라본기제3 눌지마립간 4년).

32 4~6세기에 신라의 읍락사회에서 대규모 토지를 소유한 부호층, 소규모 토지를 소유한 자영농민, 토지를 잃어 부호농민에게 고용된 傭作農, 자식이나 자신의 몸을 팔아 노비로 전락한 존재 등으로 계층분화가 이루어졌음을 확인할 수 있다(전덕재, 2006 「읍락사회의 변

존한 사회생활의 모습도 점차 줄어들었을 것이다. 이에 따라 읍락 자체의 단위 정치체적인 성격도 크게 약화되었고, 이는 곧바로 삼국 초기에 공동체적 요소에 기초하여 그 지배자가 자치적인 통치력을 유지할 수 있었던 지방의 국읍이나 읍락의 해체로 귀결되지 않았을까 한다. 삼국 초기에 읍락의 공동체적 관계에 기초하여 정치력을 행사한 국읍의 거수들이나 읍락의 수장들은 철제농기구와 우경의 보급으로 파생된 읍락사회의 변동으로 지배기반이 흔들리자, 신라 국가의 지원을 받아서 그들의 정치적·사회적 지위를 유지하려 하였을 것이다. 한편 신라 국가는 읍락사회의 계층분화에 따른 농민들의 유망, 즉 그들이 국가의 지배체제에서 이탈하는 것을 최대한 방지하기 위하여 국읍과 읍락을 해체하고, 그것들을 지방통치조직인 행정촌으로 편제함과 동시에 거기에 도사(道使)라 불리는 지방관을 파견하여 지방에 대한 통제를 강화하려 하였을 것으로 짐작된다. 결국 신라 국가는 읍락사회의 변동으로 국읍과 읍락 지배층의 지배기반이 약화되기에 이르자, 국읍과 읍락을 지방통치조직인 행정촌으로 편제하여 지방에 대한 통제를 강화하였다. 그리고 한동안은 국읍의 거수와 읍락의 수장들을 촌주(村主)에 임명하여 그들이 지녔던 전통적인 지배력을 어느 정도 보장해주면서 지방을 통치하다가 520년에 외위체계를 정비하고 그들에게 외위 관등을 수여하는 방식으로 그들의 사회적·정치적 지위를 보장해주는 방식을 강구하여 지방을 한층 더 체계적으로 통치하려 하였다고 정리할 수 있을 것이다.[33]

동과 지배체제의 재편」『한국고대사회경제사』, 태학사, 145~151쪽).
33 읍락사회에서의 지배관계의 변화 양상과 중앙집권적 영역국가체제의 성립과정에 대한 보다 자세한 내용은 전덕재, 위의 책, 152~180쪽이 참조된다.

2. 신라의 제소국(諸小國) 통제방식

사로국(斯盧國)은『삼국지(三國志)』위서(魏書) 동이전(東夷傳) 한(韓)조에 진한 (辰韓) 12국 가운데 하나로 전한다. 그렇지만 여기서 당시 사로국이 진한지역에 서 주도적인 세력이었다는 언급은 발견할 수 없다. 이는 3세기 중반 무렵에 사로 국이 진한의 여타 소국에 비해 월등한 정치세력으로 성장하지 못했다는 의미로 받아들일 수 있다. 이러한 점은『삼국지』에서 삼한의 전반적인 사회상태에 대해 비교적 낙후하였다고 기술한 태도와 맥락을 같이한다.

한편『삼국지』위서 동이전에 전하는 것과 동일 시기의 역사를 기술한『삼국 사기』신라본기에서는 비교적 초기 기록부터 진한 소국 가운데 사로국(신라)이 주도적인 위치에 있었음을 전제로 하여 그 역사를 서술하고 있다. 이러한 서술 태도는『삼국사기』자체가 삼한 제소국(諸小國) 모두를 동등한 입장에서 서술한 것이 아니고 삼국을 주체로 서술한 것이어서, 자연히『삼국사기』신라본기 초 기 기록에서는 사로국(신라)의 주도성을 부각시킬 수밖에 없었던 데서 연유한 것이다.

종래에는『삼국사기』와『삼국지』위서 동이전이 동일한 시대의 역사를 서술 하였음에도 불구하고, 그 사회성격에 대한 현격한 차이를 보이고 있음으로 해서 상대적으로『삼국지』위서 동이전의 기록을 중시하고『삼국사기』초기 기록을 불 신하여 왔다. 그러나 현재 고고학의 연구성과에 힘입어『삼국사기』초기 기록의 중요성이 점차 부각되고 있으며, 또한 두 사서(史書) 사이에 나타난 당시의 사회 성격에 대한 현격한 차이도 기술하는 입장의 차이에서 비롯되었지, 서로 상치되 는 것은 아니라고 이해하려는 경향이 짙다. 즉『삼국사기』가 보다 선진적이었던 삼국을 중심으로 서술하였기 때문에 당시 삼한 사회의 전반적인 상태보다 발전 된 면모를 보일 수밖에 없었고, 이와는 반대로『삼국지』위서 동이전은 삼한 사 회 전체를 서술대상으로 하였기 때문에 좀 더 후진적인 면모를 보였던 것으로 이해할 수 있다는 것이다.[34] 현재의 대체적인 추세는 두 사서를 상호 보완적인 관계에서 재조명할 필요가 있다는 방향으로 모아지고 있다. 실제로『삼국지』위서 동이전은 찬자(撰者)인 진수(陳壽)가 직접 답사하여 기록한 것이 아니라, 종군자(從軍者)나 군리(郡吏)들의 보고를 토대로 기술되었던 어환(魚豢)의『위략(魏略)』을 저본(底本)으로 하였던 만큼, 당시 삼한 사회의 정태적인 상황, 즉 정치제도, 문물, 습속 및 중국과의 접촉 사실 등이 중심을 이룰 수밖에 없는 한계를 지녔다. 그에 따라 당시 삼한 사회의 전반적인 세력관계에 대한 동태적인 파악은 거의 행해지지 못하였다. 이러한 한계를 극복하기 위해서는『삼국지』와 더불어 동시대의 역사를 기술하고 있는『삼국사기』초기 기록에 대한 세밀한 검토가 요청된다고 하겠다. 그중에서도 특히 사로국과 그 주변 여러 소국에 대한 관계를 다루고 있는 신라본기에 대해서는 더욱 그러하다. 물론『삼국사기』초기 기록에 서술된 내용과 그 연대를 직결시키는 것에는 많은 위험이 따른다. 그렇다고 하더라도 당시 사로국과 제소국의 상호관계에 관한 서술이 전혀 허구적인 것이 아닌 바에야, 일정하게 그 당시의 대체적인 역사상을 반영하고 있다는 데는 크게 이의가 있을 수 없다고 생각한다.

『삼국사기』신라본기와 열전에 의하면, 파사이사금(婆娑尼師今) 때부터 사로국(신라)이 주위의 여러 소국을 정복 통합하여 그 세력권 내로 편입시키고 있음을 볼 수 있다. 경주시 안강읍 근처의 음즙벌국(音汁伐國), 울산광역시 울주군 웅촌면의 우시산국(于尸山國), 경산의 압독국(押督國), 대구의 다벌국(多伐國) 등 경주 근처의 소국들을 비롯하여 강원도 삼척의 실직국(悉直國), 경남 창녕의 비지국(比只國), 경북 의성군 금성면의 소문국(召文國), 김천시 개령면의 감문국(甘文國), 영천의 골벌국(骨伐國), 상주의 사벌국(沙伐國), 영주·예천 방면의 세력, 청도의 이서국(伊西國), 부산광역시 동래의 거칠산국(居柒山國) 등 낙동강 동안의 소백산맥 동

---

34 서영수, 1987「삼국시대 한중외교의 전개와 성격」『고대 한중관계사의 연구』, 삼지원, 106~107쪽.

쪽의 제소국이 모두 사로국(신라) 지배권 내로 편입되고 있음이 확인된다. 이들 소국 가운데는 물론 진한 12국에 속하는 것이 많이 있었을 것으로 보이나, 이외의 여타 변진(弁辰)[변한(弁韓)]의 작은 소국들도 포함되었을 것이다.[35]

그러면 실제로 사로국(신라)이 주변의 소국들을 정복, 복속시켜 진한지역의 맹주국으로 확실하게 부상한 시기를 언제로 볼 수 있을까가 궁금한데, 이와 관련하여 다음의 기록을 주목할 필요가 있다.

부종사(部從事) 오림(吳林)이 낙랑군(樂浪郡)이 본래 한국(韓國)을 통괄하였다고 하여서 진한(辰韓)의 여덟 나라를 분할하여 낙랑군에 주었다. 관리가 통역하여 잘못 전달하매 약간 사실과 다른 부분이 있었다. 신지(臣智)가[36] 격분하여 대방군(帶方郡)의 기리영(崎離營)을 공격하였다[臣智激韓忿 攻帶方郡崎離營].[37] 이

---

35 대표적인 사례로 부산광역시 동래지역에 위치한 居柒山國을 들 수 있다.『삼국지』위서 동이전 한조에 瀆盧國이 전하는데, 이것은 일반적으로 동래에 위치한 소국으로 비정된다. 독로국과 거칠산국은 밀접한 관계였을 가능성이 높다고 보인다.

36 臣智의 실체에 대하여 백제 고이왕으로 보는 견해(이병도, 1959『한국사』(고대편), 진단학회, 347~349쪽; 천관우, 1989『고조선사·삼한사연구』, 일조각, 242쪽; 이기동, 1990「백제국의 성장과 마한 병합」『백제논총』2, 백제문화개발연구원, 9쪽; 이현혜, 1997「3세기 마한과 伯濟國」『백제의 중앙과 지방』, 충남대학교 백제연구소, 21~22쪽; 김수태, 1998「3세기 중·후반 백제의 발전과 마한」『마한사연구』, 충남대학교출판부, 198쪽; 정재윤, 2001「위의 대한정책과 기리영전투」『중원문화논총』5, 39~43쪽)와 目支國의 辰王으로 보는 견해(노중국, 1987「마한의 성립과 변천」『마한·백제문화』10, 37쪽; 유원재, 1994「진서의 마한과 백제」『한국상고사학보』17, 147쪽)가 있다. 필자는 신지를 백제 고이왕으로 보는 견해에 공감하고 있다.

37 이 부분은 판본에 따라 字句가 달라진다. 通行本[明 毛氏汲古閣十七史本]에서는 '臣智激韓忿'이라 표기하였고, 百衲本[南宋 紹興本]에서는 '臣幘沾韓忿'이라 표기하였다. 후자의 판독에 따르면, 기리영을 공격한 주체는 마한 소국의 하나로서 경기도 북부지방에 위치한 臣濆活國 또는 臣濆沽國으로 볼 수 있다(末松保和, 1954『新羅史の諸問題』, 東洋文庫, 518~519쪽; 武田幸男, 1990「魏志東夷傳における馬韓」『마한·백제문화』12, 46쪽; 윤용구, 1998「三國志 韓傳 대외관계기사에 대한 일검토」『마한사연구』, 충남대학교출판부, 98~99

때에 [대방]태수 궁준(弓遵)과 낙랑태수 유무(劉茂)가 군사를 일으켜 (신지를) 공격하여 치다가 궁준이 전사하였으나 두 군이 마침내 한(韓)을 멸망시켰다.[38]

244년에 위(魏)의 장수(將帥) 관구검(毌丘儉)이 고구려를 침략하자, 여기에 호응하여 낙랑태수와 대방태수가 단단대령(單單大嶺) 동쪽에 위치한 동예(東濊)를 공격하였다. 따라서 한의 신지가 격분하여 대방군 기리영을 공격한 시점은 240년대 전반이라 볼 수 있을 것이다. 위의 기록은 3세기 초반에 공손씨(公孫氏) 정권이 황해도지방에 대방군을 설치하면서 진한의 관할권을 대방군에게 넘겼다가 240년대 전반에 유주(幽州) 자사부(刺史部) 소속의 부종사 오림이 진한 8국의 관할권을 다시 낙랑군에 넘기려 하다가 무엇인가 사단이 발생한 사실을 전하는 것이다. 위의 기록은 240년대 전반까지 진한지역에 대한 사로국의 통제력이 중국 군현만큼 그리 강하지 못했음을 알려주는 자료로서 주목된다. 그런데 3세기 후반에 이르면 사정이 달라진다.

『진서(晉書)』사이(四夷) 동이전(東夷傳) 진한(辰韓)조에 '무제(武帝) 태강(太康) 원년(280)에 그[진한] 왕이 사신을 보내 방물(方物)을 바쳤다. 2년에 또 와서 조공하였다. 7년(286)에 또 왔다.'라고 전한다. 『진서』 제기(帝紀)에 280년, 281년, 286년에 동이의 여러 나라가 조공하였다고 전하는데,[39] 진한은 그중에 하나였을 것

쪽; 임기환, 2000 「3세기~4세기초 위·진의 동방정책」『역사와 현실』36, 21쪽; 윤선태, 2001 「마한의 진왕과 신분고국-영서예지역의 역사적 추이와 관련하여-」『백제연구』34, 13쪽). 신지나 신분활국(신분고국)이 격분한 이유는 일반적으로 중국 군현과 마한(또는 백제), 신분활국(신분고국) 등이 진한지역과의 교역을 둘러싸고 분쟁을 일으킨 것에서 찾고 있다.

38 部從事吳林以樂浪本統韓國 分割辰韓八國以與樂浪. 吏譯轉有異同 臣智激韓忿 攻帶方郡崎離營. 時太守弓遵·樂浪太守劉茂興兵伐之 遵戰死 二郡遂滅韓(『삼국지』위서 동이전 한).

39 六月 甲申 東夷十國歸化. 秋七月 東夷二十國朝獻 (『진서』 권제3 제기제3 무제 태강 원년); 三月 丙申 東夷五國朝獻. 夏六月 東夷五國內附(같은 책, 태강 2년); 八月 東夷十一國內附(같은 책, 태강 7년).

이다. 『진서』진한조에 보이는 진한왕(辰韓王)은 바로 진한을 대표하는 세력, 즉 사로국(斯盧國)의 왕으로 짐작된다. 그런데 마한의 경우는 마한왕만이 아니라 거기에 속한 여러 소국이 독자적으로 진나라와 교섭한 사실이 발견된다. 3세기 후반에 마한의 신미국(新彌國) 등 20여 국이 진나라의 유주자사(幽州刺史) 장화(張華)에게 나아가 조공을 바쳤다는 내용이[40] 바로 그것이다. 당시 마한의 대표 세력은 백제였을 것이다. 이는 당시에 백제가 마한의 여러 소국을 강력하게 통제하지 못하였던 실상을 전해준다고 하겠다.

그러나 진한의 소국이 진나라와 개별적으로 교섭한 사실은 보이지 않는다. 이는 진한왕, 즉 사로국왕이 여러 소국의 대외적인 교섭을 강력하게 통제하였던 실상과 결코 관련이 없지 않았을 것이다. 사실 낙동강 동안에 위치한 진한세력이 진나라와 통교하기 위해서는 소백산맥을 넘어 남한강 상류지역에 이르는 육상교통로를 이용하거나 또는 낙동강을 통하여 남해에 이르는 수로를 이용하여야 한다. 『삼국사기』신라본기에 따르면, 사로국(신라)은 이사금시기에 계립령(鷄立嶺)이나 죽령(竹嶺)을 열어 통제하였고,[41] 또 낙동강 하구의 양산지역이나 동래지역을 신라가 장악하였다고 한다.[42] 만약에 신라본기의 기록을 신뢰한다면, 진

---

40 東夷馬韓新彌諸國 依山帶海 去州四千餘里 歷世未附者二十餘國 並遣使朝獻. 於是遠夷賓服 四境無虞 頻歲豊稔 士馬强盛(『진서』권제36 열전제6 장화).
여기서 新彌諸國은 백제에게 완전히 복속되지 않은 전라도지역에 위치한 馬韓의 小國들로 추정된다.

41 『삼국사기』신라본기에 아달라이사금 3년과 5년에 각각 계립령과 죽령을 개척하였다고 전한다.

42 사로국(신라)이 黃山津口와 黃山河, 黃山에서 가야와 싸우거나 왕이 거기에 행차한 사실은 『삼국사기』신라본기제1 탈해이사금 가을 8월 기록, 지마이사금 4년 기록, 신라본기제2 미추이사금 3년 3월 기록에 보인다. 황산진은 경남 양산시 물금읍 물금리 황산역터 근처에 위치하였고(전덕재, 2007 「삼국시대 황산진과 가야진에 대한 고찰」『한국고대사연구』47, 38~42쪽), 황산하는 현재의 경남 김해시와 양산시 일대를 흐르던 낙동강을 가리킨다. 황산은 황산하 근처에 위치한 양산시에 소재하였다고 보인다. 한편 사로국(신라)이 居柒山國(동래)을

한지역의 여러 소국은 육로나 해로를 통하여 진나라와 교섭하는 것이 매우 어렵게 된다. 결국 3세기 후반에 진한왕, 즉 사로국(신라)왕이 단독으로 진나라와 외교적인 교섭을 가졌던 측면은 바로 사로국(신라)이 중국과 통하는 육상교통로나 해상교통로를 모두 장악하였다는 의미로 해석할 수 있고, 나아가 이를 통하여 사로국(신라)이 진한지역의 여러 소국을 정복하거나 복속시켜서 3세기 후반에 진한지역을 대표하는 세력으로 부상하였음을 추정해볼 수 있을 것이다.[43]

3세기 후반에 사로국(신라)이 진한지역의 맹주국으로 부상하면서, 사로국과 제소국은 정치적으로 이러한 관계를 형성하였고, 사로국은 이들 소국을 일정하게 지배, 통제하는 형태로 지배-복속관계를 계속 유지하려 노력하였을 것으로 짐작된다. 당시 사로국과 제소국(諸小國) 사이의 지배-복속관계의 구체적 양상과 사로국의 제소국에 대한 통제 방식 등은 『삼국사기』 신라본기 기록의 면밀한 검토를 통해 어느 정도 살펴볼 수 있다. 먼저 다음의 기록이 주목된다.

> I -① (동옥저는) 나라가 작고 큰 나라의 틈바구니에서 핍박을 받다가 결국 고구려에 복속되었다. 고구려는 그(지역의 인물) 중에서 대인(大人)을 두고, 사자(使者)로 삼아 [읍락 거수(渠帥)와] 함께 통치하게 하였다. 또 대가(大加)로 하여금 조세를 통괄 수납케 하여, 맥포(貊布)와 생선, 소금, 해초류 등을 천 리(里)나 되는 거리에서 져 나르게 하고, 또 동옥저의 미인을 보내게 하여 종이나 첩으로 삼았으니, 그들을 노복(奴僕)처럼 대우하였다 (『삼국지』 위서 동이전 동옥저).
>
> I -② 우산국(于山國)이 항복하여 복속하고 해마다 토산물[土宜]을 공물로

정복하고(『삼국사기』 열전제4 거도), 그 근처에 大甑山城(부산광역시 부산진구 당감동)을 쌓았다고 전하는 기록(『삼국사기』 신라본기제1 지마이사금 10년 2월)이 보이는데, 이것들은 4세기 후반 이전의 이사금시기에 신라가 동래지역에 진출하였음을 시사해주는 증거이다.
43 전덕재, 2003「이사금시기 신라의 성장과 6부」『신라문화』21, 183~193쪽.

바쳤다. 우산국은 명주(溟州)의 정동쪽 바다에 있는 섬으로, 혹은 울릉도 (鬱陵島)라고도 부른다. 땅은 사방 100리인데, (지세가) 험한 것을 믿고 복 종하지 않았다. … 이에 나무로 사자(師子) 모형을 많이 만들어 전선(戰 船)에 나누어 싣고 그 나라 해안에 이르러 거짓으로 알리기를, '너희들이 만약 항복하지 않는다면, 곧 이 맹수를 풀어서 밟아 죽이겠다.'라고 하였 다. 나라 사람들이 몹시 두려워 곧바로 항복하였다(『삼국사기』 신라본기제4 지증왕 13년 여름 6월).

Ⅰ-①의 기록은 고구려가 서기 1세기경 동옥저(東沃沮)를 정복한 후 그들에게 공납물을 바치게 한 사실을 전하는 것이다. 여기서 고구려가 동옥저의 전통적인 지배기반을 그대로 인정한 채, 그들과 지배-복속관계를 맺고 그들에게 일정한 공 납물, 즉 토산물을 바치게 하고 있었음을 엿볼 수 있다. 당시 동옥저의 지배층은 맥포와 생선, 소금, 해초류 등을 천 리나 떨어진 고구려에 져서 날라 바치거나, 미 인(美人)을 보내는 등의 고통을 감내하면서 자신의 전통적인 지배기반을 유지하 는 데 만족하는 처지였다. 이러한 공납물의 헌상(獻上)은 매년 정기적으로 있었을 것이다. 또 Ⅰ-②의 기록은 6세기 이전 어느 시기엔가 신라(사로국)에 복속된 우산 국(于山國)이 매년 토산물을 바치다가 지증왕 13년(512)에 그것을 단절하자, 신라 가 군대를 보내 응징하고 있는 내용이다. 그런데 이 기록에 의하면, 서기 1세기경 의 고구려와 동옥저 사이의 지배-복속관계 양태가 신라와 우산국 사이에서도 그 대로 보이고 있음을 살필 수 있다. 이렇게 서기 1세기경의 고구려와 동옥저 사이 의 지배-복속관계 양태가 6세기 초 무렵까지 신라와 우산국 사이에도 그대로 보 이고 있다는 점에 주목한다면, 이사금시기에 사로국(신라) 역시 소국(小國)들을 정복하여 그 세력권 내로 편입시킨 이후에 소국들에게 그러한 공납물의 헌상(獻 上)을 요구하였다고 이해하는 것이 자연스럽다고 할 수 있다. 실제 그러한 모습은 다음에 제시한 기록들을 통해서도 단편적으로나마 확인이 가능하다.

Ⅱ-① 맥국(貊國)의 거수(渠帥)가 사냥을 하다가 새와 짐승을 잡아 왕에게 바쳤다(『삼국사기』신라본기제1 유리이사금 19년 가을 8월).

Ⅱ-② 고타군주(古陁郡主)가 푸른 소[靑牛]를 바쳤다. 남신현(南新縣)에서 보리가 이어지면서 갈라졌다[麥連歧]. 크게 풍년이 들었다. 길을 나선 사람들이 식량을 갖고 가지 않았다(『삼국사기』신라본기제1 파사이사금 5년 여름 5월).

Ⅱ-③ 크게 풍년이 들었다. 고타군(古陁郡)에서 상서로운 벼이삭[嘉禾]을 바쳤다(『삼국사기』신라본기제2 조분이사금 13년 가을).

위에서 제시한 사료 Ⅱ-①은 사로국을 침입하려던 화려(華麗)·불내(不耐) 2현(縣)의 세력을 물리치고 사로국과 친선관계를 맺었던 맥국(貊國)이[44] 사냥하여 잡은 짐승을 헌상(獻上)한, 즉 맥국이 복속의 표시로서 사로국에 공납물을 헌상하고 있었던 모습을 보여주는 것이다. Ⅱ-②와 Ⅱ-③에 전하는 고타군(古陁郡)은 현재 경북 안동시에 해당한다.[45] 앞에서 530년대에 비로소 군을 설치하였음을 살핀 바 있다. 본래 Ⅱ-②와 Ⅱ-③ 기록의 기본원전에는 고타였다고 기술되어 있었지만, 후대에 이를 고타군으로 개서한 것으로 짐작된다. 고타군주는 바로 고타

---

44 華麗·不耐二縣人連謀 率騎兵犯北境. 貊國渠帥以兵要曲河西 敗之. 王喜 與貊國結好(『삼국사기』신라본기제1 유리이사금 17년 가을 9월).
일반적으로 貊國의 위치는 춘천지역으로 보고 있다. 그러나 낙랑군 예하의 領東 7縣에 속하여 북한의 함경남도 금야군(옛 함경남도 영흥군 순령면), 강원도 안변군(옛 함경남도 안변군) 또는 통천군에 있었다고 짐작되는 화려현과 불내현(이병도, 1976『한국고대사연구』, 박영사, 207~208쪽 및 195~202쪽)이 사로국을 침략하려 하는 것을 貊國이 저지한 상황을 감안한다면, 맥국의 위치를 춘천지역으로 보는 것은 쉽게 납득하기 어렵다. 이러한 정황에 의거하건대, 맥국은 동해안지역에 위치한 소국이었다고 봄이 보다 자연스러울 것 같다.

45 한편『진서』지리지에 帶方郡의 7현 가운데 南新縣이 있다고 전한다.『후한서』군국지에는 낙랑군 領縣 가운데 남신현이 보이지 않는 바, 남신현은 晉代(265~317)에 설치된 것으로 이해할 수 있다. 다만 대방군 소속의 남신현이『삼국사기』신라본기에 전하는 연유를 정확하게 헤아리기 어렵다.

또는 고타촌을 통치하던 지배자로서 푸른 소와 상서로운 벼이삭을 진상한 주체
였다고 이해할 수 있을 것이다.

'맥연기(麥連歧)'는 줄기는 다른데 보리 이삭이 하나로 합쳐진 것을 이른다.[46]
'가화(嘉禾)'는 한 줄기의 벼에서 두 개 이상의 이삭이 패어나는 현상을 가리킨다.
둘 모두 상서(祥瑞)의 표징으로, 푸른 소[靑牛]는 서수(瑞獸)로 이해되고 있다.[47]
천인감응설(天人感應說)에 따르면,[48] 군주가 통치를 잘하면, 즉 덕치(德治)를 행하
면, 천(天)은 상서(祥瑞)로서 그에 응답하고, 만약에 통치를 잘못하면 재해(災害)
나 이변(異變)을 통하여 견책(譴責)을 내린다고 한다. 이에 따르면, Ⅱ-②와 Ⅱ-③
기록은 고타와 남신현에서 서물(瑞物)과 서수(瑞獸)가 나타나자, 사로국(신라)의
왕이 덕치를 행하여 하늘[天]에서 상서로운 동식물을 보내 감응하였음을 알리려
는 의도에서 그것들을 사로국의 왕에게 진상(進上)하였다고 해석할 수 있을 것이
다. 고타에서 사로국에 연이어 서수와 서물을 진상한 것에서 고타가 사로국에
복속되어 있었고, 나아가 공납물도 정기적으로 사로국에 진헌(進獻)하였음을 추
론할 수 있다.[49] Ⅰ-②와 위에서 제시한 사료들을 종합하여 보면, 상고기(上古期)

---

46 乃於狐奴開稻田八千餘頃 勸民耕種 以致殷富. 百姓歌曰 桑無附枝 麥穗兩岐. 張君爲政 樂
不可支(『後漢書』卷31 列傳21 張堪).
　　위의 기록에 보이는 '麥穗兩岐'는 바로 '連歧'를 말하는 것이다. 위의 기록에 근거하여 '麥穗
兩歧'를 옛날부터 祥瑞로 인식하였고, 매년 좋은 일이 계속되고, 糧食을 풍성하게 수확하는
것을 비유하는 표현으로 사용하였다.

47 이희덕, 1999 「삼국시대의 상서설」 『한국고대 자연관과 왕도정치』, 혜안, 211~212쪽 및
221쪽.

48 孟子의 王道思想과 祥瑞·災異로 표현되는 자연현상을 연결시켜 天人感應說을 체계적으로
정립한 사람이 漢代의 유학자 董仲舒이다. 그는 자연현상과 人事, 특히 정치는 긴밀하게
대응된다고 주장하였다(김동민, 2004 「董仲舒 春秋學의 天人感應論에 대한 고찰-祥瑞·災
異說을 중심으로-」 『동양철학연구』36).

49 사료 Ⅱ-②에 나오는 郡主를 후대의 州나 郡에 파견된 지방관으로 보기 어렵다. 파사이사
금대에는 아직까지 州郡制가 실시되기 전이어서 郡이란 명칭이 쓰이지도 않았다. 다만 朴
氏貴戚을 州主·郡主로 파견하였다고 전하거나(신라본기제1 탈해이사금 11년 봄 정월 기

에 사로국, 즉 신라에 복속된 제소국(諸小國)의 지배자가 매년 사로국(신라)에 공납물을 헌상함으로써만 자기의 전통적인 지배기반을 유지할 수 있었고, 그것은 점차 복속의례의 형식-일종의 조공관계-으로 관례화하였을 것으로 짐작해볼 수 있을 것이다.

한편 사로국(신라)은 이렇게 지배-복속관계를 맺고 있었던 소국이 반란을 일으키거나, 자기의 세력권에서 이탈하여 다른 세력권에 편입하면, 일단 군대를 보내 응징하고 그 관계를 복구시키고 있음을 볼 수 있다. 먼저 반란을 일으켜 응징을 당한 사례로서 압독국(押督國)과 실직국(悉直國)의 경우를 들 수 있다. 『삼국사기』 신라본기에 실직국과 압독국이 파사이사금 23년에 사로국(신라)에 복속되었다고 전한다.[50] 그런데 실직국은 파사이사금 25년에, 압독국은 일성이사금 13년에 각각 사로국(신라)에 반기(叛旗)를 들고 있으며, 사로국(신라)은 이에 군대를 보내 토벌한 후, 그 소국의 주민을 남쪽으로 이주시키고 있다.[51] 사료 Ⅰ-②의 于山國도 반란을 일으켰다가 응징을 당한 대표적인 예로 들 수 있다.

또 사로국(신라)의 세력권에서 이탈한 이유 때문에 응징을 당한 예로서 사량벌국(沙梁伐國)의 경우를 들 수 있다.

록), 州主·郡主를 감찰하기 위해 使臣 10人을 파견하였다고 전하는 기록(신라본기제1 파사이사금 11년 가을 7월 기록)들을 보면 사로국에서 소국의 통제를 위해 관리를 파견하였음을 추론할 수 있는데, 구체적인 내용은 뒤에서 검토할 예정이다.

50 音汁伐國與悉直谷國爭疆 詣王請決 王難之. 謂金官國首露王年老多智識 召問之. 首露立議 以所爭之地 屬音汁伐國. 於是 王命六部 會饗首露王. 五部皆以伊飡爲主 唯漢祇部以位卑者 主之. 首露怒 命奴耽下里殺漢祇部主保齊而歸. 奴逃依音汁伐主陁鄒干家. 王使人索其奴 陁鄒不送. 王怒 以兵伐音汁伐國 其主與衆自降. 悉直·押督二國王來降(『삼국사기』 신라본기제1 파사이사금 23년 가을 8월).

51 悉直叛 發兵討平之 徙其餘衆於南鄙(같은 책, 파사이사금 25년 가을 7월); 押督叛 發兵討平之. 徙其餘衆於南地(같은 책, 일성이사금 13년 겨울 10월).

첨해왕(沾解王)이 왕위에 있을 때, 옛날에 우리나라에 복속되어 있었던[舊屬我] 사량벌국(沙梁伐國)이 홀연히 배반하고 백제(百濟)에 귀의(歸依)하였다. 석우로(昔于老)가 병사를 거느리고 가 토벌하여 그 나라를 멸망시켰다(『삼국사기』 열전제5 석우로).

사량벌국은 현재 경북 상주에 위치하였던 사벌국(沙伐國)을 이른다. 『삼국사기』 잡지제3 지리1 기록에 '본국(신라) 경계 안에 3주(州)를 설치하였으니, 왕성(王城) 동북쪽의 당은포로(唐恩浦路)에 해당하는 곳을 상주(尙州)라 부른다.'고 전한다. 당은포로는 신라의 수도였던 경주와 당은포를 연결하는 교통로를 말한다. 통일신라시대에 당은포로는 경주에서 영천, 의성을 경유하여 상주에 이른 다음, 거기에서 화령재를 넘어 보은, 청주, 천안시 직산면, 평택과 안중을 거쳐 화성을 경유하여 당은포에 이르는 교통로를 가리킨다.[52] 상주에서 청주, 보은을 연결하는 화령재를 넘는 길이 비교적 평탄하다. 이 때문에 통일신라시대에 경주에서 중국으로 가는 관문항(關門港)인 당은포[당항진(党項津)]를 연결하는 교통로로서 널리 활용되었던 것이다. 사량벌국은 이 교통로를 이용하여 백제에 귀의한 것으로 짐작된다.

위의 기록에서 사량벌국이 옛날에 사로국(신라)에 복속되어 있었다고 언급하였는데, 이것은 사로국(신라)과 사량벌국(사벌국)이 지배-복속관계를 맺었음을 반영하는 것이다. 여기서 홀연히 사량벌국이 사로국을 배반하고 백제에 귀의하자, 석우로가 군사를 거느리고 사량벌국을 정복하여 멸망시켰다고 전하지만, 이것은 그대로 믿을 수 없다. 사량벌국을 정복한 후에 사로국(신라)과 사량벌국이 다시 지배-복속관계를 맺었다고 봄이 합리적이라고 판단되기 때문이다. 이러한 사실은 압독국이 위치했던 경북 경산시의 여러 고분군에서 5~6세기에 부장된 금

---

52 전덕재, 2013a「신라의 대중·일 교통로와 그 변천」『역사와 담론』65, 159~160쪽.

동관(金銅冠)이 다수 출토되고 있는 사실을 통해 뒷받침할 수 있다.[53] 금동관을 부장한 고분의 주인공은 경산지역, 즉 압독국의 전통적인 지배세력이었고, 5~6세기에 금동관이 부장된 고분이 지속적으로 조영된다는 것은 바로 사로국(신라)의 압독국 정복 이후에도 전통적인 지배세력이 압독국을 계속 통치하였음을 시사해주는 측면으로 유의된다고 하겠다. 아마도 사로국이 반란을 평정한 후 남쪽 지방에 이주시킨 집단은 반란의 주도세력에만 한정되었을 것으로 추정된다.

주군제 시행 이전 신라의 제소국 정복이 소국의 전통적인 지배기반을 완전히 와해시킨 것이 아니었음은 소문국(召文國)의 사례를 통해서도 입증할 수 있다. 『삼국사기』 신라본기에 벌휴이사금 2년에 파진찬 구도(仇道)와 일길찬 구수혜(仇須兮)를 좌·우군주(左·右軍主)로 임명하고 그들로 하여금 소문국을 토벌케 하였다고 전한다.[54] 그런데 소문국이 위치했던 지금의 의성군 금성면의 탑리고분에서 5세기 전반에 부장된 금동관(金銅冠)이 발견된 것에서[55] 적어도 그 당시까지 소문국

---

53 경산시 임당동고분군, 조영동고분군, 시지고분군, 대구광역시 수성구 노변동고분군, 가천동고분군 등에서 총 25개의 금동관이 발견되었다(김재열, 2010 「5~6세기 신라 경산지역 정치체의 冠」『신라사학보』20, 48쪽).

54 拜波珍湌仇道·一吉湌仇須兮爲左·右軍主 伐召文國. 軍主之名 始於此(『삼국사기』 신라본기 제2 벌휴이사금 2년 2월).
   한편 召文國을 '조문국'이라고 읽기도 하는데, 본서에서는 정구복 등, 2012a『개정증보 역주 삼국사기』2(번역편), 한국학중앙연구원출판부, 113쪽에서와 마찬가지로 '소문국'이라 읽었음을 밝혀둔다. 다만 필자는 조문국이라고 읽어도 크게 문제가 되지 않는다고 판단하고 있다.

55 김재원·윤무병, 1960『의성탑리고분』, 국립박물관.
   탑리고분 Ⅰ곽에서 세움 장식의 가장자리를 돌아가며, 가위로 촘촘하게 오려낸 다음, 일일이 꼬아서 새의 깃털처럼 표현한 금동관이 발견되었다. 탑리고분 Ⅰ곽의 축조 연대에 대하여 의견이 분분하다. 현재 대체로 5세기 전반으로 보는 견해가 우세한 가운데 일부 연구자는 4세기 후반 또는 5세기 중반으로 추정하고 있다. 이에 대해서는 박정화, 2011 「금성산 고분군에 나타난 의성지역 지배세력의 성격」『조문국의 성쇠와 지배세력의 동향』, 경북 의성군·한국고대사탐구회, 134~135쪽의 「표 2」 의성지역 고분 편년'이 참조된다. 5세기 중·후반 자비마립간대부터 신라가 고구려의 남진에 대비하여 소백산맥지역에 집중적으로 산

의 전통적인 지배기반이 완전히 해체되지 않았음을 엿볼 수 있음은 물론이다.

이상에서 사로국(신라)은 그에 복속된 소국에게 정기적으로 공납물을 헌상케 함으로써 복속의례를 준수하게 하였고, 또 그들이 사로국에 반기(叛旗)를 들거나 그 세력권에서 이탈하였을 때 군대를 즉각 보내서 응징한 후 다시 그 지배-복속관계를 복구시켰음을 밝힐 수 있었다. 이와 같은 통치질서는 진한의 맹주국인 사로국이 상대적으로 우월한 무력기반을 바탕으로 하여, 소국의 국읍과 읍락들을 완전히 해체시켜 지방통치조직인 행정촌으로 편제하기 전까지 계속 유지되었다고 볼 수 있을 것이다.

그렇다면 이러한 통치질서 하에서 사로국(신라)은 구체적으로 어떠한 방식으로 소국들을 통제하였을까가 궁금한데, 우선 이와 관련하여 3세기 중반경 왜(倭) 여왕국(女王國)[야마대국(邪馬臺國)]의 여러 소국에 대한 통제 방식이 주목된다.

나라마다 시장이 있고, 있거나 없는 것을 서로 교환하였으며, (여왕국에서) 대왜(大倭)로 하여금 그것[교역]을 감시하게 하였다. 특히 여왕국(女王國) 이북에는 일대솔(一大率)을 두어 여러 나라를 단속하고 살피게 하였는데, 여러 나라는 그를 두려워하며 꺼려하였다. (여왕국은 일대솔을) 항상 이도국(伊都國)에 머물게 하였는데, 나라 안에 있는 (중국의) 자사(刺史)와 같았다. (왜국)왕(王)이 사신을 보내 (중국의) 경도(京都), (대방)군, 여러 한국(韓國)에 이르게 하거나, (대방)군에서 왜국에 보낸 사신이 도달하면, (그때마다 일대솔이) 항상 나루터에 나아가 검사한 뒤, 전송(傳送) 문서와 (황제가) 하사하여 보내준 물건을 여왕에게 이르게 하는 데에 약간이라도 착오가 없게 하였다.[56]

성을 축조하고, 서북지역을 신라의 영역으로 편제하는 작업을 적극 추진하기 시작한 사실을 참조하건대, 비출자형 금동관이 발견된 탑리고분 I곽을 5세기 중반에 축조하였을 가능성은 매우 희박하다고 판단된다.

56 國國有市 交易有無 使大倭監之. 自女王國以北 特置一大率 檢察諸國 諸國畏憚之. 常治伊

위의 기록에 따르면, 여왕국(야마대국)이 그 이북의 소국들을 감찰하기 위해 일대솔(一大率)을 파견하였고, 또 일대솔을 지금의 북구주(北九州)에 위치하여 한반도, 중국 등지와 연결하는 교통의 요지인 이도국(伊都國)에 항상 머물게 하여 왜국(倭國)의 외교사무를 관장하게 하였다고 한다. 또 대왜(大倭)의 성격이 불분명하지만, 여왕국에서 임명한 관인(官人)이 제국(諸國)마다의 교역을 감시하고 있음도 살필 수 있다.

그러나 사로국(신라)의 경우 유감스럽게도 이와 같은 구체적인 자료는 보이지 않는다. 다만 박씨귀척(朴氏貴戚)을 주주(州主)·군주(郡主)로 파견하였다든지,[57] 또 주주·군주를 감찰하려는 목적으로 사신 10인을 파견하였다고 전하는 기록[58] 등을 보면, 사로국(신라)에서도 역시 관리를 파견하여 소국들을 통제 감찰하였을 가능성은 충분히 있다고 생각한다. 이런 측면에서 일단 5세기 전반에 삽량주간(歃良州干)이었다고 알려진 박제상(朴堤上)의 경우가 주목된다.

> 박제상(朴堤上)<혹은 모말(毛末)이라고도 한다>은 시조(始祖) 혁거세(赫居世)의
> 후손이며, 파사이사금(婆娑尼師今) 5세손(世孫)이다. 할아버지는 아도갈문왕(阿
> 道葛文王)이고, 아버지는 물품(勿品) 파진찬(波珍飡)이다. 제상이 관직에 나아가
> 삽량주간(歃良州干)이 되었다(『삼국사기』 열전제5 박제상).

위의 기록에서는 박제상이 시조 혁거세의 후손이며 파사이사금 5세손이고 조(祖)는 아도갈문왕, 부(父)는 물품 파진찬이라 하여, 그가 신라 박씨 왕족의 후예

都國 於國中有如刺史. 王遣使詣京都 帶方郡諸韓國 及郡使倭國 皆臨津搜露 傳送文書賜遺
之物 詣女王 不得差錯(『삼국지』 위서 동이전 왜).

57 以朴氏貴戚 分理國內州郡 號爲州主·郡主(『삼국사기』 신라본기제1 탈해이사금 11년 봄 정
월).

58 分遣使十人 廉察州郡主 不勤公事 致田野多荒者貶黜之(같은 책, 파사이사금 11년 가을 7월).

였음을 밝히고 있으면서도, 한편으로는 삽량(지금의 경남 양산시)지역의 토착지배세력을 의미하는 삽량주간이었다고 언급하고 있어 혼란을 초래하고 있다. 그러나 박제상이 『삼국사기』 신라본기제3 눌지마립간 2년 정월 기록에 나마(奈麻) 관등을 보유하고 있다고 전하는 점과 그 선조들의 세계(世系)를 자세하게 밝힌 정황 등을 미루어 보건대, 박제상이 신라(사로국)에서 파견된 관리였다는 사실은 의심의 여지가 없다고 판단된다. 실제로 5세기 중엽 이후로 편년되는 양산 부부총과 금조총, 북정리 3호묘, 신기리 1호묘 등에서 출자형(出字形) 금동관(金銅冠)이 출토되었으므로,[59] 그 지역에 5세기 중엽 이후에도 여전히 전통적인 지배기반을 가진 수장층이 존재하고 있었다고 봄이 자연스럽다. 그렇기 때문에 박제상은 박씨 왕족의 후예로서 당시 양산지역에 머물렀던 존재로 보는 것이 합리적이며, 그는 고구려와 왜에 인질로 가 있었던 복호(卜好)와 미사흔(未斯欣)을 귀환시켰던 눌지마립간 2년(418) 이전까지 양산지역에 파견된 신라의 관리였음이 확실시된다고 하겠다.[60] 그렇다면 신라에서 박제상을 양산지역에 파견한 이유가 무

---

59 이한상, 2000 「신라관 연구를 위한 일시론」 『고고학지』 11, 131~133쪽.
　　여기서 이한상은 5세기 중엽 이전 양산지역의 고분에서 금동관이 출토되지 않았다고 언급하였다.

60 『삼국유사』 권제1 기이제1 나물왕 김제상조에는 堤上이 歃羅郡太守로 재직하고 있었다고 전한다. 삽량주와 삽라군은 모두 오늘날 경남 양산시에 해당한다. 『삼국사기』 잡지제3 지리1 양주조에 '문무왕 5년, 麟德 2년(665)에 上州와 下州의 땅을 분할하여 歃良州를 설치하였다.'라고 전한다. 또한 신라가 군에 太守를 파견하기 시작한 것은 642년 대야성전투 이후였던 것으로 확인된다. 따라서 눌지왕 2년(418)에 제상이 삽량주간 또는 삽라군태수에 재직하고 있었다는 표현은 중대 이후에 부회한 것이라 봄이 옳을 것이다. 현재 박제상의 성격을 둘러싸고 다양한 견해가 제기되고 있다. 먼저 신라에서 양산지역에 파견한 군사지휘관으로 보는 견해가 제기되었고(강종훈, 2000 『신라상고사연구』, 서울대학교출판부, 192쪽), 반면에 『삼국사기』 열전제5 박제상조에 전하는 世系를 그대로 믿기 어렵다고 이해하는 연구자는 박제상이 삽량(양산)지역 출신의 지방세력이라 보거나(김용선, 1979 「박제상소고」 『전해종박사회갑기념 사학논총』, 일조각, 603쪽), 울산지역 출신의 지방세력으로 보는 견해(木村誠, 1992 「新羅國家發生期の外交」 『アジアのなかの日本史』 II, 東京大學

엇이었을까가 궁금하다.

박제상이 머물렀던 양산지역은 가야와 매우 인접했던 지역이었을 뿐만 아니라 경주와도 직통으로 연결할 수 있는 지역적 조건을 갖춘 곳이었다. 더구나 이지역은 삼국시대 황산진(黃山津)이 위치했던 낙동강 하류지역으로서 낙동강 중·상류의 소국들을 뱃길로 연결시켜 주던 수로교통상의 요지였다. 또 이 지역은 양질의 철광석이 매장되어 있는 곳으로도 유명하다. 이러한 지역적 조건은 왜(倭)의 이도국(伊都國)과 비견될 수 있으며, 아울러 신라에서 박제상을 이 지역에 파견한 것도 곧 일대솔과 같은 관인의 존재를 연상시키기에 충분하다. 이에서 한 걸음 더 나아가서 신라가 소국들을 통제 감찰하거나, 낙동강 수로를 통한여러 소국 사이의 교역을 감시하거나, 가야세력의 침입에 대비하거나 하는 등의목적을 위해 파견한 관리가 박제상이었다는 추론도 해볼 수 있겠다. 이러한 추론은 다음의 사료를 분석하여 봄으로써 약간 더 보완할 수 있다.

(이사부는) 지도로왕(智度路王) 때에 변경지역을 다스리는 관리[沿邊官]가 되어 거도(居道)의 모략(謀略)을 답습하여 마희(馬戲)로 가야국(加耶國)〈혹은 가라(국)[加羅國]라고도 한다〉을 속여 취하였다(『삼국사기』 열전제4 이사부).

<hr>

出版會; 백승옥, 2011「고대 울산의 역사지리적 성격과 박제상」『한일관계사연구』38, 49~51쪽)를 제기하였다. 한편 박제상은 시조 혁거세의 후손이었지만, 석탈해가 박씨세력들 가운데 일부를 지방에 강제로 이주시켰고, 박제상은 그러한 사람 가운데 양산지역에서 토착화한 사람의 후손으로 이해하는 견해(주보돈, 1998「박제상과 5세기 초 신라의 정치동향」『경북사학』21, 828쪽), 제상은 왕경 출신으로서 실성왕과 눌지왕의 대립에서 실성왕편에 가담하였기 때문에 실성왕의 몰락과 함께 양산지역으로 좌천되었다고 보는 견해(선석열, 2001「박제상의 가계와 관등 나마의 의미」『신라 국가성립과정 연구』, 혜안, 47~48쪽)도 있다. 이밖에 박제상은 왕경 출신이었지만, 양산지역으로 徙民되어 재지에서 토착화된 지방세력으로 이해하는 견해도 있다(신현웅, 2006「박제상의 출자와 신분 문제」『신라문화』27).

이사부(異斯夫)는 지증왕 6년(505)에 실직군주(悉直軍主)가 되고, 13년(512)에는 하슬라군주(何瑟羅軍主)로서 우산국(于山國)을 정복하였으며, 진흥왕 2년(541)에는 병부령(兵部令)에 임명되었고, 23년(562)에는 대가야 정복에 참가하였다. 위의 기록과 이사부의 행적을 참조할 때, 그가 연변관(沿邊官)으로서 가야를 속여 취한 시기는 적어도 실직군주가 되기 이전으로 봄이 자연스러울 것이다. 왜냐하면 지증왕 6년 이후 그는 동해안지역에 계속 머물렀다고 보이기 때문이다. 그러므로 위의 기사는 6세기 초반 신라에서 변방에 관리(즉 연변관)를 파견하였음을 알려주는 자료로 이해할 수 있다. 결국 이사부는 박제상과 동일한 성격을 지닌 존재, 즉 소국들을 통제 감찰하고 가야를 견제하기 위하여 신라에서 파견한 변방의 관리였다고 보는 것이 합리적이라 판단된다.

지금까지 살펴본 박제상과 이사부의 경우는 주로 5세기에서 6세기 초반까지 지방에 파견된 관리에 해당하는데, 이사금시기에도 사로국(신라)이 관리를 파견하여 소국들을 통제·감찰하였음을 시사해주는 자료를 찾을 수 있다.

달벌성(達伐城)을 쌓고 나마(奈麻) 극종(克宗)을 성주(城主)로 삼았다(『삼국사기』 신라본기제2 첨해이사금 15년 봄 2월).

여기서 달벌성은 대구지역에 쌓은 성(城)인데, 대구는 경주에서 낙동강 중·상류의 소국을 연결하려면 반드시 통과하는 육상교통의 요지에 해당한다. 특히 사로국에서 상주, 성주, 선산, 김천지역 방면을 연결하기 위해서는 더욱 그러하다. 사로국(신라)은 이와 같은 전략적 중요성 때문에 대구에 성을 축조하고 성주(城主)를 그곳에 파견하였다고 보인다. 성주로 파견된 극종은 그 지역의 소국뿐 아니라 낙동강 중·상류의 소국을 감찰함과 동시에 그 지역을 통한 교역활동도 감시하였을 것으로 추정된다. 5세기대에 축조한 대구광역시 비산동 37호분에서 2개, 비산동 55호분에서 1개의 출자형(出字形) 금동관(金銅冠)이 출토된 점은[61] 5세기 이전 대구지역에도 여전히 국읍의 거수층이 나마(奈麻) 극종(克宗)과 함께 존재하고 있었음을 시사해주는 측면으로 유의된다고 하겠다.

『삼국사기』 신라본기 이사금과 마립간시기 기록에 신라(사로국)가 변방에 성을 쌓고 그곳에 군사를 배치하여 백제나 가야, 고구려 및 말갈의 침입에 대비하였음을 볼 수 있는데, 이사금시기에 사로국(신라)에서 축성한 그곳에 극종 이외에도 성주를 파견하였음을 시사해주는 기록이 더 전한다.

번호		연대	신라본기 성주(城主) 관련 기록
Ⅲ	①	파사이사금 17년 9월	가야인(加耶人)들이 남쪽 변경을 습격하였다. 가성주(加城主) 장세(長世)를 보내 막게 하였으나, 적에게 살해되고 말았다.
	②	파사이사금 27년 8월	마두성주(馬頭城主)에게 명을 내려 가야(加耶)를 정벌하게 하였다.
	③	벌휴이사금 7년 8월	백제가 (나라) 서쪽 국경에 있는 원산향(圓山鄕)을 기습 공격하고, 더 진격해 부곡성(缶谷城)을 포위하였다. 구도(仇道)가 정예 기병 500명을 거느리고 백제군을 공격하자, 그들이 거짓으로 달아났는데, 구도가 와산(蛙山)까지 쫓아갔다가 백제에 패하였다. 왕은 구도의 실책이라고 여겨 (그를) 부곡성주(缶谷城主)로 강등시키고, 설지(薛支)를 좌군주(左軍主)에 임명하였다.
	④	나해이사금 19년 7월	백제가 나라 서쪽에 있는 요거성(腰車城)을 공격해 와서 성주(城主) 설부(薛夫)를 죽였다. 왕이 이벌찬(伊伐飡) 이음(利音)에게 명령하여 정예병 6,000명을 거느리고 백제를 공격하게 하여 사현성(沙峴城)을 격파하였다.
	⑤	미추이사금 5년 8월	백제가 봉산성(烽山城)을 공격하자, 성주(城主) 직선(直宣)이 용맹한 병사 200명을 거느리고 나가 맞서 싸우니 적이 패하여 달아났다. 왕이 그 일을 듣고 직선을 일길찬(一吉飡)에 임명하고, 병사들에게는 후한 상을 내려주었다.

Ⅲ-① 기록에 보이는 가성주(加城主)는 가소성주(加召城主)를 말한다. 『삼국사기』 신라본기에 파사이사금 8년 7월에 가소(加召)와 마두(馬頭) 두 성을 쌓았다고 전한다. Ⅲ-② 기록에 마두성주가 보이는데, 두 성을 축조함과 동시에 성주를 파견하여 지키게 하였음을 추측할 수 있다. 가소성과 마두성은 금관국(金官國)과

---

61 국립춘천박물관, 2008 『권력의 상징, 관-경주에서 강원까지-』, 106쪽.
　　대구광역시 달성군 다사읍 문산리 Ⅰ지구 3-1호와 3-4호에서도 출자형 금동관이 출토되었다.

신라의 접경지역이었던 양산시에 위치하였다고 추정된다.[62] Ⅲ-③ 기록에 전하는 원산향은 경북 예천군 용궁면, 부곡성은 경북 군위군 부계면으로 비정된다.[63] Ⅲ-④ 기록에 전하는 사현성은 충북 괴산군 사리면 모래재로 비정되고,[64] 요거성은 그 주변의 괴산군 내에 소재(所在)한 것으로 짐작된다. Ⅲ-⑤ 기록에 전하는 봉산성은 경북 영주시에 소재한 성이다. 한편『삼국사기』신라본기제2 나해이사금 27년 여름 4월과 백제본기제2 구수왕 9년 10월 기록에 우두진(牛頭鎭)을 침략한 백제와의 전투에서 패배한 이벌찬 충훤(忠萱)을 진주(鎭主)로 강등시켰다고 전한다.[65] 충훤은 우두진주로 강등된 것으로 보인다. 위에서 제시한 사료에 전하는 성주 가운데 전공(戰功)에 의해 일길찬(一吉湌)으로 승진한 봉산성주(烽山城主) 직선(直宣)과 나물왕의 조부(祖父)였던 부곡성주(缶谷城主) 구도(仇道), 이벌찬이었던 우두진주 충훤도 사로국(신라)에서 파견한 관리였음이 분명하다. 가소성주 장세, 요거성주 설부 역시 사로국(신라)에서 파견한 관리였을 가능성이 높다고 하겠다.

『삼국사기』신라본기에 아달라이사금 9년에 왕이 사도성(沙道城)을 순행(巡幸)하여 수졸(戍卒)을 위로하였고,『삼국사기』열전제5 석우로조에 석우로(昔于老)가 조분왕 4년 7월에 사도에서 왜군을 무찔렀으며, 동일한 내용이『삼국사기』신라

---

62 전덕재, 2022『『삼국사기』기록을 통해 본 가야 인식의 변천 고찰』『역사와 경계』123, 40~
   41쪽.
63 이병도, 1977『국역 삼국사기』, 을유문화사, 25쪽.
   신라에서 鄕을 설치한 것은 중고기 말·중대 초였으므로, 본래 이 기록의 기본원전에는 圓
   山이라 기술되어 있었지만, 후대에 원산향으로 개서한 것으로 이해된다.
64 조상기, 2015『청주지역 백제토기 전개과정과 고대 정치체』, 진인진, 242쪽; 전덕재, 2018
   「4~7세기 백제의 경계와 그 변화-경기와 충청지역을 중심으로-」『백제문화』58, 88쪽.
65 『삼국사기』신라본기제2 나해이사금 27년 겨울 10월 기록에는 백제가 牛頭州를, 백제본기
   제2 구수왕 9년 10월 기록에는 牛頭鎭을 침략하였다고 전하여 차이를 보인다. 선덕여왕 6
   년(637)에 우두주를 설치하였으므로 신라본기의 기록은 후대에 개서한 것으로 이해할 수
   있다. 백제가 침략한 곳은 우두진이었다고 보는 것이 합리적일 듯싶다.

본기제2 조분이사금 4년 가을 7월 기록에도 전한다. 그리고 『삼국사기』 신라본기에 유례이사금 9년 6월에 왜병이 사도성을 공격하여 함락시키자, 왕이 일길찬 대곡(大谷)에게 명령을 내려 구원하고 지키게 하였으며, 유례이사금 10년 2월에 사도성(沙道城)을 고쳐 쌓고 사벌주(沙伐州) 호민(豪民) 80여 가(家)를 천사(遷徙)시켰다고 전한다. 중대에 들어 사벌주라는 주명을 사용하였을 가능성이 높다고 보이기 때문에 본래 이 기록의 기본원전에는 사벌(沙伐)이라 기술되어 있었으나 후대에 사벌주로 개서(改書)한 것으로 이해된다. 사도성의 위치에 대하여 경북 포항시 장기면으로 비정하는 견해,[66] 경북 영덕의 옛 사동원(沙冬院)으로 비정하는 견해가[67] 제기되었다. 이 가운데 사도성과 경북 영덕군 남정면 장사리에 위치한 사동원을 연결시켜 보는 견해가 타당하다고 판단된다.[68] 『영덕군지』(하)에 의하면, 남정면 장사리의 인근 마을인 양성리(洋城里) 서쪽에 위치한 '성재'라고 불리는 산에 예전에 성이 있었다고 한다.[69] 양성리란 마을 이름은 바로 이 성에서 유래하였다고 추정되고 있다. 양성리에 위치한 성이 사도성과 관련이 깊지 않을까 한다. 석우로는 흘해이사금의 아버지이다. 『삼국사기』 열전제5 석우로조에 우로가 사망하였을 때에 그의 아들 흘해가 어려서 걷지도 못하였다고 전한다. 이러한 사실과 흘해이사금의 재위 연대(310~356년)를 두루 고려한다면, 석우로가 활동한 시기는 대체로 3세기 후반으로 이해하는 것이 합당할 듯싶다.[70] 따라서 석

---

66 中田勳, 1956 「古代日韓航路考」 『古代日韓交涉史斷片考』, 創文社, 139쪽.

67 이병도, 1977 앞의 책, 29쪽.
   참고로 『신증동국여지승람』 권25 경상도 영덕현 역원조에 '沙冬院이 현 남쪽 35리에 있다.'고 전한다.

68 사도성의 위치 고증에 대한 자세한 내용은 전덕재, 2013b 「상고기 신라의 동해안지역 경영」 『역사문화연구』45, 15~16쪽이 참조된다.

69 경북 영덕군 홈페이지에서 서비스를 제공하는 2002년 발간 『영덕군지』(하) 9편 「마을의 유래」에서 검색한 것이다.

70 석우로의 활동 연대와 관련하여 전덕재, 2000 「4세기 국제관계의 재편과 신라의 대응」 『역

우로가 사도성에서 왜군과 싸운 시기는 3세기 후반으로 볼 수 있을 것이다. 결국 사로국(신라)은 3세기 후반 이전에 왜군의 침략에 대비하여 경북 영덕군 남정면 양성리에 사도성을 쌓았고, 4세기에 사도성을 고쳐 쌓고 사벌지역의 호민 80여 가를 그곳으로 옮겨 거주케 하였던 셈인데, 사도성에 군사들이 주둔하였으므로, 거기에도 성주를 파견하였음이 분명하다고 하겠다.

『삼국사기』 신라본기에 일성이사금 4년에 말갈이 장령(長嶺)의 목책(木柵) 다섯 개를 불태우자,[71] 7년에 말갈의 침입에 대비하여 장령책(長嶺柵)을 다시 세웠고, 아달라이사금 4년 3월에 왕이 장령진(長嶺鎭)에 행차하여 군졸들을 위로하고 각자에게 군복을 내려주었으며, 지마이사금 14년 7월에 말갈이 대령책(大嶺柵)을 습격하였다고 전한다. 대령은 대관령(大關嶺), 장령은 강원도 평창군 대관령면(옛 도암면) 병내리와 강릉시 연곡면 삼산리를 잇는 진고개를 가리킨다.[72] 주지하듯이 신라본기 초기 기록의 기년을 그대로 믿을 수 없다. 따라서 위에서 제시한 기록들은 3세기 후반 이후에 신라가 대관령, 진고개(장령)에 진출한 다음, 말갈(동예)의 침입에 대비하여 거기에 목책(木柵)을 설치하고, 군대를 주둔시켰음을 알려주는 자료로 이해함이 옳을 것이다. 유례이사금 11년 여름에 왜군(倭軍)이 장봉성(長峯城)을 공격해왔으나 이기지 못하고 돌아갔다거나 또는 소지마립간 22년(500) 3월에 왜인이 장봉진(長峯鎭)을 쳐서 함락시켰다는 기록이 전한다.

사와 현실』36, 101~103쪽 및 전덕재, 2010 「勿稽子의 避隱과 그에 대한 평가」『신라문화제학술논문집』31(명예보다 求道를 택한 신라인), 235~238쪽이 참조된다.

71 丁若鏞이 上古期 신라본기 기록에 전하는 말갈은 『삼국지』 위서 동이전에 전하는 東濊를 가리킨다고 언급한 이래, 여러 학자가 이를 수용하였다(노태돈, 1997 「삼국사기 신라본기의 고구려 관계 기사 검토」『경주사학』16, 83~84쪽).

72 전덕재, 2014 「신라의 동북지방 국경과 그 변천에 관한 고찰」『군사』91, 155쪽
진고개는 비만 오면 땅이 질어지는 특성 때문에 泥峴이라고 표기하기도 하고, 고개가 길어 長峴으로 표기하기도 한다[한글학회, 1967 한국지명총람 2(강원편), 489쪽. 본래 긴고개(長峴, 長嶺)라 불렀다가 후에 방언의 구개음화를 걸쳐 진고개라 불렸을 가능성이 높다

여기서 진(鎭)은 군사들이 주둔하는 진영(陣營) 또는 둔영(屯營)을 가리킨다. 장봉성(長峯城)에 군사들이 주둔하고 있었기 때문에 그곳을 장봉진이라고도 부른 것으로 이해된다. 장봉진은 경주시 강동면 국당리에 위치한 북형산성(北兄山城)에 해당한다고 추정된다.[73] 장령진과 장봉진에도 진주(鎭主)가 파견되었을 것으로 짐작된다. 사도성에 파견된 성주 및 장령진과 장봉진에 파견된 진주는 달벌성주인 극종, 양산지역에 파견된 박제상과 마찬가지로 왜군이나 말갈(동예)의 침략에 대비하는 임무를 수행하면서도 동시에 동해안지역에 위치한 소국들을 통제, 감찰하는 임무도 함께 수행하였을 것으로 생각된다.

이상의 검토에서 3세기 후반부터 전국을 52개의 행정촌으로 편제한 지증왕 6년(505)까지 사로국이 변방지역이나 교통상의 중심지 등 전략적으로 중요하다고 인식되는 지역 요소요소에 성주(城主)와 진주(鎭主)뿐만 아니라 박제상과 같은 관리를 파견했음을 확인할 수 있었다. 결국 구체적인 자료가 발견되진 않았지만, 사로국(신라)의 경우도 왜 여왕국(야마대국)의 경우와 비슷한 방식으로 소국들을 통제 감찰하고 있었다고 말할 수 있지 않을까 한다. 그리고 사로국에서 파견한 관리들은 소국들을 감찰하거나, 그들 사이에서 행해지는 교역을 감시하거나, 또는 사로국(신라)과 그 외부세력과의 포괄적인 대외업무-특히 그중에서도 백제와 가야세력과의 관계-를 관장하는 임무를 수행했다고 정리할 수 있을 것이다.

결론적으로 말해서, 상고기에 사로국, 즉 신라는 그에 복속된 소국들의 지배기반을 그대로 인정한 채, 정기적으로 일정한 공납물을 바치게 하여 복속의례를 준수케 하였고, 또한 만약 그들이 반란을 일으킨다거나 세력권에서 이탈할 때는 즉시 군대를 파견하여 응징하고, 그 관계를 다시 복구시켰으며, 변방지역이나

---

73 長峯鎭의 위치 비정에 대한 보다 자세한 내용은 전덕재, 2013b 앞의 논문, 19~23쪽이 참조된다.

전략적 요충지 마다에 관리를 파견하여 그들을 통제 감찰하였다고 여겨진다. 신라의 제소국(諸小國) 해체와 이와 같은 통치질서의 변화는 대략 6세기 초에 가서야 이루어졌음은 앞에서 살핀 바와 같다.

주지하듯이 마립간시기에 신라가 비약적으로 발전하였다. 김씨에 의한 왕위 세습의 정착, 대수장(大首長)을 의미하는 마립간(麻立干)이란 왕호(王號)의 사용, 전진(前秦)에의 사신 파견, 대형 적석목관분(積石木槨墳)의 조영(造營) 등이 4세기 후반 이후에 신라가 비약적으로 발전하였음을 알려주는 증거들이다. 이에 따라 신라가 주변 소국에 대한 통제를 한층 더 강화하였음을 예상해볼 수 있는데, 현재 문헌상으로 4세기 후반 이후 신라의 영향력이 일층 증대되었다는 사실을 구체적으로 증명해주는 자료를 찾기 어렵다. 물론 이때에 이르러서 신라가 변방에 파견한 관리를 대폭 증원하였다거나, 파견하는 지역을 더 늘려 보다 조직적이고 강고한 지배 통제체제를 구축했었을 것이라는 추정은 할 수 있으나, 그렇다고 그에 관한 명확한 자료가 남아 있지는 않다. 이러한 한계는 고고학적 유물의 검토를 통해 보완할 수밖에 없는데, 여기서는 신라의 영향력 확대를 가장 명료하게 보여주는 토기와 금동관에 한정해서 그 구체적인 양상을 검토하고자 한다.

일찍이 토기의 형식분류를 통해 신라와 가야 문화권을 나누어 놓은 연구가 있었다. 이 연구에서 4세기 말 이후 토기의 양식이 크게 낙동강 동안(신라 중심군)과 낙동강 서안(가야 중심군) 양식으로 구별된다고 하였다.[74] 이와 같은 견해는 지금까지 학계에서 크게 수정되지 않고 받아들여지고 있다.[75] 낙동강 동안지역—신라 세력권 내의 지역—에서의 토기의 양식상의 공유현상은 신라세력의 팽창과 밀접하게 연계시키는 것이 일반적이다. 실제로 정치적으로 전혀 관련이 없는

---

74 김원룡, 1960 『신라토기의 연구』, 을유문화사

75 최종규, 1983 「중기고분의 성격에 대한 약간의 고찰」 『부대사학』7; 김태식, 1985 「5세기 후반 대가야의 발전에 대한 연구」 『한국사론』12, 서울대학교 국사학과; 이희준, 2007 『신라고고학연구』, 사회평론, 51~76쪽.

집단 간에 토기가 양식상의 공유현상을 보인다는 것은 상정하기 어렵기 때문에, 그러한 현상은 바로 신라 세력권 내의 소국들이 신라와 정치적으로 더 밀착된 현실을 반영한다고 봄이 자연스러울 것이다. 나아가 토기에서의 양식상의 공유현상 자체는 토기 제작 기술상에서의 통일성을 전제로 하는 것이므로, 신라 국가가 각 소국 내의 토기를 제작하는 공인집단(工人集團)을 직접 통제·장악한 현실을 반영한 것이라는 과감한 추론도 해봄직하다. 문척(文尺)과 장척(匠尺) 및 여러 기술자가 읍락의 지배자로서 대우받아 남산신성비 등에서 보듯이 외위를 수여받은 점이 이와 관련하여 주목된다.

5세기 이후 신라 국가의 소국들에 대한 통제 강화는 금동관(金銅冠)의 형식상의 변화를 통해서도 살필 수 있다. 지금까지 발견된 금동관은 형식적으로 출자형(出字形) 세움장식을 가진 금동관과 그렇지 않은 것으로 크게 나눌 수 있는데, 비출자형(非出字形) 세움장식의 금동관이 출자형의 관보다 시기적으로 앞선 고분에서 출토된 점이 주목을 끈다. 먼저 경주지역에서 발견된 비출자형 세움장식의 금관으로는 교동폐고분(校洞廢古墳) 출토의 것이 있다.[76] 이와 비슷한 형식을 가진 금동관이 동래 복천동 11호분에서 발견되었다. 모양은 3개의 세움장식 각각에 나뭇가지모양의 곁가지를 3개씩 단 것이다.[77] 또한 성주군 벽진면 가암동 고구마밭에서 발견된 금동관은 3개의 세움장식이 초화형(草花形)이고 좌우로 작은 가지가 하나씩 뻗은 형식으로 4세기경에 제작된 것으로 추정된다.[78] 이밖에 의성 탑리고분 I 곽에서 새의 깃털모양 세움장식의 금동관이 출토되었다. 비출

---

76 이한상, 2004『황금의 나라 신라』, 김영사, 78쪽
　이한상은 교동 금관은 황남대총에서 발견된 금관보다 이른 시기에 제작된 것으로 이해하였다.

77 정징원·신경철, 1983『동래복천동고분군』I (본문), 124~127쪽; 국립경주박물관, 2001『신라황금-신비한 황금의 나라』, 36~37쪽.

78 김기웅, 1979「가야의 관모에 대하여-성주 가암동 파괴고분 출토 금동관을 중심으로-」『문화재』12.

자형 세움장식의 금동관은 대략 5세기 전반 이전에 사용되었는데, 당시까지 신라의 지방 소국 거수(渠帥)에 대한 통제가 강력하지 않았음을 엿보게 해주는 측면으로 유의된다.

5세기 전반 이후에 신라의 소국에 대한 통제가 더 강화되었음은 지방의 고분에서 출토된 금동관들이 출자형 세움장식의 관으로 획일화된 모습을 통하여 입증할 수 있다. 이것들은 경주의 적석목곽분뿐만 아니라 낙동강 동안지역에 분포한 고총고분에서 두루 발견되었다.[79] 동일한 출자형 세움장식이면서도 진한지역의 맹주국인 신라의 왕과 왕족은 금동관과 함께 재질이 우수한 금관을 사용한 것에 반하여 지방에서는 오직 금동관만을 사용했음을 확인할 수 있는데, 이러한 차이는 신라왕과 소국 거수들 사이의 신분적인 고하(高下)를 반영한 것으로 이해된다.

앞에서 토기에서의 양식상의 공유현상을 신라의 지방 소국에 대한 통제 강화로 설명하였는데, 금동관의 형식상의 공유현상 역시 그렇다고 말할 수 있을 것이다. 특히 금동관이 소국 국읍의 거수 또는 읍락 지배층의 위세품이라는 점을 참고해볼 때, 그러한 현상은 바로 신라 국가와 지방 소국의 국읍과 읍락 지배층 사이에 이전보다 한층 더 긴밀한 정치적 유대관계가 형성되었음을 반증해주는

---

79 현재까지 출자형 입식의 금동관이 황남대총 남분에서 6점, 금관총에서 2점, 천마총과 호우총, 은령총, 황오리 34호묘, 미추왕릉 7지구 5호묘, 황오리 82호 서곽, 황오리 16호 1곽과 2곽, 8곽, 보문리 부부총에서 각각 1점이 발견되었다. 그리고 부산 동래 복천동 1호묘(2점), 경산 임당동 CII-1호묘, EII-2호묘, EIII-2호묘, EIII-5호묘, EIII-8호묘, 북2호묘, 5B1호묘, 6A호묘, 7A호묘, 7B호묘, 7C호묘, 조영 1A-1호묘, CII-1호묘, CII-2호묘, 가천동 168호묘를 비롯하여 대구 달서 37호 1실(2점, 1점은 사슴뿔모양 장식), 55호묘, 노변동 473호묘, 문산리 고분군, 양산 부부총(사슴뿔모양 장식), 금조총(사슴뿔모양 장식), 북정리 3호묘, 신기리 1호묘, 창녕 계남리 1호묘, 교동 7호묘, 계성 A1호1관, 강릉 초당 B16호묘, 선산 해평 낙산동고분, 울산 조일리 49-2호묘, 영주시 순흥면 태장리 1호분 등에서 출자형 입식의 금동관이 출토되었다(이한상, 2000 앞의 논문; 국립춘천박물관, 2008 앞의 책, 102~108쪽).

것인데, 여기서 정치적 유대 강화란 소국 지배층이 신라 국가의 강력한 규제를 받은 상황을 달리 표현한 것에 불과하다고 볼 수 있다. 이러한 측면은 5세기에 신라 세력권에 편입되지 않은 대가야가 독특한 형식의 금동관(고령 지산동 32호분 출토)을[80] 제작하며 독자적으로 발전한 모습과 대비된다고 하겠다.

　종래에 금동관의 형식상 공유현상이 진한지역의 맹주국인 신라에 복속된 정치세력에게 그것을 분배한 것과 관계가 있다고 이해하였다. 경주고분에서도 금동관이 발견되고, 또 금동관을 비롯한 금공품(金工品)은 토기와 달리 원산지가 제한되어 있어 원료 채취가 어려울 뿐 아니라, 제작 공정 시 복잡하고 조직적인 생산체계의 편성과 유지가 필요하다는 점을 이유로 들어 그러한 주장을 폈다.[81] 그러나 5세기 전반 이전에 지방에서 비출자형 세움장식을 단 금동관이 발견된 점, 고령의 대가야가 자체적으로 금동관을 제작한 점, 합천 옥전 M6호분에서 출토된 출자형 입식의 금동관은 신라의 영향을 받아 현지에서 제작하였을 가능성이 높다는 점[82] 등을 상기한다면, 소국마다 자체적으로 금공품, 철기, 토기 등을 생산하는 조직체계를 갖추고 있었다고 보아도 좋지 않을까 한다. 이러한 측면에서 금동관의 형식상에서의 획일화 현상은 토기와 마찬가지로 금공품의 생산을 담당하는 공인집단을 신라세력이 직접 통제·장악한 결과에서 연유했다는 추론도 가능할 듯싶다. 당시 사회에서 철제 무기와 농기구, 그리고 기타 금공품의 생산이 사회발전을 추동했으므로, 신라 국가가 소국들의 지배기반을 무력화시

80　고령 지산동 32호분 출토 금동관은 얇은 동판을 두드려 판을 만들고 그 위에 도금한 것으로, 전면에 큰 장식 1매로 세움장식을 만들었으며, 끌로 연속점무늬와 물결무늬를 표현한 다음, 사이사이에 대롱모양의 무늬를 찍어 넣은 독특한 양식이다(국립경주박물관, 2001 앞의 책, 275쪽).

81　최종규, 1983 앞의 논문, 33~36쪽; 이한상, 1995 「5·6세기 신라의 邊境支配方式-裝身具 分析을 중심으로-」 『한국사론』 33, 서울대학교 국사학과, 49~52쪽; 이희준, 2007 앞의 책, 76~81쪽; 이한상, 2022 『신라의 성장과정과 복식사여체계』, 서경문화사, 146~193쪽.

82　국립경주박물관, 2001 앞의 책, 273쪽.

키기 위해서는 일차적으로 그러한 물건을 만드는 공인집단을 통제·장악하는 것이 급선무였을 것이기 때문이다. 단편적인 모습은 6세기에 장척을 비롯한 기술자집단들을 외위체계 속에 편제시킨 것에서 엿볼 수 있다. 이러한 추론이 타당하다면, 5세기 전반 이후 신라 국가가 복속 소국의 거수뿐만 아니라 그 구성원의 일상 생활용품마저도 규제하는 데까지 지배·통제영역을 확대하였다고 볼 수도 있을 것이다.[83] 따라서 경주의 고분에서 발견된 금관 및 금동관과 지방의 고분에서 출토된 금동관이 형식상 유사하였다는 사실에서 5세기 전반 이후 신라의 지방 소국에 대한 통제가 한층 더 강화되었음을 추론하는 것이 결코 억측만은 아니지 않을까 한다.

3. 6부체제와 지방통제

앞에서 530년대에 6부체제를 극복하고 왕권 중심의 집권적인 정치체제를 정비하였다고 언급하였다. 6부체제는 단위정치체로서 기능하는 6부(部)를 중심으로 국정이 운영되고, 그에 의하여 규정받았던 정치체제를 이르는 것이다. 그런데 6부체제 단계에 정치체제뿐만 아니라 지배체제 역시 단위정치체로서의 성격을 지닌 6부에 의하여 규정받았다. 이것은 6부체제 하에서 신라를 구성하였던 6

---

83 5세기 단계에 지방 소국의 수장들은 고총고분을 조영하고, 금동관을 거기에 부장하는 것이 일반적이었다. 이런 측면에서 금동관은 읍락사회의 변동으로 지위가 점차 불안해진 수장들이 신라의 중앙권력과 연결하여 한편으로 신라 국가의 통제를 받으면서도 다른 한편으로 신라의 지원을 받아 지방사회에서 그들의 정치적 입지를 강화하였음을 반증하는 유물로 볼 수 있다. 신라 국가의 입장에서는 지방사회에서 기존 소국 수장들을 배후에서 지원해주는 대가로 그들을 매개로 지방사회에 대한 통제력을 더 강화하였을 것이다. 한편 마립간시기 신라의 지방에 대한 통제 강화와 관련된 보다 자세한 내용은 전덕재, 2006 앞의 책, 152~161쪽이 참조된다.

부집단은 왕권에 복속된 하위 단위정치체로서 기능하면서도, 신라 전 영역을 망라할 때는 내부 통치에 대하여 일정한 자치권을 행사하는 지방의 각 소국이나 읍락집단을 지배 통제하는 지배자집단으로서의 면모를 지녔음을 전제하는 것이다.[84] 그러면 상고기에 단위정치체로서의 성격을 지닌 6부가 지방의 소국들을 어떻게 지배, 통제하였을까가 궁금한데, 이와 관련하여 501년(지증왕 2)에 건립된 포항중성리신라비에[85] 전하는 다음의 기록을 주목할 필요가 있다.

豆智沙干支宮日夫智宮奪尒今更還牟旦伐喙作民沙干支使人

위에서 제시한 포항중성리신라비의 기록에 대해 끊어 읽기와 해석을 둘러싸고 다양한 견해가 제기되었다. 이에 대해서 기존에 자세하게 정리한 연구성과가 제출되었기 때문에 여기서 그에 대하여 더 이상 논급하지 않을 것이다.[86] 다만 6부집단의 지방지배에 대해 고구(考究)하기 위해서는 누가 누구에게 어떤 것을 빼앗았고, 누가 누구에게 어떤 것을 돌려주었는가에 대한 검토가 불가피한데, 필자는 전에 모단벌훼(모량부)가 두지사간지궁과 일부지궁을 빼앗았다가 재판 결과에 따라 모단벌훼가 두지사간지와 일부지에게 두지사간지궁과 일부지궁을 되

---

84 신라 6부체제에 대한 자세한 내용은 전덕재, 1996 앞의 책, 92~110쪽이 참조된다.

85 현재 포항중성리신라비를 501년(지증왕 2)에 건립하였다고 이해하는 견해가 지배적이지만, 일부 학자는 441년(눌지마립간 25)에 건립하였다고 이해하기도 한다(강종훈, 2009 「포항중성리신라비의 내용과 성격」『한국고대사연구』56; 노중국, 2010 「포항중성리비를 통해 본 마립간시기 신라의 분쟁처리 절차와 6부체제 운영」『한국고대사연구』59; 윤진석, 2012 「포항중성리신라비의 새로운 해석과 신라 부체제」『신라 최고의 금석문 포항중성리신라비』, 주류성; 김창호, 2013 「포항중성리신라비의 재검토」『신라사학보』29; 이성호, 2015 「포항중성리신라비 판독과 인명표기」『목간과 문자』15; 양자량, 2021 「포항중성리신라비에 보이는 신라 부체제 검토」『백산학보』119). 포항중성리신라비의 건립연대를 둘러싼 제논의에 대해서는 이현섭·전덕재, 2021 앞의 논문, 7~10쪽이 참조된다.

86 이현섭·전덕재, 위의 논문, 35~50쪽.

돌려주게 되었다고 해석한 바 있다. 그리고 필자는 두지사간지와 일부지를 훼부(喙部) 또는 사훼부(沙喙部) 소속의 왕족으로, 두지사간지궁과 일부지궁은 왕족인 두지사간지와 일부지에게 분급(分給)한 식읍(食邑)으로 이해하였다.[87] 필자의 견해에 따른다면, 모단벌훼가 지금의 경북 포항시 북구 흥해읍에 위치한 두지사간지와 일부지의 식읍을 빼앗자, 이에 대해 중앙정부 차원에서 재판을 열어 결과적으로 모단벌훼는 빼앗은 식읍(두지사간지궁과 일부지궁)을 두지사간지와 일부지에게 되돌려주라고 판결하였다고 볼 수 있다. 모단벌훼가 두지사간지궁과 일부지궁을 빼앗은 이유는 본래 두지사간지와 일부지에게 사여한 식읍지가 모단벌훼가 지배, 통제하던 지역이었던 것에서 찾을 수 있을 것이다.

필자는 두지사간지궁과 일부지궁을 두지사간지와 일부지의 식읍으로 이해하였지만, 이에 대해 이를 '금광(金鑛)',[88] '토지'[89] 또는 '두지사간지와 일부지가 소유한 전장(田莊)을 관리하는 장사(莊舍) 및 별궁을 관리하던 시설물'[90] 또는 '고대 일본의 미야케[둔창(屯倉)]와 유사한 것',[91] '궁(宮)'에 속한 전장(田莊)의 관리권'과[92] 연결시켜 이해하는 견해가 제기되었고, 핵심 분쟁 당사자를 두지사간지궁[택

---

87 전덕재, 2009a 앞의 논문, 97~101쪽 및 112~124쪽.

88 이우태, 2009 「포항중성리신라비의 내용과 건립연대」『포항중성리신라비 발견기념 학술심포지엄』, 국립경주문화재연구소.

89 김수태, 2012 「포항중성리신라비와 냉수리신라비에 보이는 소송」『신라 최고의 금석문 포항중성리신라비』, 주류성, 268~269쪽; 박성현, 2011, 「포항중성리신라비 비문의 형식과 분쟁의 성격」『한국문화』55, 17쪽.
박성현은 분쟁대상을 모단벌훼 작민이 경작하던 토지로 이해하였다.

90 김창석, 2010 「신라 법제의 형성과정과 율령의 성격-포항중성리신라비의 검토를 중심으로-」『한국고대사연구』58, 387~389쪽; 홍승우, 2012 「포항중성리신라비의 분쟁과 판결」『신라 최고의 금석문 포항중성리신라비』, 주류성, 225쪽.

91 이용현, 2011 「중성리비의 기초적 검토-냉수리비·봉평비와의 비교적 시점-」『고고학지』17, 440쪽.

92 이수훈, 2013 「포항중성리신라비의 모단벌과 금평」『역사와 세계』44, 321쪽.

(宅)]·일부지궁[택]과 모단벌훼 또는 모단벌훼 작민 사간지[작민사 간지] 또는 모단벌훼의 작민(作民)으로 이해하고, 분쟁대상을 '간거벌(干居伐), 소두고리촌(蘇豆古利村), 나음지촌(奈音支村), 진벌(珍伐)의 주민에 대한 관할권',[93] 홍해지역에 거주하던 작민(作民),[94] '촌락 공유지(共有地)와 개인의 수조지(收租地)'로[95] 보는 견해가 제기되었다. 분쟁대상 및 피고와 원고에 대한 이해가 다양하지만, 대부분의 학자들은 핵심 분쟁 당사자 가운데 하나가 모단벌훼 또는 모단벌훼의 지배자였다는 사실에 대해서 동의한다고 볼 수 있다.[96] 이와 같은 견해를 제기한 연구자들 역시 한때 모단벌훼 또는 모단벌훼의 지배자가 홍해지역을 지배 통제하였다는 사실 자체에 대해 공감한다고 이해할 수 있을 것이다.

마립간시기에 6부 가운데 국왕이 소속한 훼부(喙部)와 그의 직접적인 지배를 받았던 사훼부(沙喙部)의 정치적 영향력이 증대하였음은 포항냉수리신라비와 울

---

93 이문기, 2009 「포항중성리신라비의 발견과 그 의의」『한국고대사연구』56, 36쪽; 노태돈, 2010 「포항중성리신라비와 外位」『한국고대사연구』59, 43쪽.

94 윤선태, 2012 「포항중성리신라비가 보여주는 '소리'」『신라 최고의 금석문 포항중성리신라비』, 주류성, 171~174쪽; 주보돈, 2012 「포항중성리신라비의 구조와 내용」『한국고대사연구』65, 144쪽; 이경섭, 2018 「금석문과 목간으로 본 6세기 신라의 촌락 구조」『사학연구』132, 241~242쪽; 여호규, 2019 「신라 중성리비의 서사구조와 6부인의 지배이념」『한국고대사연구』93, 120~121쪽; 권인한, 2019 「포항중성리신라비의 국어사적 의의 탐색 : 신라 3비문의 고유명사 표기자 분석 및 비교를 중심으로」『신라 왕경과 포항중성리신라비』, 국립경주문화재연구소, 157쪽; 김창석, 2019 「포항중성리비의 '宮'과 상고기 신라의 지역지배」『한국고대사연구』96, 136~140쪽; 양자량, 2021 앞의 논문, 269쪽.

95 하일식, 2009 앞의 논문; 2019 「포항중성리비에서 '奪'·'還'의 대상-토지 문제와 관련하여-」『한국고대사연구』96, 189~190쪽.

96 다만 일부 학자는 '牟旦伐喙'를 '모단벌(지역명 또는 인명)+훼(부명)'로 이해하기도 한다(이우태, 2009 앞의 논문; 강종훈, 2009 앞의 논문; 선석열, 2009 「인명표기방식을 통해 본 포항중성리신라비」『인문학논총』14-3, 경성대학교 인문과학연구소; 김창호, 2013 앞의 논문; 김희만, 2009 「포항중성리신라비와 신라의 관등」『동국사학』47). 이러한 견해를 제기한 연구자들은 핵심 분쟁 당사자 가운데 하나를 모단벌훼(모량부) 또는 모단벌훼의 지배자로 이해하지 않았다고 볼 수 있다.

진봉평리신라비에 전하는 귀족회의에 이들 소속 부인들이 다수 참여하고, 나머지 부인들은 겨우 2명밖에 참여하지 못한 정황을 통하여 잘 살필 수 있다.[97] 당시 훼부와 사훼부 왕족 및 귀족의 무덤으로 짐작되는 대형의 적석목곽분들이 경주 시내에 집중적으로 분포하는 것에 반하여 모량부 이외의 다른 부의 영역에서 대형의 고분 축조가 이루어진 자취를 발견할 수 없다는 사실도 이와 관련시켜 이해할 수 있다. 이것은 본피부와 사피부, 한기부 세력이 위축되었음을 반영한 것이기 때문이다. 모량부의 지배자들은 건천읍 금척리지역에 대형의 적석목곽분을 조영하였으나 지금까지 거기에서 출토된 부장품의 질과 양이 경주 시내의 그것에 미치지 못하였다.[98] 모량부 박씨집단은 초기 왕족의 후예였기 때문에 중고기에 왕비(王妃)를 배출하고 진골신분에 편제되었다.

이처럼 마립간시기에 6부 내부에서 훼부와 사훼부의 정치적 영향력이 점점 증대되었고, 이것은 지방에 대한 2부의 지배력 강화로 귀결되었음은 물론이다.[99] 이에 따라 훼부와 사훼부 소속 왕족·귀족들과 나머지 부의 지배자들 사이에 지방의 지배를 둘러싸고 갈등을 벌였음도 충분히 예상해볼 수 있다. 포항중성리신라비는 이와 같은 갈등이 현실화되었음을 알려주는 중요한 자료인 셈이다. 경북 포항시 북구 흥해읍 중성리에서 비가 발견되었으므로 두지사간지궁과 일부지궁, 즉 두지사간지와 일부지의 식읍지(食邑地) 역시 그 근처에 위치하였다고 봄이 자연스럽다. 필자가 해석한 것처럼 모단벌훼가 두지사간지궁과 일부지

---

97 울진봉평리신라비에는 훼부와 사훼부 소속 12명, 본피부 소속 1명, 잠훼부(岑喙部; 모량부) 소속 1명이, 포항냉수리신라비에는 훼부와 사훼부 소속 5명, 본피부 소속 1명, 사피부 소속 1명이 귀족회의에 참석하였다고 전한다.

98 김원룡, 1960「경주금척리고분발굴조사약보」『미술자료』1.

99 포항중성리신라비를 비롯하여 포항냉수리신라비와 울진봉평리신라비에 전하는 지방관인 道使, 그리고 使人이나 典事人, ○事大人 등이 모두 훼부와 사훼부 소속이었다. 이를 통하여 6세기 초반에 훼부와 사훼부 소속 왕족이나 귀족들의 수취기반이 크게 확장되었음을 유추해볼 수 있다.

궁, 즉 왕족인 두지사간지와 일부지의 식읍을 빼앗았다고 한다면, 501년에 모단벌훼의 지배자들과 훼부·사훼부 소속 왕족 사이에 홍해지역에 대한 지배권을 둘러싸고 갈등하였던 셈이 된다. 더 구체적으로 말하면, 훼부와 사훼부의 왕족이 모단벌훼가 지배, 통제하고 있던 홍해지역을 빼앗아 식읍지로 삼으며 지배기반을 확장하여 나가자, 이에 반발하여 모단벌훼가 그들이 옛날에 지배, 통제하였던 홍해지역에 설치한 두지사간지궁과 일부지궁을 빼앗아 사단이 생겼다고 말할 수 있다.

사로국의 영역은 오늘날 안강읍을 제외한 경주시 일원과 울산광역시 울주군 두동면과 두서면, 울산광역시 북구 농소동을 비롯한 북부지역을 망라하였다. 사로국은 6부로 구성되었는데, 모단벌훼, 즉 모량부의 범위는 경주시 서악동과 효현동을 비롯하여 건천읍, 서면, 산내면과 현곡면 일부를 망라하였고, 습비부의 범위는 경주시 천북면과 강동면, 현곡면·안강읍의 일부 지역을 망라하였다.[100] 경북 포항시 북구 홍해읍은 사로국의 영역에 포함되지 않았으므로, 501년 당시 그곳은 신라의 지방에 해당하였다고 볼 수 있다. 결국 포중성리신라비를 통해 501년 이전에 모단벌훼가 홍해지역을 지배, 통제하였음을 엿볼 수 있는 것이다. 나아가 이를 근거로 모단벌훼 이외의 나머지 부도 지방의 어떤 곳을 지배, 통제하였음을 유추할 수 있을 것이다. 즉 6부가 지방을 분할하여 지배, 통제하는 통치질서를 상정해볼 수 있지 않을까 한다. 이와 관련하여 앞에서 인용한『삼국지』위서 동이전 동옥저의 기록을 주목할 필요가 있는데, 논지 전개의 편의를 위해 그 기록을 다시 인용하도록 하겠다.

(동옥저는) 나라가 작고 큰 나라의 틈바구니에서 핍박을 받다가 결국 고구려에 복속되었다. 고구려는 그(지역의 인물) 중에서 대인(大人)을 두고, 사자(使者)

---

100 전덕재, 2009『신라 왕경의 역사』, 새문사, 67~74쪽 및 82~95쪽.

로 삼아서 (읍락 거수[渠帥]와) 함께 통치하게 하였다. 또 대가(大加)로 하여금 조세를 통괄 수납케 하여, 맥포(貊布)와 생선, 소금, 해초류 등을 천 리(里)나 되는 거리에서 져 나르게 하고, 또 동옥저의 미인을 보내게 하여 종이나 첩으로 삼았으니, 그들을 노복(奴僕)처럼 대우하였다(『삼국지』 위서 동이전 동옥저).

　위의 기록을 보면, 동옥저 내의 대인(大人)을 사자(使者)로 삼아 읍락 거수(渠帥)와 함께 내부적인 통치를 수행하게 하는 한편, 실질적인 지배내용인 동옥저의 조부(租賦)를 수취하는 데에는 고구려 내의 대가(大加)들로 하여금 통책(統責)하게 하였음을 알 수 있다. 계루부(桂婁部) 소속의 왕족 및 부(部)의 대표, 유력한 부의 부내부장(部內部長)을 대가(大加)라 불렀다.[101] 여기서 부의 대표를 대가라 불렀다는 사실이 유의된다. 동옥저의 조부 수취를 통책하던 대가가 어떤 부의 대표였을 가능성을 배제할 수 없기 때문이다. 종래에 대가에 해당하는 부[나부(那部)]의 지배세력이 계루부 왕권의 통제 아래 각 나부의 군사력을 동원하여 동옥저를 정복하였고, 그 대가로 조세 수취 과정에 참여하는 권한을 분배받았을 것으로 추정한 견해가 제기되었다. 이에 따르면, 비류나부(沸流那部)와 연나부(椽那部)뿐만 아니라 3세기 중엽에는 세력이 미미해진 관나부(貫那部)와 환나부(桓那部)도 태조왕대에 조나(藻那)와 주나(朱那)를 정벌한 데서 볼 수 있듯이,[102] 본래 대외정복에 활발하게 참여하였고, 그 대가로 조세 수취에 관여할 권리를 획득하였을 것이라 한다.[103] 이러한 견해를 존중한다면, 고구려는 원래의 5부지역은 5부가 자치적으로 통치하고, 또한 5부의 대가들로 하여금 5부집단에 복속된 지방의 소국이나 읍락들을 지배, 통제하게 하였다고 정리하여도 무방할 것으

---

101 노태돈, 1999 『고구려사연구』, 사계절, 143~149쪽.

102 遣貫那部沛者達賈伐藻那 虜其王(『삼국사기』 고구려본기제3 태조왕 20년 봄 2월); 王遣桓那部沛者薛儒伐朱那 虜其王子乙音爲古鄒加(같은 책, 태조왕 22년 겨울 10월).

103 여호규, 2014 『고구려 초기 정치사 연구』, 신서원, 343~345쪽.

로 판단된다.

　고구려의 경우를 참고할 때, 신라의 경우 이와 관련하여 주목되는 것이 바로 6부군(部軍)[부병(部兵)]의 존재이다. 6부군 또는 6부병에 관한 기록은 『삼국사기』 신라본기 남해차차웅 11년과 나해이사금 14년 가을 7월 기록,[104] 백제본기 초고왕 39년 기록과[105] 물계자열전에[106] 전한다. 남해차차웅 11년 기록은 6부병이 왜군을 물리친 내용이고, 나해이사금 14년 가을 7월 기록과 물계자열전의 기록은 6부군이 가라(加羅) 또는 아라국(阿羅國)을 침략한 포상팔국(浦上八國)의 군대를 물리친 내용, 초고왕 39년 기록은 신라의 6부정병(部精兵)이 사현성(충북 괴산군 사리면 모래재)에서 백제군을 격퇴하였다는 내용에 해당한다. 여기서 6부군 또는 6부병이란 명칭은 6부의 지배자들이 각자 소속 부인(部人)들을 동원한 데서 유래하였다고 생각된다. 이처럼 군사를 각 부 단위로 동원하였다는 사실은 부가 내부의 통치와 수취에 대해서는 상당한 자치권을 행사하였음을 실증해주는 측면으로 유의된다고 하겠다.

　각 부의 지배자들이 부인들을 군사로 동원한 군대가 6부군 또는 6부병이었으

104　倭人遣兵船百餘艘 掠海邊民戶 發六部勁兵以禦之. 樂浪謂內虛 來攻金城甚急. 夜有流星墜於賊營 衆懼而退 屯於閼川之上 造石堆二十而去. 六部兵一千人追之 自吐含山東至閼川 見石堆知賊衆 乃止(『삼국사기』 신라본기제1 남해차차웅 11년)
　　浦上八國謀侵加羅 加羅王子來請救. 王命太子于老與伊伐飡利音 將六部兵往救之. 擊殺八國將軍 奪所虜六千人還之(『삼국사기』 신라본기제2 나해이사금 14년 가을 7월).

105　出兵攻新羅腰車城 拔之 殺其城主薛夫. 羅王奈解怒 命伊伐飡利音爲將 帥六部精兵 來攻我沙峴城(『삼국사기』 백제본기제1 초고왕 39년 가을 7월).
　　한편 동일한 내용이 『삼국사기』 신라본기제2 나해이사금 19년 가을 7월 기록에도 전한다. 나해이사금 19년은 기년으로 214년, 구수왕 39년은 204년으로 10년의 기년 차이가 난다. 신라본기 기록에는 왕이 이벌찬 이음에게 명하여 정예군사 6천 명을 이끌고 백제를 치게 하여 사현성을 함락시켰다고 전할 뿐이고, 6부정병이라는 표현은 전하지 않는다.

106　勿稽子 奈解尼師今時人也. 家世平微 爲人偉儻 少有壯志. 時 八浦上國同謀伐阿羅國 阿羅使來請救. 尼師今使王孫捺音 率近郡及六部軍往救 遂敗八國兵(『삼국사기』 열전제8 물계자).

므로 여기에는 어떠한 형태로든지 대가가 뒤따랐을 것으로 믿어진다. 기본적으로 6부군 또는 6부병을 동원한 목적은 단지 외적의 침입을 방어하는 데에만 있었던 것이 아니라 지방의 소국이나 읍락들을 정복하여 복속시키는 데에도 있었기 때문에, 아마도 왕은 고구려의 사례에서 잘 볼 수 있듯이 부의 지배자들이 부인을 군사로 동원한 대가로 그들에게 지방의 수취 과정에 참여할 수 있는 권한을 부여하거나 아니면 지방에서 바치는 공납물을 분배해주지 않았을까 한다. 이처럼 6부의 지배자들이 단지 부 내부의 부인(部人)들에게만 수취한 것이 아니라 지방 소국이나 읍락들로부터도 수취하였다는 점은 당시 신라 전체를 망라한 지배구조상에서 6부인이 일종의 지배자집단으로서 존재하였음을 잘 보여주는 측면으로 주목된다고 하겠다.[107] 결국 6부군 또는 6부병의 존재를 통해 신라도 고구려와 마찬가지로 6부체제 단계, 즉 상고기에 6부가 지방의 소국이나 읍락들을 나누어 지배, 통제하는 통치질서를 구축하였음을 엿볼 수 있지 않을까 한다. 이와 같은 통치질서를 염두에 둔다면, 5세기 후반에 모단벌훼가 흥해지역을 지배, 통제하고 있었던 사실을 나름 합리적으로 설명할 수 있을 것이다.

4. 제소국의 영역화

1) 서북지역의 영역화

『삼국사기』 신라본기 이사금시기의 기록에 신라와 백제가 싸웠다는 기록이 적지 않게 전하는데, 두 나라가 싸운 장소를 정리한 것이 다음의 <표 1>이다.

---

107 전덕재, 1996 앞의 책, 50쪽.

〈표 1〉『삼국사기』신라본기 이사금시기 기록에 전하는 백제와 신라의 전투 장소[108]

연대	전투 장소	현재 위치	비고
탈해이사금 8년	와산성(蛙山城)	충북 보은군 보은읍	탈해이사금 10년, 19년, 20년, 벌휴이사금 7년
탈해이사금 8년	구양성(狗壤城)	충북 옥천군 옥천읍	벌휴이사금 6년
아달라이사금 14년	한수(漢水)	남한강 상류	
벌휴이사금 5년	모산성(母山城)	충북 진천군 진천읍 대모산성 (大母山城)	
벌휴이사금 7년	원산향(圓山鄕)	경북 예천군 용궁면	
벌휴이사금 7년	부곡성(缶谷城)	경북 군위군 부계면	
나해이사금 19년	요거성(腰車城)	충북 괴산군 내 소재	
나해이사금 19년	사현성(沙峴城)	충북 괴산군 사리면 모래재	
나해이사금 23년	장산성(獐山城)	불명(不明)	
나해이사금 27년	우두진(牛頭鎭)	강원도 춘천시	기림이사금 3년, 우두주(牛頭州) 순행(巡幸)
나해이사금 27년	웅곡(熊谷)	북한 강원도 안변군 내의 지역	
첨해이사금 9년	봉산성(烽山城)	경북 영주시	나해이사금 29년[축성(築城)]; 미추이사금 5년
첨해이사금 9년	괴곡성(槐谷城)	충북 괴산군 괴산읍	미추이사금 17년, 22년

〈표 1〉에서 우두진과 웅곡을 제외하고, 이사금시기에 백제와 신라가 와산성, 구양성, 모산성, 요거성, 사현성, 봉산성, 괴곡성 등 주로 소백산맥 일원에서 전투를 벌였음을 엿볼 수 있다. 『삼국사기』신라본기에는 1세기 중·후반 탈해이사금대부터 사로국(신라)과 백제가 소백산맥 일원에서 충돌하기 시작하였다고 전한다. 그러나 3세기 중반의 상황을 전한다고 알려진 『삼국지』위서 동이전 한조에 사로국이 진한의 맹주국이 아니었고, 백제국(伯濟國) 역시 마한 소국의 하나로 전하는 점을 염두에 둔다면, 신라본기 기록을 그대로 신뢰하기 어려울 것이다. 그렇다면 실제로 사로국(신라)과 백제가 언제부터 소백산맥 일원에서 충돌

---

108 蛙山城, 狗壤城, 母山城, 烽山城의 위치 비정에 대해서는 이병도, 1977『국역 삼국사기』, 을유문화사, 12쪽, 25쪽, 31쪽이 참조되고, 정구복 등, 2012b『개정증보 역주 삼국사기』 3(주석편상), 한국학중앙연구원출판부, 72쪽과 75쪽에서 槐谷城을 충북 괴산군 괴산읍, 熊谷을 북한의 강원도 안변군 내의 지역으로 비정한 바 있다.

하기 시작하였을까가 궁금하다. 이와 관련하여 다음의 기록들을 주목할 필요가 있을 것이다.

번호		지명	신라본기 기록
IV	①	고타군(古陁郡)	고타군주(古陁郡主)가 푸른 소[청우(靑牛)]를 바쳤다(파사이사금 5년 5월) 고타군에서 가화(嘉禾)를 바쳤다(조분이사금 13년 가을)
	②	남신현(南新縣)	남신현에서 보리줄기가 가지를 쳤다. 크게 풍년이 들어 여행하는 사람이 양식을 가지고 다니지 않아도 되었다(파사이사금 5년 5월) 남신현에서 가화(嘉禾)를 바쳤다(벌휴이사금 3년 7월) 남신현의 사람이 죽었다가 한 달이 지나서 다시 살아났다(나해이사금 27년 4월)
	③	태백산(太白山)	북쪽을 순행(巡幸)하여 몸소 태백산(太白山)에 제사지냈다(일성이사금 5년 10월) 우두주(牛頭州)에 이르러 태백산에서 망제(望祭)를 지냈다(기림이사금 3년 3월)
	④	계립령(雞立嶺)	계립령의 길을 열었다(아달라이사금 3년 4월)
	⑤	감물현(甘勿縣) 마산현(馬山縣)	처음으로 감물현과 마산현 두 현을 설치하였다(아달라이사금 4년 2월)
	⑥	죽령(竹嶺)	죽령을 개통하였다(아달라이사금 5년 3월)

IV-① 기록에 보이는 고타군은 경북 안동시로 비정된다. 이것은 안동지역의 정치세력이 사로국에 복속의 표시로 서수(瑞獸)와 서물(瑞物)을 바친 사실을 전한 것이다. 『삼국사기』 신라본기제5 진덕왕 원년(647) 겨울 10월 기록에 백제 군사가 무산성(茂山城), 감물성(甘勿城), 동잠성(桐岑城) 세 성을 포위하자, 왕이 유신에게 보·기병 1만 명을 거느리고 가서 막게 하였다고 전한다. 감물성과 IV-⑤ 기록에 보이는 감물현은 동일한 곳을 가리킨다고 보이는데, 종래에 감물성은 감문군(甘文郡)과 연계하여 지금의 경북 김천시 개령면으로 비정하는 견해와[109] 김천시 어모면에 해당하는 금물현(今勿縣)[어모현(禦侮縣)]으로 비정하는 견해가[110]

---

109 井上秀雄 譯註, 1980 『三國史記』1, 平凡社, 80쪽; 정구복 등, 위의 책, 162쪽.
110 金正浩는 『大東地志』 卷9 慶尙道下 金山條에서 '沿革 本新羅桐岑 景德王十六年 改金山爲 開寧郡領縣. … 古邑 禦侮 北三十五里 新羅阿達羅王四年置甘勿縣 一云今勿 一云陰達 景 德王十六年改禦侮爲開寧郡領縣 高麗顯宗九年屬尙州 本朝太祖來屬'이라고 언급하여, 감 물성을 금물현(어모현)으로 비정한 바 있다.

제기되었다. 이 가운데 감물성을 금물현, 즉 김천시 어모면으로 비정하는 것이 합리적이라고 판단된다.[111] 이에 따른다면 마산현은 그 근처에 위치한 지명이었을 가능성이 높다고 볼 수 있다. 마산현의 위치와 관련하여 진덕왕 원년(647) 겨울 10월 기록에서 백제 군사가 감물성과 함께 무산성과 동잠성을 공격하였다고 언급한 사실을 주목할 필요가 있다. 무산성은 사벌주(沙伐州) 감문군(甘文郡)[개령군(開寧郡)]의 영현(領縣)인 무산현(茂山縣)[무풍현(茂豊縣)]으로 비정되는데, 이것은 오늘날 전북 무주군 무풍면에 해당한다. 종래에 동잠성을 강주(康州) 성산군(星山郡) 영현인 수동현(壽同縣)의 본래 이름인 사동화현(斯同火縣)과 연결시켜 오늘날 경북 구미시 인의동 일대로 비정하기도 하였으나,[112] 동잠성은 감물성과 무산성에서 가까운 곳에 위치하였을 가능성이 높다고 추정된다는 점에서 그대로 수용하기 어렵다. 이와 관련하여 김정호가 『대동지지』에서 동잠성을 오늘날 경북 김천시에 해당하는 금산현(金山縣)으로 비정하여 주목된다.

동잠성을 마산현과 연결시켜 이해하기 어려울 것이다. 그렇다면 마산현을 무산성과 연결시킬 수 있을까? 마산현의 위치와 관련하여 영천청제비(永川菁堤碑) 정원명(貞元銘)에서 '사훼(沙喙)'를 '수훼(須梁)'라 표기하거나 함안 성산산성에서 출토된 목간에서 경북 상주시에 해당하는 '사벌(沙伐)'을 '수벌(須伐)'로 표기하였던 사실,[113] 이벌찬[각간(角干)]의 별칭인 서불한(舒弗邯)을 서발한(舒發韓), 서발한(舒發翰)으로 표기하였던 사실[114] 등을 주목할 필요가 있다. 이들 기록을 통해 사(沙)와 수(須), 불(弗)과 발(發)이 상통(相通)하였음을 엿볼 수 있기 때문이다. 이

---

111 전덕재, 2009b「관산성전투에 대한 새로운 고찰」『신라문화』34, 43쪽.

112 정구복 등, 2012b 앞의 책, 162쪽.

113 가야 72 목간에 須伐本波居須智'란 묵서가 전한다(국립가야문화재연구소, 2017『한국의 고대목간』Ⅱ, 114쪽).

114 『삼국사기』잡지제7 직관(상)에 '一曰伊伐湌<或云伊罰干 或云于伐湌 或云角干 或云角粲 或云 舒發翰 或云舒弗邯>이라 전하고, 성주사낭혜화상탑비와 結華嚴經社會願文에 舒發韓이라는 관등 표기가 전한다.

러한 사실에 유의하건대, 마산(馬山)과 무산(茂山)도 상통하는 지명이라 추론하는 것도 그리 황당하지만은 아닐 것이다. 이러한 추론은 김천시 어모면으로 비정되는 감물성과 무주군 무풍면으로 비정되는 무산성이 서로 멀지 않은 곳에 위치한 사실을 통해서도 보완할 수 있을 것이다. 감물현과 마산현을 김천시 어모면, 또는 무주군 무풍면으로 비정할 수 있다고 하더라도, 이를 근거로 상고기에 신라가 김천시 어모면, 무주군 무풍면에 감물현과 마산현을 설치하였다고 주장하는 것은 여전히 위험하다. 앞에서 언급하였듯이 현은 642년 대야성전투 이후에 비로소 설치한 것이기 때문이다. 현재로서는 마립간시기 이전, 즉 4세기 후반 이전의 이사금시기에 이들 지역의 정치세력이 사로국에 복속되었던 사실을 후대에 감물현과 마산현을 설치하였다고 개서(改書)하였다고 이해하는 것이 합리적이라고 판단된다.

죽령은 경북 영주시 풍기읍과 충북 단양군 대강면을 연결하는 고개이고, 계립령은 마골현(麻骨峴), 대원령(大院嶺), 한단령, 하늘재라 불렀으며, 충북 충주시 수안보면 미륵리와 경북 문경시 문경읍 관음리를 연결하는 고개이다. 신라가 소맥산맥을 넘어 충청도지역으로 진출하기 위해서는 계립령과 죽령의 개통이 필수적이라 볼 수 있다. 결국 신라는 계립령과 죽령을 개통한 이후에 소맥산맥 북쪽지역으로 진출할 수 있었던 셈이 된다. 그런데 신라가 안동과 김천시 어모면의 정치세력을 복속시키거나 사로국이 계립령과 죽령을 넘어 충청도지역으로 진출하기 위해서는 진한지역을 대표하는 소국으로 부상하는 것이 전제된다. 앞에서 『진서』사이 동이전 진한조에 전하는 기록을 주목하여, 3세기 후반 이후에 사로국이 진한지역의 맹주국으로 부상하였음을 논증한 바 있다. 이에 따른다면, 사로국이 계립령과 죽령을 넘어 충청도지역에서 백제와 충돌한 시기의 상한은 3세기 후반이라 볼 수 있을 것이다.

Ⅳ-② 기록에 남신현(南新縣)이 보이는데, 『진서(晉書)』지리지에 대방군(帶方郡)의 7현 가운데 남신현이 있다고 전한다. 『후한서』지리지에는 낙랑군 영현(領

縣) 가운데 남신현이 보이지 않는다. 따라서 남신현은 진대(265~317)에 설치된 것으로서, 그에 관한 기록은 265년에서 317년 사이에 사로국이 진의 대방군과 교섭한 사실을 반영한다고 이해할 수 있다. 남신현 관련 기록이 3세기 후반 또는 4세기 초반의 역사적 사실을 반영하는 것임에도 불구하고, 신라본기에서는 사로국, 즉 신라가 파사이사금 5년(84) 5월, 벌휴이사금 3년(186) 5월, 나해이사금 27년(222) 4월에 남신현과 교섭한 것처럼 기술하였던 것이다. 신라본기 이사금시기 기록의 기년을 그대로 믿을 수 없는 대표적인 사례로서 들 수 있는데, 3세기 후반에 사로국이 진한의 맹주국으로 부상한 사실과 남신현 관련 기록 등을 두루 참조하건대, 백제와 사로국(신라)이 소백산맥 일대에서 싸웠다거나 또는 IV-③ 기록에서 보듯이 사로국(신라)왕이 태백산에서 제사 또는 망제를 지냈던 시기는 3세기 후반 이후라 추론하는 것이 억측만은 아니었다고 볼 수 있다.

이와 더불어 이사금시기 신라본기 기록의 기본원전은 『국사』였다고 추정되므로,[115] 이사금시기 기록이 반영한 시기의 하한은 6세기 전반으로 볼 수 있다. 5세기 후반에 신라에서 소백산맥 일대에 산성을 집중적으로 축조하였고, 또는 와산성, 괴곡성, 봉산성 등의 지명이 마립간시기와 그 이후 시기의 기록에 보이지 않는 점 및 남신현 관련 기록들을 두루 고려하건대, 이사금시기 신라본기 기록이 반영한 시기의 하한은 4세기 후반이었다고 봄이 자연스러울 것이다.

이상에서 『삼국사기』 신라본기 이사금시기 기록에 탈해이사금 7년(63) 10월에서 4세기 후반 이전 시기에 걸쳐 백제와 신라가 소백산맥 북쪽의 충북지방에서 충돌하였다고 전하나, 그것은 사로국이 진한지역의 맹주국으로 부상한 3세기 후반에서 4세기 후반 사이에 두 나라가 충돌한 역사적 사실을 반영하는 것임을 살

---

115 高寬敏, 1994 「三國史記新羅本紀の國內原典」『古代文化』46-9·10; 1996 『三國史記の原典的研究』, 雄山閣에서 법흥왕대까지의 신라본기 기록의 基本原典이 『國史』와 관련이 깊다고 구체적으로 논증한 이래, 대부분의 학자들이 이를 수용하였다.

펴보았다. 앞에서 5세기 후반부터 소국의 국읍이나 읍락을 행정촌으로 편제하기 시작하여 지증왕 6년(505) 무렵에 이와 같은 작업을 마무리하여 당시 전국에 걸쳐 52개의 행정촌이 존재하였음을 고찰한 바 있다. 신라 서북지방의 경우도 역시 5세기 후반에서 505년 사이에 영역화작업이 진행되었다고 볼 수 있는데, 이와 관련하여 5세기 후반에 고구려의 남진에 대비하여 산성을 대대적으로 축조하고 있는 사실이 주목된다.

대규모의 산성을 축조하기 위해서는 그에 필요한 역부(役夫)의 동원과 그를 위한 역역체제(力役體系)의 정비가 불가피하였다. 일시에 대규모의 역부를 동원하기 위해서는 일단 소국(小國) 단위의 분립성을 극복하고, 전국에 걸쳐 일원적인(一元的)인 통치체계의 정비가 절실히 요청되었을 것으로 보이며, 이러한 면에서 소국의 국읍과 읍락을 행정촌으로 편제하는 것이 무엇보다 시급한 작업이었을 것으로 짐작된다. 그리고 산성의 구축이 주로 변방지역에 집중된 관계로 다른 지역에 비해 변방에 위치한 소국의 국읍과 읍락들이 보다 빠른 시기에 해체되어 행정촌으로 편제되었을 것으로 판단되는데, 이러한 측면에서 자비마립간과 소지마립간대에 걸쳐 진행된 신라 국가의 서북지역에서의 축성사업은 바로 소국 국읍과 읍락의 행정촌으로의 편제과정과 밀접한 관련이 있었음에 틀림없다고 볼 수 있다.

번호		연대	신라본기 기록
V	①	자비마립간 13년(470)	삼년산성(三年山城)을 쌓았다〈삼년(三年)이라는 것은 공사를 시작한 지 3년 만에 완공하였기 때문에 그렇게 이름붙인 것이다〉.
	②	자비마립간 14년(471) 2월	모로성(芼老城)을 쌓았다.
	③	자비마립간 17년(474)	일모성(一车城), 사시성(沙尸城), 광석성(廣石城), 답달성(沓達城), 구례성(仇禮城), 좌라성(坐羅城) 등을 쌓았다.
	④	소지마립간 7년(485) 2월	구벌성(仇伐城)을 쌓았다.
	⑤	소지마립간 8년(486) 정월	일선계(一善界)의 장정[丁壯] 3,000명을 징발해서 삼년성(三年城)과 굴산성(屈山城) 두 성을 고쳐 쌓았다.
	⑥	소지마립간 10년(488) 7월	도나성(刀那城)을 쌓았다.
	⑦	소지마립간 12년(490) 2월	비라성(鄙羅城)을 다시 쌓았다.

자비마립간 13년(470)에 쌓은 삼년산성은 충북 보은군 보은읍 어암리에 위치한 산성으로 조선시대에 오정산성(烏頂山城)이라 불렀다. 삼년산성은 경북 상주에서 화령재를 넘어 청주를 연결하는 교통의 요지에 위치하였다. 신라는 청주 방면에서 처들어오는 외적을 방어하기 위하여 삼년산성을 쌓았다고 볼 수 있다. 자비마립간 14년(471) 2월에 쌓은 모로성의 위치를 정확하게 고증하기 어렵다.[116] 자비마립간 17년에 쌓은 일모성은 충북 청주시 상당구 문의면 미천리의 양성산성(陽城山城)으로 비정된다.[117] 이것은 보은의 삼년산성에서 공주 또는 대전을 거쳐 부여를 연결하는 교통의 요지에 위치하였다. 사시성은 충북 옥천군 이원면, 광석성은 충북 영동군 영동읍, 답달성은 경북 상주시 화서면, 구례성은 충북 옥천군 옥천읍, 좌라성은 충북 영동군 황간면에 위치한 성이었다.[118] 자비마립간 17년(474)에 오늘날 대전에서 추풍령을 넘어 김천을 연결하는 경부고속도로 및 청주에서 화령재를 넘어 상주를 연결하는 당진영덕고속도로 근처에 산성을 집중적으로 축조하였다고 볼 수 있다. 이밖에 구벌성은 경북 의성군 단촌면, 굴산성은 충북 옥천군 청성면, 도나성은 경북 상주시 모동면, 비라성은 충북 영동군 양산면에 위치한 산성이었다.[119]

위의 기록 가운데 V-⑤는 계량(計量)된 구체적인 정부(丁夫)의 숫자까지 명기(明記)하고 있는 축성기사로서 주목된다. 어느 한 지역 주민을 무작위적으로 역부(役夫)에 징발한 것이 아니라 계량된 의도적인 정부 3,000명을 역역(力役)에 징

---

116 종래에 崇善郡의 領縣인 孝靈縣의 본래 이름이 芼兮縣이라는 사실을 주목하여 모로성을 현재의 경상북도 군위군 효령면에 비정하는 견해가 있으나(津田左右吉, 1913「羅濟境界考」『滿鮮歷史地理硏究』1(朝鮮歷史地理), 148쪽; 酒井改藏, 1970「三國史記の地名考」『朝鮮學報』54, 40쪽), 확실치 않다.

117 양기석 등, 2001『신라 서원소경 연구』, 서경, 28쪽.

118 사시성 등의 위치 비정에 대해서는 전덕재, 2009b 앞의 논문, 34~40쪽이 참조된다.

119 비라성의 위치 고증은 전덕재, 2013c「가잠성의 위치와 그 전투의 역사적 성격」『역사와 경계』87, 13~15쪽이 참조된다.

발한 것은 국가가 그 지역 내의 호마다의 정부 수의 다소(多少)에 대한 파악이 전제되었을 때만 가능하다. 특히 이러한 사실은 축성역(築城役)이 있기 3년 전 일선(一善; 경북 구미시 선산읍)에 큰 홍수가 들어 흉년이 났을 때 왕이 순행하여 재해를 만난 백성에게 직접 곡식을 일일이 하사(下賜)하고 있는 기록에서도 간접적으로 확인할 수 있다.[120] 이와 같은 편제(編制)를 전제로 할 때 일선계(一善界)의 정부를 다른 지역의 축성에 동원하는 것이 가능할 것이다.[121] 또 축성역이 있은 후 2년 만에 다시 왕이 직접 일선지역에 순행하여 그 지역민들을 무마시키고 있음도 기록에서 확인된다.[122]

『삼국사기』 신라본기에 탈해이사금 8년, 10년, 19년, 20년, 벌휴이사금 7년에 신라와 백제가 와산성(蛙山城)에서 싸웠다고 전한다. 『신증동국여지승람』 권16 충청도 보은현 산천조에 '사산(蛇山)·와산(蛙山)·서산(鼠山) 모두 현내(縣內)에 있다.'고 전한다. 종래에 이 기록을 근거로 하여 와산성을 충북 보은군 보은읍으로 비정하였다.[123] 그런데 신라는 중고기에 보은지역에 와산군이 아니라 삼년산군을 설치하였다. 자비마립간 13년(470)에 삼년산성을 쌓은 이후에 보은의 옛 지명인 와산(蛙山)이 아니라 삼년산(성)을 그대로 군명(郡名)으로 사용한 것에서 신라가 와산성과 다른 지역에 삼년산성을 쌓고, 그곳을 거점으로 삼아 보은지역을 행정촌으로 편제하였음을 추론할 수 있다. 삼년산군의 사례는 축성사업이 영역화작업과 밀접한 연관성을 지녔음을 시사해주는 사례로서 유의된다고 하겠다. 470년대에 축성역에 정부(丁夫)를 징발하기 위하여 일선을 행정촌으로 편제한

---

120 幸一善界 存問遭災百姓 賜穀有差(『삼국사기』 신라본기제3 소지마립간 5년 겨울 10월).

121 당시 신라는 一善界의 丁夫를 동원하여 지금의 보은군 보은읍과 옥천군 청성면에 있었던 三年山城·屈山城을 改築하였다.

122 幸一善郡 存問鰥寡孤獨 賜穀有差. 三月 至自一善 所歷州郡獄囚 除二死悉原之(『삼국사기』 신라본기제3 소지마립간 10년 2월).

123 정구복 등, 2012『개정증보 역주 삼국사기』4(주석편하), 한국학중앙연구원 출판부, 402쪽.

것과 마찬가지로 470~480년에 걸쳐 소백산맥 일원에 산성을 축조하는 과정에서 그곳에 위치한 소국의 국읍과 읍락을 행정촌으로 편제한 것으로 짐작된다.

또한 축성과 별도로 순행에 의한 편제 사실은 영주지역의 경우에서 확인된다. 『삼국사기』 잡지제4 지리2 삭주(朔州)조에 나령군(奈靈郡) 선곡현(善谷縣)이 본래 고구려 매곡현(買谷縣), 옥마현(玉馬縣)이 본래 고구려 고사마현(古斯馬縣), 삭주 급산군(及山郡)이 본래 고구려 급벌산군(及伐山郡), 급산군 인풍현(仁豊縣)이 본래 고구려 이벌지현(伊伐支縣)이라 전한다. 매곡현은 경북 안동시 도산면 동부리 및 예안면 일대, 고사마현은 봉화군 봉화읍, 급벌산군은 영주시 순흥읍, 이벌지현은 영주시 부석면으로 비정된다. 한편 지리2 삭주조에 나령군이 본래 백제 나이군(奈已郡)이었는데, 파사왕이 이를 빼앗았다고 전한다. 반면에 『고려사』 지리지에는 나령군(奈靈郡)이 본래 고구려의 나이군(奈已郡)이었다고 전하여[124] 이것과 차이를 보인다. 나령군 주변의 군현들이 본래 고구려의 군·현이었다고 전하는 것으로 보아 후자의 기록이 타당하지 않을까 한다. 고구려가 소백산맥을 넘어 영주시 순흥읍 등에 진출한 시기는 고구려 태왕(太王)[장수왕]과 신라 매금(寐錦)[눌지왕]이 충주지역에서 회맹하기 이전인 430년대 후반에서 440년대 중반 사이였다고 짐작된다.[125] 당시 고구려군은 죽령을 통하여 경북 북부지역으로 진출하였을 것이다. 물론 당시 고구려에서 현을 설치하지 않았기 때문에 당대(當代)에는 '~성(城)'으로 불렀을 가능성이 높다고 보인다.

그렇다면 신라가 소백산맥 이남의 경북 북부지역에서 고구려세력을 구축(驅逐)한 것은 언제였을까? 이와 관련하여 영주와 순흥지역 재지세력의 동향을 주목할 필요가 있다. 『삼국사기』 열전제5 박제상조에 눌지왕에게 박제상(朴堤上)을

---

124 順安縣 本高句麗奈已郡 新羅婆娑王取之. 景德王改爲奈靈郡(『고려사』 권제57 지제11 지리2).

125 전덕재, 2019 「충주고구려비를 통해 본 5세기 중반 고구려와 신라와의 관계」 『고구려발해연구』65, 154~155쪽.

추천한 3인 가운데 '이이촌간(利伊村干) 파로(波老)'가 보이는데,[126] 여기서 이이촌을 일반적으로 나이군(奈已郡)으로 비정하고 있다.[127] 따라서 5세기 전반 눌지왕대에 영주지역의 정치세력이 신라에 복속된 상태였다고 말할 수 있다. 그 후 5세기 중반에 고구려가 소백산맥을 넘어 영주시를 차지하였을 텐데, 다음의 기록은 500년을 전후한 시기에 신라가 고구려세력을 구축(驅逐)하고, 나아가 영주지역을 신라의 영역으로 편제하였음을 시사해주는 자료로서 주목된다.

왕이 날이군(捺已郡)에 행차하였다. 그 고을 사람 파로(波路)에게 딸이 있어 이름을 벽화(碧花)라 하였는데, 나이는 16세로 참으로 나라 안에서 뛰어난 미인[국색(國色)]이었다. 그 아버지가 수놓은 비단을 입혀 수레에 태우고 색깔 있는 명주로 덮어서 왕에게 바쳤다. 왕이 음식을 보낸 것으로 생각하고 열어보니, 어린 소녀였으므로 괴이하게 여겨 받지 않았다. 왕궁에 돌아와서 그리운 생각을 가누지 못하여 두세 차례 몰래 그 집에 가서 그 소녀를 침석(寢席)에 들게 하였다. … 왕이 그(노파의) 말을 듣고 크게 부끄럽게 여겨 곧 몰래 그 여자를 맞아들여 별실에 두고 자식 하나를 낳기에 이르렀다(『삼국사기』 신라본기 제3 소지마립간 22년 가을 9월).

위의 기록에 전하는 날이군은 나이군(奈已郡)을 가리킨다. 소지마립간 22년(500) 9월에 소지왕이 날이군에 행차하였고, 또 그 지역의 지배자인 파로(波路)의

---

126 及訥祇王卽位 思得辯士往迎之. 聞水酒村干伐寶靺·一利村干仇里迺·利伊村干波老三人有賢智 召問曰 吾弟二人 質於倭麗二國 多年不還. 兄弟之故 思念不能自止 願使生還 若之何而可. 三人同對曰 臣等聞歃良州干堤上 剛勇而有謀 可得以解殿下之憂(『삼국사기』 열전제5 박제상).

127 김철준, 1952 「新羅 上代社會의 Dual Organization(上·下)」 『역사학보』 1·2; 1990 『韓國古代社會研究』, 서울대학교출판부, 138쪽.

딸 벽화(碧花)를 궁중(宮中)으로 맞아들여 자식까지 낳았다고 하므로 당시에 신라가 영주지역을 영역으로 편제하였다고 보는 것이 사연스럽다. 한편 영주시 순흥읍 태장리 3-1호분은 횡구식석실인데, 길이 861cm, 너비 240cm, 높이 190cm이며, 여기에서 출자형(出字形) 입식(立飾)의 금동관(金銅冠), 금동과대(金銅銙帶), 금제이식(金製耳飾) 등 다수의 신라계 위세품이 발견되었다. 순흥지역을 대표하는 재지세력의 무덤으로 추정되는 태장리 3-1호분은 5세기 후반으로 편년되는데, 이에서 이 무렵에 신라가 순흥지역에서 고구려 세력을 구축하고, 이 지역의 재지세력을 그 영향권 아래에 편제하였음을 추론할 수 있다.[128] 영주지역의 재지세력도 5세기 후반에 신라의 영향권 아래에 편입되었다고 보이며, 나아가 신라는 500년을 전후한 시기에 영주지역을 직접적인 영역으로 편제하였다고 이해할 수 있다. 물론 급벌산(순흥)뿐만 아니라 매곡(買谷)과 고사마(古斯馬), 이벌지(伊伐支) 역시 이 무렵을 전후한 시기에 신라의 행정촌으로 편제되었다고 봄이 자연스러울 것이다.

변방지역이 아닌 여타 지역에 대한 편제사실과 관련하여 추문촌(鄒文村)의 사례가 주목된다. 『삼국사기』 잡지제3 지리1 상주조에 '문소군(聞韶郡)은 본래 소문국(召文國)이었는데, 경덕왕대에 이름을 고쳤다.'고 전한다. 위의 기록에 문소군이 '본래 소문국이었다'고 전하지만, 엄밀하게 말하면 이것은 '본래 소문군(召文郡)이었다'로 수정하여야 한다. 신라가 소문국을 해체한 후에 거기에 소문군을 설치하고, 경덕왕대에 그것을 문소군으로 개칭(改稱)하였다고 보는 것이 올바르

---

128 이현정·강진아, 2013 「태장리고분군3-1호분 출토 마구의 검토」『영주 순흥 태장리고분군 3』, (재)세종문화재연구원 학술조사보고 제14책에서는 순흥 태장리 3-1호분을 5세기 후엽에 조영된 것으로 추정하였다. 근래에 이러한 편년관에 근거하여 5세기 후엽에 신라가 죽령 이북으로 고구려세력을 축출한 이후, 안동 조탑리고분군 축조 집단의 구성원을 비롯하여 그 주변의 주민을 순흥지역으로 이주시켰다고 이해한 견해가 제기되었다(김준식·이진혁, 2014 「순흥지역 횡구식석실과 그 축조집단의 성격」『야외고고학』19, 114~118쪽).

기 때문이다.

540년대 후반에 건립된 단양신라적성비와 6세기 후반에서 7세기 초반 사이에 제작된 함안 성산산성 목간에 추문(鄒文), 추문촌(鄒文村)이 전하는데, 후자에는 '추문비시아촌(鄒文比尸阿村)', '추문전나모지촌(鄒文前那牟只村)', '추문촌(鄒文村)'이 라 묵서된 것들이 발견된다. 여기서 추문이나 추문촌은 행정촌, 비시아촌이나 전 나모지촌은 자연촌에 해당한다. 일반적으로 도사(道使)와 나두(邏頭), 당주(幢主) 등 지방관이 파견된 촌이나 성, 즉 지방의 중심 취락을 행정촌으로, 그 주변에 존 재한 취락들을 자연촌으로 정의한다.[129] 단양신라적성비에 사훼부(沙喙部) 도설 지(導設智) 급간지(及干支)가 추문촌당주(鄒文村幢主)였다고 전한다. 이처럼 추문 촌에 당주가 파견되었으므로 그곳이 행정촌임을 입증할 수 있다. 다만 가야 1607 목간에 '내단리(內旦利)'가 추문촌에 거주한다고 전하는데, 이에서 추문촌은 그곳 과 그 주변의 자연촌을 아우르는 '상위의 행정단위, 즉 행정촌'의 명칭임과 동시에 그 주변의 다른 개별 촌락과 마찬가지로 자연촌을 이름하는 명칭으로도 사용되 었다고 볼 수 있을 것이다.

추문의 구체적인 위치와 관련하여 '소문국(召文國), (그) 옛 터는 현 남쪽 25리 에 있다. 지금은 소문리(召文里)라 부른다.'라 전하는 『신증동국여지승람』 권21 경상도 의성현조의 기록이 주목된다. 여기에 소문국의 옛터는 의성읍 내에서 남 쪽으로 25리 떨어진 소문리에 있다고 전하는데, 현재 소문리란 이명(里名)은 존 재하지 않고, 금성면 탑리리와 대리리, 학미리 일대가 바로 옛 소문리에 해당한 다고 알려졌다. 소문국 지배층의 무덤으로 추정되는 금성산고분군(金城山古墳群) 이 탑리리와 대리리, 학미리 일대에 분포하여 이러한 사실을 뒷받침해준다. 이 곳에 추문촌이 위치하였고, 비시아촌이나 전나모지촌 등은 그 주변에 분포하였 던 것으로 보인다.

---

129 이에 대해서는 2부에서 자세하게 언급할 예정이다.

신라는 소문국을 해체한 다음, 거기에 소문군을 설치하였다. 추문(鄒文)이 소문(召文)의 이표기(異表記)이므로 6세기 단계 신라에서는 추문군(鄒文郡)으로 표기하였을 것이다. 당시에 추문촌은 행정촌이면서 동시에 군의 중심 행정촌, 즉 군치(郡治)로서 기능하였을 텐데, 추문군은 530년대에 설치하였고, 그 이전에 행정촌으로서 추문촌이라 불렀을 것이다. 그러면 추문을 행정촌으로 편제한 시기는 언제였을까가 궁금하다.

『삼국사기』신라본기에 벌휴이사금 2년 2월에 파진찬 구도(仇道)와 일길찬 구수혜(仇須兮)를 좌·우군주(左·右軍主)로 삼고 소문국(召文國)을 정벌하게 하였다고 전한다. 벌휴이사금 2년은 기년상으로 185년에 해당한다. 『삼국사기』신라본기에서 구도는 김씨로서 최초로 왕위에 오른 미추이사금의 아버지라 하였다. 그리고 나물왕은 구도갈문왕(仇道葛文王)의 손자로 전한다. 반면에『삼국유사』권제1 왕력에서는 구도는 미추이질금(未鄒尼叱今)과 나물마립간(奈勿麻立干)의 아버지라 전하고, 또는 나물은 미소왕(未召王)의 동생 말구각간(未仇角干)의 아들로 전하기도 한다고 기록하였다.『삼국사기』신라본기에 나물이 말구의 아들로 전하므로 『삼국유사』에서 구도가 나물의 아버지라 전하는 것은 잘못된 정보라 봄이 옳을 듯싶다.『삼국사기』신라본기에서 미추이사금은 262년에 즉위하여 284년에 사망하였고, 나물왕은 356년에 즉위하여 402년에 사망하였다고 전한다. 그런데『삼국사기』신라본기에 구도는 아달라이사금 19년(172)에서 벌휴이사금 7년(190) 사이에 활동한 것으로 전한다.『삼국사기』나『삼국유사』에 전하는 것처럼 구도가 미추왕의 아버지였다면, 구도가 262년에 즉위하여 284년에 사망한 미추왕보다 100여 년 전인 172년에서 190년 사이에 활동하였다고 이해하기가 쉽지 않다고 하겠다. 미추왕이 나물의 큰아버지였다는 점을 감안하건대, 미추왕의 재위 연도 역시 그대로 신뢰하기가 주저되는 면이 없지 않다. 이러한 이유 때문에 종래에 다양한 『삼국사기』기년 수정설이 제기되었던 것이다.

여기서 기년 수정설에 대하여 자세하게 논급하지 않을 것이다. 다만 구도가 나물의 조부(祖父)이고, 미추왕의 부(父)인 점을 고려하건대, 구도의 활동 시기를 170년에서 190년 사이라 보는 것은 문제가 있다고 하겠다. 그렇다면 구도가 활동한 시기를 언제로 볼 수 있을까? 현재 학계에서 나물이 350년대에 즉위하였다는 사실에 대하여 크게 이의를 제기하지 않는 것이 일반적인 추세이다. 구도가 나물의 조부였으므로 그의 생존연대는 그가 장수하였다고 전제하더라도 250년대 이전으로 소급할 수 없을 것이다. 대체로 270년에서 300년 사이에 활동하였다고 봄이 합리적일 텐데, 이러한 추정에 커다란 잘못이 없다면, 구도가 소문국을 정복한 시기는 대체로 3세기 후반에서 4세기를 전후한 시기 사이로 짐작해볼 수 있을 것이다. 이에 의거하건대, 소문국은 결과적으로 3세기 후반 이전에 성립되었다고 볼 수 있겠는데, 그러면 성립 시기를 언제까지 소급할 수 있을까?

3세기 중반 한반도와 만주의 상황을 전하는 『삼국지』 위서 동이전에 진한의 소국은 본래 6국이었다가 12국으로 늘어났다고 전하고, 그 소국의 명칭을 구체적으로 열거하였다. 그런데 이 가운데 소문국으로 비정할 수 있는 것을 찾을 수 없다.[130] 이에서 조심스럽게 3세기 중반 단계에 소문국이 진한 12국에 속할 수 없을 정도로 세력이 매우 미약하였다고 추론할 수 있다. 현재 문헌상으로 소문국의 성립 시기를 정확하게 추적하기가 그리 쉽지 않은 실정이다. 향후 고고학적인 발굴 조사를 토대로 이에 대하여 접근하는 것이 바람직한데, 특히 적석목곽분 이전에 조성된 목곽묘가 대거 발굴된다면, 그것에 대한 어떤 단서를 찾을 수 있지 않을까 기대된다. 소문국 성립 시기 문제에 대해서는 향후 고고학 발굴 성과를 기다릴 수밖에 없는 실정이므로, 여기서 그것에 대하여 더 이상 자세하게 논급하지 않을 것이다.

---

130 종래에 難彌離彌凍國을 의성군 단밀면 일대(이병도, 1976 『한국고대사연구』, 박영사, 274쪽), 如湛國을 의성군 금성면 탑리리나 군위 일대에 위치한 소국(천관우, 1976 「진·변한제국의 위치 시론」 『백산학보』 26; 1991 『가야사연구』, 일조각, 78쪽)으로 비정하기도 하였으나 추정에 불과하다.

대체로 마립간시기 이전, 즉 4세기 후반 이전에 다른 소국과 마찬가지로 소문국도 내부의 통치에 대하여 자율성을 보장받으면서 정기석으로 사로국에 공납물을 바쳤고, 대외적인 교섭은 사로국의 통제를 받으면서 자체 성장을 도모하였다고 추정된다. 앞에서 언급하였듯이 4세기 후반 이후에 영남지역의 토기가 크게 낙동강 동안(신라 중심군)과 낙동강 서안(가야 중심군) 양식으로 구분되었다. 낙동강 동안지역(서안의 성주 포함)에서 출토된 토기들이 양식상 경주의 그것과 공통적인 면모를 보이는 것은 신라의 주변 소국에 대한 통제력 강화와 밀접하게 연관되었다고 볼 수 있다. 비록 일부 요소에서 의성지역의 독자적인 면모를 보이기는 하지만, 전체적으로 경주에서 출토된 토기와 양식상으로 공통적인 성격을 지닌 것들이 금성산고분군의 변형적석목곽묘, 또는 적석목곽묘에서 두루 출토되고 있다.[131] 변형적석목곽묘나 적석목곽묘를 조성할 당시에 신라의 소문국에 대한 통제가 강화되었음을 이를 통하여 엿볼 수 있는 것이다.

한편 5세기 전반에 조영한 탑리고분 Ⅰ곽에서 새 깃털모양 세움장식의 금동관이 발견되었다. 이것은 5세기 전반까지 신라의 소문국에 대한 통제의 강도가 그리 강하지 않았음을 시사해주는 자료로서 주목된다. 그러나 여기서 한 가지 간과해서는 안 되는 사실이 있다. 다른 지역과 달리 금성산고분군에서 경주지역 신라 지배층의 배타적인 묘제인 적석목곽을 내부구조로 하는 묘제가 발견된다는 점이다. 기존의 연구에 따르면, 경주를 제외하고 대형의 적석목곽묘가 발견된 곳은 금성산고분군을 비롯하여 부산의 복천동고분군, 경산의 임당동고분군 등이라고 한다.[132] 탑리고분 Ⅰ곽은 전형적인 적석목곽묘가 아니라 약간 변형된 것이라 보는 것이 일반적이지만, 이렇다고 하더라도 그것을 조성한 단계에 소문

---

131 국립대구박물관, 2002 『召文國에서 義城으로』, 통천문화사, 42~57쪽; 서경민, 2010 「의성양식토기의 분포로 본 의성지역 권역」『한국고대사 속의 召文國』, 경북 의성군·경북대 영남문화연구원.

132 김용성, 2002 「의성지역 고분문화의 성격」『召文國에서 義城으로』, 통천문화사, 169쪽.

국의 지배층이 경주의 신라 지배층과 깊은 유대관계를 맺었다는 사실에 대해서 대부분의 연구자가 동의하고 있다. 비록 탑리고분 Ⅰ곽의 피장자가 비출자형 금동관을 위세품으로 사용하였다고 하더라도 다른 지역과 달리 5세기에 이미 신라가 소문국에 대하여 강력하게 통제하였다고 볼 수 있다는 것이다.

『삼국사기』 신라본기제4 지증왕 15년(514)조에 이 해 정월에 아시촌(阿尸村)에 소경(小京)을 설치하고, 가을 7월에 6부와 남쪽 지방 사람들을 옮겨 그곳을 채웠다고 전한다. 뒤에서 자세하게 언급할 예정인데, 아시촌은 문소군의 영현으로 전하는 안현현(安賢縣)의 옛 이름인 아시혜촌(阿尸兮縣)과 연결시켜 이해하고 있다. 안현현은 현재 의성군 안계면으로 비정된다. 당시 아시촌에 6부와 남쪽 지방 사람들을 옮겨 살게 하고, 그곳을 왕경에 대비된 작은 서울, 즉 소경(小京)으로 불렀을까에 대해서 의구심이 드나 오늘날 안계면을 아시촌(阿尸村)으로 불렀다는 사실만은 부인하기 힘들다. 신라는 아시촌을 서북지방을 통치하는 전략거점으로 설정하고, 거기에 6부와 남쪽 지방민을 천사(遷徙)시켜 거주케 한 것으로 추정된다.

신라가 아시촌을 전략거점으로 삼은 이유는 그곳이 경주에서 소백산맥 방면으로 나아가는 교통의 요지였기 때문이다. 경주에서 소백산맥 방면으로 나아가는 루트를 크게 김천을 지나 추풍령을 넘어 충북 영동에 이르는 것, 상주에서 화령재를 넘어 충북 보은에 이르는 것, 안동과 영주를 지나 죽령에 이르는 것, 상주와 문경을 거쳐 계립령에 이르는 것으로 나눌 수 있다. 추풍령에 이르는 루트를 제외하고, 나머지 세 루트를 지나는 교통의 요지에 위치한 지역이 바로 의성군이다. 신라는 514년에 소백산맥 방면에서 세 루트를 통하여 침략하는 백제와 고구려를 대비하기 위하여, 그리고 서북지방에 대한 국가의 통치를 효율적으로 실현하기 위하여 아시촌을 전략거점으로 삼았던 것이다.[133] 소문국의 중심지인 의

---

133 이에 대해서는 2부에서 자세하게 고찰할 것이다.

성군 금성면 역시 경주에서 영천 또는 대구를 지나 계립령과 죽령, 그리고 화령재에 이르는 루트를 통괄할 수 있는 지역적 조건을 갖춘 곳이었다. 이 때문에 신라가 소문국에 대하여 지대한 관심을 가지게 되었고, 이에 따라 신라 국가는 다른 지역에 비하여 비교적 이른 시기부터 소문국의 지배층과 긴밀한 유대관계를 형성하였던 것으로 보인다. 소문국의 지배층이 경주지역의 적석목곽묘와 유사한 변형적석목곽묘 또는 적석목곽묘를 축조한 배경은 바로 이에서 찾을 수 있을 것이다.

『삼국사기』열전제5 박제상조에 417년에 즉위한 눌지왕이 왜와 고구려에 볼모로 가 있는 미사흔(未斯欣)과 복호(卜好)를 귀환시키는 데에 필요한 조언을 듣기 위하여 수주촌간(水酒村干) 벌보말(伐寶靺), 일리촌간(一利村干) 구리내(仇里廼), 이이촌간(利伊村干) 파로(波老) 세 사람을 불렀다는 기록이 전한다. 여기서 수주촌은 경북 예천, 일리촌은 경북 고령군 성산면, 이이촌은 경북 영주에 해당한다. 이 기록을 그대로 신뢰한다면, 417년 무렵에 이미 신라가 지방의 복속 소국이나 읍락을 행정촌으로 편제하였다고 볼 수 있다. 그리고 나아가 5세기 전반에 소문국도 소문촌(추문촌)으로 편제하였다고 추론할 수도 있을 것이다. 그러나 포항냉수리신라비나 포항중성리신라비에서 인명(人名)을 '~촌(村) ~간지(干支)'라고 표기하였고, 박제상열전에서 신라에서 양산지역에 파견한 박제상을 '삽량주간(歃良州干)'이라 표기하였음을 감안하건대, 이들에 대한 인명 표기는 후대에 개변(改變)된 것으로 봄이 옳다. 따라서 이 기록만을 근거로 417년 무렵에 수주와 일리, 이이지역을 촌으로 편제하였다고 주장하는 것은 위험하다고 판단된다.

『삼국사기』신라본기제1 파사이사금 23년 기록에서 음즙벌국(音汁伐國)의 왕을 '음즙벌주(音汁伐主) 타추간(阤鄒干)'으로 기록하였고, 또 앞에서『일본서기』에 탁순국왕(卓淳國王)이 말금한기(末錦旱岐), 가라국왕(加羅國王)이 기본한기(己本旱岐)라 전하고, 또한 졸마한기(卒麻旱岐), 산반해한기(散半奚旱岐), 사이기한기(斯二岐旱岐), 자타한기(子他旱岐) 등도 전하였음을 알 수 있었다. 졸마와 산반해, 사이기, 자타는 이른바 임나(任那) 10국에 해당한다. 『일본서기』에서는 이름은 생략하고, 다만 어떤 나라의 한기(旱岐)라고 표현하였을 뿐이다. 이상에서 열거한 사례들을 참고하건대, 417년에 본래 수주간(지)[水酒干(支)] 벌보말(伐寶靺) 또는 수주주(水酒主) 벌보말간지(伐寶靺干支), 일리간(지)[一利干(支)] 구리내(仇里迺) 또는 일리주(一利主) 구리내간지(仇里迺干支), 이이간(지)[利伊干(支)] 파로(波老) 또는 이이주(利伊主) 파로간지(波老干支)라 불렀으나 후대에 여기에 '촌(村)'자를 추가하여 부회하였다고 보는 것이 옳을 듯싶다. 비록 당시에 수주지역 등을 행정촌으로 재편하지 않았다고 하더라도 눌지왕이 그 지역의 지배자를 경주에 불러 국정에 관한 자문을 들었던 것에서 당시 신라의 지방 소국에 대한 통제력이 관철되었음을 충분히 엿볼 수 있겠다. 5세기 전반 교통의 요지에 위치한 소문국에 대해서도 역시 마찬가지였을 것이다.

자비마립간 13년(470) 이래로부터 소백산맥 방면에 위치한 복속 소국이나 읍락을 국가의 직접적인 영역으로 편제하였음을 감안하건대, 일선지역(一善地域)의 경우처럼 5세기 후반이나 말기에 소문국을 해체하고 그곳을 추문촌으로 편제하였을 가능성도 충분히 상정해볼 수 있다. 그러나 현재 문헌에 전하는 자료를 통해서나, 고고학적인 자료를 통해서 딱히 그것을 증명할 수 있는 결정적인 증거를 찾을 수 없는 실정이므로 여기서는 하나의 가능성으로만 제기하여 두는 선에서 그칠 수밖에 없다. 이렇다고 하더라도 소문국을 해체한 것은 적어도 지증왕 6년(505)을 내려갈 수 없음은 분명하지만, 그 이전으로 소급할 수 있느냐의 여부에 관해서는 앞으로 다양한 가능성을 열어 두고, 그에 대한 심도 있는 연구가 이루어지기를 기대해본다.

지금까지 서북지역에 위치한 소국의 국읍과 읍락을 행정촌으로 편제하는 과정을 살펴보았다. 특히 이와 관련하여 축성사업을 주목하였는데, 물론 축성과정 자체가 곧 행정촌으로의 편제작업이었다는 의미로 곧바로 연결시키기는 어렵겠지만, 일단 축성(築城)을 하는 과정에서 신라 국가는 그러한 작업을 가속화시켰을 것임에는 틀림없다고 보인다. 그리고 신라 국가와 소국의 국읍 및 읍락의 지배층은 그러한 와중에서 상호 이해관계를 조정, 새로운 관계를 정립하여 나갔을 것으로 추정된다. 남산신성비에서 보듯이, 6세기 말까지의 축성 활동이 주로 재지세력의 전통적인 지배기반에 크게 의존하는 정황임을 감안한다면,[134] 편제가 한창 진행 중이었을 5세기대에는 축성 활동에서 국읍과 읍락의 지배층에의 의존성은 더욱 더 컸으리라 짐작된다. 고구려의 남침 위협에 직면한 신라 국가로서는 변방이나 내지에 강고한 성을 구축하여 그에 대비해야 할 불요불급한 상황이었으므로, 국읍과 읍락 지배층의 협조는 절대적으로 필요하였던 것이다. 한편 읍락사회의 변화로 자신들의 지위에 일정한 위협을 느끼던 국읍과 읍락 지배층들은 일찍이 신라 국가와의 관계 속에서 지위를 보장받으려고 노력했으므로, 신라 국가의 축성사업에 적극적으로 협조하지 않을 수 없었던 처지였다. 결국 축성과정을 통해 양자의 이해관계를 서로 조정하였을 것임에 틀림없다고 보이는데, 결과적으로 신라 국가는 국읍과 읍락 지배층들을 대부분 외위체계(外位體系) 속에 편입시켜, 그들 본래의 경제적, 사회적 기반을 어느 정도 보장해주는 선에서 타협을 본 것으로 추정된다. 이때 신라 국가는 국읍과 읍락을 행정촌으로 편제하였음은 물론이다.

2) 동해안지역의 영역화

501년(지증왕 2)에 건립된 포항중성리신라비에 나소독지도사(奈蘇毒只道使), 503년(지증왕 4)에 건립된 포항냉수리신라비에 탐수도사(耽須道使)가 나온다. 지증왕 6년(505) 이전에 동해안지역을 행정촌으로 편제하고, 거기에 도사(道使)를 파견하였음을 알려주는 증거이다. 여기서 한 가지 흥미로운 사실은 520년을 경

---

134 강봉룡, 1987「신라 중고기 주제의 형성과 운영」『한국사론』16, 서울대학교 국사학과, 118
　　~119쪽.

계로 하여 행정촌의 지배층에 대한 편제방식에 약간의 변화가 나타났다는 점이다. 포항중성리신라비에 따르면, 501년 이전에 행정촌에는 간지(干支)와 일금지(壹金知, 一今智)가 지배층으로서 존재하였다고 볼 수 있다.[135] 앞에서 일금지는 각 촌의 간지(干支)가 동기(同氣), 즉 인척에게 수여한 관등의 일종이라 언급한 바 있다. 따라서 이를 근거로 501년 이전에 신라가 동해안지역 소국의 국읍이나 읍락을 행정촌으로 재편하였다고 하더라도 여전히 간지를 칭하는 존재의 촌(村)에 대한 전통적인 지배기반을 어느 정도 보장해주면서 촌의 내부에 대한 지배를 실현하였음을 추론할 수 있다. 이러한 추론은 고고학 자료를 통해서도 보완할 수 있다.

강릉지역의 경우, 5세기 중·후반에 중대형의 고분군이 하시동과 초당동에 집중적으로 조성되고, 중소형의 고분군이 병산동과 영진리, 방내리까지 확산되는 양상을 보였다. 특히 5세기 4/4분기에 조성된 초당동 B-16호 수혈식석곽묘에서는 출자형 금동관이, 초당동 C-1호 횡구식석실묘에서는 은제조익형관식(銀製鳥翼形冠飾)을 비롯한 다양한 위세품이 출토되었다.[136] 일반적으로 출자형 금동관을 사용한 지배층은 신라로부터 전통적인 재래(在來)의 지배기반을 어느 정도 보장받은 존재로 알려졌다. 포항시 북구 용흥동에서 5세기 말에서 6세기 초에 조성된 동혈주부곽식(同穴主副槨式) 목곽묘(木槨墓)가 발굴되었는데, 여기서 금동제관식(金銅製冠飾)과 금동제삼엽문환두대도(金銅製三葉文環頭大刀), 금동제소환(金銅製小環), 금동제허리띠 등의 위세품이 출토되었다.[137] 이것 역시 강릉 초당동

---

135 포항냉수리신라비에 진이마촌의 촌주로 추정되는 奐支干支 및 須支壹今智가 보이고, 포항중성리신라비에 蘇豆古利村의 仇鄒列支干支와 沸竹休壹金知, 那音支村의 卜岳干支와 乞斤壹金知가 전한다.

136 이한상, 2003 「동해안지역의 5~6세기대 신라분묘 확산양상」『영남고고학』32, 41~42쪽; 심현용, 2009 「고고자료로 본 5~6세기 신라의 강릉지역 지배방식」『문화재』42권 3호, 13~15쪽.

137 이상화, 2012 「포항 북부지역의 고고학적 발굴유적과 그 성과」『신라 최고의 금석문 포항

B-16호분처럼 신라로부터 전통적인 지배기반을 어느 정도 보장받은 수장층의 분묘로 이해된다. 뒤에서 사세하게 검토하겠지만, 강릉지역을 신라가 행정촌으로 편제한 것은 468년 무렵이었다. 물론 포항시 흥해읍은 그 이전에 이미 신라의 영역으로 편제되었을 것으로 짐작된다. 이에 따른다면, 금동관을 사용한 강릉과 흥해읍의 지배자는 행정촌의 지배자로서 나음지촌 복악간지, 소두고리촌 구추열지간지와 마찬가지로 '~간지'를 칭하는 존재였을 가능성이 높다고 볼 수 있을 것이다.

그런데 강릉지역의 경우, 6세기에 이르면 기존의 고총고분군이 사라지고, 중소형 고분군이 강릉 서쪽과 북쪽지역에서 새로 조성되며, 고분의 양식이 횡혈식 석실묘로 바뀌었을 뿐만 아니라 거기에 다양한 위세품을 매납(埋納)하지 않는 변화가 나타났다. 신라 국가의 강릉지역에 대한 지배와 통제가 5세기보다 한층 더 공고해졌음을 고고학적으로 증명해주는 현상으로 이해된다.[138] 울진봉평리신라비를 통하여 신라가 520년에 행정촌과 자연촌의 지배층을 모두 외위체계에 편제시키고, 그들에 대한 통제와 관리를 한층 더 강화하였음을 살필 수 있었는데, 이것과 6세기에 이르러 고총고분이 사라지는 등의 고고학적 변화 양상이 상호 유기적인 연관성을 지녔다고 짐작된다.

『삼국사기』잡지제4 지리2 명주조에 야성군(野城郡; 영덕군 영덕읍), 유린군(有鄰郡; 영덕군 영해면) 및 울진군(蔚珍郡; 경북 울진군 울진읍)과 그 영현(領縣)들이 본래 고구려의 군(郡) 또는 현(縣)이었다고 전한다. 야성군이 본래 고구려의 야시홀군(也尸忽郡)이었다고 전하는데, 주지하듯이 '홀(忽)'은 고구려의 지명어미로 널리 쓰인 것이다. 야시홀이란 지명을 통해 고구려의 동해안지역에 대한 지배가 상당 기간 동안 지속되었음을 유추할 수 있다. 그러면 언제부터 언제까지 고구려가

중성리비와 냉수리비』, 주류성, 55~56쪽.
138 심현용, 2009 앞의 논문, 20~23쪽.

강릉 이남의 동해안지역을 차지하였을까?

　현재까지 영일-흥해-영덕-삼척-강릉-양양으로 이어지는 제지역에 대한 고고학 발굴 조사 결과, 5세기 중엽 이후에 동해안지역에서 경주지역의 묘제(墓制) 및 거기에서 출토된 유물과 매우 유사한 것들이 대량으로 발견되며, 경주에 가까울수록 유사도가 더 높다고 알려졌다.[139] 강릉지역의 경우, 5세기 3/4분기 이후에도 여전히 수혈식석곽묘가 주요 분묘로 널리 조성되었지만, 그러나 목곽묘와 적석목곽묘, 횡구식석실묘 등 신라계의 분묘도 함께 축조되었으며, 여기에서 신라계 토기뿐만 아니라 심지어 창녕과 의성 양식의 토기, 다양한 신라계 위세품이 출토된다고 한다.[140] 이와 같은 고고학적인 발굴 양상은 5세기 중엽 이후에 신라가 동해안지역에 대하여 강력한 영향력을 행사하였음을 시사해주는 것이다. 이에서 5세기 중엽 이전에 고구려가 강릉 이남의 동해안지역을 지배하였을 가능성이 높다고 추론할 수 있다.

　『삼국사기』 신라본기제3 나물이사금 40년(395) 가을 8월 기록에 '말갈이 북쪽 변방을 침범하였으므로 군사를 내어 그들을 실직(悉直)의 들판에서 크게 쳐부수었다.'고 전한다. 또한 나물이사금 42년(397) 가을 7월 기록에 '북쪽 변방 하슬라에 가뭄과 황충(蝗虫)의 재해가 있어 흉년이 들고 백성들이 굶주렸다.'고 전한다. 390년대에 신라의 북쪽 변경이 하슬라(강원도 강릉시) 또는 실직(강원도 삼척시)이었음을 알려주는 자료이다. 이후 실직 또는 하슬라가 신라의 북쪽 변경이라고 전하는 기록은 한동안 보이지 않다가 450년 이후에 나타난다. 450년(눌지마립간 34) 7월에 고구려 변방의 장수(將帥)가 실직의 들에서 사냥하는 것을 하슬라성(何瑟羅城) 성주(城主) 삼직(三直)이 군사를 내어 불의에 공격하여 살해한 사건이 발생하였고, 468년(자비마립간 11) 봄에 고구려가 말갈과 함께 (신라의) 북쪽 변경 실

139　이한상, 2003 앞의 논문, 36쪽.
140　심현용, 2009 앞의 논문, 18쪽.

직성(悉直城)을 습격하였다고 『삼국사기』 신라본기에 전한다.

400년에서 450년 사이에 실직 또는 하슬라가 신라의 북경(北境)이라는 기록이 전하지 않고, 450년대부터 신라와 고구려가 본격적으로 대립하기 시작하였으며,[141] 5세기 중엽 이후의 동해안지역 고분에서 신라계 유물이 대거 출토되고 있음을 두루 고려하건대, 고구려가 강릉 이남의 동해안지역을 차지하고 지배한 시기는 450년 이전일 가능성이 높다고 볼 수 있을 것이다. 『일본서기』 권14 웅략천황(雄略天皇) 8년 봄 2월조에 고구려 군대가 신라 영토 내에 주둔한 사실이 전하고,[142] 또한 충주고구려비에 '신라토내당주(新羅土內幢主)'란 표현이 전한다. 한때 신라가 고구려에 복속되었음을 알려주는 자료들이다. 나물왕은 392년에 고구려가 강성하다고 여겨서 이찬 대서지(大西知)의 아들 실성(實聖)을 보내 볼모로 삼은 바 있다. 광개토왕릉비에 따르면, 400년에 고구려가 신라의 구원 요청으로 보기(步騎) 5만을 보내 신라를 침략한 왜군을 물리치고, 임나가라(任那加羅) 종발성(從拔城)까지 진출하였다고 한다. 이상에서 제시한 자료들을 근거로 종래에 신라 나물왕이 고구려에 실성을 볼모로 보낸 392년(나물이사금 37)부터 450년대까지 신라가 고구려에 복속되었다고 이해하였다. 결국 397년 7월에 신라의 북쪽 변경이 하슬라였다는 기록이 전하므로 그곳을 포함한 동해안지역이 고구려의 지배를 받기 시작한 것은 광개토왕이 보기 5만을 신라에 파병한 400년 무렵이었다고 봄이 합리적일 것이다.[143]

---

141 『삼국사기』 신라본기에 눌지마립간 38년(454) 8월에 고구려가 신라의 북쪽 변경을 침략하였고, 그 다음해에 고구려가 백제를 공격하자, 눌지왕이 군사를 보내 구원하였다고 전한다.

142 自天皇卽位 至于是歲 新羅國背誕 苞苴不入 於今八年. 而大懼中國之心 脩好於高麗. 由是 高麗王 遣精兵一百人守新羅(『日本書紀』 권14 雄略天皇 8년 봄 2월).

143 김현숙, 2005 『고구려의 영역지배방식 연구』, 모시는 사람들, 211~212쪽 및 232~242쪽; 주보돈, 2011 「울진봉평리신라비와 신라의 동해안 경영」 『울진봉평리신라비와 한국고대 금석문』, 울진군·한국고대사학회, 107~108쪽.

신라가 강릉 이남의 동해안지역에 다시 진출한 시기는 450년대였으므로 이 지역의 국읍과 읍락을 행정촌으로 편제한 시기의 상한은 450년대가 된다. 구체적인 시기와 관련하여 다음의 기록을 주목할 필요가 있다.

하슬라(何瑟羅) 사람으로서 15세 이상인 자를 징발하여 이하(泥河)에 성을 쌓았다(『삼국사기』 신라본기제3 자비마립간 11년 가을 9월).

위의 기록에 전하는 이하(泥河)의 위치에 대하여 논란이 분분하다. 이하를 태백산맥에서 강릉 방향으로 흐르는 하천으로 비정하는 견해와[144] 정선 방면에 위치한 남한강 상류의 하천으로 보는 견해가[145] 제기되었다. 필자는 여러 견해 가운데 이하는 대관령에서 발원하는 남대천(南大川)[옛 성남천(城南川)]으로[146] 보는 것이 합리적이라 판단하고 있다.[147] 근래에 남대천 북쪽의 강문동 현대호텔 신축 부지에서 둘레가 1km인 5~6세기 삼국시대 토성이 발견되었는데, 이것이 468년에 쌓은 성과 관계가 있지 않을까 한다.[148]

---

144 丁若鏞이 泥河를 강릉 북쪽에 위치한 泥川水라고 언급하였고, 후대에 그것이 泥峴(진고개)에서 발원하는 連谷川임이 밝혀졌다. 여러 학자가 강릉시 사천면과 연곡면의 분수계를 이루고 있는 연곡천을 이하로 비정하는 견해에 동조하였다. 또한 일부 학자는 대관령에서 발원하는 城南川(지금의 남대천)으로 비정하기도 한다.

145 津田左右吉, 1913 「好太王征服地域考」『滿鮮歷史地理研究』1(朝鮮歷史地理); 1964『津田左右吉全集』제11권, 岩波書店, 57~59쪽에서 처음으로 이하를 정선 방면의 남한강 상류로 비정한 이래, 여러 학자가 이 견해를 지지하였다. 이하의 위치를 둘러싼 제견해에 대해서는 홍영호, 2010『삼국사기』所載 泥河의 위치 비정『한국사연구』150, 45~60쪽이 참조된다.

146 『신증동국여지승람』권44 강원도 강릉도호부 산천조에 '城南川은 府城 남쪽 1백 보에 있으며, 물 근원이 대관령에서 나온다. 여러 골짜기 물과 합류하여 松嶽淵·廣濟淵이 되고, 동쪽으로 바다에 들어간다.'고 전한다.

147 泥河의 위치 비정에 대한 자세한 내용은 전덕재, 2014 앞의 논문, 159~162쪽이 참조된다.

148 재단법인 국강고고학연구소·현대중공업, 2015 『강릉 강문동 신라 토성-강릉 경포대 현대호텔 신축부지내 유적』, 798쪽; 홍영호, 2013 「신라의 동해안 연안항로와 하슬라-강릉 경

성의 축조는 역부를 조직적으로 동원하는 국가 차원의 역역체계 정비를 전제한다. 그리고 앞에서 역역체세의 정비과정은 국읍과 읍락을 행정촌으로 편제하는 작업과 궤를 같이하여 진행되었다고 언급하였다. 이러한 측면을 고려한다면, 15세 이상의 하슬라 주민을 징발하여 이하(泥河)에 성을 쌓은 468년(자비마립간 11) 무렵에 신라는 하슬라지역을 행정촌으로 편제하고, 그 지배자의 지배기반을 어느 정도 보장해주었다고 이해할 수 있다. 하슬라지역의 사례를 근거로 하여 5세기 후반에 강릉 이남 동해안지역의 읍락을 행정촌으로 편제하였음을 추론할 수 있음은 물론이다. 결국 신라는 450년대에 강릉 이남의 동해안지역에서 고구려세력을 축출한 다음, 그 지역의 읍락을 행정촌으로 편제하는 작업을 추진하였고, 늦어도 468년 무렵에 행정촌의 간지-일금지체제를 기초로 하여 동해안지역에 대한 지배를 실현하였다고 정리할 수 있을 것이다.

3) 울산·부산지역의 영역화

울산지역에 위치한 국읍이나 읍락을 언제 행정촌으로 편제하였는가를 고찰하고자 할 때 주목되는 사료가 바로 다음의 기록들이다.

> VI-① 하곡현(河曲縣)<곡(曲)은 서(西)라고도 썼다>은 파사왕(婆娑王) 때 굴아화촌(屈阿火村)을 취하여 현(縣)을 설치하였다. 경덕왕이 이름을 고쳤다. 지금[고려]의 울주(蔚州)이다(『삼국사기』 잡지제3 지리1 양주 임관군).
>
> VI-② 거도(居道)는 그의 가계와 성씨가 전하지 않아 어떤 사람인지 알 수 없다. 탈해이사금 때에 벼슬하여 간(干)이 되었다. 당시 우시산국(于尸山國)과 거칠산국(居柒山國)이 이웃으로 국경을 사이에 두고 있어서 자못 나라의 걱정거리가 되었다. 거도는 변방(邊防)의 관리가 되어 그곳을 병합할

포호 강문동 신라 토성을 중심으로-」『백산학보』95.

생각을 품었다. 매년 한 번씩 장토(張吐)의 들판에 말들을 모아놓고 병사들로 하여금 말을 타고 달리게 하는 것을 희악(戲樂)으로 삼았다. 당시 사람들이 마기(馬技)라고[149] 불렀다. 두 나라 사람들이 자주 보아왔으므로 신라의 일상적인 일이라 생각하여 괴이하게 여기지 않았다. 이에 (거도는) 병마(兵馬)를 일으켜 불의에 쳐들어가 두 나라를 멸하였다(『삼국사기』 열전제4 거도).

VI-① 기록에 전하는 굴아화현은 오늘날 울산광역시 울주군 범서읍 굴화리가 치소(治所)였고, 그 영역은 범서읍과 태화강을 끼고 있는 울산광역시 중구와 남구 일대를 망라하였다. 굴아화는 굴불(屈弗)[구불(求弗)], 굴화(屈火)라고도 표기하였다. 중고기에 굴아화군(屈阿火郡)이 존재하였는데, 신문왕대에 왕경의 범위를 축소하고 옛 왕경지역에 모화군(毛火郡)을 설치한 후에 굴아화군의 군치인 굴아화현을 모화군의 영현(領縣)으로 편제하면서 굴아화군은 폐지되었다.[150] VI-① 기록에서 파사왕 때에 굴아화촌을 취하여 현을 설치하였다고 하였는데, 일단 642년 대야성전투 이후에 행정촌을 현으로 재편하는 작업을 추진하였으므로, 이 기록에 대해서는 엄밀한 사료비판이 필요하다고 볼 수 있다.

굴아화촌이라는 표현은 신라가 굴아화지역을 행정촌으로 편제할 때부터 사용

149 중종임신간본 및 주자본『삼국사기』를 활용한 朝鮮史學會本에서부터 '馬叔'으로 판독한 이래, 현재의 인쇄본에서는 모두 '馬叔'으로 판독하였다. 종래에 '叔'은 '掓'자와 통하고, 이 글자는 무언가를 줍는다는 뜻이 있으므로 마숙은 말을 타고 달리면서 어떤 것을 줍는 놀이라고 보는 견해가 제기되었다(이기동, 1997「신라 상고의 전쟁과 유희」『신라사회사연구』, 일조각, 260쪽). 한편 誠庵本『三國史記』에서 '手'변이 분명하게 확인되고, '支'변의 윗부분이 마모되었으나 아래의 '又'자 획이 분명하므로, 정구복 등, 2012『개정증보 역주 삼국사기』1(감교원문편), 한국학중앙연구원출판부, 575쪽에서는 '馬技'로 판독하였다. 또한『三國史節要』와『東國通鑑』,『東史綱目』의 탈해이사금 23년조에서도 이를 '馬技'로 표기하였다.
150 전덕재, 2020「고대·고려 초 울산지역 변동과 울주의 성립」『대구사학』141, 36~40쪽.

하기 시작하였고, 그 이후 어느 시기에 굴아화촌이 군치(郡治)가 되면서 이것과 율포촌을 망라하여 굴아화군(屈阿火郡)이라 불렀을 것으로 짐작된다. 그 시기는 530년대였다고 볼 수 있다. 그렇다면 신라가 굴아화지역을 행정촌으로 편제한 시기는 언제였을까? VI-① 기록에서 굴아화촌을 취하여 현을 설치하였다고 언급한 것은 곧 굴아화지역을 공격하여 사로국에 복속시킨 사실을 반영한 것이라 볼 수 있다. VI-① 기록에는 그 시기가『삼국사기』신라본기에서 서기 80년에 즉위하여 112년에 사망하였다고 언급한 파사왕 때라고 전한다. 그런데『삼국사기』신라본기 초기 기록의 기년은 그대로 믿기 어렵다고 보는 것이 일반적이다. 이에 따른다면, 서기 80년에서 112년 사이에 파사왕(파사이사금)이 재위하였다고 단정할 수 없을 것이다. 그러나 파사왕은 적어도 4세기 후반, 즉 마립간시기 이전 이사금 시기에 재위(在位)한 왕이었다는 사실은 부인하기 어렵다. 그러면 과연 4세기 후반 이전 시기에 사로국이 굴아화지역을 취하여 복속시켰다고 볼 수 있을까가 궁금하다. 이와 관련하여 주목되는 자료가 있는데, 이것을 소개하면 다음과 같다.

물계자(勿稽子)는 나해이사금(奈解尼師今) 때의 사람이다. 집이 대대로 미미하였으나 사람됨이 기개가 커서 어려서부터 장대한 뜻을 가졌다. 그때 포상(浦上)의 여덟 나라가 함께 모의하여 아라국(阿羅國)을 치자, 아라국에서 사신을 보내와 구원을 요청하였다. 이사금이 왕손(王孫) 날음(捺音)으로 하여금 이웃의 군(郡)[近郡]과 6부의 군사[六部郡]를 이끌고 가서 구해 주게 하여 드디어 8국의 군대를 패배시켰다. 이 싸움에서 물계자가 큰 공을 세웠으나 왕손에게 미움을 사서 그 공은 기록되지 않았다. … 그 후 3년이 지나 골포(骨浦), 칠포(柒浦), 고사포(古史浦)의 세 나라 사람들이 갈화성(竭火城)을 공격하여 오자, 왕이 군사를 거느리고 가서 구하여 세 나라의 군사를 대패시켰다. 물계자는 수십 명을 목 베었으나 공을 논함에 이르러서는 또한 얻는 바가 없었다(『삼국사기』열전제8 물계자).

『삼국사기』신라본기에는 나해이사금 14년 가을 7월에 포상(浦上)의 여덟 나라가 모의하여 가라(加羅)를 침략하였으므로 가라 왕자가 와서 구원을 요청하자, 왕이 태자 우로(于老)와 이벌찬 이음(利音)에게 명하여 6부의 군사를 이끌고 가서 구원하여 여덟 나라의 장군을 공격하여 죽이고, 포로가 되었던 6천 명을 빼앗아 돌려주었다라고 전한다.[151] 또한 『삼국유사』권제5 피은제8 물계자조에서 '제10대 나해왕(奈解王)이 즉위한 지 17년 임진(壬辰)에 보라국(保羅國), 고자국(古自國)〈지금의 고성(固城)〉, 사물국(史勿國)〈지금의 사주(泗州)〉 등 여덟 나라가 합세하여 (신라의) 변경을 침범하였다. 왕은 태자 내음(捺音)과 장군 일벌(一伐) 등에게 명하여 군사를 거느리고 가서 이를 막게 하니, 여덟 나라가 모두 항복하였다. … 10년(20년의 잘못) 을미(乙未)에 골포국(骨浦國)〈지금의 합포(合浦)이다〉 등 세 나라 왕이 각기 군사를 거느리고 와서 갈화(竭火)〈아마 굴불(屈弗)로 지금의 울주(蔚州)이다〉를 공격하였는데, 왕이 친히 군사를 거느리고 가서 막았더니, 세 나라가 모두 패하였다.'고 하였다.[152] 기록에 따라 포상팔국(浦上八國)이 침략한 대상이 아라국(阿羅國), 가라(加羅), 신라의 변방으로 차이가 있음을 살필 수 있다. 한편 위의 기록과 『삼국유사』에 신라가 포상팔국의 난을 진압하자, 골포국 등이 갈화성을 공격하였다가 신라군의 반격으로 패배하였다고 전한다. 여기서 갈화성은 일연(一然)이 굴불(屈弗)[굴아화(屈阿火)]로 추정한 이래, 크게 이견이 없는 편이다.

---

151 浦上八國謀侵加羅 加羅王子來請救. 王命太子于老與伊伐湌利音 將六部兵往救之. 擊殺八國將軍 奪所虜六千人還之(『삼국사기』신라본기제2 나해이사금 14년 가을 7월).

152 第十奈解王卽位十七年壬辰 保羅國·古自國〈今固城〉·史勿國〈今泗州〉等八國 倂力來侵邊境. 王命太子捺音 將軍一伐等 率兵拒之. 八國皆降 時勿稽子軍功第一 然爲太子所嫌 不賞其功. 或謂勿稽子 此戰之功 唯子而已 而賞不及子 太子之嫌君其怨乎. 稽曰 國君在上 何怨人臣. 或曰然則奏聞于王幸矣. 稽曰 代功爭命 揚己掩人 志士之所不爲也 勵之待時而已. 十年乙未 骨浦國〈今合浦也〉等三國王 各率兵來攻竭火〈疑屈弗也 今蔚州〉 王親率禦之 三國皆敗 稽所獲數十級(『삼국유사』권제5 피은제8 물계자).

여기서 문제는 포상팔국의 난이 일어난 시기를 언제로 볼 것인가에 관해서이다. 필자는 이미 전에 빠르면 280~290년대, 늦으면 4세기 초반에 포상팔국의 난이 일어났다는 견해를 제기한 바 있다.[153] 이에 따른다면, 골포국 등이 갈화성을 공격한 시점은 3세기 말에서 4세기 초반 사이라 볼 수 있을 것이다. 골포국 등이 갈화성을 공격한 것은 갈화성, 즉 굴불(굴아화)지역이 이미 신라의 직접적인 영역으로 편제된 곳이거나 또는 신라의 강력한 통제를 받는 곳이었음을 전제로 할 때 합리적으로 이해할 수 있다.

종래에 4세기대에 이르러 포항과 울산에서 수장들이 묻혔다고 짐작되는 무덤이 없어지는 경향임을 주목하여, 이때에 신라는 경주에 인접한 포항·울산·영천·청도·안강 등지의 수장층을 해체하고 모든 기반을 중앙에서 통제하였을 것이라는 견해를 제기한 바 있다.[154] 또한 울산지역의 하삼정고분군과 다운동고분군, 하대고분군, 양동고분군 등에서 경주와 거의 시차 없이 신라 조기의 묘제와 토기 양식이 나타나고, 게다가 포항과 울산지역에서는 오리형토기는 물론 복합토기까지 출토되는 공통점이 있다는 사실을 주목하여 포항과 울산지역은 신라 조기 초(3세기 중·후반)에 신라에 통합되어 직접 지배하에 두어졌을 것이라는 견해가 제기되었다.[155] 이외에 세장방형 목곽묘가 분포한 포항과 울산은 신라 중앙, 즉 신라 6부에 편입된 지역이고 경산, 대구 등 그 외 지역은 기존 소국의 지배질서가 존속된 상태로 신라 중앙과 관련을 가지는 지역, 즉 간접 지배지역이라고 주장한 견해도 제기되었다.[156] 이들 견해를 존중한다면, 골포국 등이 갈화성을 침략하자, 국왕이 직접 군사를 이끌고 골포국 등의 군사를 물리쳤다고 전하는

153 전덕재, 2019「한국사에서의 4세기」『아라가야의 전환기, 4세기』, 선인, 28~29쪽.
154 이한상, 2000「4세기 전후 신라의 지방통제방식」『역사와 현실』37, 244~251쪽.
155 최병현, 2018「진·변한에서 신라·가야로의 전환에 대한 고고학적 연구」『학술원논문집(인문·사회과학편)』57-1, 69~70쪽.
156 김재홍, 2001「4~5세기 신라의 고분문화와 지역지배」『한국고대사연구』24, 124~133쪽.

자료는 3세기 말에서 4세기 초 사이에 신라가 이미 굴아화지역을 직접적인 영역으로 편제하여 지배하고 있음을 시사해주는 유력한 증거로 이해할 수도 있을 것이다.

일반적으로 다운동고분군이 굴아화촌의 지배세력과 관련이 깊다고 이해하고 있다. 가-60호분은 길이 778cm, 너비 180cm, 높이 40cm 정도인 동혈주부곽식(同穴主副郭式) 세장방형(細長方形) 목곽묘(木槨墓)로서 3세기 후반에서 4세기 전반에 조영되었으며, 여기에서 유개대부직구호(有蓋臺附直口壺), 단경호, 유자이기(有刺利器), 철모(鐵矛) 등이 출토되었다.[157] 또한 3세기 후반에서 4세기 전반에 조성된 다운동 바-8호분은 길이 787cm, 너비 160cm, 남은 깊이 30cm의 동혈주부곽식 세장방형 목곽묘인데, 고사리모양의 자(刺)를 한 쌍 말아서 만든 유자이기가 여러 점 발견되었다.[158] 이밖에 장방형 목곽묘인 다운동 바-4호분에서 오리형토기가, 여러 목곽묘에서 유자이기가 다수 출토되었다.

동혈주부곽식 세장방형 목곽묘는 신라식 또는 경주형 목곽묘라고 부르기도 하는데, 사로국이 강하게 영향력을 행사한 지역인 울산과 포항뿐만 아니라 경산 조영동, 대구 비산동과 서변동, 칠곡 심천리, 양산 소토리 등에서 발견되었다.[159] 현재까지 영남지역 목곽묘에서 오리형토기 30점이 발견되었는데, 이 가운데 중산동·하삼정고분군을 비롯하여[160] 사로국의 영역에서 발견된 오리형토기가 23

---

157 이성주, 1997 「목관묘에서 목곽묘로-울산 중산리유적과 다운동유적에 대한 검토-」『신라문화』14, 23쪽; 차순철, 1999 「동혈주부곽식 목곽묘 연구-낙동강 동안지역을 중심으로-」, 경성대학교 석사학위논문, 67쪽.

158 울산발전연구원문화재센터, 2005 『울산 다운동 바구역 유적』(울산발전연구원 문화재센터 학술연구총서 제10집), 66~84쪽.

159 김대환, 2014 「신라의 묘제」『신라고고학개론』(상), 진인진, 213~216쪽; 김용성, 2016 「사로국에서 신라로」『신라의 건국과 성장』(신라의 역사와 문화 연구총서2), 경상북도, 150~155쪽.

160 중산리고분군과 하삼정고분군이 사로국의 영역 범위에 위치하였다는 사실에 대해서는

점, 다운동과 하대고분군, 경산 조영동고분군에서 각각 1점, 포항 옥성리와 부산 복천동고분군에서 각각 2점이 발견되었다. 이에 따른다면, 오리형토기는 전형적인 사로국의 토기로서 주변 지역으로 전파된 것이라고 이해할 수 있다.[161] 한편 세장방형 철부(鐵斧)와 유자이기, 고사리모양 장식 철모(鐵矛), 판상철모(板狀鐵矛)는 의기화(儀器化)된 철기들로서 이러한 철기들이 목곽묘에 부장되는 것은 경주지역에서 새로운 매장의례의 성립을 의미하는 것으로 볼 수 있다는 견해가 제기되었다.[162] 이와 같은 기존의 연구들을 참조하면, 동혈주부곽식 세장방형 목곽묘를 조성한 3세기 후반에서 4세기 전반 사이에 다운동고분군 축조세력에 대한 사로국, 즉 신라의 통제력이 강하게 미쳤다고 보아도 좋을 것이다. 이와 같은 고고학적인 현상을 염두에 둔다면, 3세기 말에서 4세기 초반에 골포국 등이 포상팔국의 난을 진압하는 데에 커다란 역할을 수행한 사로국(신라)에 대해 보복하기 위해 하필이면 갈화성, 즉 굴아화를 공격한 것에 대해서도 충분히 수긍할만하다고 판단된다.

4세기 전반 이후 다운동지역에서 고총고분을 축조한 존재가 발견되지 않은 것으로 보아, 굴아화지역의 지배자가 강력한 지배기반을 구축하며 성장하였다고 상정하기가 쉽지 않다. 종래에 3세기 후반에서 4세기 전반 사이에 사로국이 굴아화지역에 대한 직접적인 지배를 실현하였다고 이해하였는데, 이는 이곳을 사로국의 영역으로 편제하였다는 의미로 해석할 수 있다. 즉 이곳을 6부에 편제하였다고 보아야 한다는 의미이다. 521년에 신라에서 파견한 사신을 통해 얻은 정보를 토대로 하여 기술된 『양서』 신라전에서 신라의 도읍 내에 6탁평이, 도읍 바깥에 52읍륵이 존재하였으며, 특히 읍륵은 중국의 군현과 같다라고 언급하였

뒤에서 자세하게 살필 예정이다.

161 이원태, 2020 「사로국 토기의 성립과 확산」 『신라문화』 56.
162 최병현, 2018 앞의 논문, 40~41쪽.

다. 여기서 6탁평은 6부를 말한다. 신라는 6부지역을 왕경(王京)이라 부르고, 그 외의 지방을 주(州)·군(郡)·촌(村)으로 편제하였다. 6세기 전반에 신라는 왕경 6부인에게 경위(京位)를, 지방의 지배세력에게 외위(外位)를 수여하여 차별하였다. 그런데 굴아화촌은 52개 읍락(행정촌) 가운데 하나였고, 530년대에 이곳을 군치(郡治)로 삼고 굴아화군(屈阿火郡)을 설치하였다. 굴아화촌의 지배세력은 경위(京位)가 아니라 외위(外位)를 수여받았다고 보아야 한다. 이와 같이 6세기 전반에 행정촌 굴아화촌을 군치로 삼았음을 감안하건대, 3세기 후반에서 4세기 전반 사이에 굴아화지역을 사로국의 6부지역으로 편입하였다고 보는 견해에 대해서는 재고의 여지가 없지 않다고 할 수 있다.

5세기 굴아화지역의 동향과 관련하여 울산 하삼정 나-240호와 조일리 5-2호, 35호, 49-2호분에서 출자형 금동관이 발견되었다는 점을 주목할 필요가 있다. 하삼정 나-240호 수혈식석곽묘의 경우, 동벽 일부만 잔존하였는데, 전체 규모는 알 수 없으나 너비가 100cm 정도의 중형분으로 추정되고 있다.[163] 조일리 5-2호는 석곽의 길이 330cm, 너비 60cm, 깊이 85cm였고, 조일리 35호 역시 수혈식석곽묘로서 석곽의 길이 315cm, 너비 55cm, 깊이 60cm였으며, 수혈식석곽묘인 조일리 49-2호 석곽의 길이는 355cm, 너비는 70cm, 깊이는 85cm였다.[164] 이들 네 고분은 모두 고총고분이 아니라 중·소형급에 해당하고, 모두 봉분조차도 제대로 남아 있지 않았다. 신라의 대표적인 위세품인 출자형 금동관을 부장한 조일리 5-2호 고분 등은 기존의 고분에 연속하여 축조된 것으로서, 이들 고분에 묻힌 사람들은 나름대로 재지의 지배기반을 어느 정도 보유하였던 것으로 이해된다.[165]

그런데 여기서 문제는 하삼정 나-240호 고분의 주인공의 성격에 대해서이

---

163 한국문화재단, 2014 『울산 하삼정고분군』Ⅷ; 권용대, 2018 『울산의 고분과 고대사회』, 서경문화사, 127쪽.
164 국립창원문화재연구소, 2000 『울산조일리고분군』.
165 권용대, 2018 앞의 책, 163쪽.

다. 하삼정고분군은 울산광역시 울주군 두동면 삼정리에 위치하고 있다. 울주
군 두서면 구량리가 경주 6부 가운데 남산부의 영역에 속하였고, 통일신라시대
에 사량부와 모량부지역에 상성군(서형산군)을 설치하였다.[166] 삼정리는 구량리
보다 경주쪽에 더 가까이 위치하였으므로, 삼정리 역시 통일 이전 사량부의 영
역에 속하였다고 봄이 합리적이다. 530년대에 6부체제가 해체되기 전까지 각 부
는 단위정치체로서 존재하였고, 부 예하의 부내부(部內部) 역시 자치적인 지배기
반을 보유하고 있었던 것으로 이해되고 있다.[167] 물론 사량부는 마립간시기에 양
부(梁部)[훼부(喙部)]와 더불어 김씨 왕실이 직접 관할하였지만, 그 내부에는 여전
히 자치적인 지배기반을 보유한 정치체가 여럿 존재하였고, 하삼정고분군의 축
조세력 역시 그러한 존재 가운데 하나였다고 추정된다. 출자형 금동관을 부장한
하삼정 나-240호 고분의 주인공은 바로 사량부 내에서 자치적인 지배기반을 보
유한 지배층 가운데 하나였을 것으로 짐작된다.[168]

한편 조일리고분군은 울산광역시 울주군 삼동면 조일리에 위치하고 있다. 조
일리고분군을 신라 6부의 지배세력과 연관시키기가 쉽지 않다. 조선시대에 삼
동면은 언양현에 속하였다.[169] 따라서 삼국시대에 조일리고분군의 축조세력은

---

166 전덕재, 2009 앞의 책, 70쪽 및 82~95쪽.

167 전덕재, 1996 앞의 책, 38~56쪽.

168 한편 근래에 울산광역시 북구 중산동에 위치한 중산동고분군을 울산지역의 정치세력과
    연계하여 연구하는 경향이 지배적인데, 하삼정고분군과 마찬가지로 중산동고분군 역시
    사로국 지배세력과 관련되었다고 보이기 때문에(이희준, 2016 「사로국의 성립과 성장」
    『신라의 건국과 성장』(신라의 역사와 문화 연구총서2), 경상북도, 92~93쪽; 최병현, 2018
    앞의 논문, 6쪽) 하삼정고분군과 함께 중산동고분군 역시 울산지역의 정치세력과 연계시
    켜 연구하는 것은 조심할 필요가 있다고 판단된다.

169 1832년(순조 32)에 편찬한 『경상도읍지』 언양현조에 언양현에 上北面, 中北面, 下北面,
    上南面, 中南面, 三同面이 있었다고 전한다. 1895년에 언양현을 동래부 언양군으로 개편
    하였다가 1896년에 경상남도 언양군이 되었으며, 1914년에 언양군이 울산군에 통합되었
    다. 이후 상북면과 중북면을 언양면으로, 상남면과 하북면을 상북면으로, 중남면과 삼동

거지화지역(居知火地域)의 지배세력과 관련이 깊다고 봄이 합리적이다.[170] 다만 거지화지역의 중심 지배세력이었는지, 아니면 거지화에 영속된 읍락의 지배세력이었는가에 대해서는 단언하기 어렵다. 이에 대해서는 추후의 과제로 남겨두고자 한다. 발굴보고자는 조일리 49-2호 수혈식석곽분은 5세기 후엽, 조일리 5호와 35호 고분은 6세기 전엽에 축조된 것으로 추정하였다.[171] 이에 따른다면, 양산과 언양의 경계지점에 위치한 조일리고분군의 축조세력은 6세기 전엽까지 나름의 자치적인 지배기반을 보유하고 있었다고 볼 수 있다. 금동관이 발견된 고분의 경우, 육안으로 봉분을 확인할 수 없었다고 하므로, 고총고분일 가능성은 낮기 때문에 언양지역을 강력하게 통제할 수 있는 강고한 권력기반을 보유하고 있었다고 인정할 수 없지만, 조일리고분군의 축조세력이 나름의 자치적인 지배기반을 가지고 있었다는 사실만은 부정할 수 없지 않을까 한다.[172]

이상에서 살핀 조일리고분군 축조세력의 존재형태를 감안한다면, 5세기 전·중반부터 수혈식석곽묘를 조영하였음이 확인되는 다운동고분군의 축조세력 역시 5세기 후반까지 나름대로 자치적인 지배기반을 보유하였을 가능성이 높다고 봄이

면을 삼남면으로 통합하였다. 1989년에 삼남면의 삼동출장소를 삼동면으로, 1996년에 언양면을 언양읍으로 승격하였다. 옛 언양군은 언양읍과 상북면, 삼남면, 삼동면이 되어 현재에 이르고 있다.

170 良州 文武王五年 麟德二年 割上州·下州地 置歃良州. 神文王七年 築城 周一千二百六十步 景德王改名良州 今梁州. 領縣一 巘陽縣 本居知火縣 景德王改名 今因之(『삼국사기』 잡지 제3 지리1).
良州의 領縣인 헌양현(거지화현)은 오늘날 울산광역시 울주군 언양읍과 상북면, 삼남면, 삼동면지역을 망라하였다.

171 국립창원문화재연구소, 2000 앞의 보고서, 174~180쪽.

172 조일리고분군의 축조세력은 거지화지역을 중심으로 편제된 행정촌 거지화촌에 소속되었는데, 이것 역시 52개 행정촌의 하나였다고 짐작된다. 거지화지역을 행정촌으로 편제한 시점은 지증왕 6년(505) 이전이었을 것이다. 아마도 조일리고분군에서 6세기 전엽에 출자형 금동관을 착용한 사람은 당시 행정촌의 지배자인 干支·壹金知 가운데 한 사람이었을 것으로 추정된다.

합리적이지 않을까 한다.[173] 이에 따른다면, 파사왕 때에 굴아화촌을 취하여 현을 설치하였다는 언급은 3세기 후반 무렵에 사로국이 굴아화지역을 정복하여 복속시킨 사실을 반영한다고 이해할 수 있을 것이다. 이후 어느 시기에 사로국에 복속되어 있던 굴아화지역을 52개 행정촌 가운데 하나로 편제하고, 거기에 도사(道使)와 같은 지방관을 파견하여 직접 지배를 실현하였는가를 정확하게 고구(考究)하기 어렵다. 다만 지증왕 6년(505)에 52개의 읍륵, 즉 행정촌 사이의 관할 영역을 조정하였으므로, 그 이전 시기에 굴아화지역을 행정촌, 즉 굴아화촌으로 편제한 것이 확실시된다고 하겠다. 아마도 5세기 후반에서 505년 사이의 어느 시기에 굴아화지역을 행정촌으로 편제한 것으로 짐작된다. 이후 530년대에 몇 개의 행정촌을 묶어 군을 설치하면서, 신라 왕경에서 해외를 연결하는 관문(關門港)으로 기능하는 사포(絲浦)가[174] 위치한 굴아화지역을 군치로 삼아 굴아화군을 설치한 다음, 여기에 율포촌(栗浦村)을 영속(領屬)시켰다고 볼 수 있을 것이다.

VI-② 기록에 전하는 우시산국(于尸山國)은 후대의 우화현(于火縣)[우풍현(虞風縣)], 거칠산국(居柒山國)은 후대의 거칠산군(居柒山郡)[동래군(東萊郡)]으로 비정된

---

173 한편 석실분인 다운동 나-8호분에서 출자형 금동관이 출토되었다고 알려졌다(울산광역시, 2008『울산의 유적과 유물-발굴로 드러난 울산의 역사』, 226쪽;「울산의 유적과 유물; 신라의 관문으로 발전한 유적(6) 북구 중산동·중구 다운동 유적『울산신문』2009년 5월 7일). 그러나 낙동강 동안에서 발견되는 출자형 금동관과 동일한 형식인지의 여부가 불확실하고, 고분의 축조 연대에 대해서도 정확하게 알 수 없기 때문에 본서에서는 이에 대해 더 이상의 언급은 자제하고자 한다.

174『삼국유사』권제3 탑상제4 황룡사장육조에 인도의 阿育王이 보낸 배가 絲浦에 도착하였다고 전하고,『신증동국여지승람』권22 경상도 울산군 누정 대화루조에 643년에 중국에서 귀국한 慈藏이 사포에 도착하였다가 여기에서 다시 신라 王京으로 나아갔다고 전한다. 두 기록을 통해 사포가 신라 왕경에서 해외로 나가는 關門港으로서 기능하였음을 짐작해볼 수 있다. 고려시대에 絲浦를 谷浦라고 불렀다. 그런데 조선시대의 지리지와 지도에 絲浦 또는 谷浦가 보이지 않는다. 필자는 울산광역시 중구 신정동과 태화동을 연결하는 나루로서, 오늘날 太和橋 아래에 위치한 大和津이 신라의 사포와 관련이 있다고 이해하고 있다. 대화진은 굴아화지역에 위치하였다.

다. 따라서 우시산국의 영역 범위는 예전의 양산시 웅상읍과 현재의 울산광역시 울주군 웅촌면 일대를 망라하였다고 볼 수 있다. 거칠산군은 현재 부산광역시 동래구에 해당한다. 일반적으로 울산광역시 울주군 웅촌면에 위치한 하대고분군을 우시산국의 지배세력과 관련시켜 이해하고 있다. Ⅵ-② 기록에서 탈해이사금대에 신라가 두 나라를 병합하였다고 전하지만, 그대로 믿기 어렵다. 위의 기록은 4세기 후반, 즉 마립간시기 이전 어느 시기에 신라가 두 나라를 공격하여 복속시킨 사실을 반영한 것으로 이해할 수 있는데, 이러한 사실은 거칠산국의 지배세력과 관련이 깊은 동래 복천동고분군 축조 세력의 동향을 통해 입증할 수 있다.

『삼국사기』 신라본기제1 지마이사금 10년 2월 기록에 대증산성(大甑山城)을 쌓았다[築大甑山城]고 전한다. 대증산성은 부산광역시 부산진구 당감동과 부암동 일대에 위치한 산성이었다. 만약에 이 기록과 Ⅵ-② 기록을 그대로 신뢰한다면, 신라가 부산 동래구에 위치한 거칠산국을 이사금시기에 복속시켰다고 볼 수 있다. 그러나 이사금시기 신라본기 기록의 기년을 그대로 믿을 수 없기 때문에 단정하기 곤란하다. 4~5세기 부산 동래에 위치한 정치세력의 동향은 복천동고분군에서 출토된 유물들을 통하여 살필 수 있다. 복천동고분의 편년, 거기에서 출토된 유물의 성격 등에 관하여 논란이 분분하다. 논란의 핵심은 신라양식의 토기가 400년 고구려의 남정(南征) 이전에 조영된 복천동고분에서 일반적으로 출토되느냐의 여부이다. 이것은 그 이전 시기에 복천동고분군 조영 세력이 신라의 직·간접적인 통제를 받았느냐의 여부와도 직결된다. 일부 학자들은 고구려 남정 이전 시기 복천동고분군 조영 세력을 금관국(金官國)의 지배층과 직결시켜 이해하거나[175] 또는 가야세력과 정치적 입장을 같이하는 거칠산국의 지배세력과 연계시켜 이해하였다.[176] 이들이 제기한 입론의 근거는 고구려의 남정 이후에 축

---

175 신경철, 1989 「삼한·삼국·통일신라시대의 부산-고고학적 고찰-」 『부산시사』 제1권.
176 김태식, 2002 『미완의 문명 7백년 가야사』 3권(왕들의 나라), 푸른역사, 191~207쪽.

조된 복천동고분에서 비로소 신라양식의 토기가 널리 출토되는 경향을 보인다
는 것에서 찾을 수 있다. 반면에 일부 학자는 4세기 후반 무렵부터 복천동고분에
신라양식의 토기가 널리 부장되고, 이것을 근거로 그 고분군을 조영한 존재들이
신라의 강력한 통제를 받았다고 이해하였다.[177]

　필자가 복천동고분에서 출토된 토기를 독자적으로 편년할 수 있는 능력은 없
다. 그러나 3개의 세움장식 각각에 나뭇가지모양의 곁가지를 3개씩 단 초화형
(草花形) 금동관(金銅冠)과 신라식 토기가 출토된 복천동 10·11호분 축조 단계에
그것의 조영 세력은 신라의 직·간접적인 통제를 받았음이 분명하고, 그것을 대
체로 5세기 초반이나[178] 그 이전에 축조하였다고 이해하므로 적어도 5세기 초
반에 신라가 거칠산국에 대하여 강력한 통제력을 행사하였다고 보는 것이 합리
적이라고 판단된다. 그 시기를 4세기 후반까지 소급할 수 있느냐의 여부는 향후
의 숙제로 남겨두기로 하겠다. 다만 VI-② 기록에서 신라가 이사금시기에 거칠
산국을 정복하였다고 전하므로 비록 5세기 이전에 그것을 확고하게 통제하였
다고 보기 어렵다고 하더라도 일정한 영향력을 행사하였음은 부인하기 힘들 것
이다.[179]

　동래 복천동 1호분에서 출자형 세움장식의 금동관이 출토되었다. 처음에는 5

---

177 복천동고분을 축조한 정치세력을 이와 같이 이해한 대표적인 연구성과로서 주보돈, 1998
　「4~5세기 부산지역의 정치적 향방」『신라 지방통치체제의 정비과정과 촌락』, 신서원과
　이희준, 1998 「김해 예안리 유적과 신라의 낙동강 西岸 진출」『한국고고학보』39; 이희준,
　2007 앞의 책, 260~269쪽 등을 들 수 있다.

178 부산대학교 박물관, 1983 『동래복천동고분군』Ⅰ (본문), 167~168쪽에서 복천동 10·11호분
　을 5세기 중엽에 축조하였다고 주장하였고, 이한상, 2004 앞의 책, 97쪽에서는 그것은 5
　세기 초반에 조영된 것으로 비정하였다. 필자는 동래 복천동 10·11호분은 5세기 초반 이
　후에 축조되었을 가능성은 낮다고 생각하고 있다.

179 필자는 이사금시기에 신라가 거칠산국에 대하여 비교적 느슨하게 통제하다가 4세기 후
　반 또는 5세기 초반부터 그것에 대하여 강력한 통제력을 행사하기 시작하였는데, 그러한
　사실을 입증해주는 고고학적 증거가 금동관 및 신라양식의 토기였다고 이해하고 있다.

개의 출자형 세움장식이 달린 금동관이라 이해하였으나[180] 후에 2점의 금동관임이 밝혀졌다.[181] 복천동 1호분에서 '기신(器身)에 비해 대각(臺角)이 홀쭉하고 밑바닥이 둥글게 끝나는', 비교적 후기의 고배(高杯)가 같이 출토되었는데,[182] 이것은 이 고분이 비출자형 세움장식의 금동관이 출토된 복천동 10·11호분보다 늦게 축조되었음을 입증하는 증거로 이해되고 있다. 종래에 복천동 1호분은 5세기 2/4분기의 빠른 단계에 축조된 것으로 이해하는 견해가 제기되었다.[183] 초화형 세움장식의 금동관이 출자형 입식의 금동관으로 바뀌었다는 것에서 복천동 1호분을 축조할 무렵에 신라의 영향력이 이전보다 증대되었음을 짐작해볼 수 있다.[184] 그 이후 연산동에 고총고분이 축조되었는데, 거칠산국의 지배세력이 연산동고분을 조영하였을 것으로 짐작된다. 연산동고분군 M3호분에서 금동관편이 출토되었고, 이것과 환두대도 등을 비롯한 위신재와 부장된 토기류들은 대개 신라계가 주류를 점한다고 한다.[185] 이를 통해 5세기 중엽 이후에 이들에 대한 신라의 통제가 한층 더 강화되었다고 짐작해볼 수 있다. 그리고 궁극적으로 지증왕 6년(505) 이전 어느 시기에 거칠산국을 거칠산(촌)이라는 행정촌으로 편제한 것으로 이해된다.

---

180 김동호, 1971 『동래복천동 1호분 발굴조사보고』, 동아대학교 박물관.

181 국립경주박물관, 2001 앞의 책, 40쪽.

182 이은창, 1981 「신라·가야토기 편년에 관한 연구」『효성여대연구논문집』23(인문과학), 817쪽.

183 이한상, 2000 앞의 논문, 119쪽.

184 종래에 복천동 10·11호분 출토 토기는 신라 토기양식 안의 지역 양식인 부산 양식이 주류를 이루었음에 반하여 복천동 1호분 출토 토기는 경주 양식의 토기가 많았고, 또한 전자에서 출토된 금동관은 초화형 입식이었으나 후자에서 출토된 금동관은 출자형 입식이라는 사실 등을 두루 고려하여, 복천동 1호분 피장자는 처음에 복천동 10·11호분 피장자에 비해 열세였다가 두 피장자가 사망할 즈음에는 1호분 피장자가 오히려 신라 국가와 좀 더 밀접한 관계를 가졌다고 추정한 견해가 제기되었다(이희준, 2007 앞의 책, 265~266쪽).

185 김영민, 2015 「연산동고분의 특질과 의미」『항도부산』31, 20쪽.

신라가 거칠산국을 공격하여 복속시킨 시기를 정확하게 고구(考究)하긴 어렵지만, 우시산국 지배세력과 관련이 깊은 하대고분군의 분석을 통해 그 시기는 대체로 3세기 후반 무렵임을 짐작해볼 수 있다. 3세기 전엽에 축조되었다고 편년되는 하대 23호 고분은 목곽묘로서 묘광(墓壙)의 길이 약 720cm, 너비 440cm, 높이 92cm인데, 여기에서 중국제(中國製) 동정(銅鼎)과 더불어 유개대부장경호, 단경호, 노형기대, 낫, 곡옥(曲玉), 절자옥(切子玉), 유자이기 등이 출토되었다. 하대 23호와 거의 비슷한 시기에 조성된 하대 76호 역시 묘광(墓壙)의 길이 772cm, 너비 384cm, 높이 46cm인 목곽묘로서 노형토기(爐形土器), 대부장경호, 다양한 철기와 철제농기구, 곡옥, 절자옥 등이 출토되었다.[186] 두 고분은 2세기 후반에서 3세기 전반 사이에 우시산국의 지배자가 강성한 세력을 유지하였음을 시사해주는 자료로 이해되고 있다. 그런데 기존의 연구에 따르면, 우시산국은 2세기 후반에서 3세기 전반까지 1세기 가량 전성기를 누리다가 3세기 후반부터는 세력이 약해지기 시작하였다고 한다.[187] 아직까지 하대에서 묘광의 규모가 큰 동혈주부곽식 세장방형 목곽묘가 발견되지 않았고, 4세기 후반 이후에 고총고분을 축조하였음을 입증해주는 증거도 발견할 수 없다. 따라서 하대고분군의 축조세력도 3세기 후반 이후에 사로국의 강력한 통제를 받아 강성한 세력으로 성장하지 못하였다고 볼 수 있을 것이다. 이를 통해 신라가 우시산국과 거칠산국을 공격하여 복속시킨 시점이 대체로 3세기 후반임을 역으로 유추할 수 있음은 물론이다.

조일리고분군 축조세력의 동향을 염두에 둔다면, 굴아화지역의 지배세력과

---

186 부산대학교 박물관, 1997『울산하대유적-고분』Ⅰ, 부산대학교 박물관 연구총서 제20집.
187 윤온식, 2019「사로국 고고학 연구」, 경북대학교 고고인류학과 박사학위논문, 241~243쪽.
　　여기서 윤온식은 2세기 후반에는 R그룹 무덤(금관과 금동관을 비롯한 통합 복식군 정형을 갖춘 무덤; 하대 43호) 1기, A그룹 무덤(刀 또는 劍이 2~3점 부장된 무덤) 2기, B그룹 무덤(刀 또는 劍이 1점 부장된 무덤) 1기가 조영되었으나 3세기 후반부터는 B그룹 이상의 무덤을 하대고분군에서 확인할 수 없고, 대부분이 C그룹 이하에 해당하는 무덤만이 발견된다고 주장하였다.

마찬가지로 하대고분군의 축조세력, 즉 우시산국의 지배세력 역시 5세기 후반까지 나름의 자치적인 지배기반을 보유하였다가 5세기 후반에서 지증왕 6년(505) 사이에 우시산국의 영역이 우화촌(于火村)[우불촌(于弗村)]이라 불리는 행정촌으로 편제되면서, 520년 이후 그들은 외위를 수여받았다고 봄이 합리적일 것이다. 그런데 통일신라시대에 우화현(于火縣)은 현재 울산광역시 울주군 서생면에 해당하는 생서량군(生西良郡)의 영현(領縣)이었다. 현재까지 생서량지역의 정치세력이 우시산국보다 울산지역에서 세력을 크게 떨쳤음을 시사해주는 자료가 발견되지 않았음에도 불구하고, 신라는 6세기 전반에 생서량촌(生西良村)이라 불리는 행정촌에 군치(郡治)를 두고 생서량군을 설치한 다음, 우화촌을 그 예하의 행정촌으로 편제하였던 사실에 대해 매우 의아한 감이 없지 않다.

통일 이전에 주로 낙동강 하구 또는 울산만에서 배를 타고 바다로 나아가 왜국 또는 중국과 교통하였다. 그런데 우시산국이 위치하였던 옛 양산시 웅상읍이나 울주군 웅촌면은 신라 왕경에서 낙동강 하구에 이르는 교통로 또는 신라 왕경과 울산의 사포(絲浦)를 연결하는 교통로 및 사포에서 남해를 연결하는 해상교통로상에 위치하였다고 보기 어렵다. 반면에 오늘날 온산읍과 서생면지역을 망라하였다고 추정되는 생서량지역은 사포에서 남해를 연결하는 교통로상에 위치하고 있었다. 사포를 통한 해상교통이 활발하게 이루어지면서, 생서량지역을 옛 양산시 웅상읍과 울주군 웅촌면지역에 해당하는 우화지역(于火地域)보다 전략적으로 더 중요하게 여겼을 가능성이 높고, 이에 신라 국가는 6세기 전반에 생서량이라 불리는 행정촌에 군치를 두고 생서량군을 설치하면서 옛 우시산국의 고지인 우화촌을 그 예하의 행정촌으로 편제하였다고 볼 수 있지 않을까 한다. 결국 6세기 전반에 신라 국가는 거지화촌은 삽량군, 율포촌은 굴아화군, 우화촌은 생서량군 예하의 행정촌으로 편제하였다가 중고기 말·중대 초에 행정촌을 현으로 재편하고, 신문왕대에 옛 왕경지역에 모화군을 설치하면서 굴아화군을 폐지하고, 굴아화현과 율포현을 모화군의 영현으로 재조정하였다고 정리할 수 있다.

2부

중고기(中古期) 지방통치조직과 지방관

1. 행정촌의 성격과 수취체계

1) 행정촌과 자연촌

앞에서 『양서(梁書)』 신라전에 전하는 52읍륵(邑勒)은 52개의 행정촌을 가리키며, 신라 국가는 지증왕 6년(505)에 지방 소국의 국읍이나 읍락을 행정촌으로 편제하여 지방을 52개 행정촌을 중심으로 통치하였음을 살핀 바 있다. 그렇다면 이제 행정촌의 성격과 기능은 무엇인가를 살필 차례인데, 종래에 중고기의 촌에 대하여 논란이 분분하였다. 일찍이 중고기에는 통일 이전에 군현(郡縣)의 전신(前身)으로서의 촌과 군현의 구성 요소인 자연촌의 두 가지가 존재하였다는 견해가 제기되었다.[1] 그리고 대구무술오작비(大丘戊戌塢作碑)에 전하는 촌은 자연촌에 해당하고, 자연촌이 모여 행정적 성촌을 구성하였는데, 여러 자연촌 가운데 중심이 되는 자연촌의 명칭이 행정적 성촌명으로 사용되었으며, 이것은 대체로 중대에 현명(縣名)으로 그대로 계승되었다는 주장이 제기되었다.[2] 그리고 이러한 주장을 바탕으로 도사(道使)가 파견된 곳을 행정촌(성)이라 명명하고, 행정촌(성)에는 유력한 자연촌, 보통의 자연촌, 열악한 자연촌이 존재하였으며, 촌주

---

1 이우태, 1981 「신라의 촌과 촌주」 『한국사론』7, 서울대학교 국사학과, 84쪽.
2 주보돈, 1988 「신라 중고기의 군사와 촌사」 『한국고대사연구』1, 56~62쪽.

를 중심으로 촌사(村司)를 구성하였다고 이해하기도 하였다.[3] 나아가 행정촌은 지방관이 파견되어 행정관아가 두어진 거점지역이란 점, 그곳에는 외위를 소지한 재지세력이 참여하는 촌사(村司) 또는 성사(城司)와 같은 기구가 존재한다는 점에서 자연촌과 명백히 구분되며, 이러한 의미에서 행정촌은 여러 개의 자연촌으로 구성되었고, 그 가운데 중심이 되는 자연촌이 존재하였는데, 이곳에 지방관이 파견되었기 때문에 그 중심 자연촌이 곧 행정촌의 이름으로 대표된 것이라 정리하기도 하였다.[4]

중고기의 촌을 행정촌과 자연촌으로 나누어 이해하는 견해에 대하여 반론이 제기되었다. 반론은 첫째, 중고기에 촌을 출신지 표기로 사용하면서 어떤 사람은 행정촌을, 어떤 사람은 자연촌을 기준 없이 혼용하였다고 보기 어렵다는 점, 둘째, 출신지명에 자연촌까지 기록할 정도로 중고기 신라의 지방통치조직이 체계적으로 정비되었다고 보기 어렵다는 점, 셋째, 과연 촌락문서에 보이는 자연촌과 같은 기능을 할 수 있을 정도로 중고기에 자연촌이 성장하였다고 보기 어려운 점 등을 근거로 제기되었다. 이렇게 반론을 제기하면서 중고기 금석문이나 목간 등에 보이는 '~촌'은 모두 행정촌으로 보아야 한다는 주장을 폈다.[5]

그렇다면 중고기의 촌을 과연 행정촌과 자연촌으로 구분할 수 있을까가 궁금한데, 이와 관련하여 함안 성산산성 출토 목간에 전하는 지명표기를 주목할 필요가 있을 것이다. 현재까지 함안 성산산성에서 출토된 245점의 목간에서 묵서

---

3 주보돈, 1998 『신라 지방통치체제의 정비과정과 촌락』, 신서원, 85~97쪽 및 217~236쪽.

4 주보돈, 2000 「신라 중고기 촌의 성격」『복현사림』23, 203쪽.

5 김재홍, 1991 「신라 중고기의 촌제와 지방사회구조」『한국사연구』72, 25쪽; 이수훈, 1993 「신라 촌락의 성격-6세기 금석문을 통한 행정촌, 자연촌 문제의 검토-」『한국문화연구』6, 24~33쪽; 2007 「신라 중고기 행정촌·자연촌 문제의 검토」『한국고대사연구』48; 김창호, 2009 「금석문 자료에서 본 고신라 성촌의 연구사적 조망」『삼국시대 금석문 연구』, 서경문화사.

가 발견되었는데,[6] 지명표기의 형식에 따라 성산산성 출토 목간을 크게 5가지 유형(A~E유형)으로 나누어 〈표 2〉~〈표 6〉으로 정리하였다.[7]

〈표 2〉 A유형

목간 번호	묵서 내용	목간 번호	묵서 내용
가야 62	앞면: 甘文城下 — × 뒷면: (阿)(波) — ×	진주 1279	앞면: 甘文城下麦甘文本波王私Ⅴ 뒷면: 新村□利兮負Ⅴ
김해 1590	앞면: 甘文城下麥本波大村毛利只 뒷면: 一石	가야 4687	앞면: 甘文城下麦十五石甘文Ⅴ 뒷면: 本波加本斯□去之Ⅴ
가야 5595	앞면: 甘文城下麦十五石甘文本波× 뒷면: 伊次只去之×		

---

6 가야 5599 목간에 '壬子年'이라는 干支가 보이는데, 임자년은 592년(진평왕 14)을 가리킨다고 이해된다. 따라서 함안 성산산성 출토 목간 가운데 592년 이후에 작성된 것이 있었음을 엿볼 수 있다. 그러나 『日本書紀』에 欽明天皇 22년(561)에 신라가 阿羅(경남 함안)의 波斯山에 성을 쌓았다고 전하는 점, 561년(진흥왕 22)에 건립된 진흥왕순수비 창녕비에서부터 관등을 표기할 때 '支'字를 생략하였음에 반하여 가야 5592 목간에 '上干支'라는 외위 관등명이 전하는 점, 591년(진평왕 13)에 제작된 남산신성비에 보이지 않는 居伐尺이라는 외위 관등이 가야 5587 목간에 보이는 점 등을 두루 고려하건대, 성산산성 출토 목간 가운데 561년에서 592년 사이에 작성된 것도 적지 않게 포함되어 있었다고 이해하는 것이 합리적이라 판단된다. 592년 이후에 작성된 것도 포함되었음을 물론이다. 이와 관련하여 윤선태, 2017 「함안 성산산성 출토 신라목간의 연구성과와 전망」 『한국의 고대목간』 Ⅱ, 국립가야문화재연구소, 484~485쪽에서 성산산성 출토 목간의 작성연대는 진흥왕대 전반에서 진평왕대 후반까지 포괄적으로 재검토할 필요가 있다고 언급한 점이 주목된다고 하겠다.

7 〈표 2〉~〈표 6〉은 국립가야문화재연구소, 2017 『한국의 고대목간』 Ⅱ에 제시된 목간을 기초로 하여 정리한 것이다. 여기에 제시된 판독을 기본으로 하면서 필자가 일부 재판독하여 제시하였다. 목간번호는 국립가야문화재연구소, 국립김해박물관, 국립진주박물관에서 소장한 목간의 국가귀속번호를 가리킨다. 〈표 2〉~〈표 6〉에 전하는 'Ⅴ'는 목간 상·하단에 묶기홈이 있음을 표시한 것이고, '( )'는 불확실하여 추독한 것이다. '□'는 판독할 수 없는 글자, '----'는 파손되어 몇 글자가 있는지 알 수 없는 것을 이른다. '×'는 단부가 파손된 것을 표기한 것, '◎'는 穿孔이 있음을 표시한 것이다.

〈표 3〉 B유형

목간 번호	묵서 내용	목간 번호	묵서 내용
가야 32	앞면: 仇利伐 彤谷村 　　　 仇礼支 負 ∨	가야 33	앞면: 仇利伐 上乡者村 波婁 ∨
가야 1999	앞면: □□伐 □□只(村) ∨ 　　　 □伐支負	가야 2034	앞면: 仇利伐 習彤村 ∨ 　　　 牟利之負
가야 2627	앞면: 仇利伐∨ 뒷면: □(伐)乡□村 伊面於支負∨	가야 5589	앞면: 仇利伐 上乡者村 □□□□ ∨
진주 1263	× 仇利伐 上乡者村 波婁	김해 1275	앞면: 仇利伐 上乡者村 뒷면: 乞利
김해 1277	× (仇利伐?) ── 前谷村 阿足只(負)×	가야 1998	앞면: 古阤一古利村□ ── × 뒷면: 乃兮支稗石×
가야 2019	앞면: 古阤□利村□ ── × 뒷면: 稗石── ×	진주 1283	앞면: 古阤伊骨利村□ 뒷면: 仇仍支稗發[8]
가야 28	앞면: 古阤新村智利知一尺那□ 뒷면: 豆兮利智稗石	가야 1191	앞면: 古阤新村(斤)□利 뒷면: 沙礼
가야 2010	앞면: 波[古?]阤密村沙毛∨ 뒷면: 稗石∨	가야 2026	甘文城下□米十一斗石(喙)大村卜只次持□∨
김해 1272	仇伐干好(津)村卑尸稗石◎	가야 2025	앞면: 夷津支城下麦王王私巴珎兮村∨ 뒷면: 弥次二石∨
가야 49	呵盖(陽)(村)末稗石∨	가야 38	鄒文比尸河村尒利牟利∨
가야 52	鄒文□□□村□本石		

〈표 4〉 C유형

목간 번호	묵서 내용	목간 번호	묵서 내용
가야 35	仇利伐 於□支負 只卽智奴∨	가야 1594	仇利伐□智 奴 □□支負∨
가야 1596	仇利伐 ──支負∨	가야 1613	(仇)利伐 ◎ 比夕智 奴 先能支 負

---

8 전덕재, 2007 「중고기 신라의 지방행정체계와 군의 성격」『한국고대사연구』48에서 '稗發'
을 '稗麥'으로 판독하였으나, 본서에서는 기존 필자의 판독을 철회하였음을 밝혀둔다. 참
고로 종래에 권인한, 2018 「신출토 함안 목간에 대한 언어문화사적 연구」『목간과 문자』21,
121~122쪽에서 '發'이 바리와 발음이 근사하기 때문에 이 글자는 '곡식 한 바리'처럼 '소나 말
따위의 등에 잔뜩 실은 짐을 세는 말'을 의미하는 '바리'의 신라식 이두 표기로 이해하는 견
해를 제기하여 주목된다.

가야 1989	×仇利伐 仇他知一伐 奴人 毛利支負∨	가야 2001	仇(利伐) ◎ ──智
가야 2008	仇(利)伐 郝豆智奴人 ∨ □支負	가야 2012	仇利伐 仇阤知一伐 奴人 毛利支負∨
가야 2036	仇利伐 今尒次負∨	가야 2619	仇利伐 (記)本礼支 負∨
가야 2620	仇(利)伐 ──智一支 ◎	가야 5592	丘利伐 卜今智上干支 奴 ∨ □□巳支 負
가야 5593	仇利伐 夫及知一伐 奴人 ∨ 宍巳礼 負	김해 1287	仇利伐 仇阤尒一伐 ∨ 尒利□負
진주 1288	仇利伐 □德知一伐奴人 ── ×	가야 2057	甘文□宍大只伐□原石
가야 4688	앞면: 古阤伊未上干一大兮伐∨ 뒷면: 豆幼去∨	가야 1988	丘伐稗
가야 2029	∨丘伐稗石	가야 41	及伐城立(龍)稗石∨
가야 70	及伐城只智稗石∨	가야 75	及伐城 □□稗石∨
가야 2004	及伐城文尸伊稗石∨	가야 2005	及伐城文尸伊急伐尺稗石∨
가야 2023	及伐城登奴稗石∨	가야 2630	及伐城日沙利稗石∨
가야 2633	及伐城文尸□稗石∨	진주 1273	及伐城秀乃(巳)稗∨
가야 54	(呵)蓋□□□□稗×	가야 1606	呵(蓋)□□利稗∨
가야 1985	呵盖次尒利尒□稗∨	가야 1997	呵盖尒(欲)弥支稗∨
가야 2003	呵盖奈夷利稗∨	가야 2635	呵盖奈□ ──∨
가야 57	앞면: 巴珎兮城下□ ──× 뒷면: 巴珎兮村 ──×	가야 2058	앞면: 夷津支城下麦烏列支負∨ 뒷면: □□二石∨
가야 1607	鄒文村內旦利負	가야 61	앞면: 小伊伐支□□ ──× 뒷면: 一石 ──×
가야 2027	앞면: 小伊伐支村能(毛)礼∨× 뒷면: 稗石∨×	가야 74	伊伐支□□波稗∨
가야 1993	(伊)伐支烏利礼稗石×	가야 2024	伊伐支村□只稗石∨
가야 1598	앞면: 買谷村古光(斯)珎于∨ 뒷면: 稗石∨	가야 2051	앞면: 買谷村物利利◎ 뒷면: 斯珎于稗石◎
가야 40	陳城巳兮支稗∨	김해 1282	陳城巳兮支稗∨
가야 1996	勿思伐 豆只稗一石∨	가야 2000	赤城□□□羅石∨
가야 2009	앞면: 巾夫支城夫酒只∨× 뒷면: 稗一石∨	가야 2021	巾夫支城□郎支稗一∨
가야 5591	巾夫支城 仇智支(稗) ──×	가야 2639	앞면: 正月中比思伐古尸(次)阿尺夷喙∨ 뒷면: 羅兮(落)及伐尺并作前(瓷)酒四斗瓮∨
가야 4686	앞면: 三月中鐵山下麦十五斗∨ 뒷면: 王私□河礼村波利足∨	가야 5596	小南兮城麦十五斗石大(村) ──×

〈표 5〉 D유형

목간 번호	묵서 내용	목간 번호	묵서 내용
가야 2636	앞면: ×古阤一古利村本波∨ 뒷면: × 阤々支稗發	가야 4685	앞면: 古阤一古利村本彼∨ 뒷면: 阤々只稗發∨
가야 2038	앞면: 古阤本波豆物烈智□∨ 뒷면: (勿)大兮∨	진주 1268	甘文本波□利旦利村伊竹伊
가야 1593	∨夷津本波只那公末□(稗)	가야 72	須伐本波居須智∨
가야 1990	앞면: × — 本波破稗(私)□古□ --- × 뒷면: × — 支云稗石×	가야 27	앞면: 古阤伊骨利村阿那(衆)智卜利古支◎ 뒷면: 稗發◎
가야 1623	앞면: 古阤伊骨村阿那∨ 뒷면: 仇利稿支稗發∨	가야 2006	앞면: 古阤一古利村阿那弥伊□(久)∨ 뒷면: 稗石∨
가야 50	仇伐阿那舌只稗石×	가야 2018	앞면: ∨仇伐阿那內□買子 뒷면: ∨一支買 稗石
가야 29	앞면: 夷津支阿那古刀羅只豆支∨ 뒷면: 稗∨	가야 44	夷津阿那休智稗∨
가야 30	앞면: 古阤一古利村末那∨ 뒷면: 毛羅次尸智稗石∨	가야 1992	앞면: 古阤一古利村末那∨ × 뒷면: 殆利夫稗□∨ ×
가야 1995	앞면: 古阤一古(利)村末那□ — × 뒷면: (稗)(石) ×	가야 2014	앞면: 古阤一古利村末那沙見∨ 뒷면: 日糸利稗石∨
가야 1987	앞면: 仇伐末那 沙刀(礼)奴∨ 뒷면: 弥次(分)稗石∨	가야 5587	앞면: 丘伐末那早尸智居伐尺奴 뒷면: 能利智稗石
가야 2011	앞면: 夷津支末那石村末□□□然∨ 뒷면: 麦∨	김해 1284	夷津支末那尒利知×
가야 2033	앞면: 鄒文前那牟只村∨ 뒷면: 伊(智)∨		

〈표 6〉 E유형

목간 번호	묵서 내용	목간 번호	묵서 내용
가야 31	앞면: 上弗刀弥村∨ 뒷면: 加古波孕稗石∨	가야 39	阿卜智村尒(礼)負∨
가야 42	陽村文尸只∨	가야 43	上莫村居利支稗∨
가야 45	(乃)日城鄒(選)□□支∨	가야 51	大村主紅麦
가야 59	앞면: □□□支村◎ 뒷면: □□□奚稗石◎	가야 73	× —村(一伐)生尒支∨
가야 80	伊失兮村□ — ×	가야 1597	陽村文尸只稗∨
가야 1599	앞면: 勿利村 倦益尒利∨ 뒷면: 稗石∨	가야 1600	앞면: 次々支村知弥留∨ 뒷면: 稗石∨

가야 1614	王私鳥多伊伐支卜然◎	가야 1616	末甘村×──◎ 借刀利支 負
가야 1625	丈□利村□□□□∨	가야 2007	×──古心□村稗石∨
가야 2015	伊失兮村稗石∨	가야 2016	앞면: 秋兮利村∨ 뒷면: □□只稗石∨」
가야 2017	栗村稗石	가야 2010	眞村□□□□」
가야 2640	앞면: 皀(冠)村 뒷면: 此負刀寧負盜人有	가야 2641	帶支村鳥多支米一石∨
가야 4693	盖山鄒勿負稗∨	가야 4694	×──村虎弥稗石∨××
가야 5581	앞면: ×──史村∨ 뒷면: ×──□利夫稗石∨	가야 5585	앞면: 盖村仇之毛羅稗∨ 뒷면: □∨
가야 2042	蘇智密村晏──×	가야 2054	앞면: 上弗刀弥村◎ 뒷면: 敬麻古稗石◎
가야 2055	×□□□村□□□×	가야 2618	앞면: □(仇)(賓)村甘斯∨ 뒷면: ──∨
가야 2625	豆(支)村──×	가야 5599	앞면: 壬子年□(改)大村刀只∨ 뒷면: 米一石∨
김해 1269	王私鳥多伊伐支乞負支∨	김해 1270	鳥欣弥村卜兮稗石∨
김해 1271	上莫村居利支稗∨	김해 1285	×──家村□毛∨
김해 1286	大村伊息智一伐∨	김해 1289	앞면: 屈仇□□村──× 뒷면: 稗石×

첫 번째 유형은 진주 1279 목간에 보이는 것과 같이 맨 앞에 오늘날 김천시 개령면에 해당하는 감문성(甘文城)이 언급된 것이다. 이것을 편의상 A유형으로 분류하고자 한다. 가야 62 목간은 파손이 심하지만, 맨 앞에 감문성이 보이는 다른 목간과 유형이 동일하였다고 추정되어 A유형으로 분류하였다. A유형 목간에 모두 본파(本波)가 보인다는 점에서 D유형의 일부라고 볼 수 있다. 두 번째 유형은 한 목간에 복수의 지명이 보이는 것들이다. 이를 편의상 B유형으로 부르고자 한다. 세 번째 유형은 목간에 하나의 지명이 보이지만, 그 성격이 행정촌으로 추정되는 것들이다. 이를 편의상 C유형으로 부를 것이다. 그리고 네 번째 유형은 본파, 아나(阿那), 말나(末那), 전나(前那)가 공통으로 보이는 것들인데, 이를 편의상 D유형이라 명명하였다. 마지막으로 목간에 하나의 지명이 보이지만, 그 성격이 자연촌으로 추정되는 것들이다. 이를 편의상 E유형이라 부르고자 한다.

A유형의 진주 1279 목간에 감문본파와 더불어 신촌이 보이고, 김해 1530 목간에 본파 대촌이 보인다. 본파에 대해서는 뒤에서 자세하게 고찰하도록 하겠다. 두 목간에 감문성(감문)과 '~촌'이 보이는데, 복수의 지명이 보이는 목간으로 이해할 수 있다. B유형에 '구리벌+~촌', '고타+~촌',[9] '감문성+~촌', '구벌+~촌', '이진지성+~촌', '가개+~촌', '추문+~촌'이라는 지명표기가 전한다. 감문성은 경북 김천시 개령면에 해당하고, 추문(鄒文)은 앞에서 오늘날 경북 의성군 금성면으로 비정되는 소문(召文)을 가리킨다고 언급한 바 있다. 『삼국사기』잡지제3 지리 1 상주조에 고창군(古昌郡)은 본래 고타야군(古陁耶郡)이라 전하고, 또한 고창군의 영현(領縣)인 고구현(高丘縣)이 본래 구화현(仇火縣)이라 전한다. 이에 근거하여 고타는 바로 오늘날 경북 안동시, 구벌은 경북 의성군 단촌면에 해당하는 구화현으로 비정할 수 있다.

구리벌의 위치에 대해서는 논란이 분분하다. 대부분의 연구자는 충북 옥천군 옥천읍으로 비정하고 있으나, 일부 학자는 경북 안동시 임하면으로 비정하기도 하였다.[10] 이 견해는 『삼국사기』잡지제4 지리2 명주조에 곡성군(曲城郡)은 본래 고구려 굴화군(屈火郡)이라 전하는 것에 근거하여 제기한 것이다. 굴화는 굴불(屈弗), 굴벌(屈伐)로도 표기할 수 있는데, 굴벌과 구리벌을 동일한 지명으로 이해하였던 것이다. 그러나 남산신성 제2비에 구리성(仇利城) 또는 구리성(久利城)이 보이므로, 구리벌은 오늘날 충북 옥천군 옥천읍에 해당하는 구리성으로 보는 것이 타당하다고 판단된다.[11] 가개와 이진지성의 위치는 정확하게 고증할 수 없다.[12]

---

9 가야 2010 목간에 '波陁密村'이라 전하는데, 이 목간에 전하는 '稗'자가 '古陁'라는 지명이 전하는 목간들에 전하는 '稗'자와 거의 동일한 것을 보건대, 波陁는 古陁를 잘못 표기한 것으로 이해된다.

10 이경섭, 2011 「성산산성 출토 신라 짐꼬리표[荷札] 목간의 지명 문제와 제작 단위」『신라사학보』23, 542~543쪽.

11 주보돈, 2000 「함안 성산산성 출토 목간의 기초적 검토」『한국고대사연구』19, 56쪽.
   이후 대부분의 연구자들이 구리벌은 충복 옥천군 옥천읍으로 비정하는 견해를 지지하였다.

감문과 고타, 추문, 구리벌은 중고기에 모두 군치(郡治)에 해당하였다. 이들 모두『삼국사기』지리지에는 '~군'이라 전한다.[13] 종래에 이러한 사실을 주목하여 B유형 목간 가운데 후대에 군으로 편제된 감문, 고타, 추문, 구리벌이라는 지명은 군을 가리킬 가능성도 배제할 수 없다거나[14] 군이라 보아야 한다는 견해를 제기한 바 있다.[15] 그러나 B유형에 보이는 고타 등의 지명을 군이라 보는 것은 문제가 있다.

A유형에 '감문성', '감문본파', '~촌'이라는 지명이 보인다. 만약에 '감문본파'에서 감문이 군을 가리킨다고 한다면, 맨 앞에 '감문성'이 아니라 '감문군(甘文郡)'

---

12 夷津支城의 위치와 관련하여『삼국사기』잡지제3 지리1 상주조에 崇善郡의 領縣으로 전하는 尒同兮縣이 주목된다.『日本書紀』권9 仲哀天皇 9년 겨울 10월조에 전하는 波珍干岐를 고대 일본인들은 '하とりかんき'라고 讀音하였다. '珍'을 'とり', 즉 '돌'로 讀音한 것이다.『삼국사기』잡지제6 지리4 고구려·백제조에 任實郡의 領縣인 馬靈縣의 옛 이름 馬突을 다른 말로 馬珍이라 불렀다고 전한다. '珍'을 '돌'로 독음하였음을 시사해주는 또 다른 증거이다. 남산신성 제2비에 阿且兮村이 나오는데, 이것은 阿旦兮村을 잘못 판독한 것으로 이해된다. 管城郡의 領縣인 安貞縣의 본래 이름이 阿冬兮縣인데, 아단혜촌은 바로 아동혜현으로 비정되고 있다. 신라에서 '旦'은 '돌'로 발음하며, 이것은 들을 가리키는 말로 사용되었다. 아단혜촌과 아동혜현을 상호 비교할 때, 旦(돌)을 음차하여 冬으로도 표기하였음을 엿볼 수 있다. 돌 또는 달로 독음되는 '돌'을 冬으로 표기한 사례를 감안하건대, '돌'로 독음한 珍을 同으로도 대체하여 표기하는 것은 커다란 문제가 되지 않을 것이다. 夷津支에서 夷를 같은 음인 尒와, 津을 같은 음인 珍과 연결시키고, 支와 兮를 모두 지명어미로 이해한다면, 이 진지를 이동혜로 고증하는 것도 한번쯤 상정해볼 수 있지 않을까 한다. 이동혜현은 현재 경북 구미시 해평면 해평리로 비정하고 있다(정구복 등, 2012『개정증보 역주 삼국사기』4(주석편라), 한국학중앙연구원출판부, 179쪽). 이동혜현으로 비정되는 해평면 일대가 낙동강 가였는데, 夷津支라는 지명과 관련하여 유의된다고 하겠다.

13『삼국사기』잡지제3 지리1 상주조에 甘文郡, 古陁耶郡, 召文郡(鄒文郡), 古尸山郡으로 전한다.

14 김창석, 2014「함안 성산산성 목간을 통해 본 신라의 지방사회와 수취구조」『백제문화』54, 165쪽.

15 橋本繁, 2014「함안 성산산성 목간의 제작 기법」『함안 성산산성 출토 목간의 의의』, 국립가야문화재연구소·일본 와세다대학 조선문화연구소 공동연구 기념 학술대회 자료집.

이라 표기하는 것이 자연스럽다. 그러나 그렇지 않았으므로 '감문본파'에서 '감문'은 군을 가리키는 지명으로 이해하기 어려울 것이다. 또한 구벌은 고타군 예하의 행정촌이다. 만약에 고타에서 그 예하 행정촌인 구벌이라는 지명이 보이는 목간을 제작하였다고 한다면, 고타라는 지명은 군을 가리킨다고 볼 수도 있다. 그러나 뒤에서 자세하게 논증하였듯이 고타와 구벌이라는 지명이 전하는 목간의 필체가 다른 것으로 보건대, 고타군에서 구벌이라는 지명이 보이는 목간을 일괄 제작하였다고 보기가 쉽지 않다. 즉 군을 단위로 목간을 제작하였다고 보기 어려울 것이라는 의미이다.[16] 한편 540년대 후반의 진흥왕대에 건립된 단양 신라적성비에 '추문촌당주(鄒文村幢主)', '물사벌성당주(勿思伐城幢主)'가 보인다. 540년대 후반에 당주는 추문군, 물사벌군의 장관이 아니라 추문촌, 물사벌성이라는 군의 중심 행정촌·행정성을 통치하는 지방관임을 알려준다. 이처럼 중대의 태수(太守)와 같이 당주가 중간 지방행정단위인 군을 대표하는 관리가 아니었다고 한다면, 당시에 군을 단위로 목간을 제작하거나 또는 부세를 수취하였다고 보기가 쉽지 않을 것이다. 여기다가 함안 성산산성에서 출토된 하찰목간 가운데 '~군(郡)'이라고 표기한 것을 하나도 발견할 수 없다는 사실 역시 B유형 목간을 군 단위에서 제작하지 않았음을 시사해주는 측면으로 유의된다고 하겠다. 이처럼 군을 단위로 목간을 제작하였다는 증거를 찾을 수 없다면, 결국 B유형 목간에서 맨 앞에 표기된 지명은 자연촌 몇 개를 아우르는 행정촌을 가리키는 것으로 이해하는 것이 합리적이지 않을까 한다.

B유형의 가야 38 목간에 보이는 이리모리(尒利牟利)는 행정촌 추문 예하의 자

---

16 김도영, 2021 「함안 성산산성 출토 목간의 제작 유형과 제작단위」『목간과 문자』26, 258쪽에서 만약 郡에서 제작한 목간을 촌에서 보낸 稅物에 일괄적으로 부착하였다면, 군, 즉 단위(지명)별로 필체가 같아야 하나 그렇다는 증거를 찾을 수 없기 때문에 성산산성 출토 목간은 城 또는 村 단위에서 제작한 것으로 보는 것이 합리적이라고 이해하는 견해를 제기하였다.

연촌인 비시하촌(比尸河村)에, 가야 33과 진주 1263 목간에 보이는 파루(波婁)와 김해 1275 목간에 보이는 걸리(乞利)는 행정촌 구리벌 예하의 자연촌인 상삼자촌(上彡者村)에, 가야 2025 목간에 보이는 미차(弥次)는 행정촌인 이진지성 예하의 자연촌 왕사파진혜촌(王私巴珎兮村)에 거주하였다고 이해할 수 있다. 반면에 C유형 가야 1607 목간에 보이는 내단리(內旦利)는 추문촌에, 가야 2036 목간에 보이는 금이차(今余次)는 구리벌에 거주하였다고 말할 수 있다. 그렇다면 C유형 목간에 전하는 추문촌과 구리벌은 행정촌과 자연촌 가운데 어느 것을 가리킨다고 이해할 수 있을까가 궁금하다.

　추문비시하촌 등의 지명표기를 감안하건대, 행정촌은 비시하촌과 같은 자연촌이 몇 개 결합한 것임이 분명하다고 말할 수 있다. 그런데 추문촌에 내단리가 거주하였으므로, 추문촌 역시 비시하촌과 같은 자연촌으로서의 성격을 지녔다고 이해할 수 있다. 즉 B유형 목간에서 추문은 행정촌의 의미로 사용되었지만, C유형 목간에서는 자연촌의 의미로 사용되었던 것이다. 구리벌 역시 마찬가지였음은 물론이다. 그리고 이를 근거로 추문촌이 행정촌인 추문촌의 중심 자연촌이고, 중심 자연촌의 이름을 행정촌명으로 삼았음을 추론할 수 있다.[17] 아울러 감문, 물사벌, 추문 등은 군명이기도 하였는데, 군의 여러 행정촌 가운데 중심 행정

---

17 주보돈, 1998 앞의 책, 225~226쪽.
　한편 도사가 파견된 촌 또는 성, 즉 행정촌 가운데 중심이 되는 자연촌을 거점촌·성이라 부르고, 행정촌은 거점촌·성과 그 주변의 자연촌을 아우르는 개념으로 이해하는 견해도 제기되었다(박성현, 2010 「신라의 거점성 축조와 지방제도의 정비과정」, 서울대학교 박사학위논문, 131~136쪽; 2019 「삼국통일 후 신라의 지방 제도, 얼마나 달라졌나?」『역사비평』127, 269쪽). 행정촌의 중심이 되는 자연촌을 거점촌·성이라 불러 행정촌이 거점촌·성과 복수의 자연촌으로 구성되었다고 이해한 점에서 매우 주목되는 견해라 말할 수 있다. 다만 거점촌·성도 본질적으로 자연촌의 성격을 지녔다는 점, 거점이라는 표현이 주로 간접적으로 지방을 통치할 때에 널리 사용되고 있는 추세 등을 고려하건대, 거점촌·성이라는 용어의 사용에 대해서는 여전히 숙고할 측면이 적지 않다고 생각된다.

촌의 이름을 군의 명칭으로 삼았음을 짐작해볼 수 있을 것이다.

　E유형 목간은 자연촌으로 추정되는 지명이 보이는 것들이다. 자연촌만을 표기한 목간들이 적지 않았음을 엿볼 수 있는데, 이것은 중고기에 신라 국가가 자연촌 단위로 주민들을 통제, 관리하였음을 시사해주는 측면으로 유의된다. 중국의 이야진간호적(里耶秦簡戶籍), 주마루호적간(走馬樓戶籍簡) 등을 보면, 호주를 호인(戶人)이라 표기하였고,[18] 호인의 가족을 처(妻), 자소(子小), 자소녀(子小女), 처대여자(妻大女子), 예대여자(隷大女子)로 분류하여 호적에 기재하였음이 확인된다.[19] 여기서 소(小), 소녀(小女), 대여자(大女子)는 연령등급과 관련이 있음은 물론이다. 그런데 540년대 후반에 건립된 단양신라적성비에 소자(小子), 소녀(小女), 그리고 소인(小人)과 대인(大人)이란 표현이 보인다. 비 건립 단계에 진간(秦簡)에 보이는 사례와 마찬가지로 신라에서 연령에 따라 크게 대(大), 소(小)로 구분하여 파악하였음을 알려준다. 이렇게 연령등급을 설정하여 주민들을 파악한 목적은 진(秦)의 경우처럼 호적 작성을 위해서였다고 할 수 있다. 따라서 적어도 단양신라적성비를 건립한 540년대 후반에 신라 국가가 개별 가호마다 호적을 작성하여 촌민을 파악, 통제하였다고 보아도 문제가 되지 않을 듯싶다. B유형과 C유형의 목간을 통해 중고기에 거주지를 표기할 때, 자연촌을 분명하게 밝혔음을 알 수 있다. 이것은 당시에 자연촌 단위로 호적이나 계장(計帳)[20] 등 여러 가지 장적류(帳籍類)를 작성하였음을 반영하는 것으로 이해할 수 있다. 이에 따른다면, 중고기의 자연촌은 촌을 단위로 계연(計烟)과 공연(孔烟)을 설정하고 있는 촌락문서에 전하는 중대의 촌과 비슷한 기능을 수행하였다고 보아도 문제가 없을 것이다.

18　于振派, 2007「戶人與家長-以走馬樓戶籍簡爲中心-」『中國古中世史研究』17.
19　이성규, 2008「里耶秦簡 南陽戶人 戶籍과 秦의 遷徙政策」『中國學報』57.
20　수취부과를 위한 기본 문서를 計帳이라 부른다.

여기서 문제가 되는 것은 자연촌이라는 개념에 대해서이다. 이것은 자연적으로 조성된 취락, 즉 자연취락에서 비롯된 것으로 이해된다. 그러나 자연촌과 자연취락을 분명하게 구분할 필요가 있다고 보인다. 『삼국사기』 신라본기에 시조 혁거세거서간(赫居世居西干)이 기원전 57년에 신라를 건국하기 전에 경주분지에 6촌이 존재하였다고 전한다. 그러나 신라본기의 기록을 그대로 신뢰하기 어렵다. 중국 정사(正史) 가운데 『삼국지(三國志)』에서 취락을 의미하는 촌(村)이라는 용어가 처음 발견되고, 이후 남북조시대의 사서에서 산견(散見)되며, 당대(唐代)에서 비로소 촌이 행정구역단위로 법령에 규정되기에 이르렀다고 한다.[21] 필자는 전에 중국의 사례를 참조하여 고구려에서는 대체로 4세기 초부터 촌이란 용어를 사용하였고, 신라에서는 고구려의 영향을 받아 4세기 말부터 촌이라는 용어를 사용하였음을 논증한 바 있다.[22] 이처럼 신라에서 4세기 말부터 촌이라는 용어를 사용하기 시작하였다는 사실은 당시에 신라 국가가 부리(夫里), 벌(伐), 곡(谷)이라 불리던 자연취락을 편제하여 '~촌'이라 불렀음을 전제하는 것이다. 이러한 측면에서 자연촌도 엄밀하게 말하여 국가에서 인위적으로 편제한 존재라고 정의하는 것이 옳다고 여겨진다. 따라서 '~촌'이라 부른 존재는 국가에서 행정적인 편의를 위하여 편제한 말단의 지방행정단위로서 기능하였다는 측면에서 행정촌이라 부를 수 있는 여지가 전혀 없다고 말하기 어렵다고 하겠다.[23]

그러나 '~촌'이라고 부르는 존재를 모두 행정촌이라 부른다면, 이러한 촌 몇

---

21 宮川尙志, 1950 「六朝時代の村に就いて」 『羽田博士頌壽記念東洋史論叢』, 東洋史研究會; 1956 『六朝史研究』(政治社會篇), 日本学術振興会.

22 전덕재, 1996 『신라육부체제연구』, 일조각, 18~20쪽.

23 참고로 漢代에 數十戶의 소규모 自然村(자연취락)을 기반으로 하는 100戶 정도의 인위적인 구획인 里를 행정촌이라 규정한 견해가 있다(池田雄一, 2002 「漢代の里と自然村」 『中國古代の聚落と地方行政』, 汲古書院). 이 견해에 따르면, 漢代의 자연촌은 자연취락을 가리키고, 행정촌은 이것들을 몇 개 묶어 인위적으로 설정한 행정구획을 가리킨다고 볼 수 있을 것이다.

개를 연합한 성격을 지닌 존재를 어떻게 부를 것인가 하는 문제가 제기된다. 현재로서 이와 같은 존재를 부를 수 있는 적당한 용어를 찾을 수 없고, 지금까지 그것을 행정촌이라 불렀던 점을 고려하여, 행정촌을 구성하는 그 예하의 촌을 편의상 자연촌이라고 부르는 것도 커다란 문제가 되지 않을 것으로 판단된다. 물론 복수의 자연취락이 자연촌을 이루는 경우도 없지 않았지만, 대체로 1개의 자연취락을 자연촌으로 편제하는 경우가 대부분이었다고 추정된다는 점에서 나름 자연촌이라는 용어를 사용하는 것도 별로 문제가 되지 않을 것으로 판단된다. 이러한 이유에서 본서에서 필자는 행정촌 아래의 말단에 위치한 인위적으로 편제한 촌을 자연촌으로 이해하였음을 밝혀두고자 한다.[24]

이상에서 B유형 목간의 지명표기를 분석하여, 한 목간에 복수로 기재된 지명의 경우, 앞에 표기된 지명은 행정촌, 뒤에 표기된 지명은 자연촌을 가리킨다는 사실을 고찰하였다. 이에 따르면, 중고기에 구리벌(충북 옥천군 옥천읍), 고타(경북 안동시), 감문성(경북 김천시 개령면), 구벌(경북 의성군 단촌면), 추문촌(경북 의성군 금성면)이 행정촌이었고, 위치를 정확하게 고증하기 어려운 이진지와 가개 역시 행정촌이었다고 볼 수 있을 것이다. 그런데 C유형 목간에 물사벌(勿思伐)이 보인다. 단양신라적성비에 '물사벌성당주'와 '추문촌당주'가 전하는데, 행정촌인 추문촌에 당주가 파견되었음을 감안하건대, 당주라는 지방관이 파견된 물사벌성 역시 행정촌으로 보는 것이 합리적이라고 판단된다. 물사벌성은 현재 경북 예천군 예천읍에 해당한다.[25] 한편 추문촌과 고타, 구리벌, 감문성, 물사벌성은 중고기에 모

---

24 551년(진흥왕 12)에 제작된 명활산성작성비에 上人邏頭라고 불리는 지방관이 파견된 烏大谷이라는 행정촌명이 전한다. 또한 경산 소월리 목간에 甘末谷, 仇弥谷, 下只尸谷 등의 촌명이 보인다. 중고기에 '~谷'이라고 불리는 지명이 행정촌과 자연촌의 명칭으로 사용되었음을 알려주는 자료로 주목된다.

25 물사벌성을 예천군 예천읍으로 비정한 사실에 대해서는 전덕재, 2009a 「관산성전투에 대한 새로운 고찰」『신라문화』34, 57~58쪽이 참조된다.

두 군치(郡治)에 해당하였다. C유형 목간에 보이는 지명 가운데 군치에 해당하는 것으로서 구리벌과 감문, 고타, 급벌성, 추문촌, 물사벌, 비사벌 등을 들 수 있다.

『삼국사기』잡지제4 지리2 삭주조에 급산군(岌山郡)이 본래 고구려 급벌산군(及伐山郡)이라 전한다. 급벌성은 바로 급벌산군의 군치로서 현재 경북 영주시 순흥면에 해당한다. 『삼국사기』잡지제3 지리1 양주조에 화왕군(火王郡)은 본래 비자화군(比自火郡)인데, 혹은 비사벌(比斯伐)이라고도 한다고 전한다. 가야 2639 목간에 보이는 비사벌(比思伐)은 바로 비사벌, 즉 비자화군에 비정된다고 하겠다. 이처럼 급벌성, 비사벌이 군치에 해당하였으므로, 이것들 역시 행정촌의 명칭으로 이해하여도 무방할 듯싶다. 한편 앞에서 기존에 도사 등의 지방관이 파견된 곳이나 통일신라시대에 현(縣)으로 편제된 곳도 행정촌으로 이해하는 견해를 소개한 바 있다. 이러한 견해를 존중한다면, 포항중성리신라비에 도사가 파견되었다고 전하는 나소독지(奈蘇毒只), 포항냉수리신라비에 도사가 파견되었다고 전하는 탐수(躭須), 울진봉평리신라비에 도사가 파견되었다고 전하는 거벌모라(居伐牟羅), 도사와 군주(軍主)가 파견되었다고 전하는 실지(悉支) 등은 모두 행정촌이었다고 이해할 수 있을 것이다. C유형 목간에 전하는 지명 가운데 문헌이나 금석문에서 도사 등의 지방관이 파견되었다고 전하는 것은 발견할 수 없다.

통일신라시대에 현으로 편제된 곳을 발견할 수 있는데, 매곡촌, 이벌지, 적성, 철산을 들 수 있다. 『삼국사기』잡지제4 지리2 삭주조에 나령군(奈靈郡)의 영현인 선곡현(善谷縣)이 본래 고구려 매곡현(買谷縣; 경북 안동시 예안면·도산면 동부리 일대), 급산군(岋山郡)의 영현인 인풍현(鄰豐縣)이 본래 고구려 이벌지현(伊伐支縣; 경북 영주시 부석면)이라고 전한다. 매곡촌과 이벌지를 통일신라시대에 현으로 재편하였으므로, 두 곳은 모두 행정촌이었다고 보아도 무방할 것이다. 『삼국사기』지리지에 철산(鐵山)이란 지명이 전하지 않는다. 그러나 철산과 관련하여 『삼국사기』잡지제3 지리1 상주조에 개령군(開寧郡)의 영현으로 전하는 금산현(金山縣; 경북 김천시)이 주목된다. '금(金)'에 쇠라는 뜻이 있으므로 금산(金山)과 철산(鐵

山)은 상통하는 지명이라 볼 수 있기 때문이다. 따라서 철산 역시 행정촌의 이름으로 보아도 좋을 것이다. 단양신라적성비에 '적성(赤城)'이라는 지명이 보인다. 『삼국사기』잡지제4 지리2 삭주조에 나제군(奈堤郡)의 영현인 적산현(赤山縣)이 본래 고구려현이었다고 전한다. 이것은 고구려에서도 적산현이라 불렀음을 의미하는 것이다. 본래 고구려에서 적산이라 불렀지만, 단양신라적성비에 적성이라 전하는 것을 보건대, 중고기에 신라에서 적성이라 불렀다고 봄이 옳다고 여겨진다. 따라서 오늘날 충북 단양군 단성면에 해당하는 적성 역시 행정촌의 명칭으로 이해할 수 있을 것이다.

이상에서 거명한 것 이외에 C유형의 목간에 보이는 지명은 가개, 파진혜성, 소이벌지, 진성, 건부지성, 소남혜성 등이다. 가개는 위치를 정확하게 고증할 수 없으나 B유형 목간에도 보이므로, 이것은 행정촌의 명칭이 분명하다고 보인다. 이벌지는 소이벌지와 관련이 있다고 추정되는데, 이벌지가 행정촌의 이름이었으므로 소이벌지 역시 마찬가지였을 가능성이 높지 않을까 한다. 나머지는 모두 '~성'이라고 불리는 지명들이다. 대체로 '~성'이라 전하는 지명의 경우, 방어를 위하여 성을 쌓고, 그것을 거점으로 하여 형성된 취락을 가리킨다고 이해할 수 있는데, 이러한 측면에서 '~성'이라고 불리는 경우, 대개 행정성으로서 기능하였을 가능성이 높다고 보는 것이 자연스럽다고 하겠다. 가야 5596 목간의 경우 '대(大)'자 다음의 글자를 '촌(村)'자로 추독하였으나 확실하지 않아서 C유형에 포함시켰다. 만약에 '촌'자가 확실하다면, 소남혜성은 행정촌이 분명하다고 할 수 있다. 또한 가야 57 목간에 A유형에 보이는 것처럼 '파진혜성하(巴珎兮城下)'라고 전하는 점, 또한 같은 목간에 파진혜촌이라는 표기가 전하는 점 등을 두루 고려하건대, 이것 역시 행정촌의 명칭이 확실시된다고 여겨진다.[26] 물론 E유형으로 분

---

26 한편 가야 40과 김해 1282 목간에 전하는 陳城과 관련하여 『삼국유사』 권제1 기이제1 진흥왕조에 전하는 珍城[承聖三年九月 百濟兵來侵於珍城 掠取人男女三萬九千 馬八千匹而去]

류한 목간에 전하는 지명 가운데 일부는 행정촌의 명칭일 개연성도 완전히 배제할 수 없지만, 여기서 더 이상 그에 대하여 고구(考究)하기 어렵기 때문에 일단 자연촌이라고 분류하였음을 밝혀둔다.

이상의 검토에 따른다면, B유형 목간에서 볼 수 있듯이 한 목간에 두 개의 지명이 전하는 경우, 앞에 기재된 지명은 행정촌으로 볼 수 있고, 이외에 도사와 당주 등의 지방관이 파견된 경우, 통일신라시대에 군 또는 현으로 편제된 경우, 그리고 '~성'이라고 표기된 지명 가운데 상당수를 행정촌으로 정리할 수 있다. 이밖에 한 목간에 보이는 두 개의 지명 가운데 뒤에 기재된 지명이나 당주와 도사 같은 지방관이 파견되지 않은 곳, 통일신라시대에 군과 현으로 편제되지 않은 곳이면서 '~촌'이라고 부른 경우는 대체로 자연촌으로 분류할 수 있을 것이다. 물론 '~곡(谷)'이라고 불린 지명 가운데 일부는 행정촌으로 기능하기도 하였으나 대부분은 자연촌이었을 가능성이 높지 않았을까 한다. 그런데 흥미로운 사실은 530년대 주군제 성립 이후에도 촌락의 분화와 재편이 계속 이루어지고 있음을 살필 수 있는데, 이 대해서는 절을 달리하여 살펴보도록 하겠다.

2) 촌락의 분화와 재편

A유형 가운데 4개의 목간에, D유형 가운데 7개 목간에 본파(本波)라는 묵서가 공통적으로 전한다. 가야 1990 목간은 파손이 심하여 본파라는 글자가 묵서되어 있는 사실만을 알 수 있을 뿐이고, 그 앞에 어떤 지명이 기재되어 있었는지 정확

이 주목된다. 승성 3년은 554년에 해당한다. 종래에 珍城을 충남 금산군 진산면에 비정하는 견해가 제기되었다(장창은, 2020 『삼국시대 전쟁과 국경』, 도서출판 온샘, 159쪽). 그러나 진성은 관산성에서 멀지 않은 곳에 위치하였을 가능성이 높다고 보이기 때문에 진산면과 진성을 연결시키는 것에 대하여 약간 주저되는 면이 없지 않다. 珍城의 위치를 정확하게 고증하기 어렵지만, 가야 40 목간 등에 보이는 陳城과 珍城은 동일한 곳일 가능성도 배제할 수 없다는 것이 필자의 판단이다.

하게 알기 어렵다. 가야 72 목간에 수벌(須伐)이라 전하는데,『삼국사기』등의 문헌이나 금석문에서 전혀 보이지 않는 지명이다. 영천청제비 정원명(貞元銘)에 '수훼(須喙)'란 지명이 전하는데, 이를 일반적으로 '사훼(沙喙)'의 다른 표기로 이해하였다.[27] 이에 따른다면, 수벌(須伐)은 오늘날 경북 상주시에 해당하는 사벌(沙伐)을 가리킨다고 볼 수 있을 것이다. 이벌찬[각간(角干)]의 별칭인 서불한(舒弗邯)을 서발한(舒發韓), 서발한(舒發翰)으로 표기하였는데, 'ㅜ'와 'ㅏ'가 통용되었음을 알려주는 사례로서 유의된다. 수벌(須伐)을 사벌(沙伐)의 이표기(異表記)라고 추정한 사실을 보완해주는 자료로서 주목된다고 하겠다. 사벌은 통일신라시대에 주치(州治)였으므로, 수벌 역시 행정촌이었음이 분명하다.

일찍이 본파는『삼국사기』잡지제3 지리1 강주조에 성산군(星山郡)의 영현으로 전하는 신안현(新安縣)의 옛 이름인 본피현(本彼縣: 경북 성주군 성주읍)과 관련시켜 이해하였다.[28] 그러나 함안 성산산성 출토 목간 2차 보고분과 2006년에 추가로 발견된 목간들이 소개되면서 이러한 해석의 문제점이 제기되었다. 2차와 2006년 발굴 조사 보고에서 '감문본파(甘文本波)'뿐만 아니라 '수벌본파(須伐本波)', '이진본파(夷津本波)'가 묵서된 목간들이 추가로 소개되었다. 만약에 본파를 본피현을 가리키는 지명으로 이해한다면, 감문이나 수벌, 이진은 주(州)를 가리키는 개념으로 보아야 한다. 그러나 이러한 가정은 6세기 중·후반에 감문만이 주치(州治)였기 때문에 설득력이 약하다고 말할 수 있다. 그렇다고 수벌이나 이진을 군의 개념으로, 본파를 예하 행정촌의 개념으로 이해하는 것이 가능할까? 이렇다고 가정할 경우, 성주군 성주읍으로 비정되는 본파촌(현)이 감문과 수벌, 이진 모두의 행정촌이 되는 모순에 빠지게 된다. 가정하는 것 자체가 어불성설이다. 결과적으로 여러 목간에 전하는 본파를 성주군 성주읍으로 비정된 본피촌(현)과 관

27 이기백, 1974「영천청제비 정원수치기 고찰」『신라정치사회사연구』, 일조각, 291쪽.
28 김창호, 1998「함안 성산산성 출토 목간에 대하여」『함안 성산산성』, 국립창원문화재연구소.

런시켜 이해해서는 목간의 묵서 내용을 합리적으로 해석하기 곤란하다고 말할 수 있겠다.

한편 최근에 본파를 신라 6부의 하나인 본피부와 연결시켜 이해하는 견해가 제기되었다.[29] 이 견해에 따르면, 본파 다음에 보이는 촌명이나 인명은 신라 왕경의 본피부와 관련되었다고 볼 수 있는데, 본파 뒤에 전하는 촌은 본피부가 직접 관할하는 곳이었다고 한다. 그러나 어떤 사람이 피[稗(神)]나 보리 등을 국가에 납부한 사실을 목간에 기록한 것임을 염두에 둔다면, 인명 앞에 묵서된 지명은 그의 주소를 가리킨다고 봄이 합리적이다. 따라서 본파는 목간에 묵서된 인명의 주소 가운데 일부라고 보는 것이 옳다고 여겨진다. 더구나 앞에서 언급하였듯이 530년대에 6부체제가 해체되면서 신라 6부의 성격은 왕경의 행정구획단위로 바뀌었다. 뒤에서 자세하게 살필 예정지만, 소경(小京)과 더불어 주치(州治)도 6부로 구획하였음이 확인된다. 이와 같은 여러 사실을 두루 참고하건대, 함안산성 출토 목간에 보이는 본파를 왕경의 본피부와 직결시켜 이해하는 것은 쉽게 수긍하기 어렵다고 하겠다.

이외에 종래에 본파를 지방에서 조세의 수합·검수·보관·발송 등을 맡은 직명(職名)으로 이해하는 견해,[30] 본파 앞에 기재된 지명의 중앙지역, 즉 중심구역을 가리킨다고 이해하는 견해,[31] 이러한 견해를 수용하여 목간에 전하는 지명의 치소(治所)가 있던 구역을 의미한다고 이해하는 견해[32] 등이 제기되었다. 본파를 직명으로 이해하는 견해 역시 본파라는 묵서가 전하는 목간이 어떤 사람이 국가에 부세를 납부한 사실을 기록한 것이므로 인명 앞에 전하는 지명은 그의 거주

29 이용현, 2021 「성산산성 목간에 보이는 신라의 지방경영과 곡물·인력 관리-城下麥 서식과 本波, 喙의 분석을 중심으로 - 『동서인문』17, 경북대학교 인문학술원, 22~28쪽.
30 이수훈, 2010 「성산산성 목간의 本波와 末那·阿那」『역사와 세계』38, 117~119쪽.
31 이경섭, 2011 앞의 논문, 554~557쪽.
32 김창석, 2014 앞의 논문, 161~163쪽.

지를 가리킨다고 이해하는 것이 합리적이기 때문에 수용하기가 쉽지 않다고 하겠다. 한편 '본파(本波)'에서 '본(本)'이란 글자는 '근원'이나 '근본', '밑' 또는 '뿌리'라는 뜻을 지녔고, '중심' 또는 '중앙'이라는 뜻을 지닌 글자로 보기 어렵다. 따라서 본파를 고구려와 백제 5부 가운데 중부(中部)에 대응되는 중심구역으로 보거나 또는 행정구역의 핵심지역, 즉 치소(治所)로 이해하는 견해에 대해서는 재고의 여지가 있다고 하겠다.

그렇다면 과연 본파(本波)를 어떻게 이해하는 것이 바람직하다고 볼 수 있을까가 궁금하다. 울진봉평리신라비에서 본피부를 '본파부(本波部)'라고 표기하였다. 본파는 바로 본피(本彼)와 상통한다고 볼 수 있다. 본파(본피)의 실체와 관련하여 먼저 신라 6부에 속하는 본피부와 습비부의 이칭인 사피부(斯彼部)와의 관계를 주목할 필요가 있다. 종래에 사피(斯彼)에서 '사(斯)'는 사훼부(沙喙部)의 '사(沙)'와 마찬가지로 '새롭다(新)'의 의미로 해석한 견해가 있었는데,[33] 이를 그대로 따른다면, 본피부는 '본래의 피(彼) 지역'으로, 사피부는 '새로운 피 지역'으로 해석하는 것이 가능하다. 이때 피(彼)는 지명어미로서 이해된다.

종래에 본피나 사피의 피(彼) 역시 들이나 평야를 가리키는 화(火)와 벌(伐), 불(弗) 및 비(比)와 조(皁) 등과 같은 의미로서 거읍(居邑)을 뜻한다고 주장한 견해가 제기되었다.[34] 그것에 따르면, 성산군의 영현인 본피현(신안현)은 통일신라 말기에 벽진(碧珍)으로 개칭되었는데, 여기서 '본(本)'은 벽(碧), '피(彼)'는 진(珍)에 대응된다고 볼 수 있고, 진(珍)의 고음(古音)은 피(彼)이며, 이것은 들이나 들판을 의미하는 달 또는 돌로 발음된다고 하였다. 앞에서 진(珍)을 돌(突)로 읽었음을 살핀 바 있다. '돌'은 '달'과 마찬가지로 들을 가리키는 신라 말에 해당하므로[35] 본피

---

33 주보돈, 1992 「삼국시대 귀족과 신분제-신라를 중심으로-」『한국사회발전사론』, 일조각.

34 今西龍, 1933 「新羅官位號考」『新羅史硏究』, 近沢書店; 1970 『新羅史硏究』, 國書刊行會, 273~274쪽.

35 전덕재, 1998 「신라 6부명칭의 어의와 그 위치」『경주문화연구』 창간호; 전덕재, 2009 『신라

(本彼)를 벽진(碧珍)으로 개명(改名)한 사실을 통하여 피(彼) 역시 어떤 들이나 평야를 가리키는 지명어미였음을 보완할 수 있음은 물론이다.

한편 『삼국사기』 잡지제5 지리3 웅주조에 부여군(扶餘郡)은 본래 백제 소부리군(所夫里郡)이라 전한다. 그런데 백제에서는 소부리를 사비(泗沘)라 불렀다. '소(所)'와 '사(泗)', '부리(夫里)'와 '비(沘)'가 대응된다고 볼 수 있다. 신라에서 부명인 '훼(喙)'를 달/돌, 탁/톡으로 독음(讀音)하였다.[36] 본래 '아래 아(·)'를 'ㅏ' 또는 'ㅗ'로 독음하였음을 반영한 것이다. 따라서 '소(所)'와 '사(泗)'는 통용된다고 보아도 무방할 것이다. 이에 따른다면 '비(沘)'는 들, 들판을 의미하는 '부리(夫里)'와 상통한다고 볼 수 있을 것이다. 앞에서 사피부(斯彼部)는 습비부(習比部)의 이칭이라고 언급하였다. 이에서 '피(彼)'와 '비(比)' 역시 상통한다고 추론할 수 있다. 소부리를 사비라고 불렀던 사실에서 '습비'의 '비(比)', 나아가 '사피'의 '피(彼)' 모두 들을 가리키는 지명어미였음을 다시금 반증할 수 있다.

이상에서 본파(本波)·본피(本彼)는 '본래의 들(들판)'이라는 뜻임을 논증하였다.[37] A유형과 D유형에 전하는, '본래의 들(들판)'이라는 의미를 지닌 '본파(本波)'의 해석과 리(里)와 동(洞)의 명칭을 획정할 때, 그 발원이 되는 원마을(자연취락)을 일반적으로 본동(本洞)이라 불렀음이 주목을 끈다. 예를 들면, 경남 창녕군 남지읍 남지리(법정리)에는 본동(本洞), 남포동(南浦洞), 동포동(同浦洞), 서동(西洞), 상남동(上南洞), 대신동(大新洞), 신남동(新南洞)이라 불리는 행정리들이 존재하는데, 이 가운데 본동리가 바로 남지리의 본 마을, 즉 발원지였기 때문에 '본동(本洞)'이라 명명하였다고 한다.[38] 그리고 서울특별시 동작구의 노량진본동(鷺梁津本

왕경의 역사』, 새문사, 55쪽.

36 전덕재, 위의 책, 51~53쪽.

37 종래에 권인한, 2008 「고대 지명소 '본파/본피'에 대하여」 『목간과 문자』2에서 本波는 본볼(本볼) 또는 밑볼의 뜻을 지닌 '본원(本原)'을 뜻한다고 이해하는 견해를 제기하여 주목된다.

38 창녕군지편찬위원회, 2002 『창녕군지』(하권), 438~444쪽.

洞)은 조선시대부터 불리던 자연부락으로서 '노량진(鷺梁津)의 원마을'이라는 뜻이라고 하며, 이밖에도 '본동리' 또는 '~본동'이라는 지명을 전국 곳곳에서 찾을 수 있다. 어떤 리(里)나 동(洞)의 발원이 되는 원 자연취락(마을)을 '본동(本洞)'이라 불렀다는 사례를 참고하건대, 감문본파는 감문(甘文)의 발원(發源)이 되는 원마을(발원취락)을, 수벌과 이진본파는 행정촌의 중심 자연촌인 수벌과 이진의 발원이 되는 원마을을 가리키는 표현이었을 가능성이 높다고 여겨진다. 물론 고타일고리촌본파는 행정촌 고타 예하의 자연촌인 일고리촌의 원마을(발원취락)을 가리킨다고 볼 수 있음은 물론이다.

감문지역에는 신라에 병합된 감문국(甘文國)이 존재하였다. 본래 감문국의 국읍은 여러 개의 취락으로 구성되었을 텐데, 신라는 이 가운데 중심 취락을 행정촌의 중심 자연촌으로, 주위의 자연취락 가운데 하나 또는 몇 개를 묶어 자연촌으로 편제하였다고 보인다. 감문 본래의 발원지에 위치한 취락은 '감문본파'라 명명하였을 것이며, A유형의 목간에서 '감문본파~촌'이라는 묵서를 발견할 수 있는데, 이것은 6세기 중·후반에 이미 감문 본래의 발원지에 위치한 취락들이 분화되어 이미 여러 개의 자연촌으로 편제되었음을 알려주는 자료로 주목된다고 하겠다. 게다가 '고타일고리촌본파'라는 묵서를 통해 일부 규모가 큰 자연촌에서도 촌락의 분화가 진행되고 있음을 엿보게 해주는 측면으로 유의된다고 하겠다. '수벌본파'나 '이진본파' 역시 사벌국(수벌)이나 이진의 본래 발원지에 해당하는 취락을 가리킨다고 이해되나 본파지역의 취락들이 분화되어 자연촌으로 편제된 것이 존재하였는지의 여부는 현재 상황으로서 확인하기 곤란하다고 하겠다. 다만 본파라는 표현이 보이는 것을 감안하건대, 수벌과 이진지역의 발원지에서도 취락들이 분화하여 자연촌으로 편제되었을 가능성이 높다고 추정된다.

6세기 중·후반에 어떤 지명의 발원지에 해당하는 취락, 즉 본파지역이 분화되어 여러 개의 자연촌으로 편제된 실정과 연관하여 '아나(阿那)', '말나(末那)', '전나(前那)'라는 묵서가 전하는 목간들도 주목할 필요가 있다. 아나가 전하는 D유형 목간의 내용은 두 가지 형식으로 분류할 수 있다. 하나는 경북 안동시로 비정되는 고타가 공통적으로 들어가는 목간들에서 특정적으로 나타나는 형식으로 '고타+이골리촌[일고리촌]+아나+인명(+인명)+패발(稗發)[또는 패석(稗石)]'으로 구성된 것이고, 다른 하나의 형식은 구벌(仇伐) 또는 이진(夷津)[이진지(夷津支)]+아나+인명(+인명)+패[또는 패석]'로 구성된 것이다. 이골리촌(伊骨利村)과 일고리촌(一古利村)은 동일한 촌에 대한 이표기(異表記)로 짐작된다. 구벌(仇伐)을 구벌(丘伐)이라 표기한 것과 비슷한 사례로 이해할 수 있다. 여기서 고타는 행정촌, 이골리촌(일고리촌)은 자연촌을 가리킨다.

이진의 경우 본파와 아나가 모두 보이는 사실이 주의를 끈다. C유형 김해 1272 목간의 묵서 내용은 '仇伐干好(津)村卑尸稗石'인데, 구벌은 행정촌, 간호(진)촌은 자연촌을 가리킨다고 볼 수 있다. 그런데 D유형의 가야 50, 가야 2018 목간에는 '구벌+아나+인명(+인명)+패석'이라 묵서되어 있다. 첫 번째 형식의 목간에 자연촌으로 짐작되는 이골리촌(일고리촌) 다음에 '아나'가 묵서되어 있으므로, 아나는 자연촌 예하의 취락을 가리키는 용어였을 가능성이 높다고 볼 수 있다. 마찬가지로 이진(이진지)과 구벌의 경우도 몇 개의 자연촌을 묶은 존재를 가리키는 행정촌이 아니라 자연촌으로서의 구벌, 이진지를 가리킨다고 이해할 수 있을 것이다. 이진본파는 이진 본래의 발원지에 해당하는 원마을(발원취락)을 가리킨다고 해석하였으므로 이진아나는 이진이라는 원마을(발원취락)에서 분화되어 새로운 취락을 구성하였으나 아직까지 자연촌으로 편제되지 못한 곳을 가리키는 표현이라 추론할 수 있다. 구벌아나 역시 동일한 맥락에서 이해할 수 있을 것이다.

여기서 문제는 어떠한 성격을 지닌 취락을 '아나'라 명명하였느냐에 관해서인데, 이것과 관련시켜 함안지역에 위치한 가야 소국을 '안라가야(安羅加耶)' 또는 '아나가야(阿那加耶)', '아라가야(阿羅加耶)', 그리고 '아시량국(阿尸良國)'이라 불렀다는 사실을 주목할 필요가 있다. 일반적으로 '시(尸)'는 'ㄹ' 받침을 나타내고, '량

(良)'이 '라'로 독음(讀音)된다고 한다.[39] 따라서 아시량국을 우리말로 독음하면 '아라국' 또는 '알라국'이 된다. 안라, 아라, 아나는 바로 이를 한문으로 표기한 것으로 볼 수 있다.[40] 종래에 아라가야를 '아랫가야'로 보기도 하였고,[41] 또 낙랑(樂浪)을 아라에 대한 대역(對譯)으로서 조선(朝鮮)의 별칭으로 이해하는 견해를[42] 수용하여 고조선 멸망 이후에 함안지역으로 이주해온 유이민들이 그곳을 아라, 즉 '낙랑(樂浪)'이라 불렀던 것에서 그 기원을 찾기도 하였으나[43] 수긍하기 어렵다.

안라, 아나, 아라에서 나(那)나 라(羅)는 지명어미로 이해하는 것이 자연스럽다. 고구려 5부 명칭, 즉 연나(椽那), 제나(提那), 환나(桓那), 비류나(沸流那) 등에서 그 실례를 발견할 수 있다. 여기서 '나(那)'는 지(地) 또는 내[천(川)]나 어떤 천변(川邊)의 평야를 뜻하는 것으로 결국 '나'라는 지명어미를 공통적으로 칭하는 집단은 곧 어떤 천변이나 계곡에 위치한 (정치)집단을 가리킨다고 한다.[44] 이와 같은 견해를 참고하건대, 안라, 아라, 아나에서 '라'나 '나'는 바로 지(地) 또는 어떤 천변의 평야를 뜻하는 지명어미로 봄이 순리적일 듯싶다. 그러면 이제 아(阿) 또는 '알[아시(阿尸)]'의 뜻을 밝힐 차례인데, 이 뜻을 밝히기가 그리 쉽지 않다. 다만 압록강과 청천강의 고명(古名)이 '아리수'라는 사실, 또 광개토왕릉비에서 한강을 '아리수(阿利水)'라고 표기한 사실 및 경주의 북천을 '알천(閼川)'이라고 명명한 사실을 주목하여 '알', '아리'가 물[水]의 뜻을 지녔다고 이해한 견해가 참고

39 양주동, 1965『증정고가연구』, 일조각, 96쪽 및 597~598쪽.
40 『삼국사기』열전제5 귀산조에 貴山이 진평왕 24년(602) 8월에 阿莫城戰鬪에 참전하였다가 온몸에 칼을 맞고 사망하자, 진평왕은 그의 시신을 신하들과 함께 阿那의 들판에서 맞이하여 통곡하고 예를 갖추어 장례를 치르고 奈麻 관등을 추증하였다고 전한다. 여기서 아나의 들판은 바로 경남 함안을 가리키는 安羅, 즉 阿羅의 들판을 가리킨다고 이해된다.
41 양주동, 위의 책, 597쪽.
42 이병도, 1976「낙랑군고」『한국고대사연구』, 박영사, 152~156쪽.
43 김태식, 2002『미완의 문명 7백년 가야사』3권(왕들의 나라), 푸른역사, 87쪽.
44 노태돈, 1999『고구려사연구』, 사계절, 98쪽.

된다.[45] 이 견해를 신뢰한다면, 아나, 아라, 안라는 천변의 평야에 위치한 취락을 가리키는 지명이라 추정해볼 수 있지 않을까 한다.

말나(末那)의 경우도 아나와 마찬가지로 고타라는 지명이 전하는 목간에는 일고리촌 다음의 인명 앞에 묵서되어 있고, 구벌(仇伐, 丘伐)이라는 지명이 전하는 목간의 경우는 구벌 다음의 인명 앞에 묵서되어 있다. 한편 이진지(夷津支)라는 지명이 전하는 목간의 경우는 두 가지 형식이 발견된다. 하나는 '이진지+말나+인명'의 형식이고, 다른 하나는 '이진지+말나+자연촌+인명+맥(麥)'의 형식이다. 말나 역시 아나와 마찬가지로 취락을 가리키는 명칭으로 이해된다. 그런데 가야 29번 목간의 '夷津支阿那古刀羅只豆支'에서 고도라지는 촌명, 두지는 인명으로 보인다. 이를 통해 이진(이진지)의 경우 말나와 아나라는 취락이 분화되어 자연촌으로 편제되었음을 알 수 있다. 이진본파 다음에 자연촌명이 보이는 목간은 발견되지 않았지만, 아나와 말나의 경우와 비슷하였을 것으로 추정된다. 그렇다면 어떠한 성격을 지닌 취락을 말나라고 불렀을까가 궁금하다.

종래에 '아(阿)~·말(末)~·전(前)~'은 방향이나 위치[방위]를 지정하는 의미를 지니며, '나(那)'는 땅[地]·지역·구역의 의미로 사용되었으며, 전나는 남쪽 구역[남부(南部) 또는 전부(前部)], 아나는 서쪽 구역[서부(西部) 또는 하부(下部)], 말나는 북쪽 구역[북부(北部)·후부(後部)]을 가리키는 표현으로 이해된다는 견해가 제기되었다.[46] 매우 흥미로운 견해이나 '아(阿)' 또는 '말(末)'자에 방위를 가리키는 뜻이 있었음을 고증하기 어렵기 때문에 널리 설득력을 얻기가 쉽지 않을 것이다. 앞에서 '나(那)'는 어떤 천변의 평야를 뜻하는 지명어미로 볼 수 있음을 살핀 바 있다. '말'의 뜻과 관련하여 『삼국사기』 열전제5 박제상조에 박제상(朴堤上)을 또는 모말(毛末)이라고도 한다고 전하는 사실이 주목된다. 『일본서기』 권9 신공황후

45 서정범, 2018 『새국어어원사전』, 보고사, 358쪽.
46 이경섭, 2011 앞의 논문, 554~555쪽.

(神功皇后) 섭정(攝政) 5년 3월조에 모마리질지(毛麻利叱智)라는 인명이 전하는데, 제상을 가리키는 것으로 이해한다.

'모(毛)'의 훈은 '털', '토', '톨'이다. 『삼국사기』 잡지제4 지리2 한주조에 주부토군(主夫吐郡)을 장제군(長堤郡)으로, 삭주조에 나제군(奈堤郡)을 나토군(奈吐郡)으로, 명주조에 속토현(束吐縣)과 토상현(吐上縣)을 속제현(楝隄縣)과 제상현(隄上縣)으로 개정하였다고 전하는 것을 통해 신라에서 '토(吐)'가 둑, 즉 제방을 의미하는 '제(堤 또는 隄)'를 의미하는 것으로 쓰였음을 알 수 있다. 한편 말(末)·마리(麻利)는 '맏'과 통하는 글자로서 '상(上)'이나 '수(首)'를 뜻한다. 결국 '모말'과 '모마리'를 훈차(訓借)한 것이 '제상(堤上)'이라 이해할 수 있다.[47] 이처럼 '말(末)'이 '상(上)'이나 '수(首)', 즉 '으뜸'의 뜻을 지녔음을 염두에 둔다면, '말나(末那)'는 상류 또는 어떤 취락을 기준으로 아래에 대비되는 위에 위치한 취락을 가리킨다고 풀이할 수 있지 않을까 한다. 즉 아랫마을[취락]에 대응한 윗마을[취락]의 뜻을 지녔다고 볼 수 있을 것이라는 의미이다. 이와 같은 추정은 가야 2033 목간에 '전나(前那)'라는 표현이 보이는 것을 통해서 보완할 수 있다. 여기서 '전나'는 추문촌의 전방(前方)에 위치한 취락이라는 뜻으로 해석할 수 있는데, 이에서 말나의 경우도 역시 기준이 되는 취락을 중심으로 어떤 방향에 위치한 취락을 가리키는 의미로 사용되었음을 유추할 수 있기 때문이다.

이상에서 살핀 바와 같이 본파(本波)와 아나(阿那), 말나(末那)의 성격을 규정할 때, A유형과 D유형 목간의 지명표기는 촌락의 취락으로의 분화 및 취락의 자연촌으로의 편제과정을 추론할 수 있는 귀중한 자료로서 적극 활용할 수 있을 것이다. 『삼국지』 위서 동이전에서 마한이나 진한, 변한 소국의 기본 단위를 읍락(邑落)이라 언급하였다. 여기서 읍(邑)은 원래의 발원취락으로 비교적 많은 인구와 가옥들로 구성되었고, 낙(落)은 그 주변에 새롭게 형성된 신흥(新興)의 소규모

---

47 이병도, 1977『국역 삼국사기』, 을유문화사, 665쪽.

취락들을 가리키는 것으로 이해된다.[48] 결국 읍락은 발원취락에 해당하는 중심 취락, 즉 읍과 그 주위에 산재(散在)한 소규모 취락들로 이루어진 구조였다고 볼 수 있는 것이다. 이와 동일한 맥락에서 촌락(村落)도 촌(村)과 낙(落)의 결합으로 이루어졌으며, 낙(落)이 소규모의 자연취락을 뜻하는 반면, 촌은 그 가운데 가장 중심이 되는 자연취락을 가리킨다고 이해한 견해가 제기되어 참조된다.[49]

읍락과 촌락에 대한 정의를 염두에 둘 때, 감문본파(甘文本波)나 고타본파(古陁本波)는 바로 감문이나 고타의 핵심 취락, 즉 발원취락(發源聚落)을 가리킨다고 볼 수 있을 것이다. '수벌본파(須伐本波)'나 '이진본파(夷津本波)' 역시 행정촌 가운데 중심 자연촌에 해당하는 수벌이나 이진의 핵심 취락, 즉 발원취락을 가리키는 개념으로 해석할 수 있을 것이다. 그리고 '고타이골리촌[일고리촌]본파'의 경우는 자연촌인 이골리촌의 발원취락을 의미하는 것으로 이해할 수 있음은 물론이다. 중국에서 취락을 의미하는 촌(村)이란 용어가 사용된 시기는 후한대(後漢代) 이전으로 소급하기 힘들다. 후한 영원(永元) 12년(100)에 편찬된『설문해자(說文解字)』에 촌이란 글자가 나오지 않기 때문이다. 중국 정사 가운데『삼국지(三國志)』에 촌이란 용어가 널리 보이고,[50] 고구려에서는 이를 수용하여 대략 4세기 무

---

48 춘추전국시대에 落은 국가의 징세 대상 바깥에 존재하는 新興聚落을 가리키는 용어로 사용되었으며, 字意에 주목하여 해석하면, 나무의 줄기에 해당하는 옛날의 邑으로부터 팔랑팔랑 춤을 추며 떨어지는 나뭇잎처럼 새롭게 파생된 취락을 가리키는 의미로 이해된다고 한다(池田雄一, 2002「中國古代の聚落形態」『中國古代の聚落と地方行政』, 汲古書院, 66~71쪽). 중국의 사례를 참조할 때, 읍락은 원래의 발원취락에 해당하는 읍과 주변에 새롭게 형성된 여러 聚落, 즉 落으로 구성되었다고 이해하여도 크게 문제가 되지 않을 듯싶다(사회과학원 력사연구소, 1979『조선전사』2, 과학·백과출판사, 174쪽 ; 이현혜, 1984『삼한사회형성과정연구』, 일조각, 105쪽 ; 강봉룡, 1994「신라 지방통치체제 연구」, 서울대학교 박사학위논문, 12쪽).

49 주보돈, 2007「한국 고대 촌락사 연구의 진전을 위하여 - 신라를 중심으로 -」『한국고대사연구』48, 16~17쪽.

50 중국 촌제의 시행과 관련된 내용은 宮川尙志, 1950 앞의 논문 ; 1956 앞의 책이 참조된다.

렵에는 촌이란 용어를 사용하였음이 확인된다. 신라에서는 그것보다 늦은 4세기 말에 고구려에서 촌이란 용어를 수용하였을 것으로 추정된다.[51] 다만 당시부터 행정촌과 자연촌을 구별하였는가에 관해서는 확인할 길이 없다.

521년(법흥왕 8) 신라의 사정을 전하는『양서』신라전에서 당시에 '52읍륵(邑勒)'이 신라의 지방에 존재한다고 언급하였는데, 앞에서 읍륵은 행정촌을 가리키는 것이라고 언급하였다. 이 자료를 통해 6세기 전반 신라의 기본 지방행정단위가 여전히 '읍락(邑落)'이었음을 알 수 있는데, 6세기 후반에 제작된 함안 성산산성 출토 목간의 지명표기에 촌(村) 또는 성(城)이란 용어가 널리 사용되고 있으므로 6세기 전반 이래 읍락에서 촌락으로의 재편작업이 활발하게 진행되었음을 유추할 수 있다.

읍락의 촌락으로의 재편과 관련하여 우선 발원(핵심) 취락인 읍(邑) 주변에 분포한 여러 취락을 자연촌으로 편제한 양상을 주목할 필요가 있다. 이와 관련하여 B유형 목간에 보이는 지명표기가 유의된다. 이들은 '행정촌+자연촌'의 형식으로 묵서된 것인데, 동곡촌(彤谷村), 상삼자촌(上彡者村), 습동촌(習彤村), 전곡촌(前谷村), 일고리촌(이골리촌), 밀촌(密村), 간호(진)촌[于好(津)村], 비시하촌(比尸河村) 등은 본래 구리벌(仇利伐, 丘利伐), 고타(古陀), 구벌(仇伐), 추문(鄒文) 등의 읍락을 구성하는 취락이었다가 6세기 후반 이전 어느 시기에 국가에 의하여 자연촌으로 편제되었다고 추정해볼 수 있기 때문이다. 다만 진주 28과 가야 1191 목간에 보이는 고타의 '신촌(新村)'은 그 명칭의 어의(語義)를 감안할 때, 이골리촌(일고리촌)에 비하여 시간상으로 더 늦게 자연촌으로 편제되었다고 추론할 수 있다.

읍락의 발원취락에서 분화된 자연취락을 자연촌으로 편제한 양상은 진주 1279, 김해 1590, 진주 1268 목간을 통해서 확인할 수 있다. 이들은 모두 '감문본파(甘文本波)'가 공통으로 기재된 목간이다. 다만 김해 1590 목간의 경우 '본파' 앞

---

51 전덕재, 1996 앞의 책, 18~20쪽.

에 감문을 생략한 것이 약간 차이가 날 뿐이다. 본파 다음에 기재된 '~촌(村)'은 감문의 핵심 취락, 즉 발원취락을 구성하였다가 거기에서 분리시켜 자연촌으로 편제한 것인데, 이에서 감문 읍락의 여러 취락을 자연촌으로 편제하는 과정을 다음과 같이 유추할 수 있다. 첫 번째 과정은 감문의 발원취락 주위에 산재한 여러 취락을 자연촌으로 편제하는 것이고, 두 번째 과정은 감문의 발원취락 가운데 일부를 거기에서 분리시켜 자연촌으로 편제하는 것이다. 즉 전자를 먼저 자연촌으로 편제하고, 이어서 감문의 발원취락 가운데 일부를 자연촌으로 편제하는 과정을 상정해볼 수 있을 것이다.

그런데 가야 2011과 가야 2033 목간은 말나(末那)나 전나(前那)라고 불린 취락 가운데 일부를 거기에서 분리시켜 자연촌으로 편제한 실상을 알려준다. 가야 1593, 가야 50, 가야 2018, 가야 29, 가야 44, 가야 1987, 가야 5587, 김해 1284 목간은 아나나 말나가 어떤 읍락의 발원취락과 함께 이진(지)[夷津(支)]이나 구벌(仇伐) 등의 읍락을 구성하는 취락이었음을 알려준다. 이들은 본파와 마찬가지로 자연촌과 같은 행정구획의 하나로 인정되었을 것으로 사료된다. '고타일고리촌' 또는 '고타이골리촌' 다음에 아나(阿那)나 말나(末那)가 묵서되어 있다. 이것들은 분명히 자연촌으로 편제되지 않은, 즉 자연촌을 구성하는 취락을 가리킨다. 가야 2011과 가야 2033번 목간에 보이는 이진지나 추문은 행정촌의 중심 자연촌에 해당한다. 행정촌의 중심 자연촌은 일반 자연촌보다 규모가 더 크고, 또 인구도 많았을 것이다. 이들 목간은 바로 행정촌의 중심 자연촌을 구성하는 아나나 말나라고 불린 취락 가운데 일부를 거기에서 분리시켜 자연촌으로 편제하였음을 시사해주는 좋은 증거이다. 이골리촌이나 일고리촌 다음에 묵서된 아나나 말나 역시 후에 일정한 조건을 갖추면 자연촌으로 편제되었을 것이다. 한편 일고리촌 아나나 말나의 사례는 6세기 중·후반에 촌락(村落) 역시 여러 취락으로 구성되었음을 입증해주는 증거로 유의되며, 이를 통하여 당시에 일부 자연촌도 여러 자연취락으로 분화되었음을 추론해볼 수 있다.

521년(법흥왕 8) 무렵에 신라는 지방의 기본 행정단위로서 읍륵(읍락)을 설정하고, 그것이 신라의 영역 내에 52개가 있었다. 당시에 읍락은 핵심 취락과 그 주변의 여러 취락으로 구성되었다. 그 주변에 산재한 취락을 자연촌으로 편제하였는가는 확실치 않지만, 그 이전부터 읍락의 핵심 취락을 행정촌의 중심 자연촌으로 재편하고, 그것을 '~촌(村)' 또는 '~성(城)'으로 부르거나 또는 읍락의 고유한 명칭을 그대로 그 명칭으로 사용하기 시작하였음은 분명하다. 예를 들어 감문(甘文)이나 구벌(仇伐), 이벌지(伊伐支), 구리벌(仇利伐), 추문(鄒文), 고타(古阤) 등이 후자의 사례에 해당하고, 매곡촌(買谷村)이나 급벌성(及伐城)이 전자의 대표적 사례에 해당한다. 한편 감문의 경우 감문성(甘文城)이라 부르기도 하였고, 추문의 경우는 추문촌(鄒文村)이라 부르기도 하였다.

6세기 전반부터 후반 사이에 행정촌 중심 자연촌 예하의 여러 취락을 자연촌으로 편제하는 작업이 진행되었고, 일부 자연촌도 여러 개의 자연취락으로 분화되었음을 앞에서 살폈다. 이것은 읍락과 촌락의 분화와도 궤를 같이하였다고 볼 수 있는데, 그러면 이러한 현상은 사회적으로 어떠한 의미를 지녔을까가 궁금하다.

삼국 초기에 일반적으로 읍락 내에 공동체적인 관계가 널리 잔존하였다고 알려졌다. 이를 근거로 그 당시에 읍락 단위로 공동체를 이루고 살았다고 이해하여 읍락공동체가 각 소국의 구성단위로서 주목을 받았다. 그러나 읍락의 분화는 바로 이러한 읍락공동체의 해체를 전제하는 것으로서 4~6세기 농업생산력의 발달에 따른 사회변동과 유기적인 연관성을 지녔다고 볼 수 있을 것이다.[52] 한편 읍락을 구성하는 여러 취락과 아울러 그 핵심 취락에서 분화된 자연취락을 자연촌으로 편제하는 작업은 바로 '자연촌' 단위로 호적이나 계장 등 여러 가지 장적류(帳籍類)를 작성하는 것을 전제로 진행되었다고 보아야 한다. 그리고 궁극적으로 이러한 작업은 국가권력이 읍락의 여러 취락을 촌(村)으로 편제하여 직접 지

---

52 이에 대해서는 전덕재, 2006『한국고대사회경제사』, 태학사, 142~151쪽이 참조된다.

배를 실현하는 방향으로 귀결되었다고 여겨진다. 이와 관련하여 종래에 읍락의 예하 취락이 (자연)촌으로 편성된 것은 읍락의 중심취락과 개별취락 사이에 존재하였던 권력관계의 해체와 궤를 같이한다고 표명한 견해가 유의된다.[53] 따라서 신라의 국가권력이 읍락 사회내로 침투하여 읍락민에 대한 직접적인 지배를 실현하는 것, 즉 읍락을 행정촌으로 재편하고 거기에 도사와 나두, 당주와 같은 지방관을 파견하고, 종래의 거수층을 촌주 등으로 임명하여 외위체계에 편제하는 작업도 이러한 과정의 일환으로 이해할 수 있지 않을까 한다.

성산산성 출토 목간의 묵서에서 '군(郡)'이란 표현은 하나도 찾을 수 없다. 게다가 '행정촌+행정촌+자연촌'의 형식을 지닌 목간의 묵서도 전혀 없었다. 여기서 전자는 군(郡), 후자는 그 예하의 행정촌으로 파악될 수 있는데, 이러한 형식의 묵서가 발견되지 않는다는 것은 6세기 중·후반에 군에서 목간을 제작하거나 거기에다 묵서하지 않았을 뿐만 아니라 당시 기본 수취체계상에서 군이 그렇게 비중있는 역할을 수행하지 못했다는 의미와도 통한다. 동일한 맥락에서 고타나 급벌성은 중간 행정단위로서의 군, 즉 예하에 몇 개의 행정촌을 거느린 중간 행정단위로서의 고타군이나 급벌산군을 가리키는 개념이 아니라 그 자체 행정촌을 가리키는 것으로 이해함이 순리적일 듯싶다. 그렇다면 당시 지방행정체계는 어떻게 설명할 수 있을까? 이 문제는 중고기 하찰목간의 제작 단위 및 수취의 기본 단위와 밀접한 연관성을 지녔다고 볼 수 있는데, 이에 대한 보다 자세한 사항은 절을 달리하여 살펴보도록 하겠다.

3) 하찰목간(荷札木簡)의 제작지와 수취의 기본 단위

중고기 신라의 지방행정체계를 규명하고자 할 때, 우선 부세수취의 기본 단위가 행정촌인가, 아니면 자연촌인가, 아니면 군(郡)인가를 해명할 필요가 있

---

53 윤선태, 2002「신라 중고기의 村과 徒」『한국고대사연구』25, 164~166쪽.

다. 이것은 어디서, 누가 하찰목간에 묵서(墨書)하였는가 하는 문제와 직결되는
것이기도 하다.[54] 이 문제를 해결할 수 있는 관건은 묵서의 서사(書寫) 주체를
밝히는 것에 있다고 할 수 있겠는데, 여기서는 목간에 묵서된 글자 가운데 가장
많이 등장하는 '패(稗)'자의 필체를 상호 비교하는 방법을 통하여 이에 접근할
것이다.

'패(稗)'자를 부수에 해당하는 '화(禾)'를 서사하는 습관에 따라 4가지 서체로 분
류할 수 있다. 첫 번째 유형의 서체는 '화(禾)'를 '朱'와 같은 모양으로 서사하는
데, 왼쪽의 획이 가운데 획보다 더 길게 쭉 뻗게 서사한 것이다. 다음 〈그림 1〉
에 제시한 것들이 이에 해당한다. 이들 목간의 공통점은 모두 묵서의 맨 앞에 '고
타(古阤; 경북 안동시)'라는 지명이 전하고 있다는 사실이다. 가야 28, 가야 1998 목
간의 '패'자 필체가 다른 것들의 필체와 약간 다른 느낌을 주지만, 그러나 동일인
또는 같은 필체를 공유한 사람의 필체로 감정하여도 이견이 없지 않을까 한다.[55]
가야 28번 목간은 '고타신촌'이 묵서되어 있는 것이고, 가야 2010 목간은 '파타밀
촌'이, 나머지는 고타일고리촌 또는 고타이골리촌이 묵서되어 있는 경우에 해당
한다. 가야 1998 목간의 '패'자와 가야 2010 목간의 '패'자의 서체가 거의 유사하
다. 고타 다음에 전하는 자연촌의 이름이 달라도 '패'자의 서체가 거의 유사하다

---

54 함안 성산산성에서 출토된 목간 가운데 '稗'나 '麥', '米'자가 전하는 것들은 하찰, 즉 물품에
    붙어 있던 꼬리표로 보는 견해(平川南, 1999「日本古代木簡 硏究의 現狀과 新視點」『한국고
    대사연구』19)가 제기된 이후 대부분의 연구자가 이를 지지하였다. 이러한 목간을 荷札木
    簡이라 부른다. 하찰목간에 곡물이나 물품의 명칭, 용량을 생략하는 경우가 많았다. 따라
    서 인명만 기재된 목간 가운데 적지 않은 것이 물품 꼬리표, 즉 하찰목간이었다고 짐작해
    볼 수 있다.
55 종래에 김도영, 2021 앞의 논문, 238쪽에서 가야 27과 진주 1283 목간의 서사자, 가야 28 목
    간의 서사자, 가야 30·가야 1992·가야 1998·가야 2014·가야 2636·가야 4685 목간의 서사자
    가 다르다고 이해하였으나, 그대로 수용하기 어렵다. 대부분은 동일인의 필체이고, 한두 목
    간은 같은 필체를 공유한 서사자가 묵서하였다고 보는 것이 합리적이라 판단된다.

는 사실에서 자연촌 단위가 아니라 행정촌인 고타에서 목간에 서사하였음을 짐작해볼 수 있다.

두 번째 유형의 서체는 부수 '화(禾)'를 'ノ+刀+丶'의 순서로 서사하는 유형에 속하는 것들이다. 다음 〈그림 2〉에 제시한 것들이 이에 해당한다. 가야 68과 가야 2029, 가야 5587 목간에는 맨 앞에 '구벌(丘伐)'이라는 지명표기가, 가야 2018 목간에는 '구벌아나(仇伐阿那)', 가야 1272 목간에는 '구벌간호(진)촌[仇伐干好(津)村]'이라는 묵서가 전한다. 가야 68과 가야 2018, 가야 2029, 가야 5587 목간의 '패'자 서체는 거의 유사하다고 볼 수 있다. 한 사람이 묵서한 것이라고 보아도 문제가 없을 듯싶다. 김해 1272 목간의 '패'자 서체가 다른 것들의 서체와 약간 느낌이 다르지만, 부수 '화(禾)'를 'ノ+刀+丶'의 순서로 서사하는 방식은 다른 것들과 동일하다는 사실 자체는 부인하기 어렵다. 이와 같은 사실은 이들 목간에 전하는 부수 '화(禾)'의 '刀'를 서사할 때, 'ノ'을 길게 묵서한 사실을 통해서도 뒷받침할 수 있다. 따라서 비록 지명을 '丘伐', '仇伐'이라 달리 표기하였지만, 위에서 제시한 목간들은 행정촌 구벌에서 한 사람이 묵서하거나 또는 필체를 공유한 복수의 사람이 묵서한 것임이 분명하다고 판단된다.

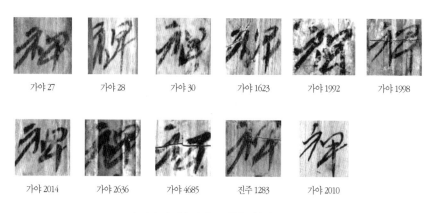

| 가야 27 | 가야 28 | 가야 30 | 가야 1623 | 가야 1992 | 가야 1998 |

| 가야 2014 | 가야 2636 | 가야 4685 | 진주 1283 | 가야 2010 |

〈그림 1〉 첫 번째 유형의 '패(稗)'자 용례

<table>
<tr><td>가야 68</td><td>가야 2018</td><td>가야 2029</td><td>가야 5587</td><td>김해 1272</td></tr>
<tr><td>가야 1597</td><td>가야 1996</td><td>가야 2009</td><td>가야 2021</td><td></td></tr>
</table>

〈그림 2〉 두 번째 유형의 '패(稗)'자 용례

　가야 1597 목간의 맨 앞에는 '양촌(陽村)', 가야 1996 목간에는 '물사벌(勿思伐)', 가야 2009와 가야 2021 목간에는 '건부지성(巾夫支城)'이라는 지명이 묵서되어 있다. 가야 2009와 가야 2021 목간의 '패'자는 동일인이 서사한 것이 확실하다고 보인다. 가야 1597 목간의 '패'자 서체는 〈그림 2〉에 제시한 것들과 유사하나, 부수 '화(禾)'의 '刀'를 서사할 때, 'ノ'을 짧게 묵서한 점을 감안하건대, 구벌이라는 지명이 전하는 목간의 서사자와 동일인이라 단정하기 어렵다. 가야 1996 목간은 '물사벌'이라는 지명이 전하는 사례이기 때문에 다른 것들의 서체와 비교 검토하기가 곤란하다. 구벌이 물사벌군[수주군(水酒郡)] 예하의 행정촌이 아니었기 때문에 가야 1996 목간은 행정촌 물사벌에 소속한 서사자가 묵서한 것이라고 봄이 옳을 듯싶다.

　세 번째 유형의 서체는 부수 '화(禾)'를 'ノ+不'과 같은 모양으로 서사한 것이다. 이진(夷津)이라는 지명이 공통적으로 들어간 가야 29와 가야 44 목간에 전하는 '패'자가 이에 해당한다. 두 목간의 '패'자는 동일인이 서사한 것으로 추정된다. 따라서 두 목간은 이진(지)이라는 행정촌에서 제작한 것으로 보아도 좋을 것이다. 네 번째 유형의 서체는 부수 '화(禾)'를 '礻'와 같은 모양으로 묵서한 것을 말한다. 첫 번째 유형의 서체와 다른 점은 가운데 획을 왼쪽의 획보다 더 길게 서사한 사실이다. 가야 41과 가야 70, 가야 2004, 가야 2005, 가야 2023 목간에는 급벌성(及

伐城)이라는 지명이 전하고, 가야 43과 김해 1271 목간에는 상막촌(上莫村), 김해 1270 목간에는 조흔미촌(鳥欣弥村)이라는 지명이 묵서되어 있다. 급벌성이라는 지명이 묵서되어 있는 목간들에 전하는 '패'자의 서체가 거의 유사한 것으로 보아, 한 사람이 묵서하였다고 이해하여도 무방할 것이다. 이것은 행정촌 급벌성에서 가야 41 등의 목간을 제작하였음을 시사해주는 것인데, 이러한 사실은 급벌성이라는 지명이 전하는 목간의 외형이 유사한 사실을 통해서도 뒷받침할 수 있다.

가야 29   가야 44

〈그림 3〉 세 번째 유형의 '패(稗)'자 용례

가야 41   가야 70   가야 2004   가야 2005   가야 2023

가야 43   김해 1270   김해 1271

〈그림 4〉 네 번째 유형의 '패(稗)'자 용례

〈그림 5〉는 급벌성이라는 지명이 묵서되어 있는 목간 홈의 형태를 모아 정리한 것이다. 급벌성이라는 지명이 공통으로 묵서된 목간들은 상단부는 다양한 형태로 마무리하였으나 홈의 형태를 규두형(圭頭形)이나 'ㅡ'자형으로 만들지 않

고, 〈그림 5〉에서 볼 수 있듯이 V자형의 홈을 판 다음에 목간의 하단부를 칼로 적당하게 마무리한 점을 특징으로 지적할 수 있다. 목간의 형태에서 눈에 띠는 이와 같은 일정한 정형성과 '패'자를 동일인이 묵서하였을 가능성이 높은 사실 등을 근거로 급벌성이라는 지명이 기재되어 있는 목간들은 경북 영주시 순흥면으로 비정되는 행정촌 급벌성에서 제작하였다고 정리하여도 좋을 듯싶다. 급벌성이라는 지명이 묵서되어 있는 목간의 서사자와 가야 43, 김해 1270, 김해, 1271 목간의 서사자와의 관계에 대해서는 뒤에서 검토할 예정이다.

이밖에도 '패(稗)'자가 전하는 목간이 더 있으나 논지의 전개상 중요하다고 판단되지 않아서 여기서 자세하게 그것들에 관하여 분석하지 않았다. '패(稗)'자의 부수 '화(禾)'를 서사하는 습관에 따라 네 가지 서체로 유형화할 때, 흥미로운 사실 한 가지를 발견할 수 있다. 그것은 지명이 다르면 필체가 다르고, 지명이 같으면 필체가 유사하였다는 점이다. 이에서 동일한 지명이 들어간 목간들은 한 사람 또는 필체를 공유한 복수의 서사자가 묵서하였다는 추론이 가능한데, 이는 '구리벌(仇利伐)'이라는 지명이 공통으로 전하는 목간의 사례를 통해서도 보완할 수 있다. 다음 〈표 7〉은 구리벌이라는 지명이 묵서되어 있으면서 파손이 심하지 않은 목간들을 정리한 것이다.

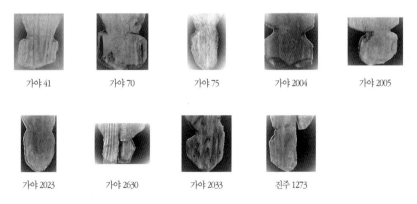

〈그림 5〉 급벌성 목간 홈의 형태

<표 7> 구리벌이란 지명이 보이는 목간 일람표(길이 순서)

목간 번호	길이(cm)	너비(cm)	두께(cm)	수종	서사면
가야 1613	32.2	3.2	0.6	소나무류	단면
가야 2001	32	4.1	0.7	소나무류	단면
가야 1596	29.7	4.5	0.9	소나무류	단면
가야 32	29.6	3.5	0.7	소나무류	단면
가야 35	29.6	3.8	0.7	소나무류	단면
가야 2620	29.1	3.8	0.8	소나무류	단면
가야 33	29	3.1	1	소나무류	단면
가야 5589	28.8	3.7	0.9	소나무류	단면
가야 2034	28.6	3.2	0.7	소나무류	단면
가야 2627	28.5	4.6	0.7	소나무류	양면
가야 1989	26.1	3.2	0.5	소나무류	단면
가야 2036	25.2	3.7	1	소나무류	단면
가야 1999	24.9	2.8	0.6	소나무류	단면
가야 2012	24.3	3	0.6	소나무류	단면
가야 2619	24.3	3.8	0.4	소나무류	단면
김해 1275	23.7	3	0.9	소나무류	양면
진주 1263	23.6	4.4	0.7	소나무류	단면
김해 1287	22.8	3.8	0.6~0.9	소나무류	단면
가야 1594	22.1	2.7	0.5	버드나무류	단면
가야 5592	21.9	3.5	0.4~1.3	소나무류	단면
가야 2008	21.8	3.9	0.8	소나무류	단면
가야 5593	21.7	2.6	0.5	소나무류	단면
진주 1288(파손)	20.3	3.1	0.6	소나무류	단면

　구리벌이란 지명이 보이는 목간들의 외형을 보면, 상단부나 홈의 형태 등에서 어떤 정형성을 추출하기가 어렵다. 다만 구리벌 목간의 단면에 '노인(奴人)'이나 '노(奴)' 또는 '부(負)'자가 공통적으로 묵서된 것이 대부분을 차지한 점이 눈에 띠고, 목간의 외형과 관련하여 비교적 길이가 길거나 너비가 넓은 점을 특이 사항으로 지적할 수 있다. <표 7>에서 보듯이 구리벌이라는 지명이 묵서되어 있는 목간 23개 모두 길이가 20cm 이상이고, 너비가 3.0cm 이상인 것이 23개 가운

데 19개나 된다. 반면에 고타라는 지명이 전하는 목간 17개 가운데 길이가 20cm가 님은 것이 6개이고, 이것들 가운데 25cm가 넘는 것은 없다. 그리고 목간 17개 가운데 너비 3cm가 넘는 것도 없었다. 감문이라는 지명이 전하는 목간 8개 가운데 20cm가 넘는 것이 5개이나 너비 3cm 이상인 것은 찾을 수 없다. 급벌성과 구벌이라는 지명이 보이는 목간 16개 가운데 길이 20cm가 넘는 것이 4개인데, 이 가운데 25cm 이상인 것은 없다. 이들 가운데 너비가 3cm 이상도 없었다.[56] 비록 상단부나 홈의 모양을 비교 검토하여 구리벌이라는 지명이 보이는 목간의 정형성을 추출하긴 어렵지만, 그러나 이것들은 길이나 너비 등에서 다른 지명이 묵서된 것들과 분명하게 차별되는 양상을 보였음을 확인할 수 있다. 이와 같은 측면을 염두에 둔다면, 구리벌 목간은 모두 구리벌지역에서 제작, 서사(書寫)하였다고 추정하여도 이견이 없을 것이다.

이상에서 '패(稗)'자의 서체와 목간의 외형을 분석하여 행정촌에서 목간을 제작하거나 서사하였음을 살펴보았다. 그런데 성산산성에서 출토된 목간 가운데 자연촌으로 짐작되는 지명이 전하는 것에 묵서된 '패'자의 필체와 행정촌명이 기재된 목간에 전하는 '패'자의 필체와 유사한 사례를 여럿 발견할 수 있다. 가야 43과 김해 1271 목간은 상막촌,[57] 김해 1270 목간은 조흔미촌이라는 지명이 보이는 것들인데, '패'자의 서체가 급벌성이라는 지명이 보이는 목간들에 묵서되어 있는 '패'자의 서체와 거의 유사하다고 볼 수 있다. 이를 근거로 조흔미촌과 상막촌은 급벌성 예하의 자연촌이라는 추론이 가능할 것이다. 비슷한 사례를 더 발견할 수 있다. 〈그림 6〉은 매곡촌(買谷村)과 물리촌(勿利村), 차차지촌(次次支村)이라는 지명이 기재되어 있는 목간에 보이는 '패(稗)'자를 정리한 것이다.

---

56 고타 등의 지명이 기술되어 있는 목간들의 길이와 너비에 대해서는 김도영, 2012 앞의 논문, 238~243쪽이 참조된다.
57 가야 43과 김해 1271 목간은 '上莫村居利支稗'란 묵서가 전하는 쌍둥이 목간에 해당한다.

| 가야 1593 | 가야 2051 | 가야 1599 | 가야 1600 |

〈그림 6〉 매곡촌과 물리촌, 차차지촌 지명이 전하는 목간의 '패(稗)'자 용례

가야 1593과 가야 2051 목간에는 매곡촌, 가야 1599 목간에는 물리촌, 가야 1600 목간에는 차차지촌이라는 지명이 묵서되어 있는 것이다. 〈그림 6〉에 제시된 목간에 묵서되어 있는 '패'자의 서체는 거의 동일하다고 보아도 이견이 없지 않을까 한다. 매곡촌이 분명하게 행정촌이고, 물리촌과 차자지촌이 행정촌이었음을 입증하기 어렵다. 물리촌과 차차지촌이라는 지명이 묵서된 목간을 매곡촌이라는 지명이 기재된 목간을 서사한 사람이 서사하였음을 이에서 추론할 수 있고, 나아가 물리촌과 차차지촌이 매곡촌 예하의 자연촌이었다고 상정해볼 수 있을 것이다. 상막촌과 조흔미촌, 물리촌, 차차지촌의 사례를 참조하건대, 자연촌의 이름이 전하는 목간은 자연촌 자체에서 제작하였다기보다는 자연촌 상위의 행정촌에서 서사하였다고 정리하여도 이견이 없지 않을까 한다. 이것은 자연촌의 이름이 보이는 목간들을 자연촌이 아니라 행정촌에서 제작하였음을 반영하는 것으로 이해할 수 있음은 물론이다.

이상에서 비록 자연촌의 이름만이 보이는 목간이라 하더라도, 그것은 상위의 행정촌에서 제작하였을 가능성이 높다는 사실을 살펴보았다. 결과적으로 중고기에 목간을 제작, 서사한 주체는 바로 행정촌이었다고 정리할 수 있는데, 성산산성 출토 하찰목간이 바로 사람들이 국가에 피나 보리 등과 같은 부세를 납부한 사실을 기술한 것이었으므로,[58] 당시 부세수취의 기본 단위 역시 행정촌이라

---

58 한편 성산산성 출토 하찰목간을 어떤 사람이 국가에 피나 보리 등을 賦稅로 납부한 사실을 기록한 것이 아니라 성산산성 축성에 동원된 立役者들이 가지고 온 개인별 식량(입역 기간

고 정의할 수 있을 것이다. 그러면 이제 행정촌에서 목간을 누가 제작하였는가를 살필 차례인데, 이것은 행정촌에서 부세를 수취하는 과정을 검토하면 실마리를 찾을 수 있을 것으로 기대된다.

중고기에 행정촌에는 당주(幢主)와 나두(邏頭), 도사(道使)가 지방관으로 파견되었다. 그리고 행정촌에 재지지배자로서 당주 등을 보좌하는 촌주(村主) 및 장척(匠尺), 문척(文尺) 등이 존재하였다. 성산산성 출토 목간은 수취물인 패(稗)나 맥(麥) 등을 담은 자루나 상자에 부착된 것이었다. 패 등의 곡물을 수취할 때에 당주 등의 지방관과 촌주 등의 재지지배자들이 깊이 관여하였다고 볼 수 있다. 그들이 끈을 묶어 수취물을 담은 자루나 상자에 부착한 목간에다 '행정촌 또는 자연촌명+인명+곡물명+수량' 등을 기재하거나 또는 먼저 목간에 묵서하였다가 후에 수취물에 부착하지 않았을까 한다. 행정촌의 관리들이 목간 제작이나 서사의 주체였음은 '행정촌+자연촌'의 명칭이 함께 묵서된 목간들을 통해서도 방증할 수 있다.

법흥왕 11년(524)에 건립된 울진봉평리신라비에 거벌모라(居伐牟羅) 예하의 자연촌으로 추정되는 갈시조촌(葛尸条村)과 남미지촌(男弥只村)이 보이는데, 이 가운데 갈시조촌 사인(使人) 나등리(奈尒利)가 거벌척(居伐尺)이란 외위를 수여받았음이 확인된다. 한편 591년(진평왕 13)에 건립된 남산신성 제9비에 급벌군(伋伐郡; 경북 영주시 순흥면)의 이동성도(伊同城徒)가 신성(新城)을 쌓았다고 전한다. 여기에 급벌군 예하의 행정촌으로 추정되는 것들로 이동성(伊同城)과 더불어 생벌

동안에 필요한 개인별 식량)에 매달았던 '부찰'로 이해한 견해(박남수, 2017 「신라 법흥왕 대 '及伐尺'과 성산산성 출토 목간의 '役法'」『신라사학보』40), 연고지로부터 보낸 양식 등으로 사용할 수 있는 荷物을 받아서 소유하게 될 수신자의 이름을 기재한 것으로 이해한 견해(이재환, 2018 「함안 성산산성 출토 신라 荷札의 성격에 대한 새로운 접근」『한국사연구』 182)가 제기되었다. 필자는 이러한 견해를 수용하지 않고 하찰목간은 국가에 피나 보리 등을 賦稅로 납부한 사람에 대하여 기술한 것이라 이해하였음을 밝혀둔다.

촌(生伐村), □곡촌(□谷村) 등이 보인다. 그런데 행정촌인 이동성 예하의 자연촌으로 추정되는 것들도 함께 전하는데, 지대□촌(指大□村), 백간지촌(伯干支村) 등이 바로 그것이다. 또한 578년(진지왕 3)에 건립된 대구무술오작비에도 자연촌으로 추정되는 □부작촌(□夫作村), 거모촌(居毛村), 무동리촌(另冬里村), 진득소리촌(珎淂所利村) 등이 전한다. 그런데 이들 자연촌에도 외위를 수여받은 인물이 존재하였음을 두 비문은 전해준다. 예를 들어 지대□촌에 입부□일벌(入夫□一伐), 백간지촌에 지도일척(支刀一尺), □부작촌에 모령일벌(毛令一伐)과 나생일벌(奈生一伐), 거모촌에 대정일벌(代丁一伐), 무동리촌에 사목을일벌(沙木乙一伐), 진득소리촌에 야득실리일벌(也淂失利一伐)이 존재하였다고 한다.

　　외위를 수여받은 사람들은 각 자연촌의 지배자였을 것이다. 따라서 행정촌에 파견된 당주 등은 이들의 도움을 받아 자연촌에 대한 지배를 실현하였다고 볼 수 있을 것이다. 그러나 자연촌 단위로 목간을 제작, 서사하지 않았으므로, 자연촌의 지배자들이 목간의 제작이나 서사(書寫)에 직접 관여하였다고 보기 어렵다. 결과적으로 자연촌에서 거둔 수취물을 모은 다음, 거기에다 목간을 부착하여 왕경 또는 제3의 장소로 옮길 때에 행정촌에 파견된 당주 및 그곳의 재지지배자인 촌주나 장척 등이 주도적인 역할을 수행하였다고 추정된다. 이때 물론 여러 행정촌을 망라하여 상주(上州)의 수취 전반을 총괄하는 책임자는 행사대등(行使大等)이었을 것으로 짐작되며, 이에 대해서는 뒤에서 자세하게 고찰할 예정이다. 이때 목간을 제작한 사람은 정확하게 알 수 없으나 거기에 서사한 주체는 행정촌마다 존재한 문척(文尺)일 가능성이 높지 않을까 한다. [59]

─────────────

59 橋本繁은 목간에 樹皮가 그대로 남아 있음을 근거로 직경 2~4cm 정도의 줄기나 가지를 이용하여 목간을 만들었고, 목심[髓]이 있는 가지 중심에 칼날을 넣고 세로로 쪼갠 후에 바깥쪽을 세심하게 다듬었음을 증명하였다. 나아가 일부 목간의 경우 세심하게 다듬은 바깥쪽에는 글씨를 쓰지 않고, 거의 다듬지 않은 안쪽에 글씨를 새긴 예를 근거로 木札을 한꺼번에 제작하여 보관하여 두었다가 필요할 때에 거기에 글씨를 쓴 사실을 밝히고, 그것을 근거로

그런데 목간에는 자연촌에 거주하는 사람들의 이름과 아울러 그들이 납부한 곡물과 그 수량 등에 관한 정보가 전한다. 그렇다면 행정촌의 관리들이 그에 대한 정보를 어떻게 취득하여 목간에 기재하였을까가 문제로 제기된다. 일단 행정촌에서는 자연촌의 주민들에게 자루나 상자에 곡물을 담아 납부하도록 지시하였을 가능성이 높다. 그런 다음 수취물을 담은 자루나 상자를 행정촌으로 옮기도록 명령하였을 텐데, 그러면 그것을 누가 옮겼을까? 만약에 외위를 수여받은 자연촌의 지배자가 수취물을 모아 행정촌으로 그것들을 옮겼다고 가정해보자. 이때 그는 수취물을 담은 자루에 그것을 납부한 주민의 이름과 곡물의 종류, 수량 등을 어떠한 방식으로든지 표시하지 않으면 안 되었을 것이다.

이에 관해서 두 가지 방법을 생각해볼 수 있다. 하나는 자루나 상자에 직접 그에 관한 정보를 기입하는 것이고, 다른 하나는 목간이나 종이에 그것을 기입하고, 자루나 상자에 목간이나 종이를 부착하는 것이다. 당시에 종이가 귀하였다고 추정되고, 게다가 자연촌명만 전하는 목간을 행정촌에서 제작하고, 거기에다 서사하였음이 확인되므로 후자의 가능성은 희박해 보인다. 전자의 가정이 나름대로 설득력을 지니려면, 자연촌 지배자들의 문자해독 능력이 상당했음을 입증해야 한다. 당시에 문자해독 능력을 지닌 문척(文尺)이 행정촌의 재지지배자로서 군림한 현실을 감안하건대, 자연촌에 거주하는 외위 보유자들이 상당한 문자해독 능력을 지녔다고 추정하기는 무리가 아닐까 한다. 더구나 자루나 상자에 수취물과 관련된 정보를 직접 기입하였다면, 행정촌에서 새삼스럽게 목간을 제작하여 거기에 부착하지 않아도 되었을 텐데, 목간은 분명하게 수취물에 부착되어 성산산성까지 수취물과 함께 옮겨져 거기에서 폐기되었다. 다른 한편으로 자루가 오늘날 짚으로 짠 가마니와 같은 형태여서 거기에 직접 기입하기 어려운 상황도 충분히 상정하지 않으면 안 될 것이다. 이래저래 자루나 상자에 수취물에

제작자와 서사자가 서로 달랐을 가능성을 제시하기도 하였다(橋本繁, 2007 앞의 논문).

관한 정보를 직접 기입하였다고 가정하는 것은 여러 가지 면에서 설득력이 약하다고 볼 수밖에 없다.

자연촌의 지배자가 수취물을 모아 행정촌에 옮기지 않았다고 한다면, 누가 그것을 옮겼을까가 새삼 궁금해진다. 목간에 자연촌의 이름뿐만 아니라 어떤 취락을 가리키는 아나(阿那), 말나(末那) 등도 전하고 있다. 자연촌뿐만 아니라 그 예하 취락의 명칭까지도 정확하게 알 수 있는 자는 목간에 기입된 바로 그 사람이었을 것이다. 이를 근거로 행정촌에서 자연촌의 지배자에게 수취물을 거두도록 지시하면, 그들의 지휘하에 자연촌의 주민들이 직접 곡물을 자루나 상자에 넣어 행정촌에 그것을 가지고 가서 그곳의 관리에게 직접 납부하였다는 추론이 가능할 듯싶다. 행정촌의 관리는 수취물을 가지고 온 사람에게 거주지와 더불어 곡물의 종류, 수량 등에 대한 정보를 취득하고, 목간에 그에 관한 내용을 묵서하였을 것이다.

다만 여기서 한 가지 유의할 사항은 행정촌과 자연촌의 명칭을 아울러 기재한 경우도 있지만, 자연촌의 명칭만을 기재한 경우도 적지 않았다는 사실이다. 행정촌 단위로 수취한 곡물은 상주(上州) 차원에서 모아 낙동강 수로를 이용하여 성산산성으로 이송되었다고 보이는데, 행사대등을 비롯한 상주의 관리나 또는 상주에서 보낸 수취물이 이송과정(移送過程)에서 문제가 생기지 않았는가를 점검해야 하는 성산산성의 관리들이 자연촌명만이 기재된 목간과 수취물이 어떤 행정촌에서 보내온 것인지를 어떻게 알았을까가 궁금하다. 일단 행정촌에서 목간을 두 개 만들어 하나는 수취물에 부착하고, 다른 하나는 검수용으로 행정촌 단위로 끈으로 묶어 상위의 행정기관인 상주 또는 성산산성에 이송하였을 가능성을 생각해볼 수 있다. 다른 하나는 종이문서에 행정촌과 그에 예속된 자연촌의 상황 및 목간에 기재된 정보를 정리하여 상주 또는 성산산성에 그것을 보냈을 가능성을 생각해볼 수 있다. 전자의 추정과 관련하여 쌍둥이 목간의 존재를 주목할 필요가 있을 것이다.[60] 그리고 어떤 지역의 인정(人丁) 동원(動員) 상황을 종합한 내용으로 추정되는 가야 1602 목간도 후자의 추정과 관련하여 유의된다고 하겠다.[61] 그러나 한편으로 검수용 목간을 만들어 행정촌 단위로 다시 묶고, 그것을 수취물과 함께 이송하는 것이 불편하였을 것으로 추정되는 바, 행정편의를 위하여 종이문서가 사용되었다고 추론할 수도 있다.

만약에 종이문서가 촌락지배에 적극 활용되었다면, 6세기 중·후반 신라의 지방지배가 매우 조직적이고 체계적으로 이루어졌다고 보아야 한다. 이 문제는 사실 개별 호구의 인구나 재산 상황을 적은 호적 또는 각 촌락의 인구 수와 토지, 여러 경제 상황 등에 관한 내용을 기재한 촌락문서와 같은 촌 집계장을 근거로 신라 국가가 촌락에 대한 지배를 실현하였느냐의 여부와도 직결된다. 중고기에 호적뿐만 아니라 집계장도 작성하였음을 입증할 수 있다면, 6세기 중·후반에 종이문서가 촌락지배에 적극 활용되었고, 목간은 문서행정을 보조하는 수단으로 이용되었다고 정리할 수도 있을 것이다. 그러나 자연촌의 주민들이 직접 수취물을 가지고 행정촌에 이르러 그것을 납부하고, 그곳의 관리들이 수취물을 둘러싼

---

60 함안 성산산성 출토 목간 가운데 가야 33과 진주 1263, 가야 42와 가야 1597, 가야 40과 김해 1282, 가야 43과 김해 1271, 가야 1989와 가야 2012 목간 등이 쌍둥이 목간에 해당한다. 고대 일본에서 쌍둥이 목간의 용도에 대하여 장부와 대조용으로 사용하였다는 견해와 짐의 자루에 모두 부착하였다고 보는 설이 있다고 한다(馬場基, 2008 「古代日本의 荷札」『목간과 문자』2, 153쪽). 쌍둥이 목간을 자루에 부착하였다는 견해를 주목하건대, 단책형으로서 구멍이 없는 목간이면서 하찰이 분명하다고 여겨지는 목간[가야 33과 진주 1263(단책형)]이 주목된다. 이것은 구멍 또는 홈이 없으므로 거기에 끈을 묶어 자루에 부착하였다고 보기 어렵다. 아마도 자루 안에 집어 넣었을 가능성이 높은데, 이렇다고 한다면, 자루 안에 목간 하나를 집어 넣고, 다른 하나는 끈으로 묶어 자루에 부착하였을 가능성도 충분히 고려할 수 있다. 이런 경우, 끈으로 묶은 목간이 망실되었을 경우에 대비하기 위한 목적에서 동일한 내용의 목간을 또 만들어 자루 안에 집어 넣었던 것으로 이해할 수 있을 것이다.

61 가야 1602 목간은 '丁卄二益丁四 村… ×/ □二□丁十一 村… ×丁卄二益丁四 村--/ □二丁 十二 村--'이란 내용이 墨書된 것이다.

정보를 직접 주민에게서 청취하여 목간에 기재한 정황을 고려한다면, 종이문서가 적극적으로 촌락지배에 사용되었을 가능성에 대하여 회의를 품게 만드는 것도 사실이다. 그러나 여전히 종이문서가 사용되었을 가능성을 완전히 배제할 수 없으므로 여기서는 두 가지 가정 가운데 어느 하나가 옳다고 단정적으로 규정하지 않을 것이다. 앞으로 더 많은 신라의 목간이 발견될 것이 확실시되는 바, 이 문제를 해결할 수 있는 실마리를 제공하는 내용이 가재된 목간이 발견되지 않을까 기대해본다.

4) 부세수취(賦稅收取)와 요역징발(徭役徵發)

고구려·백제와 달리 중국 사서에서 신라의 부세제도에 대해 언급한 구체적인 내용을 찾기 어렵다. 다만 함안 성산산성 출토 하찰목간을 통해 중고기 신라 부세제도의 일면을 엿볼 수 있다. 가야 2641 목간은 말미에 '미일석(米一石)'이 묵서되어 있고[帶支村鳥多支米一石], 가야 4687과 가야 5595 목간에는 말미에 '거지(去之)'가 공통적으로 표기되어 있음이 확인된다. '거지'가 묵서된 두 목간을 소개하면 다음과 같다.

　　가야 4687 甘文城下麦十五石甘文/ 本波加本斯□去之[62]
　　가야 5595 甘文城下麦十五石甘文本波/ 伊次只去之

위의 목간들에 보이는 '거지(去之)'에서 '거(去)'는 '가다', '지(之)'는 종결형어미로 추정된다. 따라서 위의 목간들은 '감문성의 보리[맥(麥)] 15석을 감문 본파에

---

62 국립가야문화재연구소, 2017 앞의 책, 370~371쪽에서 '甘文城下麦十五石甘文/本波加本斯(稗)一石之'로 판독하였다. 그러나 다른 목간에 전하는 '稗'字 및 '一石'字를 비교하여 보건대, '本波加本斯(稗)一石之'로 판독하기는 곤란하다고 보인다. 필자는 말미의 두 글자를 '去之'로 판독하였다.

사는 가본사□(또는 이차지)가 (가지고) 갔다.'라고 해석할 수 있지 않을까 한다. 이에 따른다면, 가본사□와 이차지는 보리 15석을 납부한 주체가 아니라 감문성에서 수취한 보리 15석을 함안 성산산성까지 운반한 인물로 볼 수 있을 것이다. 함안 성산산성 목간의 묵서에 수취한 곡물을 운반하는 데 징발된 사람들에 관한 내용이 기재되어 있었음을 시사해주는 자료로서 주목된다고 하겠다.[63]

현재까지 발견된 성산산성 출토 하찰목간 가운데 절대 다수가 '지명(+지명)+인명(+인명)+곡물명[패(稗), 맥(麥)]' 또는 '지명(+지명)+인명(+인명)+곡물명[패(稗), 맥(麥)]+석(石)'이었음을 알 수 있다. 일부 하찰목간은 '지명(+지명)+하맥(下麥)+지명+인명[+일석(一石)]'으로 표기하기도 하였음을 살필 수 있다. 주지하듯이 목간 말미에 '패(稗)' 또는 '패석(稗石)', '패일(稗一)'이라 묵서된 것은 모두 '패일석(稗一石)'을 가리킨다고 볼 수 있다. 이밖에 '구벌패석(丘伐稗石)[패(稗)](가야 68, 가야 69, 가야 1988, 가야 2029 목간)', '율촌패석(栗村稗石)[가야 2017 목간]', '이실혜촌패석(伊失兮村稗石)[가야 2015 목간]', '사훼부부(沙喙部負)[가야 55594 목간]'와 같이 인명 없이 단지 '지역명+패석(稗石)[+부(負)]'이라 표기한 사례도 발견된다. 앞의 세 사례는 '구벌(율촌, 이실혜촌)에서 납부한 패(稗) 1석'으로 해석할 수 있는데, 사람이 아니라 행정촌 또는 자연촌이 패(稗)를 납부한 주체라는 점을 특이 사항으로 지적할 수 있다. 이것은 행정촌 또는 자연촌 단위로 패 등의 곡물을 국가에 납부하는 내용의 세목(稅目)이 존재하였음을 시사해준다는 점에서 유의된다고 하겠다. '사훼부부' 묵서 목간은 왕경의 사훼부(沙喙部)에서 부담한 어떤 곡물 또는 물건을

---

63 김해 1279 목간의 묵서는 '甘文城下麦甘文本波王私/ 新村□利兮負'인데, 이것은 '감문성의 麥를 감문 본파 王私 新村에 사는 □利兮가 부담하였다'라고 해석할 수도 있고, 또한 '감문성의 麥를 감문 본파 王私 新村에 사는 □利兮가 지고 왔다'라고 해석할 수도 있다. 후자의 경우가 맞다고 한다면, 목간에 '十五石'과 같은 내용이 생략되었다고 볼 수 있다. 함안 성산산성 목간에 묵서된 '負'는 일반적으로 '부담하였다'는 뜻으로 사용되었다고 보이기 때문에 전자로 해석될 가능성이 높다고 판단되지만, 후자로 해석될 가능성도 충분히 고려할 필요가 있지 않을까 한다.

넣은 자루에 부찰(付札)된 것으로 추정되는데, 지방민뿐만 아니라 왕경 6부인들이 납부한 곡물(또는 어떤 물건)이 성산산성으로 운반되었음을 알려주는 사례로서 주목된다.

가야 2051(買谷村物礼利/ 斯珎于稗石), 가야 1598(買谷村古光(斯)珎于/ 稗石), 가야 2004와 가야 2633(及伐城文尸伊稗石), 가야 2005(及伐城文尸伊急伐尺稗石) 목간의 묵서 내용은 다르지만, 사진우(斯珎于), 문시이(文尸伊)라는 인명이 공통으로 보이고 있다. 가야 2051과 가야 1598 목간의 경우처럼, 한 목간에 복수의 인명이 기재되었음에도 불구하고, 단지 '패석(稗石)'이라고만 기재되어 있는 경우를 여럿 발견할 수 있다. 종래에 이것은 두 사람이 패(稗) 1석을 납부한 사실을 반영한 것이라고 이해하였다.[64] 이 견해에 따른다면, 매곡촌(買谷村)과 급벌성(及伐城)에 사는 사진우, 문시이는 모두 합하여 패(稗) 1석을 바쳤다고 볼 수 있다. 여기서 한 걸음 더 나아가 동일한 묵서가 보이는 목간에 등장하는 사람은 패를 1석씩 두 번 납부하였다고 볼 수도 있을 것이다. 한편 가야 2641 목간에는 '미일석(米一石)'이란 표현이 보이는데, 일반적으로 고대 일본에서 영도(穎稻; 이삭이 붙어 있는 벼) 1속(束)은 곡(穀)[인(籾): 껍질을 벗기지 않은 벼] 1석에 해당하며, 이것을 도정하면 대략 쌀[米] 5승(升)을 얻을 수 있다고 이해하였다.[65] 따라서 가야 2641 목간은 대지촌(帶支村)에 사는 오다지(烏多支)가 쌀 1석을 바쳤던 사실을 전한 것이므로, 결과적으로 오다지는 패(稗) 2석에 상당하는 곡물을 납부한 셈이 된다.

그렇다면, 여기서 문제는 대부분의 경우, 패(稗) 1석을 납부하였다고 전하는 데 반하여 일부는 0.5석을, 일부는 패(稗) 2석(쌀 1석)을 납부하였다고 전하는 것은 어떻게 이해할 수 있을까 하는 것에 관해서이다. 이와 관련하여 북조(北朝)의

---

64 윤선태, 2012 「함안 성산산성 출토 신라 하찰목간의 재검토」『사림』31, 170~172쪽.
65 平川南, 2010 「日本古代の地方木簡と羅州木簡」『6~7세기 영산강유역과 백제』(국립나주박물관 개소 5주년 기념 국제학술대회), 국립나주박물관·동신대학교 박물관, 188쪽.

수취제도를 주목할 필요가 있다. 북위(北魏)에서는 결혼한 인정(人丁)에게는 속(粟) 2석, 백(帛) 1필(匹)[또는 포(布) 1필], 면(綿) 8량(兩)을 부과하였다. 반면에 결혼하지 않은 인정에게는 결혼한 인정에게 부과한 액수의 4분의 1을, 노비(奴婢)에게는 8분의 1을, 경우(耕牛)에게는 20분의 1을 부과하였다. 그리고 북제(北齊)에서는 결혼한 인정에게 간조(墾租) 2석, 의조(義租) 5두(斗), 견(絹) 1필, 면 8량을 부과하였고, 결혼하지 않은 인정과 노비에게는 결혼한 인정에게 부과한 액수의 2분의 1을, 경우에게는 단지 견(絹) 2척(尺)만을 부과하였다. 마지막으로 북주(北周)에서는 결혼하지 않은 인정에게 결혼한 인정에게 과세한 액수의 2분의 1을 부과하였고, 노비와 경우에게는 부과하지 않았다.[66] 북위와 북제의 사례를 참조할 때, 신라에서도 결혼한 인정과 결혼하지 않은 인정, 노비 등에게도 부세를 부과하였을 가능성을 상정해볼 수 있을 것이다. 실제로 최근에 함안 성산산성에서 노비에게 부세를 부과하였음을 알려주는 목간이 출토되었다. 이를 소개하면 다음과 같다.

가야 5587 丘伐未那早尸智居伐尺奴(앞면) / 能利智稗石(뒷면)

가야 5587 목간은 '구벌 말나에 사는 조시지 거벌척의 노비인 능리지가 패(稗) 1석을 납부하였다.'라고 해석할 수 있다. 가야 1987 목간의 묵서는 '仇伐未那 沙刀(礼)奴/ 弥次(分)稗石'인데, 이것 역시 '구벌 말나에 사는 사도(례)의 노비인 미차(분)이 패(1석)를 납부하였다.'라고 해석할 수 있다. 가야 1987 목간의 경우, '沙刀(礼)奴'를 이름으로 간주하여, 복수의 인명이 기재된 경우로 볼 수도 있지만, 가야 5587 목간에 의거하건대, 이것 역시 노비가 패(稗)를 납부한 사실을 전하는

---

66 북조의 수취제도에 대해서는 堀敏一, 1975『均田制の研究』, 岩波書店, 232~236쪽이 참조된다.

것일 가능성이 높다고 볼 수 있을 것이다.[67] 이에 따른다면, 노(奴) 또는 노인(奴人)이라는 묵서가 보이는 목간들의 경우 역시 노비가 부세를 납부한 사실을 전하는 것으로 이해할 수 있을 것이다.[68] 물론 국가가 노비에게 부세를 부과하였다고 하더라도, 패(稗) 등을 납부한 실질적인 주체는 북조(北朝)의 경우와 마찬가지로 노비의 주인으로 볼 수 있음은 물론이다.[69] 아직까지 신라에서 경우(耕牛)를 대상으로 하여 부세를 부과하였다는 구체적인 증거는 발견되지 않았다.

신라에서 결혼한 인정과 결혼하지 않은 인정을 구별하여 과세하고, 나아가 노비에게도 과세하였다고 할 때, 문제는 과연 결혼한 인정과 결혼하지 않은 인정,

---

67 윤선태, 2012 앞의 논문, 167~170쪽에서 신라에서 노비도 부세를 납부하였다고 이해하는 견해를 제기한 바 있어 주목된다. 한편 전덕재, 2007 「함안 성산산성 목간의 내용과 중고기 신라의 수취체계」『역사와 현실』65, 244~245쪽에서 중고기 신라에서 균전제를 실시하지 않았기 때문에 노비에게 과세하지 않았을 가능성이 높다는 견해를 제기하였다. 가야 5587 목간이 발견된 이후에 기존의 견해를 철회하였음을 밝혀둔다.

68 전덕재, 위의 논문, 244~245쪽에서 함안 성산산성 하찰목간의 말미에 기재된 負를 '등에 지고 운반하였다.'라고 해석하였는데, 일부 목간에 기재된 경우 이와 같이 해석될 가능성은 여전히 남아 있긴 하지만, 대부분의 경우는 '부담하였다'로 해석하는 것이 옳다고 판단되는 바, 전에 '등에 지고 운반하였다'라고 해석한 견해를 철회하였음을 밝혀둔다. 참고로 가야 5587과 가야 1987 목간 이외에 '奴' 또는 '奴人'이란 묵서가 보이는 목간을 소개하면 다음과 같다.

진주 1288 仇利伐 □德知一伐奴人□	가야 1989 仇利伐 仇(他)知一伐 奴人 毛利支負
가야 34 內恩知奴人居助支負	가야 1994 眞尒密奴那智石
가야 35 仇利伐 只卽智奴/ 於□支負	가야 1998 仇利伐 郝豆智奴人/□支負
가야 36 內只大奴須礼支負	가야 2012 仇利伐 仇阤知一伐奴人 毛利支負
가야 37 比□須奴/尒先利支負	가야 5592 仇利伐 卜今智上干支 奴/□□巳支 (負)
가야 1594 仇利伐 □□奴□□支負	가야 5593 仇利伐 夫及知一伐 奴人 宍巳礼 負
가야 1613 仇利伐 比夕須奴 先能支負	

69 종래에 奴와 奴人에 대해 다양한 견해가 제기되었으나(이용현, 2007 「함안 성산산성 출토 목간의 負, 本波, 奴人 시론」, 신라사학회 월례발표회 발표문; 김창석, 2009 「신라 중고기의 노인과 노비」『한국고대사연구』54; 이경섭, 2012 「신라의 노인-성산산성 목간과 울진봉평비를 중심으로-」『한국고대사연구』68), 필자는 여전히 奴 또는 奴人은 개인에게 예속된 私奴라고 이해하는 것이 옳다고 생각하고 있다.

노비에게 부과한 과세량에 차이가 있었을까에 관해서이다. 가야 1989와 가야 2012 목간(仇利伐 仇□知一伐 奴人 毛利支負)에 의거하건대, 구타지 일벌의 노인(奴人)인 모리지는 노비임에도 불구하고 어떤 곡물 2석을 부세로 납부하였다고 볼 수 있다. 북조에서 노비에게 결혼한 인정에게 부과한 액수의 8분의 1 또는 2분의 1을 부세로 부과한 반면에 신라에서는 노비에게 결혼한 인정과 거의 같은 액수의 부세를 부과하였다고 볼 수도 있다.

그러면 과연 그러하였을까가 궁금하다. 하찰목간 가운데 동일한 내용을 묵서한 경우는 매우 소수에 불과하다.[70] 만약에 결혼하지 않은 인정에게 결혼한 인정에게 부과한 액수의 4분의 1 또는 2분의 1의 부세를 부과하였다면, 2석의 패(稗)를 납부한 사람에 비하여 패(또는 맥) 1석을 납부한 사람이 압도적으로 많았다는 사실을 쉽게 수긍하기 어렵다. 따라서 함안 성산산성 출토 하찰목간에 의거한다면, 결혼한 인정과 결혼하지 않은 인정, 노비에게 차등을 두어 과세하였다고 주장하기는 곤란하다고 판단할 수 있다. 만약에 각 행정촌에서 1년 치에 해당하는 부세를 모두 거둔 다음, 그 가운데 일부를 함안 성산산성에 보냈다고 한다면, 인정(人丁)의 형편을 고려하거나 노비에게 차등을 두어 과세하였다고 추정하여도 크게 문제가 되지 않을 것이다.

그러나 함안 성산산성 출토 하찰목간에 기재된 인명이 대부분 호주(戶主)의 이름일 가능성이 크다는 점과 아울러 고구려와 백제에서 가호 단위로 부세를 부과하였음을 염두에 둔다면, 신라에서도 가호의 호주를 대상으로 균액의 곡물을 부세로 부과하였다고 봄이 자연스럽지 않을까 한다. 이와 같은 추정은 함안 성산산성 출토 하찰 목간 가운데 패 1석을 납부하였다고 전하는 것이 압도적으로 많

70 가야 33과 진주 1263[仇利伐 上彡者村 波婁], 가야 42와 가야 1597[陽村文尸只/陽村文尸只稗], 가야 40과 김해 1282[陳城巳兮支稗], 가야 43과 김해 1271[上莫村居利支稗], 가야 1989와 가야 2012[仇利伐 仇他一伐 奴人 毛利支負] 목간 등이 서로 동일한 내용을 전하는 것들에 해당한다.

은 사실을 통해 보완할 수 있음은 물론이다. 만약에 이와 같은 추론에 문제가 없다고 한다면, 동일한 내용의 묵서가 보이는 목간들은 검수용과 같이 다른 용도로 사용되었을 가능성이 높다고 볼 수 있을 것이다.[71] 다만 고구려에서 인세(人稅)로서 곡(穀) 5석을 부과하였음을 고려하건대,[72] 신라에서도 단지 부세로서 패(稗) 또는 맥(麥) 1석만을 부과하였다고 보기 어렵기 때문에, 비록 가야 1989와 가야 2012 목간에 구타지일벌의 노비인 모리지가 패 1석을 납부하였다고 전하지만, 일반 백성에게 부과한 과세량(課稅量)에 비하여 노비에게 과세한 부세의 양은 더 적었을 가능성이 높다고 보는 것이 합리적이라 판단된다.[73]

함안 성산산성 출토 하찰목간 이외에 신라의 부세제도에 관한 내용을 알려주는 구체적인 자료를 찾기 어렵다. 다만 신라의 경우도 고구려·백제와 마찬가지로 가호마다 균액의 비단이나 베 등을 부세로 부과하였을 가능성이 높다고 짐작되지만,[74] 현재로서 그에 관한 구체적인 내용을 언급하기가 쉽지 않다. 자료의 보완

---

71 함안 성산산성 출토 하찰목간 가운데 복수의 인물이 기재된 경우는 두 사람이 1석씩 낸 것을 모아서 하나의 자루에 담은 사실을 반영한 것일 가능성이 높다고 판단된다. 만약에 이렇지 않았다고 한다면, 買谷村와 及伐城에 사는 斯珎于, 文尸伊의 사례처럼, 두 자루에 0.5석씩 나누어 곡물을 담았을 가능성을 생각해볼 수 있을 것이다. 이에 대해서는 추후에 보다 구체적으로 살펴볼 예정이다.

72 『수서』고려전에 '人稅는 布 5匹, 穀 5石이다. 遊人은 3년에 한 번을 내되, 열 사람이 어울러서 細布 1匹을 낸다. 租는 (上)戶는 1石, 다음은 7斗, 그 다음은 5斗를 낸다.'고 전한다. 여기서 인세는 가호마다 베 5필과 곡 5석을 부과한 사실을, 진대법의 재원을 마련하기 위해 부과한 租는 가호의 경제형편을 헤아려 3등급으로 나눈 다음, 上戶는 1石, 中戶는 7斗, 下戶는 5斗를 부과한 사실을 전한 것으로 이해된다(전덕재, 2006『한국고대사회경제사』, 태학사, 205~207쪽).

73 일반 가호의 경우, 戶主를 대상으로 均額의 곡물을 부과한 반면, 노비의 경우는 노비 주인에게 노비가 부담해야 하는 곡물을 추가로 부과한 것으로 추정된다. 다만 노비에게 부과한 곡물의 양이 일반 가호의 호주에게 부과한 것보다 적었다고 짐작되지만, 더 자세한 내용은 현재로서 詳考하기 어렵다.

74 고구려와 백제의 부세제도에 대해서는 전덕재, 위의 책, 205~208쪽 및 214~218쪽이 참조된다.

을 통해 차후에 이에 대해 구체적으로 논급할 기회를 가질 예정이다. 이밖에 호등제(戸等制)의 실시 여부, 진제(賑濟)의 재원을 마련하기 위해 호등(戸等)에 따라 차등을 두어 부가세의 성격을 지닌 곡물을 추가적으로 부과하였는지의 여부에 대해서는 단언하기 어렵지만, 그러하였을 가능성을 완전히 배제할 수 없다는 것이 필자의 판단이다. 이에 대해서도 추후에 보완할 예정임을 밝혀두고자 한다.

지금까지 중고기 신라의 부세수취에 대해서 살펴보았다. 주로 상주(上州)에 위치한 행정촌에서 제작한 하찰목간에는 피, 즉 패(稗)나 보리, 쌀 등을 납부한 사실이 기술되어 있었는데, 목간은 바로 행정촌에서 거둔 수취물에 부찰(付札)된 꼬리표였다고 볼 수 있다. 그러면 피나 보리 등을 담은 자루나 상자를 성산산성까지 운반한 주체가 누구일까가 궁금한데, 이 문제는 중고기 수취체계 및 수취과정을 추적하는 것과 밀접한 연관성을 지닌다. 피와 보리 등이 담긴, 하찰목간이 부찰된 자루와 상자 등을 운반한 주체에 대해 두 가지 가능성을 생각해볼 수 있다. 하나는 피나 보리 등을 수취하여 자루나 상자에 넣은 다음, 목간을 제작하여 거기에 부찰한 행정촌의 관리가 직접 성산산성에 그것들을 옮기도록 조치하였을 가능성이고, 다른 하나는 행정촌의 상위 행정단위인 주(州)에서 수취물을 한꺼번에 모아서 성산산성에 그것들을 옮기도록 조치하였을 가능성이다. 성산산성 목간에 전하는 지명들이 모두 상주(上州)의 영역에 포괄되므로 여기서 말하는 주의 실체는 상주(上州)라고 보아야 하겠다.

행정촌에서 수취물을 거두고, 목간을 제작하여 거기에 부찰한 다음, 성산산성 또는 상주에서 지정한 곳에 수취물을 운반하도록 지시한 주체는 도사와 나두, 당주 등이었을 것이다. 만약에 상주의 주치(州治)나 제3의 어떤 장소에서 수취물을 모아서 성산산성으로 옮겼을 경우에 그것을 총괄하는 관리로서 진흥왕 순수비 창녕비에 전하는 상주행사대등(上州行使大等)의 존재를 주목할 필요가 있다. 당시 신라 정부는 주(州)의 장관에 해당하는 군주(軍主)의 대민(對民) 행정업무를 보좌하기 위하여 주마다 2인의 행사대등을 파견하였고, 그들은 한곳에 머물러 있지 않고, 주의 영역을 돌아다니며 대민업무를 처리하였다고 이해되고 있다.[75] 그 가운데 가장 중요한 업무는 바로 수취와 관련된 일이었음은 물론이다. 이러한 행사대등의 역할과 아울러 상주의 각 행정촌에서 역부를 자체적으로 징발하여 수취물을 성산산성까지 운반하는 것이 그리 쉽지 않았을 것이라는 점 등을 염두에 둔다면, 행사대등의 지휘 아래 상주 단위에서 수취한 물품을 모아서 그것들을 성산산성에 이송하였을 가능성에 더 무게를 두고 싶다.

이상의 검토를 종합할 때, 성산산성 출토 목간들은 당시 신라 국가의 수취과정을 추론케 해주는 귀중한 자료로서 주목된다고 하겠다. 먼저 6세기 후반에 중앙정부가 상주의 행사대등에게 상주의 주민들에게 부세를 부과하여 거두거나 또는 수역(輸役)에 필요한 역부들을 징발하여 부세물을 성산산성으로 이송하도록 명령하였음을 추론해볼 수 있다. 상주행사대등은 행정촌에 파견된 도사(道使)와 나두(邏頭), 당주(幢主) 등에게 행정촌 단위로 부세를 부과하여 징수하거나 수역에 필요한 역부를 징발하도록 다시 지시하였을 것인데, 이때 행정촌에서 자체적으로 징수한 부세물을 성산산성으로 직접 이송하도록 조치하였는지, 아니면 상주의 주치나 행사대등이 지정한 제3의 장소로 그것들을 옮기도록 조치하였는지는 현재로서 단정하기 어렵지만, 앞에서 후자의 가능성이 더 높았을 것이라고 언급하였다. 이때 행사대등의 지시를 받은 도사나 나두, 당주 등은 촌주(村主)나 장척(匠尺) 등의 도움을 받아 행정촌 또는 자연촌 단위로 작성된 호적이나 계장 등에 근거하여 주민들에게 피나 보리 등을 부과하여 징수하고, 또 그것을 운반할 역부(役夫)를 호적에 근거하여 징발하였을 것으로 사료된다. 이후 수취물을 담은 자루나 상자에 그것을 납부한 사람과 그것을 운반하는 사람의 정보를 기재한 목간들을 부찰한 다음, 촌주나 장척 등을 수취물을 운반하는 책임자로 임명하고, 성산산성이나 상주의 주치(州治) 또는 상주행사대등이 지정한 제3의 장소

---

75 이에 대해서는 뒤에서 자세하게 설명할 예정이다.

로 수역에 동원된 사람들을 활용하여 이송하도록 명령하였다고 상정해볼 수 있을 것이다.

만약에 행정촌이 아니라 상주 차원에서 수취물을 집적하여 성산산성에 이송하였다면, 상주행사대등은 상주의 주치나 제3의 장소에 집적(集積)된 수취물자 및 각지에서 수역에 차출된 역부들을 일일이 점고한 다음, 곡물이나 여러 군수물자를 운반하는 책임자를 물색하여 임명하고,[76] 낙동강 수로를 통하여 함안의 성산산성까지 그것들을 운반하도록 지시하였다고 추정해볼 수 있다.[77] 각 행정촌이나 주에서 부세를 거두어 그것들을 중앙으로 운송할 경우에도 이와 같은 내용의 부세수취 방식과 수취물자의 운반 시스템이 작동되었다고 유추해볼 수 있겠다.

이상에서 중고기에 행정촌에 파견된 도사나 나두, 당주 등이 호적이나 계장(計帳) 등을 근거로 촌민에게 부세를 부과하여 징수한 수취물을 주치 또는 제3의 장소에 운반하면, 상주의 행사대등이 주치 등에 집적된 수취물을 군상촌주(郡上村主)나 또는 장척(匠尺) 가운데 한 사람을 운송책임자로 임명하여 낙동강 수로를 통하여 성산산성까지 그것들을 운반하도록 지시하였고, 이러한 사실을 근거로 각 행정촌이나 주에서 부세를 거두어 그것들을 중앙으로 운송할 경우에도 동일한 부세수취 방식과 수취물자의 운반 시스템이 작동되었음을 살펴보았다. 결과적으로 중고기는 부세수취에서 중요한 역할을 수행한 행정단위는 군과 주, 자연촌이 아니라 행정촌이었다고 정리할 수 있는데, 부세수취뿐만 아니라 요역(徭役)

---

76 이때 운반책임자로서 외위를 소지한 지방의 유력 지배세력, 예컨대 郡上村主(또는 郡中上人)나 匠尺 등이 차출되었을 가능성이 높다고 보인다.

77 다만 이러한 경우 목간의 기재 형식이나 내용에 차이가 나타난 것은 정부 또는 上州 차원에서 그에 관하여 엄밀하게 규제하거나 규정하지 않았음을 반증하는 측면으로 이해된다. 상주 단위에서 어떻게 수취물을 부과하고, 수납하였는가에 관하여 현재 상세하게 알 수 없는데, 그 이유는 본래 목간 이외에 종이문서가 수취과정에서 적극 활용되었으나 그것이 현재 전해지지 않은 것에서 찾을 수 있지 않을까 한다.

의 징발에서도 행정촌이 기본 단위로서 기능하였음이 확인된다.

591년(진평왕 13)에 건립된 남산신성 제2비의 앞부분에 아대혜촌(阿大兮村)이라는 촌명이 보이고 있다.[78] 행정촌인 아대혜촌이 어떤 구간의 축성을 맡았음을 밝히기 위해 앞부분에 표기한 것으로 이해된다. 제2비에 작상인(作上人)이 아대혜촌 소속으로 전하고, 그 이하에 보이는 공척(工尺), 문척(文尺), 면석착인(面石捉人), 소석착인(小石捉人) 등도 역시 마찬가지이다. 한편 남산신성 제9비에는 급벌군(伋伐郡)의 이동성도(伊同城徒)가 어떤 구간의 축성을 분담하였다고 전하는데,[79] 여기에는 행정촌인 이동성뿐만 아니라 그 예하의 자연촌인 지대□촌(指大□村), 백간지촌(伯干支村)의 주민들도 동원되었음이 확인된다. 종래에 남산신성을 쌓을 때, 축성해야 할 작업구간을 우선 군(郡) 단위로 나누고, 다시 군이 그 예하의 촌 단위로 실질적인 수작거리(受作距離)를 배분하는 방식으로 기초적인 작업분단이 편성되었을 것이라고 추정한 견해가 제기되었다.[80] '급벌군중이동성도(伋伐郡中伊同城徒)'라는 표현이 보이고, 제1비와 제2비의 앞부분에 군에 파견된 지방관을 모두 소개한 것으로 보건대, 이러한 추정은 나름대로 설득력이 있다고 판단된다. 그러나 이럼에도 불구하고, 분명하게 급벌군(伋伐郡) 가운데 이동성도(伊同城徒)에게 작업구분을 배분하였다고 전하는 것에서 보듯이 작업구간을 축성할 때 필요한 역부는 행정촌인 이동성을 중심으로 동원되었다는 사실만은 부인하기 힘들다. 이에서 남산신성을 쌓은 진평왕 13년(591) 무렵뿐만 아니라 나아가 중고기에 일반적으로 국가적인 차원에서 진행된 축성사업에 행정촌 단위로 요역(徭役)을 징발하였다고 추론할 수 있을 것이다.[81] 한편 남산신성 제3비를 통

---

78 阿大兮村은 남산신성 제2비에 전하는 阿旦兮村(阿旦兮村)과 동일한 곳으로 尙州 管城郡의 領縣인 安貞縣의 본래 이름인 阿冬兮縣(충북 옥천군 안내면)으로 비정되고 있다.
79 남산신성 제9비의 앞부분에 '伋伐郡中伊同城徒受六步'라는 표현이 전한다.
80 윤선태, 2004「신라 중고기의 村과 徒」『한국 고대중세 지방제도의 제문제』, 집문당, 82~83쪽.
81 하일식, 1993「6세기 말 신라의 역역동원체계-남산신성비의 기재양식에 대한 재검토-」『역

해 왕경의 경우는 리(里) 단위로 요역(徭役)을 징발하였음을 알 수 있다.[82]

591년(진평왕 13) 남산신성을 쌓을 때에 왕경을 비롯하여 전국 각지에서 역부를 징발하였다. 551년(진흥왕 12) 명활산성을 쌓을 때에도 역시 마찬가지였다고 보인다. 이와 같이 중고기에 국가 차원에서 지방은 행정촌, 왕경은 리(里) 단위로 역부를 징발하여 산성을 쌓은 경우가 적지 않았을 것으로 짐작된다. 이밖에 왕경의 궁궐이나 관청건물을 짓거나 또는 대규모 사원을 조성할 때에도, 통일전쟁 기간 중에 주(州)의 범위를 넘어 군량이나 군수품을 운송할 때에도[83] 역시 국가 차원에서 역부를 징발하였을 것으로 짐작된다. 그런데 국가 차원에서 행정촌 단위로 역부를 동원한 경우는 정기적인 요역 징발로 인정하기 어렵고, 다분히 임시적인 성격이 강하였다고 볼 수밖에 없다. 물론 이러한 경우에도 국가에서는 호적(戶籍)에 근거하여 요역을 징발하였을 뿐만 아니라 국가 차원의 요역에 징발된 일수(日數)만큼 다른 요역을 면제해주거나 또는 조조(租調)의 부담을 일부 감면해주었다고 보인다.[84] 다만 중고기에 신라 국가가 법적으로 백성들의 노동력을 무상으로 징발할 수 있는 기간을 설정하였다고 추정되지만, 현재 그 기간이 얼마였는가에 대해서는 정확하게 알기 힘든 실정이다.[85]

사와 현실』10; 이수훈, 1996 「남산신성비의 역역편성과 郡(中)上人-최근 발견된 제9비를 중심으로-」『부대사학』30.

82 남산신성 제3비에 喙部 主刀里가 11步 1寸 길이의 신성을 축조하였다고 전한다.

83 대표적인 사례로서 문무왕 5년(665) 겨울에 一善과 居列 2주의 백성들로 하여금 軍資를 河西州로 운반하게 한 사실을 들 수 있다.

84 참고로 당나라에서는 歲役에 징발된 일수가 15일을 초과하면 調를, 30일을 초과하면 租·調를 면제해주었다.

85 참고로 당나라에서는 국가 차원에서 인정의 노동력을 20일 동안 무상으로 징발할 수 있고, 지방관은 1년에 39일 또는 40일까지 인정을 雜徭에 동원할 수 있었다[堀敏一, 1970 「均田制と租庸調制の展開」『世界歷史』5(古代5 東アジア世界の形成), 岩波書店, 394~402쪽]. 고대 일본에서는 국가 차원에서 인정의 노동력을 10일 동안 무상으로 징발할 수 있고, 國司는 正丁을 60일까지 雜徭에 동원할 수 있었다[井上光貞 等編, 1984 『日本歷史大系』1(原始·

중고기에 행정촌 단위에서도 촌민들을 요역에 징발하였을 가능성이 높은데, 예를 들어 행정촌마다 도로와 교량의 건설 및 보수, 수리시설(水利施設)의 축조와 수리(修理), 행정관청의 건립과 수리, 행정촌 주변에 위치한 방어시설의 구축과 축성, 징수한 조세와 공부의 운송 등에 촌민들을 동원하였을 것으로 추정된다.[86] 578년(진지왕 3)에 건립된 대구무술오작비에 13일 동안 312인의 역부를 동원하여 오(塢)를 쌓았다고 전하는데, 비록 오를 조성하는 데에 경위(京位)를 보유한 승려가 간여하였다고 하여도, 역부의 징발은 행정촌의 범위를 벗어났다고 보기 어렵다. 따라서 이와 같은 사례는 행정촌 단위에서 촌민을 요역에 동원한 사례로 볼 수 있을 것이다. 이밖에 함안 성산산성 출토 목간을 통해서 행정촌 단위에서 주민을 조세의 운송에 징발하였음을 엿볼 수 있다.

앞에서 가야 4687과 가야 5595 목간을 소개한 바 있다. 이 목간들의 묵서는 '감문성(甘文城)의 보리 15석은 감문(甘文) 본파(本波)에 거주하는 가본사□(加本斯□)가 가지고 갔다', '감문성의 보리 15석은 감문 본파에 거주하는 이차지(伊次只)가 가지고 갔다'고 해석할 수 있다. 함안 성산산성에서 출토된 다른 목간과 달리

古代), 山川出版社, 513~514쪽]. 한편 신라에서도 당나라의 租庸調制를 수용한 이후에 국가차원에서 인정의 노동력을 무상으로 징발할 수 있는 日數와 지방관이 인정을 徭役에 징발할 수 있는 日數 등을 뚜렷하게 구별하여 법적으로 규정하였을 가능성이 높다고 보인다.

86 한편 漢代에 중앙적 요역은 중앙정부에 의해 관리·징발된 임시적 요역의 성격을 지녔으며, 그 대가로 민의 기본적 부담의 일부가 면제되었다고 한다. 또한 현(후에 군현)의 장관에 의해 필요에 따라 임시로 군·현내의 비교적 소규모의 諸勞役에 징발된 것을 雜役(雜徭)이라고 불렀는데, 이것은 更徭를 보완하는 성격을 지녔다고 한다(重近啓樹, 1990 「秦漢における徭役の諸形態」『東洋史研究』49-3). 한대에 傳籍에 등록된 23세(또는 20세)에서 56세(또는 60세) 사이의 성인 남자는 1년에 1개월 또는 2~4개월씩 윤번 교대제로 縣卒(또는 郡卒)로 복역하였는데, 이것을 흔히 更卒制度라고 부른다(이성규, 2009 「前漢 更卒의 徵集과 服役 方式-松柏木牘 47호의 분석을 중심으로-」『동양사학연구』109). 여기서 更徭는 更卒制度를 가리키는 것으로 보인다. 한대의 요역제도는 중고기 신라의 요역제도를 이해하는 데에 커다란 참고가 될 것으로 판단된다.

이 목간들은 바로 감문성의 창고에 보관되어 있었던 보리 15석을 성산산성까지 옮기는 데에 징발된 역부와 관련된 것이라고 볼 수 있다. 감문성(경북 김천시 개령면)에서 징발한 가본사□와 이차지가 감문성의 창고에 보관되었던 곡물을 성산산성에 운송한 것을 통해, 함안 성산산성 출토 목간 가운데 수역(輸役)에 징발된 인물과 관련된 것들이 더 있었다고 추론할 수 있다. 이러한 측면에서 가야 4687과 가야 5595 목간은 행정촌 단위로 수역(輸役)에 역부(役夫)를 징발하였음을 시사해주는 자료로서 주목된다고 하겠다. 다만 상주(上州)에서 집적한 수취물을 상주행사대등의 총괄 지휘를 받아 성산산성까지 운송하였음을 감안한다면, 행정촌 단위를 넘어 상주 차원에서 조세와 공부의 운송에 필요한 역부를 징발하였을 가능성도 충분히 고려할 필요가 있다고 보인다.[87]

2. 지방관의 성격과 군(郡)의 기능

앞에서 중고기에 행정촌에 파견된 도사와 나두, 당주, 그리고 주행사대등을 중심축으로 하여 지방행정체계와 수취체계가 운용되었음을 살펴보았다. 이에 따르면 중고기에 지방행정체계와 수취체계상으로 중간 지방행정단위인 군이 소외되었다고 볼 수 있는데, 그렇다면 자연히 중고기에 군의 기능은 무엇인가에 대한 의문이 제기될 수밖에 없다. 이러한 의문을 해결하는 관건은 행정촌에 파

---

87 중고기 신라의 영역동원과 관련하여 고려시대 요역의 징발 주체와 징발 범위에 따라서 군현 차원의 요역과 국가 차원의 요역으로 구분한 다음, 전자의 대표적인 사례로서 현물세의 조달과 운반에 관련된 貢役·輸役, 토목공사와 토지개간·경작에 동원되는 것 등을 들었고, 후자의 대표적인 사례로서 궁궐과 중앙관청, 사원의 건립 및 수리, 築城, 수리시설 축조 등에 동원되는 것을 들었음이 주목된다(박종진, 2000『고려시기 재정운영과 조세제도』, 서울대학교출판부, 131~133쪽).

견된 도사와 당주, 나두의 역할을 규명하는 것에 있다고 하여도 과언이 아니다.

551년에 제작된 명활산성작성비에 '군중상인(郡中上人)'이 나오므로 당시에 이미 군을 설치하였음이 분명하다. 이와 같은 사실에 유의하여 앞에서 530년대에 주(州)와 함께 군을 설치하였다고 추정하였다. 현재 6세기 중반 군의 영역범위에 대하여 논란이 분분하다. 그 핵심은 진흥왕순수비 창녕비에 나오는 '우추실지하서아군(于抽悉支河西阿郡)'을 하나의 군으로 보느냐, 아니면 3개의 군을 합칭(合稱)한 것으로 보느냐에 있다. 591년에 건립된 남산신성 제9비에 급벌군(伋伐郡)이라는 명칭이 보이므로 3개의 군을 합칭하였다고 봄이 합리적일 듯싶다. 그런데 현재까지 중고기의 금석문에서 군명(郡名)을 관칭(冠稱)하는 지방관은 발견되지 않았다. 이럼에도 불구하고 종래에 창녕비의 기록, 즉 '大等與軍主幢主道使與外村主'라는 기록을 존중하여 군주는 주의 장관, 당주는 군 단위에 파견된 지방관, 도사는 행정촌(성)에 파견된 지방관으로 이해하였다.[88] 이러한 견해의 문제점은 단양신라적성비, 또는 『삼국사기』 열전제7 해론조에서 보듯이 '추문촌당주(鄒文村幢主)', '물사벌성당주(勿思伐城幢主)', '금산당주(金山幢主)'와 같이 당주가 파견된 곳을 군(郡)이 아니라 촌 또는 성이라고 밝힌 것에서 찾을 수 있다. 여기서 추문촌과 물사벌성, 금산은 모두 군의 중심 행정촌에 해당하였다.[89] 이를 주목하

---

88 이종욱, 1974 「남산신성비를 통하여 본 신라의 지방통치체제」『역사학보』64 ; 주보돈, 1998 앞의 책, 127~130쪽.

89 鄒文村은 鄒文郡(召文郡; 경북 의성군 금성면), 勿思伐城은 勿思伐郡, 즉 水酒郡(경북 예천군 예천읍)의 중심 행정촌 또는 행정성이었다. 해론이 금산당주에 임명된 것은 진평왕 40년(618)이었다. 한편 『삼국사기』 잡지제3 지리1 상주조에 '開寧郡 古甘文小國也. 眞興王 十八年 梁永定元年 置軍主 爲靑州. 眞平王時 州廢. 文武王元年 置甘文郡'이라 전한다. 『삼국사기』 신라본기에서 진흥왕 18년(557)에 沙伐州(경북 상주시)를 폐하고, 甘文州(경북 김천시 개령면)를 설치하였으며, 진평왕 36년(614)에 사벌주를 폐하고, 一善州(경북 구미시 선산읍)를 설치하였다고 언급하였을 뿐이고, 진평왕대에 감문주를 폐지하였다는 언급을 찾을 수 없다. 그러나 신라본기와 이 기록을 종합하면, 진흥왕 18년에 上州의 州治를 사벌에서 감문으로 옮겼고, 다시 그 이후부터 진평왕 36년 사이의 어느 시기에 주치를 감문에

여 일부 연구자는 당주와 군과의 관계를 부정하고 그것은 군주 휘하의 부장군(副將軍)에 해당한다고 주장히기도 하였다.[90] 그러나 과연 당주가 군과 전혀 관계가 없었다고 볼 수 있는가는 지극히 의문이다.

남산신성 제1비는 아량촌(阿良村)의 주민들이 남산신성을 쌓았음을 알려주는 것이다. 여기서 남산신성 축조 방식에 관하여 자세하게 언급할 겨를은 없지만, 일반적으로 제9비의 발견 이후 축성해야 할 작업 구분을 일단 군(또는 왕경의 6부) 단위로 분할하고, 이어서 다시 그 예하의 촌(또는 왕경의 리) 단위로 실질적인 수작거리(受作距離)를 배분하는 방식이었다고 이해되고 있다.[91] 이렇다고 볼 때, 남산신성 제1비의 앞에 언급된 아량나두(阿良邏頭), 노함도사(奴含道使), 영고도사(營沽道使)는 아시량군(阿尸良郡)[아량군(阿良郡)]의 행정촌에 파견된 모든 지방관을 망라하였다고 말할 수 있겠다. 후대에도 함안군(咸安郡; 아시량군)의 영현이 현무현(玄武縣)[소삼현(김彡縣)]과 의령현(宜寧縣)[장함현(獐含縣)] 등 2개였다는 점이 이와 관련하여 참조된다. 남산신성을 쌓을 때에 아량나두 등 3인이 아시량군의 축성작업에 대하여 공동으로 책임졌을 것이지만, 만약에 이들 가운데 대표자한 사람을 지명하라 한다면, 군(郡)의 중심 행정촌에 파견된 나두를 지명하는 것이 상식일 것이다. 나두나 도사는 각기 행정촌의 행정업무를 총괄하면서 만약에

서 사벌로 옮겼다가 진평왕 36년에 사벌에서 일선으로 주치를 옮겼음을 추론할 수 있다. 통상 주치를 옮긴 이후, 전의 州治는 郡治로 삼는 것이 일반적이었다. 따라서 감문에서 사벌로 주치를 옮긴 이후에 감문을 군치로 하는 甘文郡을 설치하였다고 예상해볼 수 있다. 그런데 이 기록에서 문무왕 원년에 감문군을 설치하였다고 언급하였다. 아마도 진평왕 36년 이전에 州治를 감문에서 사벌로 옮기면서 군사·행정적인 필요 때문에 감문을 郡治로 삼지 않고 金山(경북 김천시)을 군치로 삼았다가 문무왕 원년에 군치를 금산에서 감문으로 옮긴 것으로 짐작된다. 이에 따른다면, 진평왕 40년(618)에 奚論이 금산당주에 임명될 때, 금산이 군치였다고 볼 수 있다.

90 강봉룡, 1994 앞의 논문, 124~126쪽.
91 이수훈, 1996 앞의 논문, 22~23쪽; 윤선태, 2002 앞의 논문, 134쪽.

군 단위의 행정업무를 처리할 사안이 발생할 경우에는 군치(郡治)에 파견된 아량나두가 도사 및 군상촌주, 장척(匠尺) 등과 서로 협의하여 해결하였을 것으로 사료된다.[92] 이러한 측면에서 비록 제한적이긴 하지만, 아량나두가 아시량군을 대표하는 지방관의 위상을 지녔다고 보아도 좋을 듯싶다.

나두(邏頭)와 유사한 성격의 지방관이 당주(幢主)이다. 나두는 순라군(巡邏軍)의 우두머리라는 의미로 해석된다. 당주에서 당(幢)은 군단(軍團)을 뜻하는 용어이므로 이것은 군단의 장(長)이라 풀이할 수 있다. 나두와 당주 모두 군대의 장(우두머리)이라는 뜻으로 풀이된다는 점에서 양자의 유사성이 인정된다. 단양신라적성비에 추문군의 군치와 물사벌군(수주군)의 군치에 당주가 파견되었다고 전하고, 진평왕 40년(618)에 해론(奚論)이 금산군의 군치에 위치한 외여갑당의 당주, 즉 금산당주에 임명되었음이 확인되고 있다. 당주 역시 나두와 마찬가지로 군의 중심 행정촌에 파견된 지방관이었음을 알려주는 자료로서 주목된다. 따라서 아량나두가 아량촌에 파견된 지방관이면서 동시에 아시량군을 대표하는 지방관의 위상을 지녔던 것처럼 당주 역시 마찬가지였다고 볼 수 있을 것이다.

그런데 여기서 한 가지 짚고 넘어가야 할 사항이 있다. 남산신성 제2비 역시 어떤 군의 행정촌이 남산신성을 쌓았음을 알려주는 자료임에도 불구하고, 여기에 나두나 당주라는 지방관의 존재는 보이지 않고, 단지 아차(단)혜촌도사[阿且(旦)兮村道使], 구리성도사(仇利城道使), 답대지촌도사(答大支村道使)만이 보인다는 사실이다. 이에 대하여 두 가지 가능성을 생각해볼 수 있다. 하나는 군중상인(郡中上人; 촌주)이 존재한 사시성(沙尸城)에[93] 본래 나두를 파견하였으나 신성 축

---

92 강봉룡, 1994 앞의 논문, 70~71쪽.

93 한국고대사회연구소편, 1992 『역주 한국고대금석문』 제2권(신라1·가야편), 재단법인 가락국사적개발연구원, 109쪽에서 沙刀城으로 판독하였으나 필자가 판독한 결과 沙尸城이었음을 확인할 수 있었다. 사시성은 『삼국사기』 잡지제3 지리1 상주조에 管城郡(古尸山郡)의 領縣으로 전하는 利山縣(所利山縣)에 비정되며(전덕재, 2009a 앞의 논문, 35~36쪽), 오늘

조에 그가 직접 관여하지 않아서 비문에 기재하지 않았을 가능성이고, 다른 하나는 아단혜촌도사가 나두나 당주처럼 군을 대표하는 지방관의 위상을 지녔을 가능성이다. 이 가운데 어느 것이 옳다고 단정하기 곤란하지만, 일단 후자의 가능성에 더 많은 점수를 주고 싶다. 남산신성 제5비에 '도사당주(道使幢主)'라는 직명이 보이기 때문이다.[94]

도사당주란 직명이 제5비에만 나와 그 성격을 분명하게 밝히기 어렵다. 그러나 일단 중고기 금석문에 가장 많이 보이는 지방관의 직명(職名)이 도사이므로 이것 역시 도사의 한 종류로 볼 수 있겠다. 그렇다면 도사당주라고 직명을 밝힌 이유는 무엇이었을까? 조심스럽기는 하지만, 직명은 도사이지만, 그가 맡은 직임이 당주와 비슷하였기 때문이라는 추정이 가능할 듯싶다. 즉 직명이 도사임에도 불구하고 군을 대표하는 지방관의 위상을 지녔을 뿐만 아니라 뒤에서 살필 예정이지만, 다른 도사와 달리 법당군단을 지휘·통솔하는 권한을 지녔기 때문에 도사당주라고 부르지 않았을까 여겨진다는 의미다.[95]

이상에서 군을 단위로 하여 지방관을 파견한 것은 아니지만, 군의 중심 행정촌, 즉 군치(郡治)에 파견된 당주와 나두, 도사가 군을 대표하는 지방관의 위상을 아울러 지녔고, 그가 예하의 행정촌에 파견된 도사 및 군상촌주(郡上村主), 장척

날 충북 옥천군 이원면에 해당한다.

94 김창호, 1994 「6세기 신라 금석문의 석독과 그 분석」, 경북대학교 박사학위논문, 136쪽 ; 2007 『고신라 금석문의 연구』, 서경문화사, 185~186쪽.

95 한편 군의 중심 거점촌·성에는 道使와 더불어 幢主가 동시에 파견되었고, 道使幢主라는 표현은 양자를 겸직하기도 하였음을 알려주는 자료로 이해한 다음, 중대 초에 군의 거점촌·성, 즉 郡治에는 太守, 군 예하 행정촌의 거점촌·성에는 縣令 또는 少守를 파견하였다고 이해하는 견해도 제기되었다(박성현, 2010, 앞의 논문, 136~143쪽; 2019 앞의 논문, 270~271쪽). 6세기 전반에 悉直地域에 軍主와 道使를 동시에 파견한 사실은 확인되지만, 당주와 도사가 군의 중심 행정촌에 동시에 파견되었다는 자료는 아직까지 발견되지 않았기 때문에 추후에 이에 대한 자료 또는 논리적인 보완이 필요하다고 판단된다.

등과 협의하여 군의 행정업무를 처리하였음을 살펴보았다. 물론 당시에 당주, 나두, 도사가 행정촌의 행정업무를 자체적으로 처리하였다고 생각되므로 당주 및 나두가 예하 행정촌의 도사 등과 협의하여 군의 행정업무를 처리하는 사안은 극히 한정되었을 것이라는 사실도 결코 간과해서는 안 될 것이다. 그렇다고 하여서 군 자체의 기능이 전혀 없었던 것은 아니었을 텐데, 이와 관련하여 다음의 기록을 주목할 필요가 있다.

> 건복(建福) 35년 무인(戊寅; 618, 진평왕 40)에 이르러 왕이 명하여 해론(奚論)
> 을 금산당주(金山幢主)로 삼고, 한산주도독(漢山州都督) 변품(邊品)과 함께 군사
> 를 일으켜 가잠성(椵岑城)을 쳐서 취하게 하였다(『삼국사기』 열전제7 해론).

『삼국사기』 잡지3 지리1 상주조에 금산현(金山縣)은 개령군(開寧郡)의 영현(領縣)이라고 전한다.[96] 현재 경북 김천시로 비정된다. 금산은 본래 상주(上州)의 영역에 속하였다. 진평왕 40년, 즉 건복 35년(618) 무렵 상주의 주치는 일선(一善; 경북 구미시 선산읍)이었고, 앞에서 언급한 바와 같이 당시 금산이 군치(郡治)였다. 여기서 한산주도독은 북한산에 소재한 군주(軍主)를 가리킨다. 본래 변품의 정확한 직임은 한산군주(漢山軍主)였으나 후대에 한산주도독으로 개서(改書)한 것으로 보인다. 이때 금산당주 해론과 한산군주 변품이 함께 가잠성(椵岑城)을[97] 공격

---

96 開寧郡 古甘文小國也. … 金山縣 景德王改州縣名 及今並因之(『삼국사기』 잡지제3 지리1
   상주).

97 종래에 안성시 죽산면의 옛 이름인 皆次山郡(介山郡)이 椵岑城과 音韻上으로 통하였다는
   사실에 근거하여 가잠성을 안성시 죽산면으로 비정한 견해, 제2차 가잠성전투에 北漢山州
   軍主와 金山幢主가 참전한 사실을 주목하여, 가잠성이 북한산주(서울)와 금산(김천시)의
   중간지점에 해당하는 보은 방면에 위치하였다고 추정한 견해, 충북 진천이나 괴산 부근에
   가잠성이 위치하였다고 추정한 견해, 가잠성은 경남 거창군에 위치한 성이라고 추정한 견

하여 취하였다고 하였는데, 해론은 상주의 영역에 위치한 금산의 당주였으므로 한산군주 변품과 지휘·명령 계통상에서 직접적인 상하관계에 있었다고 보기 어렵다. 당시 한산군주가 거느린 군대는 행군군단을 전제로 편성된 군대로서 주군(州軍)[주병(州兵)]은 아니었다. 그는 한산지역에 주둔한 한산정군단(漢山停軍團)을 이끌고 가잠성을 공격하였던 것으로 보인다. 한산정군단은 본래 6부인들이 주축이었다. 그런데 진평왕 26년에 군사당(軍師幢)을 설치하였음이 확인된다.[98] 일반적으로 군사라는 직책은 지방의 촌주 등을 망라한 지방의 지배세력에게 수여된 것이었다.[99] 따라서 군사당은 지방민으로 구성된 군단이었다고 봄이 자연스럽다. 결국 진평왕 26년(604) 이후에 6정군단에 지방민으로 구성된 군사당이 배속되었다고 볼 수 있으므로 한산군주 변품이 지휘한 군대에는 한산정의 6부인들로 구성된 군대뿐만 아니라 지방에서 차출된 주민들로 구성된 군사당도 포함

해, 신문왕대에 報德國(전북 익산시 금마면)의 유력자 悉伏이 반란을 일으킨 후에 반란군을 이끌고 가잠성 남쪽 7리 지점으로 나아가 진을 쳤다는 사실, 奚論이 경북 김천에 주둔한 金山幢을 이끌고 가잠성전투에 참여한 사실 등을 근거로 하여 가잠성을 전북 무주군 설천면 소천리에 있는 '羅濟通門'과 연결되는 교통로에 위치하였다고 주장한 견해, 미호천 유역에 가잠성이 위치하였다고 보는 견해, 충남 금산군 추부면 일대에 가잠성이 위치하였다고 이해한 견해가 제기되었다. 필자는 전에 椵岑 또는 椵峯은 '갓봉'의 音借라는 사실, 충북 영동군 양산면 가곡리의 가곡마을은 飛鳳山 날가지에 위치하였기 때문에 각골, 갓골이라고 부른 사실 등을 주목하여, 가잠성을 영동군 양산면으로 비정한 바 있다. 가잠성을 둘러싼 제견해와 필자의 가잠성의 위치 비정에 대해서는 전덕재, 2013 「가잠성의 위치와 그 전투의 역사적 성격」『역사와 경계』87, 3~16쪽이 참조된다.

98 『삼국사기』 잡지제9 직관(하) 무관조에 법흥왕 11년(524)에 軍師幢主를 설치하였다고 전하나, 이것은 法幢主의 설치 사실을 잘못 기술한 것으로 이해되며, 軍師幢을 설치하였다고 전하는 진평왕 26년(604)에 軍師幢主를 설치하였다고 봄이 자연스럽다(주보돈, 1979 「신라 중고의 지방통치조직에 대하여」『한국사연구』23, 17~18쪽 ; 이인철, 1988 「신라 법당군단과 그 성격」『한국사연구』61·62합 ; 1993 『신라정치제도사연구』, 일지사, 304쪽; 이우태, 1991 「신라 중고기의 지방세력 연구」, 서울대학교 박사학위논문, 154~155쪽).

99 이우태, 위의 논문, 168~174쪽.

되었던 셈이 된다.[100]

　그렇다면 금산당주가 통솔한 군대는 무엇이었을까? 종래에 이와 관련하여 단양신라적성비에 보이는 물사벌성당주를 외여갑당의 당주로 이해한 견해가 유의된다.[101] 기존에 외여갑당의 법당주 52인과 『양서』 신라전에 전하는 '나라에 6탁평과 52읍륵이 있다[國有六啄評 五十二邑勒]'란 기록이 서로 연결되므로 외여갑당은 520년 무렵의 읍륵에 거주하던 지방민을 주축으로 하여 편성된 군단이었다고 주장하였지만,[102] 550년대 신라가 한강유역을 차지한 이후에 행정촌 및 군의 숫자가 많이 증가되었고, 그들 지역에도 법당군단을 설치하였던 것으로 짐작되므로 이러한 이해는 문제가 있다고 보지 않을 수 없다.[103] 다만 경여갑당(京餘甲幢), 소경여갑당(小京餘甲幢)의 존재를 참고하건대, 외여갑당(外餘甲幢)은 왕경과 소경이 아닌 지방에 설치되었다고 봄이 합리적일 듯싶다. 더구나 외여갑당의 법당주는 군사당주처럼 6정에 배속되지 않았으므로 그것과 6정군단은 별개의 군단이라고 보아야 한다. 이러한 측면에서 외여갑당, 즉 법당군단을 지방에 설치하였고, 해당 지방의 주민을 그것의 군사로 동원하여 편성했을 것이라는 이해는 여전히 유효하다고 하겠다. 법흥왕 11년(524) 이후 어느 시기부터 외여갑당을 설치한 이래[104] 그것이 점차 늘어나 52개가 되기에 이르렀다고 보인다.

100　군사당주는 왕도 및 6정, 9서당에 배속되었는데, 이것은 군사당이 6정군단의 예하에 편제된 군단이었음을 시사해주는 것이다.

101　이우태, 1991 앞의 논문, 157쪽.

102　武田幸男, 1984 「中古新羅の軍事的基盤 - 法幢軍團とその展開 -」 『東アジアにおける國家と農民』(西嶋定生博士還曆記念), 山川出版社에서 법당군단의 외여갑당주와 52읍륵을 연결시켜 법당군단을 지방민으로 구성된 군단으로 이해한 후에 대부분의 연구자들이 이에 동조하였다.

103　주보돈, 1998 앞의 책, 86~87쪽에서 52읍륵과 외여갑당주 52인을 서로 관련시키기 어렵다고 보고, 52읍륵이 외여갑당의 수치와 같은 것은 우연의 일치에 불과하다고 설명하였다.

104　524년(법흥왕 11)에 6부지역에 법당군단을 설치하였고, 지방에 법당군단, 즉 외여갑당을 설치한 것은 530년대 군을 설치한 이후라고 봄이 자연스럽지 않을까 한다.

위의 기록에서 금산당주 해론이 분명히 군사를 일으켜 가잠성을 공격하였다고 전하는데, 당시에 해론이 군주(軍主)가 아니었기 때문에 일선지역에 주둔한 6정의 군단을 거느리고 가잠성을 공격하였을 가능성은 적어 보인다. 현재 금산지역에 설치된 군단으로서 법당군단 이외의 다른 어떤 것을 상정하기 곤란하다. 즉 금산당주 해론이 가잠성을 공격할 때 지휘한 군대는 법당군단이라는 이야기다.[105] 이때 해론은 지휘·명령 계통상에서 한산군주 변품과 직접 상하관계에 있지 않았다. 따라서 위의 사례는 금산당주(金山幢主)가 단독으로 법당군단을 통솔하고 가잠성을 공격하는 군사작전을 감행했음을 알려주는 유력한 자료로 보아도 좋을 듯싶다. 이를 통하여 군의 중심 행정촌에 파견된 당주(幢主)가 평소에 법당군단(法幢軍團)을 통수(統帥)할 수 있는 군령권을 보유하였음을 유추해볼 수 있을 것이다.

경덕왕 16년(757) 상주와 강주, 양주의 군현 수는 주 3개, 소경 1개, 군 33개, 현 91개였다. 일반적으로 행정촌을 통일기에 현으로 재편하였다고 이해되고 있다. 중고기에 동해안지역도 상주(上州)에 편입되었다고 보이기 때문에 이들 3주를 합한 영역 범위는 중고기의 상주 및 하주의 영역 범위보다 좁았음이 분명하다. 따라서 6세기 중반 상·하주에는 적어도 행정촌(순수한 주치와 군치 포함)이 120개 이상 존재하였다고 추정해볼 수 있다.[106] 553년에 한강유역을 차지한 다음 신

---

105 이인철, 1988 앞의 논문; 1993 앞의 책, 317~318쪽에서 금산당주 해론을 외여갑당주로 파악하여 주목된다.
　　한편 『삼국사기』 열전제7 눌최조에 '建福 41년 甲申(진평왕 46년, 624) 겨울 10월에 백제가 대거 來侵하여 군사를 나눠 速含 등 여섯 성을 포위 공격하자, 왕이 上州와 下州, 貴幢, 法幢, 誓幢 등 5軍에게 가서 구하도록 하였다.'라고 전한다. 여기에 전하는 法幢의 성격을 분명하게 알 수 없지만, 일단 지방에 설치한 외여갑당과 별개의 군단으로 봄이 합리적일 듯싶다. 이때 법당군단인 외여갑당은 上州나 下州軍의 일원으로 편제되었다고 보이기 때문이다.

106 521년 무렵에 행정촌이 52개(52읍륵) 정도였으나 그 이후 읍락의 촌락으로의 재편과정에

주(新州)를 설치하였다. 신주와 동해안지역에 위치한 행정촌까지 모두 합하면 중고기 행정촌 숫자는 대략 200개 정도였을 것으로 짐작된다.[107] 이 가운데 외여갑당, 즉 법당군단이 설치된 곳은 52개에 불과하였던 것이다. 모든 행정촌에 법당군단이 설치되지 않았다는 의미다. 물론 여기서 한 가지 변수를 생각해야 한다. 그것은 외여갑당이 신라 전역에 균일하게 설치되었느냐의 여부이다. 군사적인 전략요충지에만 법당군단을 설치하였다고 생각해볼 수도 있기 때문이다. 그러나 외여갑당은 지방민을 중심으로 편성된 군단이었음을 염두에 둔다면, 이것 역시 각 지방에 균일하게 설치되었다고 보는 것이 순리일 듯싶다. 중고기에 당주가 군의 중심 행정촌에 파견되어 군을 대표하는 지방관의 위상을 지녔다. 게다가 당주는 평상시에 법당군단을 지휘 통솔하여 군사작전을 전개할 수 있는 군통수권(軍統帥權)도 보유하고 있었다. 두 가지 사실을 종합해보면, 중고기에 법당군단은 군을 단위로 하여 편성된 것이라는 결론을 도출할 수 있다.

도사는 일반적으로 부세의 수취 및 역역과 군역의 징발 등 주로 행정적인 업무를 담당하였다고 이해되고 있다.[108] 그런데 군 단위로 법당군단이 편성되었으므로 그 예하의 행정촌에 파견된 도사는 그것의 편성과 운영에 어떤 방식으로든지 관여하였다고 봄이 합리적이다. 특히 행정촌에서 법당군단의 군사들을 차출할 때에 그 책임자인 도사가 직접 관여하지 않을 수 없었을 것이다. 더구나 전쟁이 발발하였을 때에 그들이 법당군단의 군관으로 참여하였을 가능성도 완전히

서 행정촌의 숫자가 크게 늘어난 것으로 추정된다.

107 경덕왕 16년에 한주와 삭주, 명주의 군·현 수는 주 3개, 소경 2개, 군 47개, 현 98개였다. 이 가운데 통일전쟁기에 신라 영토로 편입된 군현이 포함되어 있기 때문에 3주의 군현 모두가 중고기에 신라 영토였다고 보기 어렵다. 그러나 3주의 군·현 가운데 적어도 2분의 1 이상은 중고기에 신라 영토였다고 추정되므로 당시 신라 전역에 걸쳐 대략 200개 정도의 행정촌이 존재했다고 볼 수 있겠다.

108 주보돈, 1998 앞의 책, 85~97쪽; 김재홍, 2001 「신라 중고기 촌제의 성립과 지방사회구조」, 서울대학교 박사학위논문, 105~114쪽.

배제할 수 없다.[109] 나두 역시 순라군(巡邏軍)의 우두머리라고 해석되므로 당주의 성격과 비슷하였다고 추정된다. 도사가 군을 대표하는 지방관의 위상을 지녔을 경우에도 역시 당주와 마찬가지로 법당군단을 지휘·통솔하였다고 추정되는데, 도사당주라는 직명은 이와 관련이 있지 않을까 한다. 이처럼 법당군단의 편성과 운영을 매개로 하여 당주와 도사와의 관계를 추적할 때, 비로소 주와 행정촌 사이의 중간 행정단위로서의 군의 기능을 명확하게 설명할 수 있겠는데,[110] 종래에 이러한 측면을 주목하여 중고기에 군(郡)은 군관구적인 성격을 지녔다고 파악하기도 하였던 것이다.[111]

한편 진평왕대에 주병(州兵)[112] 또는 주군(州軍)을[113] 동원하여 전쟁을 치른 기사가 보인다. 여기서 주병이나 주군은 상주나 하주, 신주의 모든 군대를 동원하여 행군군단을 편성하였다는 의미이다. 이때 주치에 주둔하는 6정의 군단과 군사당, 그리고 각 지역에 소재한 법당군단이 주병이나 주군에 편제되었을 것이

---

109 외여갑당의 군관 가운데 法幢監 68명, 法幢火尺 102명이 있었다. 도사가 법당군단의 일원으로 참여하였을 때, 바로 법당감과 법당화척에 임명되지 않았을까 여겨진다. 한편 이우태, 1991 앞의 논문, 157쪽에서 勿思伐城幢主는 外餘甲幢의 幢主, 지방민인 勿思伐城幢主使人이 法幢火尺일 가능성이 높다는 견해를 제기하였다.

110 중고기에 郡과 관련된 직명을 지닌 대표적인 존재가 바로 郡上村主 또는 郡中上人이다. 법당군단이 지방민을 중심으로 편성된 군대였기 때문에 지방 지배세력의 적극적인 협조가 필요했을 것이고, 더구나 법당군단이 군 단위로 편성되었기 때문에 그에 맞추어 지방 지배세력도 군 단위로 위계화시켜 편제하는 방법을 강구하였던 것으로 추정된다.

111 주보돈, 1998 앞의 책, 100~127쪽.

112 奚論 牟梁人也. 其父讚德 有勇志英節 名高一時. 建福二十七年乙丑 眞平大王選爲椵岑城縣令. 明年丙寅冬十月 百濟大發兵 來攻椵岑城一百餘日. 眞平王命將 以上州·下州·新州之兵救之(『삼국사기』 열전제7 해론).

113 訥催 沙梁人 大奈麻都非之子也. 眞平王建福四十一年己卯冬十月 百濟大擧來侵 分兵圍攻速含·櫻岑·岐岑·烽岑·旗懸·冗柵等六城 王命上州·下州·貴幢·法幢·誓幢五軍 往救之(『삼국사기』 열전제7 눌최).

다. 주병을 군주가 지휘하였다는 기사가 전하고 있다.[114] 각 지역에 파견된 당주들 역시 법당군단을 이끌고 행군군단인 주군(병)[州軍(兵)]의 일원으로서 군주의 지휘 아래 전쟁에 참여하였다고 보아야 한다. 이에서 평상시에 군주는 당주 등을 소극적으로 지휘·감독하다가 비상시에 그들에 대한 지휘·감독을 강화하는 양상이었음을 유추해볼 수 있겠다. 결국 주(州)나 그에 버금가는 광역 행정단위의 장관인 군주(軍主)는 행사대등(사대등)의 보좌를 받아서 주(州) 전체의 민정업무를 처리하였고, 주 단위의 행군군단인 주군이나 주병의 편성이나 운용을 통해서 엿볼 수 있듯이 중간 행정단위에 해당하는 군의 중심 행정촌에 파견된 당주나 나두, 도사 등의 협조를 받아서 광역의 행정단위인 주 전체의 군정업무(軍政業務)를 총괄하였다고 정리할 수 있지 않을까 한다.

이상의 검토를 통하여 평상시에 당주 등이 군주의 간섭을 크게 받지 않고 군 단위로 편성된 법당군단을 자치적으로 운용할 수 있었음을 확인할 수 있었는데, 이 점은 신라가 주와 행정촌 사이의 중간 행정단위인 군(郡)을 법당군단을 효율적으로 편성하고 운용하기 위한, 즉 군사적인 목적으로 적극 활용하였음을 시사해주는 측면으로서 유의된다.[115] 그런데 종래에 촌 단위의 부세수취 및 역역징

---

114 百濟王明襛與加良 來攻管山城 軍主角干于德·伊湌耽知等逆戰失利. 新州軍主金武力以州兵赴之 及交戰 裨將三年山郡高于都刀急擊殺百濟王. 於是 諸軍乘勝大克之 斬佐平四人 士卒二萬九千六百人 匹馬無反者(『삼국사기』 신라본기제4 진흥왕 15년 가을 7월).

115 『삼국사기』 잡지제3 지리1에 尙州와 良州, 康州의 郡 숫자는 33개였다고 전한다. 이 가운데 王京 근처에 위치한 임관군(모화군), 상성군(서형산군), 대성군은 통일 이후에 설치되었다. 그리고 문무왕 5년에 삽량주를, 문무왕 20년에 금관소경을 설치하였다. 이들은 이전에 모두 군으로 편제되었다고 볼 수 있다. 따라서 통일 이전 3주에 존재한 군은 32개라고 볼 수 있다. 한편 태종무열왕대 신라의 북서쪽 국경선이 칠중성(경기도 파주시 적성면 구읍리 중성산에 있는 산성)이었고, 태종무열왕 5년(658)에 사람들이 능히 편안할 수 없어서 北小京(강원도 강릉시)을 혁파하였다고 전하니, 당시 북동쪽 국경선은 강릉 부근으로 추정된다. 태종무열왕대 북서와 북동쪽 국경선이 이와 같았음을 염두에 둘 때, 漢州와 朔州, 溟州의 郡 가운데 당시에 신라 영토에 위치한 것으로서 漢州의 잉근내군, 술천군,

발의 비균질성을 극복하기 위하여 군을 설정하였고, 나아가 국가가 군(郡)을 기본 단위로 하여 부세를 수취하거나 역역을 징발하도록 명령을 내리면, 각 촌(행정촌)에 파견된 도사들과 재지유력자인 촌주들이 서로 협의하여 다시 각 촌에 그것들을 각기 분담하였을 것이라고 주장한 견해가 있었다.[116] 이 견해에 따르면, 중고기에 수취체계상에서도 군이 중심적인 역할을 수행하였다고 보아야 하므로 당시에 군사(軍事)와 민사상(民事上)에서 군의 행정력이 강력하였다고 이해할 수 있다. 그러나 중고기에 군 단위로 지방관을 파견하지 않은 현실을 감안하건대, 이와 같은 이해가 과연 가능할까에 관해서는 매우 회의적이다.

남산신성비에서 비록 군 단위로 작업구간을 일차적으로 나누기는 하였지만, 그러나 각 행정촌 단위로 다시 그것을 세분하여 성을 쌓았음이 확인된다. 제1비는 아량촌(阿良村), 제2비는 아대혜촌(阿大兮村), 제9비는 급벌군 가운데 이동성(촌)[伊同城(村)]과 그 예하의 자연촌을 중심으로[117] 축성(築城)하였음을 알려주고 있다. 비록 역부를 징발하거나 성을 쌓는 과정에서 군상촌주(郡上村主)나

금물노군, 개차산군, 나혜홀(군), 매홀군, 당성군, 율목군, 장항구현(장구군), 주부토군, 북한산군, 매성현(내소군), 천정구현(교하군), 마홀군과 삭주의 평원군, 나토군, 나이군, 급벌산군, 근평군 및 溟州의 굴화군, 야시홀군, 우시군, 우진야현(울진군), 나생군, 실직군 등 25군을 들 수 있다. 이밖에 2~3개의 군이 신라 영토에 더 포함되었을 가능성도 배제할 수 없다. 『삼국사기』 지리지의 내용을 존중할 때, 무열왕대 신라의 군 숫자는 대략 57~60개 정도였다고 볼 수 있다. 그런데 상주와 양주, 강주의 군당 평균 영현 수는 약 2.7개(소경과 주 제외)인 반면에 위에서 거명한 한주 등 3주의 군당 평균 영현 수는 약 1.8개(소경과 주 제외)이다. 한주 등 3주의 군당 평균 영현 수가 적었음을 감안하건대, 본래 통일 이전에 그들 지역에 설치된 군의 수가 『삼국사기』 지리지에 전하는 것보다 더 적었을 가능성이 높지 않았을까 여겨진다. 이렇게 본다면, 통일 이전에 신라 영역에 군이 50여 개 정도가 있었다고 이해하여도 크게 잘못은 없을 듯싶다. 이러한 숫자는 외여갑당의 법당주 52인과 거의 비슷한 수치로서 매우 흥미롭다.

116 김재홍, 2001 앞의 논문, 100~104쪽.
117 주보돈, 1994 「남산신성의 축조와 남산신성비 제9비」 『신라문화』 10; 2002 『금석문과 신라사』, 지식산업사, 290쪽.

군중상인(郡中上人)이 관여하였을 것으로 추정되지만, 그러나 직접 성을 쌓을 때에는 거기에 동원된 행정촌의 지배세력이 성도상(城徒上)[아량촌(阿良村)],[118] 작상인(作上人)[아대혜촌], 성도상인(城徒上人)[이동촌]으로서 축성과정을 주도하였음을 감안할 때, 군 촌주나 상인(上人)의 역할은 매우 제한적이었을 것으로 짐작된다.[119]

영천청제비(永川菁堤碑) 정원명(貞元銘)에 원성왕 14년(798)에 영천 청제를 수치(修治)할 때, 집사부의 차관 전대등(典大等)이 절화(切火)와 압훼(押梁)[압독(押督)] 2군(郡)에서 조역(助役)을 동원하였다고 전한다. 압훼군(押梁郡), 즉 장산군(獐山郡) 예하에 해안현(解顔縣), 여량현(餘糧縣), 자인현(慈仁縣)이, 절화군(切火郡)[임고군(臨皋郡)] 예하에 장진현(長鎭縣), 임천현(臨川縣), 도동현(道同縣), 신령현(新寧縣), 민백현(黽白縣)이 존재하였다. 두 군의 영현(領縣)에 대한 언급이 없는 것으로 보건대, 압훼군과 절화군에서 동원된 조역에는 두 군의 군치(郡治)에 거주하는 주민들뿐만 아니라 그 예하의 현에 거주하는 주민들도 포함되었다고 판단된다. 이러한 측면에서 영천청제비 정원명은 8세기 말에 요역징발과정에서 군이 주와 현 사이의 중간 행정단위로서 나름 기능하였음을 알려주는 유력한 자료로 이해할 수 있다.

통일기에 요역징발과정에서 군이 주도적인 역할을 수행한 사례가 있었음을 감안하건대, 당시 지방행정체계상에서도 군이 주와 현 사이의 중간 행정단위로서 나름의 정체성을 확보하였다고 말할 수 있다. 중고기 말부터 군에 태수(太守)를 파견하고, 그와 동시에 행정촌을 현(縣)으로 재편하는 작업을 진행하였는데,

---

118 기존에 이를 城使上이라고 판독하였으나 윤선태, 2002 앞의 논문, 137~138쪽에서 城徒上으로 새로 판독하였다.

119 이수훈, 1996 앞의 논문에서 성·촌의 역역편성이 개별 郡과 연결되었지만, 실질적으로 축성공사를 담당한 주체는 군이 아니라 성·촌이었으며, 통일기에 가서야 군이 역역편성의 단위로서 정착되었다고 주장하였다.

이것을 계기로 지방행정체계상에서 나름대로 군이 주와 현 사이의 중간 행정단위로서 자리매김하였던 것으로 보인다. 그런데 군의 행정력 강화는 행사대등(行使大等)의 역할 축소와 밀접한 상관관계를 가졌다고 보지 않을 수 없다. 통일기에 행사대등이 존재하였다는 증거는 찾을 수 없다. 대신 주의 장관인 도독(都督)의 속료(屬僚)로서 주조(州助)와 장사(長史) 등이 존재하였음이 확인된다. 주행사대등이 결과적으로 도독의 속료조직으로 전환되었다고 볼 수 있는 것이다. 군의 행정력 강화, 주행사대등의 도독의 속료로의 전환 등의 문제 등에 대해서는 3부에서 상세하게 고찰하도록 하겠다.

3. 주제(州制)와 군주(軍主)

1) 상·하·신주(上·下·新州)의 폐지와 9주의 성립

현재 학계에서 통일기 이전에 설치한 주가 무엇인지에 대하여 논란이 분분하다. 이는 같은 시기의 문헌자료와 금석문에 지역명을 관칭한 주(州)와 상·하주, 신주와 같은 추상적인 명칭의 주(州)가 서로 섞여서 나온 사실에서 기인한 바 크다. 일단 7세기 중반에 실재한 주와 관련하여 다음의 기록이 주목된다.

김유신(金庾信)을 대장군(大將軍)으로 삼고, 인문(仁問)·진주(眞珠)·흠돌(欽突)을 대당장군(大幢將軍)으로, 천존(天存)·죽지(竹旨)·천품(天品)을 귀당총관(貴幢摠管)으로, 품일(品日)·충상(忠常)·의복(義服)을 상주총관(上州摠管)으로, 진흠(眞欽)·중신(衆臣)·자간(自簡)을 하주총관(下州摠管)으로, 군관(軍官)·수세(藪世)·고순(高純)을 남천주총관(南川州摠管)으로, 술실(述實)·달관(達官)·문영(文穎)을 수약주총관(首若州摠管)으로, 문훈(文訓)·진순(陳純)을 하서주총관(河西州摠管)으로, 진복(眞福)을 서당총관(誓幢摠管)으로, 의광(義光)을 낭당총관(郎幢摠管)으

로, 위지(蔚知)를 계금대감(罽衿大監)으로 삼았다(『삼국사기』 신라본기제6 문무왕

원년 가을 7월 17일).

　위의 기록은 문무왕 원년(661) 7월 당나라 소정방(蘇定方)의 고구려출정에 맞
추어 응원하라는 당의 요청에 따라 임시로 편성한 행군군단에 관한 내용이다.
여기에 전하는 총관(摠管)은 주(州)의 장관이 아니라 대규모 정벌을 위해 임시로
편성한 행군군단의 지휘관을 가리킨다. 당나라에서 전시(戰時)에 출정군, 즉 행
군군단을 편성하고 그것의 지휘관으로서 임시로 행군총관(行軍摠管)을 임명하였
는데, 신라는 삼국통일전쟁 중에 출정군, 즉 임시로 행군군단을 편성하고, 당나
라의 사례를 수용하여 그 지휘관을 총관(摠管)이라 불렀던 것이다.[120] 일단 위의
기록을 통하여 문무왕 원년(661) 무렵에 상주(上州)와 하주(下州), 남천주(南川州),
수약주(首若州), 하서주(河西州)가 존재하였음을 살필 수 있다. 이외에 다른 주가
더 있었을 가능성은 없었을까?
　신라가 9주를 완비한 시기는 신문왕 5년(685)이다. 기본적으로 원신라와 고구
려, 백제지역에 각각 3주씩 설치하였다. 백제지역에는 소부리주(所夫里州)[후에
웅천주(熊川州)로 개칭], 발라주(發羅州)[후에 무진주(武珍州)로 개칭],[121] 완산주
(完山州)를 각각 설치하였고, 원고구려지역에는 위의 기록에 보이는 남천주(南川
州)[후에 한산주(漢山州)로 개칭], 수약주(首若州)[후에 비열홀주(比列忽州)로 개칭
하였다가 다시 복구], 하서주(河西州)[하슬라주(何瑟羅州)]를 설치하였다. 원신라
지역에 설치한 주(州)는 위의 기록에 보이는 상주와 하주임이 분명하다. 원신라

---

120 최상기, 2015 「6~7세기 신라 장군의 역할과 운용」 『역사와 현실』 97, 80쪽.
121 『삼국사기』 신라본기에 문무왕 18년(678)에 阿湌 天訓을 武珍州都督으로 삼았다고 전하
　　지만, 그러나 신문왕 6년(686)에 發羅州를 郡으로 삼고 武珍郡(지금의 광주광역시)을 州
　　로 한다는 또 다른 기록에 의거할 때, 앞의 기록에 전하는 무진주는 발라주를 잘못 기술한
　　것으로 봄이 타당할 듯싶다.

지역에 이들 이외에 또 다른 주가 더 존재하지 않았다는 사실은 문무왕 5년(665)에 상·하주의 영역을 분할하여 삽량주(歃良州)를 설치하였던 사실을 전하는 다음의 기록을 통하여 입증할 수 있다.

문무왕 5년, 인덕(麟德) 2년에 상주(上州)와 하주(下州)의 땅을 분할하여 삽량주(歃良州)를 설치하였다.[122]

통일기의 9주 가운데 원신라지역에 해당하는 주는 사벌주(沙伐州), 삽량주, 청주(菁州)이다. 청주는 신문왕 5년(685)에 거열주(居烈州)를, 사벌주는 신문왕 7년(687)에 일선주(一善州)를 개칭한 것이었다. 따라서 신문왕 5년 9주를 완비할 때, 원신라지역에는 삽량주, 거열주, 일선주가 존재한 셈이 된다. 이들 주는 문무왕 5년에 상주·하주의 영역을 분할하여 삽량주를 설치한 결과를 반영한 것으로 추정된다. 이렇다고 한다면, 문무왕 5년 이전 시기에 원신라지역에 상주와 하주 이외에 또 다른 주가 존재하였을 가능성은 희박하다고 하겠다.

그런데 여기서 한 가지 궁금한 사항은 문무왕 5년(665)에 상주와 하주의 영역을 분할하여 삽량주를 설치한 후에도 상주·하주와 같은 주명을 계속하여 사용하였을까의 여부이다. 우선 이와 관련하여 『삼국사기』 잡지제9 직관(하) 무관 범군호 6정조에 문무왕 13년(673)에 상주정(上州停)을 귀당(貴幢)으로 고치고,[123] 신문

---

122 文武王五年 麟德二年 割上州·下州地 置歃良州(『삼국사기』 잡지제3 지리1 양주).

123 상주정을 문무왕 13년에 귀당으로 개칭하였다고 전하지만, 문무왕 13년 이전 기록에 귀당에 관한 정보가 전하므로 이것을 그대로 신뢰하기 어렵다. 『삼국사기』 열전제4 사다함조에 진흥왕 23년(562) 신라가 대가야를 정복할 때에 斯多含을 貴幢裨將으로 삼았다고 전한다. 이것은 진흥왕 23년 이전에 귀당을 창설하였음을 알려준다. 『삼국사기』 열전제7 눌최조에 貴幢이 진평왕 46년(624)에 速含城 등의 전투에 참전하였다는 기록이 전한다. 또한 문무왕 원년(661) 7월 17일에 고구려 원정을 위해 행군군단을 편성할 때, 天存과 竹旨, 天品을 貴幢摠管으로 임명하였고, 문무왕 8년(668) 6월 21일에 고구려 정벌을 위해

왕 5년에 하주정(下州停)을 혁파하고, 완산정(完山停)을 설치하였다고 전하는 사실을[124] 주목할 필요가 있다. 위의 기록을 그대로 믿을 경우, 상주라는 명칭은 문무왕 13년(673)까지, 하주라는 명칭은 신문왕 5년(685)까지 존속하였다고 볼 수도 있다. 그러면 과연 이와 같이 볼 수 있을까? 이와 관련하여 다음의 기록을 주

행군군단을 편성할 때, 이찬 品日 등을 貴幢摠管으로 임명하였다고 알려졌다. 그리고 문무왕 2년(662) 정월에 貴幢弟監 星川 등이 梨峴戰鬪에서 고구려군을 공격하여 죽인 바 있었다. 진평왕 46년에 貴幢을 지휘한 것은 貴幢幢主였다고 보이며, 문무왕대부터 복수의 고위관료를 摠管으로 임명하여 行軍軍團의 일원인 貴幢의 군사를 지휘하게 한 것으로 이해된다. 이와 더불어 문무왕 13년 이전에 貴幢에 弟監이란 軍官이 존재하였던 것을 통해, 거기에 大監, 少監 등의 軍官도 존재하였음을 추론할 수 있다. 한편 신문왕 4년(684) 11월에 金馬渚에서 悉伏이 반란을 일으켰을 때, 貴幢弟監 逼實이 반란군을 진압하는 도중에 전사하였다. 이처럼 문무왕 13년 이전에 상주정과 별도로 귀당이 전선에 자주 투입되었고, 신문왕 4년에 귀당이 실복의 반란을 진압할 때에 투입되었음을 염두에 둔다면, 문무왕 13년에 上州停을 貴幢으로 개칭한 것이 아니라 上州停을 貴幢에 合屬하였다고 봄이 옳을 것이다. 상주정은 다른 정군단과 마찬가지로 3년을 복무 기한으로 하여 징발된 의무병이 병력자원의 주축이었다고 이해되고 있다. 상주정을 귀당에 합속시킨 것에서 귀당역시 6부 지배층의 자제들을 召募하여 군사로 편성한 것에서 점차 의무병을 군사로 편성한 군단으로 변화되었음을 추론할 수 있다. 귀당이 왕경을 벗어나 전선에 자주 투입되게 되면서 점차 일반 의무병을 군사로 편제하는 군단으로 바뀌었다고 짐작된다. 문무왕 13년(673)은 신라가 당과 힘겨운 전쟁을 치르고 있던 시기였는데, 이때에 一善州에 위치한 상주정과 왕경에 주둔한 귀당을 합친 이유를 정확하게 고구하기 어렵다. 향후의 과제로 남겨둘 수밖에 없다. 한편 문무왕 13년에 상주정을 귀당에 合屬시켰음에도 불구하고, 직관(하) 무관조에 상주정을 귀당으로 개칭하였다고 전하게 된 배경은 귀당의 주둔지를 一善州로 移置하여 상주정과 합친 이후에 그 군단을 상주정이 아니라 귀당이라 불렀던 것에서 찾을 수 있지 않을까 한다(전덕재, 2018 『『삼국사기』의 기록을 통해 본 신라 왕경의 實相- 문무왕대 이후 신라본기와 잡지, 열전에 전하는 기록을 중심으로 -』『대구사학』132, 31~33쪽).

124 六停 一曰大幢 眞興王五年始置 衿色紫白. 二曰上州停 眞興王十三年置 至文武王十三年改爲貴幢 衿色靑赤. … 六曰完山停 本下州停 神文王五年罷下州停 置完山停 衿色白紫(『삼국사기』잡지제9 직관(하) 무관 범군호).

목할 필요가 있다.

　　당나라 군대가 말갈군과 함께 석문(石門)에 주둔하니, 왕이 장군 의복(義福)과 춘장(春長) 등을 보내 방어하게 하였는데, 대방(帶方)의 들에 군영을 설치하였다. … 당나라 군사가 말갈과 함께 미처 진을 치지 아니한 틈을 타서 공격하니 우리 군사가 크게 패하여 장군 효천(曉川)과 의문(義文) 등이 죽었다. … 거열주대감(居烈州大監) 일길간(一吉干) 아진함(阿珍含)이 상장군(上將軍)에게 말하기를, '공 등은 힘을 다하여 빨리 떠나가십시오. 내 나이 이미 70이니 얼마나 살 수 있겠습니까. 이때야말로 나의 죽을 날입니다.'라고 하며, 창을 비껴들고 적진 가운데로 돌입하여 전사하였는데, 그 아들도 따라 죽었다. 대장군(大將軍) 등은 슬며시 서울로 들어왔다(『삼국사기』 열전제3 김유신).

『삼국사기』 신라본기제7 문무왕 12년(672) 7월 기록에 석문전투(石門戰鬪)에서 대아찬 효천(曉川)과 사찬 의문(義文) 등이 전사하였다고 전한다. 이에 따른다면, 위의 기록은 문무왕 12년 7월에 일어난 석문전투와 관련된 자료라고 볼 수 있다. 여기서 문무왕 12년 7월 당시에 일길간 아진함이 거열주대감(居烈州大監)이었다고 하였다. 『삼국사기』 신라본기제5 태종무열왕 8년(661) 2월 기록에 '백제(百濟) 잔적(殘賊)이 사비성(泗沘城)을 공격하자, 왕이 이찬 품일(品日)을 대당장군(大幢將軍)으로 삼고, 잡찬(迊湌) 문왕(文王)·대아찬 양도(良圖)·아찬 충상(忠常) 등으로 그를 보좌하게 하였으며, 잡찬 문충(文忠)을 상주장군(上州將軍)으로 삼고 아찬 진왕(眞王)으로 하여금 그를 보좌케 하고, 아찬 의복(義服)을 하주장군(下州將軍)으로, 무훌(武欻)과 욱천(旭川) 등을 남천대감(南川大監), 문품(文品)을 서당장군(誓幢將軍), 의광(義光)을 낭당장군(郎幢將軍)으로 삼아 가서 구원하게 하였다.'라고 전한다. 태종무열왕 7년(660) 5월 26일에 왕이 유신 등과 함께 군사를 거느리고 서울을 출발하여 6월 18일에 남천정(南川停)에 다다랐다고 신라본기에 전한다.[125] 이에 따른다면 태종무열왕 8년(661) 2월에 무훌과 욱천 등을 바로 정군단인 남천정의 대감(大監)으로 임명하였다고 볼 수 있을 것이다. 동일한 맥락에서 문무왕 12년 7월에 아진함은 거열주에 위치한 거열정(居烈停)의 대감이었다고 봄이 합리적일 것이다.

문무왕 3년(663)에 신라가 백제 거열성을 공격하여 빼앗았다.[126] 이후에 하주의 주치(州治)를 거열지역으로 옮긴 것으로 보인다.[127] 그런데 일반적으로 주치를 옮길 때, 군호(軍號) 6정의 주둔지도 동시에 옮겼던 전통을 감안할 때,[128] 하주에 위치한 정의 소재지 역시 주치를 옮김과 더불어 동시에 옮겼다고 봄이 자연스럽다. 이런 점에서 문무왕 12년 거열지역에 있었던 정의 실체는『삼국사기』잡지제9 직관(하) 무관 범군호 6정조에 전하는 '하주정(下州停)'과 동일한 실체를 이른다고 보아도 무리가 없을 것이다. 문무왕 5년(665) 겨울에 일선주(一善州)와 거열주(居列州)의 백성들로 하여금 군자(軍資)를 하서주로 운반하게 하였다는 기록이 신라본기에 전한다.[129] 이것은 문무왕 5년에 상주와 하주의 땅을 분할하여 삽량주를 설치한 이후, 옛 상주와 하주를 각기 일선주와 거열주로 불렀음을 알려주는 결정적인 증거 자료이다. 신라본기에 문무왕 13년 9월에 거열주(居烈州) 만흥사산성(萬興寺山城) 등을 쌓았다고 전하고, 신문왕 5년 봄에 거열주(居列州)를 빼고 청주(菁州)를 설치하였다고 전하므로, 문무왕 5년부터 신문왕 5년까지 옛 하주지역을 거열주(居列州; 居烈州)라고 불렀음이 확실시된다고 하겠다.

진흥왕순수비 창녕비에서 진흥왕 22년(561)에 정군단의 명칭을 하주정(下州

---

125 夏五月二十六日 王與庾信眞珠天存等領兵出京 六月十八日 次南川停(『삼국사기』신라본기제5 태종무열왕 7년).

126 欽純·天存領兵 攻取百濟居列城 斬首七百餘級(『삼국사기』신라본기제6 문무왕 3년 2월).

127 이 사실은 문무왕 3년 이후의 기록에 거열주란 표현이 나오는 사실을 통하여 확인할 수 있다.

128 이에 대해서는 뒤에서 자세하게 살필 예정이다.

129 冬 以一善·居列二州民 輸軍資於河西州(『삼국사기』신라본기제6 문무왕 5년).

停)이 아니라 하주(下州)의 주치명(州治名)을 관칭(冠稱)하여 비자벌정(比子伐停)이라고 불렸음을 확인힐 수 있다. 이러한 사실과 통일 이전에 통상 주치(州治)에 정군단(停軍團)이 주둔하였던 점을 두루 고려하건대, 거열주의 주치(州治)인 거열에 위치한 정군단을 거열정(居烈停; 居列停)이라 불렸다고 봄이 자연스러울 것이다. 『삼국사기』잡지제9 직관(하) 무관 범군호 6정조에 신문왕 5년(685)에 하주정(下州停)을 혁파하고 완산정(完山停)을 설치하였다고 전하는 것은 실제로는 신문왕 5년에 거열정을 혁파하고 완산정을 설치한 사실을 반영한 것이라고 봄이 옳을 것이다. 동일한 맥락에서 문무왕 5년 이후에 일선주에 위치한 정군단 역시 일선정(一善停)이라 불렸고, 문무왕 13년에 왕경에 위치한 귀당을 일선으로 옮겨 일선정과 합친 이후에, 그것을 귀당이라 불렀다고 보는 것이 합리적이라고 판단된다. 그렇다면 여기서 문제는 무관 범군호 6정조에 왜 거열정이 하주정, 일선정이 상주정이라 전하는가에 관해서이다.

『삼국사기』잡지제9 직관(하) 무관 제군관조에 6정에 각기 장군을 2~4인 두었다고 전한다. 그런데『삼국사기』열전제1 김유신(상)조에 선덕여왕 14년(645), 즉 을사년(乙巳年)에 김유신을 상주장군(上州將軍)으로 삼았고, 태화(太和) 원년 무신(648, 진덕왕 2)에 김유신을 상주행군대총관(上州行軍大摠管)에 임명하였다고 전한다. 한편『삼국사기』신라본기제5 태종무열왕 8년(661) 2월 기록에 잡찬(迊飡) 문충(文忠)을 상주장군(上州將軍), 아찬 의복(義服)을 하주장군(下州將軍)에 임명하였다고 전하고, 문무왕 원년(661) 7월 17일 기록에 품일(品日)·충상(忠常)·의복(義服)을 상주총관(上州摠管), 진흠(眞欽)·중신(衆臣)·자간(自簡)을 하주총관(下州摠管), 군관(軍官)·수세(藪世)·고순(高純)을 남천주총관(南川州摠管), 술실(述實)·달관(達官)·문영(文穎)을 수약주총관(首若州摠管)으로, 문훈(文訓)·진순(眞純)을 하서주총관(河西州摠管)으로 임명하였다고 전한다. '~주장군(州將軍)' 또는 '~주총관(州摠管)'은 주 단위로 편성된 행군군단을 지휘한 것으로 이해된다. 특히 문무왕 원년 행군군단을 편성할 때에 각 주 단위로 편성된 행군군단을 지휘하는 총관에 복수의 인물을 임명하였음을 볼 수 있는데, 6정군단에 복수의 장군을 임명한 것과 상통하는 측면으로 유의된다. 본래 옛 상주와 하주에 위치한 정군단을 주치명을 관칭(冠稱)하여 일선정(一善停), 거열정(居烈停; 居列停) 등이라 불렀음을 앞에서 살핀 바 있다. 이럼에도 불구하고 무관 범군호 6정조 원전의 찬자는 신라 당대에 상주와 하주 단위로 편성한 행군군단의 지휘관을 상주·하주장군 또는 상주·하주총관이라 불렀던 사실을 근거로 하여, 옛 상주와 하주의 주치(州治)에 위치하였던 정군단(停軍團)을 상주정(上州停), 하주정(下州停)이라 표현한 것이 아닌가 한다. 그리고 『삼국사기』 잡지의 찬자는 이러한 원전의 기록을 그대로 전재한 것으로 이해된다. 이렇다고 할 때, 『삼국사기』 잡지제9 직관(하) 무관 범군호 6정조에서 문무왕 13년에 상주정을 귀당으로 개칭하였다거나 신문왕 5년에 하주정을 혁파하고 완산정을 설치하였다라고 기술한 사실을 합리적으로 설명할 수 있음은 물론이다.[130]

이상에서 문무왕 5년(665)에 상주와 하주의 땅을 분할하여 삽량주를 설치하였고, 이후에 옛날 상주는 일선주, 하주는 거열주라고 불렀음을 논증하였다. 그리고 이들 지역에 주둔한 정군단을 일선정, 거열정이라고 불렀으나, 『삼국사기』 잡지제9 직관(하) 무관 범군호 6정조 원전의 찬자가 신라 당대(當代)에 상주와 하주 단위로 편성한 행군군단의 지휘관을 상주·하주장군 또는 상주·하주총관이라고 불렀던 사실을 근거로 하여, 옛 상주와 하주의 주치(州治)에 위치하였던 정군단(停軍團)을 상주정(上州停), 하주정(下州停)이라 표현하였는데, 『삼국사기』 잡지의 찬자가 원전의 내용을 그대로 전재하여 문무왕 13년에 일선정(一善停)이 아니라 상주정(上州停)을 귀당(貴幢)으로 고치고, 신문왕 5년에 거열정이 아니라 하주정(下州停)을 혁파하고 완산정을 설치하였다고 기록하였음을 확인할 수 있었다. 결국 문무왕 5년(665)에 상주와 하주의 땅을 분할하여 삽량주를 설치하였는데, 이

---

130 전덕재, 2021 『삼국사기 잡지·열전의 원전과 편찬』, 주류성, 303~309쪽

때부터 옛 상주지역은 일선주, 하주지역은 거열주라고 불렸고,[131] 이후 신문왕 5년(685)에 거열주를 폐지하고 청주(菁州)를,[132] 신문왕 7년(687)에 일선주를 폐지하고 사벌주(沙伐州)를 설치하였다고 정리할 수 있다.

한편 추상적인 명칭의 주로서 상주와 하주 이외에 신주(新州)가 하나 더 있다. 신주는 진흥왕 14년(553)에 신라가 한강유역을 차지하고 설치한 것이다.[133] 그런데 『삼국사기』 신라본기에서는 신주를 진흥왕 18년(557)에 폐지하고, 북한산주

---

131 결국 상·하주는 530년대부터 문무왕 5년까지 존재하였던 셈이 된다.

132 종래에 거열주는 거열(경남 거창)에 중심을 둔 광역군구 혹은 행정구역으로 현재의 서부 경남에서 전북에 걸쳐 있었고, 신문왕 5년(685)에 전주에 중심을 둔 完山州를 설치하면서 그 나머지 지역을 관할하는 경남 진주에 중심을 둔 菁州를 설치하였다고 이해한 견해가 제기되었다(이인철, 1993 앞의 책, 197쪽; 박성현, 2019 앞의 논문, 274쪽). 이 견해는 『삼국사기』 신라본기제8 신문왕 5년 봄 기록[復置完山州 以龍元爲摠管. 挺居列州以置菁州 始備九州 以大阿湌福世爲摠管]에 근거를 두고 제기된 것이다. 이 기록은 '完山州를 다시 설치하고 龍元을 摠管으로 삼았다. 居列州를 빼서 菁州를 설치함으로써 비로소 9州를 정비하였으며, 대아찬 福世를 총관으로 삼았다.'라고 해석할 수 있다. 신라본기에 진흥왕 16년(555) 정월에 比斯伐(경남 창녕)에 完山州를 설치하였고, 진흥왕 26년(565) 9월에 完山州를 폐하고 大耶州(경남 합천)를 설치하였다고 전하는데, 이에 따라 685년에 完山州를 다시 설치하였다고 언급한 것이다. 이 기록이 오류가 있다는 사실은 앞에서 자세하게 언급한 바 있다. 여기서 주목되는 것은 '거열주를 빼서 菁州를 설치하였다[挺居列州以置菁州]'라고 표기한 사실이다. 이것을 그대로 믿으면 거열주 가운데 일부를 빼서 청주로 삼았다고 해석할 수 있고, 따라서 거열주는 685년에 설치한 완산주와 청주의 영역을 망라하였다고 볼 수도 있기 때문에 위의 견해가 타당하다고 이해할 수 있을 것이다. 그러나 문무왕 5년(665)에 上州와 下州의 땅을 분할하여 歃良州를 설치하면서 옛 상주지역을 一善州, 옛 하주지역을 居烈州라 불렸음을 감안하건대, 이러한 견해를 그대로 수용하기 어렵다. 『삼국사기』 찬자가 비사벌에 설치한 완산주와 거열주를 모두 오늘날 경남지역을 포괄하는 옛 하주지역에 위치한 주로 이해한 다음, 685년에 완산주를 다시 설치하였다고 기록하고, 이어 옛 하주지역 가운데 居陀州, 즉 거열주의 영역만을 빼서, 또는 나누어서 菁州를 설치하였다고 기록한 것으로 봄이 합리적이라고 판단된다.

133 取百濟東北鄙 置新州 以阿湌武力爲軍主(『삼국사기』 신라본기제4 진흥왕 14년 가을 7월).

를 설치하였다고 전한다.[134] 이에 의거할 때, 신주는 약 4년 동안 존속하다가 폐지된 셈이 된다.[135] 과연 그러하였을까?

여기서 신주의 존속 기간과 관련하여『삼국사기』신라본기에 나오는 주의 치폐(置廢) 관련 기사 가운데 일부는 주명(州名) 자체의 변화를 말하는 것이 아니라 주치를 옮긴 사실을 반영한 것임을 유의할 필요가 있겠다. 상주와 하주는 문무왕 5년에 일선주와 거열주로 개칭되었기 때문에 그 이전 시기에 원신라지역에는 상주와 하주만 존재하였지, 일선주와 대야주(문무왕 3년 무렵에 거열주로 개칭)라는 명칭의 주는 존재하지 않았다고 말할 수 있다. 이럼에도 불구하고『삼국사기』신라본기에서는 그 이전 시기에 마치 이러한 명칭의 주가 상·하주와 더불어 병존하였던 것처럼 기술하였던 것이다.[136] 이와 같은 상·하주의 사정을 감안할 때, 추

---

134 廢新州 置北漢山州(『삼국사기』신라본기제4 진흥왕 18년).

135 종래에 556년 무렵을 전후하여 新州가 소멸된 것으로 이해한 견해도 있다(주보돈, 1998 앞의 책, 108~109쪽).

136 『삼국사기』신라본기에는 진흥왕 18년(557)에 沙伐州를 폐지하고, 甘文州를 설치하였다고 전하고, 진평왕 36년(614)에 沙伐州를 폐지하고 一善州를 설치하였다고 전한다. 또한 진흥왕 26년(565)에 完山州를 폐지하고 大耶州를 설치하였다고 전한다. 한편 신라본기에 진흥왕 16년(555) 정월에 비사벌(경남 창녕)에 완산주를 설치하였고, 신문왕 5년(685) 봄에 완산주를 다시 설치하였다고 전한다. 완산은 현재 전라북도 전주시에 해당한다. 진흥왕 16년(555)에 전주시는 백제의 영토였기 때문에 '완산주를 설치하였다.'는 표현은 그대로 믿기 어렵다. 일반적으로 완산주는 比斯伐州의 잘못으로 보기도 하나(정구복 등, 2012 『개정증보 역주 삼국사기』3(주석편상), 한국학중앙연구원출판부, 124쪽),『삼국사기』잡지제3 지리1 양주 화왕군조에 진흥왕 16년에 (比自火에) 州를 설치하고 이름을 下州라고 불렀다고 전하기 때문에 그대로 받아들이기 어렵다. 530년대에 상주와 하주를 설치하였으므로, 진흥왕 16년에 比斯伐州를 설치하였거나 下州를 설치하였다고 보기도 어렵다. 『삼국사기』신라본기 중고기 기록에 停軍團을 설치하거나 혁파한 사실이 州를 설치하거나 폐지하였다고 기술되어 있는 사실,『삼국사기』잡지제9 직관(하) 무관 범군호 6정조에 '신문왕 5년(685)에 하주정(下州停)을 혁파하고 완산정(完山停)을 설치하였다.'라고 전하는 것에서 알 수 있듯이 居列停, 大耶停과 함께 比子伐停을 통칭하여 하주정이라 불렀고, 이것들을 모두 완산정의 전신으로 이해하였던 사실 등에 기초하여 8세기 전반 성덕왕 때

상적인 명칭의 신주(新州)가 진흥왕 18년에 폐지되었다고 전하는『삼국사기』신라본기의 기록도 재검토의 여지가 있다고 하겠다. 실제로 다음의 기록은 진평왕 33년(611)까지 신주란 주명을 계속하여서 사용하였음을 증명해주는 자료로서 주목된다.

건복(建福) 27년 경오년(진평왕 32, 610)에 진평대왕이 [찬덕(讚德)을] 가잠성 현령(假岑城縣令)으로 삼았다. 다음해 신미년(611) 겨울 10월에 백제가 대군을 출동시켜서 가잠성을 공격하여 100일이 지났다. 진평왕은 장수에게 명하여 상주·하주·신주의 군대[上州·下州·新州之兵]로써 (가잠성을) 구하게 하였다(『삼국사기』 열전제7 해론).

위의 기록은 대규모 전쟁을 수행하기 위하여 임시로 편성한 행군군단과 관계된 내용인데, 상·하주지병과 동일한 성격의 신주지병(新州之兵)을 언급한 것으로 보아, 상·하주와 같은, 즉 광역의 행정구역단위인 신주가 신미년, 즉 진평왕 33년(611)까지 존속했음이 분명하다고 하겠다. 이에 의거할 때, 진평왕 33년 이전 『삼국사기』 신라본기에 전하는 (북)한산주[(北)漢山州]에서 남천주(南川州)로, 다시 남천주에서 한산주로의 개칭 사실은[137] 상·하주의 경우와 마찬가지로 주명(州名) 자체의 변화가 아니라 주치(州治)를 옮긴 사실을 반영한 것이라 이해함이 더 타당할 듯싶다. 그런데 문무왕 원년(661)에는 분명히 신주란 주명은 존재하지 않

에 진흥왕 16년 정월에 '下州의 治所인 비사벌에 왕경인 출신 군사를 중심으로 편성한 比斯伐停을 설치한 사실'을 '비사벌에 완산주를 설치하였다.'고 고쳐 기술하였고, 『삼국사기』 찬자가 이것을 그대로 신라본기에 인용하였기 때문에 완산주 관련 신라본기 기록에 오류가 생겼던 것으로 이해된다(전덕재, 2018 앞의 책, 84~88쪽).

137 『삼국사기』 신라본기에 진흥왕 29년(568) 10월에 북한산주를 폐지하고 남천주를 설치하였으며, 진평왕 26년(604)에 남천주를 폐지하고 북한산주를 다시 설치하였다고 전한다.

았다. 이것은 진평왕 33년(611)에서 문무왕 원년(661) 사이의 어느 시기부터 신주란 주명을 사용하지 않았음을 의미하는 것이다. 그러면 구체적으로 어느 시기부터 신주란 주명을 사용하지 않았을까? 이러한 의문을 해결하기 위하여 우선 당시 신주의 영역을 검토할 필요가 있겠다.

이 해에 백제가 한성(漢城)과 평양(平壤)을 버렸다. 신라는 이로 말미암아 한성에 들어가 거주하였다. 지금 신라의 우두방(牛頭方)과 니미방(尼彌方)이다 (『일본서기』권19 흠명천황(欽明天皇) 13년).

위의 자료는 551년에 백제가 차지한 한강 하류를 553년에 신라가 무력으로 빼앗은 사실을 기록한 것이다.[138] 위의 기록에 나오는 한성은 백제의 옛 수도인 풍납토성과 그 주변지역을 가리키는 것이고, 평양은 오늘날 한강 이북의 서울에 위치한 고구려 북한산군(北漢山郡)의 별칭인 남평양(南平壤)을 가리킨다. 여기서 신라가 차지한 영역을 우두방과 니미방이라고 하였는데, 강원도 춘천의 옛 지명이 우두(牛頭)[또는 우수(牛首), 수약(首若)]이므로 위의 기록에 보이는 우두방은 그곳을 가리킨다고 봄이 합리적이다. 따라서 553년 무렵에 신라가 북한강 상류인 강원도 내륙지방을 차지하였다고 이해할 수 있다. 한편 니미방의 경우 이에 대응되는 지명을 『삼국사기』 지리지에서 찾을 수 없다. 그런데 니미(尼彌)라는 표현을 주목할 때, 본래 고구려에서 내이미(內尒米)라고 불렸던 견성군(堅城郡) 사천현(沙川縣)이 주목된다.[139] 음운상으로 니미와 내이미는 서로 통한다고 여겨지

---

138 欽明天皇 13년은 기년상으로 552년에 해당한다. 그런데 『삼국사기』에서 신라가 한강유역을 차지한 것은 553년이었다고 하였다. 기년상의 차이는 『일본서기』 찬자의 실수로 발생하였다고 봄이 자연스럽다.

139 堅城郡 本高句麗馬忽郡 景德王改名 今抱州. 領縣二 沙川縣 本高句麗內乙買縣 景德王改名 今因之(『삼국사기』 잡지제4 지리2 한주).

기 때문이다.[140] 『신증동국여지승람』 권11 경기도 양주목조에 사천현은 주(州)의 북쪽 30리 지점에 위치한다고 전하므로 내이미를 오늘날 경기도 동두천시 송내동 일대로 고증할 수 있다.[141] 따라서 553년에 신라가 빼앗은 영역은 북한강 상류의 강원도 내륙지방에서 한강 하류지역을 망라하였다고 정리할 수 있겠다. 신라가 553년에 한강 하류지역을 백제에게서 차지하고 신주를 설치하였으므로, 신주의 영역은 한강 하류의 경기도지방만이 아니라 그것과 강원도 내륙지방까

한편 잡지제6 지리4 고구려 한산주조에서 內乙買를 內尒米라고도 불렀다고 전한다.

140 여호규, 2020 「고구려의 한반도 중부지역 지배와 한성 별도의 건설」『한국고대사연구』99, 242쪽에서 牛頭方이 牛首州로 백제의 5方에 상응하므로 尼彌方도 신라의 광역행정구역인 州에 대응되었다고 보아야 하고, 따라서 니미방은 신라가 백제의 동북방 곧 한강 하류 일대를 점령하고 설치한 '新州'를 지칭한다고 생각되며, 이러한 점에서 尼彌方은 尼彌와 음이 유사한 南買(南川; 경기도 이천시)에 治所를 두었던 568년~604년경의 新州를 지칭할 가능성이 높다는 견해를 제기하였다. 백제가 신라의 州에 비견된 지방행정단위로서 지방에 5方을 두었고, 『日本書紀』기록의 출처가 백제였을 가능성이 높다는 점에서 尼彌方을 南買와 연결시켜 이해하는 것은 충분히 경청할만한 가치가 있다고 할 수 있다. 『삼국사기』지리지에서 水城郡은 본래 高句麗 買忽郡, 伊川縣은 본래 高句麗 伊珍買縣, 述川郡은 혹은 省知買, 水谷城縣은 혹은 買旦忽, 橫川縣은 혹은 於斯買, 深川縣은 혹은 伏斯買, 狌川郡은 혹은 也尸買, 水入縣은 혹은 買伊縣이라 전하므로, 고구려어 買가 '水', '川'과 상통하는 글자임을 알 수 있다. 또한 현재 인천광역시에 해당하는 買召忽을 彌鄒忽이라고도 부른 것으로 보아 '彌' 역시 '水' 또는 '川'과 통하는 글자임을 엿볼 수 있다. 따라서 南買를 南彌라고도 표기할 수 있지만, 그러나 '南'과 '尼'가 음운상 통하는 것인가에 대하여 의문이 있을 수 있다. 한편 553년에 설치한 신주의 治所는 南川으로 추정되긴 하나, 선덕여왕 6년(637)에 신주를 분할하여 우수주와 한산주를 설치할 때까지 강원도 춘천지역에 위치한 우두는 하나의 군에 불과하였기 때문에 백제의 5方과 연결시켜 이해하는 것에 쉽게 수긍하기 어렵다. 南買(南彌)와 尼彌의 음이 유사하다고 보기 어려운 점, 553년 당시 우두는 주가 아니라 군에 불과하였던 점을 염두에 둔다면, 우두방은 우두의 방면에 위치한 지역, 니미방은 니미의 방면에 위치한 지역을 가리키는 표현으로서, 우두방과 니미방은 당시 고구려와 백제에게서 빼앗은 전략적 거점지역을 의미하는 표현으로 해석하는 것이 바람직하다고 판단된다.

141 정구복 등, 2012 『개정증보 역주 삼국사기』4(주석편하), 한국학중앙연구원출판부, 257~258쪽.

지 포괄하였다고 봄이 자연스럽다.[142]

　문무왕 원년(661)에 실재한 주 가운데 이 영역을 포괄하는 주는 남천주와 수약주이다. 이는 진평왕 33년(611)에서 문무왕 원년(661) 사이에 신주의 영역을 분할하여 남천주와 수약주를 설치하였던 결과와 관련이 깊다고 하겠다. 신주의 영역을 분할하여 남천주와 수약주를 설치하였던 구체적인 시기와 관련하여 우수주(수약주)의 설치 시기가 우선 유의된다. 『삼국사기』 잡지제4 지리2 삭주조에 '선덕왕(善德王) 6년, 당나라 정관(貞觀) 11년(637)에 우수주(牛首州)를 설치하고 군주(軍主)를 두었다.'고 전한다. 한편 『삼국사기』 신라본기에 진덕왕 원년(647)에 대아찬 수승(守勝)을 우두주군주로 임명하였고, 태종무열왕 2년(655)에는 우수주(牛首州)에서 백록(白鹿)을 헌상하였다고 전한다. 여기서 우수주의 설치와 관련시켜 한 가지 고려할 사항은 진평왕 33년(611) 이전 『삼국사기』 신라본기에 전하는 지역명을 관칭(冠稱)한 주(州)의 치폐(置閉) 관련 기사가 주치를 옮긴 사실과 연관성이 있다는 사실이다. 따라서 선덕여왕 6년 우수주의 설치를 신주의 주치를 한산에서 우수로 옮겼던 사실을 반영한 것으로 이해할 수도 있다.

　그러나 이러한 가정은 태종무열왕과 문무왕대 옛 신주의 영역에 한산주(또는 남천주), 우수주 등 2개의 주가 실재하였다는 사실을 만족스럽게 설명하지 못하

142　551년에 신라가 한강 상류에 위치한 10군을, 553년에 한강 하류에 위치한 6군을 차지하였는데, 한강 상류의 10군은 북한강 상류의 牛頭(郡)와 斤平郡(嘉平郡: 경기도 가평군 가평읍), 楊口郡(楊麓郡: 강원도 양구군 양구읍), 狌川郡(狼川郡: 강원도 화천군 화천읍)과 남한강 상류의 平原郡(北原京: 강원도 원주시), 奈吐郡(奈堤郡: 충북 제천시), 그리고 죽령과 계립현 서쪽에 위치한 仍斤內郡(槐壤郡: 충북 괴산군 괴산읍), 沭川郡(沂川郡: 경기도 여주시 흥천면), 今勿奴郡(黑壤郡: 충북 진천군 진천읍), 皆次山郡(介山郡: 경기도 안성시 죽산면)이었다고 보인다. 그리고 한강 하류의 6군은 漢山郡, 北漢山郡, 買忽郡(水城郡: 경기도 수원시), 栗津郡(栗木郡: 경기도 과천시), 主夫吐郡(長堤郡: 인천광역시 계산동·임학동 일대), 馬忽郡(堅城郡: 경기도 포천시 군내면) 등으로 짐작된다(전덕재, 2009b 「신라의 한강유역 진출과 지배방식」『향토서울』73, 103~111쪽). 한강 상류의 10군과 한강 하류의 6군이 바로 신주의 영역이었다고 이해할 수 있다.

기 때문에 받아들이기 곤란하다. 따라서 우수주의 설치는 기존의 신주지역을 분할하여 하나의 주를 더 신설한 사실과 연관시켜 이해하는 것이 무리가 없다고 보인다. 아마도 선덕여왕 6년(637)에 신주의 영역을 분할하여 우두주를 설치하고, 우두주의 영역에 포괄되지 않은 신주의 영역은 기존 신주의 주치였던 한산이라는 지명을 따서 한산주로 명명하였던 것으로 추정된다.[143] 물론 이후에 주치를 남천으로 옮기면서 남천주라 불렀다고 볼 수 있다.[144] 이러한 이유 때문에 진평왕대 이후의 문헌기록이나 금석문에서 신주란 명칭이 더 이상 보이지 않았던 것이다.

한편 문무왕 원년 행군군단의 편성을 전하는 앞의 기록에 남천주와 수약주 이외에 광역의 행정구역단위로 당시에 동해안지역에 위치한 하서주(河西州)의 존재가 더 보인다. 진흥왕순수비 창녕비의 내용을 통하여 진흥왕 22년(561)에 동해안지역에 사대등(使大等)이 파견되긴 하였지만,[145] 그때까지 그곳에 주를 설치하지 않았음을 살필 수 있다.[146] 그런데 문무왕 원년에 동해안지역에 하서주란 광

---

143 추상적인 명칭의 주에서 지역명을 관칭한 주로 州名을 변경한 것은 이때가 처음이었다. 그런데 당시에 주의 성격 자체에 어떤 변화가 있었다는 사실은 추적하기 곤란하다. 상·하주를 분할하여 삽량주를 설치하면서 州 자체의 성격에 약간의 변화가 나타나기 시작하였고, 그것이 완전히 변화된 시점은 9주체제가 갖추어진 신문왕 5년 무렵이라 할 수 있다. 이에 대해서는 뒤에서 보다 자세하게 언급할 것이다.

144 선덕여왕 6년(637)에 新州를 牛頭州와 漢山州로 분리한 이후, 한동안 州治는 北漢山이었다가 태종무열왕 7년(660) 5월 무렵에 漢山停을 南川停으로 옮긴 다음, 州治 역시 漢山에서 南川으로 옮기면서 漢山州를 폐지하고 南川州를 설치하였다가 다시 문무왕 4년(664) 정월에 남천주를 폐지하고 한산주를 설치하였음이 확인된다.

145 진흥왕 22년(561)에 건립된 진흥왕순수비 창녕비에 '于抽悉(支河)西阿郡使大等이 喙의 北尸知大奈末, 沙喙의 須□夫知奈末이다.'라고 전한다. 여기서 우추군은 경북 울진군 울진읍, 실지군은 강원도 삼척시, 하서아군은 강원도 강릉시에 해당한다.

146 『삼국사기』 신라본기에 지증왕 6년(505) 2월에 동해안지역에 悉直州(강원도 삼척시)를 설치하였다고 전하고, 異斯夫의 울릉도 정복 관련 사실을 전하는 지증왕 13년 6월 기록을 통해 지증왕 13년(512) 무렵에 실직주를 폐지하고 何瑟羅州(강원도 강릉시)를 설치하

역의 행정구역단위가 존재하였음이 확인되므로 하서주가 설치된 시기는 진흥왕 22년에서 문무왕 원년 사이라고 말할 수 있다.

그러면 구체적으로 언제 동해안지역에 하서주를 설치하였을까?. 일단 이와 관련시켜 선덕여왕 8년(639)에 하슬라주를 북소경(北小京)으로 삼았다가 태종무열왕 5년(658)에 그곳이 말갈(靺鞨)과 연접해 있어서 사람들이 불안하다는 이유로 소경을 주(州)로 삼고, 도독(都督)을 두어서 지키게 하였다는 사실이 주목된다.[147] 중고기에 소경은 광역의 행정구역단위인 상주(上州)와 하주(下州)에 비견

였음을 살필 수 있다. 또한 신라본기에 진흥왕 17년(556) 7월에 比列忽州(북한 강원도 안변군 안변읍)를 설치하고, 沙飡 成宗을 軍主로 삼았고, 진흥왕 29년(568) 10월에 비열홀주를 폐지하고 達忽州(강원도 고성군 간성읍)를 설치하였다고 전한다. 또한 선덕여왕 8년(639) 2월에 何瑟羅州를 北小京으로 삼았다고 하였는데, 이를 통해 진흥왕 29년에서 선덕여왕 8년 사이에 달홀주를 폐지하고 하슬라주를 설치하였다고 추론할 수 있다. 『삼국사기』 신라본기에서 진흥왕 16년(556) 7월에 비열홀주를 설치하였다고 하였지만, 진흥왕 22년(561)에 건립된 진흥왕순수비 창녕비에 碑利城軍主라 전할 뿐이고, 여기에 동해안지역에 신라에서 州를 설치하였다는 정보는 전하지 않기 때문에 진흥왕 16년에 비열홀주를 설치하였다고 보기 어렵다. 637년(선덕여왕 6) 이전까지 신라에 上州와 下州, 新州만이 존재하였다. 따라서 진흥왕 22년에서 선덕여왕 6년까지 동해안지역에 비열홀주와 달홀주, 하슬라주가 존재하였다고 보기 어렵다. 필자는 전에 중대 성덕왕대에 軍主를 州의 장관으로 이해한 다음, 군주가 지휘하는 6정군단이 지증왕 6년 2월, 지증왕 13년, 진흥왕 16년, 진흥왕 29년, 진흥왕 29년 이후와 선덕여왕 6년 사이에 실직, 하슬라, 비열홀, 달홀, 하슬라지역에 주둔한 사실을 '실직주, 하슬라주, 비열홀주, 달홀주, 하슬라주를 설치하였다.'라고 고쳐 표현하였고, 이러한 내용을 『삼국사기』 찬자가 신라본기를 찬술할 때에 그대로 전재한 사실을 논증한 바 있다(전덕재, 2018 앞의 책, 80~95쪽).

147 以何瑟羅州爲北小京 命沙飡眞珠鎭之(『삼국사기』 신라본기제5 선덕여왕 8년 봄 2월); 王以何瑟羅地連靺鞨 人不能安 罷京爲州 置都督以鎭之(같은 책, 태종무열왕 5년 3월).
태종무열왕 5년 3월 기록에 何瑟羅州를 설치하고 都督을 두어 지키게 하였다고 전하지만, 『삼국사기』 잡지제4 지리2 명주조에 '善德王 때에 小京으로 삼고 仕臣을 두었다. 太宗王 5년, 당나라 顯慶 3년에 何瑟羅의 땅이 靺鞨과 연접하고 있다고 하여 小京을 혁파하고 州로 삼고 軍主를 두어 지키게 하였다.'고 전한다. 후자의 기록을 주목하건대, 본래 小京을 혁파하고 何瑟羅州를 설치하면서 軍主를 두어 지키게 하였으나, 후대에 軍主를 都督

되는 광역의 행정구역단위는 아니다. 그러므로 여기서 소경과 대치되었다고 언급한 주의 실체를 광역의 행정구역단위인 후대의 하서주(河西州)와 동일시하기는 곤란하다. 그러면 그것은 어떻게 보아야 할까?『삼국사기』잡지제9 직관(하) 무관 범군호 6정조에 태종무열왕 5년에 실직정(悉直停)을 폐지하고, 하서정(河西停)을 설치하였다고 전하는데,[148] 중고기에 군주가 6정군단을 지휘한 군관이었다는 사실을 감안한다면,[149] 태종무열왕 5년 소경과 대치된 주의 실체는 바로 하서정(河西停)을 가리킨다고 봄이 자연스럽다. 따라서 북소경 관련 기사들은 본래 하슬라지역에 설치한 정(停)을 선덕여왕 8년에 실직으로 옮기고, 그곳을 북소경으로 삼았다가 태종무열왕 5년에 말갈과 연접해 있어 형세가 불안하다는 이유로 북소경을 폐지하고, 다시 정의 소재지를 하슬라로 옮긴 사실을 반영한 것으로 이해할 수 있겠다. 이상의 검토에 커다란 잘못이 없다면, 위의 사실을 통하여 태종무열왕 5년(658)까지 동해안지역에 상·하주와 비견되는 광역의 행정구역단위인 주(州)를 설치하지 않았음을 유추해볼 수 있겠다.

동해안지역에 하서주를 설치한 시기와 관련하여 태종무열왕 6년(659)에 하슬라주에서 백록(白鹿)을 헌상하였던 사실이 주목된다. 태종무열왕 2년(655)에 우수주(牛首州)에서 백록(白鹿)을 헌상하였고, 또 뒤에서 자세하게 살필 예정이지만, 중대에 주(州)에서 서물(瑞物)을 헌상하고 있는 사례가 많이 발견되고 있다. 이와 같은 관행을 염두에 둘 때, 태종무열왕 6년(659)에 하슬라주가 백록을 헌상한 사실을 가볍게 넘겨 버릴 수 없지 않을까 싶다. 왜냐하면 이것을 동해안지역에 광역의 행정구역단위인 하슬라주(하서주)를 설치하였던 사실과 연관시켜 이

으로 改書하였고,『삼국사기』찬자가 신라본기를 찬술할 때에 改書한 표현을 그대로 전재한 것으로 이해된다.
148 五日河西停 本悉直停 太宗王五年 罷悉直停 置河西停 衿色綠白(『삼국사기』잡지제9 직관(하) 무관 범군호 육정).
149 이에 대해서는 뒤에서 자세하게 검토할 것이다.

해할 수도 있기 때문이다. 그렇지만 위의 사실 자체가 명확한 증거가 될 수 있다고 생각되지 않는다. 따라서 여기서는 북소경을 폐지한 무열왕 5년부터 문무왕 원년 사이까지의 어느 시기에 동해안지역에 광역의 행정구역단위로서 하서주를 설치하였다는 사실만 유의하고, 그 구체적인 시기에 관해서는 후일의 과제로 남겨두고자 한다.

이상에서 살핀 바에 의하면 신라는 태종무열왕 5년(658)에서 문무왕 원년(661) 사이에 동해안지역에 하슬라주(하서주)를 설치함으로써 상·하주와 남천주, 우수주(수약주)의 5주체제를 갖추게 된다고 볼 수 있다. 그리고 문무왕 5년(665)에 상·하주를 일선주, 거열주, 삽량주로 분할하고 이어 백제고지에 3주(소부리주, 발라주, 완산주)를 신설하면서 9주가 성립되었던 것이다. 결국 9주체제는 중고기의 상주와 하주, 신주를 지역명을 관칭한 여러 개의 주로 분할하고, 또 백제지역에 3개 주를 설치하면서 완비되었던 셈이다.

2) 군주의 성격과 변화

(1) 군호(軍號) 6정과 군주

『삼국사기』 기록에 나오는 중고기 군주의 용례를 살펴보면, 실직주군주(悉直州軍主), 사벌주군주(沙伐州軍主), 신주군주(新州軍主), 비열홀주군주(比列忽州軍主), 감문주군주(甘文州軍主), 북한산주군주(北漢山州軍主), 하슬라주군주(何瑟羅州軍主), 우수주군주(牛首州軍主), 압량주군주(押梁州軍主) 등과 같이 나온다. 때문에 기존에 중고기에 군주는 주에 파견된 장관이었다고 이해하였던 것이다. 그런데 당대인들이 직접 기술한 금석문에는 '~주군주'가 아니라 지역명을 관칭하는 형식만이 발견된다. 즉 실지군주(悉支軍主), 비자벌군주(比子伐軍主), 비리성군주(碑利城軍主), 한성군주(漢城軍主), 감문군주(甘文軍主), 남천군주(南川軍主)라는 표현이 바로 그것이다. 이러한 표현 형식은 군주가 주에 파견된 지방관이라는 기존의 인식을 재고케 해주었고, 종래에 이에 근거하여 군주의 성격에 대한 재검토

가 이루어지기도 하였다.[150]

중고기 군주의 성격을 규명하고자 할 때, 우선 그것과 『삼국사기』 잡지제9 직관(하) 무관조에 나오는 군호(軍號) 6정(停)과의 관계를 추적하는 것이 요구된다. 진흥왕순수비 창녕비에 비자벌군주(比子伐軍主), 비자벌정(比子伐停)이란 표현이 보인다. 이에 의거할 때, 당시 하주(下州)의 주치(州治)는 비자벌(경남 창녕)이었다고 보아도 무방할 듯싶다. 진흥왕순수비 창녕비를 통하여 진흥왕대에 주치에 정군단(停軍團)을 배치하고, 아울러 군주를 거기에 파견하였음을 엿볼 수 있겠다. 이때 정군단은 군주가 지휘하였던 것으로 추정된다. 그런데 종래에 이와 같이 주치에 소재한 정을 군호 6정과 별개라고 이해한 견해가 있었다. 이에 따르면, 군호 6정은 무열·문무왕대에 걸쳐 전국을 6대분한 각 광역권 별로 중앙과 지방민을 징발하여 편성하게 된 6개의 임시군단이라 정의하고 있다. 반면에 중고기 주치에 소재한 정은 군주 1인의 총수(總帥) 하에 전방 요충지의 '소주(小州)'에 상주하던 일군을 지칭하던 것으로서 이의 군대는 중앙의 정예군인 정병 중심으로 운영되었다고 파악하였다.[151] 그렇다면 과연 군호 6정과 중고기 주치에 배치한 6정을 별개의 것으로 볼 수 있을까?

진흥왕 22년(561) 하주의 주치는 비자벌(경남 창녕)이었다. 그런데 『삼국사기』 신라본기에서 진흥왕 26년(565)에 완산주를 폐지하고, 대야주(大耶州)를 설치하였다고 전한다. 이 기록은 하주의 주치와 정군단의 주둔지를 비사벌(비자벌)에서 대야(경남 합천)로 옮긴 사실을 반영한 것이다. 『삼국사기』 열전제1 김유신(상)조

---

150 木村誠, 1976 「新羅郡縣制の成立過程と村主制」 『朝鮮史研究會論文集』 13; 강봉룡, 1987 「新羅 中古期 '州'制의 형성과 운영」 『한국사론』 16, 서울대학교 국사학과에서 군주는 지방에 주둔한 왕경인군단의 사령관, 즉 軍政長官으로 이해하고, 당시 州의 行政長官은 (行)使大等이었다고 파악하였다.

151 강봉룡, 위의 논문, 114~127쪽 및 159~179쪽.
이문기, 1997 『신라병제사연구』, 일조각, 91~103쪽에서도 이와 비슷한 견해를 제출한 바 있다.

에 김서현(金舒玄)의 관직이 대량주도독(大梁州都督) 안무대량주제군사(安撫大梁州諸軍事)라 전한다. 중대 초에 주의 장관을 도독이라 불렀고, 서현은 진평왕대에 활동하였으므로 당시 김서현의 정확한 직임은 대야군주(大耶軍主)였을 것이다. 이를 통해 김서현이 활동한 진평왕대에도 하주의 주치는 계속 대야지역이었음을 엿볼 수 있다. 한편 선덕여왕 11년(642)에 김품석(金品釋)이 대야성군주(大耶城軍主)였다.[152] 그런데 이때 죽죽(竹竹)이 김품석당하(金品釋幢下)에서 보좌역을 맡았다고 전한다.[153] 여기서 김품석당은 바로 대야지역에 소재한 대야정(大耶停)을 가리키는 것이 분명하다. 따라서 비사벌에서 대야지역으로 주치를 옮기면서 정의 소재지도 그 지역으로 옮겼다고 할 수 있다. 그런데 이 무렵에 대야성을 백제에게 빼앗긴 다음, 하주의 주치를 압량(押梁; 경북 경산시)으로 옮겼다가 진덕여왕 2년(648)에 대야성을 되찾고, 태종무열왕 8년(661)에 주치를 압량에서 대야로 또다시 옮겼다.[154] 문무왕 3년(663)에 거열성을 공취(攻取)한 후에 곧이어 그곳으로 다시 주치와 정의 소재지를 옮겼던 사실은 앞에서 이미 살펴본 바 있다. 본래 거열지역에 위치한 정을 거열정(居列停 또는 居烈停)이라 불렀지만,『삼국사기』잡지제9 직관(하) 무관 범군호 6정조에서 이를 하주정(下州停)이라 잘못 표현한 사실은 앞에서 살핀 바 있다. 결국 하주의 주치가 대야에서 압량으로, 다시 압량에서

---

152 『삼국사기』신라본기제5 선덕왕 11년(642) 8월 기록과『삼국사기』열전제7 죽죽조에 김품석이 大耶城都督이었다고 전한다. 반면에『삼국사기』열전제1 김유신(상)조에 김품석이 642년에 대야성군주였다고 전한다[於是 使告百濟將軍日 我軍主品釋及其妻金氏之骨 埋於爾國獄中]. 전대에 사용한 職名을 후대에 당시의 職名으로 改書하는 것이 일반적이었음을 감안하건대, 선덕여왕 11년(642)에 김품석의 직명이 大耶城軍主였는데, 통일 이후에 이를 大耶城都督으로 改書하였다고 봄이 합리적일 것이다.

153 竹竹 大耶州人也 父郝熱爲撰干. 善德王時爲舍知 佐大耶城都督金品釋幢下(『삼국사기』열전제7 죽죽).

154 拜庾信爲押梁州軍主(『삼국사기』신라본기제5 선덕여왕 11년 겨울); 移押督州於大耶 以阿湌宗貞爲都督(『삼국사기』신라본기제5 태종무열왕 8년 5월).

대야로, 대야에서 거열로 바뀜에 따라 정군단의 주둔지도 함께 이치(移置)되었고, 그것을 각각 대야정, 압량정, 대야정, 거열정이라 불렀다고 볼 수 있을 것이다. 이와 같은 사실은 비열홀정(比列忽停)의 사례를 통해서도 입증할 수 있다.

『삼국사기』 잡지제9 직관(하) 무관 범군호 6정조에 문무왕 13년(673)에 비열홀정을 혁파하고, 우수정(牛首停)을 설치하였다는 기록이 전한다.[155] 그런데 이와 관련시켜 문무왕 8년(668)에 비열홀주(比列忽州)를 설치하였다고 전하는 기록과[156] 문무왕 13년에 '수약주주양성(首若州走壤城)' 등을 쌓았다고 전하는 기록이[157] 눈길을 끈다. 문무왕 8년에 우수주를 폐지하였다는 언급은 보이지 않지만, 앞의 기록은 우수주를 폐지하고 비열홀주를 설치한 사실과 관련이 있다고 이해된다. 이렇다면, 문무왕 13년의 기록은 비열홀주를 폐지하고, 수약주(우수주)를 설치하였음을 반증하는 증거자료로서 받아들일 수 있겠다. 무관 범군호 6정조의 내용은 이처럼 주치(州治)를 비열홀에서 수약(우수)지역으로 옮김과 동시에 비열홀에 소재하던 정을 수약으로 옮겼음을 전하는 것으로 믿어진다. 따라서 비열홀정의 사례는 주치를 옮김과 더불어 군호 6정의 소재지도 옮겼음을 실증하는 구체적인 실례로서 유의된다고 할 수 있다.[158]

이상의 검토를 통하여 무관조에 보이는 군호 6정과 주치에 소재한 정을 별개

---

155 四日牛首停 本比烈忽停 文武王十三年 罷比烈忽停 置牛首停 衿色綠白(『삼국사기』 잡지제9 직관(하) 무관 범군호 6정).

156 置比烈忽州 仍命波珍湌龍文爲摠管(『삼국사기』 신라본기제6 문무왕 8년 3월).

157 築國原城〈古蠥長城〉北兄山城 召文城 耳山城 首若州走壤城〈一名迭巖城〉達含郡主岑城 居烈州萬興寺山城 歃良州骨爭峴城(『삼국사기』 신라본기제7 문무왕 13년 9월).

158 이외에 태종무열왕 8년(661)에 南川停이란 표현이 나온 뒤 州治 역시 남천지역으로 옮긴 사실을 증명하듯이 南川州란 명칭이 신라본기에 보이고, 다시 문무왕 4년 주치를 漢山으로 옮기면서 停도 漢山으로 옮긴 사실도 확인된다. 이에 관한 자세한 내용은 전덕재, 1997 「한산주의 설치와 변화」『경기도 역사와 문화』, 경기도사편찬위원회, 68~71쪽이 참조된다.

의 것이라고 보기 어렵다는 사실을 확인할 수 있었다. 이런 점에서 군호 6정의 성립 시기를 무열왕·문무왕대로 보는 견해도 재고가 필요하다고 하겠다. 『삼국사기』잡지제9 직관(하) 무관 범군호 6정조에 대당(大幢)은 진흥왕 5년(544), 상주정은 진흥왕 13년(552), 완산정은 신문왕 5년(685)에 신설하였다고 전하고, 나머지 정의 경우는 그에 대한 구체적인 언급이 없다. 그런데 완산정은 신문왕 5년에 하주정, 즉 거열정을 혁파하고 신설한 것이므로, 그 이전에 거열정(하주정)이 6정에 속하였다고 볼 수 있다. 하주에 위치한 정군단 가운데 비자벌정(比子伐停)은 비사벌(比斯伐), 즉 비자벌에 군주를 파견한 진흥왕 16년(555) 무렵에 설치하였다고 추정된다.[159] 한편 앞에서 동해안지역에 하서주를 설치한 시기를 태종무열왕 5년(658)에서 문무왕 원년(661) 사이로 추정하였다. 그런데 선덕여왕 8년(639)에 하슬라에 소재한 정을 실직(悉直)으로 옮기고, 하슬라를 북소경(北小京)으로 삼았던 바 있다. 이를 통하여 이 시기 이전에 광역의 행정구역단위인 하서주를 설치하지 않았음에도 불구하고 군호 6정의 하나를 그곳에 설치하였던 사실을 유추할 수 있다.

선덕여왕 6년(637)에 신주를 한산주와 우수주로 분할하였는데, 한산지역에는 일찍부터 정이 존재하였고, 군주도 파견되어 있었다. 따라서 선덕여왕 6년에 새로 군주가 파견되었던 지역은 우수주였다고 볼 수 있다. 『삼국사기』잡지제9 직관(하) 무관 범군호 6정조에서는 우수정이 본래 비열홀정이었다고 언급하였지만, 이는 문무왕 8년(668)에 정의 소재지를 우수에서 비열홀로 옮긴 사실을 방기

---

159 『삼국사기』신라본기제4 진흥왕 16년(555) 봄 정월 기록에 比斯伐에 完山州를 설치하였다고 전한다. 또한 진흥왕 22년(561)에 건립된 진흥왕순수비 창녕비에 比子伐軍主가 沙喙의 登□□智沙尺干이라 전한다. 앞에서 주의 설치는 바로 정군단을 주둔시킨 사실을 반영한다고 언급한 사실과 두 기록을 종합하여 보건대, 하주의 주치인 비사벌에 진흥왕 16년에 비사벌정(비자벌정)을 처음으로 설치하고, 그 사령관으로 軍主를 파견하였다고 추론하여도 무방할 듯싶다.

하고, 단지 문무왕 13년 무렵에 비열홀지역에서 우수지역으로 정의 소재지를 옮긴 사실만을 주목하였던 것에서 기인한 오류이다. 이러한 점에서 선덕여왕 6년에 신주를 한산주와 우수주로 분할하면서 우수지역에 새로 정을 하나 더 신설하였다고 봄이 자연스럽다. 이상의 검토에 의거한다면, 군호(軍號) 6정(停)은 진흥왕대부터 단계적으로 하나씩 설치되었고, 그것이 최종적으로 완비된 시점은 선덕여왕대였다고 정리할 수 있겠다.

그렇다면 중고기에 군호 6정을 어떠한 방식으로 운용하였을까가 궁금한데, 이와 관련된 자료가 바로 다음의 기록들이다.

> I -① 백제왕 명농(明禮)이 가야와 더불어 관산성(管山城)을 공격하였다. … 신주군주(新州軍主) 김무력(金武力)이 주병(州兵)을 이끌고 나아가 교전하니, 비장(裨將) 삼년산군(三年山郡) 고간(高干) 도도(都刀)가 급히 쳐서 백제왕을 죽였다(『삼국사기』 신라본기제4 진흥왕 15년 가을 7월).

> I -② 진평왕 건복 41년 갑신년(624; 진평왕 46) 겨울 10월에 백제가 대거 침략하여 군사를 나눠 속함(速含)·앵잠(櫻岑)·기잠(岐岑)·봉잠(烽岑)·기현(旗懸)·혈책(冗柵) 등 여섯 성을 포위 공격하였다. 왕은 상주·하주·귀당·법당(法幢)·서당(誓幢) 등 5군에게 명하여 가서 구하도록 하였다(『삼국사기』 열전제7 눌최).

> I -③ 백제의 남은 적들이 사비성을 공격해오매, 왕이 이찬 품일을 대당장군(大幢將軍)으로 삼고, 잡찬 문왕(文王)·대아찬 양도(良圖)·아찬 충상(忠常) 등으로 그를 보좌하게 하였다. 잡찬 문충을 상주장군(上州將軍)으로 삼고, 아찬 진왕(眞王)으로 그를 보좌하게 하였다. 아찬 의복(義服)을 하주장군(下州將軍)으로, 무훌(武㰱)·욱천(旭川) 등을 남천대감(南川大監)으로, 문품을 서당장군(誓幢將軍)으로, 의광(義光)을 낭당장군(郎幢將軍)으로 삼아 가서 구원하게 하였다(『삼국사기』 신라본기제5 태종무열왕 8년 봄 2월).

위의 기록들은 앞에서 인용한 해론열전의 기록, 문무왕 원년의 기록과 더불어 중고기와 중대 초에 임시로 행군군단을 편성하였던 사실과 관련된 자료이다. 이들에 따르면, 행군군단의 편성은 주로 상주와 하주, 신주, 그리고 남천주, 하서주, 수약주를 중심으로 이루어졌음을 확인할 수 있다. 이외에 귀당, 서당, 법당, 계금당 등이 행군군단으로 편성되었는데, 이들은 주와 특별한 관계는 없었다. 여기서 그러면 행군군단 편성의 주체인 주(州)의 실체는 무엇이었을까가 궁금한데, 이와 관련시켜 Ⅰ-③의 기록에서 무훌·욱천을 남천대감으로 삼았다는 표현이 주목된다. 이때 다른 행군군단의 지휘관을 장군(將軍)이라 불렀는데, 남천의 경우만 대감(大監)이라 칭하였다. 문무왕 원년(661) 행군군단 편성에서 남천주 행군군단의 지휘관을 다른 경우와 마찬가지로 총관(摠管)이라 지칭하였으므로, Ⅰ-③의 기록에 보이는 남천은 남천주를 가리킨다고 하겠다. 여기서 대감은 6정 군단의 군관직의 하나인 대관대감을 가리키는 것으로 보인다. 따라서 태종무열왕 8년(661)에 남천의 행군군단을 지휘하는 자들을 대감으로 임명하였다는 사실은 당시 행군군단의 일원인 상주와 하주, 그리고 남천주가 바로 그들 주에 위치한 정을 중심으로 편성한 군단과 관련이 있음을 반증하는 유력한 증거로서 유의된다고 하겠다. 진평왕대의 행군군단 편성 시 보이는 상주·하주·신주군의 실체도, 그리고 문무왕 원년의 '~주행군군단'도 바로 6정의 군단을 중심으로 편성한 행군군단과 관련이 있었을 것이다.

여기서 문제는 6정군단의 병력구성과 관련된 내용이다. 위의 기록들과 앞에서 인용한 『삼국사기』 해론열전의 기록을 통하여 6정을 중심으로 편성된 행군군단의 병력을 '주병', 또는 '~주지병(州之兵)', 그리고 '~주군'이라고 표현하였음을 살필 수 있다. 그런데 Ⅰ-①의 기록은 관산성전투에 삼년산군 고간 도도가 참여하였는데, 여기서 문제는 도도가 소속한 군대가 과연 신주군(新州軍)에 편성되었을까에 관해서이다. 이 기록에서 도도의 직임이 비장(裨將)이라 하였다. '비장(裨將)'의 비(裨)는 '돕다' 또는 '보좌하다'는 뜻이므로, 도도는 삼년산군의 재지지배자로서 554년 무렵에 삼년산군(충북 보은군 보은읍) 단위로 편성된 어떤 군단(軍團)의 장(長)을 보좌하여 전쟁에 참어하였다고 볼 수 있다.

고간 도도와 비슷한 존재로서 단양신라적성비에 '추문촌당주사인(鄒文村幢主使人)', '물사벌성당주사인(勿思伐城幢主使人)'이 보인다. 이들은 외위를 수여받은 추문촌과 물사벌성인으로서 추문촌당주와 물사벌성당주를 보좌하였다. 추문촌당주사인과 물사벌성당주사인은 추문군과 물사벌군을 단위로 편성한 외여갑당(外餘甲幢) 당주(幢主)[추문촌당주, 물사벌성당주]의 사인으로 추정되는데, 554년 관산성전투에 참여한 삼년산군 비장 고간 도도 역시 삼년산군에 설치된 외여갑당의 당주사인(幢主使人)이었으나 후대에 이를 비장(裨將)이라 개서(改書)한 것일 가능성이 높다고 판단된다.

554년 무렵 삼년산군은 상주(上州) 예하의 군이었다.[160] 물론 고간 도도는 삼년산군 당주가 독자적으로 군사작전을 수행하는 데에 당주사인으로 참여한 인물이라 볼 수도 있다. 그러나 당시에 상주를 단위로 행군군단을 편성하였을 가능성이 높기 때문에 이와 같은 가정은 설득력이 약하다. 이 문제와 관련하여『일본서기』권19 흠명천황(欽明天皇) 15년(554) 겨울 12월 기록에 성왕(聖旺)이 백제와 대가야, 왜 연합군을 이끌고 관산성(管山城)을 공격하여 함락시키고 큰 승리를 거둔 여창(餘昌)을 격려하기 위하여 관산성으로 행차한다는 소식을 듣고, '신라는 명왕(明王; 성왕)이 직접 왔음을 알고 나라 안의 모든 군사를 징발하여 길을 끊고 격파하였다[悉發國中兵 斷道擊破].'고 전하는 사실을 주목할 필요가 있다. 성왕은 백제·대가야·왜 연합군이 신라군의 반격을 물리치자, 이에 군사를 독려

---

160 『삼국사기』잡지제3 지리1 상주조에 三年山郡은 尙州에 소속한 군으로 전하는 것을 통해 중고기에 삼년산군이 上州에 소속되었다고 짐작해볼 수 있다. 예전에 필자는 三年山郡을 新州 예하의 郡으로 이해하였으나(전덕재, 2001「신라 중고기 주의 성격변화 군주」『역사와 현실』40, 74쪽), 여기서 그것은 上州 예하의 郡이었다고 다시 수정하였음을 밝혀둔다.

하기 위하여 50명의 보병과 기병을 거느리고 관산성으로 향하였는데, 이에 신라가 국내의 모든 군사를 징발하여 길을 막고 격파하였음을 알려준다. 여기서 '나라 안의 모든 군사를 징발하였다.'고 전하는 표현이 유의된다. 이것은 여창이 관산성을 공격하여 함락시킨 후에, 신라가 관산성을 탈환하기 위하여 총동원령을 내렸음을 시사해주는 것이기 때문이다. 이에서 신주뿐만 아니라 상주와 하주도 주 단위로 모든 군사를 동원하여 행군군단을 편성하였다고 유추할 수 있고, 고간 도도는 삼년산군의 외여갑당 당주사인으로서 상주 행군군단에 소속되어 관산성을 재차 공격할 때에 참전하였다고 추정해볼 수 있을 것이다. [161]

한편 선덕여왕 11년(642) 무렵에 죽죽(竹竹)이 김품석당하에서 그를 보좌하였다고 전한다. 죽죽의 아버지는 학열(郝熱) 찬간(撰干)이었다. 『삼국사기』 열전제7 죽죽조에 죽죽의 관등이 사지(舍知)로 전하나, 아버지가 외위를 수여받은 것으로 보건대, 그는 대야성 출신이었음이 분명하다고 하겠다. 김품석당은 대야지역에 주둔한 대야정(大耶停)을 가리킨다고 이해된다. 진평왕 26년(604)에 군사당(軍師幢)을 설치하였다. [162] 『삼국사기』 신라본기제5 태종무열왕 7년 11월 기록에 '군사(軍師) 두질(豆迭)을 고간(高干)으로 삼았다.'고 전하고, 신라본기제6 문무왕 2년 봄 정월 기록에 '정월 23일의 이현전투(梨峴戰鬪)에서 군사 술천(述川) 등이 고구려군을 죽였다.'고 전한다. 또 문무왕 8년 겨울 10월 22일 기록에 평양성 함락에 공을 세운 군사 남한산(南漢山) 북거(北渠)와 군사 부양(斧壤)의 구기(仇杞), 가군사(假軍師) 비열홀(比烈忽)의 세활(世活) 등에게 외위를 상향(上向)시켜 포상한다는 내용이 전한다. 이밖에 『삼국사기』 열전제7 열기조에 보기감(步騎監) 열기(裂起)와 함께 군사 구근(仇近) 등이 당나라 장수 소정방(蘇定方)에게 김유신의 편지

---

161 전덕재, 2009a 앞의 논문, 63~64쪽.

162 『삼국사기』 잡지제9 직관(하) 무관조에 법흥왕 11년(524)에 軍師幢主를 설치하였다고 전하나, 이것은 法幢主의 설치 사실을 잘못 기술한 것으로 이해되며, 軍師幢을 설치하였다고 전하는 진평왕 26년(604)에 軍師幢主를 설치하였다고 봄이 자연스럽다.

를 전달하였다는 기록도 전한다.[163] 술천과 구근의 출신을 정확하게 알 수 없으나 두질과 북거 등이 모두 외위를 소지하고 있으므로 이들도 지방민으로 볼 수 있지 않을까 한다.[164]

북거 등은 군사라는 직명을 지니고 전쟁에 참가하였으므로 군사당(軍師幢)에 배속되었다고 볼 수 있다. 이들이 외위를 지녔으므로 지방의 재지지배자로서 군사당에 편제되었음이 분명하다. 종래에 이러한 점을 주목하여 군사당은 지방민을 군사로 징발하여 편성한 군단이고, 군사는 촌주가 그가 관할하는 촌민을 동원하여 편성한 군대를 지휘하는 군사당의 무관직으로 이해하였다.[165] 다만 가군사(假軍師)는 국가의 승인을 받시 않고 임시로 군사의 임무를 수행하였기 때문에 붙인 명칭으로 추정된다. 군사당을 진평왕 26년(604)에 처음 설치하였으므로, 결과적으로 이때에 지방민으로 구성된 군단이 6정군단의 일원으로 편제되었다고 말할 수 있을 것이다. 이후 군사당은 9서당과 3무당(백금무당·적금무당·황금무당)에도 배속되었다. 본래 6정군단의 군사는 왕경 6부인으로 구성되었는데, 진평왕 26년에 군사당이 6정군단에 배속됨으로써 6정군단은 왕경인과 지방민의 혼합부대로서의 성격을 지니게 되었다고 이해할 수 있다. 642년에 김품석이 6정군단의 하나인 대야정(大耶停)의 군사를 지휘하였는데, 지방민들로 구성된 군사당도 그 군사에 포함되었다고 볼 수 있다. 김품석당하에 있었던 죽죽은 바로 군사당의 군사(軍師)였거나 그것의 고위 군관이었을 것으로 짐작된다.[166]

---

163 홍덕왕 8년(833)에 작성된 菁州蓮池寺鐘銘에서 軍師라는 職名을 지닌 인물들[寶清軍師, 龍年軍師]이 발견된다.

164 仇近은 후에 사찬의 관위를 수여받았는데, 비록 지방민이지만 공을 세워 경위를 수여받은 것으로 이해된다.

165 李成市, 1979「新羅六停の再檢討」『朝鮮學報』92; 1998『古代東アジアの民族と國家』, 岩波書店, 198~201쪽; 주보돈, 1988 앞의 논문; 1998 앞의 책, 215~216쪽.

166 竹竹이 軍師幢의 軍官이라 할 때, 죽죽이 외위가 아닌 경위 舍知란 관등을 수여받은 사실에 대한 해명이 필요하나, 여기서 그에 대하여 詳考하기 어렵다. 이에 대해서는 추후의

이상에서 삼년산군 고간 도도는 삼년산군의 외여갑당의 당주사인, 김품석당 하에 있었던 죽죽은 대야정에 소속된 군사당의 군관이었음을 살펴보았다. 그런데 여기서 한 가지 유의할 사항은 위의 기록들은 모두 전시상황 하에서 임시로 편성한 행군군단과 관련된 자료라는 사실이다. 평시 6정군단의 운용과 관련하여 주목되는 자료가 바로 다음의 기록들이다.

> II-① 북한산주군주(北漢山州軍主) 변품(邊品)이 가잠성(椵岑城)을 되찾으려고 군사를 일으켜 백제와 싸웠다. 해론(奚論)이 종군(從軍)하여 적진에 나아가 힘써 싸우다가 죽었다(『삼국사기』 신라본기제4 진평왕 40년).
>
> II-② 진덕왕 태화(太和) 원년 무신년(648)에 … 이때에 유신(庾信)은 압량주군주(押梁州軍主)였는데, 마치 군사(軍事)에 뜻이 없는 것처럼 술을 마시고, 노래를 부르고 놀며 몇 달을 보내니, 주(州)의 사람들[州人]이 유신을 용렬한 장수라고 생각하여 헐뜯어 말하기를 '여러 사람이 편안하게 지낸 지가 오래되어 남는 힘이 있어 한번 전투를 해봄직한 데 장군이 게으르니 어찌할 것인가'라고 하였다. 유신이 이를 듣고 백성을 한번 쓸 수 있음을 알았다. … 마침내 주병(州兵)을 훈련시켜 적에게 나가게 하여 대량성(大梁城)에 이르니, 백제가 맞서 대항하였다(『삼국사기』 열전제1 김유신).

II-①의 기록에 보이는 '북한산주군주'는 '북한산지역에 파견된 군주'를 가리킨다. II-②의 기록에서 김유신이 지휘한 군대를 주병(州兵)이라고 표현하였는데, 이것은 압량지역에 소재한 『삼국사기』 잡지제9 직관(하) 무관 범군호 6정조에 전하는 하주정, 즉 압량정을 구성한 군단을 가리킨다고 하겠다. 이때 압량정을 구성한 군단에는 왕경 6부인과 지방민들이 모두 포함되어 있었다. II-② 기록에 나

―――――――――
과제로 남겨두고자 한다.

오는 주병(州兵)은 바로 이들을 가리킨다고 이해된다.[167] 한편 변품이 발병(發兵)한 군대에 대한 자세한 내용은 보이지 않지만, 보편적으로 군주가 정의 소재지에 파견되었으므로, 그것 역시 한산정의 군단을 가리킨다고 보아도 무방하겠다. 따라서 위의 기록은 평시에 군주가 왕경인과 지방민으로 구성된 6정군단을 훈련시키고, 그들을 지휘하여 국지적인 전투에 참가하였던 관행을 알려주는 자료로서 유의된다고 하겠다. 그런데 I-③의 기록은 전시상황 하에서도 6정군단을 중심으로 행군군단을 편성하였음을 알려주는 대표적인 자료이다. 이에서 전시상황 하에서는 평시의 6정군단을 중심으로 규모를 확대하여 임시로 행군군단을 편성하는 것이 관례였음을 유추할 수 있는데, 구체적으로 6정군단을 중심으로 하고, 고간 도도의 사례를 통하여 알 수 있듯이 군(郡) 단위로 편성한 외여갑당(外餘甲幢)을 행군군단에 포함하여 임시 행군군단을 편성한 것으로 정리할 수 있다.

 I-③과 문무왕 원년의 기록은 임시로 편성한 행군군단을 지휘한 군관을 장군 또는 총관이라고 불렀음을 전해준다. 당에서는 정관(貞觀) 3년(629) 이후부터 행군군단, 즉 임시 정토(征討)의 장군을 대총관(大總管)이라 불렀다.[168] 아마도 신라는 당의 제도를 받아들여 임시로 편성한 행군군단의 지휘관을 총관이라 불렀던 것으로 보인다. 이때에 장군이나 총관에는 주로 고위관직자들이 임용되었던 것으로 이해된다.[169] 이러한 현상은 중대에 관례화되었다. 군호 6정의 장군에는 2~4명씩 복수로 임용하였으며, 거기에 진골 상당(上堂)부터 상신(上臣)까지인 관리들이 임명되었던 바 있다.[170] 여기서 상당은 주로 사원성전(寺院成典)의 차관

---

167 州의 사람들[州人]은 압량(경북 경산시)에 사는 사람들, 즉 압량주의 백성들만을 가리키는 것이 아니라 광역의 행정단위인 下州 예하 각 지역의 토착 지배층을 가리킨다고 보는 견해도 있다(강봉룡, 1994 앞의 논문, 156~158쪽).

168 曾資生, 1943 『中國政治制度史』 第四册(隋唐五代); 1979 『中國政治制度史』 第四册(隋唐五代), 啓業書局, 252쪽

169 李成市, 1979 앞의 논문; 1998 앞의 책, 176~182쪽

170 諸軍官 將軍共三十六人 掌大幢四人 貴幢四人 漢山停<羅人謂營爲停>三人 完山停三人 河

직에 해당하나 일반적으로 차관급을 통칭하는 표현으로 쓰이기도 한다.[171] 한편 상신(上臣)은 상대등(上大等)을 이른다. 따라서 중대에 들어 6정의 장군을 차관급 이상의 중앙 고위관직자들이 겸임하는 관행이 제도화되었다고 할 수 있다. 그런데 이러한 현상은 군주가 6정군단의 운용에서 배제되었던 관행과 밀접한 함수관계를 지녔다.

태종무열왕 8년(661) 5월에 대야지역에 도독으로 파견된 종정(宗貞)이 그해 7월(문무왕 원년)에 편성한 행군군단에서 하주총관에 임용되지 않았음이 확인된다.[172] 태종무열왕 8년에 임명된 종정이 문무왕이 즉위하자마자 곧바로 교체되었다고 보기는 어렵다. 따라서 위의 사실은 중대 초기에 군주가 행군군단의 편성 시 반드시 6정군단과 외여갑당으로 편성된 주병(州兵)을 지휘하는 총관이나 장군에 임용되지 않았음을 실증해주는 구체적인 증거의 하나다. 사실 이와 같은 관행은 이미 선덕여왕대부터 발견된다. 645년에 김유신이 압량군주에 재임할 때에 상주장군에, 648년에는 상주행군대총관에 임용되고 있다.[173] 압량지역은

西停二人 牛首停二人 位自眞骨上堂至上臣爲之. 綠衿幢二人 紫衿幢二人 白衿幢二人 緋衿幢二人 黃衿幢二人 黑衿幢二人 碧衿幢二人 赤衿幢二人 靑衿幢二人 位自眞骨級飡至角干爲之. 至景德王時 熊川州停加置三人(『삼국사기』 잡지제9 직관(하) 무관 제군관).

171 이에 대한 자세한 설명은 전덕재, 1996 앞의 책, 164~168쪽이 참조된다.

172 移押督州於大耶 以阿飡宗貞爲都督(『삼국사기』 신라본기제5 태종무열왕 8년 5월).
　그런데 이로부터 2달 뒤인 문무왕 원년에 행군군단을 편성할 때 下州摠管에 眞欽·衆臣·自簡이 임명되었고, 종정은 하주총관에 임명되지 못하였음이 확인된다. 위의 기록에 종정이 도독에 임명되었다고 전하지만, 뒤에서 살펴보았듯이 주의 장관을 도독이라 부르기 시작한 것은 문무왕 3년 이후였다고 짐작되므로, 태종무열왕 8년 5월에 종정의 정확한 직임은 大耶軍主였다고 볼 수 있을 것이다.

173 善德大王十一年壬寅(642) 百濟敗大梁州 春秋公女子古陁炤娘 從夫品釋死焉. … 庚信爲押梁州軍主 十三年(644)爲蘇判. 秋九月 王命爲上將軍 使領兵伐百濟加兮城·省熱城·同火城等七城 大克之 因開加兮之津. 乙巳(645)正月歸未見王 封人急報百濟大軍來攻我買利浦城. 王又拜庚信爲上州將軍 令拒之. … 眞德王大和元年戊申(648) 春秋以不得請於高句麗 遂入唐乞師. 太宗皇帝曰 聞爾國庚信之名 其爲人也如何. 對曰 庚信雖少有才智 若不籍天

하주에 위치하였다. 따라서 김유신이 평소에 통수하던 군단은 압량정(하주정)의 군단에 해당한다고 하겠다. 그런데도 645년과 648년에 김유신은 행군군단 편성 시에 상주의 주병을 지휘할 수 있는 권한을 가진 상주장군과 상주행군대총관(장군)에 임명되었던 것이다. 당시에 상주의 주치는 일선이었고, 거기에 군주가 파견되었음이 확실함에도 불구하고 말이다. 이에서 선덕여왕대에 평시에는 군주가 6정군단을 지휘하였지만, 6정군단과 외여갑당을 포함하여 편성한 행군군단을 6정군단의 사령관인 군주가 아니라 별도의 고위관리를 임용하여 지휘하게 하였음을 유추할 수 있다.

그렇다면 과연 선덕여왕대 이전 시기에도 군주가 전시상황 하에서 6정군단을 중심으로 규모를 확대하여 편성한 행군군단의 장군에 임용되지 못하였을까가 궁금하다. I-①의 기록에서는 신주병을 지휘한 사람이 바로 신주군주인 김무력이었다고 전한다. 물론 당시 김무력의 정확한 직명은 남천군주(南川軍主)였다. 『삼국사기』 열전제1 김유신(상)조에서는 김무력의 관직을 신주도행군총관(新州道行軍摠管)이라 표현하였다. 중국 수(隋)와 당나라에서 전쟁을 위해 출정(出征)한 군대를 진군하는 방면으로 뻗은 도로 이름을 따서 '~도(道)'라고 불렀고, 그 군대를 지휘하는 사령관을 '~도행군대총관(道行軍大摠管)' 또는 '~도행군총관(道行軍摠管)'이라 명명하였다. 6세기 중반에 도제(道制)를 실시하지 않았다는 사실과 중국의 사례를 참조하건대, 신주도는 신주로 향해 뻗은 도로라는 뜻으로 해석할 수 있고, 따라서 신주도행군총관은 신주도 방면으로 나아가는 행군총관을 이른다

威 豈易除鄰患. 帝曰 誠君子之國也. 乃詔許 勅將軍蘇定方 以師二十萬 徂征百濟. 時 庚信 爲押梁州軍主 若無意於軍事 飮酒作樂 屢經旬月. … 遂乘勝入百濟之境 攻拔嶽城等十二城 斬首二萬餘級 生獲九千人. 論功 增秩伊湌 爲上州行軍大摠管. 又入賊境 屠進禮等九城 斬 首九千餘級 虜得六百人(『삼국사기』 열전제1 김유신).

임시로 편성한 행군군단의 지휘관을 摠管이라 부른 것은 문무왕 원년(661)부터라고 추정되므로, 648년에 김유신을 上州行軍將軍으로 임명한 것을 후대에 上州行軍大摠管이라 改書한 것으로 짐작된다.

고 이해할 수 있다. 김유신의 후손 김장청(金長淸)이 본래 남천군주였던 김무력이 남천정에 위치한 6정군단과 신주지역의 백성들로 구성된 군사조직을 포함한 군대를 지휘하였기 때문에 당나라의 제도를 수용하여 김무력이 신주도행군총관이라 부회한 것으로 추정된다.

한편 같은 기록에서 김유신의 아버지 김서현(金舒玄)의 관이 소판(蘇判) 대량주도독(大梁州都督) 안무대량주제군사(安撫大梁州諸軍事)에 이르렀다고 하였다. 오늘날 경남 합천에 해당하는 대량주(大梁州)는 대량주(大良州)라고도 표기하며, 『삼국사기』신라본기에는 대야주(大耶州)라 전한다. 서현은 진평왕 때에 활동하였는데, 당시 신라에는 상주(上州)와 하주(下州), 신주(新州)가 존재하였고, 군주(軍主)는 각 주(州)의 주치(州治)에 주둔한 정군단(停軍團)의 사령관이면서 다음 소절에서 살피듯이 주의 행정을 총괄하였던 것이다. 따라서 진평왕대에 서현은 하주의 주치인 대야성(大耶城)에 파견된 군주로서 그의 정확한 직명(職名)은 '대야성군주(大耶城軍主)'였고, 대야성에 주둔한 정군단의 사령관이면서 하주의 행정을 총괄하였다고 볼 수 있다. 앞에서 언급하였듯이 문무왕 3년 이전까지 주의 장관을 군주(軍主)라 불렀다. 한편 신문왕 5년(685)부터 주의 장관을 도독 또는 총관(摠管)이라 부르다가 원성왕 원년(785)에 이르러 단지 도독이라고만 부르기로 하였다.[174] 하대에 김장청(金長淸)이『김유신행록(金庾信行錄)』10권을 저술하면서 당시에 주의 장관을 도독이라 부른 사실, 서현(舒玄)이 본래 대야성군주(大耶城軍主)를 역임한 사실 및 군주가 주의 장관이었던 사실 등을 두루 참조하여, 서현이 벼슬하여 대량주도독(大梁州都督)에까지 이르렀다고 개서(改書)한 것으로 이해된다.[175]

---

174 이에 대해서 3부에서 자세하게 고증할 것이다.

175 『삼국사기』열전제2 김유신(중)조의 다른 기록에는 舒玄의 관직이 良州摠管이라 전한다. 문무왕 5년에 상주와 하주의 땅을 분할하여 歃良州를 설치하였고, 경덕왕 16년에 이것을 良州로 개칭하였다. 665년에 유신이 만으로 70살이었으므로, 서현이 이때까지 살아 있었다

그렇다면 김장청이 서현이 '안무대량주제군사(安撫大梁州諸軍事)'를 겸임하였다고 부기(附記)한 이유가 궁금하다. 여기서 제군사(諸軍事)는 군사의 징발, 무기와 군량의 조달을 비롯한 군사(軍事)에 관한 제반 사항을 총괄할 수 있는 권한을 부여받은 자에게 수여한 관함(官銜)이었다. 따라서 '대량주제군사'는 대량주의 군사에 관한 제반 사항을 총괄하는 권한을 수여받은 자라 해석할 수 있을 것이다. 한편 『삼국사기』에서 당나라에서 안무(安撫)'를 포함한 관함을 제수받은 사람들이 대체로 행군군단의 총관이었음을 살필 수 있다.[176] 당나라에서 총관에게 정토(征討)의 임무를 부여하면서 동시에 정토지역의 백성들을 위무하는 임무를 함께 부여하였다고 이해할 수 있다. 동일한 맥락에서 김장청은 김서현이 대량주의 군사에 관한 제반 사항을 총괄하는 임무를 부여받았으면서도 당나라의 사례를 참조하여 서현이 동시에 대량주의 주민들을 위무(慰撫)하는 임무도 부여받았다고 판단하여, 서현이 '안무대량주제군사'를 겸임하였다고 부기하였던 것으로 짐작된다.[177]

　이처럼 하대에 김장청이 김서현의 관직을 '대량주도독 안무대량주제군사'라고

　고 한다면, 90살에 가까운 나이였다고 볼 수 있다. 따라서 665년 무렵에 서현이 삽량주총관에 임명되었다고 보기가 쉽지 않을 것이다. 김장청은 김서현이 대량주, 즉 대야주의 주치인 대야성의 군주였다는 사실을 감안하여, 良州摠管이라 잘못 기술한 것으로 이해된다.

176　六月十二日　遼東道安撫副大使遼東行軍副大摠管兼熊津道安撫大使行軍摠管右相檢校太子左中護上柱國樂城縣開國男劉仁軌奉皇帝勅旨　與宿衛沙湌金三光到党項津(『삼국사기』 신라본기제6 문무왕 8년).

　九月　帝詔男生授特進遼東都督兼平壤道安撫大使　封玄菟郡公. 冬十二月　高宗以李勣爲遼東道行軍大管兼安撫大使　以司列少常伯安陸‧郝處俊副之. 龐同善‧契苾何力並爲遼東道行軍副大摠管兼安撫大使(『삼국사기』 고구려본기제10 보장왕 25년).

　男生走保國內城 率其衆　與契丹‧靺鞨兵附唐 遣子獻誠訴之. 高宗拜獻誠右武衛將軍　賜乘輿馬 瑞錦寶刀 使還報. 詔契苾何力率兵援之 男生乃免. 授平壤道行軍大摠官　兼持節安撫大使. 擧哥勿‧南蘇‧倉巖等城以降(『삼국사기』 열전제9 개소문).

177　전덕재, 2021 앞의 책, 367~369쪽.

부회하였지만, 그러나 김서현을 '대량주제군사'라고 표현한 이유는 그가 대량(대야)지역에 소재한 대야정뿐만 아니라 그것을 중심으로 외여갑당까지 규모를 확대하여 편성한 하주행군군단을 지휘하던 총사령관을 역임하였기 때문이었다고 생각된다. 이에 따른다면, 진흥왕대와 마찬가지로 진평왕대에도 군주가 임시로 편성한 행군군단의 장군으로 임용되는 것이 관행이었음을 유추할 수 있겠다. 만약에 이와 같은 추정에 커다란 잘못이 없다면, 전시상황 하에서 임시로 편성한 행군군단의 장군에 군주가 아니라 고위관직자들을 임용하던 관행은 선덕여왕대부터 시작되었다고 말할 수 있지 않을까 한다.

앞에서 진덕여왕대까지 군주가 평시에 6정군단을 훈련시키고, 그들을 이끌고 국지적인 전투에 참여하였던 정황을 살필 수 있었다. 그러면 행군군단의 장군이나 총관에 고위관직자들을 복수로 임용하였던 중대 초기의 경우는 어떠하였을까가 궁금하다. 이와 관련하여 문무왕 5년에 상주와 하주를 일선주, 거열주, 삽량주로 분할하였던 사실을 주목할 필요가 있다. 이때 일선주와 거열주에는 6정군단이 소재하고 있었다. 하지만 삽량주에 6정군단을 새로 배치하였다는 기록은 전하지 않는다. 따라서 이때 삽량주에 파견된 도독이 6정군단을 훈련시키거나 그들을 이끌고 국지적인 전투에 참여하였던 정황은 상정하기 곤란하다. 이것은 군주의 후신인 도독의 성격 변화와 관련하여 매우 유의되는 점이다. 이후 문무왕 11년(671)에 소부리주, 18년(678)에 발라주, 신문왕 5년(685)에 완산주를 설치하였는데, 이 가운데 6정을 설치한 곳은 완산주뿐이다. 그것마저도 거열정(하주정)을 혁파하고, 설치한 것이었다. 결국 신문왕 5년(685)에는 주는 9개인데, 지방에 설치된 정은 5개뿐인 형세였다. 아마도 이 무렵에 6정군단에 고위관직자들을 복수로 임용하는 원칙이 제도화되었던 것으로 여겨지는데, 이에 따라 9주의 총관 모두가 6정군단의 운용에서 완전히 배제되었던 것으로 믿어진다. 이는 이 무렵을 전후하여 도독 또는 총관이 6정군단을 훈련시키거나 그들을 이끌고 국지적인 전투에 참가하던 관행의 소멸과 직결되었음은 물론이겠다.[178] 이러면서 민정관과 군정관적인 성격을 동시에 보유하였던 군주(총관)가 민정관적인 성격을 강하게 지닌 지방관으로 전화되었다고 볼 수 있을 것이다.[179]

이처럼 중대에 군주, 즉 도독 또는 총관이 6정군단의 운용에서 배제되고, 또 9주 전체에 6정군단을 확대하여 배치하지 않았으므로, 6정군단도 더 이상 주 영역 내의 민들을 군사로 징발하여 편성한 군사조직이라 말하기 곤란해졌다. 이와 같은 모습의 단초는 문무왕 5년 상주와 하주를 일선주, 거열주, 삽량주로 분할한 때부터 나타났다고 말할 수 있겠다. 당시 삽량주의 민들도 군사로 징발되어서 어떤 군단에 배치되었음이 확실하지만, 그후에 삽량주를 중심으로 행군군단을 편성하였던 사례가 전혀 발견되지 않기 때문이다. 더욱이 이후에 이전 상주와 하주의 민들을 주축으로 하여 행군군단을 편성한 사례조차도 발견되지 않고 있다.[180] 그

---

178 문무왕 8년(668)에 比列忽州를 설치하였는데, 이는 동해안지역의 수비를 강화하기 위하여 停의 군단을 우수에서 비열홀(안변)지역으로 전진 배치하였던 것과 관련이 깊다. 이때 평상시 비열홀정의 군단은 군주가 통솔하였음이 분명하다. 그러므로 위의 경우는 문무왕 5년(665) 이후에도 군사적 긴장감이 팽배하였던 전방지역의 경우에는 여전히 도독이 6정군단의 운용에 관여하였던 사실을 알려주는 사례로서 유의된다고 하겠다.

179 통일기에 漢山州에 2停, 나머지 각 주에 8정을 설치하여 각 주의 치안을 담당하게 하였는데, 일반적으로 10정을 주의 장관인 도독이 관할하였다고 이해되고 있다[주보돈, 1994 「남북국시대의 지배체제와 정치」『한국사』3(고대사회에서 중세사회로1), 한길사, 318쪽]. 통일 이후에 9주에 각기 萬步幢을 3개씩 설치하고, 하대에 이르러 여기에다 농민들을 징발하여 편성한 師子衿幢과 長槍을 무기로 사용하는 군단인 緋衿幢을 9주에 더 배치하였다. 사자금당은 각 주마다 3개씩 설치하였고, 비금당을 설치한 것은 주마다 달랐다. 만보당과 비금당, 사자금당을 지휘한 것은 주의 장관인 도독(총관)이었고, 이 부대들은 주치와 그 주변에 주둔한 것으로 추정된다. 따라서 통일기에 6정군단을 직접 지휘하지 않았지만, 9주에 배치된 여러 군단을 지휘, 통제하는 역할을 수행하였다고 이해할 수 있다. 이럼에도 불구하고 도독의 군사권은 중고기의 군주의 그것에 비하여 매우 약화되었다고 보아도 별다른 이견이 없지 않을까 한다.

180 예를 들어서 문무왕 8년 고구려를 정벌하기 위하여 편성한 행군군단에서 한성주, 비열성주(이 해에 우수주에서 개칭), 하서주의 행군군단은 보임에 반하여 일선주, 거열주, 삽량

리고 하서주, 한성주, 비열홀주 등 비교적 전방지역에 위치한 주들의 경우도 거열정(하주정)을 폐지하고 완산정을 설치한 신문왕 5년 무렵에는 6정군단의 운용에서 주나 총관이 완전히 배제되는 수순을 밟았을 것으로 추정된다. 이러면서 주나 총관은 6정군단의 운용에서 완전히 배제되었던 것으로 보여지는데, 하여튼 주와 6정군단의 분리는 지방의 최상급 행정구역단위와 군관구로서 기능하던 주가 이제 광역의 지방행정구역으로서의 성격만을 지니게 되었던 현실을 반영하는 것으로서 매우 유의되는 사항이라 하겠다.

(2) 주(州)와 군주

중대 초에 군주(軍主)를 개칭한 총관(摠管) 또는 도독(都督)은 중대에 지방통치조직상 최상급 행정단위인 주의 행정을 총괄하는 지방장관이었다. 그렇다면 총관이나 도독의 전신인 군주도 중고기에 과연 6정군단을 지휘하는 사령관이었을 뿐만 아니라 주의 행정을 총괄하는 민정관(民政官)적인 성격을 지녔다고 볼 수 있을까? 앞에서 530년대에 행정촌 몇 개를 묶어 군(郡)을 설치하고, 왕경(王京)을 중심으로 지방을 상주(上州)와 하주(下州)로 나누어 통치하였고, 550년대에 한강유역을 차지하고 신주(新州)를 설치하였음을 살폈다. 그런데『삼국사기』잡지제9 직관(하) 외관조에 주의 장관이라 전하는 군주는 상주와 하주를 설치하기 이전에 지방에 파견되었음이 확인된다.

『삼국사기』신라본기 이사금시기의 기록에 좌·우군주(左·右軍主)에 관한 기사가 나온다.[181] 이들은 신라의 중앙에 머물면서 수시로 6부군을 이끌고 전쟁에 참

주(이전의 상주와 하주)의 행군군단은 보이지 않는다.

181 二月 拜波珍湌仇道·一吉湌仇須兮爲左右軍主 伐召文國. 軍主之名 始於此(『삼국사기』신라본기제2 벌휴이사금 2년 2월); 百濟襲西境圓山郷 又進圍缶谷城. 仇道率勁騎五百擊之 百濟兵佯走 仇道追及蛙山 爲百濟所敗. 王以仇道失策 貶爲缶谷城主 以薛支爲左軍主(같은 책, 벌휴이사금 7년 가을 8월).

가하였던 존재로 이해되고 있다.[182] 따라서 좌·우군주를 주에 파견된 지방관과 연결시키기 곤란하다. 군주를 지방에 파견하기 시작한 것은 지증왕 6년(505)부터였다. 『삼국사기』 신라본기에 이 해 2월에 실직주(悉直州; 강원도 삼척시)를 설치하고, 이사부(異斯夫)를 군주로 삼았다고 전한다.[183] 여기서 실직주는 후대에 개서(改書)한 표현이고, 당시 이사부의 정확한 직임은 실직군주(悉直軍主)였다고 볼 수 있다. 진흥왕순수비 창녕비를 통해 진흥왕 22년(561)에 비자벌군주(比子伐軍主)가 당시 왕경 6부인으로 구성된 비자벌정(比子伐停)의 군사를 지휘하였음을 엿볼 수 있다. 561년에 군주가 정군단을 지휘하는 사령관이었으므로, 505년에 실직군주로 임명된 이사부(異斯夫) 역시 6부인으로서 구성된 정군단, 즉 실직정(悉直停)의 군사를 지휘하는 사령관의 성격을 지녔을 것으로 짐작된다. 따라서 신라본기 지증왕 6년(505) 2월 기록은 신라에서 처음으로 6부인으로 구성된 군단을 실직지역에 상시 주둔시키고, 그 군단을 지휘하는 사령관, 즉 군주로서 이사부를 임명한 사실을 알려주는 자료라 규정할 수 있다.

그런데 524년(법흥왕 11)에 건립된 울진봉평리신라비에 실지군주(悉支軍主), 실지도사(悉支道使)가 전하는데, 이것은 실지지역에 군주와 도사가 동시에 파견되었음을 알려주는 자료로서 주목된다. 505년(지증왕 6)에도 역시 실직군주와 더불어 실직도사가 동시에 실직지역에 존재하였다고 봄이 자연스럽다고 하겠다. 540년대 후반에 건립된 단양신라적성비에 고두림성(高頭林城)에 군주(軍主)로서 훼부(喙部) 비차부지(比次夫智) 아간지(阿干支)와 사훼부(沙喙部) 무력지(武力智) 아간지(阿干支)가 있었다고 전한다. 주지하듯이 단양신라적성비는 신라가 고구려의 적성(赤城)을 공격하여 빼앗고, 이때 전공(戰功)을 세운 사람들

---

182 이문기, 2001 「신라의 6부병과 그 성격」『역사교육논집』13·14합; 주보돈, 1998 앞의 책, 83~84쪽.

183 王親定國內州郡縣. 置悉直州 以異斯夫爲軍主 軍主之名 始於此(『삼국사기』 신라본기제4 지증왕 6년 봄 2월).

에게 포상하는 내용이 핵심이다. 당시 적성 공략에 군주 비차부지와 무력지가 거느린 군단 및 추문촌당주(鄒文村幢主)와 물사벌성당주(勿思伐城幢主)가 거느린 군단이 참여하였음을 비문(碑文)을 통하여 확인할 수 있다. 2명의 군주가 고두림성에 있다는 표현은 그들이 정군단을 거느리고 거기에 주둔한 사실을 의미하는 것이다. 540년대 후반에 군주가 정군단을 지휘하고 군사적 필요에서 여러 전투에 참여한 정황을 이를 통하여 유추할 수 있다. 이와 같은 정황을 통하여 540년대 후반까지도 군주는 그들이 파견된 지역의 행정을 총괄하는 지방관의 위상까지 지니지 않았음을 추론할 수 있다. 이러한 측면에서 505년에 실직군주인 이사부 역시 실직지역에 주둔한 정군단을 지휘하였을 뿐이고, 그 지역의 행정은 실직도사가 책임졌다고 봄이 합리적일 것이다. 물론 524년에도 마찬가지였을 것이다.

한편 울릉도 정복 사실을 알려주는 『삼국사기』 신라본기제4 지증왕 13년(512) 6월 기록에 이사부가 하슬라주군주(何瑟羅州軍主)였다고 전한다.[184] 본래 이사부는 하슬라군주였는데, 후대에 하슬라주군주로 개서한 것으로 보인다. 505년 2월에 왕경 6부인으로 구성된 정군단을 실직지역에 상시 주둔시키고, 또한 512년 무렵에 정군단을 하슬라지역으로 전진 배치하였는데, 이를 통해 동해안의 실직과 하슬라지역에 정군단을 주둔시킨 이유는 일차적으로 고구려의 남진에 대응하기 위한 것이었음을 짐작해볼 수 있다. 그런데 동해안지역에 6부인으로 구성된 부대를 상시 주둔시킨 이유를 단지 고구려의 군사적 위협에서만 찾을 수 없다.

『삼국사기』 신라본기 마립간시기 기록에서 왜(倭)가 자주 동해안 방면에서 신

---

184 于山國歸服 歲以土宜爲貢. 于山國在溟州正東海島 或名鬱陵島. 地方一百里 恃嶮不服. 伊飡異斯夫爲何瑟羅州軍主 謂于山人愚悍 難以威來 可以計服. 乃多造木偶師子 分載戰船 抵其國海岸. 誑告曰 汝若不服 則放此猛獸踏殺之. 國人恐懼 則降(『삼국사기』 신라본기제4 지증왕 13년 여름 6월).

라를 침략하였다는 사실을 확인할 수 있다.[185] 『일본서기』에서 고구려 사신이 기타큐슈(北九州)의 츠쿠시(筑紫) 또는 나니와(難波)에 도달한 사례와 바다에서 표류하다가 홀연히 고시노쿠니(越國) 해안에 다다른 사례를 발견할 수 있다. 전자의 경우는 고구려 사신단이 동해안을 따라 동남해안지역에 이르거나 또는 백제를 거쳐 남해안에 이른 다음, 쓰시마(對馬島)와 이키노시마(壹岐島)를 경유하여 큐슈(九州) 북부의 츠쿠시에 도달하고, 여기에서 나가토(長門)를 거쳐 세토나이카이(瀨戶內海)를 지나 오사카(大阪)에 위치한 나니와진(難波津)에 이르는 항로를 이용하였음을 전제한다. 후자의 경우는 고구려 사신단이 동해안을 횡단하는 항로를 이용하였음을 반영한다. 전자의 항로를 이용하기 위해서는 반드시 신라와 백제의 도움을 필요로 하였다. 그런데 5세기 후반에 백제, 신라가 고구려와 대립하였으므로 고구려가 전자의 항로를 이용하여 왜와 연결하기가 쉽지 않았을 것이다. 더구나 강릉의 여러 지역에서 5세기 후반으로 편년되는 목곽묘와 적석목곽묘, 횡구식석실묘 등 신라계의 분묘가 발견되고, 거기에서 신라계 토기뿐

---

185 왜가 동해안 방면에서 신라를 침략하였다고 전하는 『삼국사기』 신라본기 마립간시기의 기록을 정리하면 다음 <표>와 같다.

연대	침략 내용
393년(나물왕 38)	5월에 왜인 金城 포위, 퇴각하는 왜병을 獨山에서 격퇴
405년(실성왕 4)	4월에 왜인 明活城 공격, 퇴각하는 왜병을 왕이 기병을 이끌고 獨山에서 격퇴
407년(실성왕 6)	3월 왜인 동쪽 변경 침략
415년(실성왕 14)	8월 왜인과 風島에서 전투
431년(눌지왕 15)	4월 왜인이 동쪽 변경 침략, 명활성 포위하였다가 퇴각
440년(눌지왕 24)	6월 왜인 동쪽 변경 침략
444년(눌지왕 28)	4월 왜군 금성 포위, 퇴각하는 왜군과 獨山에서 전투
459년(자비왕 2)	4월 왜인이 병선 100여 척으로 동쪽 변경 침략, 月城을 포위하였다가 퇴각하자 북쪽의 바다 어구까지 추격하여 공격
476년(자비왕 19)	6월 왜인 동쪽 변경 침략, 장군 德智가 왜군을 물리침
477년(자비왕 20)	5월 왜인이 5道로 침략하였다가 퇴각
500년(소지왕 22)	3월 왜인이 長峯鎭을 쳐서 함락시킴

만 아니라 심지어 창녕과 의성양식의 토기, 다양한 신라계 위세품이 출토되었는데,[186] 이를 통해서 5세기 후반에 신라가 강릉과 그 이남지역인 삼척을 강력하게 지배·통제하였음을 추론할 수 있다. 이러한 사실을 감안하건대, 고구려가 후자의 항로를 이용하여 왜와 연결하기도 곤란하였을 것이다.

『일본서기』 권14 웅략천황(雄略天皇) 9년(465) 3월 기록에 천황이 '짐이 천하를 다스림에 미쳐 (신라가) 몸을 대마(對馬) 밖에 두고, 자취를 잡라(匝羅; 경남 양산시) 밖에 감춘 채 고려(고구려)의 조공을 막고, 백제의 성을 병탄하였다. 하물며 다시 조빙(朝聘)을 이미 걸렀으며, 공물도 바치지 않았다.'고 말하였다고 전한다.[187] 여기서 신라가 5세기 후반에 고구려의 조공을 방해하였다는 언급은 바로 강릉과 삼척지역을 장악한 신라가 동해 연안항로나 횡단항로를 통하여 고구려가 왜와 연결하는 것을 강력하게 견제하였음을 반영한 것으로 이해할 수 있다. 이러한 측면에서 신라는 고구려의 군사적 위협에 대비하기 위해서뿐만 아니라 동해 연안항로나 횡단항로를 통하여 고구려가 왜와 연결하는 것을 차단하고, 아울러 두 항로를 이용하여 동해안방면을 침략하는 왜군에 대비하기 위해서 실직 또는 하슬라에 6부인으로 구성된 정군단을 주둔시켰다고 말할 수 있다.[188] 동해안의 횡단항로를 이용한 왜군의 침략을 효과적으로 저지하기 위해서는 우산국(于山國; 울릉도)의 통제가 필수적이었는데,[189] 512년에 우산국이 반기(叛旗)를 들자, 즉각

---

186 심현용, 2009 「고고자료로 본 5~6세기 신라의 강릉지역 지배방식」 『문화재』 42권 3호, 18쪽.

187 天皇欲親伐新羅 神戒天皇曰 無往也. 天皇由是 不果行. 乃勅小弓宿禰·蘇我韓子宿禰·大伴談連〈談 此云箇陀利〉·小鹿火宿禰等曰 新羅自居西土 累葉稱臣 朝聘無違 貢職允濟. 逮乎朕之王天下 投身對馬之外 竄跡匝羅之表 阻高麗之貢 吞百濟之城. 況復朝聘旣闕 貢職莫脩(『일본서기』 권14 雄略天皇 9년 3월).

188 전덕재, 2014 「이사부의 가계와 정치적 위상」 『사학연구』 115, 13~21쪽.

189 종래에 동해안의 횡단항로, 즉 일본과 발해를 연결하던 北路에서 울릉도가 중간 기항지로서 활용되었을 가능성이 높고, 신라가 삼국시대에 울릉도(우산국)에 진출한 것은 교통로상의 이점을 장악하기 위해서였을 것이라는 견해가 제기되었다(김창석, 2009 「신라의

하슬라군주(何瑟羅軍主) 이사부(異斯夫)가 군사를 거느리고 가서 응징하여 다시 신라에 복속시킨 배경을 바로 이에서 찾을 수 있다.

『삼국사기』 신라본기에 법흥왕 12년(525) 2월에 대아찬 이등(伊登)을 사벌주군주(沙伐州軍主)로 임명하였다고 전한다.[190] 사벌주군주 역시 후대에 개서한 것이고, 이등의 정확한 직임은 사벌군주였을 것이다. 524년에 실지지역에 군주와 도사를 동시에 파견하였음을 감안하건대, 사벌지역에도 역시 군주와 도사를 동시에 파견하였다고 볼 수 있을 것이다. 당시 사벌지역의 행정은 사벌도사가 책임을 쳤고, 대아찬 이등은 사벌지역에 주둔한 왕경 6부인으로 구성된 정군단, 즉 사벌정의 군사를 지휘하는 사령관이었다고 규정할 수 있다. 사벌정과 관련하여 한 가지 유의할 사항은 『삼국사기』 잡지제9 직관(하) 무관 범군호 6정조에서 상주정(上州停)을 진흥왕 13년(552)에 설치하였다고 전하는 사실에 관해서이다.[191] 상주는 530년대에 설치하였는데, 이때 사벌지역이 비로소 상주의 주치로서 기능하기 시작하였다고 말할 수 있고, 아마도 거기에 사벌정도 계속 존재하였을 것으로 짐작된다. 상주에 위치한 사벌정 역시 무관 범군호 6정조에서 언급한 상주정 가운데 하나였음이 분명하다고 볼 수 있는데,[192] 그렇다면 여기서 무관 범군호 6정조에서 진흥왕 13년(552)에 상주정을 설치하였다고 언급한 사실을 과연 어떻게 이해할 것인가에 관한 의문이 제기된다고 하겠다.

우산국 복속과 이사부」 『역사교육』 111).

190 以大阿湌伊登爲沙伐州軍主(『삼국사기』 신라본기제4 법흥왕 12년 봄 2월).

191 二曰上州停 眞興王十三年置 至文武王十三年改爲貴幢 衿色靑赤(『삼국사기』 잡지제9 직관(하) 무관 범군호 6정).

192 上州의 州治는 沙伐에서 甘文으로, 다시 甘文에서 沙伐로, 沙伐에서 一善으로 옮겨졌음이 확인된다. 이에 따라 上州에 위치한 정군단의 주둔지도 州治의 이동과 마찬가지로 移置되었다고 이해된다. 이것은 곧 정군단의 명칭이 사벌정에서 감문정으로, 감문정에서 사벌정으로, 사벌정에서 일선정으로 바뀌었음을 의미하는 것으로 받아들일 수 있다. 무관 범군호 6정조에서는 이들을 상주정이라 통칭하여 표현하였던 것이다.

종래에 진흥왕 13년(552) 상주정의 설치를 군단편성의 변화, 즉 군주(軍主)의 직할 하에 지방민으로 편성된 군단의 설치와 연결시켜 이해하였고, 이에 따라 정제(停制)와 주제(州制)가 밀접하게 결합되어 주가 군관구(軍管區)로서의 성격을 지니게 되었을 뿐만 아니라 군주가 주의 지방장관으로서의 성격을 지니게 되었다고 파악한 견해가 제기되었다.[193] 그러나 진흥왕 16년(555)에 하주지역에 비자벌정(比子伐停)을 설치하고, 비로소 비자벌정을 지휘하는 군주를 파견하였음을 감안하건대, 552년에 상주만이 군관구적인 성격을 지녔고, 군주가 비로소 상주의 장관으로서의 성격을 지녔다고 단정하기가 어렵지 않을까 한다. 필자는 전에 525년에 설치된 사벌정의 군사들은 왕경 6부인이었고, 552년에 종래 왕경인들로 구성되었던 부대를 상주 영역 내의 민들을 군사로 징발하여 편성한 부대로 개편한 사실을 무관 범군호 6정조에서 마치 상주정을 새로 창설한 것처럼 기록한 것이 아닌가 하는 의견을 제출한 바 있다.[194] 그러나 지방민들로 구성된 군사당(軍師幢)이 6정군단에 편제된 것은 진평왕 26년(604)이었음이 확실하기 때문에 필자의 견해는 문제가 있다고 보지 않을 수 없다. 이러한 이유 때문에 필자는 전에 제기한 견해에 대해 수정하고자 한다.

상주지역에 525년에 이미 사벌정을 설치하였기 때문에 진흥왕 13년(552)에 상주정을 설치하였다고 전하는 것을 그대로 믿기 어렵다. 그렇다면 이것은 어떻게 이해하는 것이 옳은 것일까가 궁금하다. 앞에서 문무왕 13년(673)에 상주정을 귀당에 합속시키고, 귀당의 주둔지를 일선으로 옮겼다고 언급하였고, 귀당은 진흥왕 23년(562) 이전에 창설하였으며, 그것은 왕경에 주둔하였음을 살필 수 있었다. 그런데『삼국사기』잡지제9 직관(하) 무관 범군호 6정조에 문무왕 13년에 상주정을 귀당으로 고쳤다고 기술한 사실을 통해『삼국사기』직관지 찬자가 상주

193 주보돈, 1998 앞의 책, 97~98쪽.
194 전덕재, 2001 앞의 논문, 81~82쪽.

정을 귀당의 전신으로 인식하였음을 추론할 수 있다. 이것은 범군호 6정조 원전의 찬자 및 직관지의 찬자가 상주정과 귀당을 동일한 것으로 이해하였다는 의미와 통한다. 이와 관련하여 중대인 성덕왕대에 신라인들이 하주지역에 최초로 설치된 정군단인 비자벌정(比子伐停)이 완산정(完山停)의 전신이라 이해한 다음, 진흥왕 16년에 비자벌정을 설치한 사실을 비자벌주(비사벌주)가 아니라 완산주를 설치하였다고 기록하였고, 이러한 내용을 『삼국사기』 찬자가 신라본기를 찬술하면서 그대로 수용한 사실을 주목할 필요가 있다. 동일한 맥락에서 무관 범군호 6정조 원전의 찬자 역시 상주정과 귀당을 동일하게 생각하였을 것이라 추론할 수 있고, 또한 『삼국사기』 열전제4 사다함조에 사다함(斯多含)이 진흥왕 23년(562)에 귀당비장(貴幢裨將)으로 종군(從軍)하였다고 전하는 사실을 통해 진흥왕 23년 이전에 귀당을 설치하였음을 엿볼 수 있으므로, 그것을 진흥왕 13년에 설치하였을 가능성도 한번 고려해볼 수 있을 것이다. 만약에 이러한 추정이 허락된다면, 6정조 원전의 찬자가 진흥왕 13년에 귀당을 설치한 사실을 마치 상주정을 설치하였다고 이해하여 서술하였을 가능성도 충분히 상정해볼 수 있지 않을까 한다.

이상의 검토에 따른다면, 실직정은 지증왕 6년(505), 사벌정은 법흥왕 12년(525), 대당(大幢)은 진흥왕 5년(544), 귀당은 진흥왕 13년(552), 비자벌정은 진흥왕 16년(555)에 설치하였다고 정리할 수 있다. 귀당은 6정에 속하지 않았지만, 실직정, 사벌정, 비자벌정은 범군호 6정조에 전하는 하서정, 상주정, 완산정(하주정)으로 연결시킬 수 있다. 선덕여왕 6년(637)에 우수정을 설치하였다. 6정 가운데 속하는 또 하나가 바로 한산정(漢山停)이다. 범군호 6정조에 '(한산정은) 본래 신주정(新州停)이었다. 진흥왕 29년(568)에 신주정을 혁파하고 남천정을 설치하였다가 진평왕 26(604)에 님천정(南川停)을 혁파하고 한산정을 두었다.'고 전한다.[195] 범군호 6정조에서 진흥왕 29년에 신주정을 혁파하고 남천정을 설치하

---

195 三曰漢山停 本新州停 眞興王二十九年 罷新州停 置南川停 眞平王二十六年 罷南川停 置漢

였다고 전하지만, 561년(진흥왕 22)에 건립된 진흥왕순수비 창녕비에 한성군주 (漢城軍主), 568년(진흥왕 29)에 건립된 진흥왕순수비 북한산비에 남천군주(南川軍主)가 전하는 것을 감안하건대, 561년에 한성군주가 지휘한 정군단은 한성정, 568년에 남천군주가 지휘한 정군단은 남천정이라 불렸음이 확실시된다고 하겠다. 따라서 범군호 6정조에서 진흥왕 29년에 신주정을 혁파하고 남천정을 설치하였다고 언급한 것은 그대로 믿기 어렵고, 당시에 한성정(한산정)을 혁파하고 남천정을 설치하였다고 보아야 하지 않을까 한다. 그런데 범군호 6정조에 한산정을 언제 설치하였다는 기록이 전하지 않는다. 그러면 한산정을 언제 설치하였다고 볼 수 있을까?

『삼국사기』신라본기에서 진흥왕 14년(553) 7월에 백제의 동북쪽 변두리를 빼앗아 신주(新州)를 설치하고 아찬 무력(武力)을 군주로 삼았다고 전한다. 또한 진흥왕 15년(554) 7월 기록에 신주군주(新州軍主) 김무력(金武力)이 군사를 이끌고 나아가 교전하였다고 전한다. 진흥왕순수비 창녕비에서 '한성군주(漢城軍州)'라고 표현한 사실을 감안하건대, 당시 김무력(金武力)의 직명이 신주군주라고 보기 어렵다. 당시에 일반적으로 주치명을 관칭하여 '~군주'라고 칭하였음을 염두에 둔다면, 당시 김무력의 정확한 직명은 신주의 주치명을 관칭한 '~군주'였다고 볼 수 있을 것이다. 신라본기에 진흥왕 18년(557)에 신주를 폐하고 북한산주를 설치하였다고 전하는데, 이것은 진흥왕 18년에 신주의 주치를 어떤 곳에서 북한산으로 옮겼음을 반영한 것일 뿐만 아니라 정군단의 주둔지 역시 이치(移置)시켰음을 반영한 조치로 이해할 수 있다. 진흥왕순수비 창녕비에서 한성군주라고 표현한 것으로 보건대, 신라본기에 전하는 북한산은 당시에는 한성(漢城) 또는 한산(漢山)이라 표기하였는데, 통일 이후 한산주의 주치가 한강 이남에 위치하였기 때문에 한강 이북을 북한산이라 불렀고, 이에 따라 한성 또는 한산을 북한산이라고

山停 衿色黃青(『삼국사기』 잡지제9 직관(하) 무관 범군호 6정).

개서한 것으로 추론할 수 있다.[196] 종래에 진흥왕 18년 이전 신주의 주치를 진흥왕 29년에 신주의 주치를 (북)한산에서 남천으로 옮긴 사실을 주목하여, 남천(경기도 이천시)으로 추정한 견해가 제기되었는데,[197] 필자는 나름 타당하다고 생각한다. 이에 따른다면, 진흥왕 14년(553) 7월 당시 김무력의 정확한 직명은 남천군주(南川軍主)라 할 수 있을 것이다.

이상에서 살핀 바에 따르면, 진흥왕 16년(555)에 비자벌정(비사벌정)을 설치하면서 지방에 4개의 정군단이 존재하게 되었다고 정리할 수 있다. 540년대에 건립된 단양신라적성비를 통해 당시까지 군주는 주에 파견된 지방관이 아니라 단지 지방에 주둔한 정군단을 지휘하는 군사령관의 위상만을 지녔음을 유추할 수 있었다. 그렇다면 언제부터 군주가 광역의 행정단위인 주를 행정적으로 총괄할 수 있는 지방관으로서의 위상을 겸유(兼有)하게 되었을까가 궁금하다. 이와 관련하여 진흥왕순수비 창녕비에 전하는 '사방군주(四方軍主)'란 표현을 주목할 필요가 있다. 기존에 사방군주를 4방면에 파견한 군주라고만 이해하거나[198] 또는 방을 평(評)이나 방(邦)의 의미인 벌이나 들의 뜻을 지닌 것으로 해석하고, 나아가 방을 도성과 그 관할구역을 의미하는 것으로 이해하여 사방을 정이 설치된 사성(四城)과 동일한 것으로 파악한 바 있다.[199] 후자와 같이 파악할 때 사방군주는 4성(읍)에 파견된 군주라는 의미로 해석할 수도 있다. 그러나 이 해석에 따를 때, 네 지역에 파견하였던 군주를 사성군주가 아니라 굳이 사방군주라고 표기한 이유를 설득력 있게 설명하였다고 보기 어렵다.

그런데 6세기 초 신라(新羅)라는 국호를 채택하면서 그 뜻을 '덕업일신(德業日

196 전덕재, 2018 앞의 책, 89~92쪽.

197 강봉룡, 1994 앞의 논문, 100~109쪽.

198 강봉룡, 1987 앞의 논문, 68쪽.

199 山尾幸久, 1974「朝鮮三國の軍區組織-コホリのミヤケ研究序說-」『古代朝鮮と日本』, 龍渓書舎, 175~176쪽.

新) 망라사방(網羅四方)'이라 풀이한 점이 사방군주란 표현과 관련하여 주목된다. 여기서 '사방'은 천하와 같은 의미로 '온 세상'을 뜻하는 표현이다. 이것은 6세기 초에 신라가 주변 복속지를 직할 영토로 인식하고, 그 영토를 사방(四方)으로 표현하였음을 말해준다. 그러므로 진흥왕순수비 창녕비에 보이는 사방군주의 '사방'이란 표현도 막연히 네 방향이나 또는 4성(읍)을 가리키는 것이 아니라 당시 진흥왕이 통치하는 모든 지역을 말하는 뜻으로 해석할 수도 있다. 이러한 사방의 의미와 관련하여 백제의 5방(方)이 주목된다.[200] 여기서 5방은 동·서·남·북·중을 의미하는 방위명이면서, 동시에 그 자체가 백제가 관할하는 온 세상을 의미한다고 할 수 있다. 백제는 5방 각각의 중심지역에 방성(方城)을 쌓고 방령(方領)을 그곳에 파견하였으며, 그 방 예하에 6~7개에서 10개에 이르는 군(郡)을 영속(領屬)시켰다. 이때 방은 방위명이면서도 곧 군을 몇 개 묶은 광역의 지방행정단위라고 말할 수 있다.

6~7세기 백제의 사정을 유념하면, 위에 나오는 '사방'의 의미도 단순히 방향만을 가리키는 것으로 보기 힘들다. 만약 '사방'이 막연한 방위명만을 가리키는 것이었다면 군주의 파견지가 왕경을 기준으로 동서남북의 방향과 일치하여야 하나 진흥왕순수비 창녕비를 보면 그렇지 않음을 알 수 있다. 즉 군주가 파견된 한성(漢城; 한강 이북의 서울), 비자벌(比子伐; 경남 창녕군 창녕읍), 감문(甘文; 경북 김천시 개령면), 비리성(碑利城; 북한 강원도 안변군 안변읍)은 신라 왕경, 즉 경주뿐만 아니라 어느 곳을 중심으로 보아도 동·서·남·북에 위치한 지명이 아니었던 것이다. 그러므로 진흥왕순수비 창녕비에 나오는 '사방'은 신라 전지역을 4개의 방(광역권), 즉 상주와 하주, 신주 및 동해안지역으로 나누었음을 말해주는 표현으로 해석해도 커다란 무리는 따르지 않는다.[201] 이렇게 이해할 때, 사방군주는 신라의

---

200 백제의 5方制에 관련된 자세한 내용은 김영심, 1997「백제 지방통치체제 연구-5~7세기를 중심으로-」, 서울대학교 박사학위논문, 138~155쪽이 참조된다.

모든 영역을 4방(方)으로 나눈 각 구역을 통치하는 군주로도 해석할 수 있다.[202] 이에 따른다면, 진흥왕 16년(555)에서 진흥왕 22년(561) 사이의 어느 시기부터 군주는 정군단을 지휘하는 사령관이면서도 광역의 행정단위인 상주와 하주, 신주 및 동해안지역의 광역행정단위를 행정적으로 총괄할 수 있는 주의 장관으로서의 위상을 겸유(兼有)하였다고 규정하여도 문제가 없을 것이다. 그리고 당시부터 주와 동해안지역의 광역행정단위는 군관구(軍管區)이면서 동시에 군이나 촌(성)을 통괄하는, 즉 지방통치조직상에서 최상급의 행정구역단위로서 기능하였다고 정의하여도 무방할 것이다. 그런데 상주와 하주는 530년대에 설치하였다고 앞에서 언급한 바 있다. 그러면 555년 이전 시기에 주는 어떠한 성격을 지녔을까가 문제로 제기된다.

530년대에 상주와 하주에 군주를 파견하지 않았으므로, 당시에 군주가 주와 어떤 연관성을 지녔다고 말하기 어렵다. 이는 530년대부터 군주가 주의 지방장관으로서의 성격을 지니게 된 시점인 550년대 후반까지 주는 지방통치조직으로서가 아니라 무엇인가 행정상의 편의를 위하여 구분한 광역의 영역단위로서 기능하였던 사실과 관련이 있음을 시사해주는 측면으로 주목된다. 한대(漢代)에 주(州)는 자사(刺史)가 감찰하는 구역을 지칭하는 것에 불과하였다가 점차 자사의 권한이 강화되면서 군현의 상위 지방통치조직으로서 굳어졌다.[203] 이와 같은 중국의 사례를 염두에 둘 때, 신라에서도 처음에는 지방을 감찰하는 광역의 영역단위로서 주를 설치하였을 가능성도 배제할 수 없다.[204] 이외에 부세의 수취나

---

201 주보돈, 1987「신라 중고기 6정에 관한 몇 가지 문제」『신라문화』3·4合, 24쪽

202 다만 4방군주를 4州軍主라고 표현하지 않은 이유는 동해안지역에 주를 설치하지 않았기 때문이었을 것이다.

203 嚴耕望, 1963『中國地方行政制度史』(上編二 卷上 秦漢地方行政制度下冊), 中央研究員歷史語言研究所, 275~305쪽.

204 이수훈, 1995「신라 중고기 촌락지배 연구」, 부산대학교 박사학위논문, 78~102쪽에서 州가 6세기 초반에 군사적 거점으로서 기능하다가 6세기 중반에 감찰구역으로 바뀌었고,

역역징발 등의 행정상의 편의를 위하여 주를 설치하였을 여지도 전혀 없지 않다. 현재로서 이에 대한 자세한 사항을 더 이상 고구(考究)하기가 곤란하다. 후일의 과제로 남겨두고자 한다.

진흥왕 16년(555)에서 진흥왕 22년(561) 사이의 어느 시기부터 주가 군관구적인 성격을 지니게 되었고, 이때에 군주는 주 내에 소재한 정군단을 지휘하는 군관의 성격뿐만 아니라 최상급의 지방행정구역단위인 주의 행정을 총괄하는 민정관적인 성격까지 동시에 보유하게 되었다고 할 때, 진흥왕순수비 창녕비에 보이는 주행사대등(州行使大等)의 존재를 어떻게 설명할 수 있느냐 하는 점이 새롭게 문제로 제기된다. 왜냐하면 종래에 앞에서 언급하였듯이 이들을 주의 행정을 총괄하는 관리였다고 이해하기도 하였기 때문이다. 진흥왕대 주행사대등의 성격을 고구(考究)하고자 할 때, 다음의 몇 가지 측면을 먼저 눈여겨볼 필요가 있다. 첫 번째 사대등은 사신(使臣)으로 대체하여 표현할 수 있다는 점이다. 상대등을 상신(上臣)으로 표기한 것에서 그 유례를 찾을 수 있다. 신라 국가가 지방을 안무하기 위하여 자주 사신을 파견한 기사가 보이고 있다. 두 번째로 대등이 진흥왕대에 국정운영을 주도하던 핵심 관리였다는 점이다. 당시에 여러 가지 직무를 대등들이 분담하였다는 사실은 전대등(典大等)이나 사대등(仕大等), 금하대등(衿荷大等)이라는 관직명을 통하여 유추가 가능하다. 이에서 당시 대등이 중앙의 고위관리로서 국가의 주요 행정업무를 관장하였다는 결론을 유도할 수 있다. 이러한 사실을 염두에 둘 때, 주행사대등 역시 주의 행정업무를 관장하던 중앙의 관리였다는 추정이 가능하다.

세 번째 행사대등이란 표현에서 '행(行)'의 의미가 '행동하다' 또는 '움직이다'라는 뜻으로 풀이할 수 있다는 점이다. 예를 들어 임시 정토를 위하여 편성한 군단을 '행군군단(行軍軍團)'이라 지칭하였고, 또 위진남북조시기에 중앙의 핵심 관서

주를 감찰한 관리가 바로 행사대등이었다고 이해한 바 있다.

인 상서대(尚書臺)의 분사(分司)로서 지방에 '행상서대(행대)'를 설치하였는데, 여기서 '행'은 상서대가 한 군데에 고정되어 있지 않고, 여기저기 이동하였던 것에서 연유한 표현이었다.[205] 이상의 내용을 종합하면, 주행사대등은 중앙정부에서 주에 파견한 대등의 하나로서 한 곳에 상주하지 않고 이곳저곳을 돌아다니면서 주의 행정업무를 처리하였던 존재였다고 정리할 수 있겠다.

그렇다면 이제 앞에서 주의 행정을 총괄하였다고 언급한 군주는 주행사대등과 어떠한 관계였을까 하는 점을 해명할 필요가 있겠는데, 양자의 관계를 구체적으로 살피기에 앞서 위진남북조시기에 설치한 행상서대, 즉 행대의 성격을 좀 더 자세하게 살펴보고자 한다. 위진남북조시기에 북방이나 서방의 변경지구에 위치한 주의 경우, 상황은 급박하게 돌아가고, 수도에서 거리가 멀기 때문에 일이 생길 때마다 중앙정부에 사사건건 주청(奏請)하기가 매우 곤란하였다고 한다. 이에 중앙정부는 중앙의 상서대 분사인 행상서대(행대)를 두어서 그 지역에서 발생한 여러 가지 사건을 일일이 중앙정부에 보고하지 않고 그 지역에서 편의대로 처리하도록 조치하였다고 한다. 앞에서 언급하였듯이 처음에 행상서대는 일정한 곳에 고정되어 있지 않고 여기저기 옮겨 다녔기 때문에 '행(行)'자를 관칭(冠稱)하였던 것이다.[206] 위진남북조시기 행상서대(행대)의 성격은 주행사대등의 성격을 살필 때, 매우 유익한 참고사례로서 들 수 있겠다.

앞에서 군주가 주의 행정을 총괄하는 민정관적인 성격도 지녔다고 언급하였다. 그런데 군주의 위상이 바뀌면서 정군단의 주둔지나 주치로서 기능한, 즉 군주가 파견된 행정촌에 더 이상 도사가 파견되었다는 자료를 찾을 수 없다. 통일기에 순수한 주치지역은 도독이 직접 관할하였고, 거기에 별도로 현령(縣令)이나

---

205 嚴耕望, 1963 『中國地方行政制度史』(上編四 卷中 魏晉南北朝地方行政制度史下册), 中央研究員歷史語言研究所, 799~800쪽.
206 이에 대한 자세한 내용은 嚴耕望, 위의 책, 799~816쪽; 曾資生, 1943 앞의 책; 1979 앞의 책, 296~298쪽이 참조된다.

소수(少守)를 파견하지 않았다. 이를 참조하건대, 사방군주는 정군단의 주둔지이자 주치로서 기능하는 행정촌을 직접 관할하는 지방관이면서도 동시에 그 주변에 위치한 도사가 파견된 여러 행정촌을 포괄하는 군급(郡級)의 중간행정단위로서의 이른바 소주(小州) 또는 협의의 주를[207] 대표하는 지방관 및 상주와 하주 등과 같은 광역의 행정단위를 총괄하는 지방관의 위상을 동시에 지녔다고 볼 수 있지 않을까 한다. 물론 이때 군주는 순수한 주치에 해당하는 행정촌의 민정업무를 직접 처리하였을 뿐이고, 이른바 소주 또는 협의의 주 관할의 나머지 행정촌은 도사 등이 그렇게 하였을 것으로 짐작된다. 물론 상주 예하의 여러 군이나 행정촌의 민정업무에 대하여 군주가 직접 관할하였다고 보기도 어려울 것이다.

여기다가 군주가 파견된 곳, 즉 주치는 군사상의 전략적 요충지에 위치하는 것이 보통이었다는 점도 고려할 필요가 있다. 이 때문에 전선의 상황에 따라 주치를 자주 옮겼던 것이다. 이러한 정황을 염두에 둔다면, 군주의 주요한 역할은 6정군단을 훈련시키거나 그들을 지휘하여 전쟁을 수행하는 것이었지, 비록 그가 주의 행정을 총괄하는 민정관적인 성격을 지녔다고 하더라도 광역의 주 차원의 대민업무를 효율적으로 처리하기가 매우 어려웠다고 볼 수 있다. 특히 그가 파

---

207 강봉룡, 1994 앞의 논문에서 중고기에 군사적 전진기지인 停이 소재한 小州와 행정적 편제단위로서의 성격을 지닌 廣城州 등 2가지 종류의 주가 존재하였다고 보았고, 李成市, 1979 앞의 논문; 1998 앞의 책에서 중고기에 도독(군주)이 파견된 지방지배의 거점인 城邑을 가리키는 지리적 호칭으로서의 주와 이와 같은 州邑을 비롯해 다른 성읍을 포함한 일정한 영역을 가리키는 정치적 호칭의 주가 있었다고 정리하고, 편의상 전자를 협의의 주, 후자를 광의의 주라 불렀다. 일반적으로 정군단의 주둔지를 옮기면, 그 이전 군주가 파견된 행정촌은 군의 중심 행정촌이 되었다고 보이기 때문에 강봉룡과 李成市가 언급한 소주 또는 협의의 주는 하나의 행정촌을 가리키는 것이 아니라 군주가 파견된 행정촌과 그 주변의 여러 행정촌을 묶은 군급의 중간행정단위로서 이해할 수 있다고 판단된다. 필자는 군주가 파견된 군급의 중간행정단위를 소주 또는 협의의 주라고 부르는 것에 대하여 전적으로 동의하지 않지만, 그것을 군이라고 부르기도 어렵기 때문에 편의상 기존의 견해를 따랐음을 밝혀둔다.

견된 곳, 즉 주치가 대부분 주의 영역 가운데 최전방에 해당하였던 바, 광역의 행정구역단위인 주의 행정업무를 원활하게 처리하기가 그리 쉽지는 않았을 것이다. 이상의 여러 이유 때문에 신라 국가는 군주의 행정업무를 보완할 수 있는 제도적인 장치를 강구할 수밖에 없었는데, 이것이 바로 주행사대등의 파견으로 귀결되었던 것으로 보인다.[208] 다만 우추실지하서아군(于抽悉支河西阿郡)에 파견된 사대등은 '행(行)'자가 붙지 않았는데, 이것은 동해안지역이 상주, 하주나 신주보다 영역적으로 협소하기 때문에 사대등이 여기저기 옮겨 다니면서 대민업무를 수행하지 않아도 되었던 사실과 관련이 있지 않을까 싶다.

행사대등을 언제부터 파견하였는지를 규명할 수 있는 자료는 전하지 않는다. 그러나 군주가 주의 지방장관임에도 불구하고 효율적인 대민업무를 수행하기가 어려워서 행사대등을 주에 파견하였다는 사실을 염두에 둔다면, 그들을 주에 파견한 시기 역시 550년대 후반으로 봄이 자연스러울 것이다. 처음부터 행사대등이 군주의 통제를 받았는지의 여부는 확인할 수 없다. 그러나 점차 군주의 군이나 촌·성에 대한 통제권이 강화되면서 행사대등의 업무도 그의 통제를 강하게 받는 경향이 짙어졌고, 얼마 지나지 않아 행사대등의 업무를 군주의 속료(屬僚)들이 대행하였던 것으로 짐작된다. 선덕여왕대에 김품석의 보좌관[品釋之佐]으로 나오는 아찬 서천(西川)이 바로 군주의 행정업무를 보좌하던 속료의 하나로 생각되는데, 이에서 선덕여왕대 이전의 어느 시기, 아마도 중앙 관서의 증설이 두드러졌던 진평왕대에 행사대등 대신 군주의 속료들이 주의 행정업무를 주로

---

208 종래에 중고기에 영역단위로서의 주와 군사적 전진기지였던 정을 의미하는 주가 존재하였고, 군주는 영역단위인 주의 지방장관이면서 정의 지휘관이었고, 군주가 주로 전방에서 군정에 집중하였기 때문에 주의 행정을 원활하게 처리하기 어려웠으므로 이에 准州 (동해안지역)를 포함한 영역단위로서의 주의 행정상의 요지에 위치한 助人이 행사대등에게 군주의 명령을 전달하여 주의 행정을 처리하게 하였다고 이해한 견해가 제기되어 주목된다(최재관, 1987「신라 중고기 지방통치제도-지방관을 중심으로-」『경희사학』14(박성봉교수회갑기념논총), 97~108쪽).

처리하지 않았을까 추정해볼 수 있겠다.[209] 이처럼 중고기에 군주가 군관구의 사령관이었을 뿐만 아니라 주의 행정을 총괄하는 민정관적인 성격을 분명하게 지녔기 때문에 『삼국사기』 잡지제9 직관(하) 외관조에서 잘 알 수 있듯이 그것을 중대 주의 지방장관인 총관이나 도독의 전신으로 이해하였고, 나아가 중고기 초부터 군주가 주의 지방장관이라 인식할 수 있었지 않았을까 한다.

4. 소경(小京)의 설치와 기능

『삼국사기』 잡지제9 직관(하)조에서 이벌찬을 비롯한 17관등을 경위(京位), 경관(京官), 내관(內官)이라 표기하고, 악간(嶽干), 술간(述干) 등을 중심으로 하는 또 다른 관등체계를 이에 대비하여 외위(外位), 외관(外官)이라 일컬었다. 여기서 경위(경관, 내관)는 왕경의 6부인에게, 외위(외관)는 지방 출신의 지배층에게 수여한 관등을 가리킨다. 율령을 반포하고 6부인 복색(服色)의 존비(尊卑) 제도를 정비한 520년(법흥왕 7)에 17관등체계를 완비하였지만, 524년(법흥왕 11)에 건립된 울진 봉평리신라비에 본파부(本波部) □부지간지(□夫智干支), 잠훼부(岑喙部) 미흔지간지(美昕智干支)가 보여 당시까지 6부의 지배층이 모두 거기에 편제되지 않았음을 알 수 있다. 대체로 『삼국사기』 직관지에서 외위라고 일컬은 관등, 즉 악간(嶽干), 술간(述干), 고간(高干), 귀간(貴干), 선간(選干), 상간(上干), 간(干)[하간(下干)], 일벌(一伐), 일척(一尺), 피일(彼旦), 아척(阿尺) 등을 오직 지방의 지배층에게만 수여

---

209 중대에 都督을 보좌하는 州助(또는 州輔)라는 관직이 있었는데, 여기에는 奈麻에서 4重阿湌까지의 관등을 소지한 관리들이 임명되는 것이 원칙이었다고 한다. 이에 의거할 때 阿湌의 관등을 소지한 西川이 바로 이에 해당하는 관리가 아니었을까 한다. 서천을 '品釋之佐'라고 표현하였는데, 이는 곧 軍主의 보좌관을 의미하므로 州助에 대응될 수 있다고 이해되기 때문이다.

하고, 이벌찬 등의 17관등을 6부의 지배층 모두에게 확대하여 수여하기 시작한 시기는 530년내로 추정된다.[210] 두 관등체계의 수여 대상이 지방과 6부 출신의 지배층으로 확연하게 구분되면서 비로소 전자를 외위, 후자를 경위라고 부르기 시작한 것으로 보인다. 물론 이것은 주군촌(州郡村)으로 편제된 지방에 대비하여 6부지역을 왕경(王京)이라 인식하였음을 전제하는 것이기도 하다.

중고기 금석문에 등장하는 지방관을 조사하면, 그들은 모두 경위를 수여받은 왕경 6부인임을 살필 수 있다. 그리고 '~촌사인(村使人)', 또는 '~성사인(城使人)', 그리고 '군중상인(郡中上人)[군상인(郡上人)]', '군상촌주(郡上村主)' 또는 '~촌촌주(村村主)'에 임용된 지방의 지배자나 다양한 직능에 종사하던 사람들이 외위를 수여받은 것으로 확인된다. 촌주는 종래의 전통적인 지배력을 바탕으로 촌의 통치에서 일정한 역할을 수행하였다고 보이지만, 그들의 기본적인 임무는 어디까지나 도사나 당주, 나두와 같은 경위를 보유한 지방관의 촌민통치를 보좌하는 역할 이상은 아니었다. 이러한 사실은 신라가 6부체제를 극복하고 중앙집권적인 국가체제를 정비한 이후에도 경위와 외위의 2원적인 관등제 운영을 통하여 부체제 단계와 마찬가지로 국가 전체의 지배구조상에서 여전히 지배자공동체로서의 6부 지배층의 정치적 위상을 그대로 견지하고자 했음을 반영하는 것이다. 즉 경위와 외위는 중앙집권적인 국가체제 하에서 왕경과 지방의 지리적 경계를 기준으로 원신라인(왕경 6부인)과 지방민을 정치·사회적으로 차별하는 제도적 장치였다는 의미이다. 중고기 왕경은 단지 수도(首都)로서의 위상만을 지닌 것이 아니

---

210 2009년에 발견된 포항중성리신라비에 壹伐의 관등을 수여받은 6부인이 보인다. 일벌 관등을 6부인이 아니라 오직 지방의 지배층에게만 수여하기 시작한 시기는 바로 6부의 지배층이 모두 17관등체계에 편제되는 시기와 함수관계를 가지는데, 530년대에 6부체제를 극복하고 왕권 중심의 집권적인 정치체제를 정비하면서 喙部와 沙喙部 이외의 나머지 부의 지배층에게도 17관등을 수여하기 시작하였다고 이해되고 있다(전덕재, 1996 앞의 책, 132~140쪽; 전덕재, 2010 「6세기 금석문을 통해 본 신라 관등제의 정비과정」『문자와 목간』5, 86~89쪽).

라 경위를 수여받으며 지배자공동체를 이루고 있는 6부 지배층이 집주(集住)하고 외위를 수여받은 지방 지배층의 입주(入住)를 허락하지 않는 '배타적 공간'이기도 하였던 것이다.

그런데 중고기에 지방임에도 불구하고 경위를 수여받은 사람들이 집단적으로 거처한 곳이 있었으니, 소경(小京)이 바로 그에 해당하였다. 중고기에 신라가 설치한 소경은 아시촌소경(阿尸村小京), 국원소경(國原小京), 북소경(北小京)이다. 아시촌소경은 지증왕 15년(514)에 설치하였다.[211] 종래에 아시촌소경의 위치를 둘러싸고 논의가 분분하였지만, 최근에 상주(尙州) 문소군(聞韶郡) 영현(領縣)의 하나인 아시혜현(阿尸兮縣)[아을혜현(阿乙兮縣)]과 연결시켜 이해하는 것이 일반적이다.[212] 아시혜현은 현재 경북 의성군 안계면 일대로 비정된다. 『삼국사기』 신라본기에 따르면, 신라가 가장 먼저 지증왕 15년(514)에 아시촌에 소경을 설치하고, 거기에 6부와 남쪽 지방 사람들을 옮겨 살게 하였다고 한다. 530년대에 6부 지역을 주군촌으로 편제된 지방과 구분하여 비로소 왕경이라 불렀기 때문에 지증왕 15년 무렵에 아시촌을 소경이라고 불렀을 가능성은 높지 않다.

신라는 5세기 후반에 삼년산성(三年山城; 충북 보은), 모로성(芼老城; 위치 불명), 일모성(一牟城; 충북 청주시 상당구 문의면), 사시성(沙尸城; 충북 옥천군 이원면), 광석성(廣石城; 충북 영동군 영동읍), 답달성(沓達城; 경북 상주시 화서면), 구례성(仇禮城; 충북 옥천), 좌라성(坐羅城; 충북 영동군 황간면), 구벌성(仇伐城; 경북 의성군 단촌면 일대), 굴산성(屈山城; 충북 옥천군 청성면), 도나성(刀那城; 경북 상주시 모동면), 비

---

211 置小京於阿尸村. 秋九月 徙六部及南地人戶 充實之(『삼국사기』 신라본기제4 지증왕 15년 봄 정월).

212 종래에 아시촌의 위치를 경주 근방의 安康(이병도, 1977『국역 삼국사기』, 을유문화사, 53쪽)과 함안(임병태, 1967「신라소경고」『역사학보』35·36합집, 95~96쪽)으로 비정한 바 있었다. 그러나 천관우, 1976「삼한의 국가형성」『한국학보』3, 146쪽; 1989『고조선사·삼한사연구』, 일조각, 338쪽에서 아시촌을 阿尸兮縣으로 비정한 이래, 다수의 연구자들이 이에 동조하였다. 필자 역시 이 견해가 옳다고 생각한다.

라성(鄙羅城; 충북 영동군 양산면) 등을 쌓았다. 한편 지증왕 5년(504)에 파리성(波里城; 강원도 삼척시 원덕읍), 미실싱(彌實城; 경북 포항시 흥해읍), 진덕성(珍德城; 위치불명), 골화성(骨火城; 경북 영천) 등 12성을 쌓았다. 5세기 후반에서 6세기 초반에 신라가 쌓은 성들을 통하여 당시에 신라가 소백산맥 방면에서 보은읍의 삼년산성에서 화령재를 넘고 답달성을 지나 사벌(상주시)에 이르는 루트 및 삼년산성에서 옥천군 청성면의 굴산성을 거쳐, 장군재와 석문재를 지나 도나성(상주시 모동면)에 이르고, 여기에서 사벌에 이르는 루트, 그리고 옥천의 구례성[관산성(管山城)]에서 사시산성, 광석성, 좌라성을 지나 추풍령을 넘고 김천에 이르는 루트를 중심으로 방어체계를 구축하였음을 살필 수 있다.[213]

그리고 소지마립간은 500년 무렵에 몇 차례에 걸쳐 고타(古陁; 경북 안동)지역을 지나 날이(捺已; 경북 영주)지역에 행차하였다.[214] 구벌성은 경주에서 영천을 지나 안동에 이르는 중간 지점에 위치하였다. 소지마립간이 날이지역에 여러 차례 행차한 사실과 구벌성 및 골화성을 쌓은 것에서 5세기 후반에 신라가 충북 단양에서 죽령을 넘어 영주에 이르고, 거기에서 안동을 거쳐 구벌성 및 영천에 이르는 루트를 중심으로 방어체계를 구축하였음을 유추해볼 수 있다. 현재까지 충주에서 계립령을 넘고, 문경과 상주에 이르는 루트에다 성을 쌓았다는 구체적인 증거는 발견되지 않는다. 그러나 신라에서 일찍이 죽령(竹嶺)과 더불어 계립령(雞立嶺)을 개척하였다고 전하므로[215] 5세기 후반에서 6세기 초반에 이 루트를 중심으로 방어체계를 구축하였다고 봄이 옳을 것이다.

5세기 후반에서 6세기 초반에 소백산맥 방면에서 고구려와 백제의 침략을 저지할 수 있는 핵심적인 5개의 루트를 중심으로 구축된 방어체계를 모두 망라할

---

213 전덕재, 2009a 앞의 논문, 34~45쪽.
214 『삼국사기』 신라본기제3 소지마립간 22년조에 여러 차례 소지왕이 古陁를 지나 捺已에 행차하였음을 시사해주는 내용이 전한다.
215 『삼국사기』 신라본기에 아달라이사금 3년과 5년에 雞立嶺과 竹嶺을 개통하였다고 전한다.

수 있는 전략적 거점지역을 딱히 찾기 어렵지만, 그러나 이 가운데 추풍령을 넘어 김천에 이르는 루트를 제외한 나머지 4개의 루트를 중심으로 구축된 방어체계를 망라할 수 있는 전략적 거점지역을 물색할 때, 가장 적합한 곳이 바로 경북 의성군지역이다. 특히 아시촌(阿尸村)으로 비정되는 안계면은 상주시와 의성읍 사이에 위치하고, 거기에서 위천을 통하여 낙동강 본류와도 연결이 용이한 곳에 해당한다. 앞에서 언급한 4개의 루트를 중심으로 구축된 방어체계를 모두 망라할 수 있는 전략적 요충지로서 조금도 손색이 없는 곳이다.

지증왕 6년(505)에 처음으로 신라가 실직(강원 삼척)지역에 왕경 6부인으로 구성된 군단을 주둔시키고, 이사부를 군단의 군주로 임명하였다. 이것이 이른바 군호(軍號) 6정의 하나인 하서정(河西停)의 전신이다. 사벌(경북 상주)에 정군단을 추가로 배치한 것은 법흥왕 12년(525)이었고, 이때 대아찬 이등(伊登)을 군단의 군주로 파견하였다. 지방민으로 편성된 군사당(軍師幢)을 진평왕 26년(604)에 설치하고, 6정군단에 배치하였다. 한편 법당 가운데 외여갑당(外餘甲幢)은 군(郡) 단위로 편성된 것으로서 군민(郡民)을 군사로 충당하였다. 그런데 앞에서 법당은 법흥왕 11년(524)에 처음으로 설치하였다고 언급하였다. 아마도 이때 왕경의 주민들로 편성된 경여갑당(京餘甲幢)을 설치하였고, 530년대 군을 설치한 이후에 군 단위로 외여갑당을 설치한 것으로 이해된다.

진흥왕 11년(550)에 신라가 도살성(道薩城; 충북 증평군 도안면)과 금현성(金峴城; 세종특별자치시 전의면)을 빼앗고, 군사 1천여 명을 거기에 주둔시켜 방어하게 하였다고 한다.[216] 한편『삼국사기』열전제8 설씨녀조에 진평왕대에 설씨녀의 아버지가 3년 동안 정곡(正谷)으로 국방을 지키는 수자리 당번에 가야 했으나 사량부 소년 가실(嘉實)이 대신 복무하였다는 내용이 전하고,『수서』신라전에는 '건장한

---

216 春正月 百濟拔高句麗道薩城. 三月 高句麗陷百濟金峴城. 王乘兩國兵疲 命伊飡異斯夫出 兵擊之 取二城增築 留甲士一千成之(『삼국사기』신라본기제4 진흥왕 11년).

남자를 선발하여 모두 군대에 편입시켜 봉수(烽燧), 변수(邊戍), 순라(巡邏)로 삼았으며, 둔영(屯營)마다 부오(部伍)가 조직되어 있다.'고 전한다. 모두 전방의 군사적 요충지에 왕경 6부인을 군사로 징발하여 방수(防戍)시켰음을 시사해주는 자료들이다. 이와 같은 후대의 정황을 참고하건대, 외여갑당을 설치하기 이전, 그리고 정군단이 사벌지역에 주둔하기 이전 시기에 소백산맥의 주요 관방성(關防城)에는 6부인들이 군사로 징발되어 방수(防戍)하고 있었을 가능성이 높지 않았을까 한다.

6부인으로 구성된 전방 부대와 중앙정부와의 원활한 연락을 위하여, 그리고 최전방에 배치된 6부 출신의 군사들에게 군수물자를 원활하게 공급하기 위하여 4개의 루트를 중심으로 구축된 방어체계를 모두 망라할 수 있는 지역에 전략적 거점을 마련하는 것이 절실하게 요구되었을 것이다. 더구나 신라는 소백산맥 부근에 성을 쌓으면서 동시에 지방 소국의 국읍(國邑)이나 읍락(邑落)을 행정촌(行政村)으로 편제하는 영역화작업을 추진하였다. 새로 신라의 영토로 편입된 서북지방의 원활한 통치를 위해서 경주에서 서북지방을 연결하는 교통의 요지에 전략적 거점을 마련할 필요성이 절실하게 요구되었다는 측면도 간과해서는 안 된다. 이러한 상황에서 신라 정부는 지증왕 15년(514)에 아시촌(阿尸村)을 전략적 거점으로 선정하고, 거기에 6부인과 남쪽 지방 사람들을 옮겨 살게 하였던 것으로 추정된다.

아시촌에 거주하는 6부인들은 군이나 행정촌에 파견된 도사(道使) 등의 지방통치를 배후에서 지원해주면서 동시에 도사 등이 수취한 물자들을 집적(集積)한 다음, 그것들을 낙동강 수로나 육로를 통하여 전방 부대에 공급하거나 또는 경주로 이송하는 데에 관여하였다고 추정해볼 수 있다. 물론 필요한 경우 직접 군사로 징발되어 전쟁에도 참가하였을 가능성도 전혀 배제할 수 없을 것이다. 이러한 측면에서 아시촌은 군사적으로 외적(外賊)으로부터 경주와 그 인근의 대구 및 영천 등을 방위하는 동시에 그곳들을 기반으로 소백산맥 이북지역으로 진출할 수 있는 전초기지로서의 성격을 지녔다고 평가할 수 있을 것이다.[217] 그리고 정치적으로는 새로 개척된 서북지방을 원활하게 통치하기 위한 전략 거점으로서의 성격도 동시에 지녔다고 정리할 수 있을 것이다. 아시촌에 6부인이 거주하였다는 사실과 아울러 아시촌이 6부지역에 비견될 정도로 정치적, 군사적으로 중요한 기능을 수행하게 됨에 따라 530년대에 왕경의 성립과 동시에 신라에서 그곳을 별도(別都)로서 취급하였고, 그러면서 비로소 왕경에 대비시켜 소경이라 지칭하지 않았을까 여겨진다.

아시촌에 이어 신라가 소경을 설치한 곳이 바로 오늘날 충북 충주시에 해당하는 국원(國原)지역이다. 『삼국사기』 신라본기에 진흥왕 18년(557)에 국원을 소경으로 삼고, 그 다음해 봄 2월에 귀척(貴戚) 자제(子弟)와 6부 호민(豪民)을 국원소경으로 옮겨 그곳을 채웠다고 전한다.[218] 신라는 550년대에 한강유역을 차지하였다. 이럼으로써 전략적 거점으로서의 아시촌의 가치는 크게 낮아졌을 것이다. 반면에 한강유역과 경주를 연결하는 교통의 요지로서 새롭게 부상한 곳이 바로 국원지역이었다. 조선 초기에 경상도에서 수취한 전세곡(田稅穀)을 전라도와 충청도 연안 해로(海路)를 따라 조운(漕運)하다가 수로(水路)가 험악하여 여러 차례 조운선(漕運船)이 침몰하는 사태가 발생하자, 태종 3년(1403)에 해로를 통한 조운을 폐지하고, 경상도의 전세곡을 문경새재[초참(草站)]를 거쳐 충주 경원창(慶源倉)에 바치게 한 다음, 다시 여기서 전세곡을 참선(站船)에 싣고 남한강 수로를 이용하여 한양까지 옮기게 하였다고 한다.[219] 조선시대의 사례를 참고하건대, 신라

217 최재영, 2002 「唐 前期 三府의 정책과 그 성격-唐朝의 京畿强化策과 관련하여-」『동양사학연구』77에서 北都나 北京으로도 불린 太原府가 唐朝의 기의지로서 중요한 위상을 가지고 있었을 뿐만 아니라 돌궐의 침략으로부터 關中을 보위하는 전초기지로서의 성격을 지녔다고 주장하였는데, 중고기 신라 소경의 군사적 기능과 관련하여 주목을 끈다.

218 以國原爲小京(『삼국사기』 신라본기제4 진흥왕 18년); 徙貴戚子弟及六部豪民 以實國原(같은 책, 진흥왕 19년 본 2월).

219 최완기, 1994 「조운제의 정비」『한국사』24, 국사편찬위원회, 527~528쪽; 전덕재, 2006 「조

에서는 한강유역의 여러 지역에서 거둔 수취물 등을 일단 남한강 수로나 다양한 루트의 육로를 통하여 국원(충주)으로 운송한 다음, 그것을 나시 계립령이나 죽령 등을 통하여 소백산맥을 넘고 상주 등에서 낙동강 수로[220] 또는 다양한 루트의 육로를 이용하여 왕경(경주)까지 운송하였다고 추정해볼 수 있다. 거꾸로 한강유역에 주둔하던 군사들에게 군수물자를 보급하고자 할 때, 역시 계립령 등을 통하여 충주로 보낸 다음, 거기에서 남한강 수로나 육로를 이용하였다고 이해된다. 국원지역이 한강유역과 원신라지역을 연결하는 교통의 요지로서 크게 부각됨에 따라 신라는 국원지역을 새로운 전략적 거점지로 삼아 집중적으로 개발할 필요가 있었고, 그것은 그곳을 별도(別都), 즉 소경(小京)으로 삼은 다음, 6부인을 집단적으로 이주시켜 거주케 하는 것으로 실현되었다.

지증왕 15년(514)에 아시촌에 소경을 설치하였다는 기록만이 전하고, 그 이후의 향배에 대한 어떠한 정보도 전하지 않는다. 통일기에 설치한 5소경 가운데 아시촌과 연결시킬 수 있는 곳이 없기 때문에 국원소경의 설치와 동시에 아시촌소경을 혁파하였을 가능성이 높지 않았을까 한다. 물론 이때 거기에 거주하던 6부인들은 국원으로 천사(遷徙)시켰다고 추정된다.

국원소경은 신라가 새로 개척한 한강유역 및 소백산맥 주변지역을 통제하기에 가장 적합한 조건을 지닌 지역에 위치하였다. 따라서 정치적인 측면에서 아시촌소경과 마찬가지로 소백산맥 주변과 한강유역에 위치한 군이나 행정촌 등을 원활하게 통제하기 위하여 국원소경을 설치하였다고 정리할 수 있을 것이다. 특히 한강유역을 차지하면서 왕경의 편재성(偏在性)이 한층 더 부각되었고, 이에 따라 지방통치상에서 국원소경에 거주하는 6부인들의 역할이 크게 증대되었으

선시대 영남지역 포구와 나루의 변천-낙동강유역의 포구와 나루를 중심으로-『도서문화』 28, 목포대학교 도서문화연구소, 449~450쪽.

220 물론 상주에서 대구까지 낙동강 수로를 이용하여 수취물을 운송하고, 거기에서 다시 육로를 통하여 경주까지 이송하였을 가능성이 높았다고 보인다.

며, 자연히 소경의 위상도 이전에 비하여 제고되었을 것으로 짐작해볼 수 있다. 한편 군사적인 측면에서 볼 때, 국원소경은 한강유역에서 소백산맥을 넘어 신라로 침략하는 외적을 방비하는 전략적 요충지로서의 기능을 수행하였을 뿐만 아니라 향후 한강유역을 발판으로 더 북쪽으로 진출할 수 있는 전초기지로서의 성격도 동시에 지니고 있었다고 평가할 수 있다.

중고기에 신라가 설치한 또 하나의 소경이 바로 북소경(北小京)이다. 『삼국사기』 신라본기에 선덕여왕 8년(639) 봄 2월에 하슬라주(何瑟羅州; 강원도 강릉시)를 북소경으로 삼고, 사찬 진주(眞珠)에게 명하여 그곳을 지키게 하였다고 전한다. 이때 동해안지역에 배치된 정군단(停軍團)의 주둔지를 하슬라 이남에 위치한 실직(悉直; 강원도 삼척시)으로 옮긴 것으로 확인된다.[221] 태종무열왕 5년(658) 3월에 하슬라의 땅이 말갈과 맞닿아 있으므로 사람들이 능히 편안치 못하다[人不能安]고 여겨 소경을 폐지하여 주로 삼고 도독(都督; 군주를 후대에 개서한 것)을 두어 지키게 하였는데,[222] 소경을 폐지하여 주(州)로 삼는다는 것은 소경을 혁파한 다음, 거기에 정군단을 주둔시킨 사실을 가리킨다. 658년 북소경의 폐지 이유를 역으로 되짚어보면, 선덕여왕 8년(639)에 하슬라지역이 군사적으로 거의 위협을 받지 않을 정도로 안전하였다고 볼 수 있다. 그렇다면 당시에 어떻게 하슬라지역의 안전이 담보되었을까가 궁금해진다.

『삼국사기』 잡지제4 지리2 삭주조에 선덕여왕 6년(637)에 우수주(牛首州; 강원도

---

221 『삼국사기』 신라본기에서 선덕여왕 8년에 하슬라주를 북소경으로 삼았다고 하였는데, 이것은 본래 하슬라지역에 정군단이 주둔하였으나 이때에 북소경을 설치하면서 그것이 다른 곳으로 옮겨갔음을 전제하는 것이다. 한편 『삼국사기』 잡지제9 직관(하) 무관 범군호 6정조에서 북소경을 혁파한 태종무열왕 5년(658)에 실직정을 폐지하고 하서정을 설치하였다고 하였다. 이는 북소경을 혁파하면서 실직지역에 주둔하던 정군단을 하서(하슬라)지역으로 전진하여 주둔시켰음을 말해주는 것이다.

222 王以何瑟羅地連靺鞨 人不能安 罷京爲州. 置都督以鎭之(『삼국사기』 신라본기제5 태종무열왕 5년 3월).

춘천시)를 설치하고 군주를 파견하였다고 전한다. 이것은 우수지역에 정군단[우수정(牛首停)]을 추가로 배치함과 동시에 종래의 신주(新州)를 한산주와 우수주로 분할하였음을 반영하는 것이다. 그런데 흥미로운 사실은 같은 기록에 함경도 동해안에 위치한 삭정군(朔庭郡)[비열홀군(比列忽郡)]과 정천군(井泉郡)[천정군(泉井郡)] 및 그 예하의 영현(領縣)이 삭주(우수주)에 속하였다고 전하는 점이다. 이에서 우수지역에 주둔한 정군단이 방어하는 관할범위가 함경도 동해안지역까지 미쳤음을 짐작해볼 수 있기 때문이다. 우수정의 설치로 하슬라를 비롯한 강원도 동해안지역을 안정적으로 지배할 수 있는 기반이 마련되었다고 볼 수 있다.

하슬라, 즉 강릉은 현재 강원도 영동지방의 중심 도시이다. 그리고 경주에서 흥해, 영덕, 울진, 삼척을 지나 안변을 연결하는 교통의 요지이다. 하슬라는 비열홀(북한의 강원도 안변)에서 퇴화군(退火郡; 포항시 흥해읍)에 이르기까지 동해안에 위치한 여러 지역을 통제하기에 가장 적합한 곳인 셈이다. 신라 정부는 일차적으로 동해안의 여러 지역을 원활하게 통제하려는 목적에서 하슬라를 전략 거점으로 설정하고, 그곳에다 북소경을 설치하였다고 볼 수 있다. 물론 하슬라 이남인 실직에 정군단이 주둔하고 있었기 때문에 북소경의 군사적인 기능을 강조할 필요성은 감소되긴 하지만, 그러나 동해안 방면의 전방 부대에 배치된 군사들에게 군수물자를 공급할 때에 북소경의 주민들이 중요한 역할을 수행하였을 가능성이 높고, 후에 정군단을 하슬라로 전진 배치한 점을 두루 상기할 때, 군사적인 기능이 전혀 없었다고 단언하기 곤란할 듯싶다.

그런데 북소경에 6부인을 천사시켜 거주케 하였다는 기록은 전하지 않는다. 『삼국유사』 권제4 의해제5 자장정률조에 자장(慈藏)이 만년에 강릉군(江陵郡)에 **223** 수다사(水多寺)를 세우고 살았다고 전한다. 수다사의 정확한 위치는 현재 알

---

223 신라에서 江陵郡을 설치하지 않았다. 1263년(원종 4년)에 慶興都護府를 江陵道로 개칭하였다가 1308년(충렬왕 34)에 江陵府로 삼았다. 아마도『삼국유사』찬자인 一然이 溟州를

수 없지만, 강릉지역에 위치하였던 것은 분명하다. 도세(道世)의 『법원수림전(法苑珠林傳)』에 실린 자장전에 따르면, 자장은 가벼운 병에 걸려 영휘(永徽) 연간(650~655)에 입적하였다고 한다.[224] 자장은 북소경을 폐지한 658년 이전에 하슬라지역에 거주하며 포교한 셈이 된다.[225] 자장의 사례는 북소경에도 6부인이 거주하였음을 알려주는 자료로 주목된다. 신라는 '사람들이 능히 편안치 못하다[人不能安].'고 하여 658년에 북소경을 혁파하였다. 만약에 6부인을 이곳에 천사(遷徙)시키지 않았다면, 여기서 말하는 '인(人)'은 하슬라주민을 가리킨다고 보아야 한다. 그런데 하슬라지역을 망라한 동해안지역은 신라와 고구려가 치열하게 각축하던 곳이었다. 이와 같은 북소경의 사정을 감안하건대, 말갈의 위협으로 하슬라민의 안전이 담보되기 어려워서 소경을 혁파한다는 것은 쉽게 수긍이 되지 않는다. 말갈의 위협으로 하슬라지역에 거주하던 6부인을 일컫는 '인(人)'의 안전이 담보되기 어렵게 되자, 소경을 혁파하고, 그들을 왕경이나 또 다른 소경으로 천사(遷徙)시켰다고 이해하는 것이 더 합리적일 것이다.

신라는 북소경을 태종무열왕 5년(658)에 폐지하였다. 그 이유는 앞에서 언급하였듯이 하슬라지역이 말갈과 인접하여 사람들이 능히 편안할 수 없었기 때문이었다. 그러면 태종무열왕 5년(658) 당시에 하슬라지역 상황이 어떠하였기에 사람들이 능히 편안할 수 없었을까가 궁금하다. 이와 관련하여 우선 다음의 기록이 주목된다.

당시의 지명인 江陵郡으로 개서한 것으로 짐작된다.
224 남동신, 1992 「자장의 불교사상과 불교치국책」 『한국사연구』72, 8쪽.
225 여호규, 2002 「한국 고대의 지방도시-신라 5소경을 중심으로-」 『강좌 한국고대사』 제7권 (촌락과 도시), 재단법인 가락국사적개발연구원, 136쪽에서 신라가 何瑟羅 일대를 왕도에 버금가는 새로운 중심지로 건설하였고, 이러한 배경 하에서 자장이 포교활동을 전개한 결과, 오대산지역을 불국토라고 인식하게 되었을 것이라고 주장하였다.

또 비열성(卑列城)은 본래 신라 땅이었는데, 고구려가 공격하여 빼앗은 지 30여 년 만에 (신라가) 이 땅을 되찾아 백성을 옮겨 살게 하고 관리를 두어 지키게 하였습니다. 그런데 (당나라가) 이 성을 다시 고구려에게 되돌려 주었습니다.[226]

위의 기록은 671년(문무왕 11)에 당나라 장수 설인귀(薛仁貴)가 문무왕에게 편지를 보낸 것에 대하여 문무왕이 답서(答書)한 내용[답설인귀서(答薛仁貴書)] 가운데 일부이다. 위의 기록에 문무왕이 비열성(비열홀; 북한의 강원도 안변)은 본래 신라의 영토였는데, 고구려가 그것을 빼앗은 지 30여 년 만에 신라가 다시 되찾았다고 전한다. 신라가 비열성을 되찾은 계기는 666년 12월 연정토(淵淨土)가 12성을 들어 신라에 항복한 것에서[227] 찾을 수 있다. 당시 신라의 서북쪽 국경선은 칠중성(파주시 적성면 구읍리 중성산에 있는 산성)을 중심으로 하는 임진강선이었으므로, 이 12성은 동해안지역에 위치하였던 것으로 봄이 자연스럽기 때문이다.[228] 이에 의거하건대, 고구려가 비열성을 비롯하여 동해안지역 일대를 차지한 시기는 그보다 30여 년 전인 630년대로 추정해 볼 수 있겠다. 그런데 『구당서(舊唐書)』 신라전에 '(정관[(貞觀)]) 17년(643)에 (신라가) 사신을 보내어 "고구려와 백제가 여러 차례 번갈아 공격하여 수십 성을 잃었고, 두 나라의 군대가 연합하여 신(臣; 신라)의 사직(社稷)을 없애려 합니다. 삼가 배신(陪臣)을 보내어 대국(大國)에 보고를 하오니, 약간의 군사로나마 구원해 주시기 바랍니다."라고 상언(上言)하였다.'는 내용이 전하며, 이와 동일한 내용이 『삼국사기』 신라본기제5 선덕여왕

---

226 又卑列之城 本是新羅 高麗打得三十餘年 新羅還得此城 移配百姓 置官守捉. 又取此城 還與高麗(『삼국사기』 신라본기제7 문무왕 11년 답설인귀서).

227 高句麗貴臣淵淨土 以城十二·戶七百六十三·口三千五百四十三來投. 淨土及從官二十四人 給衣物·糧料·家舍 安置王都及州府. 其八城完 並遣士卒鎭守(『삼국사기』 신라본기제6 문무왕 6년 12월).

228 노태돈, 1999 『고구려사연구』, 사계절, 249~250쪽; 전덕재, 2014 「신라 동북지방 국경과 그 변천에 관한 고찰」『군사』91, 174쪽.

12년(643) 9월 기록에도 전한다. 이것과 위의 사실과의 어떤 연관성을 상정해볼 수 있겠다. 사실 그 전해인 642년에 백제가 신라의 서쪽 변경 40여 성을 공격하여 빼앗고, 대야성을 함락시켰을 뿐만 아니라 고구려와 연합하여 당항성을 공격하려 하였던 바 있다.[229] 아마도 이 무렵에 고구려가 비열성을 공취(攻取)하였던 것으로 추정된다. 신라인들은 이에 비열성을 잃은 지 30여 년이 지났다고 언급하였던 것이다. 그러나 당시 비열성을 제외한 동해안지역의 대부분은 여전히 신라의 영토였다고 여겨지는데, 이것은 그 당시 북소경을 폐지할 만큼 하슬라지역이 크게 위협을 받지 않았던 사실을 통하여 보완할 수 있겠다.

그러면 고구려가 강릉지역 이북의 동해안 일대를 신라로부터 빼앗은 시기는 언제였을까? 이 점과 관련하여 태종무열왕 2년(655)에 고구려와 말갈, 백제가 연합하여 신라 북쪽 변경 33성을 빼앗았다는 기록이 눈길을 끈다.[230] 태종무열왕 6년(659)에 필부(匹夫)를 칠중성하(七重城下)의 현령에 임명하였다는 기록이 보이

---

229 秋七月 百濟王義慈大擧兵 攻取國西四十餘城. 八月 又與高句麗謀欲取党項城 以絶歸唐之路. 王遣使告急於太宗. 是月 百濟將軍允忠領兵攻拔大耶城 都督伊飡品釋·舍知竹竹·龍石等死之(『삼국사기』 신라본기제5 선덕왕 11년).
　한편『삼국사기』 백제본기에는 의자왕 3년(643) 11월에 백제 의자왕과 고구려가 화친을 맺어 신라 党項城을 공격하려 모의하였다고 전하고,『구당서』 백제전에는 貞觀 16년(642)에 백제가 고구려와 연합하여 당항성을 취하여 신라가 入朝하는 길을 끊으려 하였다고 전한다. 또한『資治通鑑』 권197 唐紀第13 太宗 貞觀 17년(643)조에 이 해 9월에 백제와 고구려가 연합하여 신라가 入朝하는 길을 끊으려 한다고 호소하며 군사를 요청하였다고 전한다.

230 高句麗與百濟·靺鞨連兵 侵軼我北境 取三十三城. 王遣使入唐求援(『삼국사기』 신라본기제 5 태종 무열왕 2년 정월).
　이 기록은『册府元龜』 권991 外臣部 備禦第4 貞觀 17년 기록을 거의 그대로 전재하면서도 일부 포현을 수정한 것이다. 한편『신당서』 고려전에는 '신라가 당에 호소하기를 永徽 6년(655)에 고구려와 말갈 등이 36성을 탈취하였다.'고 전하며, 이와 동일한 내용은『구당서』 백제전과 신라전에도 전하는데, 이들 기록에서는 고구려와 말갈 등이 탈취한 성을 30여 성이라 표현하였다.

는데,[231] 이를 통하여 태종무열왕 2년(655) 이후 신라의 서북쪽 국경이 칠중성이었음을 엿볼 수 있겠다. 선덕여왕대에도 칠중성이 신라 시북방 국경의 중심지였다. 당시 신라와 고구려는 칠중성을 둘러싸고 치열한 공방전을 전개하였던 바 있다.[232] 위의 사실은 이와 같은 형세가 태종무열왕대에도 여전히 지속되었음을 시사해준다. 따라서 고구려 등이 빼앗은 신라의 북경(北境) 30여 성 가운데 상당수는 서북쪽지역에 위치하였다고 볼 수 있겠다. 그러나 여기서 한 가지 염두에 두어야 할 사항은 655년에 고구려는 말갈과 연합하여 신라 북변을 공격하였고, 658년 무렵에 하슬라지역이 말갈과 인접해 있어서 사람들이 능히 편안할 수 없었다는 점이다. 이를 통하여 말갈은 동해안지역에 위치하였고, 태종무열왕 5년 무렵에 하슬라 근처까지 그들이 진출하였음을 엿볼 수 있다. 현재로서 말갈이 하슬라 이북지역에 진출한 계기는 태종무열왕 2년(655) 고구려와 말갈이 연합하여 신라의 북변을 공격한 것에서 찾을 수밖에 없다. 즉 태종무열왕 2년에 고구려 등이 빼앗은 30여 성 가운데 동해안지역의 여러 성이 포함되었다고 봄이 자연스럽다고 하겠다. 하슬라지역 근처까지 말갈이 진출하면서 하슬라지역은 크게 위협받았음이 분명하다. 신라는 이에 소경을 폐지하고, 거기에 하서정을 전진 배치하였던 것으로 여겨진다. 이와 같은 북소경의 폐지 배경은 역설적으로 그것을 설치한 선덕여왕 8년 무렵에 하슬라지역의 안전이 확보되었던 상황이었음을 유추케 해주는 측면으로서 유의된다.

결국 655년(태종무열왕 2)에 말갈이 동해안방면에서 신라 북경을 공격하여 하

---

231 匹夫 沙梁人也. 父尊臺阿湌. 太宗大王以百濟·高句麗·靺鞨轉相親比爲脣齒 同謀侵奪. 求忠勇材堪綏禦者 以匹夫爲七重城下縣令(『삼국사기』 열전제7 필부).
위의 기록 다음에 '其明年庚申秋七月云云'이라는 기록이 보이는 바, 필부가 七重城下 縣令에 임명된 시기는 태종무열왕 6년(659)이 된다.

232 예를 들어 선덕여왕 7년(638)에 고구려가 칠중성을 공격하자, 신라가 이를 무찌른 바가 있었다.

슬라까지 접근하게 되자, 하슬라는 더 이상 동해안에 위치한 여러 지역을 통제할 수 있는 전략적 거점으로서의 가치를 상실하게 되었고, 이에 658년(태종무열왕 5)에 북소경을 혁파하였던 것이다. 북소경의 폐지 사유를 통해 소경이 지방통제의 전략거점으로서의 가치를 상실하고, 거기에 거주하는 6부인이 지방통치상에서 일정한 역할을 수행하기 어렵게 되면, 그것의 존재 의의를 잃게 되었다고 추론할 수 있다. 중고기에 소경이 군사적으로 지배자공동체를 이룬 경위를 수여받은 6부인들이 집주(集住)하는 왕경(王京) 또는 원신라지역을 외적의 침략으로부터 방어하거나 또는 그곳을 발판으로 삼아 새로운 영토를 개척하기 위한 전초기지로서의 성격을 지니기는 하지만, 그러나 그것이 반드시 소경 설치 배경의 필요충분조건이 아니었음을 시사해주는 측면으로 유의된다.

이상에서 아시촌과 국원소경, 북소경의 설치 배경 및 그 성격을 집중적으로 살펴보았다. 중고기에 소경에 거주하는 6부인이나 그 후예들은 지방통치상에서 왕경 6부인으로 지방에 파견된 군주, 당주, 나두, 도사 등의 지방통치를 배후에서 지원해주는 역할을 수행하였을 뿐만 아니라 소경에 집적(集積)된 지방에서 거둔 수취물이나 각종 공문 등을 중앙으로 전달하는 데에도 일정한 역할을 담당하였을 것으로 추정된다. 물론 중앙에서 지방으로 내려보내는 각종 공문이나 물자를 각 지방조직에 분산시켜 전달하는 데에도 관여하였다고 볼 수 있다. 중고기에 신라가 경위와 외위의 2원적 관등제 운영을 통하여 왕경인과 지방민을 정치·사회적으로 차별하였음을 상기할 때, 소경에 거주하는 6부인이나 그 후예들의 역할은 시사해주는 바가 매우 크다고 하겠다. 경위를 수여받은 6부지배층이 지배자공동체를 이루어 배타적으로 왕경에 거주하면서, 한편으로 외위를 수여하며 차별대우한 지방민들을 보다 더 확고하게 지배 통제하기 위하여 지방의 교통 요지나 전략적 거점지역에 별도(別都)를 건설하고, 거기에 6부인을 이주시켜 집단적으로 거주케 하였다고 볼 수 있기 때문이다. 이처럼 소경에 6부인이 집단적으로 거주하였으므로 거기에 당주(幢主)와 나두(邏頭), 도사(道使)와 같은 지방관을 파견하지 않고 중앙관리의 직명에 해당하는 사대등(仕大等)과 사대사(仕大舍)를 파건히였던 것인데, 이에서 신라가 소경을 주(州)나 군(郡)과 같은 차원의 지방통치조직이 아니라 또 다른 왕경, 즉 별도로서 중앙에서 직접 관할하였음을 엿볼 수 있다. 이와 같은 성격을 지닌 중고기 소경은 외위의 폐지에 따른 왕경의 성격과 영역 변화에 따라 그 성격에 약간의 변화가 생기게 되는데, 이에 대해서는 3부에서 구체적으로 살펴보도록 하겠다.

3부
통일신라시기 주군현제의 정비와 5소경

1. 주군현제의 정비와 지방관

1) 행정촌의 현(縣)으로의 재편

　신라는 중고기에 주(州)에 군주(軍主), 군치(郡治)에 해당하는 행정촌에 당주(幢主) 또는 나두(邏頭), 일반 행정촌에 도사(道使)라고 불리는 지방관을 파견하였다가 중대에 주에는 총관(摠管) 또는 도독(都督), 군치에는 태수(太守), 현(縣)에는 현령(縣令) 또는 소수(少守, 小守)를 파견하였다. 종래에 논란이 분분하였던 문제는 현을 언제부터 설치하였는가에 관해서였다.『삼국사기』신라본기에 신라에서 상고기(上古期)에 현을 설치하였음을 알려주는 기록이 여럿 전하지만, 그러나 포항중성리신라비와 포항냉수리신라비, 울진봉평리신라비, 이외의 중고기 금석문에 신라에서 현을 설치하였음을 입증해줄 수 있는 내용이 전하지 않기 때문에 신라본기에 전하는 기록을 그대로 신뢰하기 어렵다고 말할 수 있다.

　종래에『삼국사기』신라본기와 열전에 진평왕대에 현을 설치하였음을 시사해주는 기록이 다수 전하는 사실을 주목하여, 신라에서 진평왕대인 7세기 전반에 현제(縣制)를 실시하였다고 보는 견해가 제기되었다.[1] 이에 반해 현과 관련된 7

---

1 이인철, 1993『신라정치제도사연구』, 일지사, 207쪽; 김창석, 2007「신라 현제의 성립과 기능」『한국고대사연구』48.

세기 전반 진평왕대의 신라본기와 열전의 기록을 그대로 신뢰하기 어렵다고 주장하면서, 7세기 중반 선덕여왕 또는 신덕여왕대,[2] 또는 문무왕 13년(673)에서 15년(675) 사이,[3] 9주체제를 갖춘 신문왕 5년(685) 무렵에 현제를 실시하였다고 보는 견해[4] 등이 제기되었다. 현제 실시 시기를 둘러싼 견해 차이는 현과 관련된 자료에 대한 이해의 차이에서 비롯되었다고 말할 수 있다. 따라서 기존의 견해 차이를 극복하기 위해서는 현과 관련된 자료를 세밀하게 분석, 비판하여 사료로서 활용하는 방법론을 개발하는 것에 있다고 하여도 과언이 아닐 것이다.

촌락문서(村落文書)와 신라(新羅) 백지묵자(白紙墨字) 대방광불화엄경(大方廣佛華嚴經) 사경(寫經) 발문(跋文)에 현에 관한 기록이 전한다.[5] 후자는 천보(天寶) 14년(경덕왕 14 ; 755)에 작성되었다. 전자에 대해서는 현재 7세기 말 또는 8세기 중반, 9세기 전반에 작성되었다고 이해하는 견해가 대립하고 있다.[6] 여기서 촌락문서가 정확하게 언제 작성되었는가를 고찰할 겨를은 없지만, 중대에 현제(縣制)를 실시한 사실만은 분명하게 말할 수 있을 것이다. 그렇다면 신라에서 언제 처음으로 현을 설치하였는가가 궁금한데, 통일 이전의 신라 금석문과 목간에서 현(縣)에 관한 정보를 찾을 수 없기 때문에 결국 『삼국사기』를 비롯한 문헌기록에 대한 비판적인 검토를 통해 이에 접근할 수밖에 없다.

다음 〈표 8〉은 『삼국사기』 상고기(上古期) 신라본기 기록에 전하는 현에 관한

---

2 村上四男, 1978 「新羅における縣の成立について」『朝鮮古代史研究』, 開明書院, 175~176쪽.

3 주보돈, 2002 『금석문과 신라사』, 지식산업사, 303~305쪽.

4 이문기, 1990 「통일신라의 지방관제 연구」『국사관논총』20, 14~16쪽; 박성현, 2010 「신라의 거점성 축조와 지방제도의 정비과정」, 서울대학교 박사학위논문, 179~182쪽 및 201~204쪽.

5 촌락문서에 '當縣~村'이라 전하고, 新羅 白紙墨字 大方廣佛華嚴經 寫經 跋文에 仇叱珎兮縣이 전한다.

6 촌락문서의 작성연대를 둘러싼 제견해에 대해서는 김수태, 2001 「신라촌락장적 연구의 쟁점」『한국고대사연구』21, 12~18쪽; 木村誠 著·야마다 후미토 옮김, 2018 「신라촌락문서의 작성 연대에 관하여」『대구사학』133이 참조된다.

기록을 정리한 것이다.

〈표 8〉『삼국사기』신라본기 상고기 기록에 전하는 현 관련 기록 일람

번호		연대	내용
I	①	유리 17년	가을 9월에 화려현(華麗縣)과 불내현(不耐縣) 두 현의 사람들이 함께 모의하여 기병(騎兵)을 이끌고 북쪽 변경을 침략하였는데, 맥국(貊國)의 거수(渠帥)가 군사를 내어 곡하(曲河)의 서쪽에서 기다리고 있다가 쳐서 물리쳤다.
	②	파사 5년	여름 5월에 남신현(南新縣)에서 보리가 이어지면서 갈라졌다.
	③	아달라 4년	봄 2월에 처음으로 감물현(甘勿縣)과 마산현(馬山縣) 두 현을 설치하였다.
	④	벌휴 3년	가을 7월에 남신현에서 상서로운 벼 이삭[가화(嘉禾)]을 바쳤다.
	⑤	나해 3년	5월에 서쪽에 홍수가 났다. 수해(水害)를 당한 주(州)·현(縣)의 조(租)·조(調)를 1년간 면제해주었다.
	⑥	나해 27년	여름 4월에 남신현의 사람이 죽었다가 한 달이 지나 다시 살아났다.
	⑦	눌지 25년	봄 2월에 사물현(史勿縣)에서 꼬리가 긴 흰 꿩[長尾白雉]을 바쳤다. 왕이 가상하게 여겨 현의 관리에게 곡식을 내려주었다.
	⑧	지증 6년	봄 2월에 왕이 몸소 나라 안의 주와 군, 현의 영역을 획정하였다.

〈표 8〉의 I-① 기록에 전하는 화려현과 불내현은 낙랑군(樂浪郡) 영동(領東) 7현(縣)에 속하였다.[7] I-②, ④, ⑥ 기록에 보이는 남신현(南新縣)은 『진서(晉書)』권14 지(志)제4 지리(地理)상 평주(平州)조에 대방군(帶方郡) 7현 가운데 하나로 전한다.[8] 그런데 『후한서(後漢書)』군국지(郡國志)에 전하는 낙랑군 18현에서 남신현을 찾을 수 없다.[9] 이에서 남신현은 진대(265~317)에 설치하였음을 유추할 수 있다. 대방군 남신현에 관한 기록이 『삼국사기』신라본기에 게재된 이유를 정확하게 상고(詳考)할 수 없지만, 아무튼 화려현과 불내현, 남신현에 관

---

7 樂浪郡 東部都尉가 관할한 領東 7縣은 東暆·華麗·蠶台·邪頭昧·前莫·不而(不耐)·夫租縣을 가리킨다.

8 대방군에 소속된 7현은 帶方·列口·南新·長岑·提奚·含資·海冥縣이다.

9 『後漢書』郡國志에 전하는 樂浪郡 18縣은 朝鮮·訥邯·增地·帶方·貝水·含資·占蟬·遂城·駟望·昭明·鏤方·提奚·渾彌·海冥·列口·長岑·屯有·樂都縣이다.

한 기록들을 근거로 신라에서 상고기에 현을 설치하였다고 주장하기는 곤란할 듯싶다.

법흥왕 11년(524)에 건립된 울진봉평리신라비에 주(州)와 군(郡), 현(縣)에 관한 정보가 전하지 않는다. 따라서 지증왕 6년(505) 2월에 주와 군, 현의 영역을 획정하였다고 밝히고 있는 Ⅰ-⑧ 기록의 내용을 그대로 신뢰하기 어려울 것이다. 앞에서 이러한 사실에 유의하여, 이것은 도사가 파견된 행정촌(성)이 전국에 걸쳐 두루 분포함에 따라, 신라가 이들 사이의 관할 영역을 조정한 사실을 반영한다고 언급한 바 있다. 이를 존중한다면, Ⅰ-⑧ 기록 역시 지증왕 6년 2월에 신라에서 주와 군, 현의 영역을 획정하였음을 알려주는 자료로서 부적절하다고 판단할 수 있다. 동일한 맥락에서 Ⅰ-⑤ 기록을 근거로 상고기에 주와 현을 설치하였다고 주장하기도 쉽지 않을 것이다.

Ⅰ-⑦ 기록에 전하는 사물현(史勿縣)은 오늘날 경남 사천시로 비정된다. 경덕왕 때에 사물현을 사수현(泗水縣)으로 개칭하였다. 눌지마립간 25년(441)에 낙동강 서쪽의 경남지역은 신라의 영역으로 편제되지 않았을 뿐만 아니라 이들 지역에 위치한 가야 소국들이 신라에 복속된 상태도 아니었다. 따라서 신라가 441년 무렵에 경남 사천시에 사물현을 설치하였다고 전하는 기록을 그대로 믿을 수 없다. 사천지역의 정치세력이 신라와 화친(和親)을 꾀하기 위해 꼬리가 긴 흰 꿩[長尾白雉]을 바쳤는데, 후대에 이것을 사물현에서 꼬리가 긴 흰 꿩을 바친 것처럼 개서(改書)하였던 것으로 이해된다. 한편 Ⅰ-③ 기록에 아달라이사금 4년 2월에 처음으로 감물현(甘勿縣)과 마산현(馬山縣)을 설치하였다고 전하지만, 524년(법흥왕 11)에 건립된 울진봉평리신라비에 주와 군, 현에 관한 정보가 전하지 않은 사실을 주목하건대, Ⅰ-③ 기록을 근거로 상고기에 신라에서 현을 설치하였다고 이해하는 것은 매우 위험하다고 볼 수 있다. 앞에서 감물현은 오늘날 김천시 어모면에 해당하는 금물현(今勿縣), 마산현은 오늘날 전북 무주군 무풍면에 해당하는 무산현(茂山縣)으로 비정할 수 있음을 논증하였다. 이렇다고 하더라도 이를

근거로 상고기에 신라가 김천시 어모면, 무주군 무풍면에 감물현과 마산현을 설치하였다고 주장하기가 쉽지 않음은 물론이다. 현재로서는 마립간시기 이전, 즉 4세기 후반 이전의 이사금시기에 이들 지역의 정치세력이 사로국에 복속되었던 사실을 후대에 Ⅰ-③ 기록처럼 개서(改書)하였다고 이해하는 것이 가장 합리적인 추론이 아닐까 한다.

다음의 사료는 현과 관련된 『삼국사기』 신라본기 진평왕대의 기록이다.

> Ⅱ-① 백제 군대가 와서 가잠성(椵岑城)을 포위한 지 100일이 지났다. 현령
> (縣令) 찬덕(贊德)이 굳게 지키다가 힘이 다하여 죽고 성은 함락되었다
> (『삼국사기』 신라본기제4 진평왕 33년 겨울 10월).
> Ⅱ-② 겨울 10월에 당나라에 사신을 보내 조공하였다. 백제가 늑노현(勒弩
> 縣)을 습격하였다(『삼국사기』 신라본기제4 진평왕 45년).

종래에 위의 두 기록을 근거로 신라에서 7세기 전반 진평왕대에 현을 설치하기 시작하였다고 이해한 견해가 제기되었다.[10] 그렇다면 과연 위의 기록들을 근거로 하여 7세기 전반 진평왕대에 현을 처음으로 설치하였다고 볼 수 있을까? Ⅱ-① 기록과 관련된 보다 자세한 내용이 『삼국사기』 열전제7 해론조에 전한다.

> 해론(奚論)은 모량인(牟梁人)이다. 그의 부친(父親) 찬덕(贊德)은 맹렬한 용기
> 와 뛰어나고 고상한 절개를 가져 당시에 이름이 높았다. 건복(建福) 27년 경오

---

10 이인철, 1993, 앞의 책, 207쪽 ; 김창석, 2007 앞의 논문.
 　김창석은 진평왕대인 6세기 말~7세기 초에 縣制를 처음으로 실시하였고, 그 대상지역은 진흥왕대 이후에 새로 확보한 영역이었으며, 현제 실시 이후에도 신라는 한동안 행정성·촌제와 현제를 함께 실시하다가 신문왕 5년 또는 신문왕 9년 무렵에 전국에 걸쳐 현제를 확대 실시하였다고 이해하였다.

년(610 ; 진평왕 32)에 진평대왕이 그를 발탁하여 가잠성현령(椵岑城縣令)으로 임명하였다. 나음해 신미년(611) 겨울 10월에 백제에서 크게 군사를 일으켜 가잠성을 공격한 지 100여 일이 지났다. 진평왕은 장수에게 명령하여 상주(上州), 하주(下州), 신주(新州)의 군사로써 구원하게 하였다. … 그러고는 팔뚝을 걷어붙이고 눈을 부릅뜨고 달려 느티나무에 부딪쳐 죽었다. 마침내 성이 함락되고 군사들은 모두 항복하였다(『삼국사기』 열전제7 해론).

위의 기록과 Ⅱ-① 기록을 상호 비교하면, 후자가 전자의 기록을 간략하게 압축하여 서술한 것임을 쉽게 인지할 수 있다. 이에서 Ⅱ-① 기록의 원전이 해론열전이나 이것의 원전 기록이었음을 추론할 수 있다.[11] 해론열전에 '건복 35년 무인(618 ; 진평왕 40)에 왕이 해론을 금산당주(金山幢主)로 임명하고 한산주도독(漢山州都督) 변품(邊品)과 더불어 군대를 일으켜 가잠성을 습격하여 빼앗게 하였다. 백제에서 이를 듣고 군사를 내어 (가점성으로) 보냈다.'고 전한다. 한편 『삼국사기』 신라본기제4 진평왕 40년(618) 기록에 '북한산주군주(北漢山州軍主) 변품이 가잠성을 되찾으려고 군사를 일으켜 백제와 싸웠는데, 해론이 종군(從軍)하여 적진에 나아가 힘을 다하여 싸우다가 죽었다. 해론은 찬덕의 아들이다.'라고 전한다. 두 기록에서 변품의 직명(職名)을 다르게 표기하였음을 확인할 수 있다. 뒤에서 고찰할 예정인데, 중대에 이르러 비로소 주(州)의 장관을 도독이라 부르기 시작하였음을 살필 수 있다. 진평왕대에 주의 장관을 군주라 불렀으므로, 해론열전 또는 이것의 원전(原典) 찬자들이 한산주군주를 한산주도독이라고 개서하였다고 볼 수 있다. 다만 신라본기 또는 이것의 원전인 『구삼국사』의 찬자는 진평

---

11 『삼국사기』 백제본기제5 무왕 12년(611) 겨울 10월 기록에 '신라의 椵岑城을 포위하여 城主 贊德을 죽이고 그 성을 함락시켰다.'고 전한다. 찬덕을 가잠성성주라 표기하여 신라본기의 기록과 차이를 보인다.

왕 40년(618)에 신주(新州)의 주치(州治)가 한강 이북의 서울이었기 때문에 변품의 직명을 북한산주군주라 기술한 것으로 추정된다.[12] 따라서 해론열전의 원전은 적어도 주의 장관을 도독이라고 부른 중대(中代) 또는 그 이후에 찬술되었다고 볼 수 있고, 이때에 군주(軍主)를 도독(都督)이라 개서하였음을 염두에 둔다면, 찬덕을 가잠성현령으로 임명하였다고 전하는 기록도 그대로 신뢰하기 어렵지 않을까 한다. 왜냐하면 찬덕의 직명을 중대에 가잠성현령(椵岑城縣令)으로 개서(改書)하였을 가능성이 높다고 볼 수 있기 때문이다.

경기도 하남시 춘궁리 이성산성(二聖山城)에서 출토된 목간에서 '남한성도(사)[南漢城道(使)]'란 글귀를 발견할 수 있다.[13] 이 목간에 '무진년(戊辰年)'이란 간지가 보이는데, 종래에 이를 주목하여 위의 목간은 608년(진평왕 30)에 제작한 것으로 이해하였다.[14] 이 목간을 통해 608년 당시 신주의 주치는 한강 이북의 한산(漢山)이었고, 당시에도 여전히 행정촌에 도사라는 지방관을 파견하였음을 살필 수 있다. 따라서 610년(진평왕 32)에 가잠성에도 역시 도사를 파견하였을 가능성이 높다고 볼 수 있을 것이다. 중대 이후에 해론열전의 원전을 찬술하면서, 당시에 현에 현령을 파견한 사실을 감안하여 가잠성도사(椵岑城道使)에 임명된 찬덕의 직명을 가잠성현령(椵岑城縣令)으로 개서(改書)한 것으로 짐작된다.[15] 이와 같

---

12 선덕여왕 6년(637)에 新州를 牛首州(牛頭州)와 漢山州로 분리하였는데, 이에 따른다면, 한산주 또는 북한산주는 후대에 개서한 표현이고, 당시 변품의 정확한 직명은 신주의 州治名을 冠稱한 漢山軍主였다고 볼 수 있을 것이다.

13 하남 이성산성 출토 목간의 묵서 전문은 '戊辰年正月十二日朋南漢城道(1면)/ 須城道使村主前南漢城軷火/ 城上甲蒲子只去□□(聞)(賜)大(3면)'이다(국립가야문화재연구소, 2011 『한국목간자전』, 242쪽).

14 주보돈, 1991 「이성산성 출토 목간과 道使」『경북사학』14 ; 2002 『금석문과 신라사』, 지식산업사, 298~306쪽.

15 주보돈, 위의 논문 ; 위의 책, 303쪽에서도 가잠성현령은 가잠성도사의 잘못일 가능성이 높다는 견해를 제기하였다.

은 추론에 잘못이 없다면, Ⅱ-① 기록을 근거로 진평왕 32년(610)에 현을 설치하였다고 단정하기는 곤란하지 않을까 한다.

Ⅱ-② 기록에 전하는 늑노현(勒弩縣)은 오늘날 충북 괴산군 괴산읍에 해당하는 괴양군(槐壤郡)[잉근내군(仍斤內郡)]으로 비정된다.[16] 진평왕 45년은 기년으로 623년인데, 백제본기제5 무왕 24년(623) 기록에는 '가을에 군사를 보내 신라의 늑노현(勒弩縣)을 쳤다.'고 전한다. 그러면 신라본기와 백제본기 가운데 어느 기록이 원전에 해당할까? 백제본기에는 백제가 신라 늑노현을 623년 가을에 쳤다고 전한다. 반면에 신라본기에는 이 해 겨울 10월에 백제가 늑노현을 습격하였다고 전하여 차이를 보인다. 그런데 신라본기에서 늑노현 관련 기사는 진평왕 45년조 말미에 기술되어 있음을 확인할 수 있다. 어떤 사건에 대해 월(月)을 명확하게 알 수 없는 경우,『삼국사기』신라본기의 찬자는 해당년조의 말미에 그것을 첨입하였음을 살필 수 있다.[17] Ⅱ-② 기록 역시 백제가 늑노현을 습격한 월에 대해 정확하게 알지 못하였기 때문에 진평왕 45년조 말미에 그에 관한 기사를 첨입하였을 가능성이 높다고 볼 수 있다. 즉 신라본기의 찬자는 백제본기에 단지 623년 가을에 백제가 늑노현을 습격하였다고 전하기 때문에, 이것을 신라본기에 전재하면서 진평왕 45년 기록 말미에 첨입하였다고 볼 수 있다는 의미이다. 이러한 추론에 잘못이 없다면, 신라본기 진평왕 45년 기록의 원전은 백제본기 무왕 24년 가을 기록이었다고 이해하여도 무방할 것이다.

『삼국사기』잡지제6 지리4 삼국유명미상지분(三國有名未詳地分)조에 점노성(蔪弩城)이란 지명이 전한다. 여기서 점노성(蔪弩城)은 늑노성(勒弩城)[늑노성(勒弩城)]을 가리킨다고 보인다. 지리지의 찬자가 삼국유명미상지분조를 찬술할 때에 참조한 전거거자료에는 늑노현이 아니라 늑노성(勒弩城) 또는 늑노성(勒弩城)이

---

16 정구복 등, 2012b『개정증보 역주 삼국사기』4(주석편하), 한국학중앙연구원출판부, 398쪽.
17 전덕재, 2018『삼국사기 본기의 원전과 편찬』, 주류성, 98쪽.

라 기술되어 있었음을 유추할 수 있다. 지리지의 찬자가 참조한 전거자료와 백제본기 무왕 24년 가을 기록의 원전은 동일하다고 보기 어렵다. 이렇다고 하더라도, 백제본기 무왕 24년 가을 기록의 기본원전에는 늑노현(勒弩縣)이 아니라 늑노성(勒弩城)이라 기술되어 있었으나, 『구삼국사』 또는 『삼국사기』 백제본기 찬자가 늑노성을 늑노현으로 개서하였을 의구심을 완전히 떨쳐버릴 수 없다. 이처럼 II-② 기록의 늑노현 관련 기사의 원전인 백제본기 무왕 24년 가을 기록을 후대에 개서하였을 것이라는 의구심을 완전히 불식시키기 어려운 사정임을 감안하건대, II-② 기록을 근거로 하여 진평왕 45년(623) 무렵에 신라에서 현을 설치하였다고 단정하는 것은 조심할 필요가 있을 것이다.

『삼국사기』 신라본기제5 선덕왕 4년(635) 겨울 10월 기록에 '이찬 수품(水品)과 용수(龍樹)〈또는 용춘(龍春)이라고도 한다〉를 파견하여 주(州)와 현(縣)을 두루 돌며 위무(慰撫)하게 하였다.'라고 전한다. 『삼국사기』 백제본기제6 의자왕 2년(642) 8월 기록에 백제 장군 윤충(允忠)이 대야성(大耶城)을 함락하고 사로잡은 남녀 1천여 명을 나라 서쪽의 주·현에 나누어 살게 하였다고 전한다.[18] 백제에서 주와 현이란 지방통치조직을 두지 않았기 때문에 의자왕 2년 8월 기록에 전하는 주·현은 지방을 가리키는 관용적인 표현으로 이해하는 것이 바람직할 것이다. 동일한 맥락에서 선덕왕 4년(635) 겨울 10월 기록에 전하는 주·현 역시 지방통치조직으로서 주와 현을 가리키는 표현이 아니라 지방을 지칭하는 관용적인 표현이라 보는 것이 더 합리적이지 않을까 한다.

선덕왕 4년 겨울 10월에서 신문왕 6년 사이의 신라본기 기록에서 현(縣)과 관련된 것을 정리하여 제시하면 다음과 같다.

---

18 遣將軍允忠領兵一萬 攻新羅大耶城. 城主品釋與妻子出降 允忠盡殺之 斬其首 傳之王都 生獲男女一萬餘人 分居國西州縣 留兵守其城. 王賞允忠功 馬二十匹·穀一千石(『삼국사기』 백제본기제6 의자왕 2년 8월).

Ⅲ-① 당나라 군사가 거란(契丹)·말갈(靺鞨) 군사와 같이 와서 칠중성(七重城)을 포위하였으나 이기지 못하였다. 소수(小守) 유동(儒冬)이 죽임을 당하였다. 말갈이 또한 적목성(赤木城)을 에워싸서 함락시켰다. 현령(縣令) 탈기(脫起)가 백성들을 통솔하고 맞서 싸우다가 힘이 다해 모두 죽었다. 당나라 군사가 또한 석현성(石峴城)을 에워싸서 빼앗았다. 현령 선백(仙伯)과 실모(悉毛) 등이 힘껏 싸우다가 전사하였다(『삼국사기』 신라본기제7 문무왕 15년 9월).

Ⅲ-② 당나라 군사가 와서 도림성(道臨城)을 공격하여 빼앗았다. 현령 거시지(居尸知)가 죽임을 당하였다(『삼국사기』 신라본기제7 문무왕 16년 가을 7월).

Ⅲ-③ 석산(石山)·마산(馬山)·고산(孤山)·사평(沙平)의 네 현을 설치하였다(『삼국사기』 신라본기제8 신문왕 6년 2월).

Ⅲ-③ 기록에 보이는 석산현은 오늘날 충남 부여군 석성면, 마산현은 충남 서천군 한산면, 고산현은 충남 예산군 예산읍, 사평현은 충남 당진군 신평면에 해당한다. Ⅲ-③ 기록은 옛 백제지역에 석산현 등을 설치한 사실을 반영한 것으로 볼 수 있다. 신라는 신문왕 5년(685)에 9주 5소경을 완비하였다. Ⅲ-③ 기록을 근거로 하여 신라는 원신라지역의 행정촌을 현으로 재편하고, 이어 백제와 고구려 고지에서도 현을 설치하는 작업을 진행하였음을 추론할 수 있다.[19] 『신증동국여지승람』 권7 경기도 여주목 고적 등신장(登神莊)조에 '신라에서 주와 군을 설치할 때, 그 전정(田丁)과 호구(戶口)[의 수]가 현을 삼기에 부족하면, 혹은 향(鄕)을 설

---

19 660년 백제가 멸망하였을 때에 5부(5方) 37郡 200城이 있었다. 신라는 백제 고지에 3州 2小京 37郡 104縣을 두었다. 따라서 신라에서 평균적으로 2개의 성을 합하여 하나의 현으로 재편하였다고 볼 수 있지만, 실제로는 어떤 경우는 1개의 성을, 어떤 경우는 2개 내지 3~4개의 성을 묶어 縣으로 재편하였다고 봄이 합리적이라 판단된다. 고구려 고지에 城이 몇 개 있었는가를 알 수 없기 때문에 신라 정부가 몇 개의 성을 묶어 현을 설치하였는가를 정확하게 가늠하기 어렵다.

치하거나 혹은 부곡(部曲)을 설치하여 소재(所在)의 읍(邑)[군·현]에 소속시켰다.'고 전한다. 이것은 신라에서 전정, 즉 토지와 호구 등을 고려하여 군과 현을 설치하였는데, 만약 전정과 호구가 부족하여 현을 설치하기가 어려운 경우에는 향또는 부곡을 설치하였음을 전하는 자료이다. 이처럼 현을 토지와 호구 등을 고려하여 설치하였다고 하였을 때, 신문왕 7년(687)에 문무관료전을 지급한 사실과 신문왕 9년(689)에 내외관(內外官)에게 사여하던 녹읍(祿邑)을 혁파하고 관리들에게 급여로써 세조(歲租)를 지급하였다는 사실이 유의된다. 문무관료전의 지급과 급여제도의 개편은 토지와 호구 등을 고려하여 군과 현 등을 설치한, 즉 주·군·현의 설치를 완비한 사실을 전제로 할 때 합리적으로 이해할 수 있기 때문이다. 따라서 적어도 녹읍을 혁파하고 관리들에게 급여로써 세조를 지급한 신문왕 9년(689) 무렵에는 원신라지역뿐만 아니라 백제와 고구려고지에 현을 설치하는 작업을 마무리하였을 것으로 판단된다.[20]

　　III-①, ② 기록에 중대에 현에 파견된 지방관인 소수(小守, 少守)와 현령(縣令)에 관한 정보가 다수 전한다. 종래에 III-①, ② 기록에 전하는 소수나 현령은 변경에 파견된 일종의 군사지휘관이기 때문에 이들 기록을 근거로 하여 문무왕대에 지방행정단위로서 현이 설치되었다고 단정하기 어려우며, 신문왕 5년 9주체제를 갖추면서 전국적으로 현제를 실시하였다고 보는 것이 합리적이라는 견해를 제기한 바 있다.[21] 그러면 과연 III-①, ② 기록을 근거로 문무왕 15~16년 무렵에 신라에서 현제를 실시하였다고 주장할 수 없을까? 이 문제와 관련하여 III-① 기록

20　김창석, 2007 앞의 논문, 144~145쪽에서 통일전쟁이 완료된 뒤에 전국적인 현제의 확대 실시가 이루어졌는데, 이는 전후 복구사업의 일환으로 진행되었으며, 그 결과가 685년(신문왕 5) 지방제도의 개편 및 689년(신문왕 9) 녹읍제의 폐지로 귀결되었다고 이해하는 견해를 제기하여 주목된다.

21　이문기, 1990 앞의 논문, 14~16쪽
　　한편 박성현, 2010 앞의 논문, 179~182쪽 및 201~204쪽에서도 이와 비슷한 견해를 제기하였다.

에서 현령뿐만 아니라 소수(小守) 유동(儒冬)이 칠중성전투에서 전사하였다고 언급한 사실을 주목할 필요가 있다. Ⅲ-① 기록에서 당군과의 전투에서 사망한 인물들의 직명이 찬덕의 사례와 마찬가지로 본래 '~도사(道使)'와 '~당주(幢主)' 또는 '~나두(邏頭)'였는데, 후대에 소수 또는 현령으로 개서하였다고 한다면, Ⅲ-① 기록을 근거로 문무왕 15년(675) 무렵에 현을 설치하였다고 주장하기는 곤란할 것이다. 그러나 Ⅲ-① 기록에서 현령뿐만 아니라 유동의 직명을 소수라고 밝힌 것을 감안하건대, 이와 같이 추론하는 것은 위험하다고 볼 수 있을 것이다. 왜냐하면 현령 또는 소수 가운데 어느 한 가지로 통일하여 유동(儒冬) 등의 직명을 개서하는 것이 합리적이라 판단되기 때문이다. 이처럼 Ⅲ-① 기록을 후대에 개서하였다고 보기 어렵다면, 『삼국사기』 신라본기의 여러 기록에 현에 소수를 파견하였다고 전하고 있으므로,[22] 소수와 현령은 현에 파견된 지방관이라 볼 수밖에 없고, 따라서 Ⅲ-① 기록은 문무왕 15년 무렵에 신라에 이미 현이라는 지방행정단위가 존재하였음을 알려주는 결정적인 자료로 이해하여도 이견이 없을 듯싶다.[23]

이상에서 적어도 문무왕 15년 무렵에 신라에 현이 존재하였고, 거기에 소수와 현령이란 지방관도 파견하였음을 살펴보았다. 『삼국사기』 신라본기제6 문무왕 8년(668) 10월 22일 기록에 '흑악령(黑嶽令) 선극(宣極)은 평양성 대문에서 벌어진

---

22 以子玉爲楊根縣小守. 執事史毛肖駁言 子玉不以文籍出身 不可委分憂之職. 侍中議云 雖不以文籍出身 曾入大唐爲學生 不亦可用耶. 王從之(『삼국사기』 신라본기제10 원성왕 5년 9월) ; 授前入唐宿衛學生梁悅豆肹小守. 初 德宗幸奉天 悅從難有功 帝授右贊善大夫還之 故王擢用之(같은 책, 애장왕 원년 8월).
한편 村上四男, 1978 앞의 논문, 177쪽에서 小守를 郡太守의 차관으로 이해하는 견해를 제기하기도 하였다. 그러나 이들 기록을 참고하건대, 소수는 현령과 함께 현에 파견된 지방관으로 보는 것이 옳다고 판단된다.

23 한편 주보돈, 1991 앞의 논문 ; 2002 앞의 책, 303~305쪽에서 주와 군에 外司正을 파견한 문무왕 13년(673)에서 문무왕 15년(675) 사이에 지방제도에 대한 대대적인 개편이 있었고, 그 일환으로 현제가 수용되었을 가능성이 높다는 견해를 제기하기도 하였다.

전투에서 공이 일등이었다.'라고 전한다. 여기서 흑악령은 흑악현(黑嶽縣)의 현령(縣令)으로 해석되나,[24] 그 현의 위치를 정확하게 알 수 없다. 이와 같은 해석에 따른다면, 현령을 지방관으로 파견한 시기는 문무왕 8년(668) 10월 이전으로 소급할 수도 있을 것이다. 그렇다면 문무왕 8년 이전 어느 시기에 신라에서 처음으로 현을 설치하였을까가 궁금한데, 이와 관련하여 다음의 기록들을 유의할 필요가 있을 것이다.

Ⅳ-① 선덕대왕 11년 임인(642)에 백제가 대량주(大梁州)를 취하였을 때, 춘추공(春秋公)의 딸인 고타소랑(古陁炤娘)이 남편 품석(品釋)을 따라 죽었다. … 춘추가 사간(沙干) 훈신(訓信)과 같이 고구려를 예방하기 위해 길을 떠나 대매현(代買縣)에 이르니, 현인(縣人) 두사지(豆斯支) 사간이 청포(靑布) 300보(步)를 주었다. (고구려) 경내(境內)에 들어가니, 고구려왕이 태대대로(太大對盧) 개금(盖金)[연개소문]을 보내 객사를 정해주고 연회를 열어 융숭하게 대접하였다(『삼국사기』 열전제1 김유신).

Ⅳ-② 영휘(永徽) 6년 을묘(태종무열왕 2 ; 655) 가을 9월에 유신(庾信)이 백제의 경내에 들어가 도비천성(刀比川城)을 쳐서 함락시켰다. 이즈음에 백제의 임금과 신료들이 사치하고 음란하여 국사를 제대로 돌보지 않아 백성들이 원망하고 신들이 분노하여 재앙과 괴변이 자주 나타났다. 유신이 왕에게 고하기를, '백제는 무도하여 그 지은 죄가 걸주(桀紂)보다 더 심합니다. 지금이야말로 진실로 하늘의 뜻에 따라 백성들을 위문(慰問)하고 죄인들을 징벌해야 할 때입니다.'라고 하였다. 이에 앞서 급찬 조미갑(租未押)이 부산현령(夫山縣令)에 임명되었다가 백제에 포로로 잡혀가 좌평(佐平) 임자(任子)의 집 노비가 되어 정성을 다해 부지런히 일하고 조금도

---

24 정구복 등, 2012a『개정증보 역주 삼국사기』3(주석편상), 한국학중앙연구원출판부, 219쪽.

태만한 적이 없었다. … 드디어 (백제) 국내외에서 일어난 일들에 대해 말하였는데, 정말로 자세하였다. 이에 더욱 급하게 서둘러 백제를 병탄(幷吞)하기 위해 모의하였다(『삼국사기』 열전제2 김유신).

IV-③ 필부(匹夫)는 사량인(沙梁人)으로 아버지는 아찬 존대(尊臺)이다. 태종대왕이 백제·고구려·말갈이 서로 이와 잇몸처럼 가까이 지내며 함께 (신라를) 침탈하기를 모의하자, 이에 충성스럽고 용맹스러운 인재로서 그 침략을 막아낼 수 있는 자를 구하였는데, (이때) 필부를 (발탁하여) 칠중성(七重城)의 현령(縣令)으로 삼았다. 그 다음해 경신(태종무열왕 7 ; 660) 가을 7월에 왕이 당나라 군사와 더불어 백제를 멸하였는데, 이때 고구려에서 우리[신라]를 미워하여 겨울 10월에 군사를 일으켜 칠중성을 에워쌌다. … 이에 (필부 등이) 쓰러져 죽으매, 대왕이 이를 듣고 매우 슬프게 통곡하며 급찬을 추증하였다(『삼국사기』 열전제7 필부).

『삼국사기』 신라본기제5 태종무열왕 7년(660) 11월 1일 기록에 '고구려가 칠중성을 침공하여 군주(軍主) 필부(匹夫)가 전사(戰死)하였다.'고 전한다. IV-③ 기록에서 필부를 '칠중성의 현령[七重城下縣令]'이라고[25] 언급한 것과 차이를 보이므로, 신라본기 기록과 IV-③ 기록의 원전이 달랐음을 추론할 수 있다. 통상 주(州)의 장관을 군주(軍主)라고 불렀기 때문에 필부를 군주라 불렀다고 전하는 신라본기의 기록은 무엇인가 착오가 있었음이 분명하다. 실제로 필부의 관직이 칠중성

---

25 『삼국사기』 열전제7 필부조의 원문에 '七重城下縣令'이라고 전하는데, 필자는 '下'를 이두식 표현으로 '~의'로 해석하였다. 기존에 칠중성 예하 어떤 현의 현령 또는 칠중성에 딸린 어떤 현의 현령으로 해석하는 것이 일반적이었는데, IV-③ 기록에 필부가 칠중성을 포위한 고구려군과 맞서 싸운 것으로 전하는 바, 필부는 칠중성 예하 또는 칠중성에 딸린 어떤 성 또는 현의 책임자라 보기보다는 칠중성에 파견된 지방관이라고 보는 것이 더 합리적이라고 판단된다.

현령일 가능성도 완전히 배제할 수 없지만, 그러나 다른 한편으로 중고기에 군치(郡治)에 해당하는 행정촌에 당주(幢主) 또는 나두(邏頭)를 파견하였음을 염두에 둔다면, 중대 이후에 필부열전의 원전을 찬술하면서 '칠중성당주(七重城幢主)'를 '칠중성하현령(七重城下縣令)'이라 개서하였을 가능성도 완전히 배제할 수 없지 않을까 한다.

Ⅳ-② 기록의 원전(原典)은 신라 하대(下代)에 김장청(金長淸)이 지은 『김유신행록(金庾信行錄)』에 전하는 기록일 것이다. 김유신열전에서 김유신의 아버지인 김서현(金舒玄)이 595년(진평왕 17) 무렵에 만노군태수(萬弩郡太守)였다고 전한다. 595년 무렵에 군에 태수라는 지방관을 파견하였다고 보기 어렵다. 당시 김서현의 정확한 직명은 만노당주(萬弩幢主) 또는 금물노당주(今勿奴幢主)였을 것이다. 김장청이 이를 만노군태수로 개서하였을 것으로 짐작된다. 이밖에도 김유신의 할아버지 김무력과 김서현이 본래 남천군주(南川軍主), 대야성군주(大耶城軍主)를 역임하였으나, 김장청이 김무력과 김서현이 각기 신주도행군총관(新州道行軍摠管), 대량주도독(大梁州都督) 안무대량주제군사(安撫大梁州諸軍事)[또는 양주총관(良州摠管)]를 역임하였다고 부회한 사실도 발견된다.[26] 이러한 측면에서 조미갑의 정확한 직명이 본래 부산도사(夫山道使)였는데, 김장청이 이를 부산현령(夫山縣令)이라 개서하였을 가능성을 완전히 배제하기 어려울 듯싶다.

『삼국사기』 열전제7 취도조에 취도(驟徒)가 태종대왕 때에 백제 군사와 조천성(助川城)에서 싸우다가 전사하였다고 전한다. 또한 열전제7 김흠운조에 김흠운(金歆運, 金欽運)이 영휘(永徽) 6년(655)에 조천성(助川城)에서 백제군과 싸우다가 전사하였다고 전한다. 『삼국사기』 잡지제3 지리1 상주 영동군조에서 '양산현(陽山縣)은 본래 조비천현(助比川縣)이었는데, 경덕왕이 이름을 고쳤다.'고 하였다. 이러한

---

26 전덕재, 2020 「『삼국사기』 김유신열전의 원전과 그 성격」 『사학연구』139; 2021 『삼국사기 잡지·열전의 원전과 편찬』, 주류성, 410~411쪽.

기록들을 참조한다면, IV-② 기록에 전하는 도비천성(刀比川城)은 오늘날 충북 영동군 양산면에 해당하는 조비천성(助比川城) 또는 조천성(助川城)을 가리킨다고 볼 수 있다. 한편『삼국사기』잡지제4 지리2 한주 수성군조에 진위현(振威縣)은 본래 고구려 부산현(釜山縣)이었다고 전한다. 진위현은 오늘날 경기도 평택시 진위면에 해당한다. 그런데 IV-② 기록에서 부산(釜山)이 아니라 부산(夫山)이라 표기하였음을 확인할 수 있다.[27] 이처럼 취도와 김흠운열전, 지리지에 전하는 지명 표기와 IV-② 기록에 전하는 지명 표기가 서로 달랐다는 점을 참고한다면, 김장청이『김유신행록』을 찬술하면서 IV-② 기록의 기본원전에 전하는 지명 표기를 그대로 전재하였다고 보는 것이 합리적일 것이다. 여기서 한 걸음 더 나아가 지명 표기를 개서하지 않았던 사실을 통해 '부산현령(夫山縣令)'이라 전하는 조미갑의 직명 역시 김장청이 개서한 것이 아니라 기본원전에 전하는 표현을 그대로 전재하였다는 추론도 충분히 가능하지 않을까 한다. 여러 가지 정황을 고려하건대, IV-② 기록을 태종무열왕대인 650년대에 신라에서 현을 설치하고, 거기에 현령이라는 지방관을 파견하였음을 알려주는 자료로 이해하여도 대과가 없을 것이다.

IV-① 기록의 원전 역시『김유신행록』에 전하는 기록으로 보인다. IV-① 기록에 대매현(代買縣)이란 지명이 전하는데,『삼국사기』지리지에서 이에 대응되는 지명을 찾기 어렵다. 다만 '매(買)'가 '수(水)' 또는 '천(川)'과 상통한다는 점,[28] 선덕

---

27 정구복 등, 2012b 앞의 책, 675~676쪽에서 夫山縣은 釜山縣과 같은 곳의 이표기일 가능성이 높다고 언급하였다. 함안 성산산성에서 출토된 목간에서『삼국사기』잡지제3 지리1 상주조에 古昌郡의 領縣 高丘縣의 본래 이름으로 전하는 仇火縣을 仇伐 또는 丘伐이라 표기하였음을 확인할 수 있다. 또한『삼국사기』잡지제5 지리3 전주조에 본래 백제의 大尸山郡을 경덕왕이 大山郡으로 改名하였다고 전하는데, 신라본기제11 경문왕 6년 11월 기록에서는 大山郡을 岱山郡이라 표기하였다. 또한 신라 6부의 하나인 漢岐部를 韓歧部 또는 韓岐(部)라고 표기하기도 하였다. 이와 같은 사례들을 참조한다면, 釜山과 夫山은 동일 지명에 대한 이표기라 보아도 문제가 되지 않을 것으로 판단된다.

28『삼국사기』지리지에서 淸川縣은 본래 薩買縣, 水城郡은 본래 高句麗 買忽郡, 沙川縣은 본

여왕대에 고구려와 신라의 경계선이 임진강이었는데,[29] 김춘추가 대매현을 거쳐 임진강을 건너 고구려 경내로 들어갔을 가능성이 높다고 추정된다는 점 등을 두루 감안하건대, 대매현은 임진강 근처에 위치한 지명이라 보아도 잘못이 없을 것이다.[30] 한편 Ⅳ-① 기록에서 훈신(訓信)과 두사지(豆斯支)의 관등이 사간(沙干)이라 하였다. 신라에서는 561년(진흥왕 22) 이전까지 급찬 이상의 관등을 '~간지(干支)'라 표기하다가 그 이후부터 선덕여왕대까지 '~간(干)'이라 표기하였고, 진덕여왕대부터 '~찬(湌)'이라 표기하였음을 확인할 수 있다.[31]

신라 하대에 급찬 이상의 관등을 '~간(干)'이라 표기한 사례를 다수 발견할 수 있다.[32] 따라서 Ⅳ-① 기록의 기본원전은 신라 하대에 찬술되었다고 주장할 수도 있다. 그러나 Ⅳ-① 기록 이외의 김유신열전 기록에서 대체로 급찬 이상의 관등을 표기할 때에는 '~찬(湌)'이라 표기하였음을 확인할 수 있다.[33] 이에서 김장청

래 高句麗 內乙買縣, 伊川縣은 본래 高句麗 伊珍買縣이라 전하고, 또한 南川縣은 혹은 南買, 述川郡은 혹은 省知買, 水谷城縣은 혹은 買旦忽, 橫川縣은 혹은 於斯買, 深川縣은 혹은 伏斯買, 狌川郡은 혹은 也尸買, 水入縣은 혹은 買伊縣이라 전한다. 이러한 사례들을 통해 지명 어미 '買'가 '水' 또는 '川'과 통용되었음을 확인할 수 있다.

29 전덕재, 2016「신라의 북진과 서북 경계의 변화」『한국사연구』173, 104~107쪽.

30 662년(문무왕 2) 정월에 김유신 등이 평양에 주둔한 당군에게 식량을 전달할 때에 七重城(경기도 파주시 적성면) 근처에 위치한 임진강을 가리키는 七重河를 건너 고구려 경내로 들어간 바 있었다. 642년에 김춘추 역시 서울에서 代買縣을 지나 임진강을 건너 고구려 경내로 들어갔을 것으로 짐작된다. 따라서 대매현은 서울에서 임진강에 이르는 경기도 북부 지역에 위치하였다고 봄이 합리적이며, 특히 임진강에서 그리 멀지 않은 곳에 위치하였을 가능성이 높지 않을까 한다.

31 전덕재, 2018 앞의 책, 39~42쪽.

32 高仙寺誓幢和尙碑, 斷俗寺神行禪師碑, 開仙寺石燈記, 昌林寺無垢淨塔誌, 寶林寺石塔誌, 閔哀王石塔舍利盒記, 皇龍寺九層木塔舍利函記, 蓮池寺鐘銘, 籔興寺鐘銘 등에서 급찬 이상의 관등을 '~干'이라 표기하였음을 확인할 수 있다.

33 Ⅳ-① 기록 이외의 김유신열전에서 셋째 아들 元貞의 관등을 '海干', 居烈州大監 阿珍含의 관등을 '一吉干'이라고 표기하였음을 발견할 수 있다. 이밖에 김유신열전에서는 '角干'을 제외하고, 나머지 급찬 이상의 관등을 '~湌'이라고 표기하였음이 확인된다. 전에 필자는 거열

이 『김유신행록』을 찬술할 때에 '~찬(湌)'이라 표기한 전거자료를 인용하였거나 또는 김유신의 아들을 '삼광이찬(三光伊湌)', '장이대아찬(長耳大阿湌)', '원망내아찬(元望大阿湌)', '서자군승아찬(庶子軍勝阿湌)'이라 표기한 것과 같이 급찬 이상의 관등을 표기할 때 대체로 '~찬(湌)'이라 기술하였음을 감안하건대, 김장청이 신라 하대에 찬술된 어떤 자료에서 인용하였다기보다는 중대 이전에 찬술된 어떤 자료에서 인용하여 Ⅳ-① 기록을 찬술하였다고 이해하는 것이 보다 더 합리적이라 판단된다. 여기에다 대매현이라는 지명을 『삼국사기』 지리지에서 찾을 수 없다는 점 역시 위의 추정을 뒷받침해주는 측면으로 유의된다고 하겠다. 이처럼 김장청이 중대 이전에 찬술된 Ⅳ-① 기록의 기본원전을 그대로 인용하여 『김유신행록』에 첨입하였을 가능성이 높다고 한다면, Ⅳ-① 기록을 근거로 하여 태종무열왕대 이전에 실제로 대매현을 설치하였다고 주장하여도 별다른 이견이 없지 않을까 하는 것이 필자의 생각이다. 이렇다고 할 때, 현인(縣人)이라 전하는 두사지는 대매현에 파견된 현령이거나[34] 또는 본래 대매현 사람이었던 두사지가 김춘추에게 청포(靑布) 300보를 바친 공로를 인정받아 추후에 사간이라는 경위를 수여받았다고 볼 수 있을 것이다.[35]

선덕여왕 11년(642) 8월 대야성전투 이후 신라는 낙동강 서쪽의 옛 가야지역을 백제에게 빼앗기면서 국가적으로 커다란 위기를 맞은 바 있다.[36] 한편 Ⅲ-①, ② 기록에서 소수(小守) 또는 현령(縣令)이 파견되었다고 전하는 칠중성(七重城),

---

주대감 아진함에 관한 일화는 『김유신행록』이 아니라 元述의 행적을 정리한 자료에서 인용한 것임을 밝힌 바 있다(전덕재, 2020 앞의 논문; 2021 앞의 책, 396~397쪽).

34 이인철, 1993 앞의 책, 207쪽.

35 정구복 등, 2012b 앞의 책, 660쪽에서 두사지는 김춘추 일행에게 靑布 300步를 바친 공로에 의해 후에 사간이라는 경위를 수여받은 것으로 이해하는 견해를 제기하였다.

36 이에 대한 자세한 내용은 노태돈, 2009 『삼국통일전쟁사』, 서울대학교출판부, 61~65쪽이 참조된다.

적목성(赤木城), 도림성(道臨城)은 모두 신라의 변경지역에 위치하였다.[37] 또한 대매현은 고구려와 신라의 경계선인 임진강 근처에 위치하였던 것으로 보이고, 부산현(夫山縣, 釜山縣)은 신라와 백제의 접경지역에 위치한 곳이었다. 이처럼 신문왕대 이전에 설치한 현은 모두 신라와 고구려 및 백제의 접경지역에 위치하였음을 엿볼 수 있는데, 이러한 사실과 642년 8월 대야성전투 이후 신라가 커다란 위험에 처하였을 뿐만 아니라 이 무렵부터 고구려와 백제가 연합하여 신라를 본격적으로 협공하기 시작하였다는 점[38] 등을 두루 염두에 둔다면, 신라가 642년 8월에서 멀지 않은 시점에 고구려 및 백제와의 접경지역에 위치한 행정촌부터 토지와 호구 등을 조사하여 현으로 재편(再編)하고, 여기에 소수와 현령 등을 파견하였을 가능성이 높다고 추론하여도 문제가 되지 않을 것이다.[39] 즉 신라 정부는 고구려와 백제의 대규모 침략에 대비하여 우선 변방지역에 위치한 행정촌에 거주하는 주민들을 보다 조직적으로 군사(軍士) 또는 역부(役夫)로 동원하는 한편, 그들에게서 보다 체계적이고 합리적인 방법으로 부세(賦稅) 등을 수취하기 위해 행정촌의 토지와 호구 등을 세밀하게 조사할 필요가 있었고, 이를 기초로 하여 행정촌을 현(縣) 또는 현급(縣級)에 해당하는 행정단위인 군(郡)[군치(郡治)]으로 재편하고,[40] 거기에 도사(道使)와 당주(幢主), 나두(邏頭) 대신 현령(縣令)과 소수(小守,

---

37 칠중성은 경기도 파주시 적성면, 적목성은 북한의 강원도 세포군 현리, 도림성은 북한의 강원도 고성군 렴성리에 해당한다. 한편 석현성의 위치는 정확하게 고증할 수 없으나, 이곳 역시 접경지역에 위치하였을 가능성이 높다.

38 遣使大唐上言 高句麗·百濟侵凌臣國 累遭攻襲數十城 兩國連兵 期之必取. 將以今玆九月大舉 下國社稷必不獲全 謹遣陪臣歸命大國 願乞偏師 以存救援(『삼국사기』 신라본기제5 선덕왕 12년 가을 9월).

39 종래에 村上四男, 1978 앞의 논문, 175~176쪽에서 선덕여왕대에 국가적으로 신라가 苦境에 처하면서 국토방위를 강화하기 위해 지방제도 정비의 필요성을 절감하였고, 진덕여왕대에 唐制를 채용하였는데, 이와 같은 시대적 분위기 속에서 縣制를 비로소 실시하였다는 견해를 제기한 바 있다.

40 촌을 단위로 인구의 현황, 牛馬와 과실수(果實樹)의 숫자, 토지지목과 면적 등을 상세하게

少守), 태수(太守)를 파견하는 작업을 추진하였다고 볼 수 있다는 의미이다.[41]

　현재로서 선덕여왕과 진덕여왕대에 신라 영역 가운데 어느 범위까지 행정촌을 현으로 재편하는 작업을 추진하였는가를 확인할 수 없다. 그러나 시간이 지나면서 점차 행정촌을 현으로 재편하는 비율이 늘어났을 것이고, 9주 5소경을 정비한 신문왕 5년(685) 무렵에 원신라지역의 행정촌을 현으로 재편하는 작업이 종결되었으며, 676년(문무왕 16) 나당전쟁이 종결된 이후부터 옛 백제와 고구려의 말단 지방통치조직인 성(城)을 중심으로 현(縣)을 설치하는 작업을 추진하기 시작하여 신문왕 9년(689) 무렵에 그러한 작업을 마무리한 것으로 짐작된다.[42] 물론 이러한 작업은 도사(道使)와 당주(幢主), 나두(邏頭)라 불리는 지방관을 현령(縣令) 또는 소수(小守, 少守), 태수(太守)라 불리는 지방관으로 점진적으로 교체하는 것과 동시에 진행되었다는 사실도 유념할 필요가 있을 것이다.[43]

촌락문서에 기술하였음을 확인할 수 있고, 아울러 이를 통해 가호를 9등급으로 나누고, 戶等을 기초로 하여 計烟을 산출하였음을 살필 수 있다. 642년 대야성전투 이후에 신라는 일부 행정촌을 현으로 재편하면서, 촌락문서와 같은 형식 또는 이와 유사한 형식의 集計帳을 작성하였고, 이를 기초로 郡(郡治)과 縣을 단위로 賦稅와 力役을 부과하는 한편, 보다 체계적이고 효율적으로 군과 현을 관리 통제하였을 것으로 짐작된다.

41 현령과 소수를 현에 파견하기 시작한 시기에 郡의 郡治에 太守라는 지방관을 파견하였을 가능성이 높다고 보이는데, 이에 대해서는 뒤에서 자세하게 살필 예정이다.

42 이문기, 1990 앞의 논문, 16쪽에서 신문왕 6년(686) 웅천주 관내 4현(石山·馬山·孤山·沙平縣) 설치 기사는 신문왕 5년(685) 9주체제를 갖추면서 웅천주 관내의 군현을 정리하였는데, 이때에 누락되었던 지역을 다시 현으로 설정하였던 사실을 반영한다고 이해한 바 있다. 신문왕 5년에 누락되었던 현을 그 다음해에 현으로 재편하였는가를 정확하게 판별하기 어렵지만, 아무튼 신문왕 6년(686) 4현의 설치 기사는 9주 5소경을 완비한 신문왕 5년 이후에 옛 백제지역에서 현을 설치하는 작업이 계속 추진되었음을 시사해주는 자료로서 주목된다고 하겠다.

43 종래에 신라가 9주 5소경의 정비, 9서당의 설치 등과 마찬가지로 백제와 고구려 유민을 회유, 포섭하기 위한 의도에서 縣制를 실시하였을 뿐만 아니라 지방관의 명칭을 幢主와 邏頭, 道使 등을 태수, 현령 등과 같이 중국식으로 바꾼 것도 이와 맥락을 같이하였다고 이해한 견해가 제기되었다. 그리고 이와 더불어 中古期에 신라가 복속 읍락국가의 지배기반을

2) 향(鄕)의 설치와 성격

(1) 향·부곡 관련 자료의 검토

『삼국사기』찬자는 지리지에서 신라에 9주(州)가 관할하는 군현이 450개였다고 언급하고, 이어 세주(細注)로 '방언(方言)의 이른바 향, 부곡 등의 잡소(雜所)는 이루 다 기록하지 않는다.'라고 서술하였다. 종래에 이를 근거로 신라에서 주·군·현 이외에 잡소인 향과 부곡을 설치하였다고 이해하는 것이 일반적이었다. 그러면 과연『삼국사기』지리지의 기록을 그대로 믿을 수 있을까?『삼국사기』지리지에 '지명만 남아 있고 어디인지 알 수 없는 곳[三國有名未詳地分]'이 전하며, 이 가운데 향을 칭하는 지명이 49개였다. 이밖에『삼국사기』신라본기제2 벌휴이사금 7년 가을 8월 기록과 백제본기제1 초고왕 25년 가을 8월 기록에 원산향(圓山鄕), 열전제8 향덕조에 웅천주(熊川州) 판적향(板積鄕)이 보이고, 신라본기제12 경애왕 4년 여름 4월조에 '강주(康州) 관할의 돌산(突山) 등 4개 향(鄕)이 (고려) 태조에게 귀순하였다.'라는 기록이 전한다. 원산향과 판적향(板積鄕)은 신라시대에 설치한 향이 분명하지만, 여기서 문제는 경애왕 4년 여름 4월조에 전하는 돌산 등 4개 향도 그렇게 볼 수 있는가에 관해서이다.

『고려사』권1 세가1 태조 10년(927) 여름 4월조에 해군장군(海軍將軍) 능창(能昌), 능식(能式)이 수군을 거느리고 가서 강주 관할의 전이산(轉伊山)과 노포평(老浦平), 서산(西山), 돌산 등 4개 향을 함락시켰다고 전한다. 전이산은 전야산군(轉也山郡; 남해시 남해읍), 노포평은 내포현(內浦縣; 남해시 이동면), 서산은 평서산현(平西山縣; 남해시 남면 평산리)과 연결시켜 이해한다. 무주(武州) 승평군(昇平郡) 영

그대로 온존시킨 채로 郡을 설정하였기 때문에 재지세력의 영향력이 강하게 지방사회에 미쳤고, 군 사이 정치·경제력의 편차가 심하여 균질적이지 못하였는데, 통일 이후에 田丁과 戶口의 多寡, 즉 나름 합리적인 기준에 의거하여 군과 현을 설치하게 됨에 따라 인구와 영역 규모 면에서 군과 현 사이의 편차가 크게 해소되었다는 주장을 제기하기도 하였다(주보돈, 1998 앞의 책, 267~272쪽).

현(領縣)인 돌산현(突山縣)은 현재 여수시 돌산읍으로 비정된다.[44] 그런데 『삼국사기』와 『고려사』 지리지에서 돌산현과 전야산군[남해군(南海郡)], 내포현[난포현(蘭浦縣)], 평서산현[평산현(平山縣)]이 한때 향으로 강등되었다는 기록을 찾을 수 없다. 이를 주목하건대, '돌산 등 4개 향'은 '돌산향을 비롯한 4개의 향'이란 뜻이 아니라 '돌산현을 비롯한 4개의 고을'이라고 해석하는 것이 합리적이라 판단된다. 즉 신라본기 경애왕 4년 여름 4월 기록을 향과 관련된 자료로 이해하기는 곤란하다는 의미이다. 이렇다면, 지리지 이외에 『삼국사기』에 전하는 향과 관련된 자료는 원산향, 판적향과 관련된 것뿐이라고 정리할 수 있다.

통일신라에서 향을 설치하였다는 증거는 금석문에서도 찾을 수 있다. 893년(진성여왕 7) 무렵에 최치원(崔致遠)이 찬술하고, 924년(경애왕 1)에 건립된 봉암사 지증대사탑비에 지증대사(智證大師) 도헌(道憲)이 882년(헌강왕 8) 12월 18일에 현계산(賢溪山) 안락사(安樂寺)에서 입적하자, 태부왕(太傅王; 헌강왕)이 보살계제자(菩薩戒弟子)인 건공향령(建功鄕令) 김입언(金立言)으로 하여금 외로운 여러 제자를 위로하게 하고, '지증선사(智證禪師)'라는 시호(諡號)와 '적조(寂照)'라는 탑호(塔號)를 내렸다는 내용이 전한다. 882년 무렵에 건공향이 존재하였고, 거기에 향령이 파견되었음을 알려주는 귀중한 자료이다. 이와 더불어 833년(흥덕왕 8)에 조성된 연지사종명(蓮池寺鐘銘)에 '향촌주(鄕村主) 삼장급간(三長及干) 주작대내말(朱雀大乃末)'이 전한다.[45] 향에도 촌주가 존재하였음을 알려주는 자료로서 유의된다.[46] 판적향(板積鄕)은 755년(경덕왕 14)에 부모에게 자기의 넓적다리 살을 베어

---

44 정구복 등, 2012b 앞의 책, 351쪽.

45 일부는 '鄕'을 '卿'으로 판독하기도 하나, 탁본을 보건대, '鄕'으로 판독하여도 크게 문제가 되지 않는다. 참고로 木村誠, 1983 「統一新羅時代의 鄕-部曲制成立史의 再檢討-」『歷史評論』 42-2, 102~103쪽에서 三長及干 등이 卿과 村主라는 2개의 鄕職을 가지고 있다고 보기 어렵기 때문에 '卿村主'라고 판독하는 것은 문제가 있고, 鄕이란 지방행정단위가 존재하기 때문에 '鄕村主'라고 판독하는 것이 옳다는 견해를 제시하였다.

46 이밖에 地藏禪院朗圓大師悟眞塔碑에 낭원대사 開淸(835~930)의 아버지 金有車가 康郡(康

먹이고, 어머니의 종기를 입으로 빨아 완쾌시킨 효자 향덕(向德)이 거주하던 주소지였다. 따라서 이 사료와 금석문에 전하는 향 관련 자료에 의거하건대, 신라에서 향은 755년 이전 어느 시기에 설치되어 하대까지 계속 존재하였다고 이해할 수 있다.

그렇다면 부곡의 경우는 어떠하였을까가 궁금하다. 『삼국사기』 지리지에 양주(良州) 장산군(獐山郡)의 영현(領縣)인 여량현(餘粮縣; 麻珍良縣)이 지금의 구사부곡(仇史部曲), 임고군(臨皐郡)의 영현인 장진현(長鎭縣)이 지금의 죽장이부곡(竹長伊部曲), 강주 하동군(河東郡)의 영현인 성량현(省良縣)이 지금의 금량부곡(金良部曲), 함안군의 영현인 현무현(玄武縣)[소삼현(召彡縣)]이 지금의 소삼부곡(召彡部曲)이라 전한다. 이것들이 잡소(雜所)로서 향과 부곡을 설치하였다고 전하는 지리지의 세주(細注) 이외에 『삼국사기』에 전하는 부곡에 관한 기록의 전부에 해당한다. 그런데 여기서 말하는 '지금'은 바로 『삼국사기』를 편찬한 1145년(인종 23)을 전후한 시기를 가리킨다. 따라서 이 기록들을 신라에서 부곡을 설치하였음을 알려주는 증거 자료로 삼는 것은 적절하지 않다고 볼 수 있다.

『경상도지리지(慶尙道地理志)』를 비롯한 조선시대의 지리서에 삼국 및 신라에서 부곡을 설치하였다고 전하는 기록이 여럿 전한다. 먼저 『신증동국여지승람』 권7 경기도 여주목 등신장(登神莊)조에 신라에서 전정(田丁)과 호구(戶口)가 현(縣)을 삼기에 부족한 경우, 혹은 향(鄕)을 설치하거나 혹은 부곡(部曲)을 설치하였다고 전한다. 종래에 이 자료를 근거로 하여 신라에서 향과 더불어 부곡을 설치하였다고 이해하였으나, 『신증동국여지승람』이 조선시대에 간행된 지리서였다는 점에서 이를 신라에서 향과 더불어 부곡을 설치하였음을 알려주는 결정적인 증거 자료로 삼는 것은 문제가 있다. 고려시대에 향과 부곡은 동질적인 성격

州)에서 벼슬하다가 후에 梁鄕에 寓居하였다고 전한다. 9세기 중·후반에 梁鄕이 존재하였음을 알려주는 자료로서 주목된다.

의 지방행정단위였으므로 조선시대 사람들이 신라에서 향과 더불어 부곡도 함께 설치하였다고 오해할 수 있는 여지가 전혀 없지 않기 때문이다.[47]

한편 1425년(세종 7)에 편찬한『경상도지리지』에도 삼국과 신라에서 부곡을 설치하였음을 시사해주는 기록이 여럿 전한다. 그에 관한 기록을 제시하면 다음과 같다.

> V-① 삼국 때에 천산부곡(穿山部曲)이라 칭하였고, 고려 때에 수산현(守山縣)으로 개칭하였다(『경상도지리지』경주도 수산현).
>
> V-② 옛 덕산부곡(德山部曲)으로서 고려 태조 때에 재산현(才山縣)으로 개칭하였다. 정종(定宗) 숭경(崇慶) 임신(1212년)에[48] 다시 덕산부곡으로 삼았다가 태위왕(太尉王; 충선왕)대에 경화옹주(敬和翁主)의 고향이라 하여 다시 재산현으로 삼았다(『경상도지리지』안동도 재산현).
>
> V-③ 신라 때에 대병부곡(大幷部曲)이라 칭하였고, 천경(天慶) 24년에 공성현(功城縣)으로 개칭하였다. 고려 때에 이로 인하여 공성현이라 칭하였다(『경상도지리지』상주도 공성현).
>
> V-④ 바다 가운데의 섬이다. 삼국 때에 유질부곡(有疾部曲)으로 삼았다. 고려 때에 창선현(彰善縣)으로 개칭하였고, 다시 흥선현(興善縣)으로 바꾸었다(『경상도지리지』진주도 흥선현).

V-①, ②, ③, ④는 수산현(경남 밀양시 하남읍 수산리·귀명리와 초동면 검암리·금포리 일대), 재산현(경북 봉화군 재산면), 공성현(경북 상주시 공성면), 흥선현(경남 남해

---

47 필자는 위의 자료를 신라에서 田丁, 즉 토지와 戶口가 현을 삼기에 부족한 경우에 鄕을 설치하였음을 시사해주는 사료로서 이해하였음을 밝혀둔다.

48 崇慶 壬申年은 1212년으로서 康宗 원년에 해당하므로 定宗은 康宗으로 수정하는 것이 옳다.

시 창성면)이 삼국 또는 신라 때에 본래 부곡이었다고 전하는 기록이다. 이들 가운데 삼국 때에 설치하였다고 전하는 유질부곡의 경우,『고려사』지리지에는 '고구려의 유질부곡'이라 전하고,『세종실록』지리지 경상도 진주목조와『신증동국여지승람』권30 경상도 진주목 고적조에서는 '고려의 유질부곡'이라 기술하였다. 남해시 창선면으로 고증되는 창선현(홍선현)이 본래 고구려의 유질부곡이었다고 믿기 곤란하고, 게다가『세종실록』지리지와『신증동국여지승람』의 찬자가 유질부곡을 삼국시대에 설치하였다고 전하는『경상도지리지』의 기록을 수용하지 않고, 단지 '고려의 유질부곡'이라 기술한 것으로 보건대, 유질부곡을 삼국 때에 설치하였다고 전하는 Ⅰ-④의 기록을 그대로 믿기는 곤란할 듯싶다.[49]『세종실록』지리지와『신증동국여지승람』의 기록에 의거하건대, 유질부곡은 고려 때에 설치하였고, 후에 창선현과 홍선현으로 개칭하였다고 봄이 합리적일 것이다.

Ⅴ-①에서 수산현의 전신이 삼국 때에 설치한 천산부곡이라 전하나『세종실록』지리지 경주도 밀양도호부 속현조와『신증동국여지승람』권26 경상도 밀양도호부 속현조에서는 수산현이 '본래 천산부곡'이라 기술하였을 뿐이고, 그것을 삼국 때에 설치하였다고 언급하지 않았다. 더구나『고려사』지리지에서는 '고려에서 수산부곡을 수산현으로 삼았다.'고 기록하였을 뿐이고, 수산현의 전신이 천산부곡이라 언급하지 않았다.『경상도지리지』이외의 다른 지리서에서 천산부곡을 삼국 때에 설치하였다고 언급하지 않은 것으로 보건대, 유질부곡을 삼국 또는 고구려 때에 설치하였다고 전하는 기록을 그대로 믿을 수 없듯이 천산부곡역시 삼국 때에 설치하였다고 주장하기가 쉽지 않다고 보인다.

Ⅴ-②에 전하는 덕산부곡도 천산부곡과 비슷한 경우에 해당한다.『세종실록』

---

49 이홍직, 1971「고구려유민에 대한 一·二의 사료」『한국고대사의 연구』, 신구문화사, 283~284쪽에서 신라가 반란을 일으킨 보덕국의 고구려인을 남해시 창선면으로 이주시켜 살게 하고, 그곳을 유질부곡으로 삼았다고 이해하였으나 통일신라에서 부곡을 설치하였다는 구체적인 증거가 발견되지 않기 때문에 그대로 신뢰하기 어려울 듯싶다.

지리지 안동도 안동대도호부 속현조와 『신증동국여지승람』 권24 경상도 안동대도호부 속현조에 재산현이 '본래 덕산부곡이었고, 고려 충선왕이 본래 경화옹주의 고향이었기 때문에 승격시켜 재산현으로 삼았다.'고 전한다. 『고려사』 지리지에서도 역시 충선왕이 경화옹주의 고향이었기 때문에 덕산부곡을 재산현으로 삼았다고 전할 뿐이다. 이에 따른다면, V-②에서 '옛 덕산부곡으로서 고려 태조 때에 재산현으로 개칭하였고, 정종(강종) 숭경 임신(1212년)에 다시 덕산부곡으로 삼았다.'고 전하는 내용은 그대로 신뢰하기가 어렵지 않을까 한다. 만약에 조선시대 사람들이 이 내용을 신뢰하였다면, 『세종실록』 지리지와 『고려사』 지리지 등을 찬술할 때에 그것을 기술하였다고 봄이 마땅하다. 그러나 그렇지 않은 것에서 여러 지리서의 편찬자들이 그것을 그대로 믿지 않았음을 추론할 수 있다. 조선시대 사람들조차 삼국 때에 덕산부곡을 설치하였다는 사실을 믿지 않았음을 염두에 두건대, 현재 V-②의 기록을 근거로 하여 고려 태조대 이전에 덕산부곡이 존재하였다고 주장하는 것은 재고의 여지가 많다고 하겠다.

　마지막으로 공성현의 전신이 신라 때에 설치한 대병부곡이었다는 내용은 V-③ 기록 이외에 『고려사』 지리지, 『세종실록』 지리지 경상도 상주도 상주목 속현조와 『신증동국여지승람』 권28 경상도 상주목 속현조에도 전한다. 조선시대 사람들이 일반적으로 공성현의 전신이 본래 신라 때에 설치한 대병부곡이었다고 이해하였음을 시사해주는 측면으로 유의된다. 다만 『고려사』 지리지와 『신증동국여지승람』에서는 고려 초에 대병부곡을 공성현으로 개칭하고, 현종 9년에 상주목에 내속(來屬)시켰다고 전하는 것에 반하여, 『세종실록』 지리지에서는 고려에서 대병부곡을 공성현으로 개칭하였다고 전하는 것이 다를 뿐이다. 그렇다면 과연 대병부곡을 신라 때에 설치한 것으로 볼 수 있을까?

　『고려사』와 『세종실록』 지리지, 『신증동국여지승람』의 찬자는 V-③의 기록에 의거하여 신라 때에 설치한 대병부곡을 고려 초 또는 고려에서 공성현으로 개칭하였다고 이해한 것으로 보인다. 그런데 정작 V-③의 기록에는 천경(天慶) 24년에 대병부곡을 공성현으로 개칭하였다고 전한다. 천경은 1111년에서 1120년까지 사용된 요(거란)나라의 연호이다. 천경 24년은 실재하지 않았다. 고려에서 천경이라는 연호를 1120년 이후에도 계속 사용하였다고 가정한다면, 천경 24년은 고려 왕기(王紀)로 인종 12년(1134)에 해당한다. 이에 따른다면, 『경상도지리지』의 찬자는 1134년에 대병부곡을 공성현으로 개칭하였다고 이해한 셈이 된다. 아무튼 천경 24년은 실재하지 않았다는 점에서 V-③의 기록에 대한 철저한 사료비판이 요구된다고 하겠다.

종래에 『고려사』 지리지에서 향이나 부곡에서 연원한 군현의 경우 대개 '고(古)~'로 표시할 뿐이고, 삼국분속(三國分屬)은 일반적으로 명시하지 않았다는 점을 주목하여 공성현이 부곡에서 연원하였다는 기사를 그대로 신뢰하기는 어렵다고 주장한 다음, 공성현의 경우 선행 읍호(邑號)를 알 수 없었기 때문에 본래 '칭호미상(稱號未詳)'이란 표현이 앞에 기록되는 형식이었지만, 지리지 찬자가 전승 자료를 채록한 『경상도지리지』로부터 신라의 대병부곡이었다는 기사를 채용하고, '칭호미상'을 빼는 대신 고려 초에 개호(改號)하였다는 형태로 재정리하였다고 주장한 견해가 제기되었다.[50] 상당히 설득력 있는 견해로 판단된다.

이상에서 살핀 것처럼 대병부곡을 신라 때에 설치하였다고 전하는 V-③의 기록을 그대로 믿기 어렵다고 할 때, 신라에서 부곡을 설치하였다고 전하는 유일한 기사는 『삼국사기』 지리지에 전하는 세주뿐이라 볼 수밖에 없다. 그러나 신라의 고문서 또는 금석문에서 부곡과 관련된 정보를 전혀 찾을 수 없는 상황에서 고려 중기 고려인들이 찬술한 『삼국사기』 지리지의 세주만을 근거로 하여 신라에서 향과 더불어 부곡도 아울러 설치하였다고 주장하는 것도 문제가 전혀 없지 않다. 고려 중기에 향과 부곡이 동질적인 성격의 지방행정단위로서 기능하였으므로, 『삼국사기』 찬자들이 신라에서 향과 더불어 부곡을 동시에 설치하

---

50 윤경진, 2012『고려사 지리지의 분석과 보정』, 여유당, 255~256쪽.

였다고 오해할 수 있는 소지가 있을 수 있기 때문이다. 현재 신라의 고문서나 금석문에 부곡에 관한 정보가 전혀 전하지 않는 점을 미루어 보건대, 고려와 조선시대에 편찬한 문헌이나 지리서 등을 근거로 하여 신라에서 향과 더불어 부곡을 설치하였다고 이해하는 것은 그리 합리적이라고 보기 어렵다는 것이 필자의 판단이다.

『고려사』 세가에 전하는 부곡 관련 기사 가운데 문종 27년 6월 병신조에 나오는 파잠부곡(波潛部曲)과 관련된 것이[51] 가장 이른 시기에 해당한다. 그리고 『고려사』의 지(志)에 전하는 부곡 관련 기사 가운데 가장 이른 시기로 편년되는 것이 바로 『고려사』 권78 지32 식화1 전제 공해전시(公廨田柴)조이다. 여기에 성종 2년(983) 6월에 주현과 향·부곡의 규모에 따른 공수전(公須田)·장전(長田)·지전(紙田)의 지급 전결수가 규정되어 있다. 이를 통해서 적어도 고려 성종 2년(983) 이전 어느 시기에 부곡을 설치하였음을 알 수 있다. 아마도 신라에서 부곡을 설치하였다고 전하는 자료가 분명하게 전하지 않은 점을 고려하건대, 현재로서 고려 태조대에 부곡을 처음으로 설치하였을 가능성이 높다고 보는 것이 가장 합리적이라 생각되는데, 이에 대해서는 4부에서 자세하게 살펴보도록 하겠다.

(2) 지역촌의 설정과 향의 성격

앞에서 755년 이전 어느 시기에 향을 설치하였음을 살폈다. 그러면 향을 설치한 시기는 언제까지 소급이 가능할까? 『신증동국여지승람』 권7 경기도 여주목 등신장조에서 신라가 주군을 설치할 때, 향과 부곡을 설치하였다고 언급하였다. 부곡은 고려에서 비로소 설치하였다고 추정되기 때문에, 이는 신라가 주, 군을 설치하면서 향을 설치한 사실을 반영한다고 봄이 옳을 것이다. 그런데 신라에서 530년대에 주(州), 군(郡)을 설치하였고, 642년 대야성전투 이후부터 신문왕 5년

---

51 파잠부곡에 관한 내용은 『고려사』 권9 세가9 문종 27년 6월 기록에 전한다.

(685) 사이에 전국의 행정촌(行政村)을 현으로 재편하는 사업이 진행되었다. 그런데 위의 기록에서 분명하게 전정과 호구가 현으로 삼기에 부족한 경우, 향으로 설치하였다고 설명하였다. 따라서 향을 설치한 시기는 주, 군의 설치시기와 연관시켜 이해하기보다 행정촌을 현으로 재편하는 사업이 마무리된 시점, 즉 중고기 말·중대 초와 연결시켜 이해하는 것이 바람직하지 않을까 한다. 사실 향을 설치한 시기를 밝히는 문제는 그것의 성격을 규명하는 것과 유기적인 연관성을 지녔다고 평가할 수 있다. 즉 향의 성격을 분명하게 규명한다면, 언제 향을 설치하였는가에 관한 이해가 보다 명확해질 것으로 기대된다는 의미이다.

『삼국사기』지리지에 전하는 '지명만 남아 있고 어디인지 알 수 없는 곳[三國有名未詳地分]' 가운데 적선향(積善鄕), 순치향(馴雉鄕), 영안향(永安鄕), 부평향(富平鄕), 영풍향(永豊鄕), 하동향(河東鄕)이 보인다. 그런데 지리지에서 경덕왕대에 개칭한 지명 가운데 이들 향과 동명인 적선현(청송군 청송읍), 순치현(천안시 풍세면), 영안현(안동시 풍산읍), 부평군(철원군 김화읍), 영풍군(평산군 평산면), 임천현(영천시 완산동), 하동군(하동군 고전면)을 발견할 수 있다. 이들 군·현은 동명의 향과 밀접한 관계였음이 분명하다. 향이 일반 군, 현보다 전정과 호구가 적었다고 전하는 점을 주목하건대, 적선향 등은 적선현 등에 비하여 규모가 작았고, 전자가 후자에 포괄되었다고 봄이 자연스럽다. 즉 적선현 등은 동명의 향 이외의 여러 취락을 더 포함하고 있을 것이라는 의미이다.

고려시대에 향을 현으로 승격시킨 사례를 여럿 발견할 수 있다. 예를 들어 현종 9년(1018)에 보신향(寶薪鄕)을 심악현(深嶽縣)으로 승격시켰고, 이밖에 사라향(沙羅鄕)을 옥산현(玉山縣)으로, 완포향(莞浦鄕)을 합포현(合浦縣)으로, 가야향(加也鄕)을 춘양현(春陽縣)으로 승격시켰음을 더 확인할 수 있다. 한편 고려 인종 14년(1136)에 서경기(西京畿)를 분할하여 6현을 설치할 때, 이악(梨岳)과 대구(大坵), 갑악(甲岳), 각묘(角墓), 독촌(禿村), 증산(甑山) 등 6향을 합쳐 강서현(江西縣), 잉을사향(仍乙舍鄕)과 반석촌(班石村), 박달곶촌(朴達串村), 마탄촌(馬灘村) 등을 합쳐 강동현(江東縣)으로 삼았다고 한다. 그리고 관성군(管城郡)의 산즙암향(酸汁巖鄕)이 후대에 은소촌(銀所村)으로 불렀듯이 원래 소속된 군과 현의 직촌(直村)으로 편입되는 사례도 발견된다.[52] 고려시대에 향이 하나의 현으로 재편되거나 또는 여러 개의 향 및 촌이 결합하여 하나의 현을 이루기도 하고, 향이 하나의 촌으로 재편되기도 하는 등 향의 규모에서 편차가 있었음을 살필 수 있다.

신라에서 향은 현보다 전정과 호구가 적었고, 그것을 소재한 군과 현에 소속시켰다고 하였으므로 하나의 향을 그대로 현으로 재편하였다고 보기 어렵다. 이러한 측면에서 고려시대에 몇 개의 향 및 촌을 합하여 서경의 속현인 강동현과 강서현을 설치한 사실이 주목을 끈다. 이와 비슷한 사례로서 몇 개의 성(城)을 합해 군 또는 현을 구성한 경우가 발견된다.

> VI-① 『주관육익(周官六翼)』에 '수성(壽城)에는 옛날에 3성이 있었다. 수대군 (壽大郡)은 일명 양성(壤城)이라 부르는데, 그 성(姓)이 빈(賓)이다. 구구성 (句具城)은 그 성이 나(羅)이고, 잉조이성(仍助伊城)은 그 성이 조(趙)와 혜 (嵇)이다.'고 하였다(『신증동국여지승람』 권26 경상도 대구도호부 성씨).

> VI-② 해안[(解顔(縣)]의 성씨는 모(牟)·백(白)·하(河)·신(申)·정(丁)이다. 『주관 육익』에 또한 이르기를, '성화성(省火城)은 모이고, 무가성(無價城)은 신이 고, 불좌성(佛座城)은 백과 하이고, 명성(鳴城)은 정이다.'고 하였다(위와 동일).

『주관육익』은 고려 말에 김지(金祉)가 편찬한 유서(類書)로서 고려 전기 이래의 관제(官制)·예제(禮制)·지리(地理)·재정(財政) 등 각종 제도의 연혁을 유교의 이상제도인 주제(周制)에 견주어 집대성한 것이다. 신라 경덕왕대에 치성화현(雉省

---

52 박종기, 1990『고려시대 부곡제 연구』, 서울대학교출판부, 195~204쪽.

火縣)[또는 미리현(美里縣)]을 해안현으로 개칭하였다. VI-②를 통해 치성화현, 즉 해안현의 치소성이 바로 성화성이었고,[53] 고려 초에 해안현은 성화성이 관할하는 영역과 무가성, 불좌성, 명성 등이 관할하는 영역으로 구성되었음을 엿볼 수 있다. VI-①에 언급된 대구도호부의 속현인 수성현은 본래 위화군(喟火郡)이었으나 경덕왕대에 수창군(壽昌郡)으로 개칭하였고, 다시 고려에서 수성군으로 이름을 바꾸었다. 수대군은 수창군을 가리킨다고 보이며, 그것을 고려 초기에 양성이라고도 불렀음을 알 수 있다. 수대군, 즉 양성이 바로 신라의 수창군과 고려 초 수성군의 치소성이었을 것이다. VI-②의 기록은 고려 초에 수성군은 치소성인 양성이 관할하는 영역과 구구성, 잉조이성이 관할하는 영역으로 구성되었음을 알려주는 자료로 이해할 수 있다.

촌락문서에서 소경(小京)과 현 아래에 공연(孔烟) 10개 내외로 구성된 촌이 존재하였음을 살필 수 있다.[54] 수성군을 구성하는 양성과 구구성, 잉조이성 및 해안현을 구성하는 성화성과 무가성, 불좌성, 명성을 촌락문서에 전하는 자연촌과 직결시켜 이해하기는 곤란할 것이다. 각각의 성은 십수가(十數家)로 이루어진 자연촌 몇 개를 합친 영역 범위를 관할하였다고 봄이 옳은데, 종래에 자연촌 몇 개를 포괄하는 영역 범위를 지닌 양성 등을 지역촌이라고 규정하였다.[55] 동일한 맥락에서 강동현을 구성한 잉을사향, 반석촌, 박달곶촌, 마탄촌 역시 지역촌을 가

---

53 치소성은 치소가 위치한 성, 즉 邑司가 위치한 성으로 정의할 수 있다. 신라시대에 치소성은 외관이 파견된 군현의 邑司가 존재한 곳에 해당하고, 고려시대에는 지방관이 파견되지 않은 속현과 부곡, 향 등에도 치소성이 존재하였다고 한다(최종석, 2007 「고려시대 '치소성' 연구」, 서울대학교 박사학위논문, 16쪽).

54 종래에 촌락문서에 보이는 촌은 이른바 자연촌을 가리킨다고 이해하는 것이 일반적이었다(旗田巍, 1972 『朝鮮中世社會史の研究』, 法政大學出版局; 이우태, 1981 「신라의 촌과 촌주」 『한국사론』7, 서울대학교 국사학과).

55 채웅석, 2000 『고려시대의 국가와 지방사회-'본관제'의 시행과 지방지배질서-』, 서울대학교 출판부, 137~138쪽.

리키는 것으로 이해하였다.[56] 강서현은 이악과 대구 등 6향으로 구성되었고, 강동현 가운데에도 잉을사향이 포함되어 있었다. 이에서 고려시대에 몇 개의 자연촌을 포괄하는 단위집단, 즉 지역촌을 향으로 편제하였음을 추론할 수 있다. 그러면 신라에서도 역시 마찬가지였을까가 궁금하다.

551년(진흥왕 12)에 건립된 명활산성작성비에 '공인(工人) 추혜하간지(抽兮下干支)의 무리[抽兮下干支徒]가 길이 4보(步) 5척(尺) 1촌(寸)을 짓도록 받았고, 문질혜일벌(文叱兮一伐)의 무리[文叱兮一伐徒]가 길이 4보 5척 1촌을 짓도록 받았으며, ○○이피일(利彼日)의 무리(○○利彼日徒)가 길이 4보 5척 1촌을 짓도록 받았다.'는 기록이 전한다. 이 비에 오대곡(烏大谷) 구지하간지(仇智支下干支)가 군중상인(郡中上人)으로 나온다. 대체로 551년 명활산성을 쌓을 때, 오대곡이라는 행정촌에 주어진 작업구간을 다시 3등분하고, 각각의 구간을 추혜하간지도, 문질혜일벌도, ○○리피일도가 나누어 쌓은 사실을 반영한다고 이해한 다음, 이때세 개의 도(徒)는 행정촌 오대곡 내부의 단위집단으로서 평상시에 그 구성원들은 외위소지자를 중심으로 하는 공동체적 질서로 묶어 있었다고 파악하고 있다.[57] 중고기에 행정촌이 몇 개의 단위집단으로 구성되었다는 사실은 6세기 후반에 제작한 함안 성산산성 출토 하찰목간을 통해서도 증명할 수 있다.

함안 성산산성 출토 하찰목간의 묵서를 살펴보면, '지명+인명', '지명+촌명+인명', 그리고 '지명+본파(本波)+인명', '지명+본파+촌명+인명', '지명+촌명+본파+인명' 등 형식이 매우 다양하였음을 알 수 있다.[58] 여기서 맨 앞에 나오는 지명은 일

---

56 이우성, 1961 「여대백성고-고려시대 촌락구조의 일측면-」『역사학보』14; 1991 『한국중세사회연구』, 일조각, 48~49쪽 및 구산우, 2003 『고려 전기 향촌지배체제 연구』, 혜안, 369~370쪽.

57 윤선태, 2002 「신라 중고기의 촌과 도-읍락의 해체와 관련하여-」『한국고대사연구』25, 161~165쪽; 홍기승, 2009 「6세기 신라 지방지배 방식의 변화와 촌」『한국고대사연구』55, 122~123쪽.

58 일반적으로 인명 뒤에 묵서가 없거나 또는 '貟' 및 곡물과 수량을 표기하였고, 또 일부 목간에서는 '奴', '奴人'이라는 묵서도 발견된다.

반적으로 행정촌의 명칭, 본파는 '어떤 촌의 발원이 되는 원 마을(취락)', 촌명은 자연촌을 가리킨다. 이에 따른다면, '지명+본파+촌명+인명'의 형식으로 묵서된 목간은 어떤 행정촌의 중심 자연촌의 발원이 되는 원 취락[本波]이 규모가 커지면서 여러 개의 자연촌으로 다시 분화되었음을 시사해주는 자료라 이해할 수 있다. 일단 다양한 형식으로 묵서된 함안산성 출토 목간의 분석을 기초로 하여 6세기 후반에 행정촌의 중심 자연촌을 그것의 중심이 되는 취락인 본파 및 거기에서 분화된 촌들을 모두 포괄하는 영역, 즉 이른바 본파영역과 그것을 제외한 나머지 영역, 다시 말하면 본파에서 분화되지 않은 그 주변에 위치한 촌들을 망라한 영역으로 크게 구분해볼 수 있다.

그런데 본파에서 분화되지 않은 그 주변에 위치한 일부 촌(村)의 경우도 여러 개의 취락으로 분화되었음을 시사해주는 증거를 발견할 수 있다. 함안 성산산성 출토 하찰목간 가운데 '고타이골리촌(古阤伊骨利村; 一古利村)+본파+인명',[59] '고타이골리촌+아나(阿那)+인명', '고타이골리촌+말나(末那)+인명'으로 표기된 묵서들이 존재한다. 앞에서 아나는 천변의 평야에 위치한 취락을, 말나는 상류 또는 어떤 취락을 기준으로 아래에 대비되는 위에 위치한 취락을 가리킨다는 사실을 밝힌 바 있다. 따라서 본파와 아나, 말나는 일고리촌을 구성하는 여러 개의 취락을 이른다고 볼 수 있다. 이러한 사실은 '이진(夷津)+본파+인명', '이진지(夷津支)+아나+촌명+인명', '이진+아나+인명', '이진지+말나+인명', '이진지+말나+촌명+인명' 및 '구벌(仇伐)+말나+인명'과 '구벌+아나+인명'의 형식으로 묵서된 목간들을 통해서도 보완할 수 있다. 이진(지)의 경우, 본파와 아나, 말나로 취락의 분화가 이루어졌고, 더구나 이진지 아나와 말나의 경우 여러 개의 촌으로 분화되기까지 하였음을 알려준다. 구벌의 경우도 역시 말나와 아나로 취락이 분화되었음을 살필 수 있다.

---

59 伊骨利村과 一古利村은 동일한 촌의 異表記로 추정된다.

앞에서 언급한 것 이외에 오늘날 안동시로 비정되는 고타(古陁)와 관련된 가야 2038 목간의 묵서에 '고타본파두물열지○(古陁本波豆物烈智○)[앞면]/물대혜(勿大兮)[뒷면]'가 전하고, 아울러 '고타+신촌(新村)+인명', '고타[파타(波陁)]+밀촌(密村)+인명'의 형식인 목간도 찾을 수 있다. 다른 행정촌의 사례를 참조하건대, 고타 본파의 경우도 여러 개의 취락으로 분화되었을 가능성이 높다. 이에 따른다면, 행정촌 고타는 본파와 거기에서 분화된 취락들을 망라한 이른바 본파 영역과 이골리촌 및 거기에서 분화된 취락들을 망라한 이른바 이골리촌 영역, 그리고 신촌과 밀촌 영역 등으로 구성되었다고 정리할 수 있다.

이상에서 중고기에 행정촌 중심 자연촌은 그것의 핵심을 이루는 발원 취락을 가리키는 본파 영역과 고타 이골리촌(일고리촌)의 사례에서 보듯이 몇 개의 자연취락, 즉 자연촌을 아우르는 또 다른 복수의 단위집단이 포괄하는 영역으로 구성되었음을 살폈다. 이때 본파를 비롯하여 몇 개의 자연촌을 포괄하는 단위집단이 고려시대의 지역촌과 동일한 성격을 지녔다고 보이므로, 그것을 지역촌으로 규정할 수 있지 않을까 한다. 촌락문서를 살펴보면, 공연(孔烟) 10여 개, 즉 10여 가호로 구성된 자연촌 단위로 계연(計烟)을 설정하고 있음을 알 수 있다. 이것은 통일기에 가장 말단의 지방행정단위가 바로 자연촌이었음을 알려주는 증거로서 주목된다. 촌락문서에서 몇 개의 자연촌을 아우르는 지역촌의 존재를 직접 확인할 수 없다. 다만 개별 자연촌마다 반드시 촌주(村主)가 존재하지 않고, 몇 개의 촌 가운데 어느 한 촌에만 촌주가 존재하는 사실만을 살필 수 있다. 종래에 이를 주목하여 촌주가 여러 개의 자연촌을 관할하였다고 추정한 다음, 촌주가 관할하는 여러 자연촌을 포괄하는 단위집단을 지역촌이라고 명명하였다.[60]

---

60 이우성, 1961 앞의 논문; 1991 앞의 책, 44쪽.
　　중고기의 행정촌 내에는 몇 개의 자연촌 연합체인 지역촌이 여러 개 존재하였고, 중대에 행정촌을 현으로 재편하였음은 앞에서 설명한 바 있다.

규흥사종명(竅興寺鐘銘)에 현령(縣令)과 상촌주(上村主), 제2촌주(第二村主), 제3촌주(第三村主)가 종의 제작에 관여하였다고 전한다. 사천 선진리에서 발견된 비편에서도 어떤 불교신앙결사에 현령과 더불어 상촌주가 관여하였음을 확인할 수 있다.[61] 두 자료를 통하여 중대와 하대에 현령과 더불어 상촌주, 제2촌주, 제3촌주 등이 협의하여 현을 통치하였음을 추론할 수 있다. 이때 현령이 현 전체의 행정을 책임졌고, 상촌주와 제2, 제3촌주는 몇 개의 자연촌을 포괄하는 단위집단, 즉 지역촌을 각기 관할하였을 것이다.[62] 신라에서 촌주의 소유 토지를 위답(位畓) 또는 위전(位田)으로 설정하여 토지세를 면제시켜 주었는데,[63] 지역촌을 관할한 촌주에 대한 경제적 반대급부와 관련이 있지 않을까 한다.

그런데 중대와 하대에도 촌주가 몇 개의 자연촌을 포괄하는 지역촌을 관할하였음을 확인할 수 있지만, 당시 신라는 촌락문서에서 잘 살필 수 있듯이 공식적인 지방행단위로서 소경과 군, 현, 그리고 자연촌만을 인정하였을 뿐이고, 지역촌을 공식적인 지방행정단위로 설정하지 않았다. 소경 및 군, 현을 자연촌과 직접 연결하는 내용의 지방통치체계는 지방사회에서 촌주의 영향력을 약화시키고 중앙에서 파견한 지방관, 즉 군태수나 현령 및 소수의 지방사회에 대한 지배력

---

61 8세기 중반 또는 후반에 제작된 碑의 명문은 '更得乃末○○○ 國王天雲大王上大等○ 神述時州總官蘇干(앞면) 香徒上了言大德縣令 乃末躰貞上村主岥 ○○○○○(뒷면)'으로 판독된다(김창석, 2005「菁州의 녹읍과 향도-신라 하대 지방사회 변동의 사례-」『신라문화』26, 145~146쪽; 윤선태, 2005「신라 중대 말~하대 초의 지방사회와 불교신앙결사」『신라문화』26, 123~124쪽).

62 종래에 상촌주와 제2촌주, 제3촌주는 각기 지역촌의 촌락민을 대표하는 토착 지배세력으로 이해하였다(이우성, 1961 앞의 논문; 1992 앞의 책, 45~47쪽 및 이종욱, 1980「신라장적을 통하여 본 통일신라의 촌락지배체제」『역사학보』86, 16~17쪽).

63 종래에 촌주위답은 조세를 면제받았을 것이라고 이해하였다. 필자는 통일신라의 주요 세목은 호등에 따라 차등을 두어 부과하는 租와 調였고, 賑貸의 재원을 마련하기 위하여 토지면적에 따라 부가세를 부과하였다고 이해한 다음, 촌주위답은 바로 부가세를 면제받은 토지지목이라 파악한 바 있다(전덕재, 2006『한국고대사회경제사』, 태학사, 298~315쪽).

을 강화하여 지방통치를 실현하려는 신라 정부의 적극적인 의지를 반영한 것으로 이해된다.

청주연지사종명(菁州蓮池寺鐘銘)에 진주지역의 어떤 향(鄕)에 삼장급간(三長及干) 주작대내말(朱雀大乃末) 등 2명의 향촌주(鄕村主)가 존재하였다고 전한다. 통일기에 촌주가 자연촌 몇 개를 포괄하는 단위집단, 즉 지역촌을 관할하였음을 염두에 두건대, 복수의 향촌주가 존재한 진주지역의 어떤 향도 역시 자연촌을 몇 개 포괄하는 단위집단(지역촌)의 성격을 지녔다고 추론할 수 있다. 한편 판적향(板積鄕)에 거주하던 향덕(向德)의 효행을 향사(鄕司)에서 웅천주에 보고하였다고 한다. 뒤에서 자세가 언급할 예정이지만, 신라에서 9세기 후반에 향령을 파견하기 시작하였던 것으로 추정된다. 따라서 755년 무렵 향사를 주도한 주체를 향령으로 보기 어려울 것이다. 고려시대에 군과 현, 향, 부곡 등에 읍사(邑司)를 설치하였다. 중앙에서 외관, 즉 지방관이 파견되지 않은 속현과 향, 부곡의 경우, 읍사는 향리층의 지배조직이자 관청으로서의 성격을 지녔다.[64] 고려시대 읍사에 비견되는 것이 군사(郡司), 현사(縣司)였다. 군태수 및 현령, 상촌주, 제2, 제3 촌주가 군사 및 현사의 주요 구성원이었다고 추정된다. 고려시대 지방관이 파견되지 않은 읍사의 운영주체가 향리들이었던 것처럼 향령이 파견되지 않은 시기에 향사의 운영주체는 복수의 향촌주였다고 봄이 합리적이다.

향촌주와 더불어 향사의 존재는 통일신라시대 향의 규모가 비록 군과 현에 미치지 못하였지만, 하나의 자연촌 규모는 결코 아니었음을 시사해주는 측면으로 유의된다. 이에 따른다면, 통일신라시기의 향은 하나의 자연촌이 아니라 기본적으로 몇 개의 자연촌을 포괄하는 단위집단, 즉 지역촌으로서의 성격을 지녔다고 정리할 수 있다. 그렇다고 통일신라시기에 지역촌 모두를 향으로 편제하였다고 보기 어렵고, 그 가운데 일부를 향으로 편제하였을 가능성이 높다고 보이는데,

---

64 최종석, 2007 앞의 논문, 14~15쪽.

여기서 문제는 지역촌 가운데 어떠한 성격을 지닌 곳을 향으로 편제하였을까 하는 것에 관해서이다.

전정과 호구가 현으로 삼기에 부족한 지역촌을 향으로 편제하였던 것에서 일단 지역촌 가운데 상대적으로 전정과 호구가 많은 곳을 향으로 삼았다고 추론할 수 있다. 대표적인 사례로서 군, 현의 명칭과 같은 향들을 들 수 있다. 앞에서 중고기에 행정촌의 중심이 되는 자연촌의 발원 취락을 본파라고 불렀고, 행정촌에 본파 및 거기에서 분화된 취락들을 포괄하는 본파 영역이 존재하였음을 살폈다. 군·현의 명칭과 향의 명칭이 일치하는 경우, 중고기 말·중대 초에 행정촌을 군, 현으로 재편할 때, 기존의 본파 영역을 향으로 설정하였다고 추론할 수 있다. 본파 영역은 군·현의 중심에 위치한 취락들을 망라하였기 때문에 다른 지역촌에 비하여 전정과 호구가 상대적으로 많았음을 쉬이 짐작할 수 있다.

『삼국사기』 지리지에 전하는 향명 가운데 조준향(調駿鄕), 사룡향(飼龍鄕), 철산향(鐵山鄕), 철구향(鐵求鄕)이 있다. 조준향과 사룡향은 그 어의상으로 짐작하건대, 말이나 소 등을 기르는 목장이 위치한 지역촌과 관련이 있고, 철산향과 철구향은 철광산이나 제철소가 위치한 지역촌과 관련이 있을 듯싶다.[65] 목장과 철광산, 제철소가 위치한 지역촌, 즉 경제적으로 우세한 지역촌 역시 향으로 편제하였음을 시사해주는 측면으로 유의된다.

한편 호례향(好禮鄕)에서 호례는 『예기(禮記)』 곡례편(曲禮篇)과 방기편(坊記篇), 사의편(射義篇) 등에서 인용한 것이고, 적선향(積善鄕)에서 적선(積善)은 『역경(易經)』 곤괘편(坤卦篇), 단금향(斷金鄕)에서 단금(斷金)은 『역경』 계사편(繫辭篇)에서 인용한 것이다. 순치향에서 순치는 『후한서(後漢書)』 권55 탁노위유열전(卓魯魏劉列傳)25 노공전(魯恭傳)에 전하는 고사에서 인용한 표현인데, 지방관의 선정을 비

---

65 김철준, 1976 「신라의 촌락과 농민생활」 『한국사』3, 국사편찬위원회; 1990 『한국고대사연구』, 서울대학교출판부, 207쪽.

유한 말로 널리 쓰인다. 건절향(建節鄕)에서 건절은 '절조를 세운다'는 뜻이고, 부평향(富平鄕)에서 부평은 '부서태평(富庶太平)'이란 뜻, 귀덕향(歸德鄕)에서 귀덕은 '덕정(德政)에 귀부한다'는 뜻이며, 의록향(宜祿鄕)에서 의록은 재상의 복인(僕人)을 이르는 말이다. 이밖에 경인향(敬仁鄕), 수의향(守義鄕), 구민향(救民鄕), 목인향(睦仁鄕), 상인향(賞仁鄕), 봉덕향(封德鄕), 음인향(飮仁鄕), 회신향(懷信鄕), 포충향(抱忠鄕) 등은 유교적인 덕목과 긴밀한 연관성을 지닌 향명이다. 이상에서 열거한 향의 성격과 관련하여 경덕왕 16년(757)에 개정한 군과 현의 명칭을 주목할 필요가 있다.

경덕왕 16년에 10정(停)이 위치한 현의 경우는 각 정의 금색(衿色)을 기초로 하여 현명을 개정한 것이 특징적이다.[66] 그리고 일부 지명은 '안(安)', '녕(寧)', '창(昌)', '선(善)', '인(仁)', '풍(豊)', 그리고 '산(山)'이나 '성(城)'과 같은 글자를 포함하여 개정하였고, 일부는 그것이 위치한 지역적 특징을 고려하여 개정하였다. 이밖에 상당수는 기존의 지명을 한식(漢式)으로 아화(雅化)하거나 또는 음차(音借)와 훈차(訓借)를 적절히 활용하여 개정한 경우에 해당한다. 그런데 경덕왕대에 개정한 지명 가운데 본래의 지명과 전혀 연관성을 찾을 수 없는 사례도 적지 않게 발견된다.[67] 이와 같은 사례의 경우 대체로 유교적인 덕목과 연관성을 지니거나 또는 경전이나 중국 고대 고사에서 인용한 것이 특징적인데, 이 가운데 유교 경전과 주석서에 전하는 용어 또는 구절을 활용한 지명 개정 사례를 정리한 것이 〈표 9〉이다.

---

66 통일신라시대에 10停이 위치한 靑驍縣, 玄驍縣, 黃驍縣, 綠驍縣, 靑正縣, 靑雄縣, 玄雄縣, 玄武縣, 黃武縣, 綠武縣 등이 바로 그것이다.
67 경덕왕 16년(757)의 지명 개정에 관한 자세한 내용은 전덕재, 2021 「신라 경덕왕대 지명 개정 내용과 그 배경」『백산학보』120이 참조된다.

〈표 9〉 유교 경전과 주석서에 전하는 용어 또는 구절을 활용한 지명 개정 사례

주명	본래 지명	개정 지명	출처 경전	주명	본래 지명	개정 지명	출처 경전
상주	난산현(蘭山縣)	안인현(安仁縣)		강주	신이현(辛尒縣)	의상현(宜桑縣)	『상서정의』
상주	소문군(召文郡)	문소군(聞韶郡)		상주	금물현(今勿縣)	어모현(禦侮縣)	
상주	지품천현(知品川縣)	지례현(知禮縣)	『논어』	전주	돌평현(堗坪縣)	구고현(九皐縣)	『시경』
명주	우시군(于尸郡)	유린군(有隣郡)		무주	비사현(比史縣)	백주현(栢舟縣)	
무주	둔지현(遁支縣)	부유현(富有縣)		명주	실직군(悉直郡)	삼척군(三陟郡)	
전주	상칠현(上柒縣)	상질현(尙質縣)		상주	수주군(水酒郡)	예천군(醴泉郡)	
전주	진잉을군(進仍乙郡)	진례군(進禮郡)	『맹자』	삭주	왕기현(王岐縣)	치도현(馳道縣)	
상주	아동혜현(阿冬兮縣)	안정현(安貞縣)	『역경』	삭주	동허현(東墟縣)	유거현(幽居縣)	『예기』
삭주	살한현(薩寒縣)	상음현(霜陰縣)		명주	을아단현(乙阿旦縣)	자춘현(子春縣)	
양주	도동화현(刀冬火縣)	도동현(道同縣)	『주역정의』	웅주	지육현(知六縣)	지육현(地育縣)	
상주	근품현(近品縣)	가유현(嘉猷縣)		무주	수천현(水川縣)	여황현(餘艎縣)	『춘추좌전』
양주	갑화량곡현(甲火良谷縣)	기장현(機張縣)	『상서』				
한주	약두치현(若豆恥縣)	여비현(如羆縣)					
웅주	대목악군(大木岳郡)	대록군(大麓郡)					
상주	아화옥현(阿火屋縣)	비옥현(比屋縣)	『상서대전』				

한편 충렬현(忠烈縣)[조조례현(助助禮縣); 전남 고흥군 남양면]은 유교적인 덕목과 관련이 깊은 지명에 해당하고, 계자현(谿子縣)[대목현(大木縣); 경북 칠곡군 약목면]의 계자와 거서현(巨黍縣)[구성현(駒城縣); 경기도 용인시 수지구와 기흥구]

의 거서는 고대 강궁(强弓) 및 양궁(良弓)의 명칭이다.[68] 또한 상약현(尙藥縣)[서화현(西火縣); 경남 창녕군 영산면]의 상약은 당나라 황제 시봉기구(侍奉機構)의 하나이고, 여황현(艅艎縣)[수천현(水川縣); 광주광역시 광산구 지산동 일대]의 여황은 중국 고대 전함의 일종에 해당한다.[69] 은정현(殷正縣)[적아현(赤牙縣); 경북 예천군 상리면·하리면 일대]에서 은정은 은력(殷曆) 정월(正月)을, 백오현(白鳥縣)[욱오현(郁鳥縣); 강원도 평창군 평창읍]과 적오현(赤鳥縣)[소비포현(所比浦縣); 대정광역시 유성구 일대]에서 백오와 적오는 상서로운 짐승과 관련이 깊다.

이상에서 경덕왕 16년(757)에 일부 지명을 유교적인 덕목과 관련성을 지니거나 또는 경전이나 중국 고사에서 인용하여 개정하였음을 살폈다. 그런데 『삼국사기』 지리지에 전하는 일부 향의 명칭이 경덕왕 16년(757) 일부 지명의 개정 방향과 깊은 연관성을 지녔음을 엿볼 수 있다. 이에서 다음과 같은 두 가지 가능성을 상정해볼 수 있다. 첫 번째는 경전이나 중국 고사에서 인용하거나 또는 유교적인 덕목과 긴밀한 연관성을 지닌 향들을 경덕왕 16년 이후에 설치하였을 가능성이고, 두 번째는 경덕왕대 군, 현의 명칭을 개정할 때에 향의 명칭도 함께 개정하였을 가능성이다. 그러면 두 가지 가능성 가운데 어느 것이 더 사실에 가깝다고 볼 수 있을까?

경덕왕대에 한식(漢式)으로 지명을 개정하였지만, 혜공왕대 이후에 본래의 지명과 경덕왕대 개정한 지명을 함께 사용하였음이 확인된다.[70] 따라서 첫 번째 가

---

68 天下之彊弓勁弩 皆從韓出 谿子 少府時力 距来者 皆射六百步之外(『史記』卷69 蘇秦列傳第9). 谿子巨黍 異綮同機〈史記蘇秦説韓王曰 谿子巨黍者 皆射六百步之外. 許慎曰南方谿子 蠻夷柘弩 皆善材也. 孫卿子曰 繁弱巨黍古之良弓 異綮同機 言弩綮雖異而同一機也〉(『文選』卷16 潘岳 閒居賦).

69 若乃宇宙澄寂八風不翔 舟子於是搦棹涉人於是攘榜 漂飛雲運艅艎〈劉淵休吳都賦注曰 飛雲 吳樓船之有名者. 左氏傳曰 楚敗吳師獲其乘舟艅艎. 杜預曰 艅艎舟名也〉舳艫相屬萬里連檣(『文選』卷12 郭璞 江賦).

70 김태식, 1995 「삼국사기 지리지 신라조의 사료적 검토」 『삼국사기의 원전검토』, 한국정신문

능성이 높다고 할 때,『삼국사기』지리지에 전하는 향들은 대부분 경덕왕 16년에서 혜공왕대 사이에 설치하였다고 볼 수 있다. 그런데 현재 경덕왕 16년에서 혜공왕대 사이에 전정과 호구를 참작하여 전면적으로 군과 현을 새로 재편하였다는 증거 자료를 찾을 수 없고, 판적향의 경우, 경덕왕 16년 이전에 설치하였음이 확인되므로, 향의 명칭이 유교적인 덕목과 깊은 연관성을 지녔거나 또는 일부 명칭은 경전이나 중국 고사에서 인용하였다고 하여서 지리지에 전하는 향의 대부분을 경덕왕 16년에서 혜공왕대 사이에 설치하였다고 보는 것은 그리 설득력을 지녔다고 평가하기 곤란할 듯싶다.

이제 남는 것은 두 번째 가능성뿐인데, 경덕왕 16년에 향명을 한식으로 개정하였다고 할 때, 문제는 구체적인 증거 자료를 전혀 찾을 수 없다는 점에 있다. 이렇다고 하여 그러하였을 가능성이 높음을 시사해주는 정황 증거를 전혀 찾을 수 없는 것은 아니다. 현재까지 경덕왕 16년 이전에 설치하였음이 확인되는 향은 원산향(圓山鄕)과 판적향(板積鄕)인데, 이들은 유교적인 덕목과 전혀 관련이 없고, 경전 또는 중국 고사에서 인용한 것도 아니다. 경덕왕 16년 이전에 설치한 향의 명칭이 어떠하였는가를 짐작케 해주는 측면으로 주목된다. 군·현의 명칭과 동명인 향의 경우, 각 군·현의 치소(治所)에 위치하였음이 분명한데, 경덕왕 16년 이후에 치소가 위치한 예전의 본파 영역을 비로소 향으로 설정하였다고 보기보다 군·현명을 개정하면서 그것도 함께 개칭하였다고 봄이 자연스럽다. 비록 결정적인 증거 자료가 전하지 않지만, 이상에서 언급한 사례들과 더불어 중고기 말·중대 초에 행정촌을 군과 현으로 재편하였음을 두루 고려한다면, 7세기 후반에 행정촌 예하의 일부 지역촌을 향으로 편제하였고,[71] 경덕왕 16년 지명을 한식

화연구원, 186~198쪽.

71 『삼국사기』 신라본기제2 벌휴이사금 7년 가을 8월 기록과 백제본기제1 초고왕 25년 가을 8월 기록에 圓山鄕이 전한다. 벌휴이사금 7년과 초고왕 25년은 기년상으로 190년에 해당한다. 190년에 신라에서 원산향을 설치하였다고 보기 어렵고, 중대에 신라인들이 본래 圓

(漢式)으로 개정할 때, 그러한 취지에 맞게 향의 명칭도 함께 한식으로 개정하였다고 추론하여도 크게 문제가 되지 않을 것이다.

이상에서 살핀 것처럼 경덕왕 16년에 군·현뿐만 아니라 향의 명칭도 한식으로 개정하였다면, 어떠한 이유 때문에 군, 현과 더불어 향의 명칭도 한식으로 개칭하였을까가 궁금하다. 앞에서 군과 현의 치소 및 경제적으로 우세한 지역촌을 향으로 삼았음을 살폈다. 이를 기초로 하여 비록 전정과 호구가 군과 현으로 삼기에 부족하지만, 군·현에 버금갈 정도로 행정적, 경제적으로 중요한 지역촌을 향으로 편제하였고, 그러하였기 때문에 경덕왕 16년에 그 명칭도 한식으로 개칭하였다고 추론할 수 있다. 만약에 이러한 추론에 잘못이 없다면, 『삼국사기』 지리지에 전하는 향 가운데 대부분은 행정적으로 중요하였거나 경제적으로 우세한 지역촌의 성격을 지녔다고 규정하여도 커다란 잘못은 아닐 것이다.

통일신라에서 소경 및 군·현, 그리고 자연촌을 공식적인 지방행정단위로 인정하였을 뿐이고, 향을 비롯한 지역촌을 공식적인 지방행정단위로 인정하지 않았는데, 9세기 후반에 이르러 일부 향을 군·현과 같은 기능을 수행하는 지방행정단위로 인정하였음이 확인되어 유의된다. 봉암사지증대사탑비에 882년(헌강왕 8)에 김입언(金立言)이 건공향령(建功鄕令)이었다고 전한다. 참고로 김입언은 같은 비에 '곡릉곤손(鵠陵昆孫)'으로 나오는데, 곡릉은 원성왕릉을 가리키므로, 그는 원성왕의 곤손, 즉 6대손이었다고 볼 수 있다. 한편 배영숭석성각자(裵零崇石城刻字)에 '건녕(建寧) 2년 을묘년(895, 진성여왕 2), 전성산령(前城山令) 배영숭(裵零崇)'이라 전한다. 일반적으로 성산령을 성산현령으로 이해하였으나 성산현이 존재하지 않기 때문에 그대로 수긍하기 어렵다. 『신증동국여지승람』 권27 경상도 창

山村 또는 圓山으로 전하는 것을 당시의 지명인 원산향으로 改書하였으며, 『삼국사기』 찬자가 신라본기를 찬술할 때에 이를 그대로 전재한 것으로 보인다. 그리고 백제본기 초고왕 25년 가을 8월 기록은 신라본기 벌휴이사금 7년 가을 8월 기록을 그대로 인용한 것이었다.

녕현 고적조에 '성산향(城山鄕)이 현 북쪽 23리에 있다.'고 전한다. 건공향에 향령을 파견한 사례를 참조하건대, 성산령은 바로 성산향령을 가리킨다고 봄이 옳지 않을까 한다.[72] 성산령이 성산향령의 약기(略記)였다면, 신라에서 적어도 2곳 이상의 향에 향령을 파견하였던 셈이 된다. 그렇다면 언제부터 향에 향령을 파견하기 시작하였을까?

『삼국사기』잡지제9 직관 외관조에 군태수 115명, 소수(少守)[또는 제수(制守)] 85명, 현령 201명을 파견하였다고 전할 뿐, 향에 향령을 파견하였다는 내용은 보이지 않는다. 『삼국사기』신라본기에 경덕왕 16년(757)에 군이 117개, 현이 293개였다고 전하고, 『삼국사기』지리지의 신라지에 경문왕 또는 헌강왕대에 군이 120개, 현이 298개였다고 전한다. 따라서 군태수 115명, 현령과 소수 286명이 파견된 시점은 경덕왕대 이후였다고 볼 수 있다. 『삼국사기』잡지제9 직관(하) 패강진전조에 패강진전의 장관을 두상대감(頭上大監)이라 전하는 것에 반하여 성주 사낭혜화상탑비에 김함웅(金咸雄)이 890년에 패강(貝江, 浿江) 도호(都護)였다고 전하고, 황룡사9층목탑사리함기에 중아간(重阿干) 김견기(金堅其)가 872년 무렵에 패강진도호(浿江鎭都護)였다고 전한다. 이들 자료는 872년 이전 어느 시기에 패강진전의 장관을 두상대감이 아니라 도호라고 불렀음을 알려준다. 『삼국사기』잡지제9 직관(하) 패강진전조에 패강진전의 장관을 도호라 불렀다는 언급이 없으므로 결과적으로 거기에 전하는 내용은 872년 이전 시기의 역사적 사실을 반영한다고 봄이 합리적일 것이다. 따라서 신라에서 군태수 115명, 현령·소수 286명을 파견한 것은 선덕왕대(宣德王代)부터 872년 이전 사이의 어느 시기라고 보아야 한다. 군태수 115명, 현령·소수 286명을 파견한 이후 시기, 대체로 9세기 후반에야 신라에서 비로소 향령을 파견한 셈이 되는데, 자료가 전하지 않아 구체적인 시기를 가늠하기 힘들지만, 대략 872년에서 그리 멀지 않은 때였을 것으로

---

72 木村誠, 1983 앞의 논문, 102쪽.

집작된다. 물론 현재까지 두 사례만이 전하기 때문에 9세기 후반에 모든 향에 향령을 파견하였다기보다는 일부 향에 향령을 파견하였다고 봄이 자연스러울 것이다.

그러면 9세기 후반에 일부 향에 향령을 파견하면서 신라의 지방통치조직상에 어떠한 변화가 초래되었을까? 9세기 후반 이전에 군이나 현처럼 향에 지방관을 파견하지 않았는데, 이는 신라에서 향을 비롯한 지역촌을 군·현과 같은 지방통치조직으로 인정하지 않았음을 전제하는 것이다. 그러나 향에 향령을 파견함에 따라 그것 역시 군·현과 마찬가지로 지방행정단위로서의 위상을 지니게 되었다고 봄이 자연스럽지 않을까 한다. 즉 9세기 후반에 향령을 파견하면서부터 일부 향(鄕)이 군과 현에서 분리되어 그것들과 거의 비슷한 기능을 수행하는 지방행정조직으로서의 위상을 지니게 되었을 것이라는 의미이다. 통일신라에서 전정과 호구가 현을 설치하기에 부족한 지역촌 가운데 일부를 향으로 삼았는데, 9세기 후반에 이르러 일부 향의 경우 전정과 호구가 크게 증가하였을 가능성을 충분히 상정해볼 수 있다. 특히 지역촌 가운데 정치적, 경제적으로 중요한 곳 또는 교통상의 요지에 위치한 곳을 향으로 삼았음을 염두에 둔다면, 일부 향의 경우 전정(田丁)과 호구가 크게 증가하였다는 상정 자체가 그리 잘못되었다고 치부하기 어려울 것이다.

율령제하의 일본 지방행정조직은 국(國)-군(郡)-향(鄕)의 상하수직관계를 기초로 편성되었지만, 11세기 중엽 이후 향 가운데 일부가 국의 직접적인 통제를 받는 경우가 나타났다고 한다.[73] 본래 율령제하에서 향은 군의 하부조직으로서 50호로 구성되었는데, 율령체제가 이완되면서 향 가운데 일부가 군에서 분리되어, 그것과 거의 동일한 역할을 수행하면서 국(國)의 직접적인 통제를 받게 되었다는 것이다. 일본에서 11세기 중엽 이래 향이라는 명칭을 그대로 사용하면서 군

---

73 詫間直樹, 1991 「地方統治の變貌」『古文書の語る日本史』2(平安), 筑摩書房, 357쪽.

의 기능을 수행하였던 측면과 현재까지 9세기 후반 이래 신라에서 향을 군·현으로 재편하였다는 기록을 문헌이나 금석문에서 전혀 찾을 수 없다는 사항을 두루 고려하건대, 신라에서도 일부 향의 경우 전정과 호구가 현으로 삼기에 충분함에도 불구하고 의연하게 향명(鄕名)을 그대로 존치시켜 군·현처럼 공식적인 지방통치조직으로 인정한 다음, 거기에 왕족 등을 향령으로 파견하였을 가능성도 완전히 배제하기 어렵지 않을까 한다. 이것은 지역촌을 현급의 지방행정단위로 승격시켜 인정하였음을 시사해준다는 측면에서 매우 유의된다고 하겠다. 아울러 고려시대에 부곡과 함께 향이 지방행정단위로서의 성격을 지녔음을 염두에 둔다면, 이러한 조치는 신라 지방통치제도의 고려 지방통치제도로의 전화 현상과 관련해서도 주목할 필요가 있을 것이다. 9세기 후반 이후에 향이 지방행정단위로서의 성격을 지니기도 하였지만, 그러나 신라시대의 향은 일반 군, 현과 차별 대우를 받았던 고려시대 향의 그것과 분명하게 차이가 나기 때문에 신라에서 고려로 이행하면서 향의 성격에 어떤 근본적인 변화가 나타났다고 볼 수 있는데, 이에 대해서는 4부에서 자세하게 검토하도록 하겠다.

3) 태수(太守)와 총관(摠管)·도독(都督)의 파견

앞에서 『삼국사기』 열전제1 김유신(상)조에 김유신(金庾信)의 아버지 김서현(金舒玄)이 595년(진평왕 17) 무렵에 만노군태수(萬弩郡太守)를 역임한 것처럼 전하지만, 이것은 만노당주(萬弩幢主)[만노나두(萬弩邏頭)] 또는 금물노당주(今勿奴幢主)[금물노나두(今勿奴邏頭)]를 김장청(金長淸)이 만노군태수로 개서(改書)한 사실을 반영한 것이라고 언급한 바 있다. 진평왕 13년(591)에 건립된 남산신성 제1비에 아량나두(阿良邏頭)가 전한다. 이는 오늘날 경남 함안에 해당하는 아라군(阿羅郡)의 군치(郡治)인 아량촌(阿良村)에 파견된 지방관을 말하는 것이다. 한편 『삼국사기』 열전제7 해론조에 건복(建福) 35년(진평왕 40 ; 618)에 진평왕이 해론(奚論)을 금산당주(金山幢主)에 임명하였다고 전한다. 금산은 오늘날 경북 김천시에 해당한다. 이 기록을 통해 적어도 진평왕 40년(618)까지 군치(郡治)에 해당하는 행정촌에 당주(幢主)라고 불리는 지방관을 파견하였음을 엿볼 수 있다. 그러면 군치를 직접 다스리는 지방관으로서 태수(太守)를 파견하기 시작한 것은 언제부터였을까? 이와 관련하여 다음의 기록을 주목할 필요가 있다.

상주총관(上州摠管) 품일(品日)이 일모산군태수(一牟山郡太守) 대당(大幢)과 사시산군태수(沙尸山郡太守) 철천(哲川) 등과 함께 병사를 이끌고 우술성(雨述城)을 공격하여 1천 명의 목을 베었다. 백제의 달솔(達率) 조복(助服), 은솔(恩率) 파가(波伽)가 무리와 함께 모의하여 항복하자, 조복에게 급찬(級湌)의 관등을 내리고, 고타야군태수(古陁耶郡太守)로 임명하였다. 파가에게는 급찬의 관등에 땅과 집, 의복을 하사하였다(『삼국사기』 신라본기제6 문무왕 원년 9월).

위의 기록에 전하는 일모산군은 현재의 충청북도 청주시 상당구 문의면에 해당하고, 사시산군은 『삼국사기』 잡지제3 지리1 상주 관성군조에 전하는 소리산현(所利山縣)[이산현(利山縣)]으로 비정되며, 오늘날 충북 옥천군 이원면에 해당한다. 문무왕 원년에 사시산, 즉 소리산이 군치였다가 통일 이후에 군치를 옥천군 옥천읍에 해당하는 관성(管城)[고시산(古尸山)]으로 옮긴 것으로 추정된다. 고타야군은 오늘날 경북 안동시에 해당한다. 신라에서 문무왕 원년(661) 9월 무렵에 신라에 투항한 조복을 고타야군태수로 임명하였다고 전하는 바, 위의 기록은 문무왕 원년에 군치(郡治)에 해당하는 현급(縣級)의 지방행정단위에 태수를 파견하였다는 사실을 입증해주는 확실한 증거자료로 보아도 이견이 없을 것이다. 대당과 철천이 일모산군과 사시산군의 태수로 임명된 것은 그 이전 시기였다고 추정되는데, 그렇다면 언제부터 군치에 해당하는 현급의 지방행정단위를 다스리는 지방관으로서 태수를 파견하기 시작하였을까가 궁금하다.

앞장에서 선덕여왕 11년(642) 대야성전투 이후에 변방지역의 행정촌을 현으로 재편하는 작업을 추진하였을 것이라고 언급한 바 있다. 이때에 토지와 호구 등을 헤아려 현(縣)과 더불어 군치를 설치하였던 것으로 추정되는데, 현에는 현령(縣令)과 소수(小守, 少守)라는 지방관을 파견하고, 군치에는 태수(太守)라고 불리는 지방관을 파견하지 않았을까 한다. 이와 같은 추론은 현에 파견된 지방관인 소수가 바로 태수에 대응되는 직명(職名)이었을 가능성이 높다는 사실을 통해 뒷받침할 수 있지 않을까 한다.[74] 즉 군치에 태수(太守)라는 지방관을 파견하면서, 군치보다 규모가 작은 현에 파견된 지방관을 소수라고 불렀을 것이라는 의미이다. 다만 어떤 현에는 현령을, 어떤 현에는 소수라는 지방관을 파견하였는가에 대해서는 현재로서 정확하게 가늠하기 어렵기 때문에 향후의 숙제로 남겨두고자 한다.[75]

신라는 신문왕 5년(685)에 9주를 완비하였다. 앞에서 9주의 정비과정에 대해 자세하게 살핀 바 있다. 주(州)의 장관은 시기에 따라 그 명칭이 변하였는데, 이와 관련하여 우선 다음의 기록을 주목할 필요가 있다.

도독(都督)은 9명이었다. 지증왕 6년(505)에 이사부(異斯夫)를 실직주군주(悉直州軍主)로 삼다. 문무왕 원년(661)에 총관(摠管)이라 고쳤다가 원성왕 원년(785)에 도독이라 칭하였다. 관등이 급찬(級飡)에서 이찬(伊飡)까지인 자를 임용하였다(『삼국사기』 잡지제9 직관(하) 외관).

───────────

74 이와 관련하여 신라 하대에 小京의 장관인 仕臣(仕大等)을 大尹, 차관인 仕大舍를 少尹이라고 불렀다는 사실이 유의된다.
75 종래에 주보돈, 1998 『신라 지방통치체제의 정비과정과 촌락』, 신서원, 265쪽에서 소수와 현령이 파견된 현으로 나뉜 이유를 중고기 道使가 파견된 지방행정단위가 城과 村으로 구분되어 있었던 것과 연관시켜 이해하는 견해를 제기한 바 있다. 이러한 견해를 존중할 때, 전략적으로 중요한 곳에 위치하거나 변방에 위치한 현에는 小守를, 이와 달리 보통의 현에는 縣令을 파견하였을 가능성도 충분히 고려해볼 수 있으나 단언하기 어렵다. 이에 관한 보다 심층적인 검토는 추후의 과제로 남겨둘 수밖에 없다.

『삼국사기』 신라본기에 지증왕 6년 2월에 이사부를 실직주군주로 임명하였고, 원성왕 원년에 총관을 도독으로 고쳤다고 전하나,[76] 문무왕 원년에 군주를 총관으로 고쳤다는 기록을 신라본기에서 찾을 수 없다. 위의 기록과 신라본기 원성왕 원년 기록에 원성왕 원년에 총관을 도독으로 개칭하였다고 전하지만, 원성왕 원년 이전 시기 신라본기와 열전의 기록에서 주의 장관을 도독이라 칭한 사례를 다수 발견할 수 있기 때문에 실제로 이들 기록을 그대로 믿을 수 있을 것인가에 대한 의구심이 들지 않을 수 없다.

다음에 제시한 기록들은 신라본기와 열전 등에서 중고기에 주의 장관을 도독이라 칭한 사례를 모아 정리한 것이다.

> VII-① 건복(建福) 35년 무인(618 ; 진평왕 40)에 이르러 왕이 해론(奚論)을 금산당주(金山幢主)로 임명하고 한산주도독(漢山州都督) 변품(邊品)과 더불어 군대를 일으켜 가잠성을 습격하여 빼앗게 하였다. 백제에서 이를 듣고 군사를 내어 (가잠성으로) 보냈다(『삼국사기』 열전제7 해론).
>
> VII-② 이 달에 백제 장군 윤충(允忠)이 군사를 거느리고 대야성(大耶城)을 공격하여 함락시켰다. 도독(都督) 이찬 품석(品釋)과 사지(舍知) 죽죽(竹竹)·용석(龍石) 등이 죽었다(『삼국사기』 신라본기제5 선덕왕 11년 8월).
>
> VII-③ 백제 장군 의직(義直)이 서쪽의 변경을 침공하여 요거(腰車) 등 10여 성(城)을 함락하였다. 왕이 이를 근심하여 압독주도독(押督州都督) 유신(庾信)에게 명하여 이를 도모하게 하였다(『삼국사기』 신라본기제5 진덕왕 2년 3월).

앞에서 VII-① 기록에 전하는 한산주도독은 통일 이후에 한산(주)군주를 개서

---

76 置悉直州 以異斯夫爲軍主 軍主之名 始於此(『삼국사기』 신라본기제4 지증왕 6년 2월) ; 改摠管爲都督(『삼국사기』 신라본기제10 원성왕 원년).

한 것임을 논증한 바 있다. 『삼국사기』열전7 죽죽조에 '[죽죽(竹竹)은] 선덕왕 때 사지(舍知)에 임명되어 대야성도독(大耶城都督) 김품석당(金品釋幢) 휘하에서 보좌 하였다. (선덕)왕 11년 임인(642년) 가을 8월에 백제 장군 윤충(允忠)이 군사를 거 느리고 와서 그 성을 공격하였다. 이에 앞서 도독 품석이 막객(幕客) 사지(舍知) 검일(黔日)의 아내가 예뻐 빼앗으니, 검일이 한스럽게 여겼다.'고 전한다.[77] 죽죽 열전에서도 Ⅶ-② 기록과 마찬가지로 품석의 직명을 도독이라 밝혔음을 확인할 수 있다.

그런데 김유신열전에 품석의 직명이 군주(軍主)였고, 선덕왕 11년(642)에 김유 신이 압량주군주(押梁州軍主)에 임명되었다는 기록이 전한다.[78] 전대에 사용한 직명(職名)을 후대에 당시의 직명으로 개서하는 것이 일반적이었음을 감안하건 대, 선덕왕 11년(642)에 김품석의 직명이 대야성군주(大耶城軍主)였는데, 통일 이 후에 이를 대야성도독(大耶城都督)으로 개서하였다고 봄이 합리적일 것이다.[79] 이러한 사실은 김유신열전의 기록을 통해서 증명할 수 있음은 물론이다. 따라서 Ⅶ-② 기록을 근거로 선덕왕 11년(642)에 주의 장관을 도독이라고 불렀다고 주장

---

77 한편『삼국사기』백제본기제6 의자왕 2년(642) 8월 기록에는 品釋이 大耶城城主였다고 전 한다.

78 善德大王十一年壬寅 百濟敗大梁州 春秋公女子古陁炤娘 從夫品釋死焉. 春秋恨之 欲請高句 麗兵以報百濟之怨 王許之. … 庾信爲押梁州軍主 十三年爲蘇判. … 眞德王大和元年戊申 春 秋以不得請於高句麗 遂入唐乞師. … 時 庾信爲押梁州軍主 若無意於軍事 飮酒作樂 屢經旬 月. …… 遂簡練州兵赴敵 至大梁城外 百濟逆拒之. 佯北不勝 至玉門谷. 百濟輕之 大率衆來. 伏發擊其前後 大敗之 獲百濟將軍八人 斬獲一千級. 於是 使告百濟將軍曰 我軍主品釋及其 妻金氏之骨 埋於爾國獄中. … 乃掘品釋夫妻之骨 櫝而送之(『삼국사기』열전제1 김유신).

79 죽죽열전에 품석의 관등이 이찬이라는 사실이 전하지 않지만, 이를 제외하면, Ⅶ-② 기록 은 대체로 죽죽열전의 기록을 압축하여 반영한 것이었다고 볼 수 있다. 신라본기의 찬자는 죽죽열전의 전거자료에서 발췌한 내용을 선덕왕 11년 8월 기록에 간략하게 요약하여 첨입 하고, 이외에 품석의 관등이 이찬이라 전하는 또 다른 자료를 참조하여 이찬을 추가한 것 으로 이해된다(전덕재, 2018 앞의 책, 103~104쪽).

하는 것은 부적절하다고 볼 수 있다. Ⅶ-③ 기록에서 진덕왕 2년(648) 3월에 김유신이 압독주도독이라 전하나, 김유신열전에 진덕왕 태화(太和) 원년 무신(648)에 김유신이 압량주군주(押梁州軍主)로 재직하고 있었다는 기록이 전하여 차이를 보인다. Ⅶ-② 기록과 마찬가지로 Ⅶ-③ 기록 역시 진덕왕 2년(648)에 김유신이 압량(주)군주로 재직하고 있었는데, 통일 이후에 압독주도독(押督州都督)[압량주도독(押梁州都督)]으로 재직하고 있었다고 개서한 사실을 반영한 것으로 이해하여도 무방할 것이다.

『삼국사기』 신라본기제5 태종무열왕 5년(658) 3월 기록에 '왕은 하슬라(何瑟羅)의 땅이 말갈(靺鞨)[의 땅]과 맞닿아서 사람들이 평안하지 못할 것이라고 어겨 경(京)[북소경(北小京)]을 폐지하고 주(州)로 삼은 다음, 도독(都督)을 두어 지키게 하였다.'고 전한다. 그런데 잡지제4 지리2 명주조에 '태종왕 5년, 당나라 현경(顯慶) 3년(658)에 하슬라의 땅이 말갈에 연접(連接)하였다고 하여, 경(京)을 폐지하고 주(州)로 삼아 군주(軍主)를 두어 지키게 하였다.'고 전하여 차이를 보인다. 앞에서 군주를 통일 이후에 도독으로 개서한 사례들을 살핀 바 있는데, 태종무열왕 5년 3월 기록의 경우도 이와 비슷한 사례에 해당한다고 봄이 합리적일 것이다. 한편 신라본기에서 태종무열왕 8년(661) 5월에 압독주를 대야(大耶)로 옮기고, 아찬 종정(宗貞)을 도독으로 삼았다고 하였는데, 이와 관련된 또 다른 자료가 전하지 않기 때문에 당시에 주의 장관을 군주가 아니라 도독이라 불렀는가를 판별하기가 쉽지 않다. 그러나 태종무열왕 5년 3월 기록에 군주를 도독으로 개서한 사실이 전하는 것을 감안하건대, 필자는 이것 역시 비슷한 사례라고 보는 것에 더 무게를 두고자 한다.

그러면 신라에서 언제부터 주의 장관을 도독이라 불렀을까가 궁금한데, 이와 관련하여 주목되는 자료가 다음의 기록이다.

총장(總章) 원년(668)에 이르러 백제가 함께 맹세했던 곳에서 국경을 옮겨

푯말을 바꿔 세우고 농토를 침탈하여 빼앗았으며, 우리[신라] 노비를 어루만지고 우리 백성들을 꾀어 내지(內地)에 숨기고서 빈번하게 요구하여도 마침내 돌려주지 않았습니다. 또한 소식을 전해 듣건대, '국가(國家)[당나라]에서 배를 수리하였는데, 겉으로는 왜국을 정벌한다고 핑계를 대지만, 실제로는 신라를 치려 하고자 하는 것이다.'라고 합니다. 백성들이 그 말을 듣고 놀라 두려워하며 불안에 떨었습니다. 또한 백제의 여자를 데려다 신라의 한성도독(漢城都督) 박도유(朴都儒)에게 시집을 보내고 함께 모의하여 몰래 신라의 병기를 훔쳐서 한 주(州)의 땅을 갑자기 치기로 하였는데, 때마침 일이 발각되어 도유의 목을 베어서 꾀하였던 바는 이루어지지 않았습니다.[80]

위의 기록은 671년(문무왕 11)에 문무왕이 당나라 장수 설인귀(薛仁貴)에게 보낸 편지, 즉 답설인귀서(答薛仁貴書)에 전하는 내용이다. 그런데 설인귀가 문무왕에게 보낸 편지와 답설인귀서에서 고구려(高句麗)를 고려(高麗)라 표기하였음을 확인할 수 있다.[81] 이외에 신라본기와 고구려본기, 백제본기에서 고구려를 고려라고 표현한 것을 하나도 발견할 수 없다. 6~7세기의 중국과 일본 사료에서 고구려를 고려라 지칭하였음을 염두에 둔다면, 고구려뿐만 아니라 신라와 백제 역시 고구려를 고려(高麗)라 불렀다고 봄이 합리적이다. 따라서 『삼국사기』 찬자가 본기를 찬술하면서 중국 사서에 전하는 기록을 전재하는 경우 거의 예외 없이 고려(高麗)를 고구려(高句麗)로 개서하였다고 보아도 무방할 것이다. 그런데 답설인귀서에서 고구려(高句麗)를 고려(高麗)라 표현하였으므로 이를 통해 답설인귀

---

80 至總章元年 百濟於盟會處 移封易標 侵取田地 該我奴婢 誘我百姓 隱藏內地 頻從索取 至竟不還. 又通消息云 國家修理船艘 外託征伐倭國 其實欲打新羅 百姓聞之 驚懼不安. 又將百濟婦女 嫁與新羅漢城都督朴都儒 同謀合計 偸取新羅兵器 襲打一州之地 賴得事覺 卽斬都儒 所謀不成(『삼국사기』 신라본기제7 문무왕 11년 答薛仁貴書).

81 薛仁貴가 문무왕에게 보낸 편지와 답설인귀서에 고구려를 지칭하는 高麗가 10번 나온다.

서의 내용을 후대에 개서하거나 부회하지 않았음을 추론할 수 있다.

답설인귀서의 내용을 후대에 개서하거나 부회하지 않았음을 입증해주는 또
다른 사례를 제시할 수 있다. 답설인귀서에 문무왕 2년(662)에 김유신 등이 군량
(軍糧)을 싣고 평양성 근처에 주둔한 소정방(蘇定方)이 이끄는 당군(唐軍)에 공급
한 다음, 돌아오는 길에 호로하(瓠瀘河)를 건넜다고 전한다.[82] 『자치통감(資治通
鑑)』권202 당기(唐紀)18 고종(高宗) 함형(咸亨) 4년(673) 윤5월 기록에 이근행(李
謹行)이 이끄는 당군(唐軍)이 호로하(瓠蘆河)의 서쪽에서 고구려부흥군을 물리쳤
다고 전한다.[83] 한편 효소왕 4년(695) 무렵에 건립된 김인문비(金仁問碑)에 김인
문 등이 지휘한 신라군이 호로수(瓠盧水)를 건넜다고 전한다. 이에 반해 신라본
기 문무왕 2년(662) 2월 기록에는 김유신 등이 과천(瓠川)을,[84] 김유신열전에는
표하(瓢河)를 건넜다고[85] 다르게 전하고 있음을 확인할 수 있다. 김인문비와 『자
치통감』을 비롯한 중국 사서의 기록을 참조한다면, 662년 무렵에 김유신 등이 건
넌 강은 호로하(瓠瀘河)[또는 호로하(瓠蘆河), 호로수(瓠盧水)]라 불렀다고 봄이 합
리적이다. 그런데 김유신열전과 신라본기에서는 이것을 표하(瓢河) 또는 과천(瓠

---

82 至龍朔二年正月 劉摠管共新羅兩河道摠管金庾信等 同送平壤軍粮. …兵士饑寒 手足凍瘃
　　路上死者 不可勝數. 行至瓠瀘河 高麗兵馬 尋後來趁 岸上列陣(『삼국사기』신라본기제7 문
　　무왕 11년 답설인귀서).
　　경기도 연천군 장남면 원당리에 瓠瀘古壘가 위치하는데, 아마도 이 근처를 흐르는 임진강
　　을 호로하라 부른 것으로 보인다.

83 閏五月 燕山道摠管右領軍大將軍李謹行 大破高麗 叛者於瓠蘆河之西 俘獲數千人 餘衆皆犇
　　新羅(『資治通鑑』권202 唐紀18 高宗 咸亨 4년).
　　동일한 사건에 대한 기록이 『新唐書』권110 열전33 劉裴婁(仁軌)條와 『册府元龜』권358 將
　　帥部 立功第11 기록에도 보이고 있다.

84 二月一日 庾信等至獐塞 距平壤三萬六千步. … 定方得軍粮 便罷還. 庾信等聞唐兵歸 亦還
　　渡瓠川. 高句麗兵追之(『삼국사기』신라본기제6 문무왕 2년).

85 壬戌正月二十三日 至七重河 人皆恐懼 不敢先登. … 時 麗人伏兵 欲要擊我軍於歸路. 庾信
　　以鼓及桴 繫羣牛腰尾 使揮擊有聲 又積柴草燃之 使煙火不絶 夜半潛行至瓢河 急渡岸休兵.
　　麗人知之來追 庾信使萬弩俱發 麗軍且退(『삼국사기』열전제2 김유신).

川)이라 개서하였음을 확인할 수 있다.[86] 이상의 검토에 따른다면, 김유신 등이 건넌 강을 호로하(瓠瀘河)라 전하는 답설인귀서는 후대에 개서하거나 부회(附會)된 표현 또는 내용이 없는 1차사료로서의 성격을 지녔다고 평가하여도 이의가 없을 것이다.

이상에서 살핀 바와 같이 답설인귀서(答薛仁貴書)가 1차사료로서의 성격을 지녔다고 볼 때, 위의 기록에 문무왕 8년(668)에 박도유(朴都儒)가 한성도독(漢城都督)이었다고 전하는 점이 유의된다. 여기서 한성도독은 한성주도독(漢城州都督) [한산주도독(漢山州都督)]을 가리킨다고 볼 수 있는데,[87] 이를 통해 문무왕 8년 (668)에 주의 장관을 도독이라 불렀음을 증명할 수 있기 때문이다. 그러면 문무왕 8년 이전 어느 시기부터 주의 장관을 도독이라 불렀을까가 궁금한데, 이와 관련하여 문무왕 3년(663) 4월에 당나라에서 신라를 계림주대도독부(雞林州大都督府)로 삼고, 문무왕을 계림주대도독(雞林州大都督)으로 책봉한 사실을 주목할 필요가 있다. 이를 계기로 신라인들이 주의 장관을 도독이라 부를 수도 있다는 사실을 명확하게 인식하기 시작하였다고 볼 수 있기 때문이다. 이러한 측면에서 664년(문무왕 4) 정월에 아찬 군관(軍官)을 한산주도독(漢山州都督)에 임명하였다고 전하는 신라본기의 기록은 그대로 신뢰하여도 무방하지 않을까 한다. 이와 같은 추정이 옳다는 것을 입증할 수 있는 결정적인 자료가 전하지 않지만, 설혹 이러한 추정이 잘못이라고 하더라도 태종무열왕 5년(658)까지 주의 장관을 군주라고 불렀고, 이후부터 문무왕 4년(664) 사이에 주의 장관을 도독이라고 불렀다는 사실에 대해서는 크게 이견은 없을 듯싶다.

그런데 여기서 문제는 중대에 주의 장관을 총관이라 불렀음을 알려주는 자료가

---

86 이에 관한 보다 자세한 내용은 전덕재, 2020 앞의 논문; 2021 앞의 책, 414~416쪽이 참조된다.

87 『삼국사기』 열전제7 소나조에 都儒가 '漢州都督'이었다고 전한다.

다수 전하고 있다는 사실이다. 그러면 언제부터 신라에서 주의 장관을 총관이라 불렀을까가 궁금하다. 『삼국사기』 열전제4 김인문조에 '(김인문이) 영휘(永徽) 4년 (653 ; 진덕여왕 7)에 황제의 허가를 받고 귀국하여 부모님을 찾아뵈니, 태종대왕은 그를 압독주총관(押督州摠管)에 배수하였다. 이에 그가 장산성(獐山城)을 축조하여 요새를 설치함에 태종이 그 공로를 포상하여 식읍(食邑) 300호(戶)를 사여하였다.' 고 전한다. 이것은 주의 장관을 총관이라 불렀음을 알려주는 『삼국사기』의 기록 가 운데 가장 이른 시기에 해당하는 것이다. 그러나 신라본기제5 태종무열왕 3년(656) 기록에 '김인문이 돌아와 마침내 군주(軍主)에 임명되어 장산성을 쌓는 일을 감독하 였다.'고 전하는 사실, 앞에서 살핀 바와 같이 태종무열왕 5년에도 주의 장관을 군 주라고 불렀다는 사실 등을 감안하건대, 김인문열전의 기록을 근거로 태종무열왕 3년(656)에 주의 장관을 총관이라고도 불렀다고 단정하기가 쉽지 않을 듯싶다.

　신라본기 태종무열왕 7년(660) 11월 기록에 백제에서 신라에 투항한 좌평 충 상(忠常)과 상영(常永), 자간(自簡)에게 총관(摠管)의 직을 수여하였다고 전한다. 또한 신라본기 문무왕 원년(661) 7월 7일 기록에 인문, 충상, 자간 등을 귀당(貴 幢)·상주(上州)·하주(下州)·남천주(南川州)·수약주(首若州)·하서주총관(河西州摠管) 으로 임명하였다고 전하고, 문무왕 2년(662) 8월 기록에서 진주(眞珠)가 대당총관 (大幢摠管), 진흠(眞欽)이 남천주총관(南川州摠管)에 임명되었음을 확인할 수 있다. 또한 문무왕 8년(668) 6월 21일에 대각간(大角干) 김유신(金庾信)을 대당대총관(大 幢大摠管)에, 각간 인문 등을 대당(大幢)·경정(京停)·귀당(貴幢)·비열도총관(卑列道 摠管)에, 잡찬 군관(軍官) 등을 한성주(漢城州)·비열성주(卑列城州)·하서주행군총관 (河西州行軍摠管)에, 파진찬 의복(宜福) 등을 서당(誓幢)·계금당총관(罽衿幢摠管)에 임명하였다고 전한다. 이들 기록에 전하는 총관은 주의 장관이 아니라 대규모 정벌을 위해 임시로 편성한 행군군단의 지휘관을 가리킨다.[88]

88 唐에서 戰時에 출정군(행군군단)을 편성하고 그것의 지휘관으로서 임시로 行軍摠管을 임

한편 신라본기에 문무왕 8년(668) 3월에 비열홀주(比列忽州)를 설치하고, 파진찬 용문(龍文)을 총관으로 임명하였다고 전한다. 또한 잡지제5 지리3 웅주 부여군조에 '문무왕 12년(672)에 총관(摠管)을 두었다.'고 전한다. 신라본기에는 문무왕 11년(671) 소부리주(所夫里州)를 설치하고 아찬 진왕(眞王)을 도독(都督)으로 삼았다고 전하여, 지리지의 기록과 차이를 보인다. 1차사료의 성격을 지닌 답설인귀서에서 문무왕 8년에 박도유가 한성도독이었다고 언급하였다. 이에 따른다면, 문무왕 8년 3월 당시 용문(龍門)의 정확한 직명은 비열홀주도독이었다고 봄이 합리적일 것이다. 답설인귀서의 기록과 신라본기의 기록을 참조하건대, 지리지 기사 역시 그대로 신뢰하기 어렵지 않을까 한다.[89] 이상의 추론에 잘못이 없다면, 문무왕 11년 이전에 신라에서 주의 장관을 총관이라 불렀음을 알려주는 결정적인 자료는 전하지 않는다고 정리하여도 무방할 듯싶다.

사천 선진리에서 발견된 비편[사천 선진리비]에 '신술시주총관소간(神述時州總官蘇干)'이라는 표현이 전한다. 여기서 신술은 원성왕의 장인(丈人)인 각간(角干) 김신술(金神述)을 가리킨다고 보인다. 종래에 이러한 사실과 비에 전하는 '국왕천운대왕(國王天雲大王)'에서 천운(天雲)을 혜공왕의 이름인 건운(乾雲)의 이표기로 보아, 선진리비는 혜공왕 때에 제작된 것으로 이해하였다.[90] 이에 따른다면, 선

명하였는데, 신라는 삼국통일전쟁 중에 출정군, 즉 임시로 행군군단을 편성하고, 당나라의 사례를 수용하여 그 지휘관을 摠管이라고 부른 것으로 이해된다(최상기, 2015 「6~7세기 신라 장군의 역할과 운용」 『역사와 현실』 97, 80쪽).

89 한편 『삼국사기』 잡지제5 지리3 웅주조에 '湯井郡은 본래 백제의 郡이었는데, 문무왕 11년, 당나라 咸亨 2년(671)에 州로 삼고, 摠管을 두었으며, 함형 12년(681)에 주를 폐지하고 군으로 삼았다.'고 전한다. 탕정군은 현재 충남 아산시에 해당한다. 그러나 충남지역에 소부리주와 탕정주를 동시에 설치하였을 가능성이 낮다고 보이기 때문에(전덕재, 2017 『삼국사기』 지리지의 원전과 편찬-신라지를 중심으로-』 『대구사학』 129; 2021 앞의 책, 154~155쪽), 이 기록을 근거로 문무왕 11년에 주의 장관을 총관이라 불렀다고 주장하는 것은 조심할 필요가 있을 것이다. 참고로 咸亨이란 연호는 670년에서 673년까지 사용되었고, 681년은 開耀 원년에 해당한다.

진리비는 혜공왕대에 주의 장관을 총관(總官, 摠管)이라 불렀음을 알려주는 결정적인 증거자료로서 주목된다고 하겠다. 그렇다면 언제부터 주의 장관을 총관이라고도 부르기 시작하였을까?

『삼국사기』 신라본기에 신문왕 5년(685) 봄에 완산주(完山州)를 설치하고, 용원(龍元)을 총관(摠管)으로, 청주(菁州)를 설치하고 대아찬 복세(福世)를 총관으로 임명하였다고 전한다. 또한 신문왕 7년(687) 2월에 파진찬 관장(官長)을 사벌주총관(沙伐州摠管)에, 효소왕 7년(698) 정월에 아찬 체원(體元)을 우두주총관(牛頭州摠管)에 임명하였다고 전한다. 한편 신라본기에 문무왕 18년(678) 4월에 아찬 천훈(天訓)을 무진주도독(武珍州都督)으로 삼았고, 성덕왕 17년(718) 겨울 10월에 한산주도독(漢山州都督) 관내에 여러 성을 쌓았다고 전한다. 그리고 『삼국사기』 열전제6 설총조에 부기(附記)된 김대문(金大問)의 전기에서 그가 성덕왕 3년(704)에 한산주도독(漢山州都督)을 역임하였다고 밝혔다.[91] 이와 같은 기록들을 참조한다면, 신문왕 5년 이후 시기에 신라에서 주의 장관을 총관이라 부르기도 하고, 또는 도독이라 부르기도 하였다고 이해할 수 있을 것이다.[92]

---

90 정의도, 2006 「신라 천운대왕명비 연구」『한국중세사연구』20, 152~154쪽.

91 한편 『삼국사기』 잡지제5 지리3 웅주조에 '熊州는 본래 백제의 옛 도읍이었다. … 신라 문무왕이 그 땅을 빼앗아 차지하였다. 신문왕이 이름을 熊川州로 고치고 都督을 두었다.'고 전한다. 신라는 신문왕 6년(686) 2월에 泗沘州를 泗沘郡으로, 熊川郡을 熊川州로 개편하였다. 신라본기에 신문왕 5년(685)과 7년(687)에 주의 장관을 총관이라 불렀다는 기록이 전하는 사실을 유의하건대, 신문왕 6년(686)에 웅천주의 장관을 摠管이라 불렀다고 봄이 합리적이지 않을까 한다. 아마도 원성왕 원년(785) 이후에 地理志 가운데 新羅志(잡지3~5)의 原典을 찬술하면서 총관을 도독으로 改書하였고, 『삼국사기』 찬자는 이를 그대로 전재한 것으로 추정된다.

92 다만 신문왕 5년 이후 주의 장관을 총관이라 부른 시기와 도독이라 부른 시기가 명확하게 구분되었는가, 아니면 중대에 총관과 도독을 倂用하였는가의 여부에 대해 정확하게 考究하기 어렵다. 필자는 후자의 가능성이 더 높다고 판단하고 있지만, 여기서 단정하지 않을 것이다. 이에 대해서는 추후에 자세하게 검증할 예정이다.

위에서 제시한 신라본기의 기록들에 따르면, 일단 신문왕 5년 무렵부터 주의 장관을 총관이라고 부르기 시작하였다고 보는 것이 합리적이라 판단된다. 676년 나당전쟁 종결 이후부터 733년 겨울 발해를 공격할 때까지 신라에서 대규모 정벌을 위한 행군군단을 임시로 편성한 사례를 발견할 수 없다. 문무왕 13년(673)에 상주정(上州停)과 귀당(貴幢)을 합치고,[93] 신문왕 5년에 거열정(居列停), 즉 하주정(下州停)을 폐지하고 완산정(完山停)을 설치하면서 이른바 6정을 새롭게 정비하였다. 『삼국사기』 잡지제9 직관(하) 무관조에 6정에 장군(將軍) 2~4명을 두고, 진골로서 관직이 상당(上堂)에서 상신(上臣)[상대등(上大等)]까지인 자를 임용하였다고 전한다. 신문왕 5년 6정체제를 정비하면서 각 군단의 지휘관을 장군이라 불렀는데, 신라인들은 6정군단의 지휘관을 더 이상 총관이라 부르지 않게 되고, 삼국통일전쟁 중에 대규모 정벌을 위해 임시로 주(州) 단위로 행군군단을 편성한 다음, 복수의 인물을 '~주총관(州摠管)' 또는 '~주행군총관(州行軍摠管)'으로 임명한 전통을 고려하여 주의 장관을 총관(摠管)이라고도 부르기 시작하지 않았을까 한다.

이상에서 문무왕 3년 무렵부터 주의 장관을 도독이라 불렀고, 신문왕 5년부터 주의 장관을 총관이라고도 불렀을 가능성이 높다는 사실을 살펴보았다. 한편 원성왕 원년(785) 이후의 자료에서 주의 장관을 총관이라 불렀다고 전하는 기록을 찾을 수 없다. 이러한 측면에서 원성왕 원년에 총관을 도독이라 고쳐 칭하였다고 전하는 기록은 중대에 주의 장관을 도독 또는 총관이라 부르다가, 원성왕 원년부터 주의 장관을 도독이라고만 부르기 시작한 사실을 반영한 것으로 이해할

---

93 『삼국사기』 잡지제9 직관(하) 무관 6정조에 문무왕 13년에 上州停을 貴幢으로 改稱하였다고 전한다. 그러나 전에 필자가 문무왕 13년에 上州停을 貴幢으로 개칭한 것이 아니라 上州停을 貴幢에 合屬시켰음을 확인한 바 있다(전덕재, 2018 『『삼국사기』의 기록을 통해 본 신라 왕경의 實相-문무왕대 이후 신라본기와 잡지, 열전에 전하는 기록을 중심으로-』『대구사학』132, 31~33쪽).

수 있을 것이다. 그리고 직관지 외관조에 문무왕 원년에 군주를 총관이라 고쳐 불렀다고 전하는 것은 결과적으로 두찬(杜撰)이었다고 정리할 수 있을 것이다.

『삼국사기』 잡지제9 직관(하) 외관조에 전하는 주조(州助)와 장사(長史)는 주의 장관 아래의 속관(屬官)으로 이해되고 있다. 주조는 주보(州輔)라고도 부르며,[94] 관등이 나마에서 중아찬까지인 자를 임용하였다. 장사는 사마(司馬)라고도 부르며, 관등이 사지(舍知)에서 대나마(大奈麻)까지인 자를 임용하였다.[95] 『삼국사기』 신라본기제10 헌덕왕 14년(822) 3월 기록에서 장사와 주조에 관한 정보를 찾을 수 있다. 여기에서 완산주장사(完山州長史) 최웅(崔雄)과 주조(州助) 아찬 정련(正連)의 아들 영충(永忠) 등이 신라 왕경에 이르러 김헌창이 반란을 일으킨 사실을 알렸다고 한다. 또한 855년(문성왕 17)에 작성된 창림사무구정탑지(昌林寺無垢淨塔誌)에 김계종(金繼宗)이 행무주장사(行武州長史)였다고 전한다.

『삼국사기』 열전제7 죽죽조에 사지(舍知) 죽죽(竹竹)이 김품석당(金品釋幢) 휘하에서 보좌하였고, 아찬 서천(西川) 혹은 사찬 지삼나(祗彡那)가 품석의 보좌관이라 전한다. 또한 품석의 막객(幕客)으로 사지 검일(黔日)도 있었다고 전한다. 이

---

94 872년(경문왕 12) 11월 25일에 작성된 황룡사구층목탑사리함기에 871년 8월에 重阿干 金堅其가 康州輔였다고 전한다.

95 『唐六典』 권제33에 尹·少尹·別駕·司馬는 府와 州의 차관으로서 모든 사무를 관리하고[紀綱衆務] 각 曹를 通判하는 일을 관장하며, 연말에 번갈아가며 入京하여 (회계와 고과를) 보고한다고 전한다. 『삼국유사』 권제2 기이제2 문호왕법민조에 서울에 가서 上守하였던 安吉이 武珍州의 州吏였다고 전하는 것으로 보건대, 신라의 9주에도 후대의 향리와 비슷한 역할을 하던 州吏가 존재하였다고 이해할 수 있다. 따라서 주의 주조와 장사 등은 당나라의 소윤·별가·장사·사마 등과 마찬가지로 주 총관(도독)을 보좌하면서 여러 가지 행정업무를 처리하고 주리들을 관리 감독하였을 뿐만 아니라 연말에 각종 회계장부 등을 정리하여 중앙에 보고하는 역할을 수행한 것으로 추정된다. 한편 통일기에 주의 장관인 摠管 또는 都督은 여전히 군관적인 성격이 강하였고, 그 보좌관인 州助는 민정, 長史는 군정을 보좌한 것으로 이해한 견해도 있다(박성현, 2019 「삼국통일 후 신라의 지방 제도, 얼마나 달라졌나?」 『역사비평』 129, 276쪽).

들은 모두 대야성군주 품석의 속관(屬官)이었다고 추정된다. 이에 따른다면, 642년(선덕왕 11)까지 주의 장관 아래에 속관으로서 주조와 장사를 두었다고 보기 어렵지 않을까 한다. 이후 시기에 주조와 장사라는 속관을 주의 장관 아래에 두었을 것인데, 구체적인 시기와 관련하여 문무왕 5년(665)에 상주(上州)와 하주(下州)의 땅을 분할하여 삽량주(歃良州)를 설치한 사실을 주목할 필요가 있다.[96]

문무왕 5년 이전에 6정군단 가운데 대당(大幢)을 제외한 5정군단은 상주와 하주, 우수주, 한산주(또는 남천주), 하서주의 주치(州治)에 주둔하였다. 지방에 주둔한 정군단은 주에 파견된 군주(軍主)가 지휘하였다. 그런데 문무왕 5년에 삽량주를 설치하면서 여기에 정군단을 추가로 설치하였다는 기록은 전하지 않는다. 이에 따른다면, 삽량주는 군관구적(軍管區的)인 성격이 아니라 행정적인 성격을 강하게 지녔다고 볼 수 있을 것이다. 이때 삽량주에 도독을 파견하였음이 분명하고, 동시에 그의 속관 역시 파견하였을 것으로 짐작되는데, 아마도 그것이 바로 주 장관의 행정을 보좌하는 성격을 지닌 주조와 장사였을 가능성이 높지 않을까 한다. 이후 중앙의 고위관리를 복수로 6정군단의 장군에 임명함에 따라, 나머지 주도 군관구적인 성격을 탈피하여 순수하게 행정적인 성격을 지니게 되면서,[97] 거기에 주의 속관으로 주조와 장사를 파견하였으며, 9주가 모두 완비된 신문왕 5년(685) 무렵에는 모든 주에 주조와 장사가 파견되었던 것으로 짐작된다.[98]

『삼국사기』와 금석문에서 주의 사마(司馬)를 역임한 인물에 대한 기록을 찾을

---

96 文武王五年 麟德二年 割上州·下州地 置歃良州(『삼국사기』 잡지제3 지리1 양주).

97 종래에 주의 장관인 도독(총관)이 6정군단을 지휘하지 않았기 때문에 6정과 도독의 분리가 이루어졌고, 또한 통일기에 9주의 州治가 아닌 다른 곳에 10停을 설치하여 나름 지방통치상 행정과 군사의 분화를 꾀하였지만, 그러나 10정군단의 지휘권을 도독에게 부여함으로써 도독이 행정권과 군사권을 여전히 행사하였다고 이해한 견해가 제기되었다(주보돈, 1998 앞의 책, 266~267쪽).

98 이문기, 1990 앞의 논문, 27쪽에서 外司正을 파견한 문무왕 13년(673) 무렵에 주조와 장사를 주 장관의 屬官으로 두었다고 이해한 바 있다.

수 없다. 반면에 금석문에서 주조를 별가(別駕)라 부른 사례를 찾을 수 있다. 855년(문성왕 17)에 작성된 창림사무구정탑지에 김억령(金嶷寧)이 수명주별가(守溟州別駕)였다고 전하고, 성주사낭혜화상탑비(聖住寺朗慧和尙塔碑)에 890년(진성여왕 4)에 김영웅(金英雄)이 전주별가(全州別駕)였다고 전한다. 이외에『속일본후기(續日本後紀)』권11 인명천황(仁明天皇) 승화(承和) 9년(842, 문성왕 4) 봄 정월 기록에 장보고를 죽인 염장(閻丈)이 무진주열하(武珍州列賀)였다고 전한다.[99] 열하(列賀)는 별가(別駕)를 가리킨다. 위의 기록들에 따른다면, 신라에서 적어도 문성왕 4년(842)에는 주의 속관인 주조를 별가라고도 불렀다고 이해할 수 있다.[100] 당나라에서는 무덕(武德; 618~626) 초에 주의 속관인 장사(長史)를 별가(別駕)로 개칭하였고, 정관(貞觀) 23년(649)에 다시 장사(長史)로 환원하였다. 그 후 상원(上元) 2년(675)에 장사 바로 위의 관직으로서 별도로 별가를 두었다.[101] 신라에서는 당나라에서 주의 속관인 장사 바로 위에 별가라는 관직을 별도로 설치한 사실을 참고하여, 헌덕왕 14년(822)에서 문성왕 4년(842) 사이에 주조를 별가라고도 불렀을 것으로 이해된다.[102] 한편 신라에서는 문무왕 13년(673)에 주(州)에 2인, 군(郡)에 1인의 외사정(外司正)을 파견하여, 지방관을 감찰하도록 하였다.

---

99 乙巳 新羅人李少貞等 卌人到着筑紫大津. 大宰府遣使問來由 頭首少貞申云 張寶高死 其副將李昌珍等欲叛亂 武珍州列賀閻丈 興兵討平 今已無虞. 但恐賊徒漏網 忽到貴邦 擾亂黎庶 若有舟船到彼不執文符者 並請切命所在推勘收捉(『續日本後紀』권11 仁明天皇 承和 9년 봄 正月).

100 『삼국유사』권제2 기이제2 神武大王·閻長·弓巴條에 염장이 張保皐[弓巴]를 살해하자, 문성왕이 그에게 阿干의 관등을 수여하였다고 전한다. 이에 따르면, 장보고를 살해하기 이전 武珍州列賀[別駕]였던 염장의 관등은 아간(아찬)보다 낮았다고 볼 수 있다. 염장의 사례와 州助에는 관등이 나마에서 중아찬까지인 자를 임용하였던 사실을 염두에 둔다면, 別駕는 州助의 異稱으로 봄이 합리적이라고 판단된다.

101 兪鹿年編著, 1992『中國官制大辭典』上, 黑龍江人民出版社, 702~704쪽.

102 신라에서는 중대에 州助를 州輔라고도 불렀다가 9세기 전반 이후에 別駕와 州輔를 병용한 것으로 보인다.

2. 주·군·현의 기능과 운영

1) 군·현의 기능과 성격

촌락문서에 전하는 '당현사해점촌(當縣沙害漸村)', '당현살하지촌(當縣薩下知村)'에서 '당현(當縣)'은 앞에 기록된 현명(縣名)을 반복하여 사용하지 않고 생략한, 즉 '같은 현' 또는 '본현(本縣)'이라는 뜻이다. 이를 통해 촌락문서는 현을 단위로 작성하는 것이 원칙이었음을 엿볼 수 있다.[103] 물론 현급(縣級)에 해당하는 지방행정단위인 군(郡)과 주(州)의 경우는 '~군(郡)~촌(村)' 또는 '~주(州)~촌(村)'이라 기재하였을 것이다. 촌락문서에 '서원경□□촌(西原京□□村)'이라는 표현도 보이기 때문에 소경(小京)도 촌락문서의 작성 단위였음을 확인할 수 있다. 결국 통일신라에서 촌락문서를 현을 단위로 하여 작성한 것에서 당시 지방행정의 기본 단위가 현이었음을 유추할 수 있다.

앞에서 함안 성산산성 출토 하찰목간의 분석을 통해 중고기에 행정촌이 부세수취의 기본 단위였음을 살폈다. 그런데 다음에 제시한 기록은 통일신라시대에 행정촌을 재편한 현이 부세수취의 기본 단위였음을 시사해주어 주목된다.

대재부(大宰府)에서 이르기를, "신라인 김파형(金巴兄)·김승제(金乘弟)·김소파(金小巴) 등 세 사람이 아뢰기를, '지난해 저희 현의 곡물을 운반하는 데에 차출되었다가 바다 가운데서 해적을 만나 동반(同伴)한 사람들은 모두 죽고 오직 자신들만이 다행히 하늘의 도움에 힘입어 겨우 성스러운 나라에 도착하였습니다. 비록 인자하신 은혜를 깊이 입었으나 혈육을 돌아보지 않을 수가 없습니다. 지금 듣건대 고향 사람들이 왔다고 하니, 놓아주시어 돌아갈 수 있게 해

---

103 縣名을 기재한 문서가 전하지 않기 때문에 사해점촌과 살하지촌이 어떤 현에 속하였는가를 확인할 수 없다. 이 현의 문서 맨 앞에는 '~縣~村'이라 기재되어 있었다고 보인다.

주십시오.'라고 합니다."라고 하였다. 이에 허락하였다.[104]

위의 기록에 김파형 등이 거주한 현의 이름이 전하지 않기 때문에 그들이 어떤 곳에서 해적을 만났는가를 정확하게 가늠하기 어렵다. 그러나 김파형 등이 일본에 표착한 것으로 보건대, 홍인(弘仁) 2년(811; 헌덕왕 3)에 어떤 현의 곡물을 실은 배가 남해안을 항해하였을 것이라는 사실만은 명확하게 인지할 수 있다. 배가 향한 곳을 정확하게 알기 어렵다고 하더라도, 현인(縣人)들을 수역(輸役)에 징발하여 현의 곡물을 배에 싣고 운반하였음을 참조하건대, 현에서 수취한 곡물을 배에 싣고 왕경(王京) 또는 다른 어떤 곳에 공상(供上)하려 하였다고 이해하여도 잘못이 아닐 것이다.[105] 이러한 측면에서 위의 기록은 통일신라시대에 부세수취의 기본 단위가 현이었음을 알려주는 유력한 증거자료라고 볼 수 있을 것이다.

신라는 소성왕 원년(799) 3월에 청주(菁州) 거로현(居老縣)을 학생(學生)의 녹읍(祿邑)으로 삼았다. 거로현(居老縣)은 『삼국사기』 잡지제3 지리1 강주(康州)조에 전하는 거제군(巨濟郡)의 영현(領縣)인 거로현(巨老縣)을 가리킨다. 거로현은 오늘날 경남 거제시 아주동에 해당한다. 거로현의 현령이 현인에게 조세(곡물)를 거두어 국학(國學)에 상공(上供)하였고, 국학에서는 이것을 학생들의 학업에 필요

---

104 大宰府言 新羅人金巴兄·金乘弟·金小巴等三人申云 去年 被差本縣運穀 海中逢賊 同伴盡沒 唯己等 幸賴天祐 儻着聖邦 雖沐仁渙 非無顧戀 今聞鄕人流來 令得放歸 伏望寄乘同船 共還本鄕者. 許之(『日本後紀』권21 嵯峨天皇 弘仁 2년 8월).

105 김창석, 2004 『삼국과 통일신라 유통체계 연구』, 일조각, 151~152쪽에서 김파형 등이 王姓인 김씨 성을 표방하였다는 점을 주목하여, 그들은 현의 유력자로서 都城으로 上供하는 곡물 운송의 책임자로 차출되었다고 추정한 바 있다. 한편 김파형 등이 어떤 현의 곡물을 상급의 행정조직인 군과 주에 上供하러 갔을 가능성도 충분히 생각해볼 수 있다. 그러나 김파형 등이 어떤 현의 곡물을 郡 또는 州治에 상공하러 갔다고 한다면, 해안에 근접한 바닷길로 곡물을 배에 싣고 운송하였을 가능성이 높다고 보이기 때문에 김파형 등이 배를 타고 가다가 해적을 만나 일본에 표류하였던 사실에 대하여 합리적으로 설명하기 어렵지 않을까 한다.

한 비용으로 충당하였을 것이다. 거로현을 학생의 녹읍으로 삼았던 것을 통해, 현에서 직접 중앙행정관서, 나아가 중앙정부에 현인(縣人)에게서 수취한 부세를 상공하였음을 추론할 수 있다. 즉 통일신라시대에 현에서 거둔 수취물을 군(郡)과 주(州)를 거쳐 중앙정부 또는 중앙행정관서에 상공하는 것이 아니라 각 현에서 직접 중앙정부 또는 중앙행정관서에 상공하였다고 볼 수 있다는 의미이다. 이것은 통일신라시대에 중앙정부에서 직접 현이나 현급에 해당하는 지방행정단위인 군(군치), 주(주치), 소경에 부세를 징수하도록 하고, 현 또는 군(군치)과 주(주치), 소경에서 백성들에게서 징수한 부세를 중앙정부에 직접 상공하는 수취체계가 운용되었음을 시사해주는 측면으로 유의된다.

이와 같은 사실은 현에서도 곡물을 저장하는 창고를 설치하여 운영한 것을 통해서도 뒷받침할 수 있다. 이와 관련하여 다음의 기록들을 주목할 필요가 있다.

Ⅷ-① 신룡(神龍) 원년〈곧 당(唐) 중종(中宗) 복위(復位)의 해로서 성덕왕 즉위 4년이다〉 을사(705; 성덕왕 4) 3월 초 4일에 처음으로 진여원(眞如院)을 개창하니, 대왕이 친히 백료(百僚)를 거느리고 산에 이르러 전당(殿堂)을 조영(造營)하고, 아울러 문수보살(文殊菩薩)의 소상(塑像)을 만들어 당에 안치하였다. 지식(知識) 영변(靈卞) 등 5인에게 『화엄경(華嚴經)』을 오래도록 강설(講說)하게 하고, 화엄사(華嚴社)를 결성한 다음, 길이 공양할 비용으로서 매년 봄과 가을에 산에서 가까운 주·현 창(倉)의 조(租) 100석·정유(淨油) 1석을 공급하는 것으로서 항규(恒規)로 삼았다(『삼국유사』 권제3 탑상제4 대산오만진신).

Ⅷ-② 천정(泉井)과 비열홀(比列忽), 각련(各連) 등 세 군의 백성들이 굶주렸으므로 창고를 열어 진휼하였다(『삼국사기』 신라본기제6 문무왕 9년 여름 5월).

Ⅷ-③ 사람들이 많이 굶어죽자, 주와 군에 명령을 내려 창고의 곡식을 내어 진휼하게 하였다(『삼국사기』 신라본기제10 헌덕왕 9년 겨울 10월).

Ⅷ-④ 성각(聖覺)은 청주인(菁州人)이다. … 후에 집에 돌아가 어머니를 봉양하였는데, 늙고 병들어서 채소만을 먹게 할 수 없었으므로 다리 살을 떼내어 먹이고 돌아가심에 불공을 드려 천도하였다. 대신(大臣) 각간 경신(敬信)과 이찬 주원(周元) 등이 이 소식을 국왕에게 아뢰니, 웅천주(熊川州) 향덕(向德) 고사(故事)에 따라 이웃 현의 조(租) 300석을 상으로 주었다[賞近縣租三百石](『삼국사기』 열전제8 성각).

Ⅷ-① 기록은 성덕왕이 705년에 진여원에 화엄사를 결성하고 해마다 봄, 가을에 그 인근 주·현의 창고에 비축된 조(租)[벼] 100석과 정유(淨油) 1석으로 그 공양 비용을 조달하도록 조치한 사실을 전하는 자료이다. 이를 통해 주와 현마다 벼와 정유를 비롯한 다양한 물품들을 비축하는 창고를 설치하여 운영하였음을 엿볼 수 있다.[106] Ⅷ-④ 기록에 경신(敬信)과 주원(周元)이 대신(大臣)이라 전하므

---

106 『삼국사기』 신라본기에서 '州縣'이라고 표현한 경우를 다수 확인할 수 있다. 이와 관련된 기록을 소개하면 다음과 같다.

國西大水 免遭水州縣一年租調(『삼국사기』 신라본기제1 나해이사금 3년 5월); 遣伊湌水品·龍樹〈一云龍春〉 巡撫州縣(같은 책, 신라본기제5 선덕왕 4년 겨울 10월); 其邊城鎭遏及州縣課稅 於事非要者 並宜量廢(같은 책, 신라본기제7 문무왕 21년 7월); 王幸西原京 曲赦所經州縣繫囚(같은 책, 신라본기제9 혜공왕 6년 봄 정월); 賊起國西南 赤其袴以自異 人謂之赤袴賊. 屠害州縣至京西部牟梁里 劫掠人家而去(같은 책, 신라본기제11 진성왕 10년); 浿江道十餘州縣 降於弓裔(같은 책, 신라본기제12 효공왕 8년).

나해이사금 3년 5월 당시에 신라에서 州나 縣을 설치하였다고 보기 어렵기 때문에 이와 관련된 기록에 전하는 주현은 막연하게 지방을 통칭하는 관행적인 표현으로 봄이 옳을 것이다. 나머지 기록의 경우도 특별하게 군을 제외한 주와 현을 가리키는 표현이라 보기 어렵고, 州郡縣을 모두 망라하는, 즉 지방을 통칭하는 관행적인 표현으로 봄이 합리적이라 판단된다. 이러한 측면에서 Ⅷ-① 기록에 전하는 '州縣'이란 표현 역시 州郡縣을 모두 망라하는 표현으로 봄이 옳다고 여겨진다. 이렇다고 하더라도 Ⅷ-④ 기록을 참고하건대, Ⅷ-① 기록을 주와 군뿐만 아니라 현에서도 창고를 설치하여 운영하였음을 알려주는 자료라고 이해하는 것 자체에 대해서는 이론이 없지 않을까 한다.

로, 성각(聖覺)이 어머니를 지극 정성으로 봉양하여 상을 받은 시기는 선덕왕대(宣德王代)로 추정된다. 당시에 성각에게 '근현조(近縣租)' 300석을 상으로 주었는데, 여기서 '현조(縣租)'는 현에서 비축한 조(租)[벼]를 가리키며, 그것은 바로 현에서 운영하는 창고에 저장되었을 것으로 짐작된다. 따라서 Ⅷ-④ 기록을 통해서도 현에서 벼 등을 비축하는 창고를 설치하여 운영하였음을 보완할 수 있을 것이다.

한편 Ⅷ-②, ③ 기록은 주와 현뿐 아니라 군에서도 곡물 등을 비축하던 창고를 운영하였음을 알려주는 자료이다. Ⅷ-①, ②, ③, ④ 기록에 따른다면, 통일신라시대에 주와 군, 현마다 벼와 다양한 물품을 비축하는 창고를 운영하였음을 살필 수 있는데, 물론 주·군·현의 창고에 비축한 곡물이나 물품 등은 대부분 주·군·현에서 수취한 것이라 보아도 과언이 아닐 것이다.[107] 이처럼 주·군·현마다 창고를 설치하여 운영하였던 것에서 당시 주와 군뿐만 아니라 현도 지방재정의 운영에서 독립적인 단위로 기능하였음을 유추할 수 있고, 나아가 당시에 중간 지방행정단위인 군(郡) 태수(太守)와 주(州) 총관(도독)의 지휘·감독을 받지 않고 현령 또는 소수가 중앙정부와 직접 연결하는 시스템에 의거하여 수취체계가 운용되었음을 다시금 상기할 수 있다.[108]

그러면 요역징발의 경우는 어떠하였을까? 722년(성덕왕 21)에 제작된 것으로 추정되는 관문성석각(關門城石刻)[대첩성석각(大岾城石刻)]에 골고(骨估)·거칠산(군)[居七山(郡)]·웅(熊)·압훼(군)[押喙(郡)]·절화군(切火郡)·퇴화(군)[退火(郡)]·서량군(西良郡) 등이 맡아 쌓은 구역의 길이에 대한 정보가 전한다. 여기서 정확한 위

---

107 김창석, 2004 앞의 책, 145~146쪽.

108 縣이나 郡治 또는 州治에서 거둔 수취물의 대부분은 王京이나 중앙행정부서(특히 倉部와 調府 등)에 직접 上供하였고, 필요에 따라 그 가운데 일부는 광역의 지방행정단위로서의 성격을 지닌 주 등에도 상공하였는데, 이에 대한 구체적인 내용은 뒤에서 자세하게 살필 예정이다.

치를 고증하기 어려운 지명이 골고(骨估)와 웅(熊)이다.[109] 웅(熊)의 경우는 한 글자가 생략된 것으로 볼 수 있는데, 관문성에서 가까운 거리에 있는 '웅(熊)'자가 들어간 지명으로 오늘날 경남 창원시 진해구에 해당하는 웅지현(熊只縣)[웅신현(熊神縣)]을 들 수 있다. 종래에 '웅(熊)'은 바로 웅지현을 가리킨다고 보았다.[110] 한편 골고(骨估)는 오늘날 경남 창원시 마산합포구에 해당하는 골포현(骨浦縣)이라 보거나,[111] 또는 경북 영천시 완산동 및 북안면에 해당하는 골화현(骨火縣)[骨伐縣]으로 보는 견해가[112] 제기되었다. 722년에 국가적 차원에서 역부를 징발하여 관문성을 축조하였다고 보이는데, 골고현(骨估縣) 또는 웅지현(熊只縣)이 맡아 쌓은 구역이 존재하였다는 것에서 당시에 현 단위로 요역을 징발하였음을 추론할 수 있다. 물론 통일신라시대에 중간 지방행정단위인 군 또는 광역 지방행정단위인 주 단위로 요역을 징발한 사례도 발견되는데, 이에 대해서는 뒤에서 자세하게 논증할 예정이다. 이러한 측면은 통일신라시대에 국가적 차원에서 역사(役事)를 전개할 때에 필요에 따라 현과 중간 지방행정단위인 군, 광역의 지방행정단위인 주를 단위로 역부를 징발하였음을 시사해주어 유의된다.

현급의 지방행정단위인 군(군치)과 주(주치), 소경 역시 마찬가지였음은 물론이다. 그렇다면 중간 지방행정단위에 해당하는 군의 성격과 기능은 어떻게 설명할 수 있을까가 궁금하다. 『삼국사기』신라본기에 문무왕 13년(673)에 처음으로 외사정(外司正)을 두었는데, 주에 2인, 군에 1인이었고, 잡지제9 직관(하) 외관조에 외사정은 133인이었다고 전한다. 외관조에서 군 태수는 115명이었다고

---

109 居七山은 居柒山郡(부산광역시 동래구), 押梁는 押梁(押督)郡(경북 경산시), 切火郡은 切也火郡(경북 영천시 중심부 및 임고면), 退火는 退火郡(경북 포항시 북구 흥해읍), 西良郡은 生西良郡(울산광역시 울주군 서생면)에 해당한다.

110 박방룡, 1982「신라 관문성의 명문석 고찰」『미술자료』31, 40쪽.

111 박방룡, 위의 논문, 39쪽.

112 한국고대사회연구소, 1992『역주 한국고대금석문』III(신라2·발해편), 재단법인 가락국사적개발연구원, 432쪽.

하였으므로, 결과적으로 각 주에 2인, 군마다 1인의 외사정을 파견하였음을 살필 수 있다. 군마다 1인의 외사정을 파견하였으므로, 통일신라시대에 군이 지방 감찰의 기본 단위로서 기능하였다고 말할 수 있다. 외사정은 주로 주 총관(도독), 군 태수, 현령과 소수 등의 비리를 감찰한 것으로 짐작된다. 외사정은 주 총관(도독)의 지휘와 감독을 받지 않고, 중앙행정관부인 사정부(司正府) 또는 중앙정부의 지휘와 감독을 받았을 것인데, 이와 관련하여 다음의 기록을 주목할 필요가 있다.

　일찍이 [적인선사(寂忍禪師)가] 당나라로 갈 적에, 죄인의 무리와 함께 배를 타고 취성군(取城郡)에 이르렀다. 군감(郡監)이 이러한 사실을 알고 칼을 씌우고 문초하였다. 선사가 시시비비에 대해 말하지 않자, 또한 (죄인들과) 함께 감옥에 가두었다. 군감이 (죄상을) 갖추어 신주(申奏)하였고, 교시(教示)에 의거하여 30여 명을 목 베었다. 마침내 순서가 선사에게 미치자, 선사의 얼굴에 기쁨과 즐거움이 넘쳐흘러 죄인 같지 않았다. (선사가) 스스로 형장(刑場)에 나아가니, 군감이 차마 바로 죽이지 못하였다. 얼마 후에 다시 명령이 있어 석방되었는데, 오직 선사만이 (죽음을) 면하였다.[113]

대안사적인선사탑비에 적인선사 혜철(慧徹)이 원화(元和) 9년(814, 헌덕왕 6) 8월 무렵에 당나라에 들어갔다고 전한다. 여기서 군감은 외사정을 가리키는데, 이에 대해서는 뒤에서 자세하게 논증할 예정이다. 위의 기록에서 취성군의 군감이 죄인들이 탄 배를 나포(拿捕)하여 그들을 문초한 다음, 그들의 죄목(罪目)을 중

---

113 入唐初 與罪徒同舡 到取城郡 郡監知之 枷禁推得. 禪師不言黑白 亦同下獄 監具申奏 准教斬三十餘人. 訖次當禪師 師顔容怡悅 不似罪人 自就刑所 監不忍便殺. 尋有後命 而幷釋放唯禪師獨免(大安寺寂忍禪師塔碑; 한국고대사회연구소, 1992 앞의 책, 38쪽).

앙정부에 보고하여 교시를 받아 처형하였음을 알 수 있다. 취성군의 군감, 즉 외사정이 중앙정부 또는 사정부(司正府)에 직보(直報)하였음을 위의 기록을 통해 알 수 있는데, 이에서 주와 군에 파견된 외사정이 중앙정부 또는 사정부의 지휘와 감독을 받았음을 유추할 수 있음은 물론이다. 이를 통해서 군에 파견된 외사정이 태수와 현령 및 소수를 감찰하는 데에 머물지 않고 중간 지방행정단위인 군의 여러 내부 문제에 대해서도 관여하였던 사실만은 부인할 수 없을 것이다.

영천청제비 정원명에 798년(원성왕 14)에 청제를 수치(修治)할 때, 절화(切火)와 압훼(押梁)의 두 군에서 조역(助役)을 징발하였다고 전한다. 영천 청제는 경북 영천시 금호읍 구암리에 위치한다. 통일신라시대에 이곳은 절화군(切火郡)[임고군(臨皐郡); 영천시 중심부 및 임고면]의 영현(領縣)인 도동화현(刀冬火縣)[도동현(道同縣); 영천시 도동 및 금호읍]의 영역이었다. 청제와 절화군의 군치 사이에 골화현(骨火縣)[임천현(臨川縣); 영천시 완산동 및 북안면]이 위치하였다. 한편 압훼군(押梁郡)[장산군(獐山郡); 경북 경산시]의 군치와 청제 사이에 마진량현(麻珍良縣)[여량현(餘粮縣); 경산시 진량면]과 노사화현(奴斯火縣)[자인현(慈仁縣); 경산시 자인면]이 위치하였다. 이러한 측면에서 청제를 수치(修治)할 때에 절화군과 압훼군의 군치(郡治)에서만 조역(助役)을 동원하였다고 보기가 쉽지 않다. 즉 절화군과 압훼군의 군치뿐만 아니라 이들 군의 영현(領縣)에서도 조역을 동원하였다고 볼 수 있다는 의미이다.

영천청제비 정원명에 집사부(執事部) 차관인 전대등(典大等)이 절화군과 압훼군에서 조역을 징발하는 데에 관여하였다고 전한다. 종래에 절화군이나 압훼군에서 조역을 징발하는 것은 청제를 수치하는 책임자였던 소내사(所內使)의 권한 밖의 일이었기 때문에 전대등이 관여하여 2군으로부터 조역을 징발하였다고 이해하는 견해가 제출되었다.[114] 이때 전대등은 이들 두 군의 태수에게 조역을 징

114 하일식, 1997「新羅 統一期의 王室 直轄地와 郡縣制- 菁堤碑 貞元銘의 力役運營 事例 分

발하도록 명령하였고, 태수들은 현령과 소수 등의 협조를 받아 조역을 징발하였을 것으로 짐작된다. 한편 영천청제비 정원명에 청제를 수치할 때에 소내사의 한 사람으로 가태수(加太守) 수휘(須㫰) 옥순(玉純) 내말(乃末)이 임명되었다고 전한다. 옥순은 절화군이나 압훼군의 태수로 보인다. 결국 절화군과 압훼군의 태수 가운데 한 사람은 조역을 징발하는 데에 관여하였을 뿐만 아니라 청제를 수치할 때에도 상간년(上干年) 내말(乃末), 사수(史須) 대사(大舍)와 함께 책임자로 관여하였던 셈이 된다. 이상의 검토를 통해 청제를 수치할 때에 중간 지방행정단위인 군을 단위로 조역(助役)을 징발하였음을 살필 수 있는데, 이와 비슷한 사례로서 다음의 기록을 주목할 필요가 있다.

우잠군태수(牛岑郡太守) 백영(白永)에게 명하여 한산(漢山) 북쪽 여러 주(州)·군(郡)의 사람 1만 명을 징발하여 패강(浿江)에 장성(長城) 300리(里)를 쌓게 하였다(『삼국사기』 신라본기제10 헌덕왕 18년 가을 7월).

헌덕왕 18년은 826년에 해당한다. 발해의 침략에 대비하여 패강지역에 장성을 쌓은 것으로 이해된다. 위의 기록에서 '한산 북쪽의 여러 주·군[漢山北諸州郡]'이라 표현하였으나, 이것은 한산주 북쪽의 여러 군을 가리키는 표현이라 이해하는 것이 합리적이다. 이때 한산주 북쪽에 위치한 우잠군(황해남도 금천군)의 태수를 비롯한 여러 군의 태수가 역부(役夫)를 동원하였고, 동원된 역부를 인솔하여 패강에 장성을 쌓을 때에 총괄 책임을 맡을 사람으로 중앙정부에서 우잠군 태수 백영을 지명하였다고 볼 수 있다. 이에 따른다면, 위의 기록 역시 통일신라 시대에 중간 지방행정단위로서의 성격을 지닌 군 단위로 역부를 징발하였음을 알려주는 사례로 제시할 수 있을 것이다. 다만 중앙정부에서는 여러 군에서 역

析』『동방학지』97, 29쪽.

부를 징발하여 축성(築城)할 경우, 군 태수 가운데 한 명을 총괄책임자로 임명하기도 하였음을 위의 기록을 통해 확인할 수 있다.

이상에서 국가적 차원에서 역사(役事)를 추진할 때, 중간 지방행정조직인 군을 단위로 역부를 징발하였음을 살폈다. 이를 근거로 하여 역부의 징발 이외에 필요에 따라 군의 태수가 그 영현(領縣)에 파견된 현령과 소수 등을 행정적으로 지휘·감독하는 사례가 적지 않았음을 추론할 수 있다. 구체적인 사례의 하나로서 다음의 기록들을 주목할 필요가 있다.

번호		연대	기록 내용
IX	①	파사왕 2년	3월에 주(州)·군(郡)을 두루 돌며 위무하고, 창고를 열어 어려운 사람들에게 곡식을 나누어 주었다.
	②	문무왕 9년	여름 5월에 천정(泉井)과 비열홀(比列忽), 각련(各連) 등 세 군의 백성들이 굶주렸으므로 창고를 열어 진휼하였다.
	③	성덕왕 4년	겨울 10월에 나라 동쪽의 주·군에 흉년이 들어 많은 사람들이 유망(流亡)하였으므로 왕이 사자를 보내 진휼하였다.
	④	원성왕 6년	5월에 곡식을 내어 한산주(漢山州)와 웅천주(熊川州) 두 주(州)의 굶주린 백성들을 진휼하였다.
	⑤	흥덕왕 9년	겨울 10월에 사람들이 많이 굶어 죽자, 주와 군에 명령을 내려 창고의 곡식을 내어 진휼하게 하였다.

위의 기록은『삼국사기』신라본기에 전하는 진휼 기사 가운데 지방통치조직의 명칭이 보이는 사례들을 정리한 것이다. 이밖에 왕도(王都)[경도(京都)]의 백성들에게 진휼한 사례도 발견된다.[115] 신라에서 주군제(州郡制)를 6세기 전반에 실시하였으므로 IX-① 기록에 전하는 주·군은 지방을 통칭하는 관행적인 표현으로 봄이 옳을 것이다. 여기서 흥미로운 사실은 진휼과 관련된 기록에서 현과 관련된 언급을 전혀 찾을 수 없다는 점이다. 물론 IX-② 기록에 보이는 천정군과 비열홀군, 각련군 등을 중간 지방행정단위로서의 성격을 지닌 군이 아니라 순수

---

115 『삼국사기』신라본기제10 원성왕 2년 9월과 10월, 12년 봄 기록에 王都(京都)의 백성들에게 진휼하였다고 전한다.

한 군치(郡治)를 가리키는 것으로 보아, 세 군의 군치에 거주하는 백성들에게만 진휼하였다고 주장할 수도 있다. 그러나 흉년(凶年)과 기근(饑饉)은 광범위한 영역에 걸쳐 발생하기 때문에 군치와 그 영현을 포괄하는 중간 지방행정단위로서의 군이 아니라 군치에 거주하는 백성들에게만 진휼하였다고 보는 것에 대해서는 신중할 필요가 있을 것이다. 이와 같은 측면을 감안한다면, IX-② 기록은 문무왕 9년(669) 5월에 비열홀군 등 세 군의 군치에 거주하는 백성뿐만 아니라 이들 세 군의 영현(領縣)에 거주하는 백성들도 굶주려 창고를 열어 진휼한 사실을 반영한 것이라고 봄이 자연스러울 것이다.[116] 물론 진휼하는 과정에서 소수와 현령 등은 군태수의 통제, 지휘를 받았을 것이다. 비록 자료가 매우 적기 때문에 일반화하기에 주저되는 면이 없지 않지만, 그러나 『삼국사기』에 현(縣)을 단위로 진휼하였다는 기록을 하나도 찾을 수 없다는 사실과 IX-②, ③, ⑤ 기록을 주목한다면, 대체로 흉년이나 기근이 드는 경우 중간 지방행정단위로서의 성격을 지닌 군을 단위로 진휼하는 것이 관행이었다고 추론하여도 문제가 되지 않을 것이다. 한편 IX-④ 기록은 광역의 지방행정단위로서의 성격을 지닌 주 단위로 진휼하였음을 알려주는 자료로 이해할 수 있는데, 매우 광범위한 지역에 흉년이나 기근이 드는 경우에 한정된 극히 예외적인 사례로 보는 것이 합리적이라고 판단된다.

이상에서 살핀 바와 같이 중간 지방행정단위로서의 군을 단위로 진휼하는 것이 일반적이었다고 하더라도, 흉년이나 기근이 들어 부세를 감면해주거나 요역 징발을 면제해주는 경우에는 지방행정 및 부세수취와 마찬가지로 현이 기본 단위였을 것으로 추정된다. 이밖에도 중간 지방행정단위로서의 성격을 지닌 군을

---

116 泉井郡(井泉郡)에는 領縣으로 買尸達縣(蒜山縣), 夫斯達縣(松山縣), 東墟縣(幽居縣)이 있었고, 比列忽郡(朔庭郡)에는 原谷縣(瑞谷縣), 昔達縣(蘭山縣), 薩寒縣(霜陰縣), 加支達縣(菁山縣), 翼谷縣(翊谿縣)이, 各連城郡(連城郡)에는 赤木鎭(丹松縣), 管述縣(軼雲縣), 猪守峴縣(豨嶺縣)이 있었다.

단위로 행정을 처리하거나 또는 군 태수가 현령 등을 지휘·감독하여 처리한 사안이 적지 않았을 것으로 추정되지만, 더 이상의 구체적인 내용은 알 수 없다. 추후 새로운 자료의 발굴과 연구방법론의 개발을 통해 이에 대한 이해가 심화되기를 기대해본다.

중고기에 군(郡) 단위로 법당군단을 편성하고, 군치(郡治)에 해당하는 행정촌에 파견된 당주(幢主) 또는 나두(邏頭)가 그것을 지휘하였다고 알려졌다. 즉 중고기에 중간 지방행정단위로서의 군(郡)은 군관구(軍管區)의 성격을 지녔다. 그러면 통일신라시대에는 어떠하였을까가 궁금하다. 이와 관련하여 다음의 기록들을 주목할 필요가 있다.

> X-① 인문(仁問)·천존(天存)·도유(都儒) 등은 일선주(一善州) 등 7군 및 한성주(漢城州)의 병마(兵馬)를 이끌고 당나라 군영(軍營)으로 나아갔다(『삼국사기』 신라본기제6 문무왕 8년 6월 22일).
>
> X-② 초적(草賊)들이 사방에서 일어났으므로 여러 주(州)·군(郡)의 도독(都督)·태수(太守)에게 명하여 붙잡게 하였다(『삼국사기』 신라본기제10 헌덕왕 11년 3월).
>
> X-③ 삽량주(歃良州)의 굴자군(屈自郡)은 적(賊)과 가까이 있었음에도 불구하고 반란에 물들지 않았으므로 7년 간의 부세(賦稅)를 면제해주었다(같은 책, 헌덕왕 14년 3월).

X-① 기록은 당과 신라가 연합하여 고구려를 정벌할 때의 사정을 말하는 것이기 때문에 평시의 상황을 전한 것이라 보기 어렵다. 비록 전시의 상황이라 하더라도, 아무튼 중간 지방행정단위인 군을 단위로 군단(軍團)을 편성한 사례로서 유의된다. X-② 기록은 헌덕왕 11년(819)에 초적(草賊)들이 횡행하자, 중앙정부에서 도독과 태수 등에게 군사를 이끌고 초적들을 붙잡도록 명령한 내용인데,

이를 통해 도독과 태수가 어떤 군단을 통수(統帥)하였음을 엿볼 수 있다.[117] X-③ 기록은 헌덕왕 14년(822)에 오늘날 경남 창원시에 해당하는 굴자군이 김헌창이 반란을 꾀하였을 때에 군사를 일으켜 반란군의 동진(東進)을 저지함으로써 관군(官軍)의 전력을 분산시키지 않고 반란세력을 진압하는 데에 일조하였기 때문에 7년 간의 부세를 면제해준 것으로 이해된다. 이러한 측면에서 X-①~③ 기록은 통일신라시대에도 중간 지방행정단위인 군을 단위로 군단을 편성하였음을 알려주는 자료라고 볼 수 있다. 그렇다면 군을 단위로 편성한 군단의 실체는 무엇이었을까가 궁금하다.

다음 〈표 10〉은 『삼국사기』 잡지제9 직관(하) 무관(武官) 제군관(諸軍官)조에 전하는 '법당(法幢)'이 공통으로 들어가는 5개 군관(軍官), 즉 법당주(法幢主), 법당감(法幢監), 법당화척(法幢火尺), 법당두상(法幢頭上), 법당벽주(法幢辟主)에 관한 현황을 정리한 것이다.

〈표 10〉 법당(法幢)이란 표현이 들어간 군관의 군단 배속 현황

군관	배속 군단과 인원
법당주	백관당(百官幢) 30인, 경여갑당(京餘甲幢) 15인, 소경여갑당(小京餘甲幢) 16인, 외여갑당(外餘甲幢) 52인, 노당(弩幢) 15인, 운제당(雲梯幢) 6인, 충당(衝幢) 12인, 석투당(石投幢) 12인
법당감	백관당 30인, 경여갑당 15인, 외여갑당 68인, 석투당 12인, 충당 12인, 노당 45인, 운제당 12인
법당화척	군사당(軍師幢) 30인, 사자금당(師子衿幢) 20인, 경여갑당 15인, 외여갑당 102인, 노당 45인, 운제당 11인, 충당 18인, 석투당 18인
법당두상	여갑당(餘甲幢) 45인, 외법당(外法幢) 102인, 노당 45인
법당벽주	여갑당 45인, 외법당 306인, 노당 135인

〈표 10〉에서 소경여갑당에 법당감이 배속되지 않았다고 하였지만, 외여갑당에 배속된 법당감 68인이 소경여갑당과 외여갑당에 배속된 법당주의 숫자와

---

117 도독이 지휘한 군단의 실체에 대해서는 뒤에서 자세하게 살필 예정이다.

동일하기 때문에 법당주와 마찬가지로 소경여갑당에 법당감이 16인 배속되었다고 봄이 자연스러울 것이다.[118] <표 10>에 나오는 여갑당과 외법당은 일반적으로 경여갑당과 외여갑당을 말한 것으로 이해되고 있다.[119]

　종래에 23군호(軍號)에 속하지 않았던 비금당(緋衿幢)과 사자금당(師子衿幢)은 경덕왕대 이후에 설치하였다고 이해하였다.[120] 따라서 법당화척은 경덕왕대 이후, 즉 하대에도 존재한 군관이었다고 볼 수 있다. 『삼국사기』 잡지제9 직관(하) 외관 패강진전조에 '두상대감(頭上大監)은 1명이다. 선덕왕(宣德王) 3년(782)에 처음으로 대곡성두상(大谷城頭上)을 두었다.'고 전한다.[121] 문성왕 6년(844)에 혈구진(穴口鎭)을 설치하고, 그 책임자를 진두(鎭頭)라고 불렀다.[122] 진두는 '진(鎭)의 두상(頭上)'과 상통(相通)한다고 볼 수 있다. 이러한 자료들에 의거하건대, 법당두상 역시 신라 하대에 존재한 군관이었다고 이해하여도 무방할 듯싶다. 법당두상은 외법당에 102인이, 법당벽주는 외법당에 법당두상 숫자의 세 배인 306인이 배속되었던 바, 법당벽주 역시 법당두상과 마찬가지로 하대에 존재한 군관이었음이 확실시된다고 하겠다. 이상의 검토에 따른다면, 하대에 법당두상과 법당벽주, 법당화척이 존재한 셈인데, 그렇다면 법당주와 법당감도 하대에 존재한 군

118　武田幸男, 1984 「中古新羅の軍事的基盤: 法幢軍團とその展開」『東アジア史における國家と農民』(西嶋定生博士還暦記念), 山川出版社, 237쪽; 이인철, 1993 『신라정치제도사연구』, 일지사, 299쪽.

119　武田幸男, 1981 「中古 新羅의 軍事的 基盤」『민족문화논총』1, 105~106쪽; 이문기, 2016 「『삼국사기』 '법당 관칭 군관' 기사의 새로운 이해: 신라 법당의 재검토를 위하여」『역사교육논집』60, 152~153쪽; 이문기, 2018 「신라 법당 연구의 진전을 위한 기초적 검토」『신라사학보』42, 305~306쪽.

120　이문기, 1997 『신라병제사연구』, 일조각, 52~53쪽; 전덕재, 1997 「신라 하대 진의 설치와 성격」『군사』35, 53쪽.

121　한편 『삼국사기』 신라본기제10 선덕왕 4년 정월 기록에 아찬 體信을 大谷鎭軍主로 삼았다고 전한다.

122　置穴口鎭 以阿湌啓弘爲鎭頭(『삼국사기』 신라본기제11 문성왕 6년 가을 8월).

관이었다고 볼 수 있을까?

법당군단은 법흥왕 11년(524)에 창설하였고, 앞에서 통일 이전에 외여갑당이 52개가 존재하였으며, 여기에 이것을 법당주, 즉 군치에 해당하는 행정촌(성)에 파견된 당주와 나두 등이 지휘하였음을 살핀 바 있다. 법당주와 법당감이 배속된 군단이 거의 일치하므로, 법당감 역시 중고기부터 존재하였다고 이해할 수 있다. 앞에서 법당화척은 하대에 존재한 군관이었다고 언급한 바 있다. 그런데 법당주와 법당감은 백관당에, 법당화척은 군사당에 배속되었던 점, 법당화척은 소경여갑당에 배속되었다는 기록이 전하지 않은 점 등을 제외하고, 세 군관이 배속된 군단은 거의 일치하였음을 확인할 수 있다. 이에 따른다면, 법당화척은 하대 이전에도 존재한 군관이었다고 봄이 자연스러울 것이다.

지금까지 법당주와 법당감, 법당화척은 중고기 또는 중대부터 존재하였고, 법당두상과 법당화척, 법당벽주는 하대에 존재한 군관이었음을 살펴보았다. 법당두상과 법당벽주는 경여갑당을 가리키는 여갑당에 45인이 배속되었고, 노당에는 각기 45인, 135인이 배속되었다. 법당주와 법당감, 법당화척은 경여갑당에 15인, 노당에 각기 15인, 45인, 45인이 배속되었다. 여갑당에 배속된 법당두상과 법당벽주의 숫자가 경여갑당에 배속된 법당주와 법당감, 법당화척 숫자의 세 배인 점을 미루어 본다면, 신라 하대에도 여전히 경여갑당에 법당주와 법당감, 법당화척이라는 군관이 존재하였고, 여기에 법당두상과 법당벽주라는 군관이 추가로 배속되었다고 이해할 수 있다. 노당에 배속된 법당두상과 법당벽주의 숫자가 노당에 배속된 법당주 숫자의 3배, 9배였던 사실을 감안하건대, 하대에 노당에도 법당두상과 법당벽주라는 군관을 추가로 배속하였다고 봄이 합리적이라고 판단된다.

외여갑당에 법당주와 법당감은 52인, 외법당(외여갑당)에 법당두상과 법당화척은 102인, 법당벽주는 306인이 배속되었다고 전한다. 만약에 외법당에 법당두상과 법당화척은 104인, 법당벽주는 312인이 배속되었다고 전하였다면, 하대에 들어 외여갑당에 법당두상과 법당벽주를 추가로 배치하였다고 이해할 수도 있을 것이다. 그러나 외여갑당에 배속된 법당두상과 법당벽주, 법당화척의 숫자는 52의 배수가 아니었다. 물론 52의 배수에 근사하였기 때문에[123] 이와 같이 주장하는 것도 나름 일리가 있다고 보인다. 그러나 외법당에 배속된 법당벽주의 숫자가 법당두상의 세 배인 306인이었고, 외여갑당에 배속된 법당화척의 숫자가 102인이라 전하기 때문에 분명히 102는 104의 오기가 아니었음이 확실시된다고 하겠다. 그렇다면 왜 하필이면 하대에 외법당에 법당두상·법당화척은 104인이 아니라 102인을, 법당벽주는 312인이 아니라 306인을 배속하였을까가 궁금해진다. 물론 52개의 외여갑당(외법당) 가운데 2개의 법당군단에 법당두상과 법당화척, 법당벽주를 배치하지 않았다고 이해하면, 이러한 의문을 쉽게 해소할 수도 있을 것이다.

그러나 이 문제와 관련하여 한 가지 중요하게 고려할 사항으로 중고기에 법당군단을 군 단위로 편성하였다는 사실을 들 수 있다. 신라는 삼국통일전쟁 이후에 백제의 전영토와 고구려의 남쪽지역을 주·군·현으로 편제하였는데, 이에 따라 군의 숫자가 대폭 늘어나게 되었음은 물론이다.[124] 그러면 신라는 삼국통일 이후에 옛 고구려와 백제지역에 설치한 군에도 법당군단을 설치하였을까가 궁금하다. 앞의 X-② 기록에 819년(헌덕왕 11)에 태수에게 명하여 횡행하는 초적(草賊)들을 붙잡도록 하였다고 전하는데, 이에서 태수가 어떤 군단을 통수(統帥)하였음을 추론할 수 있다. 『삼국사기』 잡지제9 직관(하) 무관조에 신삼천당(新

---

123 井上秀雄, 1974「新羅兵制考」『新羅史基礎研究』, 東出版, 170쪽에서 법당화척, 법당두상, 법당벽주의 숫자는 법당주의 숫자인 52의 배수와 관련이 있다고 이해하였다.

124 신라는 옛 백제지역에 3주 2소경 37군 104현을 설치하였다. 한편 675년 무렵에 신라는 고구려 남쪽지역에 5군 13현을 설치한 것으로 추정된다(전덕재, 2016 앞의 논문, 114~115쪽). 그러나 시기에 따라 군과 현의 변동이 있었기 때문에 백제와 고구려고지에 설치한 군의 숫자는 약간의 가감이 있을 수 있다는 사실을 고려할 필요가 있을 것이다.

三千幢)을 우수주(牛首州; 강원도 춘천시)와 나토군(奈吐郡; 충북 제천시), 나생군(奈生郡; 강원도 영월군 영월읍)에 배치하였다고 전하고, 이외에 군에 배치한 군단에 관한 기록을 거기에서 찾을 수 없다. 다만 무관조에 전하는 군단 가운데 군에 배치되었다고 추정되는 것이 바로 외여갑당(外餘甲幢)이다. 결과적으로 태수(太守)가 동원할 수 있는 군단으로서 상정 가능한 것은 외여갑당밖에 없다고 볼 수 있는데, 여기서 문제는 819년(헌덕왕 11) 무렵에 전국의 군마다 법당군단을 설치하였는가의 여부에 관해서이다.

『삼국사기』 신라본기제9 경덕왕 16년(757) 12월 기록에 당시 신라에 9주 5소경 117군 293현이 있다고 전한다. 한편 잡지제9 직관(하) 외관조에 군 태수가 115명, 소수와 현령이 286명이었다고 전한다. 이들 기록에 전하는 군의 수에는 경덕왕대에 패강지역을 개척하고 새로 설치한 6군이 포함되었다.[125] 뒤에서 자세하게 고찰할 예정이지만, 패강진전(浿江鎭典)에 파견된 군관(軍官)들이 패강지역의 경비와 치안을 책임졌음이 확인된다. 왕경 주위의 왕기(王畿)에 대성군(大城郡)과 상성군(商城郡), 임관군(臨關郡) 등이 위치하였는데, 여기에는 왕경을 수비하는 군단들이 배치되었을 가능성이 높다. 따라서 패강지역과 왕기지역에 위치한 군에는 외여갑당을 설치하였다고 보기 어렵지 않을까 한다. 이들 지역에 위치한 군들을 제외하면, 대략 법당군단을 설치하였다고 추정해볼 수 있는 군의 숫자는 106개 내지 108개였다고 할 수 있다. 그런데 이와 같은 군의 수는 외법당, 즉 외여갑당에 배속된 법당두상·법당화척의 수와 매우 근사하다는 점이 유의된다. 여기서 두 가지 가능성을 상정해볼 수 있다. 첫 번째는 하대에 법당주가 지휘하는 52개의 외여갑당 가운데 1개를 제외하고 나머지 51개에 법당두상과 법당벽주라는 군관을 추가로 배속하였을 가능성이다. 두 번째는 하대에 외여갑

---

125 신라가 경덕왕대에 패강지역에 설치한 6군은 永豊郡, 海臯郡, 瀑池郡, 重盤郡, 栖嵒郡, 五關郡이다.

당의 수를 군의 수에 맞추어 102개로 늘리고, 법당두상과 법당화척, 법당벽주만을 그것의 군관으로 배치하였을 가능성이다.

　여갑당, 즉 경여갑당에 하대에도 여전히 법당주와 법당감이란 군관이 배속되었던 점을 고려하건대, 위의 두 가지 가능성 가운데 전자의 가능성이 높다고 볼 수도 있다. 그러나 다른 한편으로 하대에 태수가 동원한 군단으로서 외여갑당, 즉 외법당만을 상정할 수밖에 없는 현실을 감안한다면, 후자의 가능성도 완전히 배제할 수 없을 것이다. 중고기에 군치(郡治)에 해당하는 행정촌에 파견된 당주 또는 나두가 외여갑당을 통수(統帥)하였는데, 무관조에 전하는 법당주(法幢主)는 바로 군치에 해당하는 행정촌에 파견된 당주 또는 나두를 가리켰다. 이러한 측면을 염두에 두건대, 하대에 중고기의 당주 또는 나두와 마찬가지로 군치에 파견된 지방관인 태수가 바로 군 단위로 편성한 외법당(外法幢)의 법당주(法幢主) 역할을 수행하였다고 추론하는 것도 전혀 억측만은 아닐 것이다. 이처럼 군 태수가 법당주를 대신하여 외법당(외여갑당)을 통수하였다면, 외법당에 법당주와 법당감을 배속하지 않았을 가능성도 충분히 상정할 필요가 있을 것이다. 필자는 두 가지 모두 고려할 필요가 있다고 생각하지만, 그러나 X-② 기록에 유의하건대, 후자의 가능성이 더 높다고 판단된다.[126] 만약에 이와 같은 필자의 추론이 억측만은 아니라고 한다면, 하대의 군은 중고기와 마찬가지로 군관구로서의 성격

---

126 이렇다고 한다면, 무관조의 법당주와 법당감에 관한 기록은 중대의 사정을, 법당두상과 법당벽주에 관한 기록은 하대의 사정을 반영한 것이라고 이해할 수 있다. 법당화척에 관한 기록은 중대와 하대의 사정을 혼용하여 반영하였다고 볼 수 있는데, 이러한 이유는 법당주·법당감과 달리 법당화척이 군마다 설치된 외법당에도 배속된 것에서 비롯되었다고 짐작된다. 결과적으로 중고기부터 중대까지 주로 원신라지역에 위치한 군을 단위로 편성된 외여갑당이 52개가 존재하였고, 여기에 법당주, 법당감, 법당화척이란 군관을 배치하였다가 하대에 이르러 신라 전역에 분포하는 郡을 단위로 外法幢(外餘甲幢)을 편성하고, 여기에 법당두상, 법당화척, 법당벽주라는 군관을 배치하는 방향으로 법당군단을 개편하였다고 추정할 수 있지 않을까 한다.

을 지녔다고 평가할 수 있을 것이다.[127]

이상에서 하대에 이르러 군 단위로 외법당(외여갑당)을 편성하고, 필요에 따라 태수가 그것을 지휘하였을 가능성이 높았다는 사실을 살폈다. 만약에 이렇다고 한다면, 외법당의 편성과 운영과정에서 현령과 소수 등이 태수의 지휘·감독을 받았을 것으로 짐작된다는 점에서 역역징발과 진휼 이외에 군사적인 운용에서도 중간 지방행정단위로서의 군이 나름의 기능을 수행하였다고 이해할 수 있

---

127 종래에 井上秀雄, 1974, 앞의 논문, 163~177쪽에서 법당군단은 진흥왕대에 창설되었으며, 그것의 장은 法幢主였고, 그 예하에 法幢監, 秘書的 존재인 法幢火尺이라는 군관이 있었는데, 이들은 귀족이나 지방 호족들이 거느리고 있던 郎黨의 組織을 제도화한 군대를 통솔하였다고 보았다. 그리고 法幢頭上은 村主로 구성된 辟主群을 통솔하면서, 동시에 법당주의 통할을 받은 一小部隊長이었고, 法幢辟主는 촌락의 軍事首長이라는 原始的 組織을 源流로 한 것으로서, 촌락을 중심으로 하는 最小部隊를 통솔하였다고 이해하였다. 井上秀雄이 법당의 군관조직을 법당주-법당감-법당화척과 법당두상-법당벽주의 두 계열로 분리하여 이해한 이래, 대부분의 연구자가 이를 수용하였다. 한편 武田幸男, 1984, 앞의 논문에서 법당군단을 크게 법당 고유의 자립적인 당주계(법당주-법당감-법당화척) 군관조직으로 이루어진 부대(백관당·운제당·충당·석투당·소경여갑당)와 당주계가 비자립적인 두상계(법당두상-법당벽주) 군관조직을 통솔하는 부대(노당·경여갑당·외여갑당)의 2유형으로 나눌 수 있다는 견해를 제기하였다. 이인철, 1993, 앞의 책, 298~313쪽에서 중고기에 왕경·소경·주·군·성·촌 등의 지방행정단위를 기준으로 편성된 법당군단(경여갑당·소경여갑당·외여갑당)은 법당주-법당감-법당화척의 군관조직으로 구성되었고, 통일기에 삼여갑당 이외에 餘甲幢과 外法幢이 전국의 군·현에 설치되었는데, 여갑당이 편성된 군과 현에는 법당두상과 법당벽주를 모두 배치한 반면, 외법당이 편성된 지역의 경우, 군에는 법당두상과 법당벽주를 모두 배치하였지만, 현에는 법당벽주만을 배치하였다는 견해를 제기한 바 있다. 이밖에 근래에 이문기, 2018 「신라 법당의 신고찰」 『대구사학』 131에서 法幢에는 법당주-법당감-법당화척의 당주계열과 법당두상-법당벽주 두상계열 군관조직이 상하 위계 속에 존재하였는데, 전자 계열의 군관조직은 560년대에, 후자 계열은 6세기 말~7세기 초에 정비되었다고 이해한 다음, 6세기 중·후반에 법당의 성격이 전투부대에서 노역부대로 그 성격이 바뀌면서 두상계열의 군관조직이 추가로 배속되었으며, 7세기 후반에 법당은 노역부대의 성격을 강하게 지닌 여갑당(경·소경·외여갑당)으로 재편되었다는 견해를 제기하였다.

을 것이다. 주의 경우도 군과 마찬가지로 중간 지방행정단위로서의 성격을 지녔다.[128] 따라서 중간 지방행정단위로서의 주도 군과 유사한 기능을 수행하였다고 볼 수 있음은 물론이다.[129] 그런데 주는 주치와 그 직할 영현 및 다수의 군을 망라하는 광역의 지방행정단위로서의 성격도 지녔다. 그렇다면 광역의 지방행정단위로서의 성격을 지닌 주의 기능은 무엇이었을까가 궁금하다. 이에 대해서는 절을 달리하여 자세하게 살펴보도록 하겠다.

2) 광역 지방행정단위로서 주의 기능과 역할

앞에서 국가적 차원에서 역사(役事)를 전개할 때에 현 또는 군 단위로 역부(役夫)를 징발하였음을 살폈다. 그런데 다음에 제시한 기록들을 통해 광역의 지방행정단위로서의 주 단위로 역부를 징발하였음을 엿볼 수 있다.

XI-① 벽골제(碧骨堤)를 증축(增築)하였는데, 전주(全州) 등 7주의 사람들을 징발하여 공사를 일으켰다(『삼국사기』 신라본기제10 원성왕 6년 봄 정월).

XI-② 한산주도독(漢山州都督) 관내(管內)에 여러 성을 쌓았다(『삼국사기』 신라본기제8 성덕왕 17년 겨울 10월).

전북 김제에 위치한 벽골제는 규모가 매우 크다.[130] 따라서 원성왕 6년(790)

---

128 주치와 그 직할 영현을 망라한 주는 중간 지방행정단위로서의 성격을 지녔다고 이해할 수 있다.

129 다만 州治에는 外餘甲幢이 배치되지 않았기 때문에 군과 동일한 기능을 수행하였다고 말하기 어려울 것이다.

130 벽골제의 제방은 1917년(大正 6)에 실측되어 1924년에 발행된 1/50,000의 지도를 보면, 남쪽의 월승리에서 북쪽의 포교리까지 남북 일직선으로 평야를 가로질러 약 2.7km 가량 남아 있는 것을 살필 수 있다고 한다(성정룡, 2007 「김제 벽골제의 성격과 축조시기 재론」 『한·중·일의 고대 수리시설 비교 연구』, 계명대학교출판부, 67쪽). 『대동지지』 권11 김제군

벽골제를 증축(增築)할 때에 상당히 많은 사람들을 징발하였다고 예상된다. 이 때 전주를 비롯한 7주의 도독이 태수와 현령 등을 지휘·감독하며 역부의 징발 및 이동, 관리 등을 총괄하였던 것으로 보인다. 이러한 측면에서 XI-① 기록은 국가적 차원에서 광역의 지방행정단위로서 주 단위로 요역을 징발하였음을 알려주는 사례로 이해하여도 이견이 없을 것이다. XI-② 기록은 한산주 영역 내에 여러 성을 쌓은 사실을 반영한 것인데, 군이 '한산주도독관내(漢山州都督管內)'라는 표현을 사용한 것으로 보건대, 성덕왕 17년(718) 10월에 한산주 관내에 여러 성을 쌓을 때, 그것을 총괄한 관리가 총관(도독)이었을 가능성이 높다고 추정된다. 따라서 XI-② 기록 역시 주의 총관이 태수와 현령 등을 지휘 감독하며 역부를 징발하여 축성(築城)한 사례로 보아도 무방할 것이다. 그러나 주 단위로 역부를 징발하여 공사를 하는 경우가 많지 않았다고 보이기 때문에 주의 총관(도독)이 태수와 현령 등을 지휘 감독하며 역부를 징발한 사례는 군과 현 단위로 요역을 징발한 사례에 비하여 상대적으로 매우 적었을 것으로 짐작된다.

앞에서 제시한 X-② 기록에 헌덕왕 11년(819)에 초적(草賊)들이 사방에서 일어나자, 중앙정부에서 여러 주·군의 도독·태수에게 명하여 붙잡게 하였다고 전한다. 한편 『삼국사기』 신라본기제10 헌덕왕 14년 3월 기록에서 한산주(漢山州)와 우두주(牛頭州), 삽량주(歃良州), 패강진(浿江鎭), 북원경(北原京) 등이 김헌창의 반역 음모를 미리 알고, 군사를 일으켜 스스로 지켰다[擧兵自守]고 하였다. 또한 헌덕왕 17년(825) 정월 기록에 '헌창(憲昌)'의 아들 범문(梵文)이 고달산적(高達山

─────────────

벽골제조에 따르면, 벽골제의 길이가 2,600步(주척으로 3,385m)였다고 하였다. 또한 『신증동국여지승람』 권33 전라도 김제군 고적조에서는 벽골제의 길이가 60,843尺(주척 기준 12,534m, 營造尺 기준 18,740m)이라 하였다. 둑의 길이에 대하여 여러 가지 이설이 있긴 하지만, 그러나 그것의 길이가 최소 1.2km에서 최대 3.3km에 이르렀음은 분명하다.

賊) 수신(壽神) 등 100여 명과 함께 반역(叛逆)을 꾀하여, 평양(平壤)에 도읍을 세우고자 북한산주(北漢山州)를 공격하였다. 도독(都督) 총명(聰明)이 군사를 거느리고 그들을 붙잡아 죽였다.'고 전한다. 여기서 도독이 지휘한 군단 또는 한산주 등에서 일으킨 군대의 실체와 관련하여『삼국사기』잡지제9 직관(하) 무관조에 9주에 배치되었다고 전하는 군단을 주목할 필요가 있다. 10정(停)은 8주에 1정씩, 한산주에 2정을 배치하였다. 종래에 10정을 주의 도독이 관할하였을 것이라는 견해가 제기되어 주목된다.[131] 이밖에 9주에 비금당(緋衿幢), 사자금당(師子衿幢), 만보당(萬步幢)이 배치되었음을 확인할 수 있다. 이 가운데 비금당과 사자금당은 경덕왕대 이후 또는 하대에 9주에 새로 배치한 군단으로 이해되고 있다.[132] 이에 따른다면, 하대에 주의 도독이 초적들을 붙잡기 위하여 동원한 군단은 각 주에 배치된 10정군단과 비금당, 사자금당, 만보당 등이었다고 볼 수 있다.

중대에 주의 총관(도독)은 10정과 만보당의 군단을 지휘할 수 있었지만, 실제로 총관이 이들 군단을 거느리고 군사작전을 전개한 경우는 드물었고, 두 군단의 군사들은 주로 주 관내의 치안을 유지하는 임무를 수행한 것으로 이해된다. 그러나 하대에 이르러 지방에서 농민들이 도적이 되어 봉기하는 사례가 늘어나 치안이 점점 불안해지자, 이에 신라 정부는 사자금당과 비금당을 9주에 추가로 배치하여 주 총관(도독)의 군사적 권한을 강화하는 방향으로 군제(軍制)를 개편한 것으로 보인다.

광역의 지방행정단위로서의 주의 또 다른 기능과 관련하여 다음의 기록을 주목할 필요가 있다.

---

131 주보돈, 1994, 「남북국시대의 지배체제와 정치」『한국사』3(고대사회에서 중세사회로1), 한길사, 318쪽.

132 이문기, 1997 앞의 책, 55~56쪽에서 緋衿幢과 師子衿幢이 경덕왕대 이후에 설치되었다고 이해하였고, 전덕재, 1997 앞의 논문, 47~55쪽에서는 하대에 9주에 사자금당과 비금당을 설치하였다는 견해를 제기하였다.

향덕(向德)은 웅천주(熊川州) 판적향(板積鄕) 사람이다. … 천보(天寶) 14년 을미(755; 경덕왕 14)에 흉년이 들어 백성이 굶주리고 게다가 전염병마저 유행하였다. 부모가 굶주리고 병이 들었으며, 어머니는 또한 종기가 나서 거의 죽을 지경에 이르렀다. 향덕이 밤낮으로 옷을 벗지 않고 정성을 다해 위로하며 마음을 편안하게 하였으나, 봉양할 것이 없어 이에 자신의 넓적다리 살을 떼어 드시게 하고, 또 어머니의 종기를 입으로 빨아 모두 병을 낫게 하였다. 향사(鄕司)에서 주(州)에 보고하고, 주에서 왕에게 보고하였다. 왕은 명을 내려 조(租) 300석과 집 한 채, 구분전(口分田) 약간을 내려주고, 유사(有司)에게 명해 비석을 세워 일을 기록하게 하여 드러내도록 하니 지금[고려]까지 사람들은 그곳을 효가리(孝家里)라 부른다(『삼국사기』 열전제8 향덕).

위의 기록에서 판적향에 거주하는 향덕의 효행(孝行)을 웅천주에서 국왕에게 신주(申奏)하고 있음을 살필 수 있다. 효가리는 지금의 충남 공주시 소학동으로 비정된다.[133] 앞에서 향(鄕)은 군(군치)·현을 구성하는 지역촌의 성격을 지녔음을 살폈다. 이에 따른다면, 공주시 소학동에 위치한 판적향은 통일신라시대에 웅천주의 주치(州治)에 위치하였다고 볼 수 있다. 따라서 위의 기록에 나오는 주는 광역의 지방행정단위로서의 주가 아니라 현급에 해당하는 주(주치)를 가리킨다고 이해할 수 있다. 즉 주치로서의 성격을 지닌 주가 관내에 거주하는 향덕의 효행을 국왕에게 보고하였다고 볼 수 있다는 의미이다. 그렇다면 각 주에서 주치와 그 예하의 직속 영현(領縣)뿐만 아니라 그 이외의 주에 소속된 여러 군과 현 등에 거주하는 사람들의 효행이나 특이동향 등도 수합하여 중앙정부에 보고하였을까가 궁금하다. 이와 관련하여『삼국사기』신라본기에 전하는 다음의 기록들을 주목할 필요가 있다.

---

133 소학동에 1741년(영조 17)에 충청도 관찰사 趙榮國이 쓴 新羅孝子向德旌閭碑가 세워져 현재까지 전하고 있다(정구복 등, 2012b 앞의 책, 819쪽).

번호		연대	기록 내용	비고
XII	①	소성왕 원년 (799)	여름 5월에 우두주도독(牛頭州都督)이 사자(使者)를 보내 아뢰기를, '소와 비슷하게 생긴 이상한 짐승이 있는데, 몸은 길고 높으며 꼬리가 3척(尺) 가량이나 되고 털은 없고 코가 긴 놈이 현성천(峴城川)에서 오식양(烏食壤)으로 향하여 갔습니다.'라고 하였다.	
	②	애장왕 5년 (804)	가을 7월에 우두주 난산현(蘭山縣)에서 엎어져 있던 돌이 (저절로) 일어났다. 웅천주 소대현(蘇大縣) 부포(釜浦)의 물이 핏빛으로 변하였다.	삭정군(朔庭郡) 난산현(蘭山縣); 부성군(富城郡) 소태현(蘇泰縣)
	③	헌덕왕 8년 (816)	한산주 당은현(唐恩縣)에서 길이 10척(尺), 너비 8척, 높이 3척 5촌(寸)인 돌이 저절로 100여 보(步)를 갔다.	수성군(水城郡) 당은현(唐恩縣)[134]
	④	헌덕왕 17년 (825)	3월에 무진주(武珍州) 마미지현(馬彌知縣)[고마미지현(古馬弥知縣)]의 여자가 아이를 낳았는데, 머리와 몸이 둘이고 팔이 넷이었다. 아이를 낳을 때에 하늘에서 크게 천둥이 쳤다.	보성군(寶城郡) 마읍현(馬邑縣)[고마미지현(古馬弥知縣)]
	⑤	헌덕왕 17년 (825)	가을에 우두주 대양관군(大陽管郡) 나마(奈麻) 황지(黃知)의 아내가 한꺼번에 아들 둘 딸 둘을 낳았으므로 조(租) 100석을 주었다.	
	⑥	흥덕왕 3년 (828)	여름 4월에 한산주 표천현(瓢川縣)의 요망한 사람이 스스로 이르기를, '빨리 부자가 될 수 있는 술법을 알고 있다.'고 하였으므로 여러 사람이 그 말에 꽤나 흘렸다. 왕이 이 말을 듣고 '좌도(左道)로 여러 사람을 미혹케 하는 자를 처벌하는 것은 선왕(先王)의 법도(法度)이다.'라 하고는 그 사람을 원도(遠島)로 쫓아버렸다.	내소군(來蘇郡) 중성현(重城縣)[칠중현(七重縣)] 또는 우봉군(牛峯郡) 장단현(長湍縣)[135]

XII-① 기록에 나오는 현성천, 오식양의 위치를 정확하게 알기 어렵기 때문에 소와 비슷하게 생긴 짐승이 우두주의 주치 또는 그 직할 영현을 지나간 것인지, 아니면 이외의 우두주 예하 어떤 군과 현의 영역을 지나간 것인지 정확하게 헤아리기 어렵다. 이렇다고 하더라도 XII-① 기록을 근거로 우두주의 도독이 그 예하의 군 또는 현에서 발생한 기이한 일을 수합하여 국왕에게 보고하였다고 추론하는 것은 그리 무리는 아닐 것으로 판단된다.

XII-②, ③, ④, ⑥ 기록은 어떤 현에서 일어난 괴변 또는 특이한 일에 대하여 기술한 것인데, 특이 사항은 중간 지방행정단위인 군을 모두 생략하였다는 점이다.

---

134 『삼국사기』 잡지제4 지리2 한산주조에는 唐恩郡으로 전한다. 그러나 XII-③ 기록과 신라본기 제10 헌덕왕 15년 2월 기록에 水城郡과 唐恩縣을 합쳤다고 전하는 사실에 의거하여, 헌덕왕 8년 이전에 당은군을 당은현으로 강등하고 수성군의 영현으로 편제하였음을 추론할 수 있다.

135 손흥호, 2019 「9세기 전반 신라의 사회변동과 지방사회」『대구사학』135, 18~19쪽에서 瓢川縣은 경기도 연천군 장남면 일대에 위치한 현(來蘇郡 重城縣 또는 牛峯郡 長湍縣)임을 고증하였다.

XII-⑥ 기록에서 국왕이 요망한 사람에게 유배형(流配刑)을 선고하였음을 알 수 있다. 본래 표천현의 현령(또는 소수)이 요망한 사람을 붙잡아 감옥에 가둔 후에 그의 죄상을 상급기관에 신주(申奏)하였고, 최종적으로 중앙정부에서 유배형을 선고하여 하달하였을 것으로 짐작된다. 그런데 여기서 주목되는 사항은 단지 표천현이라 표현하지 않고, 한산주 표천현이라 표기하였다는 사실이다. 이를 근거로 표천현에서 내소군 또는 우잠군을 거치지 않고 직접 한산주에 요망한 사람의 죄상을 보고하였고, 다시 한산주에서 그 내용을 중앙정부에 신주하자, 중앙정부에서 유배형을 선고하여 하달하였다고 추론할 수 있기 때문이다. 동일한 맥락에서 XII-②, ③, ④ 기록의 경우도 현에서 중간 지방행정단위인 군을 거치지 않고 직접 그 영역 내에서 발생한 특이동향이나 괴변 등을 주에 보고하였고, 주에서 다시 중앙정부에 신주하였음을 시사해주는 자료로 이해할 수 있지 않을까 한다. 이러한 추론에 잘못이 없다면, XII-⑤ 기록은 대양관군의 군치에 살던 나마 황지의 아내가 자식 넷을 낳은 사실을 우두주에 보고하였고, 우두주에서 다시 이를 중앙정부에 보고하자, 중앙정부에서 황지에게 조(租) 100석을 사여한 사실을 반영한 것으로 볼 수 있을 것이다.

그런데 신라본기에서 주를 밝히지 않고 단지 군 또는 현에서 어떤 변고 또는 특이동향이 나타났다고 기록한 사례를 여럿 발견할 수 있다. 이에 관한『삼국사기』신라본기에 전하는 기록들을 제시하면 다음과 같다.

번호	연대	기록 내용
XIII	성덕왕 18년(719)	가을 9월에 금마군(金馬郡) 미륵사(彌勒寺)에 벼락이 쳤다.
	효성왕 2년(738)	4월에 소부리군(所夫里郡)의 강물이 핏빛으로 변하였다.
	혜공왕 3년(767)	9월에 김포현(金浦縣)에서 벼이삭이 모두 쌀이 되었다.
	혜공왕 5년(769)	겨울 11월에 치악현(雉岳縣)에서 쥐 80여 마리가 평양(平壤)을 향하여 갔다.
	원성왕 14년(798)	여름 6월에 굴자군(屈自郡)의 대사(大舍) 석남오(石南烏)의 아내가 한 번에 아들 셋과 딸 하나를 낳았다.
	헌안왕 2년(858)	당성군(唐城郡)의 남쪽 하안(河岸)에 큰 물고기가 나왔는데, 길이가 40보(步), 높이가 6장(丈)이나 되었다.
	헌강왕 8년(882)	12월에 고미현(枯彌縣)의 여자가 한꺼번에 아들 셋을 낳았다.

위의 기록들은 군 또는 현에서 발생한 괴변이나 기이한 일 등에 대해 기술한 것이다. 위의 기록들을 통해 군과 현에서 직접 중앙정부에 특이동향이나 괴변, 기이한 일 등에 대해 신주(申奏)한 경우도 있었음을 유추할 수 있다. 그러나 앞의 XII-①~⑥ 기록과 문헌에 '소부리주기벌포(所夫里州伎伐浦)',[136] '청주거로현(菁州居老縣)',[137] '삽량주굴자군(歃良州屈自郡)',[138] '무주철야현(武州鐵冶縣)',[139] '완산주만경현인(完山州萬頃縣人)',[140] '삽량주하곡현지영축산(歃良州阿曲縣之靈鷲山)'이란[141] 표현이 전하는 사실을 주목하건대, XIII 기록 가운데 주를 생략한 경우도 없지 않았을 것으로 추정된다. 만약에 이러한 추론에 잘못이 없다면, 통일신라시대에 광역의 지방행정단위인 주에서 그 예하 군이나 현에서 발생한 특이동향이나 기이한 일 등을 수합하여 중앙정부에 신주(申奏)하는 것이 일반적인 관행이었다고 정리하여도 이론이 없지 않을까 하는 것이 필자의 판단이

---

136 沙湌施得領船兵 與薛仁貴戰於所夫里州伎伐浦 敗績(『삼국사기』 신라본기제7 문무왕 16년 겨울 11월).
　　기벌포는 금강 하류로서 현재 충남 서천군 장항읍 장암리에 있던 포구였다. 기벌포는 웅주 舌林郡(西林郡)의 영역이었다.

137 以菁州居老縣爲學生祿邑(『삼국사기』 신라본기제10 소성왕 원년 봄 3월).
　　거로현은 菁州(康州) 裳郡(巨濟郡)의 領縣이었다.

138 以歃良州屈自郡 近賊不汙於亂 復七年(『삼국사기』 신라본기제10 헌덕왕 14년 3월).

139 冬十二月 金陽爲平東將軍 與閻長·張弁·鄭年·駱金·張建榮·李順行統軍 至武州鐵冶縣. 王使大監金敏周出軍迎戰. 遣駱金·李順行 以馬軍三千突擊 殺傷殆盡(『삼국사기』 신라본기제11 민애왕 원년).
　　鐵冶縣(實於山縣)은 武州 錦山郡(發羅郡)의 領縣이다.

140 釋眞表 完山州〈今全州牧〉萬頃縣人(『삼국유사』 권제4 의해제5 眞表傳簡).
　　萬頃縣(豆乃山縣)은 完山州(全州) 金堤郡(碧骨郡)의 영현이다.

141 歃良州阿曲縣之靈鷲山〈歃良 今梁州. 阿曲一作西 又云求佛 又屈弗 今蔚州置屈弗驛 今存其名〉有異僧 庵居累紀 而鄕邑皆不識 師亦不言氏名(『삼국유사』 권제5 피은제8 朗智乘雲普賢樹).
　　阿曲縣은 河曲縣(河西縣)을 가리키며, 이것은 良州(歃良州) 臨關郡(毛火郡)의 영현이다.

다. 이와 같은 필자의 판단은 중대와 하대에 각 주에서 서물(瑞物) 또는 서수(瑞獸)나 서조(瑞鳥) 등을 진상(進上)한 사실을 전하는 기록들을 분석함으로써 보완할 수 있다.

〈표 11〉 9주에서 서물(瑞物)·서수(瑞獸)·서조(瑞鳥)를 진상한 사례 일람

연대	기록 내용	연대	기록 내용
무열왕 2년 10월	우수주에서 흰 사슴[白鹿]을 헌상하였다.	문무왕 2년 8월	남천주(南川州)에서 흰 까치[白鵲]를 헌상하였다.
문무왕 17년 3월	소부리주(所夫里州)에서 흰 매[白鷹]를 헌상하였다.	신문왕 11년 3월	사화주(沙火州)에서 흰 참새[白雀]를 헌상하였다.
효소왕 6년 7월	완산주(完山州)에서 가화(嘉禾)를 헌상하였다. 고랑이 서로 다른 줄기의 이삭이 합해져 하나로 된 것이었다.	성덕왕 3년 정월	웅천주(熊川州)에서 금빛 영지[金芝]를 진상하였다.
성덕왕 7년 정월	사벌주(沙伐州)에서 상서로운 영지[瑞芝]를 진상하였다.	성덕왕 8년 3월	청주(菁州)에서 흰 매[白鷹]를 헌상하였다.
성덕왕 14년 4월	청주에서 흰 참새[白雀]를 헌상하였다.	성덕왕 19년	5월에 완산주에서 흰 까치[白鵲]를 진상하였다. 가을 7월에 웅천주에서 흰 까치[白鵲]를 헌상하였다.
성덕왕 23년 봄	웅천주에서 상서로운 영지[瑞芝]를 진상하였다.	효성왕 3년 9월	완산주에서 흰 까치[白鵲]를 헌상하였다.
경덕왕 12년 8월	무진주(武珍州)에서 흰 꿩[白雉]을 헌상하였다.	경덕왕 13년 5월	우두주에서 상서로운 영지[瑞芝]를 헌상하였다.
원성왕 6년	웅천주에서 붉은 까마귀[赤烏]를 진상하였다.	원성왕 7년 10월	한산주(漢山州)에서 흰 까마귀[白烏]를 진상하였다.
소성왕 원년 8월	한산주에서 흰 까마귀[白烏]를 헌상하였다.	애장왕 2년 9월	무진주에서 붉은 까마귀[赤烏]를 진상하였다. 우두주에서 흰 꿩[白雉]을 진상하였다.
애장왕 3년 8월	삽량주(歃良州)에서 붉은 까마귀[赤烏]를 진상하였다.	애장왕 5년 7월	삽량주에서 흰 까치[白鵲]를 진상하였다.
헌덕왕 2년 정월	하서주(河西州)에서 붉은 까마귀[赤烏]를 진상하였다.	헌덕왕 17년 가을	삽량주에서 흰 까마귀[白烏]를 헌상하였다.
헌강왕 6년 8월	웅천주에서 가화(嘉禾)를 진상하였다.		

〈표 11〉에서 각 주에서 바친 진상물은 모두 서물(瑞物)과 서수(瑞獸), 서조(瑞鳥)에 해당하는 것이다. 동중서(董仲舒)가 정립한 천인감응설(天人感應說)에 따르면, 자연현상과 인사(人事), 특히 정치는 긴밀하게 대응되어서 군주의 통치행위

는 우주질서의 근원인 천(天)에 순종해야 하며, 천의 의지, 또는 주재성(主宰性)은 구체적으로 상서(祥瑞)와 재이(災異) 등과 같은 자연현상을 통하여 발현되는데, 만약에 군주(君主)가 덕치(德治)를 행하면, 천(天)[천제(天帝)]은 상서로써 그에 응답하고, 만약에 통치를 잘못하면 재해(災害)나 이변(異變)을 통하여 견책(譴責)을 내린다고 한다.[142] 따라서 중대와 하대에 각 주(州)에서는 서물과 서수, 서조가 나타나자, 국왕이 덕치를 행하여 천에서 상서로운 동식물을 보내 감응하였음을 알리려는 의도에서 그것들을 국왕에게 헌상하였다고 이해할 수 있다.[143]

당나라에서는 의제령(儀制令)에 여러 상서 가운데 기린·봉황·거북이·용과 같은 부류가 도서(圖書)에[144] 의거하여 대서(大瑞)에 해당하면, 즉시 표(表)를 올려 아뢰며, 기타의 여러 상서는 담당 관청[태상시(太常寺)]에 보고하고, 담당 관청은 보고한 내용을 정리하여 원일(元日)에 황제에게 아뢰도록 규정하였다.[145] 고대 일본에서도 당나라와 거의 비슷한 제도를 운영하였다.[146] 신라에서 중·하대에 대

---

142 김동민, 2004「동중서 춘추학의 천인감응론에 대한 고찰-상서·재이설을 중심으로-」『동양철학연구』36, 동양철학연구회.

143 종래에 이문기, 1990 앞의 논문, 31~32쪽에서 '광역의 주'를 대표하는 都督이 瑞物進上을 통해 국왕에게 신속의례를 행하고, 국왕은 또 이를 통해 도독의 주 장관으로서의 지위를 재확인해주었다고 이해하였다. 한편 강봉룡, 1994「신라 지방통치체제 연구」, 서울대학교 박사학위논문, 227~228쪽에서 광역행정구역으로서의 주가 상서물을 진헌했던 것은 관내에서 획득된 상서물을 취합하여 국왕에 진헌한 것으로 볼 수 있으며, 이러한 행위는 관내의 주민들에게 국왕에 대한 충성심을 弘布하는 등의 상징적으로 고도의 정치적인 기능에 해당된다고 이해할 수 있다는 견해를 제기하였다.

144 祥瑞의 종류를 확인할 때에 사용하는 문헌을 가리킨다.

145 儀制令 諸祥瑞若麟鳳龜龍之類 依圖書大瑞者 即隨表奏 其表惟言瑞物色目及出處 不得苟陳虛飾. 告廟頒下後 百官表賀. 其諸瑞並申所司 元日以聞. 其鳥獸之類 有生獲者 放之山野 餘送太常. 若不可獲 及木連理之類 有生即具圖書上進. 詐爲瑞應者 徒二年 若災祥之類 史官不實對者 黜官三等(『唐會要』卷28 祥瑞上).

146 凡祥瑞應現 若麟鳳龜龍之類 依圖書合大瑞者 隨即表奏 其表唯顯瑞物色目及出處所 不得苟陳虛飾 徒事浮詞. 上瑞以下 並申所司 元日以聞. 其鳥獸之類 有生獲者 仍遂其本性 放

서(大瑞)에 해당하는 기린·봉황·거북이·용 등을 진상하였음을 알려주는 자료를 찾을 수 없다. 한편 각 주에서 서물 등을 진상한 월(月)이 다양한 것으로 보건대, 당나라와 고대 일본의 경우처럼 각 주에서 상서가 나타났다고 보고한 것을 수합하여 원일에 한꺼번에 국왕에게 신주(申奏)하였다고 말하기 어려울 듯싶다. 아마도 신라에서는 당과 고대 일본의 경우와 달리 상서와 관련된 율령 규정을 제정하지 않았을 가능성도 배제할 수 없을 것이다.

신라본기에 태종무열왕 2년(655) 10월에 굴불군(屈弗郡)에서 흰 돼지[白猪]를 진상하였고, 이밖에 원성왕 원년(785) 3월에 패강진(浿江鎭)에서 붉은 까마귀[赤烏], 소성왕 원년(799) 3월에 냉정현령(冷井縣令) 염철(廉哲)이 흰 사슴[白鹿], 헌덕왕 2년 7월에 서원경(西原京)에서 흰 꿩[白雉]을 진상(進上)하였다고 전한다. 이러한 사례들을 참조하건대, 상서로운 동식물을 반드시 주에서만 진상한 것이 아니었다고 볼 수 있다. 그러나 상서로운 동식물을 진상한 주체의 대부분이 주로 전하기 때문에 이러한 사례들은 예외적인 경우라 보는 것이 합리적이라 판단된다. 여기서 문제는 주에서 상서로운 동식물을 진상하였을 때, 그것이 응현(應現)된 곳이 과연 주치(州治) 또는 주의 직할 영현(領縣)에 한정되었을까의 여부에 관해서이다. 군과 현에서 상서로운 동식물을 진상한 사례가 2건 발견되는 것에 반하여, 주에서 진상한 사례가 25건에 달하였다는 점을 고려하건대, 중대와 하대에 주치 또는 주의 직할 영현에 편중되어 상서로운 동식물이 나타났다고 주장하기가 쉽지 않을 것이다. 즉 각 주에서 진상한 상서로운 동식물은 주치 또는 주의 직할 영현뿐만 아니라 이러한 곳 이외의 주 예하 군·현에서 두루 발견되었다고 봄이 자연스러울 것이라는 의미이다. 이와 관련하여 남조(南朝)의 송(宋)과 당나라에서 주에서 그 예하의 현에 나타난 상

之山野 餘皆送治部. 若有不可獲 及木連理之類 不須送者 所在官司 案驗非虛 具畵圖上 其須賞者 臨時聽勅(『律令』儀制令; 기요하라노 나츠노저·이근우역주, 2014『令義解譯註』下, 세창출판사, 98쪽).

서로운 동식물을 중앙정부에 진상하거나 그에 관한 사항을 보고한 사실이 유의된다고 하겠다.[147]

　이상에서 중대와 하대에 광역의 지방행정단위인 주의 영역에서 나타난 상서로운 동식물을 주에서 수합하여 국왕에 진상하였을 가능성이 높다는 사실을 살펴보았다. 이를 통해 앞에서 각 주 예하의 군과 현에서 발생한 괴변이나 기이한 일, 또는 거기에 거주하는 사람들의 효행 또는 특이동향 등을 주에서 수합하여 중앙정부에 보고하는 것이 일반적인 관행이었다고 추론한 것을 나름 보완할 수 있지 않을까 한다. 물론 이렇다고 하여 일반 행정 및 수취체계 전반에 걸쳐 광역의 지방행정단위인 주의 총관(도독)이 현급의 지방행정단위인 군(군치)을 다스리는 태수 및 일반 현에 파견된 현령이나 또는 소수를 직접 지휘, 감독하였다고 확대 해석해서는 곤란하다. 앞에서 살핀 바와 같이 통일신라에서 기본적으로 일반 지방행정 및 수취체계는 현(또는 군치, 주치)과 중앙정부가 직접 연결하는 시스템으로 운영되었기 때문이다. 다만 9주 관내에서 발생한 괴변이나 기이한 일, 또는 거기에 거주하는 사람들의 효행 또는 특이동향 등과 같은 경우에 한하여 군과 현이 직접 중앙정부에 신주(申奏)하는 것이 아니라 각 주에서 그것들을 수합한 다음, 주의 총관(도독)이 이를 중앙정부에 보고하는 것이 일반적인 관행이었다는 점을 강조하여 두고자 한다.

147　晉孝武帝太元十四年六月甲申朔 寧州刺史費統上言 所統晉寧之滇池縣 舊有河水 周回二百餘里. 六月二十八日辛亥 神馬二匹 一白一黑 忽出於河中 去岸百步 縣民董聰見之. … 元嘉九年正月 白鹿見南譙譙縣 豫州刺史長沙王義欣以獻 … 元嘉二十二年二月 白鹿見建康縣 揚州刺史始興王濬以聞(『宋書』卷28 符瑞中); 上元三年十一月一日 陳州上言 宛邱縣 鳳凰集 衆鳥數萬 前後翔從 行列齊整 色別爲群. 三日 遂改元儀鳳(『唐會要』卷28 祥瑞上); 其年(長慶 元年) 六月 鄆州奏 濮州雷澤縣界 有鳥巢 因風墜二雛 鵲引而哺之. … 太和元年十一月 河中奏 當管虞鄉縣 有白虎入靈峰觀 瑞應圖云 白虎 義獸也 一名騶虞 王者德至鳥獸 澤洞幽冥則見 今并圖奏進(『唐會要』卷29 祥瑞下).
　이밖에 『宋書』권28 符瑞中과 권29 符瑞下에 州의 刺史가 그 예하의 현에서 발견된 祥瑞物 등을 중앙에 진상하거나 상서와 관련된 사항을 보고한 기록을 다수 발견할 수 있다.

이밖에 통일신라시대 광역의 지방행정단위인 주의 기능과 관련하여 다음의
두 기록을 주목할 필요가 있다.

XIV-① 신라 집사성(執事省)에서 일본국 태정관(太政官)에 첩(牒)을 보냅니
다. 기삼진(紀三津)이 조빙사(朝聘使)이며, 겸하여 공진(貢進) 예물(禮物)
을 가지고 있다고 사칭(詐稱)하오나, 공첩(公牒)을 열람해보니 허위(虛
僞)이고 사실이 아닌 일입니다. 첩합니다. 삼진(三津) 등의 장(狀)을 받
아 보았는데, (거기에서) 이르기를, '본(국)의 왕명을 받들어 오로지 서로
통하여 우호를 맺기 위하여 왔습니다.'라고 하였습니다. 그런데 함(函)
을 열어 첩(牒)을 열람하니, '(첩에서는) 다만 당나라에 빙례(聘禮)를 갖추
어 행하기 위해 가는 도중에 혹시 사신(使臣)이 탄 배가 그쪽(신라)의 경
계에 표류하다가 정박하면, 즉시 도와서 (당으로) 보내주시고 가로막아
지체시키지 말아 주십시오.'라고만 이르렀을 뿐입니다. 주관하는 관청
[주사(主司)]에서 두 번이나 사자(使者)를 보내 간곡하게 물어보았으나,
(여전히) 말과 첩의 내용이 서로 어긋나서 진위(眞僞) 여부를 판별할 수
가 없었습니다. … 이 일을 모름지기 태정관에 첩하며, 아울러 청주(菁
州)에 첩하여 일을 헤아려 바다를 건너가는 일정에 맞추어 양식을 지급
하고 본국으로 송환(送還)하도록 하였습니다. (국왕의) 처분을 청하옵니
다. (국왕의) 판(判)[결재]을 받들어 장(狀)에 준하여 태정관에 첩하오니,
자세하게 살피기를 청하옵니다(『속일본후기(續日本後紀)』 권5 인명천황
(仁明天皇) 승화(承和) 3년 12월).
XIV-② 대재부(大宰府)에서 파견한 역사(驛使)가 아뢰기를, '신라인이 강주(康
州)의 첩문(牒文) 2통을 가지고 본국(일본)의 표류인(漂流人) 50여 명을 압
송(押送)하여 이르렀습니다.'라고 하였다(『속일본후기』 권15 인명천황 승화
12년 12월).

XIV-① 기록은 836년(흥덕왕 11)에 신라의 집사성에서 일본의 태정관에 보낸 첩문이다. 기삼진(紀三津)이 청주(菁州)에 이르자, 청주의 관리들이 기삼진이 신라에 온 이유를 조사하였다고 보인다. 기삼진은 국왕에게 올리는 장(狀)과 더불어 태정관첩을 청주에 바쳤고, 청주에서는 이것들과 함께 기삼진이 청주에 도착하였다는 사실 및 그들에 대한 처분을 묻는 내용의 문서를 중앙정부에 보냈던 것으로 이해된다. 집사성첩에는 주관하는 관청, 즉 주사(主司)가 보이는데, 이것은 외국의 사신을 접대하는 업무를 담당한 영객부(領客府)를 가리키는 것으로 추정된다.[148] 신라 정부에서는 기삼진이 사절을 사칭한 혐의가 있으므로 처벌할 것을 일본에 요구하면서, 아울러 청주에 첩을 보내 기삼진 일행을 일본으로 송환하고 그들이 일본으로 갈 때에 필요한 식량을 지급하도록 지시하였음을 집사성첩을 통해 살필 수 있다.

청주[강주]에 위치한 포구(浦口) 가운데 백제와 대가야가 서로 차지하려고 다툰 곳이 바로 경남 하동의 다사진(多沙津)[대사진(帶沙津)]이다.[149] 이를 통해 삼국시대에 섬진강 하구에 위치한 다사진이 남해안에서 왜를 연결하는 관문항으로 기능하였음을 유추할 수 있다.[150] 통일신라에서도 역시 마찬가지였을 것으로 짐작된다. 기삼진의 경우도 하동에 도착하였을 가능성이 높다고 보인다. 일본에서 파견한 기삼진을 응대한 것이 청주의 관리였다는 사실에서 통일신라시대에 외국의 사신이 신라에 올 때에 주의 총관(도독) 또는 속관(屬官)들이 접대하는 것이

---

148 윤선태, 2002 「신라의 문서행정과 목간-첩식문서를 중심으로-」『강좌 한국고대사』 제5권 (문자생활과 역사서의 편찬), 재단법인 가락국사적개발연구원, 75~76쪽 ; 김은숙, 2006 「일본 최후의 견당사 파견과 장보고 세력」『한국고대사연구』42, 286쪽.

149 『日本書紀』권9 神功皇后攝政 50년 여름 5월 기록에 왜가 백제에게 多沙城을 賜與하여 왕래하는 길의 驛으로 삼게 하였다고 전한다. 그리고 『일본서기』권17 繼體天皇 23년(529) 3월 기록에 백제왕이 加羅(대가야)의 多沙津을 朝貢할 때에 津路로 삼기를 요청하는 내용 및 가라왕이 다사진이 조공할 때에 사용한 渡津이었다고 언급한 내용이 보인다.

150 전덕재, 2013 「신라의 대중·일 교통로와 그 변천」『역사와 담론』65, 179~180쪽.

관례였음을 추론할 수 있다. 통일신라시대에 청주[강주]의 다사진 이외에 거제도와 김해 등에도 일본을 연결하는 관문항이 존재하였다고 보이므로,[151] 청주뿐만 아니라 김해경(金海京)[금관소경(金官小京)]이 속한 양주(良州)[삽량주(歃良州)]에서도 일본 사신을 접대하는 업무를 관장하였다고 이해할 수 있다. 한편 신라와 당을 연결하는 관문항은 현재 경기도 화성시 서신면 전곡리에 위치하였다고 추정되는 당항진(党項津)[당은포(唐恩浦)]이었다. 따라서 당나라 사신은 주로 한산주의 총관(도독)이 접대하였을 것으로 추정된다. 외국으로 가는 사신을 환송할 때에도 역시 주가 관여하였음은 물론이다.

『삼국사기』잡지제3 지리1에 '본국(신라) 경계 내에 3주를 두었다. 왕성(王城) 동북쪽의 당은포로(唐恩浦路)에 해당하는 곳을 상주(尙州)라 하고, 왕성 남쪽을 양주(良州), 서쪽을 강주(康州)라 불렀다.'고 전한다. 통일신라시대에 당은포로는 경북 상주에서 화령고개를 넘어 보은, 청주, 천안시 직산면을 지나 평택과 안중, 화성 등을 경유하여 당은포에 도달하는 코스를 이른다.[152] 따라서 당은포로에 걸쳐 있는 웅천주, 사벌주(상주)의 총관(도독) 또는 속관들이 사신들을 접대하였다고 볼 수 있다. 한편 XIV-② 기록에 승화(承和) 12년(845; 문성왕 7)에 표류한 일본인을 강주(청주)에서 일본으로 압송하였다고 전하는데, 이를 통해 표착한 외국인

---

151 『신증동국여지승람』 권32 경상도 거제현 關防 知細浦營條에 거제시 일운면 지세포리에 위치한 知世浦에서 바람을 기다려서 배를 타고 對馬島로 향한다고 전하는데, 이를 근거로 조선 전기뿐만 아니라 고려와 통일신라시대에서도 거제도가 한반도 남부와 대마도를 연결하는 교통의 요지였다고 짐작해볼 수 있다. 한편 『삼국지』 위서 동이전 왜조에 狗邪韓國(경남 김해)에서 바다를 건너 對馬國에 이른다고 전하는 사실을 통해 김해가 한반도 남부지역과 왜를 연결하는 해상교통의 요지였음을 엿볼 수 있다. 실제로 김해시 장유면 관동리유적에서 고대의 인공구조물인 棧橋施設(船着場)이 확인된 바 있다(소배경, 2011 「김해 관동리유적과 가야의 항구-김해 관동리 삼국시대 진지(津址)를 중심으로-」『제17회 가야사학술회의; 가야의 포구와 해상활동』, 김해시·인제대학교 가야문화연구소).

152 전덕재, 2013 앞의 논문, 159쪽.

에 관한 업무 또한 주에서 관장하였음을 엿볼 수 있다. 결과적으로 사신 접대와 환송, 표류민의 송환 등과 같은 외국과 관련된 제반 사항에 대해서는 군과 현이 아니라 광역의 지방행정단위를 대표하는 주의 총관(도독)이 관할하였다고 정리하여도 무방할 것이다.

사신 접대와 환송 등에 상당한 경비가 소요되었을 것이다. 이와 같은 경비는 군과 현에 분담하여 상공(上供)하게 하였을 것으로 추정되는데, 이러한 과정에서 주의 총관(도독)이 태수와 현령, 소수 등에 대한 나름의 지휘·감독권을 행사하였던 것으로 보인다. 이밖에 하대에 9주에 비금당과 사자금당을 추가로 배치하면서 각 주마다 군대를 유지하고 운용하는 데에 상당한 비용을 지출하였을 것이다. 이러한 비용 역시 주가 군과 현에 분담하여 상공하게 하였을 것으로 짐작된다. 하대에 들어 광역의 지방행정단위인 주의 기능과 역할이 한층 강화되었다고 추정해볼 수 있는데, 이에 따라 군·현에서 중앙에 상공하는 수취물의 비중이 줄어들고, 주에 상공하는 수취물의 비중이 늘어나면서,[153] 자연히 지방통치체계에서 차지하는 주의 총관(도독)의 비중도 증가하였다고 봄이 합리적일 것이다. 이상에서 언급한 것 이외에 광역 지방행정단위로서의 주의 역할과 기능이 더 있었을 것으로 추정되지만, 이에 관해 접근할 수 있는 자료가 전하지 않아서 더 이상 가늠하기 어렵다.[154] 추후에 새로운 자료가 발굴되거나 연구방법론이 개발된다

---

153 당나라 말기에 兩稅 가운데 지방에서 자체적으로 지출하는 비중이 3분의 2에서 5분의 4를 차지할 정도로 높아졌다고 보는 연구성과가 제기되었다(李綿綉, 2000『唐代財政史稿』(下卷) 第二分冊, 北京大學出版社, 1087쪽). 이와 같은 당나라의 상황은 하대에 9주의 지출 증가 추세와 관련하여 유의된다고 하겠다.

154 경기도 하남시 船洞 등에서 '지명+受+國+蟹口+舡家(또는 舡宇)+草', '舡家(舡宇)'가 생략된 '지명+受+國+蟹口+草'란 명문 등이 새겨진 기와편이 다수 발견되었다. 이들 기와편에 보이는 지명은 통일신라시대 漢州 예하의 郡과 縣의 명칭에 해당한다. 전에 필자는 '지명+受+蟹口'를 '어떤 곳에서 해구에서 만든 기와를 받았다'로, '지명+受+舡家(舡宇)+草'를 어떤 곳에서 (해구의) 나루터에서 기와를 받았다'라고 해석하여, 경기도 하남시 고덕천(게

면, 이에 대한 이해가 한층 더 심화되리라고 기대된다.[155]

3. 북방 개척과 패강진(浿江鎭)

1) 8세기 중반 패강지역 진출

(1) 패강지역의 범위

8세기 후반 선덕왕대(宣德王代)에 설치한 패강진(浿江鎭)에서의 '패강(浿江)'을 어느 강으로 비정하느냐에 따라 패강지역의 범위에 대한 이해가 달라진다는 점

천 또는 蟹川) 입구에 위치한 漢州에서 운영하는 국영 瓦窯에서 군과 현에 기와를 공급하였다고 이해한 바 있었다(전덕재, 2015 「한주의 지배영역과 경영 방식」『서울 2천년사』7(신라의 삼국통일과 한주), 서울역사편찬원, 319~321쪽). 그런데 근래에 기와에 전하는 명문을 새기는 방법이 다양하다는 사실을 전제로 하여 선동에서 발견된 기와편은 여러 군과 현에서 蟹口에 공급한 것과 관련이 깊다고 이해하는 견해가 제기되었다(吉井秀夫, 2017 「광주 선리 명문기와의 고고학적 재검토-이마니시 류 수집자료의 검토를 중심으로-」『佛智光照』, 청계정인스님정년퇴임기념논총간행회; 박성현, 2021 「신라 통일기 한주의 물자 이동과 조운-하남 선동 출토 명문 기와를 중심으로-」『역사와 현실』121). 하남시 선동에서 발견된 기와편은 통일신라시대 한주에서 각 군과 현에 기와를 비롯한 물자를 공급하였거나 또는 각 군과 현에서 한주에 기와를 만들어 供上한 사실을 알려주는 자료로 이해할 수 있다. 다만 필자는 여기에서 선동 발견 기와편의 성격에 대해 명확하게 단정하지 않을 예정이며, 추후에 선동에서 발견된 기와편을 모두 實見하여 단독 논고를 작성하여 이에 대한 결론을 도출하고자 한다.

155 기본적으로 縣과 중앙정부를 직접 연결하는 시스템을 중심으로 통일신라의 지방행정과 수취체계가 운영되었다고 볼 수 있지만, 그러나 광역의 지방행정단위인 주에 파견된 총관(도독)과 중간 지방행정단위인 군에 파견된 태수가 州 예하의 군과 현 및 군 예하의 현의 행정 및 수취에 관여한 경우도 없지 않았을 것으로 짐작된다. 다만 현재로서 본서에서 설명한 것 이외에 그에 관한 더 이상의 구체적인 내용을 설명하기가 어려운 실정임을 고백하지 않을 수 없다. 이에 대해서는 추후에 고대 중국과 일본 및 고려시대와의 비교 검토, 새로운 자료의 발굴과 새로운 연구방법론의 개발 등을 통해 보다 진전된 이해가 가능할 것으로 기대된다.

에서 패강진의 설치과정과 그 성격을 고찰하기에 앞서 패강의 정확한 비정과 아울러 패강지역의 범위를 명확하게 규명할 필요가 있을 것이다. 패강진 설치 전후 시기 패강에 대한 신라인들의 인식과 관련하여 『삼국사기』 신라본기제8 성덕왕 34년 2월조에 '의충(義忠)이 돌아올 때, [현종(玄宗)이] 조칙(詔勅)으로 패강 이남의 땅을 사여(賜與)하였다.'고 전하는 기록이 유의된다. 732년 발해가 당의 등주(登州)를 공격하자, 당이 신라에 도움을 요청하였고, 이에 응하여 신라가 군대를 보내 발해를 공격하였는데, 당이 이에 대한 보답으로 패강 이남의 땅을 신라에게 사여한 것이다. 만약에 여기에 전하는 패강을 예성강이라고 이해한다면, 이때 당이 신라에게 예성강 이남 지역을 사여하였다고 보아야 한다. 그런데 신라에서 효소왕 3년(694) 겨울에 송악(松岳)과 우잠(牛岑) 2성을 쌓았고, 성덕왕 12년(713) 12월에 개성(開城)을 쌓았다고 한다. 성덕왕 34년(735) 이전에 이미 신라가 예성강 이남 지역을 영역으로 편제하여 지배하였음을 알려주는 자료들이다. 따라서 앞의 기록에 전하는 패강을 예성강과 연결시켜 이해하기는 곤란할 듯싶다.

671년(문무왕 11)에 문무왕이 설인귀(薛仁貴)에게 보낸 편지에 648년 김춘추가 당에 들어가 태종(太宗)과 나당동맹을 체결할 때에 태종이 '내가 두 나라를 평정하면 평양(平壤) 이남(의 고구려 땅)과 백제 땅은 모두 너희 신라에게 주어 길이 편안하게 하겠다.'고 언급한 내용이 보인다.[156] 당이 신라에 사여한 '패강 이남'과 당 태종이 신라에게 주겠다고 언급한 '평양 이남'이 서로 대응됨을 살필 수 있다. 이를 주목하건대, 위의 기사에 전하는 '패강(浿江)'은 분명히 대동강을 가리킨다고 봄이 옳을 것이다.

---

156 大王報書云 先王貞觀二十二年 入朝 面奉太宗文皇帝. 恩勅 朕今伐高麗 非有他故 憐你新羅 攝乎兩國 每被侵陵 靡有寧歲 山川土地 非我所貪 玉帛子女 是我所有 我平定兩國 平壤已南百濟土地 並乞你新羅 永爲安逸(『삼국사기』 신라본기제7 문무왕 11년 가을 7월).

하대에 대동강을 패강이라 불렀음을 입증해주는 자료가 더 발견된다. 『신당서(新唐書)』 권43 지(志)제33하 지리지(地理志)에 '남쪽으로 바다를 연(沿)하여 오목도(烏牧島), 패강구(貝江口), 초도(椒島)를 지나 신라 서북쪽의 장구진(長口鎭)에 이른다.'는 내용이 보인다.[157] 이것은 가탐(賈耽)이 정원(貞元) 14년(798, 원성왕 14)에 찬술한 『황화사달기(皇華四達記)』에서 인용한 것이다.[158] 초도는 현재 북한의 평안남도 남포시 초도리를 이루는 섬으로서 대동강 하구의 남쪽에 위치한다. 위의 기사는 중국 산동반도의 등주(登州)에서 출발한 배가 발해(渤海)와 서해(西海)를 잇는 묘도열도(廟道列島)를 통과하여 요동반도의 서남단인 여순(旅順)에 이르고, 여기에서 해안을 따라 동쪽으로 가서 압록강 하구에 도달한 다음, 평안도 서해안을 따라 패강구(貝江口)와 초도(椒島)를 지나 신라 서북쪽 장구진(長口鎭)에 이른다는 내용의 일부이다.[159] 패강구는 초도의 북쪽에 위치한 것이 분명하기 때문에 그것은 바로 대동강 하구를 가리킨다고 볼 수밖에 없다. 따라서 『신당서』 지리지의 기사는 8세기 중·후반에 신라와 당에서 대동강을 패강(浿江, 貝江)이라 불

157　其後 貞元 宰相賈耽 考方域道里之數 最詳從邊州入四夷 --- 登州 東北海行過大謝島 龜歆島 淤島 烏湖島三百里. … 乃南傍海壖過烏牧島 貝江口 椒島 得新羅西北之長口鎭. 又過秦王石橋 麻田島 古寺島 得物島 千里至鴨淥江 唐恩浦口 乃東南陸行 七百里至新羅王城(『新唐書』卷43 志第33下 地理志).

158　『玉海』卷15 地理 地書 唐皇華四達記 西域圖條에 賈耽이 貞元 14년(798)에 地圖 10권과 皇華四達記 10권을 헌상하였다는 내용이 전한다. 榎一雄, 1936「賈耽の地理書と道理記の稱とに就いて」『歷史學硏究』6-7, 歷史學硏究會; 1994『榎一雄著作集』7, 汲古書院에서 『皇華四達記(一名 道理記)』는 『古今郡國縣道四夷述』의 四夷述 부분을 엮은 것이었음을 밝혔다. 한편 종래에 『皇華四達記』와 『古今郡國縣道四夷述』에 전하는 중국~발해·신라 교통로에 관한 정보는 762~764년에 걸쳐 발해와 신라를 방문한 韓朝彩의 견문에 기초하였다는 견해가 제기되었다(赤羽木匡由, 2011「8世紀中葉における渤海の對新羅關係の一側面-『三國史記』所引, 賈耽『古今郡國縣道四夷述』逸文の分析-」『渤海王國の政治と社會』, 吉川弘文館). 이에 따른다면, 장구진을 설치한 시기는 8세기 중반이었다고 이해할 수 있을 것이다.

159　권덕영, 1997『고대한중외교사-견당사연구-』, 일조각, 199~205쪽.

렸음을 입증해주는 유력한 증거인 셈이다. 『삼국사기』열전제10 견훤조에 견훤이 927년 12월에 고려 태조 왕건에게 편지를 보냈는데, 거기에 견훤이 '(내가) 바라는 바는 평양(平壤)의 누각에 활을 걸어놓고 말에게 패강(浿江)의 물을 먹이는 것이다.'라고 언급한 내용이 보인다. 후삼국시기에 대동강을 패강이라고 불렀음을 입증해주는 자료로 주목된다.

이상에서 중대와 하대에 신라인들이 대동강을 패강이라 불렀음을 살펴보았다. 그런데 일부 자료에서는 예성강을 패강(浿江) 또는 패수(浿水)라 불렀다고 전하기도 한다. 『고려사』권58 지제12 지리3 안서대도호부 평주조에 '(평주에) 저천(猪淺)<패강(浿江)이라고도 한다>과 온천이 있고, 속현(屬縣)이 하나이다.'라고 전한다. 저천은 저탄(猪灘)이라고도 부르는데, 『신증동국여지승람』권41 황해도 평산도호부 산천조에 저탄은 부(府)의 동쪽 25리에 있다고 전한다. 저탄은 예성강 상류로서 일제시대 평산군 금암면 저탄리(현재 북한의 황해북도 평산군 옥촌리)를 흐르는 예성강을 가리킨다. 따라서 위의 기록은 고려시대에 평산군 옥촌리를 흐르는 예성강을 패수라 불렀음을 알려주는 자료로 이해할 수 있다. 또한 『신증동국여지승람』권42 황해도 우봉현 역원조에 '홍의역(興義驛)의 옛 이름은 임패(臨浿) 또는 영파(迎波)라고도 하며, 현의 서남쪽 30리에 있다.'라고 전한다. 홍의역은 일제시대 황해도 금천군 우봉면(현재 북한의 황해북도 금천군 현내리 부근)에 위치하였다. 임패역(臨浿驛)은 그것이 패강(浿江)[패수(浿水)]에 인접하여 위치한 것에서 유래된 역명(驛名)으로 추정된다. 일제시대에 우봉면은 예성강의 지류인 구수천(九水川) 가에 위치하였으므로, 여기서 말하는 패강은 바로 예성강을 가리킨다고 봄이 자연스럽다.

한편 『삼국사기』고구려본기와 백제본기에 고구려와 백제가 패하(浿河)[패수(浿水)]에서 전투를 치렀다는 기록이 여럿 전한다. 『삼국사기』백제본기제2 근초고왕 26년조에 고구려군이 침략하자, 왕이 이를 듣고 패하 가에 군사를 매복시켰다가 고구려군을 급습(急襲)하여 이겼다는 내용이 전한다. 또한 『삼국사기』고구려본기제6 광개토왕 4년 가을 8월조와 백제본기제3 아신왕 4년 가을 8월조에 고구려와 백제가 패수에서 싸웠다는 기록이 보이며, 백제본기제4 성왕 즉위년조에서 '가을 8월에 고구려 군사가 패수에 이르렀다.'고 하였다. 이들 기록에 전하는 패수 또는 패하는 예성강이라 봄이 합리적이다. 이밖에 백제본기제1 온조왕대 기록에 패하 또는 패수 관련 기사가 여럿 보이는데,[160] 이들 기사에 보이는 패하와 패수 역시 예성강을 가리킨다고 보는 것이 일반적이다.[161]

이상에서 예성강을 패강(浿江)[패수(浿水), 패하(浿河)]이라고 불렀음을 알려주는 자료를 검토하였다. 그런데 예성강을 패강(패수, 패하)이라고 불렀음을 입증해주는 자료는 삼국시대와 고려시대의 것들뿐이다. 신라 중대와 하대에 대동강을 패강이라 불렀음을 알려주는 자료를 찾을 수 있지만, 예성강을 패강이라 불렀음을 입증해주는 자료는 발견할 수 없다. 따라서 『삼국사기』 신라본기 선덕왕대부터 헌덕왕대까지의 기록에 전하는 패강은[162] 모두 대동강을 가리킨다고 정리하여도 크게 문제가 되지 않을 듯싶다. 마찬가지로 패강진(浿江鎭)에서의 '패강(浿江)' 역시 대동강을 가리킨다고 봄이 옳을 듯싶다.

그런데 『삼국사기』 열전제3 김유신(하)조에 '일찍이 황충(蝗虫)이 생겨 서쪽으로부터 패강계(浿江界)로 들어와 우글우글 들판을 덮으니, 백성들이 근심하고 두려워하였다.'라는 기록이 보인다. 한편 937년(태조 20) 8월에 건립한 서운사요오화상진원탑비(瑞雲寺了悟和尙眞原塔碑)에서 요오화상 순지(順之)가 패강인(浿江人)이라 하였다. 『삼국사기』 신라본기제12 효공왕 2년 가을 7월조에 '궁예가 패서도

---

160 浿河 또는 浿水는 『삼국사기』 백제본기제1 온조왕 즉위조, 온조왕 13년 8월조, 온조왕 37년조, 온조왕 38년 봄 2월조에 보인다.

161 이병도, 1977 『국역 삼국사기』, 을유문화사, 355쪽.

162 發使安慰浿江南州郡(『삼국사기』 신라본기제9 선덕왕 2년 가을 7월); 浿江南川二石戰(같은 책, 신라본기제10 헌덕왕 13년 가을 7월); 浿江山谷間 顚木生蘗 一夜高十三尺 圍四尺七寸(같은 책, 헌덕왕 14년); 命牛岑太守白永 徵漢山北諸州郡人一萬 築浿江長城三百里(같은 책, 헌덕왕 18년 가을 7월).

(浿西道)와 한산주(漢山州) 관내의 30여 성을 빼앗았다', 효공왕 8년조에 '패강도
(浿江道)의 10여 주현(州縣)이 궁예에게 항복하였다.'고 전한다. 그리고 열전제10
궁예조에 '패서(浿西)의 도적들 중에 항복하는 자가 매우 많았다.'거나 '(궁예가)
패서지역을 13진(鎭)으로 나누어 정하였다.'는 기록이 보인다. 그러면 구체적으
로 '패강계(浿江界)', '패서지역(浿西地域)' 또는 '패서도(浿西道)[패강도(浿江道)]'의
163 지역적 범위는 어떻게 규정할 수 있을까? 이와 관련하여『고려사』지리지의
서해도(西海道)[옛 관내도(關內道)]와 북계(北界)[옛 패서도(浿西道)]에 속하는 지역
들의 표기 형식을 주목할 필요가 있다.

　『고려사』의 표기 형식을 크게 3가지 유형으로 분류할 수 있다. 첫 번째 유형은
본래 고구려의 군현이었다가 신라 경덕왕 또는 헌덕왕이 지명을 개칭하고, 고려
초에 지금[고려]의 지명으로 다시 고쳤다고 언급한 것이다. 이들 지역은 신라가
경덕왕대와 그 이후 시기에 새로 개척한 14군·현과 일치하는데, 이에 대해서는
뒤에서 자세하게 검토할 예정이다. 두 번째 유형은 본래 고구려의 군현이었는
데, 고려 초에 지명을 개칭하였다고 전하는 것이다. 구을현(仇乙峴)[또는 굴천(屈
遷), 고려의 풍주(豊州)], 궐구(闕口)[고려의 유주(儒州)], 율구(栗口)[또는 율천(栗
川), 고려의 은율현(殷栗縣)], 장연(長淵)[고려의 상연], 마경이(麻耕伊)[고려의 청송
현(靑松縣)], 양악(楊岳)[고려의 안악군(安岳郡)], 판마곶(板麻串)[고려의 가화현(嘉

---

163 浿江道와 浿西道를 서로 다른 곳으로 이해하는 견해도 있으나(강봉룡, 1997「신라 하
　　대 패강진의 설치와 운영-주군현체제의 확대와 관련하여-」『한국고대사연구』11; 박남수,
　　2013a「신라 패강진전의 정비와 한주 서북경의 군현 설치」『동국사학』54), 그대로 수긍하
　　기 어렵다.『삼국사기』궁예열전에 天祐 2년(905)에 浿西 13鎭을 分定한 다음, 平壤城主
　　將軍 黔用과 평남 증산군 증산읍(옛 평남 강서군 증산면)에서 활동하던 甄城의 赤衣·黃衣
　　賊 明貴가 항복하였다고 전하는데, 패서 13진을 평양과 증산읍 이남에 설치하였음을 알
　　려주는 유력한 증거로서 주목된다. 평양 이남지역을 흔히 패강지역이라 불렀음을 염두에
　　둔다면, 패서도와 패강도는 동일한 지역을 가리키는 異表記로 이해하는 것이 합리적일
　　듯싶다.

火縣)], 웅한이(熊閑伊)[고려의 수령현(水寧縣)], 옹천(甕遷)[고려의 옹진현(甕津縣)],
부진이(付珍伊)[고려의 영강현(永康縣)], 곡도(鵠島)[고려의 백령진(白翎鎭)], 승산
(升山)[고려의 신주(信州)]이 바로 그것인데, 대체로 재령강 서쪽의 황해도에 위치
한 것이 특징적이다.[164]

　세 번째 유형은 주로 북계(北界)에 속하는 지역들로서 표기 형식은 고려의 군
현이었는데, '태조대에 거기에다 성을 축조하였다', '광종대에 지금(수)의 지명으
로 고쳤다', 또는 '성종과 현종대에 ~방어사(防禦使)를 칭하였다'는 것으로 정리된
다. 이들 지역은 대동강 이북에 위치하였으며, 태봉 또는 고려에서 비로소 개척
한 곳에 해당한다.[165] 현재 신라가 대동강 이북으로 진출하였다는 증거를 찾을
수 없다. 또한 신라는 경덕왕대 이전에 예성강 이남지역을 영역으로 편제하였
다. 이러한 측면에서 패강계(浿江界), 패서지역(浿西地域) 또는 패서도(浿西道)[패
강도(浿江道)]는 바로 첫 번째 유형과 두 번째 유형으로 지명을 표기한 지역, 구체
적으로 경덕왕대와 그 이후에 신라가 새로 개척한 재령강 동쪽의 14군·현과 재
령강 서쪽에 위치한 황해도지역을 망라하는 범위에서 크게 벗어나지 않았다고
규정할 수 있을 것이다.[166]

(2) 14군·현의 설치과정

　신라가 임진강 북쪽의 고구려 남쪽 경역을 한산주의 군과 현으로 편제한 시기
와 관련하여『삼국사기』신라본기제7 문무왕 15년 2월 기록에 '(신라가) 백제 땅

---

164 강봉룡, 1997 앞의 논문, 216~225쪽에서 신라가 헌덕왕대 이후에 재령강 이서지역을 군
　　현으로 편제하였다고 이해하였다.
165 『고려사』지리지의 西海道(옛 關內道)와 北界(옛 浿西道)에 속하는 지역들의 표기 형식에
　　대한 보다 자세한 내용은 4부에서 다룰 예정이다.
166 참고로 고려시대에 浿西道는 평양을 비롯한 대동강 이북지역을 포괄하는 광역의 행정단
　　위였다.

을 많이 빼앗고, 마침내 고구려 남쪽 경계지역에 이르기까지 주와 군으로 삼았다.'고 전하는 사실을 주목할 필요가 있다. 문무왕 15년은 675년이다. 이 기록은 675년에 신라가 옛 백제 땅에서 당군을 축출하고 그곳을 신라의 영역으로 편제하고, 나아가 임진강에서 예성강 사이의 고구려 남쪽 경역(境域)까지 한산주의 군과 현으로 편입한 사실을 반영한 것이다. 신라가 예성강 이북, 즉 패강(대동강) 이남 지역으로 진출하기 시작한 것은 8세기 전반 성덕왕대부터였다. 발해가 732년(성덕왕 31) 가을에 당의 등주(登州)를 공격한 것을 계기로 양국 간에 전쟁이 벌어졌다. 이때 당이 신라에게 발해의 남쪽을 공격하도록 요청하자, 성덕왕은 김유신의 손자인 윤충(允忠)과 그의 아우 윤문(允文) 등 4명의 장군에게 발해의 남쪽을 공격하게 하였으나, 기후 조건이 나쁘고 지형이 험악하여 별 성과를 거두지 못하였다. 신라는 734년(성덕왕 33)에 다시 발해 공격을 계획하였지만, 실행에 옮기지 못하였다. 당은 신라의 발해 공격에 대한 보답으로 735년(성덕왕 34)에 패강 이남 지역에 대한 신라의 영유권을 공식적으로 인정해주었다. 신라의 북방개척은 이를 계기로 본격화되었던 것이다.

신라는 736년(성덕왕 35) 11월에 윤충과 사인(思仁), 영술(英述)을 파견하여 평양주(平壤州; 한강 이북의 한산주)와 우두주(牛頭州)의 지세를 살펴보게 하였는데, 이것은 북방개척을 위한 준비작업의 성격을 띠는 것이었다. 『삼국사기』 신라본기제9 경덕왕 7년(748) 8월 기록에 신라에서 아찬 정절(貞節) 등을 보내 북쪽 변경을 검찰(檢察)케 하고, 처음으로 대곡성(大谷城) 등 14개의 군과 현을 두었다고 전한다. 이때 설치한 14군·현은 대체로 재령강 동쪽의 패강지역에 위치하였는데, 그것을 제시하면 다음 〈표 12〉와 같다.

<表 12> 패강 이남 지역에 설치한 군·현 일람표

군명	현명	경덕왕대 개정명칭	위치	비고
대곡군 (大谷郡)		영풍군 (永豊郡)	황해도 평산군 평산면 (황해북도 평산군 산성리)	고려 평주(平州) ( )은 북한 지명
	수곡성현 (水谷城縣)	단계현 (檀溪縣)	황해도 신계군 다율면 (황해북도 신계군 추천리)	고려 협계현(俠溪縣)
	십곡성현 (十谷城縣)	진단현 (鎭湍縣)	황해도 곡산군 곡산면 (황해북도 곡산군 곡산읍)	고려 곡주(谷州)
동삼홀군 (冬彡忽郡)		해고군 (海皐郡)	황해도 연백군 연안읍 (황해남도 연안군 연안읍)	고려 염주(鹽州)
	도납현 (刀臘縣)	구택현 (雊澤縣)	황해도 연백군 은천면 (황해남도 백천군 백천읍)	고려 백주(白州)
내미홀군 (內米忽郡)		폭지군 (瀑池郡)	황해도 해주시 (황해남도 해주시)	고려 해주(海州)
식성군 (息城郡)		중반군 (重盤郡)	황해도 신천군 문무면 고현리 (황해남도 삼천군 고현리)	고려 안주(安州)
휴암군 (鵂嵒郡)		서암군 (栖嵒郡)	황해도 봉산군 동선면 (황해북도 봉산군 구읍리)	고려 봉주(鳳州)
오곡군 (五谷郡)		오관군 (五關郡)	황해도 서흥군 서흥면 (황해북도 서흥군 화곡리)	고려 동주(洞州)
	장새현 (獐塞縣)	장새현	황해도 수안군 수안면 (황해북도 수안군 석담리)	고려 수안군(遂安郡)
동홀 (冬忽)		취성군 (取城郡)	황해도 황주군 황주읍 (황해북도 황주군 황주읍)	고려 황주(黃州) 헌덕왕대 개명(改名)
	식달 (息達)	토산현 (土山縣)	평안남도 중화군 상원면 (평양특별시 상원군 상원읍)	헌덕왕대 개명
	가화압 (加火押)	당악현 (唐嶽縣)	평안남도 중화군 당정면 (평양특별시 강남군 장교리)	고려 중화현(中和縣) 헌덕왕대 개명
	부사파의현 (夫斯波衣縣)	송현현 (松峴縣)	평안남도 중화군 해압면 (평양특별시 강남군 영진리)	고려 중화현에 예속

『삼국사기』잡지제4 지리2 한주조에서 취성군과 토산현, 당악현, 송현현은 헌덕왕대에 개명한 명칭이라 하였다. 헌덕왕대에 취성군과 나머지 3현을 설치하고, 고구려 때의 지명을 한식(漢式)으로 개정한 사실을 반영한 것으로 보인다. 한편『삼국사기』신라본기제9 경덕왕 21년(762) 5월 기록에서 오곡·휴암·한성(漢城)·장새·지성(池城)·덕곡(德谷)의 6성을 쌓고, 각각 태수(太守)를 두었다고 하였

다. 여기서 한성은 식성군을, 지성은 내미홀군을, 덕곡은 십곡현을 가리킨다.[167] 762년 5월에 6성을 쌓고 태수를 두었다고 전하는 것으로 보아, 이때 6성을 쌓음과 동시에 6군을 설치한 것으로 이해된다. 이에 따르면, 748년(경덕왕 7) 8월에 대곡성(大谷城) 등 14개의 군과 현을 설치하였다고 전하는 『삼국사기』의 기록은 그대로 믿기 어렵고, 당시에는 대곡군과 수곡성현, 동삼홀군, 도랍현을 설치하였다고 봄이 자연스럽다. 이후 762년에 오곡군 등 6군을, 헌덕왕대에 취성군과 거기에 소속된 3개 현을 설치하였던 것으로 이해된다. 762년에 설치한 6군 가운데 장새군과 덕곡군은 후에 현으로 강등되었음은 물론이다. 『삼국사기』 지리지에 전하는 한주(한산주)의 28군과 49현은 신라가 의욕적으로 북방을 개척한 결과 모두 갖추어지게 되었다.[168]

고구려 멸망 이전까지 신라 신주 및 한산주의 북계는 임진강과 한탄강이었고, 675년 2월 고구려 남쪽지역의 군·현을 신라의 영역으로 편제한 이후에 한산주의 북계는 예성강을 크게 벗어나지 않았다. 그리고 경덕왕대부터 헌덕왕대까지 재령강 동쪽의 패강지역을 개척하여 군과 현으로 편제한 이후, 그 북계는 대동강에 이르게 되었던 것이다. 주지하듯이 대동강 이북에 군과 현을 설치하여 실효적인 지배를 완전하게 실현한 것은 고려에 가서야 가능하였다.

2) 패강진의 설치와 그 배경

『삼국사기』 신라본기에 패강진의 설치와 관련된 일련의 기록이 전하는데, 이를 소개하면 다음과 같다.

---

167 『삼국사기』 잡지제6 지리4 고구려 한산주조에 漢城郡을 漢忽 또는 息城, 내미홀을 池城 또는 長池, 십곡현을 德頓忽이라 부르기도 한다고 전한다.
168 이기동, 1976 「신라 하대의 패강진-고려왕조의 성립과 관련하여-」 『한국학보』4; 1984 『신라 골품제사회와 화랑도』, 일조각, 210~216쪽.

가을 7월에 사자를 보내, 패강(浿江) 남쪽의 주(州)와 군(郡)을 위로하였다 (『삼국사기』 신라본기제9 선덕왕 2년).

2월에 왕이 한산주를 두루 돌며 살펴보고, 백성들을 패강진(浿江鎭)으로 옮겼다(같은 책, 선덕왕 3년).

봄 정월에 아찬 체신(體信)을 대곡진군주(大谷鎭軍主)로 삼았다(같은 책, 선덕왕 4년).

이들 기록 외에 『삼국사기』 잡지제9 직관(하) 패강진전(浿江鎭典)조에 '두상대 감(頭上大監)은 1명이다. 선덕왕(宣德王) 3년에 처음으로 대곡성두상(大谷城頭上) 을 두었다.'고 전하는 기록과[169] 열전제3 김유신(하)조에 '윤중(允中)의 서손(庶 孫) 암(巖)이 … 대력(大曆) 연간에 귀국하여 사천대박사(司天大博士)가 되었고, 양 (良)·강(康)·한주(漢州)의 태수(太守)를 역임하고, 다시 집사시랑(執事侍郎)과 패강 진두상(浿江鎭頭上)이 되었다.'고 전하는 기록 역시 패강진 설치와 관련하여 주목 할 필요가 있다. 김유신의 후손인 김암은 당에서 귀국하고 대력 14년(779, 혜공왕 15)에 일본에 사신으로 파견되었다. 그는 그 후에 지방의 태수와 더불어 집사시 랑, 패강진두상을 역임한 것으로 보이므로 패강진두상을 역임한 시기는 790년 에서 800년 사이로 추정된다.

선덕왕 2년 7월에 사자를 파견한 패강 남쪽의 주와 군은 뒤에서 자세하게 언 급할 예정이지만, 경덕왕대에 설치한 패강지역의 10군·현을 가리킨다고 보인다. 패강진 설치 이전에 패강지역의 민심과 정황을 살피기 위하여 그곳에 사자를 파 견하였을 것이다. 『삼국사기』 직관지에 선덕왕 3년(782)에 처음으로 패강진전에

---

169 頭上大監一人 宣德王三年 始置大谷城頭上 位自級飡至四重阿飡爲之. 大監七人 位與太守 同. 頭上弟監一人 位自舍知至大奈麻爲之. 弟監一人 位自幢至奈麻爲之. 步監一人 位與縣 令同. 少監六人 位自先沮知至大舍爲之(『삼국사기』 잡지제9 직관(하) 패강진전).

대곡성두상을 두었고, 신라본기에 그 다음해 정월에 김체신을 대곡진군주로 삼았다고 전한다. 이를 통하여 대곡성에 군진(軍鎭)인 대곡진(大谷鎭)을 설치하였음을 짐작할 수 있는데, 대곡성은 오늘날 북한의 황해북도 평산군으로 비정된다. 패강진전의 두상대감이 1인이었고, 김암(金巖)이 패강진두상을 역임하였다고 전하는 바, 대곡성두상과 패강진두상은 동일 관직으로 이해할 수 있다. 이에서 대곡진을 패강진이라고도 불렀음을 유추할 수 있음은 물론이다.[170] 그러면 대곡진, 즉 패강진은 언제 설치하였을까?

신라본기에는 선덕왕 3년 2월에 백성들을 패강진으로 옮겼다고 전할 뿐, 그것의 설치에 관한 언급은 찾을 수 없다. 한편 직관지에서는 선덕왕 3년에 대곡성두상을 두었다고 언급하였을 뿐이다. 그러나 두 자료를 서로 연관시켜 유추해보면, 선덕왕 3년 정월에 대곡진, 즉 패강진을 설치하고, 대곡성두상(大谷城頭上)[대곡진두상(大谷鎭頭上)]을 둔 다음, 선덕왕이 2월에 한산주를 두루 돌며 살펴보고 한산주의 백성들을 차출하여 패강진으로 옮겼다고 정리할 수 있다.[171] 그런데 여기서 문제는 선덕왕 4년 정월에 김체신을 대곡진군주로 임명한 사실을 어떻게 이해할 것인가에 관해서이다. 중고기에 6정군단의 사령관을 군주(軍主)라 불렀고, 그 예하에 대관대감(大官大監), 제감(弟監), 감사지(監舍知), 소감(少監) 등의 군관(軍官)을 두었다. 아마도 패강진전의 대감(大監)을 6정군단의 대관대감과 연결시키고, 대감의 상관인 두상대감을 대관대감의 상관인 군주와 등치(等値)시켜 대곡진의 두상대감을 군주로 표현한 것으로 이해된다. 선덕왕 3년 정월에 대곡진

---

170 종래에 신라가 패강 지방 경영을 구체화하기 시작한 8세기 중엽에 패강지역에 패강진을 설치하였고, 782년에 별도로 大谷鎭을 설치하였다고 이해한 견해가 제기된 바 있다(木村誠, 1979「統一新羅の郡縣制と浿江地方經營」『朝鮮歷史論集』上, 龍溪書舍, 252~260쪽).

171 최근에 성덕왕 34년(735)에 당으로부터 패강 이남의 땅을 사여받은 직후에 長口鎭을 본영으로 하는 浿江鎭을 설치하였다고 주장한 견해가 제출되었다(박남수, 2013b「신라 성덕왕대 패강진 설치 배경」『사학연구』110).

의 두상대감을 설치하였을 가능성이 높은데, 김체신이 그 관직에 임명된 시점은 그 다음해 정월이다. 대곡진을 설치하고 어떤 사람을 대곡진두상에 임명하였다가 1년 만에 해임하고, 다시 김체신을 임명한 것인지, 두상대감을 한동안 임명하지 않았다가 선덕왕 4년 정월에 비로소 김체신을 초대 두상대감으로 임명한 것인지 가늠하기 어렵다.

앞에서 경덕왕대부터 헌덕왕대까지 패강지역에 14군·현을 설치한 과정을 살펴보았다. 그런데 『신증동국여지승람』 권7 경기 여주목 고적 등신장조에 '신라에서 주군(州郡)을 설치할 때, 그 전정(田丁)과 호구(戶口)가 현(縣)으로 삼기에 부족한 곳에는 혹은 향(鄕)으로 두거나 혹은 부곡(部曲)으로 두어 소재(所在)의 읍(邑)에 속하게 하였다.'고 전한다. 신라에서 전정(토지)과 호구를 헤아려 군·현을 설치하였고, 만약에 전정과 호구가 부족하여 현을 설치하기 어려운 곳은 향으로 삼았음을 알려주는 자료이다. 패강지역에 군현을 설치할 때에도 역시 이와 같은 원칙이 적용되었을 것이다. 이러한 측면에서 패강지역을 개척하여 군현으로 편제하는 작업은 결국 신라 국가의 수취기반 확대와 직결되었다고 평가할 수 있다. 성덕왕과 경덕왕대에 잦은 자연재해로 인하여 흉년과 기근이 자주 발생하였다. 이로 말미암아 농민들의 도산(倒産)과 유망이 급증(急增)하여 국가의 재정상태가 상당히 악화되었다. 이에 신라 정부는 재정 궁핍을 타개하기 위하여 적극 노력하였는데, 성덕왕 21년(722) 백성들에게 정전(丁田)을 지급한 조치와 경덕왕 16년(757) 월봉을 폐지하고 녹읍을 부활한 것을 대표적인 사례로 들 수 있다.[172] 물론 성덕왕대 말기부터 패강지역을 개척하여 군현으로 편제하는 사업을 추진한 것도 동일한 맥락으로 이해할 수 있다. 그런데 패강지역에서 안정적으로 수취하기 위해서는 안전하게 치안이 유지될 필요가 있는데, 혜공왕대 말기에 이르러 전국 곳곳에서 도적이 벌떼처럼 일어나 치안이 불안해졌음이 확인된다.

---

172 전덕재, 2006 앞의 책, 347~356쪽.

(혜공왕이) 나이가 어렸기 때문에 태후(太后)가 왕을 대신하여 통치하였는데, 정사(政事)가 잘 다스려지지 못하여 도적이 벌떼처럼 일어나 이루 막을 수가 없었다(『삼국유사』 권제2 기이제2 경덕왕 충담사 표훈대덕).

『속일본기(續日本紀)』 권36 광인천황(光仁天皇) 보구(寶龜) 11년(780) 정월조에 일본에 파견된 신라 사신 김난손(金蘭蓀)이 '근래에 나라 안에 도적떼가 침입하여 사신이 (일본으로) 오지 못하였다.'고 언급한 내용이 전한다.[173] 김난손 일행이 일본에 도착한 것은 779년 10월이었으므로 신라에서 도적이 벌떼처럼 일어난 것은 그 이전이었다고 볼 수 있다. 혜공왕대에 귀족들 사이에 권력다툼이 잦았고, 게다가 흉년과 기근까지 겹치자, 농민들이 도적이 되어 벌떼처럼 일어났던 것이다. 혜공왕은 결국 780년 2월 김지정(金志貞)이 일으킨 반란의 와중에 시해(弑害)되고, 그 뒤를 이어 김양상(선덕왕)이 즉위하였다가 785년 정월에 사망하였다. 선덕왕은 죽기 전에 조서를 내렸는데, 거기에서 '왕위에 있는 동안 농사가 잘되지 않고, 백성들의 살림이 곤궁하여 졌으니, 이는 모두 나의 덕이 백성들의 소망에 맞지 아니하고 정치가 하늘의 뜻에 합치되지 못하였기 때문이다.'라고 언급하였다.[174] 선덕왕의 재위 기간 동안에 농사가 제대로 되지 않아 백성들이 곤궁하였음을 알려주는 자료로서 주목된다. 혜공왕대 말기에 도적들이 벌떼처럼 일어나 지방의 치안이 매우 불안해졌고, 선덕왕의 조서를 통하여 그의 재위 기간에도 그러한 상황이 크게 개선되지 않았음을 엿볼 수 있다.

---

173 辛未 新羅使獻方物. 仍奏曰 新羅國王言 夫新羅者 開國以降 仰賴聖朝世世天皇恩化 不乾 舟楫 貢奉御調 年紀久矣. 然近代以來 境內奸寇 不獲入朝. 是以謹遣薩湌金蘭蓀·級湌金巖 等 貢御調兼賀元正(『續日本紀』 권36 光仁天皇 寶龜 11년 正月).

174 是月 王寢疾彌留. 乃下詔曰 寡人本惟菲薄 無心大寶 難逃推戴 作其卽位. 居位以來 年不順 成 民用窮困 此皆德不符民望 政未合天心. 常欲禪讓 退居于外 群官百辟 每以誠止 未果如 意 因循至今. 忽遘疾疹 不寤不興 死生有命 顧復何恨 死後依佛制燒火 散骨東海(『삼국사 기』 신라본기제9 선덕왕 6년 정월).

통일신라 군사조직의 핵심은 6정과 9서당(誓幢), 10정이었다. 이 가운데 지방에 주둔하던 군단은 6정과 10정이었다. 6정과 9서당은 하대(下代)에 이르러 해체되었고, 대신 핵심 군사조직으로 기능한 것이 중군(中軍)과 우군(右軍), 좌군(左軍)으로 편성된 삼군(三軍)이었다. 822년 김헌창이 반란을 일으켰을 때, 신라 정부는 3군을 중심으로 군대를 편성하여 반란군을 토벌하였다. 10정은 하대까지 그대로 존속되었는데, 한산주에 2정, 나머지 8주에 1정씩 설치한 것으로서 지방의 치안을 담당한 핵심 부대였다.[175] 한산주에 설치된 것은 남천정(南川停; 경기도 이천시)과 골내근정(骨乃斤停; 경기도 여주시 여주읍)이다. 한편 통일 이후 9주에 각기 만보당(萬步幢)을 3개씩 설치하고, 하대에 이르러 여기에다 농민들을 징발하여 편성한 사자금당(師子衿幢)과 장창(長槍)을 무기로 사용하는 군단인 비금당(緋衿幢)을 9주에 더 배치하였다. 사자금당은 각 주마다 3개씩 설치하였고, 비금당은 한산주에 2개, 사벌주와 삽량주, 청주(菁州)에 3개, 완산주에 4개, 웅천주에 5개, 우수주와 하서주에 6개, 무진주에 8개를 배치하였다.[176]

신라 하대에 한산주에는 남천정과 골내근정, 만보당 3개, 사자금당 3개, 비금당 2개가 배치되어 있었다. 이밖에 5주서(州誓)의 하나인 한산주서(漢山州誓), 2계당(罽幢)의 하나인 한산주계당, 3변수당(邊守幢)의 하나인 한산변, 2궁(弓)의 하나인 한산주궁척(漢山州弓尺) 등이 한산주에 배치되었다. 『삼국사기』 지리지에 따르면, 한산주에는 군이 28개, 현이 49개 존재하였다고 한다. 다른 8주의 경우 군이 10여 개, 현이 30여 개 내외였던 것에 비하여 군과 현의 수가 매우 많은 편이었다. 영역도 다른 주에 비하여 훨씬 넓은 편이었음은 물론이다. 이러한 이유와 더불어 한산주가 변경지역을 포괄하고 있었으므로 상대적으로 한산주에 군단을

---

175 이기백·이기동, 1982 『한국사강좌』 I (고대편), 일조각, 343~344쪽.
176 신라 하대 군제개편에 대한 자세한 사항에 대해서는 전덕재, 1997 「신라 하대 진의 설치와 성격」『군사』35, 47~55쪽이 참조된다.

더 많이 배치하였던 것이다.

선덕왕대에 지방의 치안을 담당한 핵심 주체는 10정이었다. 그런데 경기도 이천시와 여주시 여주읍에 위치한 남천정과 골내근정의 군사가 새로 개척한 패강지역의 치안까지 담당하기가 그리 쉽지 않았을 것이다. 혜공왕대 말기에 도적이 벌떼처럼 일어난 정황을 감안한다면, 그 군사들은 기존 한산주지역의 치안을 안전하게 유지하기조차 버거웠을 것이기 때문이다. 물론 여타의 군단을 적극 활용하였을 것으로 예상되지만,[177] 그렇다고 상황이 크게 개선되지 않았을 것으로 짐작된다. 이에 신라 정부는 패강지역에 위치한 군현의 치안을 안정적으로 담보하기 위한 대책을 적극 강구하지 않을 수 없었음은 물론이다.

한편 755년부터 763년까지 안사(安史)의 난(亂)이 일어나 당이 커다란 혼란에 빠졌다. 특히 안녹산(安祿山)이 유주(幽州)의 범양(范陽)에서 난을 일으켰는데, 이곳은 당에서 육로로 발해와 신라에 이르는 길목이었다. 이때 일본 순인천황(淳仁天皇)은 대재부(大宰府)에 칙령(勅令)을 내려, 안녹산이 일이 불리하게 되면 서쪽으로 도모할 수 없어서 도리어 해동(海東)을 칠 것이니, 철저하게 대비하라고 지시하였다.[178] 이로 보아 신라와 발해 역시 안녹산의 침략에 철저하게 대비하였을 것으로 짐작된다. 이때 일본은 안사의 난으로 혼란에 빠진 당이 신라를 후원해주지 못할 것으로 판단하여 신라정토계획을 추진하였다.[179] 이에 신라는 한편으

---

177 780년 무렵에 한산주에서 치안을 유지하기 위하여 동원할 수 있는 10정 이외의 군대는 만보당, 한산주서, 한산주계당, 한산주궁척 등이었다. 참고로 사자금당과 비금당은 780년 이후에 한산주에 추가로 배치된 것으로 추정되며, 비금당이 한산주에 가장 적은 2개만이 배치된 배경은 거기에 이미 패강진을 설치한 것에서 찾을 수 있지 않을까 한다.

178 於是 勅大宰府曰 安祿山者 是狂胡狡竪也. 違天起逆 事必不利 疑是不能計西 還更掠於海東. 古人曰 蜂蠆猶毒 何況人乎. 其府帥船王 及大貳吉備朝臣眞備 俱是碩學 名顯當代 簡在朕心 委以重任 宜知此狀 預設奇謀 縱使不來 儲備無悔 其所謀上策 及應備雜事 一一具錄報來(『續日本紀』권21 廢帝 淳仁天皇 天平寶字 2년 12월).

179 일본의 신라정토계획에 대해서는 和田軍一, 1924「淳仁朝における新羅征討計劃につい

로 일본의 정토(征討)에 대비하면서도, 다른 한편으로 북방으로부터 쳐들어올지 모르는 안녹산세력에 대비하지 않을 수 없었을 텐데, 이와 관련하여 다음의 기록이 주목을 끈다.

[기조신우양(紀朝臣牛養) 등이] '근래에 당신 나라(신라)에서 투화(投化)해온 백성들이 "본국에서는 병사를 징발하여 경비하고 있는데, 이것은 혹 일본국이 죄를 물으러 올까 보아서이다"라고 말하는데, 그 일의 허실(虛實)이 어떠합니까?'라고 묻자, (신라 사신은) '당나라의 사정이 난리로 어지럽고 해적이 빈번하게 출몰하고 있다. 이로 인하여 병사를 징발하여 변방을 경계하고 있는 것이다. 이것은 국가의 대비책일 뿐이며, 일은 결코 거짓이라 할 수 없다.'라고 대답하였다(『속일본기(續日本紀)』권25 폐제(廢帝) 순인천황(淳仁天皇) 천평보자(天平寶字) 8년 7월).

위의 인용문은 천평보자 8년(764) 7월에 일본에 파견된 신라 사신 대나마 김재백(金才伯)과 일본의 관리 우소변(右小弁) 종5위하(從五位下) 기조신우양(紀朝臣牛養) 등과의 대화 내용을 기술한 것이다. 이때 김재백은 당 칙사의 의뢰로 당에서 일본으로 귀국한 승려 계융(戒融)의 소식을 알아보기 위하여 일본에 왔다고 주장하였다. 인용문을 통하여 신라가 일본의 정토(征討)에 대비하기 위해 병사를 징발하여 변방을 경계하였음을 살필 수 있다. 그러나 김재백은 당나라가 난리로 어지럽고 해적이 빈번하게 출몰하기 때문에 병사를 징발하여 변방을 경계하고 있다고 분명하게 언급하였다. 김재백의 언급을 통하여 당시 신라에서 해적을 소탕하거나 안녹산세력 또는 발해의 침략에 대비하기 위해서 서해안과 서북 변방지역에서도 경계를 강화하였음을 쉬이 추론할 수 있다. 실제로 이 무렵에 신라가 서

て『史學雜誌』35-10·11이 참조된다.

북방면의 방비에 관심을 기울인 사실은 경덕왕 21년(762)에 패강지역에 오곡성을 비롯한 6성을 쌓고, 거기에 태수를 파견한 사실을 통하여 입증할 수 있다.

안사의 난이 진압된 이후 신라는 발해를 가장 경계하였을 것이다. 『요사(遼史)』권38 지(志)제8 지리지(地理志)2 동경도(東京道) 홍요현(興遼縣)조에 '당 원화(元和; 806~820) 중에 발해왕 대인수(大仁秀)가 남쪽으로 신라를 평정(平定)하고 북쪽으로 (말갈의) 제부(諸部)를 공략하여 군읍(郡邑)을 설치하였다.'고 전한다. 826년(헌덕왕 18)에 한산주 북쪽 주·군 사람들 1만여 명을 징발하여 패강(浿江)에 장성(長城) 300리를 쌓았는데, 일반적으로 이것은 발해 선왕(宣王; 대인수)의 신라 공략에 대한 대응으로 이해하고 있다.[180] 한편 『고려사』권1 세가1 태조 원년 9월조에 왕건이 '평양 옛 도읍이 황폐화된 지가 오래되었으나 고적이 아직 남아 있다. 그런데 가시넝쿨이 무성하여 번인(番人)들이 거기에서 수렵을 하고 있으며, 또 그것을 계기로 그들이 변방 고을을 침략하여 피해가 크다. 마땅히 백성들을 옮겨 살게 함으로써 국가의 변방을 공고하게 하여 백세의 이익이 되도록 하여야 할 것이다.'라고 말한 내용이 전한다. 여기서 번인은 발해와 고려의 완충지대에 거주하던 여진인들로 추정되는데, 이것을 근거로 하여 그 이전 시기에도 발해 변방의 말갈인들이 평양에 나아가 수렵하거나 또는 그것을 계기로 신라 변방을 침략하여 피해를 입혔다고 유추할 수 있다. 비록 780년 무렵에 발해가 직접 신라 서북 변경을 침략했음을 알려주는 자료는 전하지 않지만, 안사의 난이 진압된 이후 신라는 발해의 잠재적인 침략에 대비하였음을 어렵지 않게 추정해 볼 수 있다.

이상에서 살핀 것처럼 780년 무렵에 신라는 발해의 잠재적인 침략에 대비하여 패강지역에 대한 경비를 강화할 필요성이 있었다. 더구나 이 무렵에 전국 곳곳에서 도적들이 벌떼처럼 일어나 치안이 불안한 상황이었다. 한산주에서도 역

---

180 김종복, 2011 「남북국의 경계와 상호교섭에 대한 재검토」『역사와 현실』82, 49~50쪽.

시 비슷한 상황이 연출되었을 것인데, 이때 한산주에 배치된 기존의 군대만으로 새로 개척한 패강지역의 치안을 안전하게 담보하기가 어려웠을 것으로 짐작된다. 이에 신라 정부가 한편으로 발해의 잠재적인 침략에 대비하기 위하여, 다른 한편으로 새로 개척한 패강지역 군현의 치안을 안전하게 담보하기 위하여 강구한 대책이 바로 평산에 패강진을 설치하는 것이었다고 정리할 수 있다.

고려시대에 개성에서 평양을 연결하는 교통로로 개성→ 평산→ 서흥→ 황주 → 평양으로 향하는 길과 개성→ 평산→ 신계→ 수안→ 상원→ 평양으로 향하는 길이 있었다. 두 교통로상의 분기점에 위치한 곳이 바로 평산이었다.[181] 신라 정부는 비교적 패강지역의 최후방에 위치하면서도 개성에서 평양으로 향하는 교통의 요지에 해당하는 평산에 패강진을 설치한 다음, 패강지역의 전략적 요충지와 서해 북부 연안항로상의 요지(要地)에 군사기지를 설치하고, 패강진의 두상대감으로 하여금 그들을 통괄하게 하는 방식으로 패강지역을 안전하게 방비하거나 그곳의 치안을 안정적으로 유지하려고 하였는데, 이에 대해서는 다음 절에서 자세하게 살펴보도록 하겠다.

3) 패강진의 성격과 운영

(1) 패강진의 성격

앞에서 패강진을 설치하는 과정과 설치 배경에 대하여 살펴보았다. 그러면 이제 패강진의 성격과 그 운영을 살필 차례인데, 하대에 설치된 여러 군진(軍鎭)의 성격과 비교하면서 이에 접근할 필요가 있을 것이다. 828년(흥덕왕 3)에 장보고의 요청을 받아들여 청해진(淸海鎭)을 설치하였고, 다음해에 당은군(唐恩郡)을 당성진(唐城鎭)으로 삼은 다음, 거기에 사찬 극정(極正)을 파견하여 지키게 하였다. 그리고 844년(문성왕 6)에 혈구진(穴口鎭)을 설치하고 아찬 계홍(啓弘)을 진두(鎭

---

181 이기동, 1976 앞의 논문; 1984 앞의 책, 217쪽.

頭)로 삼았다. 이밖에 장구진(長口鎭)과 시미지진(施彌知鎭)을 설치하였음이 확인된다. 시미지진은 상주(尙州) 영현(領縣)인 지내미지현(知乃彌知縣; 상주시 외서면)에 위치한 것이다.[182] 지내미지현은 상주에서 보은, 청주를 연결하는 교통로에 위치하였다. 따라서 시미지진은 상주에서 화령재를 넘어 청주에 이르는 교통로, 즉 이른바 당은포로(唐恩浦路)의 안전을 담보하기 위하여 설치하였다고 볼 수 있다. 당성진은 서해 중부 횡단항로의 기점인 당은포(唐恩浦)[당성진(唐城津)] 근처에 설치한 군진이고, 혈구진은 강화도에, 장구진은 8세기 중반에 황해도 장연군 장산곶과 가까운 곳, 구체적으로 일제식민지시기 장연군 해안면(현재 북한의 황해남도 용연군)에 설치한 것으로 추정된다.[183] 당성포와 혈구군 등이 신라와 중국을 연결하는 교통로의 기점(起點) 또는 요지(要地)에 해당하였으므로 당성진과 혈구진, 장구진 역시 서해 중부 횡단항로 또는 북부 연안항로의 안전을 확보할 목적으로 설치하였다고 볼 수 있다.[184]

흥덕왕은 장보고에게 군사 1만을 주었고, 장보고는 이것을 기초로 하여 완도에 청해진을 설치한 다음, 서남해안에서 활동하던 해적들을 소탕하였다. 청해진이 위치한 완도의 백성은 장보고가 통치한 것으로 알려졌고,[185] 종래에 그 조직은 최소한 대사(大使)-병마사(兵馬使) 또는 부장(副將)-판관(判官)으로 이루어졌으

---

182 김태식, 1995 「삼국사기 지리지 신라조의 사료적 검토」『삼국사기의 원전검토』, 한국정신문화연구원, 238쪽.

183 今西龍, 1933 「慈覺大師入唐求法巡禮行記を讀みて」『新羅史研究』, 近沢書店; 1970 『新羅史研究』, 國書刊行會, 356쪽.
   한편 782년 浿江鎭 설치 이후에 長口鎭은 패강진의 통제를 받았을 것으로 추정된다.

184 전덕재, 1997 앞의 논문, 41~47쪽.

185 其後 於呂系等化來云 己等張寶高所攝嶋民也 寶高去年十一月中死去 不得寧居 仍參着貴邦(『續日本後紀』권11 仁明天皇 承和 9년 春正月).
   일본에 귀화한 於呂系 등이 장보고가 다스린 嶋民이라고 언급하였던 것에서 완도에 사는 백성들이 장보고의 통치를 받았음을 엿볼 수 있다.

며, 완도에 군과 현이 설치되지 않은 점을 유의하여 청해진은 중간 관리자로서의 행정기능이 결여된, 즉 중앙정부와 직보체제(直報體制)를 형성하고 있는 군사기지로서의 성격이 강하였다고 추정하였다.[186]

829년에 당은군(唐恩郡)을 당성진(唐城鎭)으로 삼았다고 하였지만, 858년(헌안왕 2)에 당성군(唐城郡)의 남쪽 강가에 큰 고기가 나왔다는 기록이 전하므로,[187] 당성진 설치 기사는 당은군을 당성진으로 개편한 사실을 전하는 것이 아니라 당성군에 군진(軍鎭)인 당성진을 설치하고, 그 책임자로 극정을 파견한 사실을 전하는 것이라 이해할 수 있다. 혈구진 역시 혈구군에 위치한 군진으로서의 성격을 지녔을 것이다. 시미지진의 경우도 역시 마찬가지였을 것이다. 극정과 계홍은 바로 당성진과 혈구진에 주둔하던 군대를 지휘하였고, 당성군과 혈구군에는 태수가, 지내미지현(시미지현)에는 현령(또는 소수)이 파견되어 군·현의 민정(民政)을 책임졌음은 물론이다.

그러면 패강진의 경우는 어떠하였을까? 종래에 패강진은 다른 군진과 달리 9주와 같은 광역의 지방행정단위로서 기능하였고, 패강진전의 대감과 소감이 패강지역의 군과 현에 파견되어 다스렸다고 이해하였다.[188] 즉 패강진의 두상대감이 9주의 도독(都督)처럼 패강지역의 군·현에 대한 민정권(民政權)과 군정권(軍政權)을 함께 행사하였다고 이해한 것이다. 그러나 『삼국사기』 지리지에서 패강진이 광역의 지방행정단위였음을 알려주는 증거를 찾을 수 없고, 신라 말에 휴암

186 고경석, 2006 「청해진 장보고세력 연구」, 서울대학교 박사학위논문, 144~155쪽.
187 唐城郡南河岸有大魚出 長四十步 高六丈(『삼국사기』 신라본기제10 헌안왕 2년).
188 이기동, 1976 앞의 논문; 1984 앞의 책, 219~220쪽에서 패강진전의 대감이 패강지역의 郡에 파견되었다고 이해하였고, 李成市, 1981 「新羅兵制における浿江鎭典」 『早稻田大學文學研究科紀要』 別冊7; 1998 『古代東アジアの國家と民族』, 岩波書店, 277~280쪽에서는 패강진의 두상대감과 두상제감은 本營인 大谷城에, 대감은 패강지역의 郡에, 소감은 그곳의 縣에 배속되었으며, 軍官이 배속된 패강진전의 統轄下에 있었던 군현은 漢州로부터 독립된 별개의 행정구역을 형성하였다고 이해하였다.

군(鵂嵒郡)이 패강진이 아니라 여전히 한주(漢州)에 영속(領屬)되었음을 알려주는 자료가 전하는 점 등을 두루 고려하건대, 이러한 견해를 그대로 수긍하기가 쉽지 만은 않다.

『삼국사기』 잡지제3~5 지리1~3, 즉 신라지(新羅志)에 진(鎭)에 관한 내용이 전혀 보이지 않는다. 『삼국사기』 찬자들이 지리지에 진(鎭)의 치폐(置廢)와 관련된 내용을 기술하지 않은 이유는 그것이 지방의 행정단위로서 기능하지 않았기 때문이었을 것이다. 이와 같은 사실은 신라 하대에도 패강지역의 취성군(取城郡)과 휴암군(鵂嵒郡)이 여전히 한주에 영속(領屬)되었음을 알려주는 자료를 통해서도 입증할 수 있다.

헌덕왕대에 취성군과 그 영현(領縣)의 명칭을 개정하였는데, 『삼국사기』 잡지 제4 지리2 한주조에서 당시 취성군은 분명히 한주 소속이라 밝히고 있음을 확인할 수 있다. 그리고 『조당집(祖堂集)』 권17에 쌍봉화상(雙峰和尙) 도윤(道允)이 박씨로서 한주(漢州) 휴암인(鵂巖人)이라 전한다. 또한 이에 따르면, 도윤(道允)은 당나라에 유학하여 마조도일(馬祖道一)의 제자 남천보원(南泉普願)에게서 선법을 사사받았으며, 847년(문성왕 9)에 귀국하여 풍악(금강산)에 주석하였는데, 그에게 와서 귀의하려는 자가 바람같이 달려오고 안개처럼 모여들었고, 흠모하여 찾아오기를 별똥별과 파도같이 빠르게 몰려들 듯하였으며, 이때 경문왕이 선사의 명성을 듣고 그에게 귀의하였다고 하였다.[189] 쌍봉화상 도윤이 9세기에 활동하였음을 알려주는 자료로서 주목된다. 문등(文僜)이 『조당집』 서문(序文)에서 천주(泉州) 초경사(招慶寺)에서 정(靜)과 균(筠) 두 스님이 이것을 남당(南唐) 보대(保大) 10년(952)에 편집하였다고 언급하였다. 『조당집』은 고려 초기에 편찬되었지만, 당시에 도윤을 한주 휴암인이라고 언급한 점이 유의된다. 도윤이 활동하였던 9세기에 휴암군이 한주에 영속(領屬)되었음을 시사해주기 때문이다.

---

189 김흥삼, 2010 「선종과 강원지역」 『강원도사』 3, 강원도사편찬위원회, 458~459쪽.

최언위(崔彦撝)가 찬술한 흥녕사징효대사보인탑비(興寧寺澄曉大師寶印塔碑)에 '大師諱折中字□□俗姓□□□□鵂嵒人'이라는 구절이 전한다. '□'는 결락된 부분이다. 속성(俗姓) 다음에 4자가 결락되었음이 확실한데, 속성이 '박씨(朴氏)'라 추정되므로, 그 다음에 나오는 '□□'는 휴암(군)[鵂巖(郡); 황해북도 봉산군]을 관할하는 광역의 지방행정단위가 분명하다. 휴암군은 패강지역에 위치하였기 때문에 거기에 들어갈 수 있는 지명은 패강진(浿江鎭)[또는 패강도(浿江道)]과 한주(漢州)뿐이다. 결락된 부분이 두 글자이므로 패강진(또는 패강도)은 아닐 것이다. 게다가 탁본을 통하여 '휴(鵂)' 바로 위의 결락된 글자의 경우 '주(州)'의 한 획으로 보이는 'ㅣ'을 희미하게나마 읽을 수 있다. 이에 따

〈그림 7〉 흥녕사징효
대사탑비 탁본(반전)

른다면, 종래에 이를 한주(漢州)라 추정한 견해가[190] 옳다고 볼 수 있다. 이 탑비는 924년(경명왕 8)에 최인연(崔仁渷)[최언위(崔彦撝)]이 신라 경명왕의 명령을 받고 작성한 것이다. 따라서 위의 기록은 신라 말에 휴암군이 한주에 영속(領屬)되었음을 입증해주는 자료의 하나로 이해할 수 있다. 이처럼 헌덕왕대에 취성군과 그 영현들이, 신라 말에 휴암군이 한주에 영속되었던 사실을 근거로 하여 패강진 설치 이후에도 패강지역의 군과 현은 여전히 행정체계상에서 원칙적으로 한주의 통제와 감독을 받았다고 규정하여도 좋을 듯싶다.

종래에 대안사적인선사탑비(大安寺寂忍禪師塔碑)에 전하는 취성군(取城郡)의 군감(郡監)을 패강진전의 대감과 연결시켜 패강진이 광역의 지방행정단위였다고 주장한 바 있다.[191] 그러면 과연 군감을 패강진전의 대감과 직결시켜 이해할 수

190 한국역사연구회편, 1996 『譯註 羅末麗初金石文(上)』(원문교감편), 혜안, 150쪽.
191 李成市, 1981 앞의 논문; 1998 앞의 논문, 277~278쪽; 이문기, 1997 「경덕왕대 군제개편의

있을까? 이에 관한 기록을 제시하면 다음과 같다.

일찍이 [적인선사(寂忍禪師)가] 당나라로 갈 적에, 죄인의 무리와 함께 배를 타고 취성군(取城郡)에 이르렀다. 군감(郡監)이 이러한 사실을 알고 칼을 씌우고 문초하였다. 선사가 시시비비에 대해 말하지 않자, 또한 (죄인들과) 함께 감옥에 가두었다. 군감이 (죄상을) 갖추어 신주(申奏)하였고, 교시(敎示)에 의거하여 30여 명을 목 베었다. 마침내 순서가 선사에게 미치자, 선사의 얼굴에 기쁨과 즐거움이 넘쳐흘러 죄인 같지 않았다. (선사가) 스스로 형장(刑場)에 나아가니, 군감이 차마 바로 죽이지 못하였다. 얼마 후에 다시 명령이 있어 석방되었는데, 오직 선사만이 (죽음을) 면하였다.[192]

선사탑비에 적인선사 혜철(慧徹)이 당나라에 들어간 것은 원화(元和) 9년(814, 헌덕왕 6) 8월 무렵이라 전한다. 따라서 취성군에서 선사 등이 탄 배를 나포하여 죄인들을 처벌한 것도 그 무렵이라 봄이 옳을 것이다. 앞에서 경덕왕 21년(762) 5월에 오곡(五谷)·휴암(鵂巖)·한성(漢城)·장새(獐塞)·지성(池城)·덕곡(德谷)의 6성을 쌓고, 각각 태수(太守)를 파견하였음을 살핀 바 있다. 군감을 패강진전의 대감이라 보는 견해에 대하여 의문을 갖게 만드는 하나의 요소로 주목된다. 군감이 죄인들에게 칼을 씌워 가두어 추궁한 다음, 그들의 죄상을 중앙정부에 상주(上奏)하고, 국왕의 교시를 받아 죄인들을 처형하였으며, (국왕의) 명령을 받아 적인선사를 석방하였음을 알 수 있다. 만약에 군감을 패강진전의 대감이라 본다면, 그는 패강진전의 두상대감에게 먼저 알리고, 거기에서 중앙정부에 죄인들의 죄상을 상주하였다고 봄이 합리적이다. 그런데 그렇지 않은 것으로 보아, 군감을 패

실태와 신군제의 운용『신라병제사연구』, 일조각, 421~422쪽.
192 大安寺寂忍禪師塔碑(한국고대사회연구소, 1992 앞의 책, 38쪽).

강진전의 대감과 연결시키는 것은 재고의 여지가 있지 않을까 한다.

한편 '감(監)'은 어떤 행정부서의 우두머리, 즉 책임자를 가리키는 용어로도 널리 사용된다. 591년(진평왕 13)에 건립된 남산신성 제3비에 훼부(喙部)의 부감(部監)이 보이는데, 6부소감전(部少監典)에 소속되어 훼부(喙部)를 행정적으로 관할하는 책임자를 가리킨 것으로 이해된다. 이밖에 공장부(工匠府), 전사서(典祀署), 좌·우사록관(左·右司祿館) 등의 최고위 관직이 감이었다. 이러한 사례를 참조하건대, 취성군 태수(太守)를 군감이라고 불렀다는 추정도 가능할 듯싶다. 조선시대에 현에 파견된 지방관을 현감(縣監)이라고 불렀는데, 이는 고려시대 속현에 파견된 감무(監務)에서 비롯된 것으로 알려졌다.[193] 따라서 현감의 사례를 근거로 하여 통일신라시대에 현령(縣令) 또는 소수(少守)를 현감(縣監)이라고도 별칭(別稱)하였다고 추론하기는 곤란할 듯싶다. 더구나 당나라 이전의 중국 왕조에서 군수(郡守)를 군감(郡監)이라 부른 사례를 전혀 발견할 수 없을 뿐만 아니라 통일신라에서도 역시 마찬가지이다. 중앙행정부서의 최고위 관직을 감이라 불렀지만, 통일신라에서 군태수나 현령 또는 소수를 군감이나 현감으로 별칭하였을 가능성은 매우 희박하였음을 시사해주는 측면으로 유의된다.

더구나『삼국사기』열전제8 향덕(向德)조에 천보(天寶) 14년(755, 경덕왕 14)에 판적향사(板積鄕司)가 향덕의 효행을 웅천주(熊川州)에 보고하고, 다시 주에서 그것을 왕에게 보고하자, 경덕왕이 교시를 내려 향덕에게 포상하고, 담당 관청에 명하여 비석을 세워 그의 효행을 기록하게 하였다고 전한다. 만약에 군감이 취성군 태수의 이칭(異稱)이라면, 위의 기록에서 유추할 수 있듯이 군감은 죄인의 죄상을 한주(漢州)에 보고하고, 한주에서 중앙정부에 상주한 다음, 국왕의 하교를 받아 죄인들을 처형하였다고 보아야 할 것이다. 그런데 위의 자료에 군감이

---

193 이수건, 1994「군현제의 정비」『한국사』23(조선 초기의 정치구조), 국사편찬위원회, 135 ~137쪽.

직접 중앙정부에 죄인의 죄상을 상주(上奏)하였다고 전하는 바에 따르면, 군감을 군태수의 별칭으로 보기는 곤란할 듯싶다.

군감이 군태수의 별칭이 아니라면, 그것은 하대에 군태수 외에 주를 거치지 않고 직접 중앙정부에 상주(上奏)할 수 있는 군에 파견된 관리라 규정할 수 있다. 군감의 구체적인 실체와 관련하여 '감(監)'이 '감찰하다'는 뜻도 지녔음을 주목할 필요가 있다. 진대(秦代)에 군에는 수(守)와 위(尉), 감(監)을 두었는데, 이 가운데 군감(郡監)은 군내(郡內)의 관리를 감찰하는 임무를 수행하였고, 한대(漢代)에 감(監)을 폐지하고 대신 감어사(監御史)를 설치하였다고 한다.[194] 춘추전국시대에 장군 이하 전군(全軍)을 감찰하는 감군(監軍)이 등장하였고, 수·당대에 지방에 주둔한 군대를 감찰하기 위하여 감군사(監軍使)를 두었으며,[195] 오대(五代)에는 주현(州縣)에 주둔한 금군(禁軍) 등의 부대를 감독하는 임무를 맡은 주현도감(州縣都監)을 설치하였음이 확인된다.[196] 이와 같은 중국의 사례를 주목하건대, 군감(郡監) 역시 감찰업무를 수행하였다고 상정해볼 수 있을 것이다.

통일신라에서 지방에 파견되어 감찰업무를 수행한 관리가 바로 외사정(外司正)이다. 외사정은 주에 2인, 군에 1인을 파견하였고, 총 정원이 133명이었다. 9주에 18인, 군에 115인을 파견한 셈인데, 앞에서 군에 태수 115인을 파견한 시점은 경덕왕대 이후였음을 살핀 바 있으므로 814년(헌덕왕 6) 무렵에 취성군(取城郡)에 외사정을 파견하였다고 하여도 하등 이상한 일이 아닐 것이다. 대안사적인선사탑비에 취성군의 군감이 죄인을 가두어 문초하고, 그들의 죄상을 중앙정부에 직접 상주한 다음, 국왕의 교시를 받아 사형을 집행하였다고 전하는데, 군

---

194 曾資生, 1942『中國政治制度史』第二册(秦漢); 1979『中國政治制度史』第二册(秦漢 3版), 啓業書國, 230~232쪽.

195 兪鹿年 編著, 1992『中國官制大辭典』下, 黑龍江人民出版社, 951쪽.

196 友永植, 2004「宋都監探原考(三)-五代の州縣都監-」『史學論叢』34, 別府大學史學硏究會, 18~23쪽.

감을 바로 외사정이라 본다면, 군감이 직접 중앙정부에 상주한 정황을 나름 합리적으로 설명할 수 있을 것이다. 당대(唐代)에 어사대(御史臺)의 관원인 감찰어사(監察御史; 정8품하)는 관리를 감찰하고, 주현을 순시(巡視)하며 감시하는 임무를 맡은 관리였다.[197] 구체적으로 군현과 둔전(屯田), 주전(鑄錢), 영남선보(嶺南選補)를 순찰(巡察)하여 점검하고, 대부(大府)와 사농(司農)의 출납(出納)을 맡고, 죄수를 살펴 판결(判決)하며, 제사(祭祀) 등을 감찰하거나[198] 또는 백료들을 분담하여 감찰하고 군현을 순시하여 살피며 형옥을 규찰(糾察)하고, 조의(朝儀)를 숙정(肅整)하는 것이었다고 한다.[199] 감찰어사가 죄수를 살펴 판결하거나 형옥을 규찰한 것에서 감찰을 담당한 외사정 역시 죄인들을 문초하는 임무를 수행하였다고 추론할 수 있다. 죄인을 문초하고 교시를 받아 사형을 집행한 군감이 외사정이었음을 시사해주는 또 다른 측면으로 유의된다. 나아가 군감이 외사정의 별칭이라는 추정은 사정(司正)과 감(監)이 상통(相通)할 수 있는 단어라는 점을 통해서도 보완할 수 있다.

고려시대에 '외방(外方) 감옥의 죄수에 대하여 서경(西京)에서는 분대(分臺)가, 동·서주진(東·西州鎭)에서는 각 계(界)의 병마사(兵馬使)가, 관내(關內) 서도(西道)에서는 안찰사(按察使)가, 그 나머지는 각 계수관(界首官)과 판관(判官) 이상이 수시로 다니면서 감찰하고 심문하여 캐내어, 가벼운 죄일 경우는 헤아려 판결하고, 무거운 죄를 진 죄수는 구금한 연월(年月)을 자세히 기록하여 신주(申奏)하도록 하였다.'고 한다.[200] 이와 같은 고려의 사례를 참조하건대, 취성군의 군감 역

---

197 曾資生, 1943『中國政治制度史』第四冊(隋唐五代); 1979『中國政治制度史』第四冊(隋唐五代 3版), 啓業書國, 147~149쪽.

198 監察御史十員. … 監察掌分察 巡按郡縣屯田鑄錢嶺南選補. 知太府司農出納 監決囚徒 監祭祀 則閱牲牢 省器服 不敬則劾祭官 尚書省有會議 亦監其過謬 凡百官宴會 習射亦如之(『舊唐書』卷44 志第24 職官3 御史臺).

199 監察御史 掌分察百僚 巡按郡縣 糾察刑獄 肅整朝儀(『大唐六典』권13 御史臺).

200 判 外獄囚 西京則分臺 東西州鎭則各界兵馬使 關內西道則按察使 東南則都部署 其餘 各

시 가벼운 죄는 헤아려 처결하였고, 중죄(重罪)의 경우는 죄인을 문초한 내용을 자세하게 기술하여 중앙정부에 신주하고, 중앙정부의 지시를 받아 죄인들을 처결하였다고 볼 수도 있을 것이다. 다만 취성군의 태수(太守)가 아니라 군감, 즉 외사정이 취성군의 사법행정을 총괄하였는가, 아니면 죄목(罪目) 또는 죄의 경중(輕重)에 따라 외사정과 지방관(태수와 현령 등)의 사법권 행사가 차별되었는가의 여부 등에 대해서는 정확하게 가늠하기 어렵다. 이에 관한 보다 자세한 사항에 대해서는 추후의 숙제로 남겨두기로 하겠다. 이렇다고 하더라도 군에 파견된 외사정이 태수(太守)와 현령(縣令) 및 소수(小守)를 감찰하는 데에 머물지 않고 중간 지방행정단위인 군의 여러 내부 문제에 대해서도 관여하였던 사실만은 부인할 수 없을 것이다.

이상에서 살핀 바와 같이 군감이 취성군에 파견된 외사정을 가리킨다면, 군감을 패강진전의 대감과 연결시켜 패강진을 광역의 지방행정단위라고 주장한 견해는 성립 근거를 잃은 셈이 된다. 한편 재령강 이서지역에 위치한 굴천 등의 12곳은 신라시대에 군현으로 편제되지 않았지만, 그곳을 신라가 실효적으로 지배하였음을 알려주는 자료가 여럿 전한다. 황해도 장연군 장산곶과 가까운 곳, 구체적으로 일제식민지시기 장연군 해안면(북한의 황해남도 용연군) 해안가에 장구진이 위치하였다. 『고려사』권58 지제12 지리3 안서대도호부(安西大都護府) 해주(海州)조에서는 '장연현(長淵縣)은 원래 고구려의 땅인데, 신라 및 고려는 모두 옛 명칭대로 불렀다.'고 전한다.[201] 신라에서 장연(長淵)이라는 지명을 그대로 사용한 것에서 비록 읍격(邑格)에 대한 언급은 없지만, 장연지역을 실질적으로 지배하였음을 엿볼 수 있다. 재령강 이서지역의 12곳 가운데 고려시대에 백령진(白翎

界首官判官以上 無時監行推檢 輕罪量決 重囚則所囚年月具錄申奏 如有滯獄官吏 科罪論奏(『高麗史』권84 志38 刑法1 職制).

윤경진, 2004「고려 전기 계수관의 운영체계와 기능」『동방학지』126, 41~42쪽.

201 長淵縣〈一云 長潭〉本高句麗地 新羅及高麗 皆仍舊名(『고려사』권58 지제12 지리3).

嶺)으로 개칭한 곡도(鵠島)가 포함되어 있다. 그런데 『삼국유사』 권제2 기이제2 진성여대왕(眞聖女大王) 거타지(居陀知)조에 아찬(阿飡) 양패(良貝)가 당에 사신으로 파견될 때에 후백제의 해적이 해상교통로를 막는다는 소문을 듣고 궁사(弓士) 50인을 호위병으로 삼아 곡도에 이르렀다는 기록이 전한다. 이 자료는 당성포(唐城浦)에서 출발한 배가 곡도, 즉 백령도를 지나 당의 산동반도에 이르렀음을 알려주는 증거이다. 이를 통하여 신라가 백

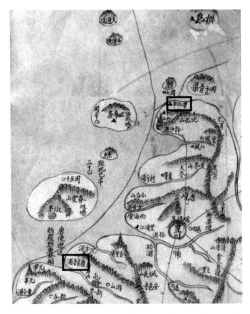

〈그림 8〉 당관포(唐館浦)와 귀림곶(貴林串)의 위치 (『동여도(東輿圖)』)

령도를 확실하게 통제, 장악하였음을 살필 수 있음은 물론이다.

또한 『신증동국여지승람』 권43 황해도 풍천도호부 산천조에서 광석산(廣石山)은 부의 서남 25리에 있는데, 세상에 전하기를 '옛날 중국 사신이 배를 건너 왕래하는 길이었으며, 산 아래에 당관(唐館)의 옛 터가 있다.'라고 언급하였고, 이어 고적조에는 당관향(唐館鄕)이 존재한다고 전한다. 김정호는 『동여도(東輿圖)』에서 초도 동남쪽 풍천도호부 해안가에 당관포(唐館浦)가 있다고 표시하였고, 그곳에 '당사영송(唐使迎送) 신라조당발선(新羅朝唐發船)'이라 기술하였다. 당관포가 바로 당나라와 신라 사신이 배를 타고 중국으로 향하던 출발지였다고 알려주는 자료이다. 고려시대에 당관의 고지(故地)였기 때문에 그곳을 당관향(唐館鄕)이라 명명한 것으로 보아 신라 당대에 광석산 아래에 실제로 당관(唐館)이 존재하였음이 분명하고, 하대에 신라가 그곳을 실효적으로 지배하였다고 이해하여도 무방

할 듯싶다. 당시에 이들 지역을 관할할 수 있는 정부기관으로서 패강진전 이외에 다른 것을 찾기가 어려울 것이다.[202] 이에 따른다면, 신라가 재령강 이동의 14군·현에만 패강진전의 대감과 소감을 파견하여 다스리게 하였다고 이해하기가 쉽지 만은 않을 것이다.

지금까지 장황할 정도로 패강진을 9주와 같은 광역의 지방행정단위였다고 이해하는 것은 문제가 있음을 살폈다. 그러나 대곡진(大谷鎭)을 통상 패강진(浿江鎭)이라 불렀음을 염두에 둘 때, 패강진이 패강지역을 행정적으로 직접 통괄하지 않았을지라도 그것이 군사기지로서의 성격을 지녔다는 측면에서 군사적으로 패강지역을 어떠한 방식으로든지 통제하지 않았을까 한다. 구체적으로 패강진이 재령강 이동의 14군·현과 이서의 황해도 연안지역을 일종의 군관구(軍管區)로서 군사적으로 통괄하였다고 추정되는데, 이와 같은 패강진의 성격은 그것이 패강지역을 군사적으로 어떻게 통제하였는가를 검토함으로써 보다 선명하게 부각시킬 수 있을 듯싶다.

(2) 패강진의 패강지역 통제 방식

패강진이 군사적으로 패강지역을 어떻게 통제하였는가를 고찰하기 위해서는 무엇보다도 먼저 패강진두상(浿江鎭頭上)을 패강진도호(浿江鎭都護) 또는 패강도호(浿江都護)라 불렀음을 주목할 필요가 있을 듯싶다.[203] 당나라에서 정관(貞觀)

---

202 근래에 재령강 동쪽의 14군·현은 한주 소속이었고, 패강진은 재령강 서쪽의 황해도지역을 통괄하는 광역의 지방행정단위로서의 성격을 지녔다고 이해한 견해가 제기되었다(윤선태, 2018 「문헌자료로 본 삼국통일 이후 화성지역의 동향」『삼국통일과 화성지역 사람들 삶의 변화』, 화성시).

203 聖住寺朗慧和尙塔碑에 金咸雄이 890년에 貝江(浿江)都護였다고 전하고, 皇龍寺九層木塔舍利函記에 重阿干 金堅其가 872년 무렵에 浿江鎭都護였다고 전한다. 한편 太子寺郎空大師白月栖雲塔碑에 9세기 말 내지 10세기 초에 國主寺의 僧頭였던 乾聖院和尙(讓景)의 祖父 金藹가 執事侍郎과 浿江都護를 역임하였다고 전한다. 김애가 원성왕의 表來孫이고

연간 이후부터 측천무후기(則天武后期)에 이르기까지 여러 개의 도호부(都護府)를 설치하였다. 도호부는 크게 대도호부(大都護府)와 상도호부(上都護府)로 나누었는데, 대도호부의 최고 책임자를 대도호, 상도호부의 최고 책임자를 상도호(또는 도호)라 불렀다. 대도호부에 도호 1인, 부대도호 2인, 부도호 2인을 두었고, 속관(屬官)으로 장사(長史), 사마(司馬), 녹사참군(錄事參軍), 녹사, 공조(功曹), 창조(倉曹), 호조(戶曹), 병조(兵曹), 법조참군사(法曹參軍事), 참군사를 두었다고 알려졌다. 도호는 여러 번속(蕃屬)을 어루만져 위로하고, 외구(外寇)를 서로 화목하고 편안하게 하며, 간적(姦謫)을 정찰(偵察)하고, 반역자(叛逆者)를 정토(征討)하는 임무를 수행하였다[撫慰諸蕃 輯寧外寇 覘候姦謫 征討攜貳]고 한다. 즉 도호는 도호부로 설정된 지역의 군정권과 민정권을 모두 행사할 수 있는 권한을 가지고 있었던 것이다.[204] 패강진이 패강지역을 일종의 군관구(軍管區)로서 군사적으로 통괄하면서 그것의 치안과 경비를 책임졌기 때문에 신라인에게 그것은 마치 당나라의 도호부처럼 인식되었고, 이러한 이유 때문에 9세기 후반에 패강진의 두상대감을 도호라고 개칭한 것으로 짐작된다.

패강진의 역할과 관련하여 고려 태조대 도호부의 성격을 주목할 필요가 있다. 고려 태조 왕건은 918년에 평양이 황폐하였으므로 염주(鹽州), 백주(白州), 황주(黃州), 해주(海州), 봉주(鳳州) 등지의 백성들을 이주시키고 대도호부(大都護府)로 삼았다가 얼마 후 서경(西京)이라 불렀다. 평양도호부를 서경으로 개편한 것은 태조 4년 10월 이전이다.[205] 『고려사절요』 권1 세가1 태조 원년 9월조에 평양을 대도호부(大都護府)로 삼고, 거기에 당제(堂弟) 식렴(式廉)과 광평시랑(廣評侍

헌강왕의 外庶舅였다고 하였으니, 그는 9세기 중·후반에 패강도호를 역임한 것으로 추정된다.

204 兪鹿年 編著, 1992 앞의 책, 838쪽.
205 壬申幸西京(『고려사』 권1 세가1 태조 4년 겨울 10월).
  이 기록은 태조 4년 10월 이전에 평양도호부를 서경으로 개편하였음을 알려주는 자료이다.

郞) 열평(列評)을 보내 지키게 하였으며, 참좌(參佐) 4, 5명을 두었다고 전한다. 식렴은 대도호, 열평은 부도호로, 참좌는 도호부의 속관으로 이해된다. 고려 태조대 도호부의 성격과 관련하여 다음의 기록들을 주목할 필요가 있다.

대상(大相) 염경(廉卿)과 능강(能康) 등을 보내 안북부(安北府)에 성을 쌓게 하고 원윤(元尹) 임권(林權)을 진두(鎭頭)로 삼아 개정군(開定軍) 700인을 이끌고 지키게 하였다(『고려사』 권82 병2 진수(鎭戌) 태조 11년 2월).

안북대도호부(安北大都護府) 영주(寧州)는 원래 고려의 팽원군(彭原郡)이다. 태조 14년에 안북부(安北府)를 설치하였고, 성종 2년에 영주 안북대도호부라 불렀다(『고려사』 권58 지제12 지리3 북계).

안북도호부 영주는 오늘날 평안남도 안주시로 비정된다. 뒤의 기록에 태조 14년(931)에 영주에 안북부(안북도호부)를 설치하였다고 전하므로 앞의 기록은 태조 11년(928)에 안북부를 설치한 사실이 아니라 당시에 영주에 성을 쌓고, 거기에 개정군(開定軍) 700명을 주둔하게 한 다음, 진두로 원윤 임권을 파견한 사실을 전하는 것으로 봄이 옳을 듯싶다. 영주는 청천강을 건너 그 이북지역으로 진출할 수 있는 교통의 요지였기 때문에 이곳에 도호부를 설치하였던 것으로 보인다. 태조 11년(928)에 왕건이 북계를 순행하여 진국성(鎭國城)을 옮겨 쌓고, 그것을 통덕진(通德鎭)으로 개명(改名)한 다음, 원윤(元尹) 충인(忠仁)을 진두로 파견하였다. 다음해 2월에 안정진(安定鎭)에 성을 쌓고 원윤 언수고(彦守考)로 하여금 지키게 하였다. 이 해 9월에 안수진(安水鎭)에 성을 쌓고 원윤 흔평(昕平)을 진두로 삼았고, 또한 흥덕진(興德鎭)에 성을 쌓고 원윤 아차성(阿次城)을 진두로 삼았다. 이밖에 태조 14년에 원윤 평환(平奐)을 강덕진(剛德鎭)의 진두로 삼았다.[206] 통덕진

206 이기백, 1958 「고려 太祖時의 鎭」 『역사학보』 10; 1968 『고려병제사연구』, 일조각, 235~

은 평남 숙천군, 안정진은 순안시, 안수진은 개천시, 홍덕진은 은산군, 강덕진은 성천시로 비정된다. 이들은 대체로 청천강 이남에 위치하였다. 고려는 태조 14년에 영주(寧州)에 안북도호부를 설치하고, 그것으로 하여금 청천강 이남에 설치한 여러 진을 통괄하게 하였다고 짐작된다.[207] 이처럼 고려 태조대에 안북도호부가 청천강 이남에 설치한 여러 진을 통괄한 사실을 통하여 도호부처럼 인식된 패강진 역시 패강지역에 위치한 여러 군진(軍鎭)을 통괄하였다고 추정해볼 수 있다.

패강지역에 설치한 군진(軍鎭)의 하나로서 『신당서(新唐書)』 지리지(地理志)에 전하는 장구진(長口鎭)을 들 수 있을 것이다. 초도 동남쪽 옛 풍천군의 해안에 당나라 사신이 중국으로 향하는 출발지로서 당관포(唐館浦)가 존재하였다. 하대에 당관(唐館)을 경비하고 해상교통의 안전을 담보하기 위하여 당관포(唐館浦)에도 군대를 주둔시켰을 가능성이 높다. 대안사적인선사탑비에 814년(헌덕왕 6) 8월 무렵 죄인의 무리와 적인선사가 탄 배가 취성군 해안가를 지나다가 나포되었다고 전한다. 이에서 취성군 해안가, 구체적으로 대동강 하구를 운항하던 선박들을 감시하는 일군의 군대를 상정해볼 수 있을 것이다. 『신증동국여지승람』 권43 황해도 풍천도호부 고적조에 '지촌향(池村鄕)은 부의 북쪽 40리에 있는데, 옛날 중국 가는 사신이 배를 타던 곳이다.'라고 전한다. 산천조에 대동강 하구에 위치한 귀림곶(貴林串)이 부의 북쪽 40리에 있다고 전하므로 지촌향은 바로 그 근처에 위치하였다고 볼 수 있다. 패강 하구를 운항하던 선박들을 감시하는 군대가 주둔한 취성군 해안가는 구체적으로 귀림곶 근처였을 가능성이 높지 않을까 한다.

238쪽.

207 통덕진을 성종 2년(983)에 肅州로, 홍덕진(홍덕군)을 殷州로, 후에 안수진을 朝陽鎭으로 개명하고, 태조 14년(931)에 설치한 剛德鎭은 현종 9년(1018)에 成州로 개명하였다. 이들은 모두 안북대도호부에 영속되었다. 안북도호부의 설치과정과 그 성격에 관해서는 윤경진, 2007 「고려 태조대 도호부 설치의 추이와 운영-북방 개척과 통일전쟁-」『군사』64, 164~169쪽이 참조된다.

한편 김정호는『대동지지』권18 황해도 봉산(鳳山) 진보(鎭堡)조에서 '패강진(浿江鎭)은 지금의 극성진(棘城鎭) 터인데, 신라가 대동강을 경계로 하였기 때문에 이곳에다 거진(巨鎭)을 설치하였다.'고 언급하였다.[208] 극성은 현재 황해북도 황주군 침촌리의 정방산 근처에 위치하였다. 고려 말에 홍건적을 막기 위해 정방산 정상에서 박배포(朴排浦)까지 성을 쌓고, 그 주변에 가시나무를 심었기 때문에 극성(棘城)[산성(蒜城)]이라 불렀는데, 극성은 황주 인근 해안가에서 내지(內地)로 들어오는 길목에 해당한다.[209] 김정호가 어떠한 자료를 근거로 이와 같은 주장을 폈는지 확인할 길이 없지만, 이와 관련하여 826년(헌덕왕 18) 7월에 우잠군태수(牛岑郡太守) 백영(白永)에게 명하여 한산(漢山) 북쪽의 여러 주와 군 사람들 1만 명을 징발하여 패강지역에 장성(長城) 300리를 쌓았다고 전하는 사실을 주목할 필요가 있다.

김정호는『대동지지』권18 황해도 봉산 진보 패강진조에서 '생각하건대, 극성(棘城)에서부터 대간(大幹), 봉산(鳳山), 황주(黃州), 서흥(瑞興), 수안(遂安), 곡산(谷山)을 연결하는 고개 위에 왕왕(往往) 행성(行城)의 옛 터가 있었는데, 이것은 백영(白永)이 쌓은 바이다.'라고 언급하였다.[210] 김정호는 백영이 쌓은 300리의 패강 장성은 극성에서 곡산까지 이어졌다고 이해한 것이다. 김정호의 견해가 정확한 것인지 알 수 없지만, 300리는 당척[唐尺; 당(唐) 1리(里)=당대척(唐大尺) 1척(29.591cm)×300보(步)=당대척 1,500척(尺)=443.87m]을 기준으로 할 때, 133.2km에 해당한다. 826년에 신라가 패강지역에 상당히 긴 거리에 걸쳐 성을 쌓은 셈인데, 이때 황해도 해안가에서 내지로 들어오는 길목에 해당하는 극성에도 성을 쌓았고, 거기에 군사를 배치하였음을 추론할 수 있다. 김정호의 주장처

---

208 『동여도』에도 棘城이 신라의 浿江鎭이라 표시되어 있다.

209 고승희, 2006「조선 후기 황해도 내지 방어체계」『한국문화』38, 407~411쪽.

210 按自棘城關緣大幹鳳山黃州瑞興遂安谷山 往往嶺上有行城古址者 是爲白永所築(『大東地志』권18 황해도 鳳山 鎭堡).

〈그림 9〉 극성(棘城)의 위치(『동여도(東輿圖)』)

림 신라에서 극성에 설치한 군진을 패강진과 직결시켜 이해하기 곤란하지만,[211] 그러나 만약에 그곳이 패강진이 관할하던 군진(軍鎭)의 하나였다면, 김정호의 주장은 결코 사실과 크게 어긋한 것이라고 단정하기 어렵지 않을까 한다.

신라가 패강지역의 전략적 요충지에 군대를 주둔시켰음은 서운사요오화상진원탑비에 패강인(浿江人)인 순지(順之)의 할아버지와 아버지가 대대로 변장(邊將)이 되었다고 전한 사실을 통해서도 뒷받침할 수 있다. 요오화상 순지는 890년대에 65세로 사망하였으므로 820년대 후반~830년대 초반에 출생하였다고 볼 수 있다. 따라서 그의 할아버지와 아버지가 변장이 된 시기는 800년대에서 850년대 사이였을 것으로 짐작된다. 순지가 패강인이었으니, 그의 조(祖)와 부(父)가 변장으로 근무한 곳은 패강지역의 요충지였을 가능성이 높다. 패강지역의 전략적 요

---

211 배종도, 1989 「신라 하대의 지방제도 개편에 대한 고찰」『학림』11, 31쪽에서 신라가 처음 대곡성에 패강진을 설치하였다가 후에 그것의 치소를 봉산 극성진 터로 옮겼다고 주장하기도 하였다.

충지 여러 곳에 군대가 주둔한 군진(軍鎭)이 존재하였음을 시사해주는 측면으로 주목된다.

그런데 패강지역에 위치한 여러 군진을 체계적이고 조직적으로 통괄하는 군정기관(軍政機關)으로서 패강진전 이외에 다른 것을 찾기가 어렵다.[212] 여기서 문제는 패강진전의 여러 군관(軍官), 즉 대감(大監), 두상제감(頭上弟監), 제감(弟監), 보감(步監), 소감(少監)과 여러 군진의 책임자와의 관계에 관해서이다. 두상제감과 제감, 보감이 1인이었던 것으로 보건대, 이들은 대곡군(大谷郡)에 위치한 패강진의 본진(本鎭) 책임자인 두상대감(頭上大監) 예하의 군관(軍官)으로 추정된다. 그런데 패강진전에서 패강지역의 여러 군진을 통괄하기 위해 강구할 수 있는 가장 효과적인 방법은 대감 7명과 소감 6명을 그곳의 책임자로 파견하는 것이 아니었을까 짐작된다. 구체적인 증거는 찾을 수 없지만, 대감의 관위규정이 태수(太守)와 같았음을 고려하건대, 실제로 패강진전의 대감과 소감이 여러 군진의 지휘관으로 파견되었을 가능성에 무게를 두고 싶다. 만약에 이러한 추정에 잘못이 없다면, 비교적 규모가 큰 군진에는 대감(大監)을, 규모가 비교적 작은 군진에는 소감(少監)을 파견하였다고 예상해볼 수 있을 것이다.[213]

본래 재령강 이동지역의 군·현은 행정체계상에서 한주(漢州)의 통제와 감독을

---

212 중앙의 행정기관 가운데 '典'의 명칭이 들어간 것이 여럿 존재하므로 패강진전 역시 단순히 軍鎭에 주둔한 군대를 지휘하는 군관으로만 구성된 조직체가 아니라 패강진과 관련된 여러 가지 행정업무를 처리하는 행정관서로서의 성격을 지녔다고 볼 수 있다. 특히 패강진전이 패강진과 그 관할 하에 있는 여러 軍鎭의 행정업무뿐만 아니라 군사적인 업무도 아울러 처리하였다고 추정되기 때문에 軍政機關이라 표현하였던 것이다.

213 종래에 末松保和, 1975「新羅の郡縣制, 特に完成期の二三の問題」『學習院大學 文學部研究年報』21; 1995『末松保和朝鮮史著作集』2(新羅の政治と社會下), 吉川弘文館, 196쪽에서 大監 7인과 少監 6인을 재령강 서쪽의 황해도지역에 위치한 大防衛所 7곳, 小防衛所 6곳의 長으로 이해하였고, 박남수, 2013a 앞의 논문, 56쪽에서 대감과 소감을 支鎭에 파견하였다고 파악하여 참조된다.

받았다. 그런데 782년 이후에 패강진과 그 관할하의 여러 군진이 이 지역의 경비와 치안을 책임졌다고 볼 수 있다.[214] 재령강 이서지역에는 군현을 설치하지 않았지만, 패강진이 해상교통의 요지에 위치한 여러 군진을 통괄하는 방식을 매개로 하여 그곳에 대한 실효적인 지배를 실현하였다고 이해할 수 있을 것이다.[215] 패강진이 패강지역을 일종의 군관구(軍管區)로서 군사적으로 통괄하면서 그곳의 치안과 경비를 책임졌기 때문에 신라인에게 그것은 마치 당의 도호부처럼 인식되었고, 그러한 이유 때문에 패강진의 두상대감(頭上大監)을 도호(都護)라고 개칭(改稱)한 것으로 짐작된다. 대곡군에 위치한 대곡진, 즉 패강진이 패강지역을 군관구로서 군사적으로 관할하면서, 그곳에 위치한 여러 군진들을 통괄한 측면을 청해진, 혈구진, 당성진의 성격과 다른 패강진의 특징적인 면모로서 규정할 수 있을 것이다.

4. 5소경의 설치와 변화

1) 5소경의 설치와 기능

앞에서 중고기에 아시촌소경(阿尸村小京), 국원소경(國原小京), 북소경(北小京)을 설치하였다가 아시촌소경과 북소경은 폐지되고 오직 국원소경만이 남았음을 살폈다. 국원소경은 통일기에 중원소경으로 개칭하였다. 『삼국사기』 잡지제4 지

---

214 『삼국사기』 신라본기제10 헌덕왕 14년 3월조에 김헌창이 반란을 일으키자, 한산주와 우수주, 삽량주, 패강진, 북원경 등은 헌창의 반역 음모를 미리 알고 군사를 일으켜 스스로 지켰다고 전한다. 이것은 패강지역을 일종의 軍管區로서 관할한 패강진이 군사적인 측면에서 한산주 도독의 통제를 받지 않았음을 시사해주는 귀중한 자료로서 주목된다.

215 최근에 패강진전의 관할 범위가 장구진을 비롯한 재령강 서쪽의 황해도지역에 위치한 14개의 진이었다가 헌덕왕대에 12진으로 축소되었다는 견해(박남수, 2013a 앞의 논문, 52~62쪽)가 제기되었다.

리2 한주조에 경덕왕대에 국원소경을 중원경(中原京)으로 개칭하였다고 전하지만, 그러나 이것은 중원소경에서 중원경으로 개칭한 사실과 관련될 뿐이지,[216] 국원에서 중원으로 개칭한 사실을 전한 것으로 보기 어렵다. 북원이나 서원소경이란 명칭은 중원소경을 전제하는 것이다. 따라서 국원소경을 중원소경으로 변경한 시기는 경덕왕대 이전, 즉 통일 직후라고 봄이 자연스러운데, 신라가 통일 이후 영역을 넓혀 국원지역이 신라 영토의 중앙에 위치할 수 있는 상황에서 중원소경이라는 명칭을 사용할 수 있었다고 생각되기 때문이다.

문무왕 18년(678) 정월에 신라는 중원지역에서 강원도 영서지역이나 영동지역과 통할 수 있는 교통의 요지인 원주지역에 북원소경(北原小京)을 설치하였다. 678년은 신라가 당군을 한반도에서 축출한 다음 다음해에 해당한다. 신라는 나당전쟁에서 어느 정도 승기를 얻게 되자, 675년에 예성강 이남의 고구려 영토를 신라의 영토로 편입시켰다.[217] 여기에 경기도 북부지역의 여러 지역과 강원도 철원지역이 포함되었던 것으로 보인다.[218] 이처럼 경기도 북부지역과 철원지역을 신라의 영토로 편입시킴과 아울러 옛 고구려지역인 강원도지역을 효과적으로 통제할 수 있는 원주에 소경을 설치한 것으로 이해된다.

북원소경에 이어 신라는 문무왕 20년(680)에 김해지역에 금관소경(金官小京)을 설치하였다. 김해지역은 낙동강 하류 수로교통의 요지이면서 경주에서 양산을 거쳐 남해안지역에 다다를 수 있는 육상교통의 요지이기도 하다. 이런 점에

---

216 다른 소경의 경우도 경덕왕대에 小京을 京으로 개칭한 바 있었다.

217 劉仁軌破我兵於七重城. 仁軌引兵還 詔以李謹行爲安東鎭撫大使以經略之. 王乃遣使 入貢 且謝罪 帝赦之 復王官爵. 金仁問中路而還 改封臨海郡公. 然多取百濟地 遂抵高句麗南境 爲州郡(『삼국사기』 신라본기제7 문무왕 15년 2월).

218 임진강과 예성강 사이에 분포한 漢州 소속의 군현은 대략 6군 13개 현인데(鐵城郡 㜙梁縣 功成縣 富平郡 廣平縣 兎山郡 安峽縣 朔邑縣 伊川縣 牛峯郡 臨江縣 長湍縣 長端縣 松岳郡 如羆縣 江陰縣 開城郡 德水縣 臨津縣), 이 가운데 상당수의 郡縣이 문무왕 15년에 신라 영토로 편입된 것으로 추정된다(전덕재, 2016 앞의 논문, 111~115쪽).

서 김해지역은 옛 가야지역에 해당하는 경남지역을 효과적으로 통제할 수 있는 곳에 해당한다고 말할 수 있겠다. 금관소경은 후에 동원경(東原京)이라 부르기도 하였다.[219] 5소경체제는 신문왕 5년(685)에 청주와 남원지역에 서원소경(西原小京)과 남원소경(南原小京)을 설치하면서 완비되었다. 청주지역은 경주에서 상주, 보은을 거쳐 천안이나 공주, 부여와 통할 수 있는 교통의 요지이다. 한편 남원지역은 육로로 경상도지역에서 전라도지역에 이르는 관문 역할을 하는 곳이다. 신라는 옛 백제지역 가운데 충청도지방과 전라도지역을 효과적으로 통제할 수 있는 지역인 청주와 남원에 각각 서원과 남원소경을 설치하였던 셈이 된다.

이상에서 통일신라에서 왕경의 편재성(偏在性)을 보완하고 지방에 대한 통제를 한층 더 강화하기 위하여 소경을 증치(增置)하였음을 살펴보았다. 이때에 고구려와 백제, 당과 왜의 군사적 위협으로부터 수도 왕경을 방어할 수 있는 군사적 전초기지로서의 소경은 더 이상 필요하지 않게 되었으므로 통일기에 이르러 비로소 5소경은 왕경이 신라 영역 동남쪽에 편재한 관계로 전국적인 통제력을 강화할 필요성에서 설치한 이른바 배도(陪都)[또는 부도(副都)]로서의 성격을 분명하게 지니게 되었다고 평가할 수 있다.[220] 이러한 5소경의 성격을 상징적으로 보여주는 측면이 바로 소경도 왕경과 마찬가지로 6부로 영역을 구획하고, 도심지를 도시계획에 의거하여 정비하였다는 사실인데, 이에 대해서는 뒤에서 소경

---

219 瑩源寺秀徹和尙塔碑에서 수철화상이 東原京 福泉寺에서 윤법대덕에게 구족계를 받았다고 전하는데[旬出至東原京福泉寺 受具于潤法大德], 여기서 東原京은 金官京을 가리키는 것이며, 법랍으로 헤아려 볼 때, 그가 수계한 해는 22세 때인 희강왕 원년(836)이 된다.

220 조영헌, 2011「원·명·청시대 首都 북경과 陪都의 변천」『역사학보』209, 66쪽에서 陪都 (auxiliary capital)란 정치·군사적 요인 등으로 인하여 국가에서 정식 수도 이외에 특정 지역을 선택하여 건립한 보조적인 副都(second capital)라 정의하였고, 중국에서 역사상 설치한 배도를 4가지 종류로 유형화하였는데, 그 가운데 하나로서 수도가 지나치게 편중된 지역에 위치하여 전국적인 통제력을 강화할 필요가 있을 때에 설치하는 유형을 들었으며, 西周時代의 洛陽을 대표적인 사례로 예시하였다.

의 행정체계와 관련하여 자세하게 고찰할 것이다.

통일기에 신라의 지방통치조직은 한결 체계적으로 짜여졌다. 일단 주는 군관구적(軍管區的)인 성격을 탈피하여 나름 지방통치조직상 최상급 행정단위로서의 성격이 강화되었고, 그 장관인 도독 또는 총관 역시 주의 행정업무를 총괄하는 민정관적인 성격을 강하게 지니게 되었다. 이러면서 주치(州治)는 주의 행정중심지로서 주목을 받았음은 물론이다. 여기다가 군에 태수(太守)를 파견하였을 뿐만 아니라 행정촌을 현(縣)으로 재편하고, 거기에 현령이나 소수를 파견하였다. 이는 촌주(村主)의 자치력에 크게 의존하여 지방민을 통치하던 방식을 어느 정도 극복하고, 중앙에서 파견한 지방관이 지방민을 직접 통치하는 체제가 갖추어졌음을 반증하는 것이다. 이처럼 신라의 지방통치가 강화되면서 소경의 위상 변화가 예상된다. 이와 관련하여 우선 다음의 기록에 대한 고찰이 요구된다.

　　문무왕 14년(674)에 6도(徒)의 진골(眞骨)로 5경(京)과 9주(州)에 나가 살게 하
　였다(『삼국사기』 잡지제9 직관(하) 외관 외위).

9주 5소경체제가 정비된 시점은 신문왕 5년(685)이다. 따라서 위의 기록에 대해서는 세밀한 사료비판이 필요하다. 여기다가 '6도진골(徒眞骨)'이란 의미도 정확하게 알 수 없다. 일단 여기서는 6도진골을 6부에 거주하던 진골을 가리키는 것으로 이해하고자 한다.[221] 그리고 그들을 5경(京) 9주(州)에 나가 거주케 하였다는 내용은 진골을 소경(小京)과 주(州)에 나가 거주케 하였다는 의미로 받아들이고자 한다. 즉 위의 기사는 문무왕 14년(674) 무렵에 진골들이 6부를 벗어나 지방에 출거(出居)하였던 사실을 알려주는 자료로서 이해한다는 것이다. 여기서

221 이문기, 1981 「금석문자료를 통하여 본 신라의 육부」 『역사교육논집』 2, 123쪽; 신형석, 1992 「5~6세기 신라육부의 정치사회적 성격과 그 변화」 『경북사학』 15, 34쪽.

소경의 변화와 관련하여 한 가지 유의되는 사항은 진골들이 소경뿐만 아니라 주에도 나가 거주하였다는 사실이다. 여기서 주의 실체는 주치(州治)를 말하는 것으로 이해된다. 『삼국유사』권제3 탑상제4 대산오만진신조에 하서부[河西府; 부(府)는 주(州)의 오기로 추정]에 세헌각간(世獻角干)의 집이 있었다는 표현이 보이는데,[222] 이는 진골이 주치(州治)에 나가 거주하였던 실례의 하나이다. 그리고 김경신과의 왕위계승분쟁에서 패배한 김주원은 명주(溟州)로 물러나 거주하였고, 그의 후손들은 계속 명주에 뿌리를 내리고 세거(世居)하였다.[223] 정강왕 2년 정월에 한주(漢州) 이찬(伊湌) 김요(金蕘)가 반란을 일으켰는데,[224] 김요 역시 한주의 주치에 거주하던 진골귀족이었던 것으로 보인다. 위에서 언급한 사례들은 진골들이 주치(州治)에 거주하고 있었음을 실증하는 자료들이다.

통일기에 골품신분을 주로 관리로 등용하였고, 게다가 국학(國學) 출신(出身)을 현령(縣令)이나 소수(少守) 등으로 임명한다는 규정을 제정하기도 하였다.[225] 국학에는 대체로 6두품과 진골 자제들이 입학하였다고 이해되고 있다.[226] 따라서 통일기에 지방관으로 파견되어 지방민을 통치하는 관리들은 중고기에 경위

---

222 淨神大王太子寶川 孝明二昆弟 … 到河西府〈今溟州及有河西郡是也 一作河曲縣 今蔚州非是也〉世獻角干之家留一宿(『삼국유사』권제3 탑상제4 臺山五萬眞身).

223 伊湌金周元 初爲上宰 … 未幾宣德王崩. 國人欲奉周元爲王 將迎入宮 家在川北 忽川漲不得渡. 王先入宮卽位 上宰之徒衆 皆來附之 拜賀新登之主. 是爲元聖大王 諱敬信 金氏 盖厚夢之應也. 周元退居溟州(『삼국유사』권제2 기이제2 원성대왕).
    김주원의 후손들 가운데 일부는 중앙정계에 진출한 경우도 있지만, 그러나 일부 후손이 溟州에서 대대로 世居하였던 사실은 나말여초에 명주의 호족인 金順式이 김주원의 후손이었음을 통하여 입증할 수 있다.

224 漢州伊湌金蕘叛 發兵誅之(『삼국사기』신라본기제11 정강왕 2년 봄 정월).

225 『삼국사기』신라본기제10 원성왕 5년 9월조에 渡唐留學生인 子玉을 楊根縣 小守로 임명하려고 하자, 執事史 毛肖가 자옥이 文籍(國學) 출신이 아니어서 소수로 임명해서는 안된다고 논박한 내용이 전한다. 이 자료를 통하여 국학출신을 현령이나 소수 등에 임용하였음을 엿볼 수 있다.

226 전덕재, 2002『한국고대사회의 왕경인과 지방민』, 태학사, 292~298쪽.

를 수여받고 골품신분에 편제된 6부인의 후예들로 볼 수 있다. 이것은 문무왕 14년(674)에 외위를 폐지한 통일기에도 여전히 '지배자공동체를 이루었던 6부 지배층이 지방민을 통치하는 지배구조'가 그대로 존속되었음을 반영하는 것이다. 674년 이후 진골을 비롯한 6부인의 후예들이 나아가 거주한 주치와 소경은 여전히 지방민을 통제 감찰하는 지방통제의 거점으로 기능하였을 뿐만 아니라 그들이 6부인의 후예로서 군현 등에 파견되는 지방관을 배후에서 지원해주는 역할을 수행하였다고 볼 수 있다.

한편 소경도 왕경과 마찬가지로 도시계획에 의거하여 정비하였을 뿐만 아니라 6부로 구획한 사실을 확인할 수 있다. 5소경 가운데 남원소경에서 경주와 마찬가지로 평지에 사방을 일정하게 구획한 모습으로 도시를 건설하였다는 사실이 확인되었다.[227] 아울러 서원소경의 경우도 그러하였을 가능성이 높다는 의견이 제기되었다.[228] 소경과 더불어 주치 역시 도시계획에 의거하여 정비하였을 뿐만 아니라 6부로 구획하였음이 확인된다. 상주(尙州)와 전주(全州)에서 도시계획에 의거하여 정비하였음을 살필 수 있고,[229] 특히 상주시 복룡동을 발굴 조사한

227 이경찬, 1997「고대 중국 격자형 토지구획법의 변용계열에 관한 연구」『도시계획학회지』32-2; 이경찬, 2002「고대 한국 지방도시 격자형 토지구획의 형태특성에 관한 연구」『건축역사연구』11-4, 한국건축역사학회; 박태우, 1987「통일신라의 지방도시에 대한 연구」『백제연구』18.

228 윤정숙, 1990「통일신라시대의 도시계획-9주5소경을 중심으로」, 한국전통-지리학 연속강좌 발표논문; 나경준, 2000「신라 西原京 治址 硏究」, 단국대학교 석사학위논문.

229 이경찬, 1997「全州市街地 格子形 토지구획의 형태적 특성에 관한 기원적 고찰」『도시계획학회지』32-4; 박태우, 1987 앞의 논문; 윤정숙, 1990 앞의 논문; 이기석, 1999「한국 고대도시의 坊里制(條坊制)와 도시구조에 대한 소고」『한국도시지리학회지』2-2, 한국도시지리학회.
한편 윤정숙은 상주, 남원, 청주, 광주, 전주, 진주 등에서는 경주의 坊과 같은 크기의 토지구획이 보이고, 강릉과 충주에서는 그보다 큰 토지구획이 확인된다고 하였다. 그리고 이기석은 1910년대에 제작된 1/1,200 지적도와 1/10,000 지도에 직교하는 가로망, 인공적으로 직선으로 만든 수로망 등이 표시되어 있는 사실을 통하여 9주 5소경에다 모두 계

결과, 상주(尙州)의 주치를 도시계획에 의거하여 새로 정비하였음이 입증되기도 하였다.[230]

다음의 자료는 소경의 영역을 6부로 구분하였음을 입증해주는 증거로서 주목된다.

    沙梁部屬長池駟□□

위의 자료는 청주 상당산성에서 발견된 기와편의 명문이다.[231] 명문 모두가 쓰여진 기와는 발견되지 않지만, 기와 조각에 새겨진 명문내용을 종합하면 위와 같이 정리할 수 있다. 마지막 두 글자는 정확하게 판독하기 곤란하다. 기존에 이

획적으로 설계한 도시를 건설하였음을 확인할 수 있다고 하였고, 아울러 최근 항공사진 상에서도 이러한 사실이 부분적으로 확인된다고 언급하였다.

230 영남문화재연구원, 2009『상주 복룡동 230-3번지 유적Ⅱ』, 360~362쪽.

231 일찍이 靈休가 조선시대에 鋪樓에서 '屬長池駟'이란 명문이 새겨진 기와조각을 발견하였다고 전하고[且觀鋪樓瓦刻云 屬長池駟(靈休, 1744『上黨山城古今事蹟記』)], 청주의 향토사학자가 남문 앞에서 사훼부명 기와를 발견하면서 그 존재가 널리 알려졌다(李在俊, 1981「沙啄部銘平瓦에 대한 小考」『西原學報』2, 서원학회). 그 후 상당산성에 대한 지표조사를 하여 여러 점의 사훼부명 기와를 추가로 발견하였다(충청북도, 1982『상당산성지표조사보고서』). 이때에 '屬長池駟', '池駟升達', '梁部屬', '梁部'란 명문이 새겨진 기와 잔편과 아울러 '一尺', '主'자가 양각된 명문기와도 아울러 발견하였다. 충북대학교 박물관에서 1995년에 실시한 발굴조사 시에도 남문 밖에서 역시 동일 내용의 명문기와를 발견하였는데(청주시·충북대학교 중원문화연구소, 1997『상당산성-서장대 및 남문외 유적지 조사보고』), 당시에 발굴한 기와의 명문내용을 보면 '沙梁部', '部屬長', '屬長', '屬長池', '池駟', '池駟□達' 등이다. 屬長池駟 등의 명문이 새겨진 기와 잔편은 모두 암기와로서 그 색깔은 회청색을 띠고 있으며, 胎土에 사립이 약간 섞여 있다. 裏面에는 대쪽 같은 것을 촘촘히 댄 흔적이나 포목흔이 남아 있다. 글자는 굵은 線紋인데, 양각의 右書로 위에서 아래로 새겼으며, 한 기와에 여러 행에 걸쳐 반복하여 찍었다. 현재 완전한 모습의 기와는 발견되지 않기 때문에 그 전문은 확인할 수 없다. 그러나 현재 발견되는 명문기와의 잔편을 모아 보면, '沙梁部屬長池駟□□'이란 글귀를 새겼음을 추론할 수 있다.

를 '승달(升達)'이라 판독한 경우도 있지만,[232] 뒷글자의 경우 그 일부 가운데 '행(幸)'변만 확실하게 보일 뿐 전체적으로 어떤 글자인지 명확하게 판독할 수 없고, 앞 글자의 경우는 전혀 판독이 되지 않는다. 일단 여기서는 불명자(不明字)로 처리하기로 하겠다. 한편 장지일(長池馹)은 장지역(長池驛)을 가리킨다. '일(馹)'자가 '역(驛)'자의 의미로 사용된 사례는 창녕(昌寧) 인양사비(仁陽寺碑)[233]와 홍녕사징효대사보인탑비 음기(陰記)[234]에서 발견할 수 있다. 『세종실록』권149 지리지 충청도 청주목조 및 『신증동국여지승람』권15 충청도 청주목 역원조에서 장지역(長池驛)을 폐지한 자리에다 태조 5년(1396)에 장명역(長命驛)을 새로 설치하였다고 하였다. 장명역은 현재 천안시 수신면 장산리 장명부락에 해당한다. 현재 장명부락은 천안시에 속해 있지만, 1895년에 장산리가 목천군에 편입되기 이전까지 청주군에 속하였다.[235] 고려시대에 장지역(長池驛)은 청주의 관할이었다.[236] 이와 같은 사항들을 고려하여 위의 명문 내용을 해석하면, '사훼부에 소속한 장지역'이라고 해석할 수 있다. 만약에 그 뒤에 보이는 글자가 '승달(升達)'이라 한다면, '(이 기와는) 사훼부에 소속한 장지역에서 올린 (것이다)'라고 해석하거나 또는 '(이 기와는) 사훼부에 소속한 장지역의 승달(이 만든 것이다)'라고 해석할 수 있다. 글자가 명확하게 판독되지 않기 때문에 위와 같은 해석이 정확한지 모르지만, 일단 불명자는 기와 제작자의 이름이거나 거기에서 만들었거나 또는 거기에

---

232 충청북도, 1982 앞의 보고서, 60쪽; 청주시·충북대학교 중원문화연구소, 1997 앞의 보고서, 67쪽에서는 '□達'이라 판독하였다.

233 인양사비에 '辛烈楡川二馹(하일식은 처음에 이를 駉로 판독하였다가 후에 馹로 고쳐서 판독하였다)'이란 표현이 보인다(하일식, 1996「昌寧 仁陽寺碑文의 연구」『한국사연구』95; 하일식, 1999「고려 초기 지방사회의 주관과 관반-금석문 자료 분석을 통한 시론적 해석-」『역사와 현실』34).

234 陰記에 '吉舍村主 丹越馹'이란 표현이 보인다(하일식, 1999 앞의 논문, 68~69쪽).

235 한글학회, 1980『한국지명총람』(충북편), 357쪽.

236 『고려사』권82 지36 병2 역참조에 栗峰, 雙樹, 猪山, 長池驛이 淸州 관할이었다고 전한다.

서 만들어 공납(貢納)하였다는 표현과 관련이 있다고 보인다.

장지일이 사훼부에 소속되었다고 할 때, 여기서 문제는 '사훼부'의 실체에 대해 어떻게 이해할 것인가에 관해서이다. 사훼부는 신라의 왕경 6부 가운데 하나이다. 그런데 장지역은 지금의 천안시 수신면 장산리 장명부락에 위치하였다. 그렇다면 장지역이 사훼부에 소속되었다는 의미는 어떻게 받아들일 수 있을까? 일단 왕경의 6부 가운데 하나인 사훼부(사량부)가 장지역을 관할하였다는 가정을 해볼 수 있다. 이러한 가정은 왕경의 각 부가 단위정치체로서 기능하면서 지방통치에 깊게 관여하였다는 사실이 밝혀진다면 어느 정도 설득력을 지닐 수 있다. 그러나 530년대 무렵에 6부는 단위정치체에서 왕경의 행정구역단위로 성격이 변화된 바 있다.[237] 비록 중고기에 소속 부에 따라 정치적 진출이나 신분 등에서 차별을 받기는 하였지만, 부 자체가 지방통치에 깊게 관여할 만큼 자치적인 지배력을 가졌다고 보기는 어려울 것이다.

경주에서 통일기의 부명와(部銘瓦)가 여러 개 발견되었다. 예를 들어서 한(漢), 한지(漢只), 습부(習府), 습비(習比), 습부(習部) 등의 명문이 있는 기와가 안압지나 재매정지, 월성해자, 천관사지 등에서 다수 발견된 바 있다.[238] 그런데 이들 명문기와가 발견된 곳이 반드시 한기부나 습비부라 보기 힘들다. 예컨대 월성해자나 안압지는 훼부(喙部)지역에 해당하였다.[239] 따라서 이들 명문기와에 새겨진 부명(部銘)은 바로 기와의 제작처, 즉 와요지가 그 부에 소재(所在)한다는 사실을 의미

---

237 전덕재, 1996『신라육부체제연구』, 일조각, 132~140쪽.

238 고경희, 1993「신라 월지 출토 在銘遺物에 대한 銘文 연구」, 동아대학교 석사학위논문; 국립경주문화재연구소, 1996『재매정지 발굴조사보고서』; 문화재관리국·경주사적관리사무소, 1990『월성해자 발굴조사보고서』I ; 국립경주문화재연구소, 1998『경주 남산의 불교유적-동남산 사지조사보고서-』Ⅲ; 국립경주박물관, 1995『특별전 경주 남산』.

239 울진봉평리신라비에서 牟卽智寐錦王, 즉 법흥왕이 喙部 소속이었다고 하였는데, 법흥왕이 당시에 月城에 거주하였으므로 月城은 喙部에 속한다고 볼 수 있겠다. 월지(안압지)는 월성 근처에 위치하였으므로, 그것 역시 喙部에 속하였을 것이다.

한다고 이해할 수 있겠다.[240] 이런 점에서 한기부나 습비부와 관련된 명문기와가 발견된 월성해자나 안압지 등을 그들 2부가 주체가 되어서 축조하거나 수축하였다고 보는 가정도 상정하기 곤란하다. 이에 의거하건대, 왕경의 사훼부(沙喙部)가 지금의 천안시 수신면 장산리 장명부락에 위치한 장지역을 관할하였다는 가정 역시 그리 설득력을 지녔다고 할 수 없다. 이처럼 명문기와에 나오는 사훼부가 왕경의 그것이 아니라고 한다면, 그것은 서원소경의 영역구분 가운데 하나라고 보아야 한다.

중원소경의 경우도 그 영역을 6부로 구분하였던 사실은 무열왕·문무왕대에 활동한 강수가 중원경(中原京) 사량인(沙梁人)이었다고 전하는 기록을[241] 통해서 입증할 수 있고, 또 안성 비봉산성에서 발견된 '본피(本彼)'명(銘) 기와도[242] 그 중 거물의 하나로서 주목된다. 여기서 본피(本彼)는 '한지(漢只)'나 '습비(習比)'명 기와에서 유추할 수 있듯이 기와 제작처를 가리킨다고 이해된다. 왕경의 본피부에서 제작한 기와를 안성 비봉산성의 건물지에 사용하였다고 볼 수도 있다. 그러나 현재 왕경의 본피부에서 기와를 제작하였다는 사실을 전하는 증거는 발견되지 않는다. 지금까지 발견된 부명(部銘) 기와들에 유의하건대, 당시 왕경 가운데 기와의 제작처, 즉 와요지는 주로 한기부나 습비부에 위치하였던 것으로 보이기 때문이다. 더구나 왕경의 본피부인이 안성 비봉산성까지 기와를 가져와서 사용하였다고 보기도 어렵다. 이와 같은 점들을 고려하건대 '본피'명 기와는 안성 비

---

240 高敬姬, 1993 앞의 논문, 39~42쪽.

241 强首 中原京沙梁人也 父昔諦奈麻(『삼국사기』 열전제6 강수).

242 안성시·단국대학교 중앙박물관, 1999 『안성시의 역사와 문화유적』; 서영일, 1999 「안성 비봉산성 수습 '本彼'銘 기와 고찰」『문화사학』11·12합집.
한편 경기도 화성시 서신면 상안리 산32 일원에 위치한 唐城에서 '本彼謀'銘 기와가 발견되었다. 종래에 이를 근거로 왕경의 본피부가 당성에 관여하였다고 주장하기도 하였다 (배현준·이정철, 2021 「화성 당성과 통일신라 대외 교류의 일면」『동아시아고대학』61, 195쪽).

봉산성에서 거리가 그리 멀지 않은 중원경의 본피부에서 제작한 것이었다고 이해하는 편이 가장 합리적일 듯싶다.[243] 이러한 추정에 커다란 잘못이 없다면, 안성 비봉산성에서 발견된 '본피'명 기와 역시 소경의 영역을 6부로 구분하였음을 실증하는 증거로서 제시할 수 있겠다. 나머지 다른 소경의 경우도 역시 마찬가지였을 것이다.

그런데 소경의 영역을 6부로 구분하였다고 할 때, 촌락문서의 '서원경□□촌 (西原京□□村)'이란 표현에 대한 설명이 요구된다. 촌락문서의 표현은 당시 소경의 행정단위는 부가 아니라 촌(村)이었음을 시사해주기 때문이다.[244] 이와 관련하여 『삼국사기』 직관지에 6부의 행정기구에 관한 내용이 전하고, 소경의 행정조직에 관한 내용이 전하지 않는 점이 유의된다. 일반적으로 주나 군의 직할지, 그리고 현 아래의 행정조직은 모두 촌이라는 공통점을 지니고 있다. 이런 점을 염두에 둘 때, 소경의 경우도 그 아래의 공식적인 행정조직은 촌이고, 부는 편의상 구분한 영역단위였을 가능성이 높다고 보인다. 왕경과 달리 소경의 행정조직에 관한 구체적인 내용이 전하지 않는 이유도 바로 이 때문이었을 것이다. 소경을 편의상 6부로 구분한 배경은 전통적으로 왕경 6부인이 거기에 거주하였던 것에서 찾을 수 있다.[245]

문헌에서 소경과 더불어 주치(州治)의 영역을 6부로 구분하였음을 시사해주는

---

243 서영일, 1999 앞의 논문에서는 소경의 행정구역을 6부로 편제하였다는 사실을 부정하면서 本彼部銘 기와를 중원소경에 徙民되었던 貴戚子弟나 豪民 중에 본피부집단 후예들이 축성에 참여한 것과 연관시켜 이해하기도 하였다.

244 이인철, 1993 앞의 책, 188~189쪽에서는 이를 근거로 서원소경에서는 6부제를 실시하지 않았다고 보았다. 아울러 이러한 관점에 입각하여 강수를 중원경 사량인이라 언급한 기록을 중원경 출신인 강수가 경주의 사량부에 거주하였다는 의미로 해석하기도 하였다.

245 6부가 비록 소경의 공식적인 행정조직은 아니었다고 하더라도 소경에서 어떤 사업을 추진한다거나, 부역을 징발한다거나, 부세를 징수한다거나, 또는 여러 가지 행정적 편의를 도모하기 위하여 6부를 적극 활용하였을 것으로 추정된다.

일체의 자료는 전하지 않지만, 이 문제와 관련하여 광주의 무진고성(武珍古城)에서 출토된 '사훼(沙喙)'명, '훼(喙)/성(城)'명 기와가 눈길을 끈다.[246] '훼/성'자의 경우는 하나의 기와에 표기한 명문인데, 훼성(喙城)이란 의미인지, 아니면 훼(喙)와 성(城)이 각각 독자적인 의미로 사용된 것인지 확실치 않다. 여기서는 후자의 의미가 아닌가 판단하고자 한다. 왜냐하면 '사훼(沙喙)'명 기와가 발견되어서 부명(部銘)을 표기한 사례를 충분히 상정할 수 있기 때문이다.

여기서 문제는 사훼나 훼의 실체에 대해서이다. 종래에 그것에 근거하여 훼부와 사훼부에서 기와를 제작 공급하였을 가능성, 무진고성의 수축(修築)을 훼부와 사훼부에서 주도하였을 가능성, 무주의 주치가 왕도나 소경처럼 6부로 편제되었을 가능성 등을 제시한 바 있다.[247] 발굴보고자는 8세기 후반~9세기 초에 무진고성을 처음 축조하여 사용하다가 폐성(廢城)이 되었고, 다시 9세기 후반, 늦어도 9세기 말에 수축(修築)과 함께 성을 다시 사용한 것으로 추정하였다.[248] 신라 하대에 무진고성을 처음 축조하였다는 보고자의 견해를 존중할 때, 무진고성을 훼부와 사훼부가 주도하였을 가능성은 희박하다고 하겠다. 당시 왕경의 6부는 단지 행정구역단위에 불과하였으므로 그것의 축조나 수축에 훼부와 사훼부가 관여하였다고 보기 어렵기 때문이다. 더구나 경주에서 발견된 한기부나 습비부와 관련된 명문 기와들이 통일기에 이들 부에서 주로 기와를 제작하였던 사실과 관련이 깊었다는 사실은 앞에서 언급한 바 있다. 이러한 점을 고려하건대, 왕도의 훼부와 사훼부에서 기와를 제작하여 공급하였다는 가정도 상정하기 곤란하다고 할 수 있다. 지금까지 발견된 부명와(部銘瓦)들을 통하여 살필 수 있었던 공통

---

246 전남대학교 박물관·광주직할시, 1989『武珍古城』I; 전남대학교 박물관·광주직할시, 1990 『武珍古城』II.
247 구문회, 2000「武珍古城 출토 명문자료와 신라통일기 武州」『하현강교수정년기념논총 한국사의 구조와 전개』, 하현강교수정년기념논총간행위원회.
248 전남대학교 박물관·광주직할시, 1990 앞의 보고서, 161쪽.

점은 '부(部)'는 기와의 제작처를 가리킨다는 점이었다. 따라서 무진고성에서 발견된 기와의 부명은 그 기와의 제작처와 관련이 깊다고 이해하는 편이 합리적일 듯싶다. 예컨대, '사훼'명 기와는 사훼부에서, '훼'명 기와는 훼부에서 제작한 것으로 볼 수 있다는 것이다. 이때 사훼부와 훼부는 왕도의 그것들과 관계가 없음이 확실하므로, 그것들은 결국 무주(武州) 주치(州治)의 어떤 영역 구분과 연관시킬 수밖에 없겠다. 이러한 측면에서 무진고성에서 발견된 부명와는 주치의 경우도 소경과 마찬가지로 영역을 6부로 구분하였음을 알려주는 구체적인 증거로서 유의된다고 하겠다.

이상 장황하게 소경뿐만 아니라 주치에도 계획적으로 설계한 도시를 건설하였고, 이울러 진골귀족들이 거기에 나가 거주하였을 뿐만 아니라 그 영역을 6부로 구분하였음을 고찰하였다. 그런데 이와 같은 측면은 중고기에 군사적 전진기지로서의 성격을 지녔던 주치의 성격변화와 관련하여 매우 유의되는 사항이라 하겠다. 중고기에 6부민들을 소경에 천사(遷徙)시켜 거주케 함으로써 지방을 통제·감찰하였지만, 통일기에 소경뿐만 아니라 주치에도 종래의 왕경 6부인들이 거주하면서 소경과 더불어 그것 역시 지방민을 통제·감찰하는 거점도시로서의 성격을 지니게 되었다고 볼 수 있기 때문이다. 더구나 통일기에 주의 장관인 도독은 민정관적인 성격을 강하게 지녔고, 나아가 주조(州助), 장사(長史)와 같은 속료(屬僚)들을 그 예하에 배치하였다. 이렇게 도독의 행정력이 강화되면서 주치가 명실상부하게 주의 행정중심지로서 부각되었음은 물론이다. 이에 따라 지방통제의 거점으로서 소경(小京)들이 차지하는 비중은 상대적으로 낮아졌다고 말할 수 있겠다.

소경의 위상 변화의 일측면과 관련하여 거기에 파견된 관리의 위상 변화가 유의된다. 중고기에 소경을 중앙에서 직접 관할하는 특별행정단위로 대우하였다. 그런데 통일기에 이르러 소경을 주(州) 도독(都督)의 통제를 받는 지방통치조직의 하나로 대우한 것으로 보인다. 경덕왕 16년(757)에 지명을 한식(漢式)으로 개정하면서, 양주(良州)는 '주(州) 1, 소경 1, 군 12, 현 34개를 통령(統領)한다'고 하였다. 소경이 설치된 삭주, 한주, 웅주, 전주도 역시 소경을 통령한다고 밝혔다. 주지하듯이 소경에는 사대등(仕大等)[사신(仕臣)]과 사대사(仕大舍)가 파견되었다. 신라 하대에 사대등은 대윤(大尹)으로,[249] 사대사는 소윤(少尹)으로 개칭하였다.[250] 『삼국사기』 잡지제9 직관(하)조에서 사대등과 사대사를 외관(外官)으로 기술하였다. 이것은 『삼국사기』의 찬자들이 사대등과 사대사를 외관으로 이해하였음을 반증하는 것이다. 당나라에서 경조부(京兆府)와 하남부(河南府), 태원부(太原府)를 3경부[京府; 도부(都府)]라고 부르며, 이것들이 지방행정단위 가운데 등급이 가장 높았다. 개원(開元) 원년(713)에 웅주(雍州)와 낙주(洛州)를 경조부(京兆府)와 하남부(河南府)로, 개원 11년(723)에 병주(幷州)를 태원부(太原府)로 개편함으로써 비로소 3경부(京府)가 모두 갖추어지게 되었다. 3경부의 장관은 목(牧)이었지만, 실질적인 행정은 그 밑의 관직인 윤(尹)이 처리하였고, 소윤(少尹)이 윤(尹)의 행정을 보좌하였다.[251] 신라인들은 당나라의 3경부와 그 관리인 소윤에 견주어 보림사 북탑지에서 서원경을 서원부(西原部)로, 사대사(仕大舍)를 소윤(少尹)으로 기술한 것으로 이해된다.

소경의 사대사를 소윤이라고도 부른 시점에 소윤의 상관(上官)인 3경부의 윤(尹)에 견주어 소경의 장관인 사신을 대윤(大尹)이라고도 불렀다고 볼 수 있을 것이다. 신라본기 헌덕왕 14년(822) 3월 기록에 소경의 장관을 사신(仕臣)이라 불렀

---

249 『삼국사기』 열전제4 김양조에 金陽이 흥덕왕 3년(828)에 固城郡太守가 되었고, 곧바로 中原大尹에 임명되었다가 조금 후에 武州都督으로 옮겼다고 전한다. 836년 12월에 김양은 均貞과 悌隆의 왕위계승분쟁에 관여하였다. 따라서 김양이 중원대윤을 역임한 것은 828년에서 836년 사이였다고 볼 수 있다.

250 咸通 11년, 즉 경문왕 10년(870) 5월에 작성된 전남 장흥 寶林寺 北塔誌에 西原部 少尹 奈末 金遂宗이 아뢰었다는 기록이 보인다. 서원부는 西原京을 가리킨다. 이를 통해 늦어도 경문왕 10년(870)에 소경의 차관인 사대사를 소윤이라고 부르기도 하였음을 엿볼 수 있다.

251 兪鹿年 編著, 1992 앞의 책, 666~671쪽.

다고 전하고, 이후 사신이 전하는 기록을 찾을 수 없다. 경문왕 10년(870) 5월에 서원경의 사대사를 소윤이라고 불렀던 점을 감안하건대, 소경의 장관과 차관을 대윤(大尹), 소윤(少尹)이라고 부르기 시작한 것은 헌덕왕 14년(822)에서 경문왕 10년(870) 사이였다고 정리할 수 있는데, 당의 3경부 관직명에 견주어 대윤과 소윤이란 명칭을 사용하였음을 감안하건대, 한식(漢式)으로 개정한 지명을 널리 사용하기 시작한 문성왕 17년에서 경문왕 10년 사이에 소경의 장관과 차관을 대윤(大尹)과 소윤(少尹)이라고 부르기 시작하였다고 봄이 합리적이라고 판단된다.

대윤이나 소윤은 본래 당나라 유수부(留守府)의 관리였다. 물론 주군(州郡)과 구별되긴 하지만, 그러나 그것이 지방통치조직의 범주에 속하는 것만은 확실하다. 신라에서 사대등이나 사대사를 대윤이나 소윤으로 개칭하였음은 그것들을 외관, 즉 지방관으로 인식하였던 사실과 무관하지 않을 것이다. 결국 『삼국사기』 찬자의 태도는 신라의 관행을 그대로 전달한 것이라 할 수 있다. 통일기에 소경은 군현과 마찬가지로 주(州)에 영속(領屬)시켜 파악한 것도 이와 같은 인식의 반영임은 물론이겠다. 그러면 중고기에는 어떠하였을까가 궁금해진다.

『삼국사기』 잡지제9 직관(하) 외관조에서 사대등을 진흥왕 25년(564)에 처음 설치하였다고 전한다.[252] 신라본기에서는 진흥왕 26년(565)에 아찬(阿飡) 춘부(春賦)에게 명하여 나아가 국원을 지키게 하였다고 전하고 있다.[253] 기년상으로 1년간의 차이가 나지만, 아마도 진흥왕 25년 또는 26년 무렵에 아찬 춘부를 국원소경에 파견하면서 그를 사대등이라고 지칭하지 않았나 싶다. 여기서 유의되는 점은 소경의 장관을 사대등이라고 표현하였다는 사실이다. 여기서 사(仕)는 살핀다는 뜻으로 이해되므로 사대등은 소경을 살피는(지키는) 대등이라는 의미로 풀

---

252 仕臣〈或云仕大等〉五人 眞興王二十五年始置 位自級飡至波珍飡爲之(『삼국사기』 잡지제9 직관(하) 외관).

253 命阿飡春賦出守國原(『삼국사기』 신라본기제4 진흥왕 26년 가을 8월).

이할 수 있겠다.[254] 주지하듯이 대등은 중고기에 국정운영을 책임지던 핵심 관리였다. 그런데 진흥왕대에 특정 직무를 분담하는 대등이 나타난다. 전대등(典大等), 행사대등(行使大等)이 바로 그것이다. 전대등은 품주의 차관직에 해당하고, 행사대등은 중앙정부에서 주 또는 동해안지역의 광역권에 파견한 대등의 하나로서 한 곳에 상주하지 않고 이곳저곳을 돌아다니면서 주의 행정업무를 처리하였던 존재였음을 앞에서 살핀 바 있다.

전대등과 행사대등의 성격을 이와 같이 규정할 때, 소경에 파견된 사대등 역시 중앙의 핵심관리였던 대등(大等)의 범주 속에서 이해할 필요가 있지 않을까 한다. 이와 관련하여 진흥왕순수비 창녕비에 나오는 '대등여군주당주도사여외촌주(大等與軍主幢主道使與外村主)'라는 글귀가 주목된다. 이는 대등을 군주, 당주, 도사 등과 분명하게 구별하여 인식하였던 실상을 전해주는 자료이기 때문이다. 군주나 당주, 도사가 외관의 범주에 속하였다면, 대등은 중앙관리로 규정할 수 있다. 사대등 역시 대등의 범주에 속하였으므로 중앙관리로 인식되었다고 할 수 있다. 이는 소경에 사대사(仕大舍)를 파견하였던 사실을 통하여서도 보완할 수 있다. 주지하듯이 대사(大舍)는 중앙관부의 관직 가운데 하나이다. 소경을 살피는(지키는) 사대사 역시 중앙관부에 소속된 관리의 범주 속에서 파악할 수 있기 때문이다.[255] 중고기에 그것들을 외관이 아니라 중앙관리로 인식하였다는 사실은 당시 소경을 지방통치조직으로 인식하지 않았던 사실을 반증하는 것이다. 보다 구체적으로 말하면 중고기에 소경은 왕경인들이 집단적으로 이주하여 거주

---

254 한편 林炳泰, 1967 앞의 논문, 189쪽에서는 仕大等을 '대등을 살핀다'라고 해석한 다음, 그 것은 소경에 있는 여러 대등을 통솔하는 뜻을 지닌다고 이해하였다. 그러나 소경에 여러 명의 대등이 존재하였다는 가정은 그 근거가 매우 미약하기 때문에 이를 그대로 따르기 어렵다.

255 중앙 행정관서의 관직으로서 '~大舍'의 종류에는 仕大舍 이외에 監大舍, 典大舍, 上大舍, 次大舍 등이 있었다.

한 왕경의 분신, 즉 작은 서울로서 인식하였다는 의미이다. 그러나 통일기에 사대등이나 사대사는 외관의 범주 속에 포괄시켜 인식하였는데, 이것은 통일기에 소경을 지방통치조직의 하나로서 간주하였음을 반영한 것이다. 즉 중고기에 6부민을 천사(遷徙)시켜 거주케 한 왕경의 분신, 즉 작은 서울로서 중앙관리인 사대등이나 사대사를 그곳에 파견하여 살피게(지키게) 하였다가 통일기에 사대등이나 사대사를 외관으로서 인식하고, 소경도 지방을 통치하는 하나의 행정단위로서 규정하였다는 의미다. 이것은 소경과 더불어 주치(州治)가 지방통제의 거점도시로 부각되면서 지방을 통제하거나 감찰함에 있어서 소경의 위상이 낮아졌고, 이를 계기로 중앙정부에서 직접 관할하던 소경을 지방통치조직의 하나로 위상을 격하시키고 주의 통령(統領)을 받는 것으로 조치하지 않았을까 한다. 물론 이렇다고 하여 소경의 성격이나 기능에 근본적인 변화가 있었던 것은 아니었다.

필자는 전에 진덕여왕대에 왕경 6부인이 골품신분으로 전화하였음을 살핀 바 있다.[256] 이에 따르면 왕경 6부인들이 지방민을 정치적으로 차별하던 전통이 통일기에도 여전히 유지되었고, 아울러 지방지배에 있어서도 기존 왕경 6부인의 후예들이 지방민을 지배한다는 관념도 불식되지 않았다고 볼 수 있다. 이러한 측면에서 통일기에 진골귀족들이 주치(州治)나 소경(小京)에 거주하였던 사실은 그것들이 지방민을 통제·감찰하는 거점도시로서 중시되었음을 반영한다고 볼 수 있다. 다시 말하면 통일기에도 소경이 본래의 성격, 즉 비록 그 비중은 상대적으로 낮아졌지만 지방민을 통제·감찰하는 거점도시로서의 성격을 그대로 지니고 있었다는 의미이다. 지방통제에 있어서 전략적 가치가 높은 주요 교통로의 요지에 5소경을 설치한 배경은 바로 이러한 이유로서 설명할 수 있다.

다만 중고기와 대비한 통일기 소경의 특징과 관련하여 당시에 소경에다 계획

---

256 전덕재, 2000 「7세기 중반 관직에 대한 관등규정의 정비와 골품제의 확립」『한국고대의 신분제와 관등제』, 아르케.

적으로 설계한 도시를 건설하고, 그 영역을 6부로 구분하였다는 측면을 주목할 필요가 있다. 주치의 경우도 이와 마찬가지였다. 이것들은 모두 소경이나 주치의 도시화와 직결된다. 이에 따라 소경이나 주치는 지방의 정치·행정의 중심지로서 뿐만 아니라 경제나 문화의 중심지로서 각광을 받았을 것이다. 진골들을 비롯한 기존 6부인들이 소경이나 주치에 거주하면서 자연히 왕경의 문화가 지방 도시에 이식되었을 것이고, 이에 따라 지방문화의 발달이 예상된다. 나아가 도시화의 진전으로 인구의 집중현상도 두드러졌을 것이고, 이에 따라 주변의 재화(財貨)나 물산(物産)이 소경이나 주치에 집중되는 양상이 나타났을 것이다. 특히 이와 같은 양상은 왕경에서 전국 각지를 연결하는 교통로의 요지에 위치하였던 소경에서 더욱 두드러졌을 것으로 추정된다.

2) 소경의 변화

앞에서 통일기 소경의 위상 변화와 아울러 도시화의 진행으로 소경이 지방의 경제적, 문화적 중심지로서 주목을 받았던 사실을 살펴보았다. 그런데 신라 말기에 국가의 지방통제력이 약화되면서 5소경이 다시 지방통제의 핵심거점으로서 주목을 받았던 사실이 유의된다. 봉림사진경대사탑비(鳳林寺眞鏡大師塔碑)에 '지김해부진례성제군사명의장군김인광(知金海府進禮城諸軍事明義將軍金仁光)'이란 표현이 보이고, 태자사낭공대사백월서운탑비(太子寺朗空大師白月栖雲塔碑)에 '지김해부(至金海府) 소공충자지부(蘇公忠子知府) 급제율희영군(及弟律熙領軍)'이란 표현이 나온다. 소충자가 김해부의 지부가 된 시기는 효공왕 10년(907) 전후로 추정된다.[257] 그런데 소충자는 김인광보다 늦게 금관고성(金官高城)을 취하여 성주

---

257 蘇忠子·蘇律熙 형제가 제일 먼저 나오는 자료는 太子寺朗空大師白月栖雲塔碑이다. 여기에 효공왕 11년 여름에 行寂이 김해지방을 찾아갔을 때에 두 형제가 김해지역의 지배세력이었다고 나오는데, 이를 통하여 소충자가 김해부의 지배세력이 된 시기를 대략 짐작할 수 있다(최병헌, 1978 「신라 말 김해지방의 호족세력과 선종」 『한국사론』 4, 서울대학교

장군(城主將軍)이 된 자이므로,[258] 김인광의 등장 시기는 그 이전이라 할 수 있다. 아마도 진성여왕대 말기나 효공왕대 초기로 추정된다. 하여튼 위의 금석문을 통하여 신라 말기에 금관경을 김해부(金海府)로 개편하였음을 엿볼 수 있겠다. 또 경문왕 10년(870)에 작성한 보림사 북탑지에 '서원부소윤(西原部小尹) 나말(奈末) 김수종(金遂宗) 문주봉칙(聞奏奉勅)'이란 글귀가 보이는데, 여기서 서원부(西原部)는 서원부(西原府)를 가리킨다고 추정된다. 나머지 중원부(中原府)나 남원부(南原府)에 관한 기록은 고려시대의 자료에 보이지만,[259] 아마도 서원부나 김해부의 사례를 참고할 때, 거의 같은 시기에 5소경을 부(府)로 재편하였던 것으로 보인다. 그 구체적인 시기와 관련하여 영원사수철화상탑비에서 수철화상이 희강왕 원년(836)에 동원경(東原京) 복천사(福泉寺)에서 윤법대덕(潤法大德)에게 구족계(具足戒)를 받았다고 기록한 내용이 유의된다. 여기서 동원경은 금관경을 가리키는 것인데, 이를 통하여 소경을 부(府)로 재편한 시기가 836년 이후임을 시사받을 수 있기 때문이다. 경문왕대에 '궁벽한 나라의 풍속을 바로잡아 깨끗하게 하였다[肅淸海俗]'고 하거나 헌강왕대에 '중국의 풍속으로서 폐풍(弊風)을 일소(一掃)하였다[華風掃弊]'고 하였다.[260] 즉 중국의 제도를 모방하여 신라의 풍속을 고

국사학과, 405쪽).

258 新羅季末有忠至匝干者 攻取金官高城 而爲城主將軍(『삼국유사』 권제2 기이제2 가락국기).

여기서 忠至는 蘇忠子와 동일 인물이다. 종래에 위의 기록을 소충자가 김인광을 무력으로 몰아내고 새로운 지배세력으로 등장하였음을 전하는 자료로 이해한 바 있다(최병헌, 위의 논문, 406쪽).

259 中原府란 표현은 菩堤寺大鏡大師玄機塔碑(仲原府)와 淨土寺法鏡大師慈燈塔碑에 보이며, 『고려사』 지리지에서 태조 23년에 남원소경을 남원부로 고쳤다고 전한다. 윤경진, 2000 「高麗 군현제의 구조와 운영」, 서울대학교 박사학위논문, 57쪽에서 중원부와 남원부는 신라시대부터 사용한 표현이라 이해하였다.

260 伏惟 先大王(景文王) 虹渚騰輝 鼇岑降跡 始馳名於玉鹿 別振風流 俄縮職於金貂 肅淸海俗(崇福寺碑); 太傅大王(憲康王) 以華風掃弊(鳳巖寺智證大師塔碑).

쳤던 것이다. 부제(府制)의 채용이 당나라 유수부제(留守府制)의 도입과 밀접한 관련이 있고,[261] 게다가 경문왕 10년에 작성된 보림사 북탑지에 '서원부(西原部)'가 보이므로, 경문왕대에 추진한 한화정책(漢化政策) 가운데 소경을 부제로 개편한 내용이 포함되어 있을 가능성이 높다고 하겠다.[262]

소경을 부로 재편한 것은 당나라 제도의 도입으로 볼 수 있다. 당나라는 전국을 10도(道; 개원 연간에 15도로 확대)로 나누고, 그 밑에 300개 정도의 주(州)를 두었지만, 그러나 처음에 도는 뚜렷하게 지방통치조직으로서의 위상을 지니지 않았다가 안사(安史)의 난 이후에 주 위에 설치된 새로운 지방행정단위로서 자리매김하게 된다. 개원 연간에 수도의 소재지인 옹주(雍州)를 경조부(京兆府)로, 낙양의 소재지인 낙주(洛州)를 하남부(河南府)로, 북방의 중진(重鎭)인 병주(幷州)를 태

---

261 당나라에서 京兆府와 河南府, 太原府를 3京府 또는 3都府라 불렀다. 開元 원년(713)에 雍州와 洛州를 京兆府와 河南府로, 開元 11년(723)에 幷州를 太原府로 개편함으로써 비로소 3京府가 모두 갖추어지게 되었다.

262 한편 종래에 흥덕왕대에 金陽이 '中原大尹'을 역임하였다는 사실에 근거하여 5소경을 5부로 재편한 시기를 흥덕왕대로 추정한 바 있다(배종도, 1989 앞의 논문; 윤경진, 2000 앞의 논문, 58쪽). 이외에도 □江府, 通化府, 定邊府가 금석문상에 보이는데, 그 위치는 정확하게 알기 힘들다. 한편 경주 근방에 高鬱府(영천), 興禮府(울산), 甫城府(청송군 진보면), 義城府(의성), 京山府(성주)를 설치하였다고 전하는데, 이것은 고려에서 설치한 것으로 이해된다. 다만 윤경진은 이를 신라가 설치하였다고 이해한 바 있다(윤경진, 2000 앞의 논문, 59쪽). 이밖에 定邊府는 唐의 사례로 이해하고, 헌덕왕대 말에 신라-발해의 관계에서 朔州地域의 정치적인 중요성이 부각되면서 朔庭郡을 通化府로 개편하였으며, □江府는 정강왕대를 전후한 시기에 奈堤郡 일대를 관할하기 위해 새롭게 구획된 행정단위로 추정한 견해가 제기되었다(조혜정, 2020 「新羅 下代 府의 설치와 그 의의-後三國期 이전 사례를 중심으로-」『신라문화』56). 이외에 822년(헌덕왕 14) 김헌창의 난 이후에 중원경을 중원부로 개칭하였고, 月光寺圓朗禪師塔碑에 전하는 □(漢)江府는 중원부의 별칭이었는데, 중원경을 중원부로 개칭하면서 월악산이 위치한 朔州 奈吐郡 沙熱伊縣을 포함한 주변의 군·현이 중원부에 포괄되었다고 이해한 견해가 제기되기도 하였다(최경선, 2021 「府를 통해 본 9세기 신라의 지방제도 개편과 의미-月光寺圓朗禪師塔碑의 사례를 중심으로-」『한국문화』94).

원부(太原府)로 고치면서 주와 더불어 부(府)를 추가로 설치하였다.[263] 그리고 초기에 도독부(都督府)를 다수 설치하였는데, 그것이 소재한 주의 경우 별도로 주청(州廳)을 두지 않고 도독부로 하여금 민정(民政)을 책임지도록 하였다. 주와 부, 도독부 예하에 현(縣)이 영속되어 있었다.[264]

당나라에서 부(府)는 예하에 여러 개의 현(縣)이 영속되어 있다는 점에서 원칙상 주(州)와 동등한 행정단위라고 말할 수 있지만, 그러나 주·현과 부(府)·도독부(都督府)·도호부(都護府)·왕국(王國) 등에는 서열이 정해져 있었고, 그 각각의 내부에도 중요도에 따라 등급이 정해져 있었으며, 그 가운데에서도 경조부와 하남부, 태원부 등 이른바 3부는 행정단위의 등급상 가장 높은 위치에 있었다고 한다.[265] 즉 당나라에서 부가 주보다 한 단계 격이 높은 행정단위로 대우하였다는 것이다. 당나라의 주와 부와의 관계를 참고하건대, 하대에 이르러 소경을 부로 재편한 것은 당시에 신라 정부가 주치보다 상대적으로 소경을 더 중시하였음을 반영하는 측면으로서 유의된다.[266]

그렇다면 신라 하대에 소경을 부로 재편한 이유는 무엇이었을까가 궁금해진다. 이와 관련하여 종래에 주치라는 지방행정 중심지가 존재함에도 불구하고 각지의 물자를 왕경으로 가장 효율적으로 운송할 수 있는 지점에 소경을 건설함으

---

263 개원 연간과 그 이후에 河中府, 鳳翔府, 成都府, 江陵府를 더 설치하였고, 황제가 난리를 피하여 행차한 곳을 興元府, 興德府, 興唐府 등으로 부른 사례도 발견된다.

264 曾資生, 1943 「地方政府」 『中國政治制度史』 第4册(隋唐時代); 1979 『中國政治制度史』 第4册(隋唐五代 3版), 啓業書國.

265 최재영, 2002 「唐 前期 三府의 정책과 그 성격-唐朝의 京畿强化策과 관련하여-」 『동양사학연구』 77, 49쪽.

266 참고로 당나라에서 首都나 陪都를 府로 재편하였음이 확인된다. 경조부는 수도에 설치한 부이고, 하남부는 東都, 神都나 東京, 태원부는 北都나 北京, 봉상부는 西京이나 西都, 성도부와 강릉부는 南京 또는 南都라고 불렀다[송기호, 2002 「발해 5경제의 연원과 현황」 『강좌한국고대사』 제7권(촌락과 도시), 재단법인 가락국사적개발연구원, 223~224쪽]. 신라에서 小京을 府로 재편할 때에 이와 같은 당나라 제도를 참고하였을 것으로 보인다.

로써 신라 전역에 왕경 중심의 물류망을 구축할 수 있었다고 주장한 견해가 주목을 끈다.[267] 신라 각지에서 왕경으로 운송되는 물류비용을 최소화하면서 신라 전역의 잉여를 왕경인이 독점할 수 있도록 하기 위하여 지방의 교통중심지에 소경을 설치하였다는 견해에는 전적으로 동조하긴 어렵지만, 그러나 지방 각지에서 소경을 거쳐 왕경으로 물자를 운송하는 시스템이 갖추어져 있었다는 주장에 대해서는 나름대로 긍정적으로 평가할 수 있다.

통일신라의 수취체계를 살펴보면, 각 주에서 군·현 단위로 수취한 물자를 일단 수합한 다음에 도독의 통제 아래 중앙에 그것을 상공(上供)하는 것이 아니라 주치(州治) 또는 군(郡)이나 현(縣)에서 징수한 곡물 및 포(布)나 견(絹) 등을 일단 주창(州倉)이나 군창(郡倉), 현창(縣倉)에 집적(集積)한 다음, 거기에서 그 가운데 일부는 중앙에 상공하고, 일부는 현지에서 여러 가지 용도로 지출하였던 것으로 보인다. 군과 현에서 왕경으로 물자를 운송할 때에 반드시 주치를 경유할 필요는 없었다. 반면에 5소경은 지방과 왕경을 연결하는 교통의 요지에 위치하였으므로 수취물을 상공할 때에 그곳을 경유하는 경우가 일반적이었을 것이다. 이럼에 따라 자연히 소경에는 여러 지역에서 징수한 수취물이 집적되었고, 그 가운데 일부는 아예 소경에서 소비되는 경우도 상정해볼 수 있다. 이러하였기 때문에 자연히 인구가 소경으로 유입되었고, 인구증가와 짝하여 나름대로 도시화가 진전되었으리라고 짐작해볼 수 있다.

한편 중대에서 하대로 넘어가면서, 특히 822년 김헌창의 반란 이후에 중앙정부의 지방에 대한 통제력이 크게 약화되었다. 더구나 하대에 잦은 자연재해와 귀족들의 과중한 수취, 토지의 집적현상 증대로 말미암아 농민들의 생활이 점차 곤궁해졌고, 나아가 그들이 도적으로 변하여 봉기하는 사례들이 적지 않게 발생

---

267 여호규, 2002 「한국 고대의 지방도시-신라 5소경을 중심으로-」『강좌 한국고대사』제7권 (촌락과 도시), 재단법인 가락국사적개발연구원, 139~152쪽.

하였다.[268] 치안이 불안한 상황에서 지방에서 징수한 수취물을 중앙으로 안전하게 운송하려면, 주치보다 교통의 요지에 위치한 5소경을 더 중시할 수밖에 없었을 것이고, 이러한 국가의 의지는 소경을 부(府)로 재편한 것으로 반영되었다고 볼 수 있지 않을까 한다.

이상에서 살핀 것처럼 통일기에 소경과 주치가 지방통치의 거점지역이었기 때문에 인구와 물자가 집중되면서 자연히 그들 지역의 경제력이 증대되었다고 짐작해볼 수 있다. 이것은 나말여초 소경과 주치를 지배기반으로 삼아 대호족이 등장할 수 있는 중요한 배경으로 작용하였을 것이다. 김인광(金仁光)이 '진례성제군사(進禮城諸軍事)'라 칭하거나 소충자의 동생 소율희가 '영군(領軍)'의 직임을 맡았는데, 이것은 신라 하대에 부의 지배자들이 군사권을 장악하고 있었음을 반증하는 증거이다. 공식적으로 신라 정부에서 소경에 설치한 군대는 소경여갑당(小京餘甲幢)이다. 하지만 이의 실체에 대해서 현재로서 정확하게 규명하기 어렵다. 김인광이나 소율희가 지휘한 군사력의 실체가 소경여갑당과 연관성을 지녔는지 확실치 않지만, 하여튼 이를 통하여 소경을 부로 재편하고, 부의 군사력을 강화하였을 가능성을 추정해볼 수 있다. 고려 초기에 명주, 중원경, 서원경, 북원경 등에만 대등(大等)을 칭한 관반조직이 존재하였던 사실을 발견할 수 있는데,[269] 이것은 주치나 소경의 지배세력이 신라의 대등제를 모방하여 관반조직을 구성하였음을 전해줄 뿐만 아니라 군·현지역에 비하여 소경과 주치지역의 우월한 정치적·경제적 기반을 전제로 할 때, 합리적으로 이해할 수 있을 것이다.

소경, 즉 부의 군사력을 강화한 배경과 관련하여 하대에 신라 정부의 지방통제력이 급격하게 약화되었던 실정이 유의된다. 822년에 김주원의 아들 김헌창

---

268 전덕재, 2006 앞의 책, 373~389쪽.
269 이에 대한 자세한 내용은 하일식, 1999 앞의 논문과 윤경진, 2000 앞의 논문, 85~94쪽이 참조된다.

이 반란을 일으켰는데, 여기에 5개 주와 3개 소경이 호응하였다.[270] 신라 정부는 겨우 김헌창의 반란을 진압하였지만, 그러나 이때부터 지방에 대한 통제력은 급격하게 약화되기 시작하였던 것이다. 이러한 틈을 타서 지방세력들이 세력을 키우기 시작하였으며, 남서해안 지방에서는 해적들이 들끓었다. 이와 같이 신라 정부의 지방통제력이 약화된 상황에서 농민들의 도적화현상이 빈발하였고, 종종 주치에 거주한 진골귀족이나 지방세력들이 중앙정부에 반란을 일으키는 경우도 있었다.[271] 신라 국가의 지방통제력이 급격하게 약화된 상황에서, 그리고 농민들의 저항이 거세지고, 주치를 근거지로 지방관이나 진골귀족들이 정부에 반란을 일으키는 상황에서 교통의 요지이면서 지방을 통제하기에 전략적으로 매우 가치가 높았던 소경이 다시금 지방통제의 핵심거점으로서 주목을 받았고,[272] 소경을 부(府)로 재편하고, 부의 군사력을 강화하였던 것은 바로 이와 밀접한 연관성을 지녔지 않았을까 한다.

---

270 熊川州都督憲昌 以父周元不得爲王 反叛 國號長安 建元慶雲元年. 菁武珍·完山·菁·沙伐四州都督, 國原·西原·金官仕臣及諸郡縣守令 以爲己屬(『삼국사기』 신라본기제10 헌덕왕 14년 3월).

271 887년 漢州 이찬 金蕘가 반란을 일으킨 바 있었고, 889년에 元宗과 哀奴가 사벌주에서 반란을 일으킨 바 있다.

272 종래에 흥덕왕대에 사회동요를 진정시키고 왕권을 강화하기 위하여 인적, 물적자원이 풍부한 5소경을 주요 거점으로 하여 주변지역에 대한 통제를 강화하는 정책의 하나로서 5京을 府로 재편하였다고 보았다(배종도, 1989 앞의 논문, 35~46쪽).

4부

태봉(泰封)의 지방제도

1. 태봉의 북방개척과 패서(浿西) 13진(鎭)의 성격

1) 태봉·고려의 북방개척

태봉의 지방제도는 신라와 고려의 지방제도를 연결시켜 주는 중요한 역할을 수행하였는데, 특징적인 것으로서 주(州)의 증설(增設)과 신라의 주를 대신한 도제(道制)의 실시를 들 수 있다. 이와 더불어 고려 초기에 부곡(部曲)이 새로 설치되면서 향(鄕) 성격도 부곡의 그것과 비슷하게 바뀌었다. 이러면서 고려시대의 특징적인 지방제도의 골격이 갖추어지게 되었다.

『고려사』지리지의 서해도(西海道)[옛 관내도(關內道)]와 북계(北界)[옛 패서도(浿西道)]에 속하는 지역들의 지명 표기 형식을 보면, 크게 3가지 유형으로 분류할 수 있다. 첫 번째 유형은 본래 고구려(高句麗)의 군현(郡縣)이었다가 신라 경덕왕 또는 헌덕왕이 지명을 개칭(改稱)하였고, 고려 초에 지금[고려]의 지명으로 다시 고쳤다고 언급한 것이다. 북계 서경(西京) 6현의 하나인 중화현(中和縣)과 서해도의 안서도호부(安西都護府) 해주(海州)[내미홀군(內米忽郡)-폭지군(瀑池郡)], 염주(鹽州)[동삼홀군(冬彡忽郡)-해고군(海皐郡)], 백주(白州)[도납현(刀臘縣)-구택현(雕澤縣)], 안주(安州)[식성군(息城郡)-중반군(重盤郡)], 황주(黃州)[동홀(冬忽)-취성군(取城郡)], 봉주(鳳州)[휴암군(鵂嵒郡)-서암군(栖嵒郡)], 토산현(土山縣)[식달(息達)-토산현(土山縣)], 평주(平州)[대곡군(大谷郡)-영풍군(永豊郡)], 동주(洞州)[오곡군(五谷郡)-오관군(五關郡)], 곡주(谷州)[십곡성현(十谷城縣)-진단현(鎭湍縣)], 협계현(俠溪縣)[수곡성현(水谷城縣)-단계현(檀溪縣)], 수안현(遂安縣)[장새현(獐塞縣)-장새현] 등이 이러한 유형에 해당된다. 이들은 신라가 경덕왕대에 개척한 10군·현및 헌덕왕대에 개척한 취성군(황주)과 그 영현(領縣) 3개와 일치하며, 당시에 이들은 모두 한주(漢州)에 속하였다. 다만 신라에서 취성군의 영현이었던 송현현(松峴縣)은 고려시대에 중화현(中和縣)에 합쳐져서 독립적인 현으로 존재하지 못하였다.[1]

두 번째 유형은 본래 고구려의 군현이었는데, 고려 초에 지명을 개칭하였다고 전하는 것이다. 서해도의 풍주(豐州)[고구려의 구을현(仇乙峴)], 안악군(安岳郡)[고구려의 양악군(楊岳郡)], 유주(儒州)[고구려의 궐구(闕口)], 은율현(殷栗縣)[고구려의 율구(栗口)], 청송현(靑松縣)[고구려의 마경이(麻耕伊)], 가화현(嘉和縣)[고구려의 판마곳(板麻串)], 영녕현(永寧縣)[고구려 웅한이(熊閑伊)], 장연현(長淵縣)[고구려 장연현], 옹진현(甕津縣)[고구려의 옹천(甕遷)], 영강현(永康縣)[고구려의 부진이(付珍伊)], 백령진(白翎鎭)[고구려의 곡도(鵠島)], 신주(信州)[고구려의 승산(升山)] 등이다. 이러한 유형에 해당되는 지역들은 대동강 입구에서 재령, 해주를 연결하는 선의 서쪽지역에 위치하고 있는 것이 특징적이다. 『삼국사기』 잡지제6 지리4 고구려 한산주조에는 '구을현(仇乙峴) 금풍주(今豐州)'라는 형식으로 표기한 것이 여럿 보이는데,[2] 위에서 언급한 지역들과 그대로 일치하고 있다. 다만 『삼국사기』에서는 고구려의 웅한이를 고려의 수령현(水寧縣)이었다고 언급하였으나 『고려사』에서는 이를 영녕현(永寧縣)이라 표기하여 차이를 보인다.

---

1 『삼국사기』 잡지제4 지리2 한주조에 松峴縣은 본래 고구려의 夫斯波衣縣이었는데, 헌덕왕대에 지명을 개칭하였고, 지금[고려]은 중화현에 속하였다고 전한다.

2 仇乙峴<一云屈遷> 今豐州 闕口 今儒州 栗口<一云栗川> 今殷栗縣 長淵 今因之. 麻耕伊 今靑松縣 楊岳 今安嶽郡 板麻串 今嘉禾縣. 熊閑伊 今水寧縣 甕遷 今甕津縣 付珍伊 今永康縣 鵠島 今白嶺鎭 升山 今信州(『삼국사기』 잡지제6 지리4 고구려 한산주).

『고려사』와『삼국사기』에서 이 지역에 위치하면서도 약간 표기가 다른 것이 장연(長淵)의 경우다. 『고려사』 지리지에는 장연현은 본래 고구려의 땅이었다가 신라 및 고려에서 모두 옛 지명을 그대로 사용하였다라고 전하고,[3] 『삼국사기』 지리지에는 장연이란 지명은 지금[고려]도 그대로 사용한다라고 언급하였다. 다른 지명과 달리 고구려의 땅이라고만 언급하고, 신라와 고려시대에도 옛 지명을 그대로 사용하였다라고 기록한 점이 특징적이다. 장연과 관련된 문제에 대해서는 뒤에 이러한 유형에 속하는 지역이 언제 개척되었는가를 살피면서 보다 구체적으로 설명하도록 하겠다.

세 번째 유형은 주로 북계에 속하는 지역들에 해당한다. 표기 형식은 본래 고려(高麗)의 군현이었는데, 태조대에 거기에다 성을 축조하였다거나 또는 광종대에 지금(今)의 지명으로 고쳤다거나 또는 성종과 현종대에 '~주방어사(州防禦使)'를 칭하였다는 것으로 정리할 수 있다. 이 유형에 속하는 지명들의 공통적인 특징은 모두 본래 고려의 군현이었다는 점에 있다. 예를 들면, 안북대도호부영주(安北大都護府寧州)의 경우, 본래 고려의 팽원군(彭原郡)이었는데, 태조 11년에 안북부(安北府)를 설치하고, 성종 2년에 영주안북대도호부(寧州安北大都護府)를 칭(稱)하였다는 식이다. 이밖에 본래 고려 군현이었는데, 광종과 성종, 현종대에 '~주방어사(州防禦使)'를 칭하였다는 형식으로 표기한 사례로서 귀주(龜州), 인주(麟州), 삭주(朔州), 창주(昌州), 운주(雲州), 연주(延州), 박주(博州), 가주(嘉州), 곽주(郭州), 철주(鐵州), 맹주(孟州), 덕주(德州), 무주(撫州), 순주(順州), 태주(泰州), 은주(殷州), 숙주(肅州), 자주(慈州) 등을 들 수 있다.

선주(宣州)는 본래 안화군(安化郡)이었으나 고려 초에 통주(通州)로 개칭하였다가 현종 21년(1030)에 선주방어사(宣州防禦使)를 칭하였다고 하였고, 비슷한 사례로서 위주(渭州)를 들 수 있다. 위주는 본래 낙릉군(樂陵郡)이었으나 고려시대에

---

3 長淵縣〈一云長潭〉本高句麗地 新羅及高麗皆仍舊名(『고려사』 권58 지12 지리3 서해도).

지금의 명칭으로 개정(改定)하고, 방어사를 파견하였다고 한다. 안화군이나 낙릉군을 본래 고려의 군현이라 밝히지 않았으나 다른 군들과 마찬가지로 본래 고려의 군이었다고 추정된다. 비류왕(沸流王) 송양(松讓)의 고도(故都)였던 성주(成州)의 경우는 태조 14년(931)에 강덕진(剛德鎭)을 설치하였다는 사실만 전할 뿐이고 고려시대에 군으로 편제하였다는 내용은 전하지 않는다. 그리고 함종현(咸從縣)은 본래 고려의 아선성(牙善城)이었다가 지명을 바꾸고 현령을 파견한 경우에, 통해현(通海縣)은 태조 17년(934)에 축성하고 이후에 지명을 개명한 경우에 해당한다. 이밖에 북계에 영청현(永淸縣)[옛 정수현(定水縣)], 용강현(龍岡縣)[고려의 황룡성(黃龍城)], 평양에서 이름을 바꾼 서경(西京)과 그에 속한 6현, 태조와 그 이후에 설치한 의주(義州)와 영주(靈州), 정주(靜州), 그리고 다수의 진(鎭) 및 강계부(江界府), 이성부(泥城府), 수주(隨州) 등이 포함되어 있다.

첫 번째 유형에 해당하는 지역들은 신라가 패강지역을 개척하면서 새로이 설치한 군현에 해당한다. 세 번째 유형에 해당하는 지역들은 본래 고려의 군현이었다고 전하므로 고려시대에 비로소 개척된 군현들로 볼 수 있다. 여기에 언급된 고려(高麗)를 고구려로 해석하기도 하였으나[4] 중화현의 경우 '본래 고구려(高句麗)의 가화압(加火押)이고, 신라 헌덕왕이 당악현(唐嶽縣)으로 개칭하였으며, 고려에 이르러 서경의 속촌이 되었다.'라고 전한 것에서 보듯이[5] 『고려사』 찬자들이 고구려와 고려를 구분하여 서술하였음이 분명하므로 북계 지명에 보이는 '본고려(本高麗) ~군(현)'이라는 표현에서의 고려는 고구려가 아니라 고려왕조(高麗王朝)로 이해하는 것이 순리이다. 따라서 북계에 속한 지명들은 일단 고려시대에 개척하였다고 봄이 자연스러울 듯싶다.

---

4 사회과학원 고전연구실, 1964『고려사 역본』제5책; 신서원 편집부, 1991『북역 고려사』제5책에서 高麗를 고구려로 해석하였다.

5 中和縣 本高句麗加火押 新羅憲德王改爲唐岳縣. 至高麗爲西京屬村(『고려사』권58 지12 지리3 북계).

고구려의 고도인 평양은 태조 왕건이 고려 건국과 동시에 북진(北進)을 위한 교두보로서 매우 중시하였다. 태조는 즉위하자마자 평양에 황주와 봉주, 해주, 백주, 염주 등 여러 주의 민호를 천사(遷徙)시켜 그곳을 대도호부로 삼았으며, 얼마 후에 서경으로 개칭하였다.[6] 고려는 거란이 발해를 멸망시킨 태조 9년(926) 이후부터 평양 이북에 대한 개척을 본격적으로 추진하였는데, 태조 11년(928)에 안북부(安北府)[영주]를 설치한 것을 비롯하여 그 해에 운주옥산(運州玉山)에 성을 쌓았을 뿐만 아니라 이 해에 또 북계를 순시하여 진국성(鎭國城)을 쌓고 그것을 통덕진(通德鎭)으로 개명(改名)하였다. 그 다음해에는 안정진(安定鎭), 안수진(安水鎭), 흥덕진(興德鎭), 영청진(永淸鎭)을 설치하였고, 태조 13년(930)에는 마산(馬山)에 성을 쌓았으며, 태조 14년과 17년, 21년에는 각각 강덕진(剛德鎭)과 통해진(通海鎭), 양암진(陽嵒鎭)을 설치하였다. 태조는 성을 쌓거나 진을 설치한 다음, 거기에 군사를 주둔시키고 그 책임자로 진두(鎭頭)를 파견하였다.[7] 북계에서 본래 고려의 군현이었다고 전하는 지역들은 이 무렵을 전후한 시기에 고려의 군현으로 편입되었다고 추정되며, 고려 정부는 광종과 성종, 현종대에 그들 지역을 대부분 주(州)로 개칭하고 방어사(防禦使)를 파견한 것으로 보인다. 한편 귀주와 홍화진, 용주, 통주(선주), 곽주, 철주는 소위 강동 6주로서 성종 12년(993)에 서희(徐熙)가 거란의 소손녕과 담판을 하여 반환받은 지역들이며,[8] 의주는 예종 12년에 거란에게서 획득한 곳에 해당한다.[9]

---

6 西京留守官 平壤府 … 太祖元年以平壤荒廢量徙塩白黃海鳳諸州民 以實之爲大都護府 尋爲西京(위와 동일).

7 이상의 내용과 관련하여 윤무병, 1954 「고려 북계 지리고(상·하)」『역사학보』4·5집; 이기백, 1968 「高麗 太祖 時의 鎭」『高麗兵制史硏究』, 일조각; 변태섭, 1971 「고려 양계의 지배조직」『고려정치제도사연구』, 일조각; 최정환, 1997 「고려 양계의 성립과정과 그 시기」『계명사학』8 이 참조된다.

8 최규성, 1995 「북방민족과의 관계」『한국사』15, 국사편찬위원회, 301쪽.

9 義州 本高麗龍灣縣 又名和義. 初契丹置城于鴨綠江東岸 稱保州. 文宗朝契丹又設弓口門 稱

이상에서 첫 번째 유형에 해당하는 지역들은 신라시대에, 세 번째 유형의 경우는 고려 태조대나 그 이후에 개척하였음을 규명해 보았다. 이제 두 번째 유형에 속하는 지역, 즉 대동강 입구에서 재령, 해주를 잇는 선의 황해도 서쪽에 위치한 지역들을 언제 개척하였을까를 밝힐 차례인데, 앞에서 신라가 이 지역을 군·현으로 편제하지 않았지만, 패강진(浿江鎭)이 이 지역의 해상교통의 요지에 위치한 여러 군진(軍鎭)을 통괄하는 방식을 매개로 하여 그곳에 대한 실효적인 지배를 실현하였음을 살펴보았다. 고려 초에 이들 지역에 위치한 군과 현의 명칭을 개정한 것으로 보건대, 고려 건국 후에 그들 지역을 군현으로 편제하였다고 할 수 있다. 문제는 태봉시대에 이들 지역을 태봉의 영역으로 편제하여 통치하였는가에 관해서인데, 이와 관련하여 장연현(長淵縣)을 주목할 필요가 있다.

『고려사』지리지에는 장연현은 본래 고구려의 땅이었고, 신라 및 고려시대에도 옛 명칭을 그대로 사용하였다라고 전한다. 두 번째 유형에 속한 다른 지역과 달리 장연현의 경우는 고구려 때의 지명을 언급하지 않고 단지 고구려의 땅이라고만 언급한 것이 특징적이다. 이것은 고구려 때의 지명이 전하지 않았기 때문일 것이며, 이에서 신라에서 비로소 장연이라는 지명을 사용했음을 유추해볼 수 있다. 이러한 추정은 다음의 기록을 통하여 보완할 수 있다.

> [산동성(山東省)] 등주(登州)로부터 동북(東北)으로 항해를 하여 대사도(大謝島)·귀음도(龜歆島)·어도(淤島)·오호도(烏湖島)를 통과하기까지의 거리가 300리이고, 다시 북쪽으로 오호해(烏湖海)를 건너 마석산(馬石山) 동쪽의 도리진(都里鎭)에 이르기까지가 200리이다. 동방(東傍)의 해안을 따라 청니포(靑泥浦)·도화

抱州<一云把州>. 睿宗十二年 遼刺史常孝孫與都統耶律寧等 避金兵泛海而遁 移文于我寧德城 以來遠城及抱州歸我. 我兵入其城 收拾兵仗錢穀. 王悅改爲義州防禦使 推刷南界人戶 以實之. 於是復以鴨綠江爲界置關防(『고려사』권58 지12 지리3 북계).

포(桃花浦)·행화포(杏花浦)·석인왕(石人汪)·탁타만(橐駝灣)·오골강(烏骨江)을 통과하기까지가 800리이고, 다시 남방(南傍)의 해안을 따라 오목도(烏牧島)·패강구(貝江口)·초도(椒島)를 통과하여 신라 서북의 장구진(長口鎭)에 이르고, 또 진왕석교(秦王石橋)·마전도(麻田島)·고사도(古寺島)·득물도(得物島)를 통과하기까지의 거리가 1,000리이다. 압록강(鴨淥江) 당은포구(唐恩浦口)에 이르러 동남쪽으로 육로(陸路)를 따라 700리를 가면 신라 왕성(王城)에 다다른다(『신당서(新唐書)』권43하 지(志)제33하 지리).[10]

위의 기록은 가탐(賈耽)의 『황화사달기(皇華四達記)』를 인용하여 중국 산동성 등주에서 신라 왕성, 즉 경주까지의 항로를 설명한 것이다. 위의 기록에는 서해 북부 연안항로를 이용하여 당은포에 이르는 것과 서해 중부 횡단항로를 이용하여 당은포로에 이르는 것이 소개되어 있다. 위의 기록에 따르면, 중국 산동반도 등주에서 출발하여 묘도열도(廟島列島)를 지나 요동반도의 서남단인 여순(旅順)에 도달한 다음, 다시 해안선을 따라 동쪽으로 계속 항해하면 압록강 입구에 다다르고, 이어 평안도 서해안을 따라 남하하여 패강 입구, 초도(椒島)를 경유하여 장구진(長口鎭)을 지나 황해도의 남안에 연하여 항해하다가 당은포(唐恩浦)에 다다른다고 하였는데, 이를 서해 북부 연안항로라 부른다. 또 위의 기록에서 진왕석교를 지나 마전도, 고사도, 득물도를 경유하여 당은포에 이른다고 하였는데, 이를 서해 중부 횡단항로라 부른다.

옥룡사통진대사탑비(玉龍寺洞眞大師塔碑)에 통진대사 경보(慶甫)가 진교(秦橋)

---

10 登州東北海行 過大謝島·龜歆島·淤島·烏湖島三百里 北渡烏湖海 至馬石山東之都里鎭二百
    里 東傍海壖過青泥浦·桃花浦·杏花浦·石人汪·橐駝灣·烏骨江八百里 乃南傍海壖過烏牧島·貝
    江口·椒島 得新羅西北之長口鎭 又過秦王石橋·麻田島·古寺島·得物島 千里至鴨淥江唐恩浦
    口 乃東南陸行 七百里至新羅王城(『新唐書』卷43下 志第33下 地理).
    위의 기록에서 鴨淥江은 잘못 삽입된 글자에 해당한다.

를 지나 중국에 다다랐다고 전하는데, 진왕석교와 진교는 동일한 곳을 가리킨다. 진교는 산동성(山東省) 영성시(榮成市) 성산진(成山鎭), 즉 산동반도 동쪽 끝에 위치하였다.[11] 마전도와 고사도는 오늘날 어느 곳에 해당하는지 정확하게 알 수 없고,[12] 득물도는 덕물도(德物島)를 가리키는데, 인천광역시 옹진군 덕적면 덕적도(德積島)의 옛 이름이다. 『구당서(舊唐書)』 권83 열전제33 소정방전(蘇定方傳)에 소정방이 백제정토군(百濟征討軍)을 이끌고 성산(城山)으로부터 출발하여 바다를 건너 웅진강구(熊津江口)에 이르렀다고 전하고, 『삼국사기』 신라본기제5 태종무열왕 7년조에 이 해 6월 18일에 소정방이 당군과 함께 배를 타고 바다를 건너왔으며, 6월 21일에 무열왕이 태자 법민(法敏; 문무왕)을 보내 덕물도에서 소정방을 맞이하게 하였다고 전한다. 산동반도의 성산(城山, 成山)에서 출발한 백제정토군은 『황화사달기』에 전하는 항로, 즉 진왕석교에서 당은포에 이르는 항로를 이용하여 덕물도에 이른 것으로 추정된다.

서해 북부 연안항로에 위치한 패강구(貝江口)는 대동강 하구를 가리키고, 초도는 황해도 송화군의 서쪽에 위치한 섬을 말한다. 장구진은 대체로 황해도 장연군 장산곶이나 몽산포 근처에 위치한 것으로 이해하고 있다.[13] 신라시대에 당은포(당항성)에서 출발하여 중국으로 가는 사절(使節)이나 행인(行人)들은 주로 위에서 언급된 항로를 이용하였고, 중국에서 신라로 오는 사절이나 행인들도 역시 마찬가지였다. 이에 의거할 때, 통일신라시기에 황해도·평안도 서해안지역을 비록 군·현으로 편제한 것은 아니지만, 무엇인가 통제력을 행사했다고 보아야 한

---

11 정진술, 2009 『한국해양사』(고대편), 경인문화사, 242~243쪽.

12 內藤雋輔, 1961 「朝鮮支那間の航路及び其の推移に就いて」『朝鮮史研究』, 東洋史研究會, 373~374쪽에서 麻田島는 喬桐島, 古寺島는 강화도로 비정하였다.

13 今西龍, 1933 「慈覺大師入唐求法巡禮記を讀みて」『新羅史研究』, 近沢書店; 1970 『新羅史研究』, 國書刊行會, 352~357쪽; 권덕영, 1997 『고대한중외교사-견당사연구-』, 일조각, 189~205쪽.

다. 더욱이 장구진은 군대가 주둔하는 군진(軍鎭)의 하나였으므로 그것이 위치한 장연지역을 신라가 실질적으로 지배했다고 봄이 자연스럽다. 따라서 신라에서 장연이라는 지명을 사용했다는『고려사』지리지의 기록은 쉽게 수긍할 수 있겠다.

장연현을 제외한 두 번째 유형에 속하는 지역들은 모두 본래 고구려의 군현이었다가 고려 초에 지명이 개칭된 경우에 해당되기 때문에 그것만을 근거로 태봉대에 그 지역을 개척하였다고 주장하기 곤란하다.『삼국사기』열전제10 궁예조에 천우(天祐) 2년(905)에 패서(浿西) 13진(鎭)을 분정(分定)했고, 평양성주장군(平壤城主將軍) 검용(黔用)과 증성(甑城)의 적의(赤衣)·황의적(黃衣賊) 명귀(明貴) 등이 와서 항복하였다고 전한다.[14] 증성은 평안남도 강서군 증산면(북한의 평안남도 증산군 증산읍)에 해당한다. 패서 13진을 분정한 후에 평양과 증산에서 활동하던 도적들이 궁예에게 항복하였으니, 그것은 평양 이남지역에 위치하였다고 보아야한다. 구체적인 위치에 대해서는 뒤에서 자세하게 고찰할 예정이다. 여기서 분명히 말할 수 있는 사실은 태봉시대에 평양 이남지역을 영역으로 편제했을 것이라는 점이다. 특히 평안도 서해안에 가까운 증산에서 활동하던 적의·황의적 명귀 등이 궁예에게 항복한 것에서 태봉시대에 황해도 서쪽지역도 역시 그 영역으로 편제했음을 추정해볼 수 있다.

태봉시대에 일반적으로 고구려의 지명을 사용했는데, 이 점은 위의 추정과 관련하여 매우 유의되는 측면이다. 박경인묘지명(朴景仁墓誌銘)에 그의 선조인 적오(赤烏)가 평주(平州)에 들어와 십곡성(十谷城) 등 13성을 설치하고 궁예에게 귀부하였다고 전한다.[15] 십곡성은 본래 고구려의 지명이며, 그것을 신라 경덕왕대에 진단현(鎭湍縣)으로 개칭하였다가 고려시대에 다시 곡주(谷州; 황해북도 곡산

---

14 改武泰爲聖册元年 分定浿西十三鎭. 平壤城主將軍黔用降 甑城赤衣·黃衣賊明貴等歸服(『삼국사기』열전제10 궁예).

15 北京都尉 朴赤烏 自新羅入竹州爲察山侯 又入平州 置十谷城等十三城 歸于弓裔主(朴景仁墓誌銘).

군 곡산읍)로 개칭하였다. 곡주로 지명을 개칭한 시기에 대하여『고려사』지리지
에서는 단지 고려 초라고 언급하였으나 다음의 기록은 그 시기가 대략 성종 9년
(990) 이후임을 알려준다.

　　호종(扈從)한 신료(臣僚) 및 서경(西京) 등 제주군(諸州郡)은 구금된 죄수들 가
운데 십악(十惡)을 제외하고 교형(絞刑) 이하의 죄를 지은 죄수들을 감옥에서
모두 석방시켜라. 평양부(平壤府), 개(開)·평(平)·황(黃)·동(洞)·안(安)·봉(鳳)·신
(信)·백(白)·정(貞)·염(塩)·해주(海州) 등과 우봉(牛峯)·토산(兎山)·수안(遂安)·토산
(土山)·십곡(十谷)·협계(俠溪)·강음(江陰)·덕수(德水)·임진(臨津)·옹진(瓮津)·함종
(咸從)·군악현(軍岳縣) 및 안성(安城) 등 11개 역(驛)들에 벼 9,375석을 하사하라
(『고려사』권3 세가3 성종 9년 겨울 10월).

　　성종 9년(990)에도 곡주가 아니라 십곡현이란 지명을 그대로 사용하고 있음을
알려주는 자료이다. 이후 방어사(防禦使)를 설치한 성종 14년(995) 무렵에 그것을
곡주로 개칭하였다고 추정된다.[16] 이것은 이후의 기록에서 십곡현 대신 곡주란 지
명이 보이는 것에서 증명할 수 있다.[17] 십곡현의 사례는 태봉시대부터 고려 초기
까지 고구려지명을 사용했음을 알려주는 증거인데, 이를 통해서 태봉시대에 고구

---

16 谷州 本高句麗十谷城〈一云德頓忽 一云谷城縣 一云古谷郡〉 新羅景德王改名鎭瑞爲永豊郡領
　　縣. 高麗初更名 成宗十四年置防禦使 顯宗九年定爲知郡事. 別號象山〈成廟所定〉 屬縣二
　　(『고려사』권58 지12 지리3 서해도).

17 (顯宗) 十年四月 以洞州管內遂安 谷州管內象山峽溪 岺州管內新恩等諸縣民 困於丹兵 官給
　　糧種(『고려사』권79 지33 식화2 농상).
　　위의 기록은 현종 14년(1023) 이전에 十谷縣을 谷州로 개칭하였음을 알려주는 자료다. 북
　　계지역에서 방어사를 설치하면서 동시에 지명을 '～州'로 개칭한 경우가 많았던 사례를 참
　　조할 때, 십곡현을 곡주로 개칭한 시기 역시 방어사를 설치한 성종 14년 무렵으로 봄이 자
　　연스러울 듯싶다.

려지명을 사용하는 관행이 일반화되었다고 이해해도 커다란 잘못은 아닐 듯싶다.

이렇다고 할 때, 두 번째 유형에 속하는 지역, 즉 대동강 입구에서 재령, 해주를 잇는 선의 황해도 서쪽지역에서 고려 초에 지명을 개정하기 전까지 고구려의 지명을 그대로 사용했다는 사실은 예사로이 보이지 않는다. 이 지역은 통일신라 시기에 군현으로 편제된 지역이 아니어서 물론 당시에도 계속 고구려지명을 그대로 사용했다고 보아야 한다. 태봉에서 신라 경덕왕대에 개정된 지명이 아니라 원래의 고구려지명인 십곡성 등을 사용한 사례를 감안할 때, 패서지역에서도 그러했을 것으로 믿어진다. 만약에 황해도 서쪽지역을 태봉에서 비로소 개척하였다면, 고구려지명을 그대로 군현의 명칭으로 정했을 것이 분명하다.

황해도 서쪽지역과 평양 이북지역, 즉 북계지역의 지명표기상 커다란 차이점은 전자는 고구려지명이 전하는 것과 달리 후자는 그렇지 않다는 점에 있다. 북계지역은 분명히 고려시대에 비로소 개척하였다. 그래서 고구려지명이 전하지 않았던 것으로 이해된다. 황해도 서쪽지역 역시 고려시기에 비로소 개척되었다면, 북계지역처럼 고구려지명이 전하지 않았어야 한다. 그러나 그렇지 않았다. 이에서 황해도 서쪽지역을 북계지역과 달리 고려 초기 이전, 즉 태봉시대에 영역으로 편제했을 것이라는 추론이 가능하다. 태봉시대에 황해도 서쪽지역을 개척하여 군현으로 편제한 다음, 고구려지명을 그 명칭으로 사용한 사실을 전제하지 않으면,『삼국사기』지리지나『고려사』지리지에 그 지역의 고구려지명이 채록되어 전하게 된 배경을 합리적으로 설명할 수 없기 때문이다. 신라가 개척한 패서지역의 14군·현뿐만 아니라 황해도 서쪽지역까지 태봉이 영역으로 개척하였다고 할 때, '신라 말에 이르러서 궁예가 (서해도를) 점거하게 되었고, 태조 왕건이 고려왕조를 세우고 이 지역을 다 소유하게 되었다.'라고 전하는『고려사』지리지의 기록을[18] 쉽게 수

---

18 西海道 本高句麗之地 唐高宗滅高句麗而不能守 新羅遂幷之 及其季世爲弓裔所據. 太祖旣
立 盡有其地 成宗十四年分境內爲十道 以黃州海州等州縣屬關內道 後改爲西海道(『고려사』

긍할 수 있음은 물론이다. 이후 고려는 이를 발판으로 대동강 이북지역으로 진출하여 영역을 더 확장하였는데, 구체적인 내용은 앞에서 설명한 대로이다.

2) 패서 13진의 설치와 운영

『고려사』 태조세가에 왕건이 조서를 내려 말하기를 '전주(前主)[궁예(弓裔)]가 신라의 관계와 관직, 군읍(郡邑)의 명칭[階官郡邑之號]이 비야(鄙野)하다고 하여 명칭을 고치고 새로운 제도를 만들어서 시행한 지 수년이 흘렀으나 백성들이 익숙하지 않아 혼란을 일으키게 되었다. 이제 신라 제도를 따라서 그 명칭을 다시 바꾸어라. 다만 알기 쉬운 것은 신제(新制)를 그대로 따라 쓰도록 하라.'라고 언급한 기록이 확인된다.[19] 궁예는 904년에 광평성(廣評省)을 중심으로 하는 관제를 새롭게 정비하고, 또한 정광(正匡), 원윤(元尹) 등의 관계를 새로 마련하였다. 위에서 왕건이 언급한 신제는 바로 이를 가리킨다고 할 수 있다. 여기서 왕건이 궁예가 군읍의 명칭도 개칭하였다고 언급하였는데, 이것은 그가 지방제도를 개혁했음을 암시해주는 증거자료다. 『삼국사기』나 『고려사』에 그에 관하여 직접적으로 언급한 자료가 전해지지 않아 전모를 파악하기가 곤란하지만, 그러나 일단 905년 패서 13진을 분정(分定)했다는 사실 및 주를 증설(增設)하거나 광역의 지방행정기구로서의 성격을 지닌 도(道)가 사료상에 등장한다는 사실 등을 통하여 궁예정부에서 신라와 다른 지방제도를 실시한 정황을 추정해볼 수 있다. 여기서는 먼저 패서 13진의 위치와 그 운영 문제를 추적한 다음, 장을 바꾸어 주의 증설과 도제(道制)의 실시 문제를 집중적으로 조명하도록 하겠다.

천우(天祐) 2년(905)에 궁예는 송악에서 철원으로 수도를 옮기고 패서 13진을

권58 지12 지리3).

19 詔曰 朕聞乘機革制 正謬是詳 導俗訓民 號令必愼. 前主以新羅階官郡邑之號 悉皆鄙野 改爲新制 行之累年 民不習知以至惑亂. 今悉從新羅之制 其名義易 知者可從新制(『고려사』 권1 세가1 태조 원년 여름 6월).

나누어 정하였다. 『고려사』지리지에서는 궁예가 평양 이북의 북계(北界), 즉 옛 패서도지역에 패서 13진을 나누어 정한 것처럼 기술하였다.[20] 앞에서 살폈듯이 그것은 평양과 증산 이남지역에 위치했다고 보이므로 이를 그대로 신뢰할 수 없다. 우선 이 문제와 관련하여 박경인(朴景仁)의 선조가 평주(平州)에 들어가 설치한 십곡성(十谷城) 등 13성과[21] 패서 13진과의 관련성을 유의할 필요가 있다. 평주[대곡군(大谷郡)]와 십곡성 등 13성이 신라에서 개척한 14군·현과 서로 대응되고, 나아가 그 가운데 13군·현에 진을 설치했다고 볼 수도 있기 때문이다.[22] 이렇다고 할 때, 문제는 태봉시대에 새로 개척한 황해도 서쪽지역에 궁예가 진(鎭)을 설치하지 않았을까 하는 점이다. 신라시대에 장연지역(長淵地域)에 장구진(長口鎭)을 설치하였고, 왕건 등의 해상세력들이 궁예의 휘하에서 크게 활동했다는 점은 거기에도 진(鎭)을 설치했음을 엿보게 해준다. 특히 패서지역에 13진을 설치한 것은 황해도지역을 효과적으로 통치하기 위해서였다는 점을 감안하면, 더욱 그러하다고 하겠다.

신라가 개척한 14군·현과 패서 13진을 직결시키기 곤란하다고 할 때, 그것이 설치된 지역과 관련하여 주목되는 곳들이 바로 서해도(옛 관내도)의 군현 가운데 태봉·고려 초기에 주(州)로 편제된 지역이다. 서해도의 군현 가운데 주로 편제된

---

20 孝恭王九年 弓裔據鐵圓 自稱高麗王 分定浿西十三鎭. 成宗十四年分境內爲十道 以西京所管爲浿西道 後稱北界(『고려사』권58 지12 지리3 북계).

21 朴景仁墓誌銘에 그의 선조 赤烏가 평주에 들어가 십곡성 등 13성을 설치한 것으로 전하나, 朴景山墓誌銘에 평주에 들어간 사람이 積古(赤烏)의 아들 直胤이고, 이때부터 그의 후손들이 평주인이라고 부르기 시작하였다고 전하는 사실에 의거하건대, 평주에 들어가서 십곡성 등 13성을 설치하고 궁예에게 항복한 사람은 적오가 아니라 직윤으로 보는 것이 타당하다고 생각한다. 이하에서는 적오가 아니라 직윤이 십곡성 등을 설치하였다고 언급할 것이다.

22 정청주, 1996『신라말 고려초 호족 연구』, 일조각, 49쪽에서 궁예의 패서 13진은 신라 패강진의 군사적 조직인 14군·현을 계승했다고 이해하였다.

지역은 해주(海州)[폭지군(瀑池郡)], 염주(鹽州)[해고군(海皐郡)], 백주(白州)[(雒澤縣)], 안주(安州)[중반군(重盤郡)], 황주(黃州)[취성군(取城郡)], 봉주(鳳州)[(서암군(栖巖郡)], 평주(平州)[영풍군(永豊郡)], 동주(洞州)[오관군(五關郡)], 곡주(谷州)[진단현(鎭湍縣)]와 유주(儒州)[궐구(闕口)], 풍주(豊州)[구을현(仇乙峴)], 신주(信州)[승산(升山)]이다. 유주와 풍주, 신주는 태봉시대에 개척한 곳이고, 이들을 제외한 나머지 9개 주는 신라 경덕왕과 헌덕왕대에 개척한 곳이다. 이 가운데 곡주는 성종 14년(995)에 십곡현(十谷縣)을 개칭한 것임이 확인된다. 태봉과 고려 초기에 일정 지역을 관할하는 중심지에 주를 설치하거나 또는 독자적인 세력기반을 가지고 태봉과 고려에 귀부(歸附)한 지방세력을 국가체제에 일정하게 편제하는 매개로서 주(州)를 설치하였다.[23] 고려 전기에 서경과 개경을 잇는 간선로상에 평주와 동주, 봉주, 황주가 위치하였다. 또한 개경에서 백주와 염주를 지나 해주에 다다르고, 다시 거기에서 안주, 봉주, 황주를 지나 서경에 도달하는 역도(驛道)가 존재하였다.[24] 물론 해주에서 국초(國初)에 13조창(漕倉)의 하나로 설치한 안란창(安瀾倉)이 있는 장연현으로 통하는 교통로도 존재했다.

태조의 왕후 가운데 평주와 동주, 황주 출신이 있었는데, 평주의 유금필(庾黔弼)과 박지윤(朴智胤) 부자(父子)[수문(守文)과 수경(守卿)], 동주의 김행파(金行波), 황주의 황보제공(皇甫悌恭)이 그녀들의 아버지였다.[25] 이에 의거할 때, 평주와 동

---

23 윤경진, 2000 「고려 군현제의 구조와 운영」, 서울대학교 박사학위논문, 49~50쪽.

24 이에 관해서는 정요근, 2001 「고려 전기 역제의 정비와 22역도」『한국사론』45, 서울대학교 국사학과 및 정요근, 2005 「7~11세기 경기도 북부지역에서의 간선교통로 변천과 '長湍渡路'」『한국사연구』131이 참조된다.

25 神靜王太后 皇甫氏 黃州人 太尉三重大匡忠義公 悌恭之女 生戴宗及大穆王后. … 東陽院夫人 庾氏 平州人 太師三重大匡黔弼之女 生孝穆太子義孝隱太子. … 大西院夫人 金氏 洞州人 大匡行波之女. … 聖茂夫人 朴氏 平州人 三重大匡智胤之女 生孝悌孝明二太子 法登資利二君. … 月鏡院夫人 朴氏 平州人 太尉三重大匡守文之女. 夢良院夫人 朴氏 平州人 太師三重大匡守卿之女(『고려사』 권88 열전1 후비1).

주, 황주는 교통의 요지이면서 동시에 독자적인 세력기반을 가진 지방세력의 근거지였기 때문에 주로 편제되었다고 볼 수 있다. 반면에 해주는 지역 중심지로서의 성격이 강하고, 염주와 백주는 개경과 해주를 연결하는 교통의 요지로서 중시되었다고 보인다. 그리고 봉주는 개경과 서경을 잇는 교통로상에, 안주는 해주와 봉주를 연결하는 교통로상에 위치하였기 때문에 주로 편제되었다고 말할 수 있다.[26] 패서지역 신라 군현의 하나인 십곡현(十谷縣)[진단현(鎭湍縣)]은 개경과 서경을 연결하는 교통로상에 위치한 곳은 아니다. 성종 14년(995) 무렵에 국방상의 필요에 의하여 그 지역에 방어사를 두면서 동시에 십곡현을 곡주로 편제한 것으로 보인다.

　태봉시대에 비로소 개척한 황해도 서쪽지역에서 고려시대에 주현(主縣)이 된 곳이 풍주(豊州)이다. 안악군(安岳郡)은 그것의 속군(屬郡), 유주(儒州)와 은률현, 청송현, 가화현, 영녕현은 그것의 속현(屬縣)에 해당하였다. 풍주는 황해도 송화군 풍천면으로 비정되며, 신라시대에 중국 산동반도와 당은포(당항성)를 잇는 서해 북부 연안항로상에 위치한 초도(椒島)와 가까운 곳이다. 즉 풍주는 우리나라에서 연안항로를 따라 중국과 교통하는 요지에 위치하였던 것이다. 이러한 지역적 입지 조건 때문에 고려 초기에 주로 편제되고, 후에 계수관(界首官)이 파견된 주현(主縣)이 될 수 있었다고 추정된다. 유주와 신주는 지역의 중심지도 아니고, 그렇다고 교통의 요지로 보기도 어렵다. 다만 유주인(儒州人) 유공권(柳公權)의 6세조(六世祖) 대승(大丞) 거달(車達)이 태조를 도와 공신(功臣)이 되었고,[27] 또 신주인(信州人)인 아찬(阿飡) 강기주(康起珠)의 딸이 태조의 왕후인 신주원부인(信州院夫人)이었음이 확인되는데,[28] 두 사람이 태봉 또는 고려에 귀부(歸附)하자, 그에

26 신라의 영풍군 등을 州로 편제한 시점에 대해서는 뒤에서 자세하게 논증할 예정이다.
27 柳公權 字正平 儒州人 六世祖大丞車達 佐太祖爲功臣(『고려사』 권99 열전12 유공권).
28 信州院夫人 康氏 信州人 阿飡起珠之女 生一子早卒 養光宗爲子(『고려사』 권88 열전1 후비1).

대한 반대급부로 궐구(闕口)와 승산(升山)을 주로 승격시킨 것이 아닐까 한다.

이상에서 서해도지역의 군현 가운데 태봉과 고려 초기에 주로 편제된 지역과 그 이유를 살핀 결과, 대부분은 지역이나 교통의 중심지였기 때문이고, 일부는 그 지역에 근거지를 둔 지방세력이 귀부하였기 때문이었음을 살폈다. 일반적으로 군대가 주둔한 군진(軍鎭)을 육로나 해로의 요충지에 설치하는 것이 상례였다는 점을 감안할 때,[29] 궁예는 영풍군(永豊郡)[평주(平州)], 오관군(五關郡)[동주], 서암군(栖嵒郡)[봉주], 취성군(取城郡)[황주]에 진(鎭)을 설치했음이 확실시된다. 또 개성에서 해주를 연결하는 교통로상에 위치한 해고군(海皐郡)[염주], 구택현(雊澤縣)[백주], 그리고 폭지군(瀑池郡)[해주]에도 진을 설치하였고, 해주에서 평양으로 통하는 교통로상에 위치한 중반군(重盤郡)[안주]에도 역시 진을 설치하였다고 본다. 우리나라에서 중국과 연결하는 해로상의 요지에 위치하면서 황해도 서쪽의 지역중심지로서의 역할을 수행한 구을현(仇乙峴)[풍주]에도 진을 설치하였을 가능성이 높다.

위에서 언급한 9개 지역 외에 나머지 4진이 어디에 위치했는지를 추정하기 난망하지만, 일단 그 후보지로서 단계현(檀溪縣)[협계현(俠溪縣)]과 장새현(㺚塞縣)[수안현(遂安縣)]을 주목할 필요가 있다. 905년 수도를 철원으로 옮긴 다음, 패서 13진을 설치한 사실을 염두에 둘 때, 철원에서 평양을 연결하는 교통로상에 위치한 지역들도 주목받았음이 분명하다. 철원에서 평양을 연결하는 교통로 가운데 삭읍현(朔邑縣)[삭령현(朔寧縣); 경기도 연천군 삭녕면], 토산군(兎山郡; 황해북도 토산군 월산리로)을 지나 단계현(협계현), 장새현(수안현: 황해북도 수안군 석담리)을 거쳐 평양에 도달하는 코스가 가장 가깝다고 할 수 있다.[30] 철원에서 삭읍현,

---

29 전덕재, 1997「신라 하대 鎭의 설치와 성격」『군사』35, 41~47쪽.

30 662년 김유신이 평양에 와 있던 唐軍에게 군량을 전달할 때에 七重河를 건너 兎山郡, 檀溪縣, 㺚塞縣을 거치는 도로를 이용하였다(정요근, 2005 앞의 논문, 194~195쪽).

토산군을 거쳐 영풍군(평주)에 다다르고, 다시 거기에서 오관군, 서암군, 취성군을 지나 평양에 도달하는 코스도 물론 적지 않게 이용했을 것이다. 태조 왕건이 고려를 건국하고 곧바로 수도를 개경으로 옮기면서 평주와 황주, 평양을 잇는 도로가 널리 활용되었고, 토산군과 장새현을 지나 평양에 이르는 도로는 활용 가치가 크게 떨어졌을 것이다. 이러한 이유 때문에 전자의 도로상에 위치한 지역들이 주로 편제되고, 후자의 도로에 위치한 지역들은 그렇지 못하였다고 볼 수 있다. 비록 고려 초기에 주로 편제되지는 못했지만, 일단 철원과 평양을 잇는 교통로상에 단계현과 장새현이 위치했으므로 궁예가 수도 철원의 안전을 위하여 그들 지역에 진(鎭)을 설치했을 것이라고 추정해도 커다란 잘못은 아닐 것이다. 이밖에 또 다른 후보지로서 대동강 하구에 위치한 양악군(안악군)이나 해상교통의 요지이면서 신라의 장구진(長口鎭)이 위치했고, 게다가 고려 초에 13조창의 하나로서 안란창이 설치된 장연도 진을 설치한 후보지로서 적극 고려할 수 있을 것이다. 고려 초기에 주로 승격된 궐구(闕口)와 승산(升山) 및 십곡(十谷)도 그 후보지로서 지적할 수 있으나 위에서 언급한 지역들보다 상대적으로 가능성은 희박하다고 생각된다.

패서 13진의 위치를 검토한 결과, 황해도지역의 육로나 해로의 요충지에 그것을 설치하였음을 확인할 수 있었다.[31] 그렇다면 패서 13진을 어떻게 운영하였을까를 계속해서 검토해보도록 하자. 현재 패서 13진을 나누어 정하였다는 사실만 전할 뿐이고 각 진의 책임자나 13진의 전반적인 운영체계에 대해 직접적으로 전하는 기록은 전해지지 않는다. 그것에 접근할 수 있는 우회적인 방법은 신라나 고려 초기 군진의 운영체계와 비교 검토하는 것이다. 신라 하대에 한주에 패

---

31 윤경진, 2012『고려사 지리지의 분석과 보정』, 여유당, 216~226쪽에서 浿西 13鎭은 태봉 때에 새로 개척한 재령강 서쪽의 황해도지역에 위치하였던 12군·현(仇乙峴, 闕口, 栗口, 長淵, 麻耕伊, 楊岳, 板麻串, 熊閑伊, 甕遷, 付珍伊, 鵠島, 升山)과 貞州를 가리킨다고 이해하는 견해를 제기하였다.

강진(浿江鎭)을 비롯하여 당성진(唐城鎭), 혈구진(穴口鎭), 장구진(長口鎭)을 설치
하였다. 패강진은 782년(선덕왕 3)에 북방으로부터 쳐들어오는 적을 방어하기 위
하여 대곡성(영풍군: 황해북도 평산군 산성리)에 설치한 군진이다. 패강진의 성격에
대해서는 앞에서 살폈기 때문에 여기서 더 이상 논급하지 않도록 하겠다.

한편 신라 정부는 경기도 강화도에 위치한 혈구진의 책임자로 진두(鎭頭)를 파
견하였다.[32] 진의 책임자를 진두로 임명하는 전통은 고려 태조가 그대로 계승하
였다.[33] 진두란 명칭은 태조대 이후에는 더 이상 보이지 않는다. 태조 왕건이 신
라의 제도를 그대로 습용(襲用)하여 사용하다가 이후 다른 명칭으로 바뀐 것으로
보인다.[34] 태조대에 진의 책임자로 임명된 진두는 개정군(開定軍)이라 불리는 군
대를 거느리고 진수(鎭戍)를 방어하는 임무를 수행하였다.[35]

패서 13진의 책임자에 관한 자료가 전해지지 않은 상황에서 신라와 고려 태조
대에 군진의 책임자를 모두 진두(鎭頭)라고 불렀다는 사실이 유의된다. 신라와
고려의 중간에 끼인 태봉에서 군진(軍鎭)의 책임자를 진두라고 불렀을 것이라고
추론해볼 수 있기 때문이다. 그러나 여기서 한 가지 간과해서는 안 되는 사항이
있다. 궁예가 신라 관계나 관직, 군읍(郡邑)의 명칭이 비야하다고 하여 개명(改名)

---

32 秋八月 置穴口鎭 以阿湌啓弘爲鎭頭(『삼국사기』신라본기제11 문성왕 6년).
   패강진의 책임자를 頭上大監 또는 頭上이라고 불렀는데, 鎭頭는 鎭의 頭上을 줄여서 부른
   것으로 이해된다.

33 太祖十一年二月 遣大相廉卿能康等 城安北府 以元尹朴權爲鎭頭 領開定軍七百人戍之. …
   是歲 王巡北界 移築鎭國城 改名通德鎭 以元尹忠仁爲鎭頭. … 十二年九月 遣大相式廉 城
   安水鎭 以元尹昕平爲鎭頭. 又城興德鎭 以元尹阿次城爲鎭頭. 十三年八月 遣大相廉相 城馬
   山 以正朝昕幸爲鎭頭. 十四年 以元尹平奐爲剛德鎭鎭頭. 十七年 遣大相廉相 城通海鎭 以
   元甫才萱爲鎭頭(『고려사』권82 지36 兵2 진수).

34 광종대 이후에 鎭에 鎭將을 파견하였을 뿐만 아니라 군현을 州로 개칭하고 防禦使를 파견
   하는 관행이 나타나면서 진두란 명칭은 사라진 것으로 이해한 견해가 있다(최정환, 1997
   앞의 논문).

35 이기백, 1958 앞의 논문; 1968 앞의 책.

하였고, 태조 왕건은 다시 궁예가 새롭게 제정한 제도나 명칭 가운데 아주 익숙한 것을 제외하고, 신라의 제도나 명칭을 그대로 따르라고 조칙을 내린 점이다. 이에 의거할 때, 진두란 직명을 궁예가 어떤 다른 명칭으로 개칭(改稱)하였으나 고려 건국 이후 신라의 명칭으로 환원시켜 불렀을 가능성을 고려해볼 필요가 있지 않을까 한다. 이 점과 관련하여 다음의 기록을 살펴보자.

박씨의 선조는 계림인이다. 대개 신라 시조(始祖) 혁거세(赫居世)의 후예다. 신라 말에 그 후손 찰산후(察山侯) 적고(積古)의 아들 직윤(直胤) 대모달(大毛達)이 평주(平州)에 옮겨 거주하여 팔심호(八心戶)를 관할하는 읍장(邑長)이 되었다. 이 때문에 직윤 이하(의 후손)는 평주인이 되었다. 직윤의 아들이 삼한공신(三韓功臣) 대광(大匡) 지윤(遲胤)이고, 지윤의 아들이 삼한공신 대위겸시중(大尉兼侍中) 수경(守卿)이다[박경산묘지명(朴景山墓誌銘)].

위의 기록에 보이는 찰산후 적고와 관련된 또 다른 기록이 있다. '그 선조 북경도위(北京都尉) 적오(赤烏)는 신라로부터 죽주(竹州)로 들어가서 찰산후가 되었다. 또한 평주에 들어가 십곡성(十谷城) 등 13성을 설치하고 궁예왕(弓裔王)에게 귀부(歸附)하였다.'라고 전하는 박경인묘지명(朴景仁墓誌銘)의 기록이 그것이다. 적고(積古)와 적오(赤烏)는 동일 인물의 다른 표기로 보인다. 종래에 북경(北京)은 북소경(北小京)이 설치된 적이 있는 명주(溟州)의 이칭(異稱)으로, 찰산후는 개차산군(皆次山郡)[경덕왕대 개산군(介山郡)으로 개칭] 태수(太守)를 지칭한다고 이해하였다.[36] 북소경은 선덕여왕 8년(639)부터 태종무열왕 5년(658)까지 존속하다가 폐지된 것인데, 과연 신라 말기에 명주를 북소경과 연관시켜 이해했는지 의심스럽다. 이보다 북경은 5소경의 하나인 북원경(北原京; 강원 원주)의 이칭일 가능

---

36 정청주, 1996 앞의 책 , 39~40쪽.

성이 더 높지 않을까 한다. 고려시대에 경주를 동경(東京), 서울을 남경(南京), 평양을 서경(西京)이라고 부른 관례를 따라 신라 5소경의 하나인 북원경을 간단하게 북경(北京)으로 표기하였다고 추정해볼 수 있기 때문이다. 도위(都尉)는 진한대(秦漢代)에 군(郡) 태수(太守) 예하의 관직으로서 태수가 주로 '치민(治民)'을 담당하였음에 반하여 그것은 '치병(治兵)'을 담당하였다고 알려졌다.[37] 이처럼 도위는 군태수 예하의 직책이었으므로 북경도위는 북원경의 사신(仕臣)[대윤(大尹)] 예하의 관직인 사대사(仕大舍)[소윤(少尹)]로 비정해볼 수 있지 않나 한다. 직윤의 아들 지윤은 삼한공신이며 태조의 왕후 성무부인(聖茂夫人) 아버지인 삼중대광(三重大匡) 박지윤(朴智胤)을 가리킨다.

직윤이 대모달을 칭하면서 평주에 사거(徙居)하여 팔심호를 관할하는 읍장(邑長)이 되었다고 하였는데, 팔심호의 뜻을 정확하게 해석할 수 없지만, 이는 직윤이 대모달을 칭하고, 평주, 즉 대곡군(영풍군)을 다스리는 지배자[邑長]로 군립하였다는 의미로 해석된다. 대모달은 본래 고구려의 무관 명칭이다. 『한원(翰苑)』 고려기(高麗記)에 대모달(大模達)로 나오며, 거기에서 그것은 위장군(衛將軍)에 비견된다고 하였다.[38] 수·당의 위장군은 수도의 제군(諸軍)을 총괄하여 왕실과 수도를 보위하는 일종의 금위군사령관이었다. 수와 당에 12위(衛)가 있었다. 고구려의 대모달이 수·당대의 위장군과 그 지위와 수행한 역할이 비슷하였기 때문에 『한원』의 필자가 대모달을 위장군에 비견될 수 있다고 기술한 것으로 보인다. 종래에 대모달을 5부의 병을 위시한 군병들로 구성된 수도 주둔군[대당(大幢)]의 사령관으로 이해한 견해는 주목된다고 하겠다.[39]

---

37 曾資生, 1942 『中國政治制度史』(第二冊 秦漢); 1979 『中國政治制度史』 第二冊(秦漢 3版), 啓業書局, 224~229쪽.

38 『翰苑』 高麗記에서 '그 武官으로는 大模達이 있는데, 衛將軍에 비견할 수 있고, 일명 莫何邏繡支 또는 大幢主라고 한다.'라고 하였다.

39 노태돈, 1999 『고구려사연구』, 사계절, 266~267쪽.

종래에 대모달을 신라 하대에 각 지역에서 성장하는 지방세력을 지칭하는 '장군(將軍)'이라는 칭호에 해당하는 패서지역의 토착어로 생각하고, 박직윤이 이 지역의 고구려계 주민을 지배하려는 의지를 강력하게 표명하고자 스스로 그것을 칭했다고 이해하였다.[40] 그러나 이러한 견해는 905년에 궁예에게 항복한 검용(黔用)이 '평양성주장군(平壤城主將軍)'이라 자칭했다거나 후고구려를 건국한 궁예를 사람들이 '장군(將軍)'으로 추대한 사례를 볼 때,[41] 약간의 의문이 든다. 더구나 직윤은 신라 박씨 왕족의 후예란 점을 생각할 때, 그가 고구려의 무관 명칭인 대모달을 스스로 칭하였다는 것은 상식적으로 수긍하기 곤란하다.

직윤이 대모달을 칭한 배경과 관련하여 궁예가 신라의 관직과 군읍(郡邑)의 명칭을 비야하다고 하여 모두 개명한 점을 다시금 상기할 필요가 있겠다. 앞에서 황해도 서쪽지역의 사례를 검토하면서 태봉대에 고구려지명을 군현명으로 사용했음을 추적한 바 있다. 이것은 궁예가 신라 군읍의 명칭을 개명할 때, 고구려의 지명을 참고하거나 그대로 습용(襲用)하였음을 시사해주는 것이다. 광평성을 비롯한 관직이나 대광(大匡) 등의 관계는 고구려의 것을 그대로 채용한 것은 아니어서 약간 주저되는 면이 없지 않지만, 일단 지명 개정의 경향성을 염두에 둘 때, 지방관이나 무관의 명칭에서 고구려의 것을 습용하였고, 대모달이란 칭호 역시 그와 무관하지 않았다고 추정해볼 수 있다.

직윤의 근거지인 평주(대곡군)에 신라 패강진의 본영(本營)이 위치하였다. 신라에서 패강진의 책임자인 두상대감(頭上大監)[도호(都護)]이 패강지역 14개 군·현을 군사적으로 총괄하였다. 직윤이 십곡성 등을 설치하고 궁예에게 귀부하였

---

40 김광수, 1977「고려 건국기의 패서호족과 대여진관계」『사총』21, 139쪽; 정청주, 1996 앞의 책, 44~45쪽.

41 乾寧元年 入浿州 有衆三千五百人 分爲十四隊. 金大黔·毛昕·長貴平·張一等爲舍上〈舍上謂部長也〉 與士卒同甘苦勞逸. 至於予奪 公而不私 是以衆心畏愛 推爲將軍(『삼국사기』 열전 제10 궁예).

던 것에서 그가 궁예 치하에서 그들 지역을 통괄할 수 있는 권한을 부여받았음을 유추해볼 수 있다. 직윤이 대곡군(평주)의 읍장(邑長), 즉 그곳을 다스리는 지배자였다는 것은 그가 거기에다 설치한 군진의 책임자였다는 의미와도 통한다. 앞의 사실과 이 점을 서로 연계시켜 보면, 신라 때 패강진의 두상대감(도호)이 그랬던 것처럼 직윤이 태봉시대에 대곡군(평주)에 설치한 진의 책임자로서 나머지 패서 12진 전체 또는 그 일부를 군사적, 행정적으로 총괄했을 것이라는 추론도 가능하다. 이때 신라 패강진 두상대감에 해당하는 직윤의 직명(職名)이 바로 고구려의 무관 명칭인 대모달(大毛達, 大模達)이 아니었을까 한다.[42] 대곡군 이외의 지역에 설치된 군진의 책임자를 무엇이라고 불렀는지 정확하게 알 수 없으나, 대감(大監)이나 소감(少監) 또는 진두(鎭頭)라는 직명보다 고구려의 무관 명칭을 채용하였을 가능성이 더 높지 않았을까 한다.

신라와 고려 태조대에 중앙의 관리를 진의 책임자로 임명하였다. 그러면 궁예도 중앙관리를 파견하여 패서 13진을 관할하게 하였을까? 직윤을 평주에 위치한 군진의 책임자로 임명했다는 필자의 추론에 잘못이 없다면, 직윤의 사례는 궁예가 각 지역에 근거지를 둔 지방세력을 군진의 책임자로 임명하여 국가체제 내에 편제하려고 시도하였음을 시사해주는 증거자료가 되는 셈이다. 물론 고려 태조대의 사례를 참조해볼 때, 지방세력만을 군진의 책임자로 임명한 것은 아니었을

---

42 궁예가 신라의 頭上大監(또는 都護) 대신 大谷郡에 설치한 鎭의 책임자를 大毛達이라고 명명하였고, 그는 나머지 패서 12진이나 그 일부를 총괄할 수 있는 권한을 부여받았을 것이라는 이야기다. 직윤이 바로 평주에 설치한 鎭의 책임자인 대모달에 임명되었기 때문에 박경산묘지명에 그가 대모달을 칭하였다고 전한 것으로 이해된다. 물론 현재 확증적인 자료가 전해지지 않아서 단언하기 곤란하지만, 직윤이 고구려에서 수도 5부의 병사들을 위시한 군병들로 구성된 수도 주둔군(大幢)의 사령관을 지칭하는 무관 명칭, 즉 隋唐代의 衛將軍에 비견되는 大毛(模)達을 칭한 점, 그가 평주에 移居하여 八心戶를 관할하는 邑長이 된 점, 궁예에게 항복하기 전에 십곡성 등 13성을 설치하였다고 전하는 점, 그리고 궁예가 패서 13진의 하나를 평주에 설치한 사실 등을 모두 종합해보면, 이와 같은 추정이 결코 막연한 억측은 아닐 것으로 판단된다.

것이다. 지방세력을 군진의 책임자로 임명한 경우, 그 군사력은 그가 거느린 병력으로 충당되었을 것이고, 만약에 지방관리를 파견한 경우는 고려 태조대에 진에 개정군(開定軍)을 파견하여 주둔시킨 것처럼 국가에서 약간의 군사를 보내서 군진을 지키게 하였을 것으로 사료된다.

궁예가 황해도 서쪽지역을 개척한 다음, 패서지역의 지역 중심지나 교통의 요지에다 13진을 설치하고, 그 지역에 근거지를 둔 지방세력이나 중앙관리를 그 책임자로 임명하였음을 살펴보았다. 그러면 이제 궁예가 패서지역에 13진을 설치한 배경이 궁금해지는데, 이와 관련하여 두 가지 점을 지적할 수 있겠다. 첫 번째로 궁예가 패서지역의 지방세력을 태봉의 국가체제 내로 흡수하여 그 지역을 확고하게 지배 통제하기 위해서 13진을 설치하였다는 점을 지적할 수 있겠고, 두 번째는 북방에 위치한 발해와 여진족 등의 침략에 대비하기 위한, 즉 국방상의 필요성 때문에 13진을 설치하였을 것이라는 점을 지적할 수 있겠다. 889년(진성여왕 3) 전국에서 농민들이 봉기한 이래 신라 국가의 지방에 대한 통제력이 크게 약화되었다. 『삼국사기』에서 '신라가 말년에 쇠미하여지매 정치가 어지럽고 백성들이 흩어지며 왕기(王畿) 밖의 주현(州縣)으로 반부(叛附)한 곳이 서로 반반이었다.'라고 전하는 기록에서[43] 이를 확인할 수 있다. 이때 자위력을 확보하여 지방의 통치자로 부상한 사람들을 흔히 성주(城主)·장군(將軍)이라 불렀다.

패서지역에도 성주·장군이라고 칭하는 지방세력가나 도적들이 활발하게 활동하였고,[44] 그들은 대부분 궁예에 귀부하였다. 궁예는 이들의 지위를 보장해주면

---

43 見新羅衰季 政荒民散 王畿外州縣 叛附相半 遠近羣盜 蜂起蟻聚. 善宗謂乘亂聚衆 可以得志 (『삼국사기』 열전제10 궁예).

44 대표적인 사례로 平壤城主將軍 黔用, 甑城의 赤衣·黃衣賊 明貴, 鹽州人으로서 궁예를 피해서 鶻岩城에 가서 무리들을 모아 태봉을 위협한 尹瑄, 염주에서 도적의 괴수로 활동한 柳矜順, 그리고 平州의 朴直胤과 庾黔弼, 洞州의 金行波, 黃州의 皇甫悌恭, 儒州의 柳車達, 信州의 康起珠 등을 들 수 있다.

서 그들을 태봉의 국가체제 내로 흡수하는 방안을 강구하였을 것인데, 패서 13 진의 설치는 그것과 무관치 않아 보인다. 궁예는 패서지역의 지역 중심지나 교통의 요지에 진을 설치하고 그 책임자로 거기에 근거지를 둔 지방세력을 임명함으로써 그들을 태봉의 국가체제 내로 흡수할 수 있었고, 중앙에서 파견한 군사나 지방세력이 거느린 병력을 군진의 군사력으로 활용함으로써 그 지역의 치안(治安)을 확보할 수 있을 뿐만 아니라 그들을 매개로 지방을 확고하게 통치하는 것이 가능했기 때문이다.

신라와 고려시대에 해상이나 육상교통의 안전을 확보하기 위하여 군진을 설치하였을 뿐만 아니라 북방 이민족의 침략에 대비하기 위하여 변경지역에 집중적으로 군진을 설치하였다. 태봉대에 패서지역이 북방 변경지역에 가까웠기 때문에 궁예 역시 북방 이민족의 침략에 대비하여 거기에 13개의 진을 설치하였다는 추론이 가능할 듯싶다. 태봉대에 북방에는 발해가 위치하고 있었고, 압록강과 대동강 사이에서는 여진족의 활동이 두드러졌다. 윤선은 본래 염주사람이었는데, 궁예의 학정(虐政)에 견디지 못하여 북방 국경에 위치한 골암성(鶻巖城; 강원도 안변)에서 2,000여 명의 무리를 모으고, 또 흑수말갈인들을 불러 들여 자주 태봉을 침략하여 괴롭히다가 고려 건국 후에 태조에 항복하였다.[45] 또한 태조 왕건이 즉위하자마자, '평양 옛 도읍이 황폐하게 된 지가 비록 오래이나 고적들이 아직 남아 있다. 그런데 가시넝쿨이 무성하여 번인(蕃人)들이 거기서 수렵을 하였고 또 그 사이에 가끔씩 변방을 침략하여 해를 끼친 것이 컸다.'라고 언급한 내용이 『고려사』태조세가에 보인다.[46] 윤선의 사례와 왕건의 언급을 통해서 태봉

---

45 尹瑄塩州人 爲人沈勇善韜鈐. 初以弓裔誅殺無厭 慮禍及己 遂率其黨走北邊 聚衆至二千餘人. 居鶻巖城 召黑水蕃衆 久爲邊郡害 及太祖卽位 率衆來附 北邊以安(『고려사』 권92 열전5 王順式附 尹瑄).

46 丙申論群臣曰 平壤古都荒廢雖久 基址尙存而荊棘滋茂 蕃人遊獵 於其間因而侵掠邊邑 爲害大矣. 宜徙民實之 以固藩屛爲百世之利. 遂爲大都護 遣堂弟式廉廣評侍郎列評守之(『고려

시대에도 여진인들이 자주 변방을 침략하여 주민들을 불안하게 만들었다고 짐작해볼 수 있겠다.

기존의 연구에 따르면 915년 이후 세 차례에 걸쳐 태봉에서 거란에 사신을 파견하였다고 한다. 물론 이때 신라도 거란에 사신을 파견하였다.[47] 반면에 태봉에서 발해에 사신을 파견한 사실은 확인되지 않고 있다. 그런데 흥미로운 사실은 발해가 거란의 침략 위협에 대비하기 위하여 신라와 동맹을 추진하였다는 점이다. 『거란국지(契丹國志)』에 (거란의) 태조가 해국(奚國)을 병탄하자, 발해가 이에 두려움을 느껴 신라 등의 여러 나라들과 결원(結援), 즉 동맹을 맺었다고 언급한 내용이 나온다.[48] 종래에 거란의 태조[야율아보기(耶律阿保機)]가 해국을 병탄한 911년을 전후한 시기에 발해가 신라 등과 동맹을 체결하였다고 보았다.[49] 발해는 거란의 침략에 위협을 느껴서 신라와의 동맹을 추진하였지만, 신라 역시 그러했다고 보기 어렵다. 911년 무렵에 신라가 가장 크게 위협을 느낀 나라는 바로 궁예의 태봉이다.

905년에 궁예는 스스로 강성하다고 자부하여 신라를 병탄(幷呑)할 생각을 가지고 국인(國人)으로 하여금 그것을 멸도(滅都)라 부르게 하고, 신라로부터 오는 사람들을 모두 베어 죽였다.[50] 궁예가 반신라정책을 강력하게 추진하면서 신라인들이 상당한 위기감을 느꼈을 것이다. 이러한 상황에서 911년에 발해가 동맹을 제의해오자, 신라는 발해를 이용하여 태봉을 견제하려는 의도에서 거기에 응하였다고 추정된다. 이것은 역설적으로 태봉과 발해가 결코 우호적인 관계가 아

사』권1 세가1 태조 원년 9월).

47 이에 관해서는 송기호, 1995 『발해정치사연구』, 일조각, 208~210쪽이 참조된다.

48 天寶六年 … 太祖初興 幷呑八部 繼而用師 幷呑奚國 大諲譔深憚之 陰與新羅諸國結援 太祖知之(『契丹國志』卷1).

49 송기호, 1995 앞의 책, 203~205쪽.

50 善宗以强盛自矜 意欲幷呑. 令國人呼新羅爲滅都 凡自新羅來者 盡誅殺之(『삼국사기』열전 제10 궁예).

니었음을 반증하는 증거로도 제시할 수 있다. 태봉은 잠재적으로 자신들을 위협할 수 있는 발해에 대하여 경계심을 늦추지 않았음이 분명하다. 결국 궁예는 북방에 위치한 발해의 위협에 대처하기 위해서, 그리고 변방을 자주 침략하는 여진족(말갈족)들에 대비하기 위하여 패서지역에 13개의 군진을 설치하고 거기에 군사를 주둔시키는 조치를 취하였다고 볼 수 있다. 궁예는 패서 13진을 설치하여 국방상의 안전을 모색한 다음, 더 적극적으로 남진을 추진하여 후백제와 신라를 압박하려 하였을 것이다.

2. 주(州)의 증설(增設)과 도제(道制)의 실시

고려 초기와 통일신라의 지방제도를 비교할 때, 가장 먼저 눈에 띠는 것이 바로 주의 증가와 그 성격 변화이다. 통일신라기에는 9개의 주가 있었으나 고려 초기에 주가 폭발적으로 증가하였다. 통일신라시기 주는 3중의 의미를 내포하는 개념으로 쓰였다. 첫 번째는 군보다 더 상위의 광역행정구역으로서의 의미이고, 두 번째는 몇 개의 영현(領縣)을 포괄하는 군과 동일한 의미이며, 세 번째는 영현을 제외한 순수한 주치(州治)로서의 의미다. 고려 초기에 신라의 군이나 현을 주로 승격시키는 경우가 많았다. 이때 주는 군이나 현과 동등한 성격이지, 결코 군보다 상위의 광역행정구역으로서의 의미로 볼 수 없다. 고려 군현제가 정비되면서 주가 다수의 현으로 구성된 상위 영역의 성격을 지니기는 하였지만,[51] 고려 초기에 그러한 성격이 뚜렷하게 부각되지 않았다. 반면에 고려시대에 주를 대신

---

51 이와 관련하여 윤경진, 2000 앞의 논문, 123~133쪽이 참조된다. 여기서 윤경진은 성종 14년(995)에 州는 다수의 현으로 구성되는 상위 영역으로서의 의미를 갖게 되었고, 이와 같은 지방구조를 州-縣體制라고 명명하였다.

하여 군보다 상위 광역행정구획으로서의 의미를 지니게 된 지방행정단위는 도(道)였다. 도는 앞에서 언급한 통일신라기 주의 의미 가운데 두 번째와 세 번째가 결여된, 순수하게 첫 번째 의미만을 지닌 광역의 지방행정단위였다는 점이 특징적이다.

그런데 흥미로운 사실은 통일신라시대의 군·현을 주로 개칭하기 시작한 것은 고려가 아니라 궁예의 태봉이었다는 점이다. 고려에서 태봉대의 지방제도를 계승하였음을 시사해주는 측면이다. 다음의 기록은 궁예가 신라의 금성군(錦城郡; 전남 나주시)을 나주(羅州)로 개칭하였음을 알려주는 자료다.

주량(朱梁) 건화(乾化) 원년 신미(911년)에 연호(年號) 성책(聖册)을 수덕만세(水德萬歲)로 고쳐 원년으로 하고 국호를 태봉으로 바꾸었다. 태조(왕건)로 하여금 군사를 거느리고 금성(錦城) 등을 치게 하였다. 금성을 나주(羅州)로 개칭하고 그 공을 논하여 태조를 대아찬 장군으로 삼았다(『삼국사기』 열전제10 궁예).

위의 기록에 911년에 궁예가 왕건으로 하여금 금성을 정벌하게 하고 그것을 나주로 개명하였다고 전하는데, 『고려사』에는 이와 약간 다른 내용을 전하고 있다.

천복(天復) 3년 계해(903) 3월에 태조(왕건)는 해군을 거느리고 서해로부터 광주계(光州界)에 이르러 금성군을 공격하여 이를 함락시키고, 10여 개 군현을 공격하여 이를 빼앗았다. 이어 금성을 나주로 고치고 군사를 나누어 지키게 하고 돌아왔다(『고려사』 권1 세가1 천복 3년).

위의 기록에서는 왕건이 금성을 정벌하고 그 명칭을 나주로 변경한 시기를 903년이라 언급하여 앞의 기록과 차이를 보인다. 『고려사』에 개평(開平) 3년(909)에 왕건이 나주 포구에서 견훤(甄萱)의 해군을 격파하여 나주가 안정을 되찾았다는 내용이 보인다.[52] 909년 무렵에 견훤이 나주지역을 위협하였고, 이 때문에 왕건이 해군을 거느리고 가서 견훤의 해군을 격파한 다음, 나주를 후고구려(태봉)의 영토로 공고하게 확보했음을 반영한 것이다. 일반적으로 궁예가 이로부터 2년이 지난 후인 911년에 금성군을 나주로 개칭(改稱)하였다고 보고 있다.[53] 아무튼 태봉시대에 금성군을 나주로 변경한 것은 분명한 만큼, 이 사례는 태봉시대에 신라의 군현을 주로 개칭하였음을 알려주는 명확한 증거로서 유의된다고 하겠다. 『고려사』의 기록에 나주는 군보다 상위의 광역행정단위로서의 의미를 지녔음을 시사해주는 자료들이 여럿 보이는데, 이에 관해서는 뒤에서 '나주도(羅州道)'와 관련된 내용을 검토하면서 자세하게 설명하도록 하겠다.

금성군을 나주로 개명한 것 이외에 태봉대에 서원소경(西原小京)을 청주(青州, 清州)로 개칭하였음을 확인할 수 있다. 다음의 기록이 『고려사』에 나오는 청주에 관한 자료 가운데 가장 빠른 것이다.

　　　건화(乾化) 3년 계유(913년)에 … 청주인(青州人) 아지태(阿志泰)란 자가 있었는데, 본래 아첨을 좋아하고 간사하였다. 그는 궁예가 아첨을 좋아하는 것을 보고, 같은 주인(州人)인 입전(竝全)과 신방(辛方), 관서(寬舒) 등을 참소하여 유사(有司)가 그들을 국문(鞫問)하였으나 수년(數年)이 지나도 판결이 나지 않았

52　梁開平三年己巳 … 又使太祖 修戰艦于貞州 以閼粲宗希金言等副之 領兵二千五百 往擊光州珍島郡拔之. 進次皐夷島 城中人望見軍容嚴整 不戰而降. 及至羅州浦口 萱親率兵列戰艦自木浦至德眞浦 首尾相銜 水陸縱橫 兵勢甚盛 諸將患之. 太祖曰 勿憂也 師克在和 不在衆. 乃進軍急擊 敵船稍却. 乘風縱火 燒溺者大半 斬獲五百餘級 萱以小舸遁歸. 初羅州管內諸郡與我阻隔 賊兵遮絶 莫相應援 頗懷虞疑 至是 挫萱銳 卒衆心悉定. 於是 三韓之地 裔有大半. 太祖復修戰艦備糧餉 欲留戍羅州 金言等自以功多無賞 頗解體. 太祖曰 勿怠 唯戮力無貳心 庶可獲福. 今主上恣虐 多殺不辜 讒諛得志 互相浸潤. 是以 在內者 人不自保 莫如外事 征伐殫力勤王 以得全身之爲愈也. 諸將然之(『고려사』 권1 세가1 梁開平 3년).

53　신호철, 1993 『후백제견훤정권연구』, 일조각, 66~67쪽; 정청주, 1996 앞의 책, 148~156쪽.

다(『고려사』권1 세가1 건화 3년).

　　『고려사』지리지에서는 태조 23년(940)에 서원경(西原京)을 청주(淸州)로 개칭하였다고 하였다. 『고려사』에 후대의 지명을 앞 시기까지 소급하여 표기한 사례가 워낙 많이 보이기 때문에 위의 기록 역시 그러한 의심을 살 수 있다. 왕건이 정변을 일으켜 고려를 건국하고 즉위한 918년 7월에 '청주영군장군(靑州領軍將軍)' 견금(堅金)이 내견(來見)하였는데,[54] '청주영군장군'이란 칭호는 태조 왕건이 수여한 것으로 보기 어렵고 견금이 이전부터 줄곧 자칭해오던 것이었다고 보아야 한다. 따라서 이 사례를 고려 건국 이전에 서원경을 청주(靑州)로 개칭하였음을 시사해주는 자료로 제시할 수 있다.[55] 또한 순군리(徇軍吏) 임춘길(林春吉)이란 자가 청주인(靑州人)인데, 같은 주의 사람인 배총규(裴恩規)와 계천인(季川人) 강길아차(康吉阿次), 매곡인(昧谷人) 경종(景琮) 등과 더불어 모반(謀反)을 꾀하고자 청주(靑州)로 도망하여 돌아갔다라는 기록이 『고려사』환선길열전에 보인다.[56] 임춘길이 반역을 꾀하였다가 처형된 해는 태조 원년(918) 9월이었다. 여기에 나오는 계천은 고려에서 장택현(長澤縣)으로,[57] 매곡은 고려 초에 회인현(懷仁縣)으로 개칭(改稱)하였으므로,[58] 이것은 동일 기사에 청주(靑州)라는 표현과 신라의 지명이 함께 보이는 사례로서 주목된다고 하겠다. 계천 등과 마찬가지로 청주란

54　丙申 青州領軍將軍堅金來見(『고려사』권1 세가1 태조 원년 가을 7월).

55　윤경진, 1999「高麗史 地理志의 연혁정리 방식에 대한 비판적 검토-'高麗初'의 연기비정과 관련하여-』규장각』22, 7쪽.

56　又徇軍吏林春吉 青州人 與州人裴恩規 季川人康吉阿次 昧谷人景琮謀反 欲逃歸青州(『고려사』권127 열전40 반역1 환선길).

57　長澤縣 本百濟季川縣 新羅景德王改名季水爲寶城郡領縣. 高麗更今名 仍屬 後來屬(『고려사』권57 지11 지리2).

58　懷仁縣 本百濟未谷縣 新羅景德王改名昧谷爲燕山郡領縣. 高麗初更今名 顯宗九年來屬 後以懷德監務來兼辛禑九年別置監務(『고려사』권56 지10 지리1).

지명 역시 후대의 지명을 소급한 것이 아니라 918년 당시의 지명을 그대로 표기한 것이라고 볼 수 있기 때문이다.

실제로 다음의 기록들을 세밀하게 분석하면, 태봉대에 서원경을 청주(靑州)로 개칭하였음을 확증할 수 있다.

> 겨울 10월에 국원(國原), 청주(菁州), 괴양(槐壤)의 적수(賊帥) 청길(清吉)과 신훤
> (莘萱) 등이 성을 바쳐 궁예에게 항복하였다(『삼국사기』 신라본기제12 효공왕 4년).
> [광화(光化)] 3년 경신(900년)에 다시 (궁예가) 태조(왕건)에게 명하여 광주(廣
> 州), 충주(忠州), 당성(唐城), 청주(靑州)<혹은 청천(靑川)>,[59] 괴양(槐壤)을 치게
> 하여 모두 평정하였다. 그 공으로 태조에게 아찬의 관위를 수여하였다(『삼국사
> 기』 열전제10 궁예).[60]

효공왕 4년은 광화 3년(900)에 해당한다. 첫 번째 기록은 국원 등의 적수 청길과 신훤이 궁예에게 항복하였다는 내용이고, 두 번째 기록은 태조 왕건이 광주 등을 쳐서 평정하였다는 내용이다. 왕건이 평정한 지역에 충주와 청주, 괴양이 포함된 것을 보건대, 첫 번째 기록과 두 번째 기록이 전혀 관계가 없다고 보기 어렵다. 두 기록을 종합하건대, 태조 왕건이 오늘날 경기도에 위치한 광주와 당성을 공격하여 평정하자, 국원(충주)과 청주(靑州), 괴양에서 활동하던 청길과 신훤 등이 그에게 항복한 것을 마치 이때 왕건이 모두 그들 지역을 평정한 것처럼 기록한 것으로 이해된다.

---

59 靑川은 충북 괴산군 청천면에 해당한다. 동일한 내용을 전하는 다른 기록들을 참조할 때, 靑州는 靑川의 오기로 보기 어렵다.
60 『고려사』권1 세가1 光化 3년조에는 '光化 3년 庚申에 궁예가 태조(왕건)에게 명령하여 廣州, 忠州, 靑州 등 3개 州와 唐城, 槐壤 등 군현을 정벌하게 하여 이들을 평정하였다. 그 공으로 태조에게 아찬의 관위를 수여하였다.'라고 전한다.

두 기록을 비교할 때, 지명의 표기에서 약간의 차이를 발견할 수 있다. 첫 번째 기록에서는 오늘날 충주를 국원(國原)이라 표기하였음에 반하여 두 번째 기록에서는 충주(忠州)라 표기하였다.[61] 한편 오늘날 청주에 해당하는 지명을 첫 번째 기록에서는 청주(菁州)라 표기하였음에 반하여 두 번째 기록에서는 청주(靑州)라 표기하였다. 신라시대에 충주를 국원경(國原京)이라 불렀으므로 첫 번째 기록이 보다 원전(原典)의 내용을 충실히 반영하고 있다고 보아야 한다. 여기서 흥미로운 사실은 청주를 '청주(菁州)'로 표기한 점이다. 본래 청주(菁州)는 오늘날 경남 진주시를 가리키는 지명으로서 신라는 경덕왕 16년에 그것을 강주(康州)로 개명하였다. 그러나 이후에도 청주(菁州)란 표현을 그대로 사용하지 않은 것은 아니었다.[62] 첫 번째 기록에 나오는 청주(菁州)는 분명히 경남 진주시를 가리키는 것이 아니라 충북 청주시를 가리키는 것이다. 『삼국사기』찬자의 실수인지, 아니면 원전(原典) 자체에 그렇게 표기된 것을 그대로 옮긴 것인지 확인할 수 없으나, 중요한 것은 오늘날 청주시를 '서원경(西原京)'이 아니라 '청주(菁州)'라 표기한 점이다. 고려시대에 청주시를 청주(靑州) 또는 청주(淸州)라 표기하는 것이 관례였고, 게다가 광주(廣州), 충주(忠州) 등의 표현까지도 두루 고려해보건대, 두 번째 기록은 고려시대의 지명을 소급하여 표기하였다고 말할 수 있으나 첫 번째

---

61 國原小京은 통일신라기에 中原小京으로 개칭하였다. 신라 하대에 경덕왕대에 개정한 지명뿐만 아니라 그 이전의 지명을 사용하는 경우가 적지 않았다. 위의 자료도 이러한 사례의 하나라 하겠다.

62 春三月 以菁州居老縣爲學生祿邑(『삼국사기』 신라본기제10 소성왕 원년); 春正月 侍中憲昌 出爲菁州都督 璋如爲侍中(『삼국사기』 신라본기제10 헌덕왕 8년); 夏四月 侍中金忠恭卒 伊飡永恭爲侍中 菁州都督憲昌改爲熊川州都督(같은 책, 헌덕왕 13년); 三月 熊川州都督憲昌 以父周元 不得爲王 反叛 國號長安 建元慶雲元年. 脅武珍·完山·菁·沙伐四州都督 國原·西原·金官仕臣及諸郡縣守令 以爲己屬. 菁州都向榮 脫身走推火郡 … 先是 菁州太守廳事南池中 有異鳥 身長五尺 色黑 頭如五歲許兒 喙長一尺五寸 目如人 嗉如受五升許器 三日而死 憲昌敗亡兆也(같은 책, 헌덕왕 14년).
이외에도 『續日本後紀』권5 仁明天皇 承和 3년(836) 12월조에도 菁州라는 표현이 전한다.

기록까지 그렇게 말하기는 곤란하다. 만약에 그렇다고 한다면, 청주(菁州)는 청주(青州)나 청주(清州)라 표기하고, 국원(國原)은 충주(忠州)라 표기했어야 마땅하기 때문이다. 따라서 첫 번째 자료는 고려시대에 개작(改作)된 것이 아니라 그 이전 태봉시대에 정리된 자료를 원전(原典)으로 하여 채록된 것이라고 봄이 합리적이고, 결과적으로 그것은 태봉시대에 서원경을 청주(青州, 菁州)로 개명(改名)하였음을 입증해주는 유력한 증거자료로 제시할 수 있겠다.

태봉대에 주로 개편한 또 하나의 사례로 정주(貞州)를 들 수 있다. 『고려사』 지리지에서 정주는 본래 고구려의 정주라고 하였다. 그러나 『삼국사기』에 나오는 고구려의 지명 가운데 정주는 보이지 않는다.[63] 물론 고구려의 정주를 통일신라에서 군이나 현으로 편제하였다는 기록도 전해지지 않는다. 다만 『삼국유사』 권제2 기이제2 문호(무)왕 법민조에 "이때에 정주(貞州)에서 사람이 달려와서 급히 아뢰기를 '무수히 많은 당나라 군사들이 우리나라의 지경에 다다라서 바다를 순회하고 있습니다.'라고 하였다."라는 기록이 보인다. 당나라 군대가 신라를 침략한다는 소식을 알려온 사람이 의상법사(義湘法師)인데, 그가 당에서 귀국한 해는 670년이다.[64] 이 기록을 그대로 신뢰할 수 있다면, 정주란 지명을 고구려에서부터 사용하였다고 볼 수도 있는 여지가 전혀 없는 것은 아니다. 그러나 『삼국사기』에서 9주나 그 전신(前身)과 관련된 지명 이외에 '주(州)'자가 들어간 지명을 찾기 어렵다.[65] 따라서 670년 당시에 정주(貞州)라는 지명을 사용하였다고 보기 어

---

63 『삼국사기』 잡지제6 지리4 고구려조에 貞州라는 지명은 보이지 않는다.

64 『삼국유사』 권제4 의해제5 의상전교조에 의상이 당에서 귀국하여 당나라 군대가 신라를 침략한다는 소식을 알려준 해가 咸亨 元年 庚午(670)라고 하였다.

65 『삼국사기』 신라본기제3 실성이사금 12년 기록에 '平壤州의 大橋를 처음 만들었다.'라는 표현이 보이고, 또 잡지제3 지리1 강주조에 江陽郡(경남 합천)의 領縣인 宜桑縣이 본래 辛尒縣인데, 이것은 또한 泉州縣이라고 부른다는 기록이 보인다. 평양주에 관한 기록은 신라에서 州制를 실시하기 이전의 자료이기 때문에 자료 자체의 신빙성에 의문이 가고, 泉州縣이란 지명은 경명왕 8년(924)에 後唐에 사신을 보내 方物을 바친 泉州節度使 王逢規와 관련

려우므로, 위의 기록은 고려시대의 지명을 소급하여 표기한 것으로 봄이 옳다. 다음의 자료가 정주(貞州)라는 지명이 나오는 가장 이른 시기의 기록이다.

(후)량[(後)梁] 개평(開平) 3년 기사(909)에 ··· 또한 (궁예가) 태조로 하여금 정주(貞州)에서 전함(戰艦)을 정비하게 하고, 알찬(閼粲) 종희(宗希), 김언(金言) 등을 부장(副將)으로 삼으니, 병사 2,000여 인을 거느리고 광주(光州) 진도군(珍島郡)을 공격하여 빼앗았다. 계속해서 고이도(皐夷島)에 나아가자, 성중(城中)의 사람들이 군세가 엄정(嚴整)한 것을 보고 싸우지 않고 항복하였다(『고려사』 권1 세가1 개평 3년).

위의 기록은 개평 3년(909)에 궁예가 태조로 하여금 정주에서 전함을 정비하게 하고 광주의 진도군 등을 치게 하여 빼앗았다는 내용이다. 또한 『고려사』 태조세가에 "[건화(乾化) 4년 갑술(914)에 궁예가 또 말하기를 '수군 장수(將帥)가 미천(微賤)하여 능히 적을 위압(威壓)할 수 없다.'라고 하고 태조의 시중직(侍中職)을 해임(解任)하여 다시 수군을 거느리게 하였다. (태조 왕건이) 정주포구(貞州浦口)에 나아가서 전함 70여 척을 정비하여 병사 2,000인을 싣고 나주(羅州)에 이르자, 백제와 해상(海上)의 좀도둑들이 태조가 다시 온 것을 알고 모두 두려워하여 감히 움직이지 못하였다."라고 전한다.[66] 이밖에 궁예 치하에서 왕건이 병사를 거느리고 정주를 지나가다가 신혜왕후(神惠王后) 유씨(柳氏)를 만났다는 일화도 전한

이 있다고 보여져서 본래 일찍부터 그러한 지명이 있었다고 보기 어렵다. 한편 『삼국사기』 잡지제6 지리4에 당나라가 고구려를 멸망시키고 설치한 안동도호부 예하에 여러 개의 州가 있다고 전하나 이것은 당나라가 고구려를 멸망시킨 후에 옛 고구려지역에 州를 설치한 사실과 관련이 있다.

66 (乾化) 四年 甲戌 裔又謂 水軍帥賤 不足以威敵. 乃解太祖侍中 使復領水軍. 就貞州浦口 理戰艦七十餘艘 載兵士二千人 往至羅州. 百濟與海上草竊 知太祖復至 皆懾伏莫敢動(『고려사』 권1 세가1 건화 4년).

다.[67] 위에서 언급한 기록들은 모두 고려 건국 이전에 정주란 지명이 존재했음을 알려주는 자료들이다.

정주는 오늘날 경기도 개풍군 풍덕면으로 비정된다. 태봉의 수도인 송악(松嶽)이나 철원(鐵圓)에서 서해 바다로 나가고자 할 때, 개풍군 풍덕면이 관문항(關門港)이었다. 실제로 왕건이 풍덕면(정주)에서 전함을 정비한 다음, 거기에서 출발하여 서해로 나아갔던 실례를 발견할 수 있다. 이렇게 태봉시대에 송악 또는 철원의 관문항으로서 경기도 개풍군 풍덕면이 중요한 역할을 수행하였기 때문에 궁예가 일찍이 그곳을 정주(貞州)라고 명명한 것으로 보인다. 『고려사』 지리지에서 정주가 본래 고구려지명이라고 언급하였는데, 여기서의 고구려는 바로 후고구려를 지칭하는 것으로 이해하는 것이 바람직할 듯싶다.

이밖에 패서 13진을 주로 편제한 시점과 관련하여 다음의 기록을 주목할 필요가 있다.

> 태조 원년(918)에 평양(平壤)이 황폐하다고 생각하여 염주(塩州), 백주(白州), 황주(黃州), 해주(海州), 봉주(鳳州) 등 여러 주민(州民)들을 천사(遷徙)하여 채우고, 대도호부(大都護府)로 삼았다. 얼마 후에 서경(西京)으로 고쳤다(『고려사』 권58 지12 지리3 서경유수관평양부).

이와 동일한 기사는 『고려사』 태조세가와 『고려사절요』에도 보인다. 전자에서는 단지 백성들을 옮겨 평양을 채웠다고 언급하였고,[68] 후자에서는 '황주·봉주·

---

67 太祖神惠王后柳氏 貞州人 三重大匡天弓之女. 天弓家大富 邑人稱爲長者. 太祖事弓裔爲將軍 引兵過貞州 息馬古柳下. 后立路傍川上 見其有德容 問汝誰氏女. 對曰 此邑長者家女也(『고려사』 권88 열전1 후비1 신혜왕후 유씨).

68 丙申 諭群臣曰 平壤古都荒廢雖久 基址尙存. 而荊棘滋茂. 蕃人遊獵於其間 因而侵掠邊邑 爲害大矣. 宜徙民實之 以固藩屛爲百世之利. 遂爲大都護 遣堂弟式廉 廣評侍郎列評守之

해주·백주·염주 등 여러 고을의 인호(人戶)를 나누어 평양에 살게 하였다.'라고 언급하였다.[69] 전자에서 단지 백성들을 평양으로 천사시켰다고 언급한 것에 대하여『고려사』지리지나『고려사절요』에서는 그들이 바로 황주·봉주·해주·백주·염주의 백성들이라고 구체적으로 밝힌 것이다.

『고려사』지리지에 태조 왕건이 [폭지(瀑池)]군(郡)의 남쪽이 큰 바다와 접하고 있다고 하여 해주(海州)라 명명하였다고 전한다.[70] 나머지 주(州)는 구체적인 시기를 밝히지 않고 단지 고려 초에 개정한 지명이라고 기술하였다.『고려사』태조 세가에 나오는 지명들은 후대의 지명을 소급하여 기록한 것들이 적지 않기 때문에 위의 기록 역시 그랬을 가능성을 충분히 고려해야 한다. 그러나 여기서 한 가지 고려해야 할 사항은 이들 지역이 태봉시대에 13진이 설치되었을 가능성이 높은 지역이었을 뿐만 아니라 황해도의 지역 중심지이거나 교통의 요지에 위치한 곳이었다는 사실이다. 게다가 그들 지역의 주민들을 평양으로 천사시켰던 것으로 보건대, 918년에 그 지역에 대한 고려 정부의 지배력이 매우 강력하게 미쳤음이 분명하다. 이는 이미 궁예 태봉대부터 그러하였음을 전제로 할 때, 합리적인 이해가 가능하다. 다음의 기록은 932년 무렵에 정주와 더불어 염주(鹽州), 백주(白州)란 지명이 사용되었음을 알려주는 자료다.

　　장흥(長興) 3년(932) 가을 9월에 견훤(甄萱)이 일길찬(一吉湌) 상귀(相貴)를 보
　　내어 강병(舡兵)을 거느리고 고려 예성강(禮成江)에 들어와 3일을 머물면서 염

　　(『고려사』권1 세가1 태조 원년 9월).

69　王謂群臣曰 平壤古都荒廢已久 荊棘滋茂 蕃人遊獵於其間 因而侵掠 宜徙民實之 以固藩屛.
　　遂分黃·鳳·海·白·鹽諸州人戶居之 爲大都護 遣堂弟式廉廣評侍郎列評守之 仍置參佐四五人
　　(『고려사절요』권제1 태조 신성대왕 원년 9월 병신).

70　安西大都護府 海州 本高句麗內米忽<一云池城一云長池> 新羅景德王改爲瀑池郡. 太祖以郡
　　南臨大海 賜名海州(『고려사』권58 지12 지리3 서해도).

(鹽)·백(白)·정(貞) 3주의 배 100척을 불사르고, 저산도(猪山島) 목마(牧馬) 300필을 취하여 돌아갔다(『삼국사기』 열전제10 견훤).

위의 기록과 동일한 것이 『삼국유사』와 『고려사』에도 보인다.[71] 932년에 분명히 염주(鹽州), 백주(白州)란 지명이 존재했다고 한다면, 그렇게 지명을 개정한 시기는 언제까지 소급할 수 있을까? 이 문제와 관련된 다른 자료가 더 이상 전해지지 않기 때문에 난망하기 그지없지만,[72] 일단 고려를 건국한 918년 9월에 염주, 백주, 황주, 해주, 봉주 등 여러 주민을 천사시켜 평양을 채웠다는 앞의 기록을 결코 예사로이 보아 넘기기 어렵지 않을까 한다. 이 가운데 해주는 태조가 개정한 명칭이라고 하므로 논란의 여지는 있으나, 나머지 봉주와 염주, 백주, 황주는 적어도 918년이나 아니면 그 이전에 주로 편제된 것일 가능성이 높지 않을까 한다. 물론 이것과 더불어 영풍군도 이들과 동시기에 평주(平州)로 개명한 것으로 추정된다.

고려 초기에 변방에 설치한 진(鎭)들을 주로 편제한 사례가 많았는데, 앞에서 궁예가 봉주 등에도 진을 설치하였음을 살핀 바 있다. 911년에 금성군을 나주로

---

71 長興三年 秋九月 萱遣一吉 以舡兵入高麗禮成江 留三日 取鹽·白·眞三州船一百艘 焚之而去 (『삼국유사』 권제2 기이제2 후백제 견훤).

九月 甄萱遣一吉粲相貴 以舟師入侵禮成江 焚塩·白·貞三州船一百艘 取猪山島牧馬三百匹 而歸(『고려사』 권2 세가2 태조 15년).

『삼국유사』 기록에 전하는 眞州는 貞州의 誤記이다.

72 『高麗史』 高麗世系에 "白州의 正朝 劉相晞 등이 소식을 듣고 말하기를, '作帝建이 西海의 龍女에 장가들고 돌아왔으니, 참으로 큰 경사라고 할 수 있다.'라고 하며, 開·貞·鹽·白 4州와 江華·喬洞·河陰 3縣의 사람을 거느리고 그를 위하여 永安城을 쌓고 궁실을 지었다."고 전한다. 작제건은 왕건의 祖父이므로 위의 기록은 고려 건국 이전의 사실을 반영한 것으로 볼 수 있다. 태조 2년(919)에 松嶽을 開州로 개칭하였고, 또 江華와 河陰은 고려 초에 개정한 지명에 해당한다. 따라서 위의 기록에 나오는 지명들은 후대의 지명을 소급하여 표기한 것으로 볼 수 있기 때문에 위의 기록을 근거로 고려 건국 이전에 白州, 鹽州란 지명을 사용하였다고 주장하기는 곤란하다고 하겠다.

개칭하였고, 또 서원경을 청주로, 그 이전의 지명이 알려지지 않은 경기도 개풍 군 풍덕면을 정주라고 명명한 사례를 참고할 때, 궁예가 정주와 가까운 곳에 위 치한 해고군(海皐郡)과 구택현(雊澤縣)도 역시 주로 편제하였고, 나머지 진이 설 치된 일부 지역도 주로 편제하였을 가능성이 높지 않을까 한다. 이러한 측면에 서 해주를 제외한 염주와 백주, 황주, 봉주는 궁예가 진을 주로 편제한 사례로서 적극적으로 고려하여도 좋지 않을까 한다.

　이밖에도 문헌이나 금석문 등에 전해지지 않지만, 군현을 주로 편제한 사례가 더 있었을 것으로 사료된다.『고려사』지리지에 태조 23년(940)이나 고려 초에 신 라의 군현을 주로 편제하였다고 전하는 사례가 매우 많이 보이고 있다. 그런데 당시에 주로 개칭된 지역의 분포를 살펴보면, 황해도와 경기도 북부지역, 소백 산맥 인근지역에 집중되었음을 살필 수 있다.[73] 이들 지역은 원고려의 강역, 즉 세력 근거지에 해당하는 곳이다. 반면에 원신라와 후백제지역에는 주가 설치된 지역이 극히 적었다. 이러한 현상이 나타나게 된 것은 고려에 귀순(歸順)하거나 또는 건국과 통일에 공을 세운 지방세력의 관향(貫鄕)을 군현에서 주로 승격시키 는 관행과 밀접한 관련이 있다.[74] 이때 고려의 왕건은 지방세력이 그에게 귀순 (歸順)하거나 적극적으로 협조하면, 이와 같은 방법으로 그들을 대우해줌으로써 그들의 근거지를 손쉽게 영역으로 확보할 수 있었고, 나아가 그곳을 거점으로 하여 더 넓은 영역을 확보하려고 노력하였다.[75] 태조 왕건의 이와 같은 정책을 염두에 둘 때, 궁예 역시 동일한 맥락에서 다수의 군현을 주(州)로 승격시켜 주었

73　이에 관해서는 윤경진, 2000 앞의 논문, 64쪽 〈지도1-1 고려초기 州의 분포〉가 참조된다.

74　김갑동, 1990『나말여초의 호족과 사회변동 연구』, 고려대학교출판부, 107~109쪽.

75　종래에 지방세력이 귀순하면 손쉽게 그들의 근거지를 영역으로 확보할 수 있었지만, 그러 나 반대로 지방세력의 정치적 향배에 따라 여건이 급변하게 되는 위험성도 아울러 있었기 때문에 지방세력들을 통합하는 거점으로서 州를 여러 곳에 집중적으로 설정하여 세력권을 분할하고, 그들 사이에 상호 견제하도록 유도하였다고 이해하기도 하였다(윤경진, 2000 앞의 논문, 53쪽).

던 것으로 사료된다. 그리고 한편으로 정치·군사적으로 중심지라고 생각되는 지역도 주로 편제하였던 것으로 보이는데, 나주나 정주, 청주 등이 그러한 사례에 해당한다고 여겨진다.

궁예가 신라 9주가 아닌 군현을 주로 승격시켜 편제하였을 때, 그것과 신라의 9주는 동일한 성격으로 볼 수는 없다. 앞에서 언급했듯이 태봉의 주는 신라 군현과 동등한 성격을 지녔을 뿐이고, 군보다 상위의 광역 중간행정단위로서의 의미는 지니지 않았기 때문이다. 이러한 차원에서 군현을 주로 승격시켜 설정한다는 것은 바로 신라 지방제도의 골간을 부정하는 것으로 볼 수 있다. 그렇다면 태봉시대에 주를 대신하여 군이나 주보다 상위의 광역행정단위로서의 역할을 수행한 것은 무엇이었을까가 궁금하다. 고려시대에 이러한 역할을 수행한 것이 바로 '도(道)'였다. 그런데 흥미로운 사실은 태봉대에 도제(道制)를 실시하였음을 시사해주는 자료들이 등장한다는 점이다.

종래에 다음의 기록을 근거로 나주(羅州)를 신라의 9주와 유사한 성격의 광역행정단위로 이해하였다.

(태조 즉위) 18년에 태조가 여러 장군에게 이르기를 '나주계(羅州界)의 40여 군은 우리의 번리(藩籬)가 되어 오랫동안 교화에 복종하였다. 일찍이 대상(大相) 견서(堅書), 권직(權直), 인일(仁壹) 등을 보내 안무하였는데, 근래에는 백제에게 약탈당하여 6년 간 바닷길도 통하지 않으니, 누가 나를 위하여 안무하러 가겠는가?'라고 하였다(『고려사』 권92 열전5 유금필).

위의 기록에서 '나주계(羅州界) 40여 군'이라고 표현하였다. 이것은 고려가 나주를 거점으로 하여 주변지역을 광역권으로 편제하였음을 알려주는 유력한 증거자료다. 종래에 이를 근거로 나주를 신라의 9주와 동등한 성격의 광역행정단위로 이해하였다.[76] 물론 위의 기록만을 근거로 주장할 때, 이러한 견해가 전혀 설득력이 없는 것은 아니다. 그러나 여기서 간과해서는 안 되는 자료가 있다. 다음의 자료를 살펴보자.

(9월) 계사에 전시중(前侍中) 구진(具鎭)을 나주도대행대(羅州道大行臺) 시중(侍中)으로 임명하였다. 구진이 옛날 전주(前主)[궁예] 때에 오랫동안 (지방에서) 고생을 하였기 때문에 나가려 하지 않았다. 이에 태조가 불쾌하게 여겨 유권열(劉權說)에게 말하기를 '옛날에 나도 어려운 일을 많이 겪었지만은 한 번도 고생스럽다고 고하지 못한 것은 실로 위엄을 두려워하였기 때문이다. 지금 구진이 고사(固辭)하면서 가려하지 않으니, 옳다고 할 수 있겠는가?'라고 하였다. 권열이 대답하여 말하기를 '상을 내려 착한 자를 격려하고, 벌로 악한 자를 징계하는 것이니, 마땅히 엄한 형벌로 징계하여 여러 사람에게 경계시키시는 것이 좋겠습니다.'라고 하였다. 왕이 그 말을 옳게 여겼더니, 진이 두려워서 사죄하고 마침내 나주도로 갔다(『고려사』 권1 세가1 태조 원년 9월).

위의 기록은 태조 왕건이 구진(具鎭)을 나주도대행대 시중으로 임명하였으나 그가 나아가려 하지 않자, 징계하겠다고 위협하여 억지로 임지로 나가게 했다는 내용이다. 여기서 대행대(大行臺)는 위진남북조시대에 중국에서 실치한 행대상서(行臺尙書)와 비슷한 성격의 기구로 보인다. 위진남북조시대에 상서대(尙書臺)는 중앙의 행정업무를 분담하여 처리하는 관서였다. 그런데 변방을 군사적으로 정토(征討)하는 과정에서 편의적으로 지방의 행정업무를 총괄하는 관서를 설치하였는데, 그것을 행대(行臺)[행상서대(行尙書臺)]라 불렀다. 처음에 행대는 잠시 임시적으로 설치되는 성격을 보이다가 점차 상치(常置)되는 방향으로 나아갔

76 윤경진, 2000 앞의 논문, 50쪽.

다. 행대는 인사뿐만 아니라 지방행정을 총괄하여 처리하는 관서의 성격을 지녔고, 거기에 중앙의 상서대에 준하는 관원을 파견하여 운영하였다. 예를 들어 수대(隋代)에 행대의 장관으로 상서령(尙書令)을, 그 밑에 복야(僕射), 병부(兵部)·탁지상서(度支尙書) 및 승(丞), 도사(都事), 고공(考功)·예부(禮部)·선부(膳部)·병부(兵部)·가부(駕部)·고부(庫部)·형부(刑部)·탁지(度支)·호부(戶部)·금부(金部)·공부(工部)·둔전시랑(屯田侍郞)을 두었고, 또 각 행대마다 식화(食貨)·농포(農圃)·무기(武器)·백공감(百工監)과 부감(副監), 승(丞)과 녹사(錄事) 등의 관원을 두었다고 한다.[77]

나주도대행대 역시 나주도의 행정을 총괄하는 지방관서로서 중앙 광평성(廣評省)의 분사(分司)였다고 말할 수 있다. 대행대의 장관을 시중이라 부른 것도 이와 관련이 있다고 하겠다. 나주도대행대가 관할하는 지역적 범위는 위에서 살펴본 나주계(羅州界)의 40여 군을 망라하였다고 여겨진다. 여기서 주목되는 것은 대행대의 관할 범위를 나주도라고 표현한 점이다. 이것은 앞에서 말한 나주계와 상통하는 표현으로서 당시에 나주를 중심으로 하는 광역권을 '나주도(羅州道)'라고 지칭하였음을 입증해주는 증거다. 나주도대행대를 설치한 것은 고려를 건국하고 3개월 후였다. 이렇게 건국하고 얼마 지나지 않은 시점에 나주도대행대를 설치하였기 때문에 그것을 당시에 처음 설치하였을지는 의문이다. 오히려 고려

---

77 行臺省 則有尙書令·僕射〈左·右任置〉·兵部〈兼吏部·禮部〉·度支〈兼都官·工部〉尙書及丞〈左·右任置〉 各一人. 都事四人. 有考功〈兼吏部·爵部·司勳〉·禮部〈兼祠部·主客〉·膳部·兵部〈兼職方〉·駕部·庫部·刑部〈兼都官·司門〉·度支〈兼倉部〉·戶部〈兼比部〉·金部·工部·屯田〈兼水部·虞部〉侍郞 各一人. 每行臺置食貨·農圃·武器·百工監·副監 各一人. 各置丞〈食貨四人·農圃六人·武器二人·百工四人〉·錄事〈食貨·農圃·百工各二人·武器一人〉等員(『隋書』卷第28 志第23 百官下).
중국의 行臺에 관해서는 嚴耕望, 1963『中國地方行政制度史』(上篇四 卷中 魏晉南北朝地方行政制度史下册), 中央研究員歷史語言研究所, 799~815쪽; 曾資生, 1943『中國政治制度史』第三册(魏晉南北朝); 1979『中國政治制度史』第三册(魏晉南北朝 3版), 啓業書國, 296~298쪽; 曾資生, 1943『中國政治制度史』(第四册 隋唐五代); 1979『中國政治制度史』第四册(隋唐五代 3版), 啓業書國, 255~257쪽; 박한설, 1985「나주도대행대고」『강원사학』1, 22~25쪽이 참조된다.

이전의 태봉대부터 나주도가 존재하였다고 이해하는 것이 합리적일 듯싶다. 이와 관련하여 다음의 기록을 계속해서 주목할 필요가 있다.

처음에 나주 관내의 여러 군들이[羅州管內諸郡] 우리[태봉]와 떨어져 있고, 적병이 길을 막아 서로 호응할 수가 없어서 자못 동요하고 있었는데, 이때에 와서 견훤의 정예부대를 격파하니, 군사들의 마음이 안정되었다. 이리하여 삼한 전체에서 궁예가 절반 이상을 차지하게 되었다(『고려사』 권1 세가1 개평 3년).

위의 기록은 개평 3년(909)에 왕건이 나주포구에서 견훤의 대해군(大海軍)을 크게 무찌르자, 나주인들이 안심하게 되었다는 내용이다. 여기서 '나주 관내의 여러 군들'이라 표현하였는데, 이것은 909년 단계에 나주를 중심으로 하는 광역권이 형성되어 있음을 시사해주는 것이다. 비록 나주도라고 직접적으로 표현하지 않았지만, 그러나 태조 원년(918)에 나주도라는 실체가 존재한 것으로 보건대, 당시에도 '나주(羅州) 관내(管內)의 제군(諸郡)'을 '나주도(羅州道)'라 불렀을 가능성이 높다고 하겠다. 태봉대에 도제(道制)를 실시했다는 명확한 증거는 '패서도(浿西道)'의 사례를 통하여 입증할 수 있다.

가을 7월에 궁예가 패서도(浿西道) 및 한산주(漢山州) 관내의 30여 성을 빼앗고 마침내 송악군(松岳郡)에 도읍을 정했다(『삼국사기』 신라본기제12 효공왕 2년).
패강도(浿江道)의 10여 주현(州縣)이 궁예에게 항복하였다(같은 책, 효공왕 8년).

위의 두 기록에 패서도와 패강도가 보이고 있다. 패강은 일반적으로 대동강을 가리키며, 신라시대에 널리 쓰인 용어다. 일찍이 당군(唐軍)이 660년과 661년 고구려를 침략하였을 때에 좌효위대장군(左驍衛大將軍) 계필하력(契苾何力)을 패강도행군대총관(浿江道行軍大摠管)으로, 임아상(任雅相)을 패강도행군총관(浿江道行

軍摠管)으로 임명한 적이 있었다.[78] 여기서 '패강도'라는 표현은 '패강 방면'이라는 뜻으로 풀이되고, 당나라가 고구려영역을 몇 개의 광역권으로 나눈 다음, 그것을 도(道)로 불렀음을 알려주는 자료로 보기 어렵다. 한편 '패서(浿西)'라는 표현이 보이는 자료 가운데 앞의 기록이 가장 빠른 것이다. 이밖에 패서라는 표현은 『삼국사기』 열전제10 궁예조에만 나온다.[79] 이에 의거할 때, 태봉시대에 패서(浿西)라는 표현을 사용했음이 확실시된다고 하였다. 고려 성종 14년에 10도를 설치할 때, 평양 이북을 망라하는 광역권을 패서도(浿西道)라 불렀는데, 고려 초기까지 '패서(浿西)'라는 표현을 널리 사용하였음을 알려주는 증거다. 여기서 중요한 것은 신라에서 '패서(浿西)'라는 표현을 사용하였다는 증거를 찾을 수 없다는 사실이다. 이 점은 그것을 태봉에서 비로소 사용하기 시작하였음을 시사해주는 측면이다.

그러면 언제부터 '패강도(浿江道)[또는 패서도(浿西道)]'라는 용어를 사용하기 시작하였을까? 이 문제와 관련하여 890년에 낭혜화상(朗慧和尙)의 부도(浮圖)를 조성할 때에 패강도호(浿江都護) 함웅(咸雄)이 참여하였다는 사실을 주목할 필요가 있다.[80] 여기서 패강도호는 패강진도호(浿江鎭都護)를 가리킨다고 보아야 한

---

78 唐左驍衛 大將軍契苾何力爲浿江道行軍大摠管 左武衛 大將軍蘇定方爲遼東道行軍大摠管 左驍衛 將軍劉伯英爲平壤道行軍大摠管 蒲州刺史程名振爲鏤方道摠管 將兵分道來擊(『삼국사기』 고구려본기제10 보장왕 19년 겨울 11월).

　唐募河南·北·淮南六十七州兵 得四萬四千餘人 詣平壤·鏤方行營. 又以鴻臚卿蕭嗣業爲扶餘道行軍摠管 帥回紇等諸部兵 詣平壤. 夏四月 以任雅相爲浿江道行軍摠管 契苾何力爲遼東道行軍摠管 蘇定方爲平壤道行軍摠管 與蕭嗣業及諸胡兵凡三十五軍 水陸分道并進(같은 책, 보장왕 20년 봄 정월).

79 乾寧元年 … 於是 擊破猪足·狌川·夫若·金城·鐵圓等城 軍聲甚盛 浿西賊寇來降者衆多. 善宗 自以爲衆大 可以開國稱君 始設內外官職. 我太祖自松岳郡來投 便授鐵圓郡太守. … 天祐二年乙丑 入新京 修葺觀闕·樓臺 窮奢極侈. 改武泰爲聖冊元年 分定浿西十三鎭 平壤城主將軍 黔用降 甑城赤衣·黃衣賊明貴等歸服(『삼국사기』 열전제10 궁예).

80 帝唐 揃亂以武功 易元以文德之年 暢月月缺之七日 日躔咸池時 海東兩朝國師禪和尙 盥浴

다. 따라서 함웅의 사례는 890년까지 신라에서 패강도나 패서도라는 표현을 사용하지 않았음을 입증해주는 유력한 증거인 셈이다. 만약에 패강도나 패서도가 존재하였다면, 함웅의 관직은 패강도도호나 패서도도호라고 표기했어야 마땅하기 때문이다. 첫 번째 기록을 그대로 신뢰할 때, 신라에서 890년과 898년 사이에 패강도나 패서도를 설치하였다고 보아야 한다. 그러나 889년(진성여왕 3) 농민들이 전국에서 봉기한 이래로 신라 정부의 지방에 대한 지배력은 크게 약화되었다. 특히 891년 죽주(竹州; 안성시 죽산면 일대)에서 기훤(箕萱)이 도적을 이끌고 활동했고, 이때 그의 휘하에는 궁예(弓裔), 원회(元會), 신훤(申煊) 등이 있었다. 892년에 궁예는 그의 대우에 불만을 품고 북원(北原; 강원도 원주시)에서 활동하는 양길(梁吉)에게 의탁하고, 이때부터 894년까지 강원도 일대와 패서(浿西)지역 일부를 공략하였다. 이처럼 강원도와 경기도, 패서지역에서 기훤과 양길, 궁예가 활발하게 활동하였으므로 891년부터 패강진과 그 관할 지역에 대한 신라의 지배력은 완전히 무력화되었다고 볼 수밖에 없다. 이러한 상황에서 신라 정부가 오늘날 황해도지역을 망라하는 광역의 행정단위로서 '패강도 또는 패서도'를 설치하였다고 보는 것은 상식적으로 납득하기 힘들다.

　궁예가 패서 13진을 나누어 정하였다고 하였을 때, 13진이 결과적으로 황해도 전역에 두루 분포하였으므로 패서는 황해도 전역을 망라하는, 즉 광역의 지역을 가리키는 표현으로 보아야 하겠다. 건녕(乾寧) 원년(894)에 패서의 도적 가운데

已趺坐示滅. 國中人如喪左右目 矧門下諸弟子乎. 嗚呼 應東身者八十九春 服西戎者六十五夏. 去世三日 倚繩座儼然面如生. 門人詢乂等號奉遺身本 假建禪室中. 上聞之震悼 使馬吏弔以書 賻以穀 所以資淨供而 贍玄福. 越二年 攻石封層冢 聲聞玉京. 菩薩戒弟子 武州都督 蘇判鎰 執事侍郎 寬柔 貝江都護 咸雄 全州別駕 英雄 皆王孫也. 維城輔君德 險道賴師恩 何必出家然後入室. 遂與門人 昭玄大德 釋通賢 四天王寺上座 釋愼符 議曰 師云亡 君爲慟. 奈何吾儕人灰心木舌 缺緣飾在參之義乎. 迺白黑相應 請贈謚曁銘塔(聖住寺朗慧和尙塔碑).

위의 기록에서 낭혜화상이 文德 元年(888) 11월 17일에 入寂하고 그로부터 2년이 지난 후에 부도를 만들었다고 하였다.

궁예에게 와서 항복하는 자가 많았다라고 하였을 때의 '패서' 역시 마찬가지다. 태봉대에 '패서(浿西)'라는 표현은 이처럼 광역권을 가리키는 표현이었기 때문에 고려 성종 14년에 설치된 '관내도(關內道)[후대의 서해도(西海道)]'에 대응된다고 보아도 좋을 듯싶다. 이러한 측면에서 앞에서 제시한 두 자료는 태봉시대에 '패강도 또는 패서도'가 실재했음을 알려주는 중요한 증거로서 제시할 수 있지 않을까 한다.

앞에서 제시한 두 사료 모두 궁예와 관련된 자료라는 점에서 『삼국사기』 찬자들이 태봉시대에 정리된 원자료에서 추출하여 신라본기에 그대로 채록한 것으로 봄이 옳다. 이때 신라의 패강과 궁예 치하의 패서는 동일한 지역을 가리키는 표현으로 볼 수 있으므로 패강도와 패서도는 동일한 실체를 가리키는 다른 표기로 보여진다. 일부 학자는 첫 번째와 두 번째 사료를 근거로 하여 일정한 광역권을 묶는 새로운 광역의 특별 행정단위로서 도제(道制)를 실시하였다고 보거나[81] 또는 선덕왕 3년(782) 패강진 설치 이후에 특별 행정구역으로서 패서도와 패강도를 설치하였다고 보기도 하였다.[82] 그러나 이러한 주장을 뒷받침할 만한 근거자료를 찾기가 힘들다. '패서'나 '패서도(패강도)'와 관련된 자료들이 모두 궁예와 연관되지 않은 것이 없다는 점에서 궁예 치하에서 황해도지역을 패서나 패서도(패강도)라고 부른 것은 분명하다고 말할 수 있겠다.

다만 효공왕 2년(898)의 자료는 궁예가 신라의 제도를 폐지하고 새로운 지방제도를 실시하였다고 추정되는 904년 이전의 사료이기 때문에 사실 그대로 신뢰하기 어렵다. 궁예가 새로운 제도를 정비한 후에 그것을 소급하여 표현한 것으로 봄이 옳을 것이다. 이 점과 관련하여 앞의 기록에 패서도와 아울러 한산주(漢山州)라는 지명이 보이는 점이 주목을 끈다. 이것은 태봉시대의 패서도가 신라의 한

---

81 배종도, 1989 앞의 논문.
82 木村誠, 1979「統一新羅の郡縣制と浿江地方經營」『朝鮮歷史論集』上卷, 龍溪書舍.

산주와 대비되는 광역의 행정단위였음을 시사해주는 자료이기 때문이다.

이상에서 궁예 태봉시대에 황해도 일대를 패서 또는 패서도(패강도)라 불렀음을 논증하여 보았다. 태봉시대에 나주도와 더불어 패서도를 설치하였다고 볼 수 있겠다. 다음의 기록 역시 태봉시대에 도제(道制)를 실시하였음을 유추케 해주는 자료로서 주목된다.

8월 기유에 여러 신하에게 이르기를 '짐(朕)이 제도(諸道)의 구적(寇賊)들이 내가 처음 왕위에 올랐다는 말을 듣고 혹시 변방에서 환란(患亂)을 일으킬까 염려되니, 사신들을 파견하여 폐백(幣帛)을 많이 주고 말을 낮추어 겸손하게 하여[重幣卑辭] 조정이 그들에게 은혜를 베푸는 뜻을 보이도록 하라'고 하였다. 이를 그대로 실행하니, 귀순하는 자가 과연 많았다. 그러나 오직 견훤만은 서로 왕래하려 하지 않았다. 경술에 삭방(朔方)의 골암성수(鶻巖城帥) 윤선(尹瑄)이 와서 귀부(歸附)하였다(『고려사』 권1 세가1 태조 원년).

위의 기록에 '제도구적(諸道寇賊)'이란 표현이 보인다. 이것을 '여러 방면의 구적'이라고 해석할 수도 있고, 또 '여러 도의 구적'이라고 해석할 수도 있다. 전자로 해석된다면, 이것을 태조 원년에 도제(道制)를 실시한 사실과 관련시켜 볼 수 없다. 특히 제도(諸道)에 사신을 파견하였다고 하였으므로 신라시대에 '10도(道)에 사신을 파견하였다.'거나[83] 또는 '12도에 사신을 파견하였다.'라는 기사와[84] 동일한 맥락에서 여기서의 '도(道)'를 '길'이나 '방면'으로 해석하는 것이 일견 무리가 없어 보인다. 그러나 이러한 해석은 경술에 삭방(朔方)의 골암성수(鶻巖城帥) 윤

---

83 夏五月 大水. 民飢 發使十道 開倉賑給. 遣兵伐北只國·多伐國·草八國幷之(『삼국사기』 신라본기제1 파사이사금 29년); 秋 旱. 冬 無雪. 民饑且疫 出使十道安撫(『삼국사기』 신라본기제9 경덕왕 6년).

84 春二月 發使十二道 分定諸郡邑疆境(『삼국사기』 신라본기제10 애장왕 9년).

선이 와서 귀부하였다라는 사실을 고려하건대 쉽게 수긍하기 곤란하다.

골암성수 윤선은 본래 염주인(鹽州人)이었는데, 궁예의 학정(虐政)을 피해서 골암성으로 도망가서 무리를 모아서 태봉을 괴롭히던 인물이었다. 고려 건국 후에 태조가 '중폐비사(重幣卑辭)'로 구적(寇賊)들을 포섭하는 정책을 추진하자, 윤선이 이에 응하여 왕건에 귀부하였던 것이다. 여기서 그가 활동하던 지역을 '삭방(朔方) 골암성(鶻巖城)'이라 표현하였는데, 성종 14년(995)에 정비된 10도에 삭방도(朔方道)가 들어 있다. 그것은 후에 춘추도(春州道), 동주도(東州道)라고 부르다가 원종 4년(1263)에 교주도(交州道)로 개칭하였다. 여기에는 강원도 영서지역과 경기도 일부지역이 망라되었다. 위의 기록은 삭방(朔方)이라는 표현을 고려 태조 원년에도 사용하였음을 알려주는데, 여기서 골암성이 삭방에 위치하였다고 하였으니, 그것은 황해도지역을 포괄하는 광역권을 지칭하는 패서(浿西)와 동일한 의미로서 강원도 영서지역과 경기도 일부지역을 포괄하는 광역권을 지칭하는 의미로 해석된다. 비록 '삭방도(朔方道)'라고 직접적으로 표현하지 않았지만, 삭방의 영역적인 범위가 성종 14년에 10도의 하나로 설치한 삭방도의 그것과 비슷했기 때문에 태조 당대에 그것을 삭방도라고 불렀다고 보아도 커다란 잘못은 아닐 듯싶다. 윤선도 '제도구적(諸道寇賊)'의 하나였는데, 그는 삭방도(朔方道)에 위치한 골암성의 구적이었던 것이다. 따라서 위의 기록에 보이는 '제도구적'은 윤선의 사례에서 입증되듯이 '여러 도의 구적'으로 해석하는 것이 타당하다고 하겠다. 즉 위의 기록을 나주도와 패서도뿐만 아니라 고려의 영역을 여러 개의 도, 즉 여러 개의 광역권으로 나누어서 편제하였음을 알려주는 사료로서 적극적으로 활용할 수 있겠다는 의미다.

태조 왕건이 왕위에 즉위한 것은 918년 6월이다. 왕건이 중폐비사(重幣卑辭)의 방법으로 제도(諸道)에 있는 구적(寇賊)의 귀순을 유도하기 시작한 것은 그로부터 2개월이 지난 후였다. 태조 왕건이 초기에 시행한 여러 가지 제도는 대체로 태봉이나 신라의 제도를 계승한 것이었다. 신라에서 도제(道制)를 실시하였다고 보기 어려우므로 그것은 태봉대의 것을 그대로 습용(襲用)하였다고 보아야 한다. 따라서 위의 기록은 고려 건국 이전, 즉 태봉대에 전국의 영역을 몇 개의 광역권으로 나누고, 그것을 '~도(道)'라고 불렀다는, 즉 도제(道制)를 실시했음을 추론케 해주는 자료로서 유의된다고 하겠다.

태조 왕건은 나주도(羅州道)를 군사적·행정적으로 통괄하기 위하여 광평성(廣評省)의 분사(分司)인 대행대(大行臺)를 거기에 설치하고, 구진(具鎭)을 그것의 시중으로 임명하였다. 그리고 패서도(패강도)는 평주에 설치한 진의 책임자, 즉 대모달이 군사적·행정적으로 총괄하였던 것이다. 나주도는 태봉과 육상으로 멀리 떨어진 특수한 지역이고, 패서도는 궁예세력의 근거지이면서 북방으로 이민족과 경계를 맞대고 있는 지역이어서 태봉대 각 도의 일반적인 지배정책과 동일하게 취급하기는 곤란하다. 다만 이와 관련하여 태조 왕건이 918년 8월에 운주(運州)와 웅주(熊州) 등 10여 주현이 고려를 배반하고 백제에게 붙자, 전시중(前侍中) 김행도(金行濤)를 동남도초토사(東南道招討使) 지아주제군사(知牙州諸軍事)로 임명하였던 사례가 참고된다.[85] 태봉의 궁예도 각 지역에서 활동하는 지방세력들을 통제하거나 또는 접전지역에서 후백제와의 원활한 전쟁을 수행하기 위하여, 아니면 영역을 더 넓히기 위하여 임시적으로 각 도에 초토사를 파견하였음을 유추케 해주는 자료이기 때문이다.

그러나 분명한 것은 신라가 9주에 그 장관으로 도독을 파견한 것처럼, 또는 고려시대에 제도(諸道)에 전운사(轉運使), 순관(巡官), 안찰사(按察使) 등을 파견한 것과 같이[86] 태봉에서 도(道)에 군사적·행정적으로 총괄하는 지방관을 상례적으로

---

85 癸亥 以熊運等十餘州縣叛附百濟 命前侍中金行濤爲東南道招討使知牙州諸軍事(『고려사』 권1 세가1 태조 원년 8월).

86 轉運使 國初有諸道轉運使. 顯宗二十年罷(『고려사』 권77 지31 백관2 외직 전운사).
   舘驛使 國初稱諸道巡官. 顯宗十九年 以巡字犯王嫌名 改爲諸道舘驛使(『고려사』 권77 지31 백관2 외직 관역사).

파견했음을 알려주는 자료는 전해지지 않는다는 점이다. 이것은 태봉에서 필요에 따라 임시적으로 거기에 초토사 등을 파견했을 가능성을 시사해주는 측면으로 이해되는데, 이러한 차원에서 당시에 도는 전국을 막연하게 몇 개의 광역권으로 구분하는 편제 단위로서의 의미를 지녔을 뿐이지, 결코 당시에 신라 9주와 같이 군(郡)보다 상위의 광역 중간행정단위로서 적극적으로 기능하였다고 보기 어렵지 않을까 한다. 이러한 과도기적 성격의 도제(道制)는 고려 초기에도 그대로 계승되다가 일반적으로 성종 14년에 10도제를 정비하면서 그것은 확실하고 고정적인 구획, 즉 완전히 제도화된 영역구분을 나타내는 행정단위로서 굳어졌다고 이해하고 있다.[87] 태봉시대에 '도(道)'가 비록 중간 지방행정기구로서 적극적인 역할을 수행하지 못했다고 하더라도 궁극적으로 그것이 고려에서 주나 군보다 상위의 중간행정단위로서의 성격을 명확하게 지니게 되었기 때문에 태봉의 도제는 고려 도제의 선구로서 주목된다고 하겠다. 결과적으로 군·현을 주로 승격시켜, 그것을 증설(增設)하거나 신라의 주를 대신하여 전국을 몇 개의 도로 구분하여 편제한 내용으로 특징지을 수 있는 태봉의 지방제도가 갖는 역사적 의의를 찾는다면, 바로 그것이 고려 지방제도의 모태(母胎)가 되었다는 점에 있다고 말할 수 있지 않을까 한다.

3. 부곡(部曲)의 등장과 향의 성격 변화

앞에서 9세기 후반 이후에 신라가 일부 향을 군·현과 같은 기능을 수행한 지방

---

87 변태섭, 1971「고려 전기의 외관제」『고려정치제도사연구』, 일조각; 하현강, 1977「10도의 실시와 그 소멸」『한국중세사연구』, 일조각; 홍연륜, 1993「고려 전기 도제의 성립과 그 성격」『부대사학』17; 윤경진, 2006「고려 초기 10도제의 시행과 운영체계」『진단학보』101.

행정단위로서 인정해주었음을 살핀 바 있다. 그러나 이렇다고 하더라도 신라에서 일반 군·현인에 비하여 향에 거주하던 주민을 천한 존재로 인식하였거나 대우하였음을 알려주는 기록 및 어떤 지역에 거주하는 어떤 인물들의 공로나 범죄행위 때문에 읍격(邑格)의 승강(昇降)이 이루어졌음을 시사해주는 기록을 문헌과 금석문 등에서 전혀 찾을 수 없다.[88] 더구나 동명(同名)의 군·현과 향의 경우, 후자가 전자의 치소였을 가능성이 높은 바, 신라에서 치소에 거주하던 향민(鄕民)을 신분상, 법제상으로 그 주변에 위치한 지역촌에 거주하던 군·현민보다 천한 존재로 차별 대우하였다고 보기가 그리 쉽지 않다.

반면에 고려시대에 향에 거주하던 주민들이 분명히 일반 군과 현에 거주하던 주민에 비하여 천한 존재로 인식되어 법제상으로, 사회적으로 차별 대우를 받았음이 확인된다.[89] 따라서 신라에서 고려로 전환되면서 향의 성격에 변화가 나타났다고 볼 수 있겠는데, 그렇다면 구체적으로 언제부터 향의 성격에 변화가 나타났고, 그 배경은 무엇이었을까가 궁금해진다. 이와 같은 의문에 대한 해명과 관련하여 『태조실록』 태조 1년 8월 20일조에 사헌부가 상소하면서 '전조[고려] 5도 양계(兩界)의 역자(驛子)와 진척(津尺), 부곡인(部曲人)은 모두 태조 때에 명령을 거역한 자들이었으므로 함께 천역(賤役)에 당하게 했던 것입니다.'라고 언급한 내용을 주목할 필요가 있다. 경남 함안군 칠원지역의 호족인 이자성(李自成)이 고려 태조에 항거하자, 그 지속(支屬)들을 회안역리(淮安驛吏)로 삼아 역을 지

---

88 헌덕왕 14년(822)에 김헌창이 웅천주도독으로서 웅천주를 근거지로 하여 반란을 일으켰으나 그의 반란을 진압한 후에 웅천주의 읍격을 변동시켰다는 기록은 전하지 않는다. 정강왕 2년(887) 漢州의 金蕘가 반란을 일으켰다가 진압되었으나 신라에서 한주의 邑格을 강등시켰다는 기록도 전하지 않는다. 이밖에 일부 읍격의 변동이 확인되지만, 그것들이 어떤 인물들의 공로나 범죄행위 등과 관련되었다는 증거는 찾을 수 없다.

89 이에 관한 구체적인 내용에 대해서는 박종기, 1990 『고려시대 부곡제 연구』, 서울대학교출판부, 42~67쪽 및 채웅석, 2000 『고려시대의 국가와 지방사회-'본관제'의 시행과 지방지배질서-』, 서울대학교출판부, 88~90쪽이 참조된다.

게 하였다는 자료가 전한다.[90] 후대의 자료여서 엄밀한 사료 비판이 필요하지만, 고려 태조대에 몽웅역리(夢熊驛吏)가 공을 세워 포상을 받은 사실이 확인되므로,[91] 이와 반대로 고려에 저항하여 처벌을 받은 호족도 충분히 상정해볼 수 있기 때문에 이자성의 사례는 어느 정도 역사적 사실을 반영한다고 봄이 합리적이다. 고려 태조대에 역명(逆命)한 자를 역자로 삼아 천역을 지게 하였음이 입증되므로, 당시에 역명자와 관련된 군·현인을 부곡인으로 삼아 천한 존재로 대우하였다는 언급 역시 그대로 신뢰하여도 좋을 것이다.

그러면 고려 태조대에 역명자와 관련된 군·현의 주민을 부곡인이라 부른 이유는 무엇이었을까? 주지하듯이 당나라에서 부곡은 객녀(客女)와 더불어 개인에게 예속된 천민의 신분이었다. 다만 노비와 달리 부곡과 객녀는 매매할 수 없었기 때문에 이들을 상급 천민이라고 규정하고 있다.[92] 고려의 부곡인과 당나라의 부곡 사이의 공통점을 지적하면, 그것은 바로 두 나라에서 모두 그들을 양민과 대비하여 법제상으로 또는 사회적으로 천한 존재로 대우하였다는 사실일 것이다. 이에 주목하여 다음과 같이 추론해볼 수 있다. 고려에서 역명자와 관련된 군과 현의 주민들을 집단적으로 처벌하는 형식이 바로 다른 일반 군·현의 주민들과 대비하여 그들을 법제적 또는 사회적으로 천한 존재로 대우하는 것이었는데, 고려인들은 당나라에서 부곡이라는 용어를 차용하여 그들을 부곡인이라 불러 일반 군·현인과 구별하였고, 이러면서 자연히 부곡인이 집단적으로 거주하는 곳을 '~부곡(部曲)'이라 부르게 되었다는 것이다.

---

90 漆原伯 李自成에 관한 일화는 고려 말기 문신인 李集의 문집『遁村遺稿』권4 부록에 전한다.

91 『세종실록』지리지 충청도 홍주목 해미현조에 고려 태조 때에 夢熊驛吏인 韓氏 姓을 칭한 자가 큰 공이 있어 大匡을 사여하고 高丘縣의 땅을 분할하여 貞海縣을 만들고, 그의 貫鄉으로 삼게 하였다는 기록이 보인다.

92 堀敏一, 1987「隋唐の部曲·客女をめぐる諸問題」『中國古代の身分制-良と賤-』, 汲古書院; 신성곤, 1994「북주기 부곡·객녀신분의 재편과 당대 부곡의 성격」『위진수당사연구』1; 신성곤, 2005『중국의 부곡, 잊혀진 역사 사라진 인간』, 책세상, 110쪽.

『고려사』 권78 지32 식화1 전제 공해전시조에 성종 2년(983) 6월에 주와 부, 군, 현 및 향과 부곡, 그리고 관(舘), 역(驛)에 공해전을 지급하였다고 전한다.[93] 이때에 1000정 이상인 향·부곡에는 겨우 공수전 20결을 지급하였음에 반하여 일반 주·부·군·현에는 공수전 300결을 지급하였고, 100정 이상의 군·현에는 공수전 70결을 지급하였음에 반하여 같은 정수(丁數)의 향·부곡에는 겨우 15결을 공수전으로 지급하였다고 한다. 정수가 같음에도 불구하고 주·부·군·현에 비하여 향·부곡에 공해전의 액수를 훨씬 적게 지급한 것은 9세기 후반 이래 일부 향을 공식적인 지방행정단위로 인정해준 신라의 관행을 계승하여 고려에서 모든 향을 지방행정단위로 설정하기에 이르렀지만, 그것을 주·부·군·현과 동등하게 대우하지 않았음을 반영한 것이다.[94] 이에서 부곡과 마찬가지로 향에 거주하던 주민들도 천한 존재로 규정하여 군·현인에 비하여 법제상으로, 사회적으로 차별 대우하기

---

93 성종 2년(983) 公廨田 지급 현황을 〈표〉로 정리하면 다음과 같다.

구분	기준	公須田	紙田	長田
州·府·郡·縣	1000丁 이상	300結		
	500丁 이상	150結	15結	5結
	200丁 이상	缺	缺	缺
	100丁 이상	70結	10結	
	100丁 이하	60結		4結
	60丁 이상	40結		
	30丁 이상	20結		
	20丁 이상	10結	7結	3結
鄕·部曲	1000丁 이상	20結		
	100丁 이상	15結		
	50丁 이하	10結	3結	2結
驛	大路驛	60結	5結	2結
	中路驛	40結	2結	2結
	小路驛	20結	2結	
舘	大路館	5結		
	中路館	4結		
	小路館	3結		

94 안병우, 2002 『고려 전기의 재정구조』, 서울대학교출판부, 296~297쪽.

시작한 것은 성종 2년(983) 이전 시기였음을 추론할 수 있는데, 그러면 언제부터 향의 주민도 부곡인과 동등하게 대우하기 시작하였을까? 이를 살피고자 할 때, 먼저 신라시대에 존재한 향의 명칭과 고려시대에 존재한 향의 명칭이 일치하는 경우가 거의 없었다는 점을 주목할 필요가 있다.

기존의 연구에 따르면, 고려시대에 향이 모두 153개, 부곡이 모두 431개가 존재하였다고 한다.[95] 현재까지 확인된 신라시대의 향은 52개였고, 성산향(城山鄕)까지 포함하면 53개가 된다. 배영숭석성각자에 전하는 성산령이 성산향령의 약기(略記)라면, 성산향은 신라에서 설치하여 고려시대까지 계속 존속하였다고 볼 수 있다. 신라의 향 가운데 영풍향(永豊鄕)이 있고, 고려시대에 함평현에 영풍향(永豊鄕)이 있다고 하는데, 두 향이 동일한 곳에 존재하였던 것인가에 대하여 단언하기 곤란하다. 신라의 영풍향은 영풍군[고구려의 대곡군(大谷郡); 북한의 황해북도 평산군 산성리]과 관련되었을 가능성이 높기 때문이다. 이밖에 신라와 고려의 향 가운데 동일한 명칭을 전혀 찾을 수 없다. 물론 혜공왕대 이후에 군·현명을 원래의 명칭으로 복고하였기 때문에 『삼국사기』 지리지에 전하는 향 가운데 일부가 고려시대의 향과 동일한 명칭일 가능성도 있다고 비판할 수 있다.[96] 그러나 혜공왕대 이후에도 경덕왕대에 개정한 지명을 그대로 사용한 경우가 적지 않기 때문에 이러한 비판은 기우라고 보아도 좋을 것이다.

그렇다면 이러한 현상은 어떻게 합리적으로 설명할 수 있을까? 『삼국사기』 지리지에 전하는 주와 소경, 군과 현은 표제읍호(標題邑號)를 기준으로 볼 때, 모두

---

95 박종기, 2012 『고려의 부곡인, 〈경계인〉으로 살다-부곡인과 부곡 집단의 기원과 전개-』, 푸른역사, 36~37쪽.

96 참고로 종래에 井上秀雄, 1974 「新羅王畿の構成」 『新羅史基礎硏究』, 東出版, 394~398쪽에서 唐風을 모방한, 즉 成熟한 漢字地名인 鄕들은 8세기 후반의 정치적 대립 중에 생긴 정책적 지명이고, 그 정책을 추진한 귀족들이 혜공왕대에 권좌에서 물러나면서 이들 지명도 소멸되었다고 주장한 바 있다.

432개이다.[97] 이 가운데 25곳은 미상(未詳)이라 하여 고려시대에 들어와 어느 지역인지 알 수 없게 되었고, 14곳은 쇠락하여 다른 지역에 통합되었으며, 4곳은 부곡으로 강등되었다. 신라의 주와 소경, 군, 현 가운데 고려시대까지 현 이상의 읍격을 그대로 유지한 것이 389개였다.

그런데 고려 성종 14년(995)에 10도와 더불어 부 1개, 주 128개, 현 462개[적현(縣) 6개, 기현(縣) 7개 포함)], 진(鎭) 7개가 있었다고 한다.[98] 이 가운데 대동강 이북의 패서도는 본래 통일신라의 영역이 아니었으므로 여기에 설치된 14주, 4현, 7진을 제외하면, 고려 성종 14년 무렵에 옛 신라 영토에 대략 부 1개, 주 114개, 현 458개를 설치하였다고 볼 수 있다. 신라의 주와 소경, 군·현 가운데 고려시대까지 현 이상의 읍격을 유지한 것이 389개였던 바, 산술적으로 계산하여 고려 초기에 이르러 개성부를 제외하고 현 이상의 지방행정단위가 무려 183개나 증가하였다고 볼 수 있다. 이에서 신라의 주나 소경, 군·현뿐만 아니라 향이나 또는 지역촌 일부를 고려에서 주나 군·현으로 편제하였다고 추론해볼 수 있겠는데, 통일신라에서 대체로 정치적, 경제적으로 우세한 지역촌 또는 교통상의 요지에 위치한 곳을 향으로 편제하였음을 감안하건대, 고려에서 여러 지역촌을 주나 현으로 편제할 때, 강력한 후보로서 가장 먼저 관심을 끈 것이 바로 향들이었을 것으로 짐작된다. 이러한 이유 때문에 신라와 고려의 향 가운데 명칭이 일치되는 것을 거의 찾을 수 없었지 않았을까 한다.[99]

---

97 이것은 왕경 주변에 설치한 6畿停을 제외한 숫자이다.

98 秋七月 改開州 爲開城府 管赤縣六 畿縣七. 又定十道 曰關內道 管二十九州 八十二縣 曰中原道 管十三州 四十二縣 曰河南道 管十一州 三十四縣 曰江南道 管九州 四十三縣 曰嶺南道 管十二州 四十八縣 曰嶺東道 管九州 三十五縣 曰山南道 管十州 三十七縣 曰海陽道 管十四州 六十二縣 曰朔方道 管七州 六十二縣 曰浿西道 管十四州 四縣 七鎭(『고려사절요』권2 성종 14년).

99 城山鄕의 사례는 고려에서 신라의 향 가운데 극히 일부를 다시 향으로 편제한 경우도 없지 않았음을 시사해주는 측면으로 주목된다.

그러면 고려는 어떠한 곳을 새롭게 향으로 편제하였을까? 일단 고려시대에 향과 부곡을 동질적인 성격의 지방행정단위로 규정하였음을 염두에 둘 때, 역명자와 관련된 군·현을 부곡이 아니라 새롭게 향으로 편제한 경우도 충분히 상정해 볼 수 있지 않을까 한다. 실제로 고려시대에 역명자와 관련된 군과 현이 향으로 편제된 사례가 발견된다. 『신증동국여지승람』권36 전라도 영광군 고적조에서 '육창향(陸昌鄕)은 군의 남쪽 25리에 있다. 본래 백제의 아로현(阿老縣)이며, 갈초(葛草)·가위(加位)라고도 불렀는데, 신라에서 갈도[碣島(縣)]로 개명하여 압해군의 영현으로 삼았고, 고려에서 지금 이름으로 고쳐서 (영광군에) 내속(來屬)시켰다.'고 전한다. 『고려사』태조세가에 양(梁) 개평(開平) 3년(909)에 왕건이 광주(光州) 서남 경계인 반남현(潘南縣) 포구에 이르렀을 때, 압해현적수(壓海縣賊帥) 능창(能昌)이 갈초도(葛草島)의 소적(小賊)들과 연계하여 왕건에 저항하려고 하였다는 기록이 전한다. 갈초도의 소적들이 왕건에 저항한 사실과 고려에서 갈도현을 육창향으로 삼은 사실은 유기적인 연관성을 지녔다고 봄이 자연스럽다.

비슷한 사례를 하나 더 찾을 수 있다. 『삼국사기』열전제10 견훤조에 '동광(同光) 2년(924) 가을 7월에 (견훤이) 아들 수미강(須彌强)을 보내 대야성(大耶城; 경남 합천)과 문소성(聞韶省; 경북 의성군 금성면) 두 성의 군사를 일으켜 조물성(曹物城; 경북 예천군 예천읍)을 공격하였으나 성의 사람들이 태조를 위하여 굳게 지키고 싸웠으므로 수미강이 손해를 보고 돌아갔다.'고 전한다. 문무왕 13년(673) 9월에 소문성(召文城)을 쌓았는데, 문소성은 바로 이것을 가리키는 것으로 보인다. 『신증동국여지승람』권25 경상도 의성현조에 전하는 금성산고성(金城山古城)이 바로 소문성(문소성)으로 비정된다. 이 성은 옛 소문국(召文國)의 고지에 위치하였는데, 그곳은 현재 경북 의성군 금성면 대리리와 탑리리에 해당한다.

922년 정월에 진보장군(眞寶將軍) 홍술(洪術)이 고려에 귀부(歸附)하고, 그 다음 해 겨울 11월에 그가 아들 왕립(王立)을 보내 갑옷 30벌을 바쳤다. 당시 홍술은 현재 의성읍 철파리에 위치한 진보성, 즉 의성부성을 지키고 있었다고 보인다.

924년 당시 진보성주 홍술은 고려에 귀부한 상태이고, 924년에 후백제가 문소성의 군사를 동원하여 조물성을 공격한 것으로 보아, 그 성주는 후백제에 귀부한 상태였을 것이다. 진보성주(장군) 홍술이 929년에 의성부성(義城府城; 眞寶城)을 지키다가 후백제군의 공격을 받아 사망하자, 고려에서 그의 충절을 기리기 위하여 진보현(眞寶縣)을 의성부(義城府)로 승격시켜 주었던 것으로 이해된다.[100] 그렇다면 문소성이 위치한 문소군의 치소는 고려시대에 어떠한 읍호로 재편되었을까가 궁금하다.

『신증동국여지승람』권25 경상도 의성현조에 소문국의 옛터와 금성산고성, 즉 문소성이 위치한 금성산이 현 남쪽 25리에 위치하였고, 아울러 피촌향(皮村鄕)이 현 남쪽 25리에 위치한다고 전한다. 오늘날 금성산고성으로 비정되는 문소성, 즉 문소군의 치소인 대리리와 탑리리 일대, 피촌향이 모두 의성현 남쪽 25리에 위치한다고 전하므로 피촌향과 문소군의 치소는 동일한 곳이었을 가능성이 높다. 피촌향을 설치한 시기를 정확하게 고구하기 어려워서 단언할 수 없지만, 그러나 문소성, 즉 문소군의 치소에 피촌향이 위치하였음이 분명하므로, 고려에서 후백제에 귀부한 문소성주와 그 성의 주민들을 응징한다는 차원에서 문소군을 강등시켜 피촌향으로 편제하였다고 과감하게 추론하여도 좋지 않을까 한다.[101]

이밖에 고려시대에 향으로 재편된 곳과 관련하여 종래에 나말여초에 군·현의 직접적인 통제를 벗어나 독자적 방어와 지배의 거점으로 기능한, 즉 예전 지역촌의 후신인 지역자위공동체를 주목한 바 있다. 다음의 기록을 살펴보자.

을미에 신라에 사신을 파견하여 고창(古昌)에서 (후백제와 싸워) 승리한 것을

---

100 전덕재, 2012 「고대 의성지역의 역사적 변천에 관한 고찰」 『신라문화』39, 20~25쪽.
101 전덕재, 위의 논문, 25~26쪽.

알리자, 신라왕이 사신을 보내 답례(答禮)하고 서신으로 만나기를 청하였다. 이때 신라의 동쪽 연해에 위치한 주군(州郡)과 부락(部落)이 모두 와서 항복하니, 명주(溟州)로부터 흥례부(興禮府)에 이르기까지 총 110여 성(城)이었다(『고려사』권1 세가1 태조 13년 2월).

이 기록은 태조 13년(930) 정월에 고려가 고창(古昌) 병산(甁山) 아래에서 후백제와 싸워 승리한 이후에 명주(강릉)에서 흥례부(울산) 사이에 위치한 주군과 부락 등이 고려에 내항(來降)한 사실을 전하는 것이다. 명주로부터 흥례부에 이르기까지 주와 군, 현의 숫자는 대략 30개 내외였다.[102] 930년 9월에 고려에 내항한 110여 개의 성 가운데 주나 군, 현의 치소성은 30개 내외였다고 볼 수 있다. 당시 치소성(治所城)뿐만 아니라 나머지 80여 개의 성도 분립적인 내항(來降)의 주체였다고 규정할 수 있음은 물론이다.

『고려사』세가에 태조 13년 2월에 북미질부성주(北彌秩夫城主) 훤달(萱達)이 남미질부성주(南彌秩夫城主)와 함께 내항하였다고 전한다. 북미질부성과 남미질부성은 바로 110여 성에 포함되었음이 분명하다. 『신증동국여지승람』권22 경상도 흥해군 고적조에 『주관육익(周官六翼)』에 북·남미질부를 합쳐 흥해군으로 삼았다.'고 언급한 내용이 전한다. 북미질부성주가 훤달이었다고 전하므로, 북미질부가 흥해군의 치소성이고, 남미질부성은 흥해군의 지역촌을 관할하였을 것으로 추정된다. 남미질부성의 사례를 통하여 주와 군, 현의 치소성 이외의 나머지 성에도 성주가 존재하였고, 나아가 각각의 성은 군·현의 직접적인 통제를 벗어나 독자적 방어와 지배의 거점으로서 기능하는 지역자위공동체로서의 성격을

---

102 명주와 흥례부 사이의 동해안에 위치한 주, 군, 현으로서 良州의 東安郡, 臨關郡, 東津縣, 河曲縣, 義昌郡, 安康縣, 鬐立縣, 神光縣, 臨汀縣, 杞溪縣, 音汁火縣, 大城郡, 約章縣, 그리고 溟州와 그 예하의 支山縣, 洞山縣, 曲城郡, 野城郡, 有鄰郡, 海阿縣, 蔚珍郡, 海曲縣, 三陟郡, 竹嶺縣, 滿卿縣, 羽谿縣, 海利縣 등을 들 수 있다.

지녔다고 추정해볼 수 있다. 이와 같은 지역자위공동체의 성립은 신라 동쪽 연해지역만이 아니라 전국적인 현상이었다고 봄이 자연스럽다.[103] 소규모 지역자위공동체의 전신은 대체로 통일신라시대에 군·현을 구성하는 지역촌이었고, 고려국가에서 그들 가운데 상당수를 부곡 또는 향으로 편제하였다고 보는 것이 일반적이다.[104]

그러면 역명자와 관련이 없는 소규모의 지역자위공동체를 향으로 편제하였음에도 불구하고 거기에 거주하던 주민을 일반 군·현인과 사회적으로 차별 대우한 것은 어떻게 설명할 수 있을까? 역명자와 관련된 군과 현을 부곡뿐만 아니라 향으로 편제하였음이 확인되는데, 이것은 일찍이 부곡과 향에 거주하는 주민들을 천한 존재로 규정하여 일반 군·현인과 정치적, 사회적으로 차별 대우하는 관행이 성립되었음을 전제하는 것이다. 이후 소규모의 지역자위공동체를 고려국가 체제 내의 지방행정단위로 재편할 때, 각기 그것의 읍격을 조정하여 주와 현, 그리고 부곡, 향으로 편제하였을 것인데, 그 읍격을 결정하는 기준이 된 것은 각 지역자위공동체를 주도하는 호족 또는 그 지도자의 지배력이나 고려왕실과의 친소관계 등이었다고 보인다.

기존의 연구에 따르면, 고려 정부는 토성분정(土姓分定)을 매개로 하여 주, 부, 군, 현 및 향, 부곡 등을 본관(本貫)의 단위로 설정하고, 그들 사이에 계서성(階序性)을 부여한 다음, 본관지역의 행정적 상하관계 및 사회신분적인 차별화를 모색하였다고 한다.[105] 이처럼 고려 정부가 지방행정단위를 본관제(本貫制)를 매개로

103 윤경진, 2001 「나말여초 성주의 존재양태와 고려의 대성주정책」『역사와 현실』40, 96~97쪽; 최종석, 2007 「고려시대 '치소성' 연구」, 서울대학교 박사학위논문, 104~105쪽; 노명호, 2009 『고려국가와 집단의식-자위공동체·삼국유민·삼한일통·해동천자의 천하-』, 서울대학교출판문화원, 20~21쪽.

104 최종석, 위의 논문, 105~106쪽; 노명호, 위의 책, 21쪽.

105 채웅석, 2000 앞의 책, 85~144쪽.

계서화하여 지배체제를 점진적으로 정비하면서 비록 향이 소규모 지역자위공동체에서 연원하였다고 하더라도 그것이 부곡과 동질적인 성격의 지방행정단위로서 인식되어 거기에 거주하던 주민들을 군·현인과 비교하여 차별 대우하지 않았을까 한다. 본관의 단위로 기능한 각 지방행정단위를 계서화하여 지방을 통치하는 지배체제는 궁극적으로 각 행정단위마다 공해전을 지급한 성종 2년(983) 무렵에 정비되었다고 보인다. 결국 고려 초기에 부곡을 설치하였고, 이후 향도 지방행정단위로서의 성격을 지니게 되면서 부곡에 거주하던 주민과 마찬가지로 향에 거주하던 주민도 일반 군현에 거주하던 주민과 차별대우를 받았다고 정리할 수 있는데, 이러한 향의 성격 변화는 신라의 지방제도에서 고려의 지방제도로의 이행과 유기적인 연관성을 지녔다고 평가할 수 있을 것이다.

결 론

지금까지 본문에서 신라의 지방통치방식과 지방통치조직, 지방관 및 태봉의 지방제도에 대하여 살펴보았다. 본문에서 살핀 내용을 요약 정리하여 결론에 대신하고자 한다. 사로국은 3세기 후반에 진한지역의 맹주국(盟主國)으로 성장하였다. 이후 사로국은 주변의 여러 소국을 정복하여 자기 세력권 내에 편입시켰는데, 이때 사로국은 제소국(諸小國) 거수층(渠帥層)의 전통적인 지배기반을 해체하지 않고, 그들에게 정기적으로 공납을 바치게 하였다. 그리고 그들이 반란을 일으키거나 세력권에서 이탈하면 즉각 군대를 보내 응징하고 다시 지배-복속관계를 복구시키곤 하였다. 아울러 전략적 요충지나 교통의 요지 또는 변경지역에 관리를 파견하여 제소국을 감찰하게 한다거나, 제소국 사이의 교역활동을 감시케 한다거나, 사로국과 여타 세력과의 대외업무-특히 백제 가야세력과의 전쟁 등-를 포괄적으로 관장케 하였다.

사로국이 주변 소국과 읍락을 정복하여 복속시킬 때, 각 부의 지배세력은 부인(部人)들을 군사로 징발하여 참여하였다. 그들은 사로국왕으로부터 그에 대한 반대급부로 복속 소국이나 읍락에 대한 지배권을 부여받아 공납을 징수하거나 또는 지방에서 공상(供上)되는 제반 수취물을 분배받았다. 마립간시기에 김씨 왕실이 장악한 훼부(喙部)와 사훼부(沙喙部)의 우세가 확연해지고, 나머지 4부의 세력기반이 위축된 상태, 즉 부 간 세력관계의 불균형이 심화되었던 상태에서 6부체제가 운영되었다. 이때 훼부와 사훼부가 지방에 대한 지배권을 확대하면서 6부 사이에 대립과 갈등이 나타났다. 501년에 건립된 포항중성리신라비에 본래 모단벌훼(牟旦伐喙), 즉 모량부(牟梁部)가 경북 포항시 북구 흥해읍지역에 대한 지배권을 행사하고 있었는데, 훼부 또는 사훼부 소속의 왕족이 모량부로부터 흥해읍지역에 대한 지배권을 빼앗아 식읍(食邑)으로 삼자, 모단벌훼가 이에 반발한 내용이 전하는 것에서 이와 같은 사실을 입증할 수 있다. 6부체제 단계에 6부집단은 신라 전체 지배구조상에서 지배자공동체로서의 성격을 지녔고, 각 부가 지방을 분할하여 지배, 통제하였기 때문에 당시 사로국, 즉 신라 국왕은 6부를 매개로 6부지역과 지방에 대한 지배를 실현하였다고 말할 수 있다.

본래 소국은 국읍(國邑)을 중심으로 여러 개의 읍락이 결합된 정치체로서의 성격을 지녔다. 3세기 중반까지 국읍 주수(主帥)의 지배권이 확고하게 정립되지 못하였는데, 이러한 현상은 바로 읍락 내에 공동체적 관계가 강고하게 존속하였던 것에서 비롯되었고, 더 나아가 사로국이 제소국들을 해체하지 못하고, 그들의 지배기반을 인정해준 채 지배 통제한 이유 역시 이것에서 찾을 수 있다.

4~6세기에 신라지역에 철제농기구가 널리 보급되었고, 농업생산에서 우경(牛耕)을 활용하였다. 또한 이때에 상당수의 수리관개시설의 축조와 정비가 이루어졌다. 이 결과 농업생산력이 발달하여 읍락 내에서 계층분화가 촉진되었고, 이로 말미암아 기존 공동체적 관계가 약화되었다. 4~5세기에 소국 거수층(渠帥層)은 읍락 내의 계층분화로 그들의 지위에 일정한 위협을 받았고, 그러한 지위의 불안정을 신라 국가와의 관계 속에서 해결하려 하였다. 한편 읍락 내에서 우경(牛耕)을 적극적으로 행하여 상당한 규모의 토지를 집적할 수 있었던 장척층(匠尺層)을 비롯한 유력계층은 읍락사회의 변화로 소국 거수층이 자신들의 경제적 부와 사회적 지위를 보호해주지 못하자, 그들 또한 개별적으로 신라 국

가와의 관계 속에서 경제·사회적 지위를 보장받으려 하였다. 이때 신라 국가는 소국 거수층과 유력계층을 분리하여 지배 통제하는 방식으로 소국 내부의 결속력을 약화시켜 나갔던 것으로 이해된다.

4세기 후반 이후 고구려의 영향 하에서 주변의 소국을 압도할 만큼 성장한 신라는 읍락 내의 공동체적 관계의 약화에 따른 소국 사회의 변동을 이용하여 소국에 대한 영향력을 더욱 증대시켜 나갔다. 이와 같은 사실은 5세기대에 신라 세력권 내의 소국지역에서 발견된 토기의 양식이 서로 유사하거나 소국과 읍락의 지배층이 착용하던 금동관(金銅冠)의 형식이 출자형(出字形) 세움장식의 관으로 획일화된 모습을 통해 입증할 수 있다. 5세기 후반부터 신라 국가는 지방 소국의 국읍이나 읍락을 행정촌으로 편제하고, 거기에 도사(道使)와 같은 지방관을 파견하여 지방에 대한 직접 지배를 실현하기 시작하였고, 마침내 지증왕 6년 (505)에 복속 소국의 국읍이나 읍락을 52개의 행정촌으로 편제하는 작업을 마무리한 것으로 이해된다. 소국의 국읍이나 읍락을 행정촌으로 편제하는 작업, 즉 영역화작업은 지역에 따라 약간의 편차가 있었다.

5세기 중반 이후 고구려의 남진이 본격화되자, 신라는 그에 대비하기 위해 소백산맥 일원에 대규모 산성을 축조하였다. 대규모의 산성을 축조하기 위해서는 그에 필요한 역부(役夫)의 동원과 그것을 위한 역역체계(力役體系)의 정비가 불가피하였다. 일시에 대규모의 역부를 동원하기 위해서는 소국 단위의 분립성을 극복하고, 전국에 걸친 일원적인 통치체계의 정비가 절실히 요청되었고, 이러한 면에서 소국의 국읍과 읍락을 행정촌으로 편제하는 것이 시급하였다고 짐작된다. 따라서 소백산맥 일원에 대규모 산성을 축조하는 과정에서 서북지역에 위치한 소국의 국읍과 읍락을 행정촌으로 편제하는 작업이 가속화되었을 것으로 짐작해볼 수 있다. 신라 국가와 소국의 지배층은 축성 활동을 통해 상호 이해관계를 조정하였는데, 결과적으로 신라 국가가 제소국을 해체하고 중앙집권적

통치구조, 즉 소국의 국읍이나 읍락을 행정촌으로 편제하는 대신에, 여러 소국의 지배층을 외위체계(外位體系) 속에 편입시켜, 본래의 사회경제적 지위를 보장해주는 선에서 나름의 타협점을 찾은 것으로 추정된다.

한편 『삼국사기』 지리지에 소백산맥 이남의 경북 북부지역이 한때 고구려의 군과 현이었다고 전한다. 고구려는 430년대 전반에서 440년대 중반 사이에 소백산맥을 넘어 경북 북부지역을 고구려의 영역으로 편제한 것으로 이해된다. 5세기 후반에 신라는 경북 북부지역에서 고구려세력을 구축(驅逐)하고, 그 지역을 신라의 영역으로 편제하기 시작하였을 것인데, 소지마립간이 500년(소지마립간 22)에 영주지역을 순행한 사실을 감안하건대, 그 이전 시기에 경북 북부지역에 대한 영역화작업을 마친 것으로 추정된다. 경북 의성군 금성면에 위치한 소문국(召文國)이 경주에서 소백산맥 방면으로 통하는 교통의 요지에 위치하였기 때문에 신라는 적어도 5세기 전반 무렵에 소문국의 지배층과 긴밀한 유대관계를 맺고, 그들에 대한 통제를 한층 더 강화한 것으로 보인다. 이러한 사실은 소문국 중심지에 위치한 금성산고분군에서 신라의 핵심 지배세력이 배타적으로 사용한 적석목곽을 내부구조로 하는 변형적석목곽묘 및 적석목곽묘가 발견되는 것을 통해 증명할 수 있다. 이후 5세기 후반에서 505년(지증왕 6) 사이에 신라가 소문국의 국읍을 추문촌(鄒文村)[소문촌(召文村)]으로 재편하였을 가능성이 높다고 하겠다.

399년에 왜군이 신라를 침략하자, 다음해에 광개토왕이 파견한 5만의 군대가 왜군을 물리쳤다. 이 무렵부터 450년 무렵까지 고구려는 강릉시 이남과 포항시 북구 청하면 이북의 동해안지역을 영역으로 편제하여 지배하였다. 450년대에 신라는 고구려세력을 축출하고 동해안지역을 다시 차지한 다음, 동해안지역에 위치한 소국의 국읍과 읍락을 행정촌으로 편제하는 작업을 추진하였다. 468년(자비마립간 11) 9월에 하슬라(何瑟羅) 사람으로서 15세 이상인 자를 징발하여 강릉시 남대천을 가리키는 이하(泥河)에 성을 쌓았는데, 이 무렵에 강릉시 이남과 포항시 북구 청하면 이북의 동해안지역에 위치한 국읍이나 읍락을 행정촌으로 편제하는 작업을 마무리한 것으로 이해된다.

사로국, 즉 신라는 3세기 후반 무렵에 예전의 양산시 웅상읍과 현재의 울산광역시 울주군 웅촌면 일대를 영역 범위로 하는 우시산국(于尸山國)과 오늘날 울주군 범서읍과 태화강 주변의 중구 및 남구 일대를 영역 범위로 하는 굴아화(국)[屈阿火(國)]를, 부산광역시 동래에 위치한 거칠산국(居柒山國)을 공격하여 복속시키고, 그 지배세력에 대한 통제력을 행사하였다. 이후 4~5세기에 걸쳐 신라가 우시산국과 굴아화의 지배세력에 대한 통제를 한층 더 강화함에 따라 그들은 고총고분을 축조할 만큼 강성한 세력으로 성장하지 못하였지만, 조일리고분에서 금동관이 출토되었음을 염두에 둔다면, 5세기 후반에서 6세기 전반까지 그들이 나름대로 전통적인 지배기반을 계속 유지하고 있었다고 보아도 문제가 없다고 하겠다. 한편 복천동과 연산동고분군을 통해 4세기 후반에서 5세기에 걸쳐 거칠산국의 지배자들은 신라의 통제 하에서도 나름 자체의 권력기반을 강화하여 고총고분을 축조하였음을 확인할 수 있다. 신라는 5세기 후반에서 지증왕 6년(505) 사이에 우시산국의 영역을 우화촌(于火村)이라 불리는 행정촌으로, 굴아화지역(屈阿火地域)은 굴아화촌, 거칠산국의 영역은 거칠산(촌)이라 불리는 행정촌으로 편제하고, 거기에 도사(道使) 등의 관리를 파견하여 직접 지배를 실현하였던 것으로 보인다.

501년(지증왕 2)에 건립된 포항중성리신라비, 503년에 건립된 포항냉수리신라비에 지방의 행정촌 및 자연촌에 '간지(干支)'라는 위호(位號)를 칭하는 촌주와 일금지(壹金知, 壹수智)라는 관등을 지닌 자가 존재하였다고 전한다. 여기서 일금지는 간지를 칭하는 촌주가 인척에게 수여한 관등으로 추정되는데, 이를 통해 5세기 후반 이후에 소국의 국읍과 읍락을 행정촌으로 재편하고, 거기에 도사와 같은 관리를 파견하였지만, 당시에 간지라는 위호를 칭하는 촌주의 전통적인 지배기반을 어느 정도 보장해주면서 행정촌에 대한 통치를 실현하였다고 짐작해볼 수 있다. 신라는 520년(법흥왕 7)에 경위(京位) 17관등과 함께 외위(外位)를 정비하였다. 이후 신라 정부는 간지라는 위호를 칭하는 촌주에게 상간지(上干支) 또는 하간지(下干支)라는 외위를 수여하였을 뿐만 아니라 행정촌과 자연촌의 지배층에게 일벌(一伐), 일척(一尺), 파단(波旦), 아척(阿尺) 등의 외위를 수여하였다. 이것은 520년 행정촌과 자연촌의 지배층을 계서적(階序的)인 외위체계에 조직적으로 편제시키고, 그들에 대한 국가의 통제력을 한층 더 강화하는 통치체계를 구축하였다는 사실을 반영한 것이다. 즉 520년에 신라는 지방의 행정촌에 대한 관리와 통제를 한층 더 강화하였다고 볼 수 있는데, 524년에 건립된 울진봉평리신라비에서 이러한 사실을 확인할 수 있다. 530년대에 6부의 성격이 부의 대표가 자치적으로 부를 통치하는 단위정치체에서 왕경의 행정구역단위로 바뀌었는데, 이를 기반으로 신라는 6부체제를 해체하고 국왕 중심의 집권적인 정치체제와 중앙집권적인 영역국가체제를 정비하였다. 이와 더불어 신라 국가는 지방의 행정촌을 몇 개 묶어 군을, 군을 몇 개 묶어 주를 설치하면서 주군제(州郡制)를 본격적으로 운영하기 시작한 것으로 이해된다.

중고기에 행정촌과 자연촌이 존재하였다. 중고기의 촌은 모두 행정촌이라 보아야 한다는 견해가 제기되기도 하였지만, 함안 성산산성에서 하찰목간이 대량으로 발견되면서 중고기에 행정촌과 자연촌이 존재하였다는 견해가 널리 받아들여지고 있다. 함안 성산산성 출토 하찰목간에 '구리벌상삼자촌(仇利伐上彡者村)', '고타이골리촌(古阤伊骨利村)', '추문비시아촌(鄒文比尸阿村)' 등과 같이 복수의 지명이 묶서되어 있는 사례를 다수 발견할 수 있다. 복수의 지명 가운데 앞에 기재된 지명은 행정촌, 뒤에 기재된 지명은 자연촌이라 할 수 있다. 복수의 지명이 묶서되어 있는 하찰목간에서 앞에 기재된 지명으로 구리벌, 고타, 추문, 구벌

(仇伐), 감문성(甘文城), 이진지(夷津支), 가개(呵蓋) 등이 확인된다. 구리벌은 충북 옥천군 옥천읍, 고타는 경북 안동시, 추문은 경북 의성군 금성면, 구벌은 경북 의성군 단촌면으로 비정되고, 이진지와 가개는 그 위치를 정확하게 고증할 수 없다.

성산산성 출토 목간 가운데 단수 지명이 전하지만, 『삼국사기』 지리지에 군명(郡名)으로 전하는 것과 동일한 지명을 여럿 발견할 수 있다. 오늘날 경북 예천군 예천읍, 영주시 순흥면, 경남 창녕군 창녕읍으로 비정되는 물사벌(勿思伐)[수주군(水酒郡)], 급벌성(及伐城)[급벌산군(及伐山郡)], 비사벌(比思伐)[비자화군(比自火郡)] 등이 바로 그것이다. 또한 하찰목간의 묵서에 전하는 지명 가운데 통일신라시대에 현으로 편제된 것도 다수 전한다. 매곡촌(買谷村)[매곡현(買谷縣); 경북 안동시 예안면·도산면 일대], 이벌지(伊伐支)[이벌지현; 경북 영주시 부석면], 철산(鐵山)[금산현(金山縣); 경북 김천시], 적성(赤城)[적산현(赤山縣); 충북 단양군 단성면] 등이 이에 해당한다. 이들 지명은 모두 중고기에 행정촌에 해당하였다고 짐작된다. 한편 성산산성 출토 목간에 전하지 않지만, 포항중성리신라비, 포항냉수리신라비, 울진봉평리신라비에 도사(道使)와 군주(軍主)가 파견되었다고 전하는 탐수(牝須), 나소독지(奈蘇毒只), 거벌모라(居伐牟羅), 실지(悉支) 등도 행정촌이었을 것이다. 이밖에 성산산성 출토 하찰목간에 전하는 지명 가운데 파진혜성(巴珎兮城), 소이벌지(小伊伐支), 진성(陳城), 건부지성(巾夫支城), 소남혜성(小南兮城)과 같이 '~성(城)'으로 전하는 경우, 역시 행정촌일 가능성이 높다고 추정된다.

이밖에 한 목간에 보이는 두 개의 지명 가운데 뒤에 기재된 지명이나 당주와 도사 같은 지방관이 파견되지 않은 곳, 통일신라시대에 군과 현으로 편제되지 않은 곳이면서도 '~촌'이라 부른 경우를 자연촌으로 분류할 수 있을 것이다. 자연촌의 존재는 남산신성비와 대구무술오작비 등에서도 확인할 수 있다. 성산산성 출토 하찰목간 가운데 '추문촌+인명', '구리벌+인명', '구벌+인명' 등과 같은 형식의 묵서를 다수 발견할 수 있다. 이것은 추문촌, 구리벌, 구벌 등이 자연촌의 의미로도 사용되었음을 시사해주는 것이다. 결국 행정촌은 몇 개의 자연촌을 묶은 지방행정단위로서 규정할 수 있고, 여러 자연촌 가운데 지방관이 파견되어 행정상의 중심지에 해당하는 자연촌의 이름을 따서 행정촌의 이름으로 삼았다고 정리할 수 있다. 아울러 감문이나 물사벌, 추문 등은 군명(郡名)이기도 하였는데, 군의 여러 행정촌 가운데 중심 행정촌의 이름을 따서 군명으로 삼았음을 살필 수 있다. 중고기에 자연촌 단위로 호적(戶籍) 또는 계장(計帳) 등 여러 가지 장적류(帳籍類)를 작성하였다. 이는 중고기의 자연촌이 촌을 단위로 계연(計烟)과 공연(孔烟)을 설정하고 있는 촌락문서에 전하는 중대의 촌과 비슷한 기능을 수행하였음을 짐작케 해주는 측면으로 유의된다.

함안 성산산성 출토 하찰목간 가운데 '본파(本波)', '아나(阿那)', '말나(末那)'라는 표현이 공통으로 전하는 것을 다수 발견할 수 있다. 여기서 본파는 '본래의 들(들판)'이라는 뜻이고, 하찰목간에서는 '어떤 촌의 발원(發源)이 되는 원마을[발원취락]'을 가리키는 표현으로 사용되었다. 하찰목간에 '감문+본파+~촌'이라 묵서된 것이 있는데, 이것은 감문 본래의 발원취락 가운데 일부가 분화되어 자연촌으로 편제되었음을 알려주는 사례이다. 이외에도 행정촌의 중심에 해당하는 발원취락이 분화되어 자연촌으로 편제된 사례를 다수 발견할 수 있다. 한편 '고타+일고리촌+본파'라고 묵서된 목간이 발견되었는데, 일반 자연촌의 발원취락도 분화되기 시작하였음을 시사해주는 증거자료로서 주목된다.

'아나(阿那)'는 천변에 위치한 취락, '말나(末那)'는 상류 또는 어떤 취락을 기준으로 아래에 대비되는 위에 위치한 취락을 가리키는 표현이었다. '전나(前那)'라는 표현이 하나의 하찰목간에서 발견되었는데, 이것은 전방(前方)에 위치한 취락이라는 의미로 해석된다. 행정촌 다음에 '아나' 또는 '말나'라는 표현이 묵서된 것이 여럿 발견되었다. 또한 '행정촌+아나+자연촌', '행정촌+말나+자연촌' 또는 '행정촌+전나+자연촌'이라 묵서된 것과 '행정촌+자연촌+아나(또는 말나)'라 묵서된 것도 발견되었다. 행정촌의 중심 자연촌의 말나 또는 아나라 불리는 취락 가운데 일부가 분화되어 자연촌으로 편제되었던 사실과 자연촌도 여러 취락으로 분화되어 존재하였음을 시사해주는 측면으로 유의된다고 하겠다. 결국 6세기 중·후반에 행정촌의 중심 자연촌이 본파와 아나, 말나라 불리는 취락으로 분화되었고, 이 가운데 일부가 자연촌으로 편제되거나 또는 일반 자연촌의 경우도 아나, 말나, 전나 등으로 분화되는 현상이 나타났다고 할 수 있다. 물론 자연촌에서 분화된 취락 가운데 일부도 시간이 지나면 자연촌으로 편제되는 사례가 적지 않았을 것으로 추정된다.

성산산성 출토 하찰목간에 많이 보이는 '패(稗)'자의 필체를 서사하는 습관에 따라 유형을 분류한 결과, 행정촌명이 같으면 필체가 동일하거나 유사한 경향을 보이고, 행정촌명이 다르면, 필체가 달랐음을 살필 수 있다. 한편 구리벌이라는 지명이 전하는 목간들의 규격을 정리한 결과, 길이가 20cm, 너비가 3cm 이상인 것이 대부분이었는데, 다른 지명이 전하는 목간의 경우, 길이 20cm, 너비 3cm 이상인 것이 매우 적었던 것과 대비되는 측면으로 주목된다고 하겠다. 이것은 구리벌이라는 지명이 전하는 목간들을 구리벌이라 불리는 행정촌에서 제작하였음을 엿보게 해주는 측면으로 유의되며, 동일한 맥락에서 행정촌명이 같은 하찰목간들에 기재된 '패'자의 필체가 동일하거나 거의 유사하였다는 사실을 근거로 행정촌을 단위로 하찰목간을 제작하였다고 추론하여도 크게 문제가 되지 않을 것으로 판단된다.

한편 '매곡촌(買谷村)'이라는 지명이 기재된 하찰목간에 전하는 '패'자의 필체와 물리촌(勿利村) 및 차차지촌(次次支村)이라는 지명이 기재된 하찰목간에 전하는 '패'자의 필체가 거의 동일하였음을 살필 수 있다. 또한 '급벌성'이라는 지명이 기재된 하찰목간에 전하는 '패'자의 필체와 '상막촌(上莫村)'이나 조흔미촌(鳥欣弥村)이라는 지명이 기재된 목간에 전하는 '패'자의 필체도 거의 유사하였다고 보아도 과언이 아니다. 이들 사례는 비록 자연촌명이 기재된 하찰목간이라 하더라도, 자연촌이 아니라 행정촌을 단위로 목간에 묵서하였음을 추론하게 해주는 자료로서 유의된다고 하겠다. 결국 함안 성산산성 출토 하찰목간은 행정촌 단위로 제작, 묵서된 것이라 정리하여도 이견이 없다고 하겠는데, 당시 행정촌에서 목간에 묵서한 사람은 문척(文尺)이었을 가능성이 높다고 보인다.

성산산성 출토 하찰목간을 행정촌 단위로 제작, 묵서하였다는 사실은 중고기의 지방행정체계와 수취체계상에서 행정촌이 중심적인 역할을 수행하였음을 반영한 것임과 동시에 행정촌이 부세수취와 역역징발의 기본 단위였음을 시사해주는 측면으로 받아들일 수 있다. 성산산성 출토 하찰목간의 분석을 통해 6세기 후반에 중앙정부가 상주(上州)의 행사대등(行使大等)에게 상주의 주민들에게 부세를 부과하여 거두거나 수역(輸役)에 필요한 역부들을 징발하여 부세물을 성산산성으로 이송하도록 명령하였음을 추론할 수 있다. 상주행사대등은 행정촌에 파견된 도사(道使)와 나두(邏頭), 당주(幢主) 등에게 행정촌 단위로 부세를 부과하여 징수하거나 수역에 필요한 역부를 징발하도록 지시하였을 것인데, 이때 상주의 주치(州治)나 행사대등이 지정한 제3의 장소로 그것들을 옮기도록 조치하였다고 짐작된다. 행사대등의 지시를 받은 도사나 나두, 당주 등은 촌주(村主)나 장척(匠尺) 등의 도움을 받아 행정촌 또는 자연촌 단위로 작성된 호적이나 계장 등에 근거하여 주민들에게 피나 보리 등을 부과하여 징수하고, 또 그것을 운반할 역부를 호적에 근거하여 징발하였을 것으로 사료된다. 이후 수취물을 담은 자루나 상자에 그것을 납부한 사람과 그것을 운반하는 사람의 정보를 기재한 목간들을 부찰(付札)한 다음, 촌주나 정척 등을 수취물을 운반하는 책임자로 임명하고, 성산산성이나 상주의 주치 또는 행사대등이 지정한 제3

의 장소로 수역에 동원된 사람들을 동원하여 이송하도록 명령하였음을 상정해볼 수 있다.

만약에 행정촌이 아니라 상주 차원에서 수취물을 집적(集積)하여 성산산성에 이송하였다면, 상주행사대등은 상주의 주치나 제3의 장소에 집적된 수취물 및 각지에서 수역에 차출된 역부들을 일일이 점고(點考)한 다음, 곡물이나 여러 군수물자를 운반하는 책임자를 물색하여 임명하고, 낙동강 수로를 통하여 함안의 성산산성까지 그것을 운반하도록 지시하였다고 추정해볼 수 있다. 각 행정촌이나 주에서 부세를 거두어 그것을 중앙으로 운송할 경우에도 이와 같은 내용의 부세수취 방식과 수취물의 운반 시스템이 작동되었다고 유추해볼 수 있다. 결과적으로 중고기에는 부세수취에서 중요한 역할을 수행한 행정단위는 군과 주, 자연촌이 아니라 행정촌이었다고 정리할 수 있다.

부세수취뿐만 아니라 요역(徭役)의 징발에서도 행정촌이 기본 단위로서 기능하였다. 중고기에 신라는 남산(南山) 신성(新城)이나 명활산성(明活山城) 등을 쌓거나 또는 영천 청제(菁堤)를 축조하거나 또는 왕경의 궁궐과 관청 건물, 대규모 사원을 짓거나 주의 영역을 넘어서 군량이나 군수품을 운송할 때에 국가 차원에서 행정촌 또는 왕경의 리(里)를 단위로 하여 요역을 징발하였는데, 이때 요역에 징발된 일수만큼 다른 요역을 면제해주거나 또는 조조(租調)의 부담을 일부 감면해주었을 것으로 추정된다. 한편 중고기에 행정촌 자체에서 도로와 교량의 건설 및 보수, 수리시설의 축조와 수리, 행정관청의 조영과 보수, 성을 비롯한 방어시설의 구축, 징수한 수취물의 운송을 위해 촌민들을 징발하였을 것으로 보이는데, 국가에서는 행정촌 단위마다 인정을 요역에 동원할 수 있는 일수를 법적으로 규정하였다고 짐작되나 현재로서는 정확하게 그에 대하여 알기 어려운 실정이다.

중고기에 행정촌에 당주(幢主)와 나두(邏頭), 도사(道使)라 불리는 지방관이 파견되어 촌민들을 다스렸다. 당주와 나두, 도사는 촌주 등의 협조를 받아 행정촌에서 부세를 수취하거나 역역을 징발하는 임무를 수행하였다. 한편 당주나 나두는 군의 중심 행정촌에 파견되어 군을 대표하는 지방관의 위상을 지니기도 하였다. 그리고 그 예하 행정촌에 파견된 도사와 재지세력인 군의 촌주(村主) 등과 협의하여 군과 관련된 행정업무를 처리하기도 하였다. 도사 가운데 일부도 군의 중심 행정촌에 파견되어 그것을 대표하는 지방관의 위상을 지니기도 하였는데, 남산신성 제5비에 나오는 '도사당주(道使幢主)'는 이러한 존재와 관련된 직명(職名)으로 이해된다.

6세기 중·후반에 주와 행정촌의 주민들을 연계하는 지방행정체계와 수취체계상에서 중간 행정단위인 군은 소외되어 있었다. 당시 지방행정체계상에서 중간 행정단위로서의 군의 정체성이 명확하게 정립되지 못했던 것이다. 이렇다고 하여 중고기에 군의 기능이 전혀 없었던 것은 아니었다. 진평왕대에 금산당주(金山幢主)인 해론(奚論)이 법당군단, 즉 외여갑당(外餘甲幢)의 군사를 거느리고 백제의 가잠성(椵岑城)을 공격하였는데, 이것은 군을 대표하는 지방관의 위상을 지닌 당주가 법당군단을 지휘 통솔하였음을 알려주는 중요한 자료이다. 외여갑당의 군사는 각 행정촌에서 차출하여 충당하였을 것인데, 군 예하 행정촌에 파견된 도사들이 군사의 차출업무에 깊게 관여하였던 것으로 보인다. 게다가 법당군단이 전선에 출전할 때는 도사들이 법당감(法幢監)과 법당화척(法幢火尺)과 같은 군관으로 임명되었을 것으로 추정된다. 이처럼 법당군단을 군 단위로 편성하고 운용한 사실에서 중고기에 신라 정부는 중간 행정단위인 군을 법당군단을 효율적으로 운용하기 위한, 즉 군사적인 목적에서 적극 활용하였음을 추론해볼 수 있다.

신라는 530년대에 왕경을 기준으로 지방을 상주(上州)와 하주(下州)로 구분하고, 553년에 한강 상류와 하류유역을 모두 차지한 뒤에 그곳을 다스리기 위하여 신주(新州)를 설치하였다. 그리고 동해안지역의 경우는 광역의 행정구역단위인 주를 설치하지 않았지만, 몇 개의 군을 묶어서 광역의 행정단위로 통치하였다. 637년(선덕여왕 6)에 신주의 영역을 한산주(漢山州)[후에 남천주(南川州)로 개칭]와 우수주(牛首州)로 분할하고, 658년(태종무열왕 5)에서 661년(문무왕 1) 사이에 동해안지역에 하슬라주(何瑟羅州)[하서주(河西州)]를 설치함으로써 신라는 상·하주와 남천주(후에 한산주로 개칭), 우수주[수약주(首若州)]의 5주체제를 갖추게 되었다. 그리고 665년(문무왕 5)에 상·하주를 일선주(一善州), 거열주(居列州), 삽량주(歃良州)로 분할하고, 이어 백제고지에 3주[소부리주(所夫里州), 발라주(發羅州), 완산주(完山州)]를 신설하면서 9주가 완비되었다. 결국 9주체제는 추상적인 명칭의 주, 즉 상주와 하주, 신주를 지역명을 관칭한 여러 개의 주로 분할하고, 또 백제지역에 3개 주를 설치하면서 완비되었던 셈이 된다.

한편 530년대에 주는 행정상의 편의를 위하여 왕경을 기준으로 상·하로 2대분한 막연한 영역단위에 불과하였다. 505년(지증왕 6)에 왕경인들로 구성된 정군단을 실직(悉直; 강원도 삼척)에 배치하고, 그것을 지휘하는 사령관을 군주(軍主)라 불렀다. 525년(법흥왕 12)에 사벌(沙伐; 경북 상주시)에 정군단을 추가로 배치하였다. 553년(진흥왕 14)에 한강유역을 차지하고 남천(南川; 경기도 이천시)에 정군단을 배치하고, 김무력(金武力)을 그것의 군주로 임명하였다. 그리고 555년(진흥왕 16)에 비사벌(比斯伐; 경남 창녕)에 정군단을 더 배치하였다. 561년(진흥왕 22)에 건립된 진흥왕순수비 창녕비에 당시 군주는 감문(甘文), 비자벌(比子伐), 한성(漢城), 비열홀(比列忽)에 파견되었으며, 이들을 사방군주(四方軍主)라 불렀다고 전한다. 여기서 '사방'이란 막연히 네 방향이나 또는 4성(읍)을 가리키는 것이 아니라 백제 5방(方)의 용례와 마찬가지로 당시 진흥왕이 통치하는 모든 지역을 가리키는 표현으로 해석할 수 있다. 이에 따른다면, 사방군주는 바로 신라의 영역을 4방(方)으로 나눈 각 구역을 통치하는 군주를 가리킨다고 이해할 수 있을 것이다.

561년(진흥왕 22) 당시 상주와 하주, 신주가 존재하였고, 동해안지역에 '우추실지하서아군사대등(于抽悉支河西阿郡使大等)'을 파견한 것으로 보건대, 당시에 동해안지역을 특별한 광역의 행정단위로 설정하였음을 추론할 수 있다. 결국 사방군주는 상주와 하주, 신주, 동해안지역의 광역 행정단위를 통치하는 군주라고도 해석할 수 있는데, 이에서 정군단의 사령관인 군주가 상주와 하주, 신주 및 동해안지역의 광권역을 행정적으로 총괄하는 임무를 수행하는 지방관의 성격을 겸유(兼有)하였음을 상정해볼 수 있다. 555년(진흥왕 16)에 비사벌에 정군단을 주둔시키고 군주를 그 사령관으로 임명하면서 지방에 네 명의 군주가 존재하게 되었다. 따라서 군주가 정군단의 사령관이면서 동시에 주 및 동해안지역의 광역권을 행정적으로 총괄하는 지방관의 성격을 지니게 된 시점은 555년에서 561년 사이였다고 볼 수 있을 것이다. 이에 따라 군주가 파견된 곳은 비로소 주치(州治)로서 기능하기 시작하였을 것으로 짐작된다. 중고기에 군주는 그가 파견된 행정촌을 직접 통치하였고, 그가 파견된 행정촌을 중심으로 행정촌 몇 개가 연합한, 즉 군급의 중간 지방행정단위로 기능하는 소주(小州) 또는 협의의 주에 예속된 행정촌을 거기에 파견된 도사를 매개로 통제하는 업무도 수행한 것으로 이해된다.

진흥왕순수비 창녕비에 주에 행사대등(行使大等)을 파견하였고, 우추실지하서아군에 사대등을 파견하였다고 전한다. 여기서 행사대등은 중앙정부에서 주에 파견한 대등의 하나로서 한 곳에 상주(常住)하지 않고 이곳저곳을 돌아다니며 주의 행정업무를 처리하였던 존재였다. 중고기에 군주가 파견된 곳, 즉 주치는 군사상의 전략적 요충지에 위치하는 것이 보통이었다. 이 때문에 전선의 상황에 따라 정군단의 주둔지와 주치를 자주 옮길 수밖에 없었다. 이러한 정황을 염두에 둔다면, 군주의 주요한 역할은 6정군단을 훈련시키거나 그들을 지휘하여 전쟁을 수행하는 것이었지, 비록 그가 주의 행정을 총괄하는 민정관적인 성격을 지녔다고 하더라도 대민업무를 효율적으로 수행하기가 매우 어려웠다고 볼 수 있다. 특히 그가 파견된 곳, 즉 주치가 대부분 주의 영역 가운데 최전방에 해당하였던 바, 광역의 행정구역단위인 주(州)의 행정업무를 원활하게 처리하기가 그리 쉽지는 않았을 것이다. 이에 따라 신라 국가는 군주의 행정업무를 보완할 수 있는 제도적인 장치를 강구할 수밖에 없었는데, 이것이 바로 주행사대등의 파견으로 귀결되었던 것으로 이해된다. 다만 우추실지하서아군에 파견된 사대등은 '행(行)'자가 붙지 않았는데, 이것은 동해안지역이 상주, 하주나 신주보다 영역적으로 협소하기 때문에 사대등이 여기저기 옮겨 다니며 대민업무를 수행하지 않아도 되었던 사실과 관련이 있지 않을까 한다. 행사대등은 통일기에 주의 장관인 도독(都督) 또는 총관(摠管)의 속관(屬官)인 주조(州助)와 장사(長史)로 계승되었다고 추정된다.

중고기에 주를 단위로 하여 임시 행군군단인 주군(州軍) 또는 주병(州兵)을 편성하였는데, 여기에는 주치에 주둔한 정군단과 더불어 각 군 단위로 편성된 외여갑당이 모두 망라되었던 것으로 이해된다. 통상 주군 또는 주병은 군주가 지휘하였는데, 중고기에 주 역시 군과 마찬가지로 군관구(軍管區)로서의 성격을 지녔음을 시사해주는 측면으로 유의된다. 그런데 선덕여왕대에서 문무왕대 사이에 주군 또는 주병, 즉 주 단위로 임시로 편성된 행군군단을 그 주의 지방관인 군주가 아니라 다른 주에 파견된 군주 또는 복수의 고위관리가 장군 또는 총관으로 임명되어 지휘하였고, 신문왕대에 6정군단의 장군에 복수의 고위 관직자를 임명하면서 군주는 6정군단의 운용에서 완전히 배제되기에 이르렀다. 이에 따라 주는 군관구로서의 성격을 더 이상 지니지 않게 되었으며, 그때부터 주는 지방통치조직상의 최상급 행정단위로서의 성격만을 지니게 되었다고 말할 수 있다. 나아가 군주의 후신인 총관이나 도독 역시 비록 10정군단이나 주치(州治)에 주둔한 만보당(萬步幢) 등을 지휘하는 권한을 부여받았지만, 중고기에 비하여 군정관(軍政官)으로서의 역할은 매우 제한되기에 이르렀고, 반면에 민정관으로서의 임무가 훨씬 더 많은 비중을 차지하게 되었다고 말할 수 있을 것이다.

신라에서 530년대에 경위(京位) 17관등은 6부 지배층에게만, 외위(外位) 관등은 지방 지배층에게만 수여하면서 6부지역을 비로소 왕경(王京)이라 부르기 시작하였다. 당시 왕경은 수도(首都)로서의 위상뿐만 아니라 경위를 수여받고 지배자공동체를 이룬 6부 지배층이 집주(集住)하며 지방 지배층의 거주를 허락하지 않는 '배타적 공간'으로서의 위상을 지니기도 하였다. 중고기에 신라는 서북과 동북지역으로 진출하면서 그들 지역과 왕경을 연결하는 교통의 요지에 해당하는 아시촌(阿尸村; 경북 의성군 안계면), 국원(國原; 충북 충주시), 하슬라(何瑟羅; 강원 강릉시)를 소경으로 삼고 6부인을 집단적으로 천사(遷徙)시켜 거주케 하였다. 557년(진흥왕 18)에 국원소경을 설치하면서 아시촌소경을 혁파하고, 거기에 거주한 왕경 6부인을 국원소경으로 옮긴 것으로 추정된다. 639년(선덕여왕 8) 2월에 북소경을 설치하였다가 658년(태종무열왕 5)에 말갈이 강릉 근처까지 진출하여 사람들이 능히 편안하게 살기 어렵게 되자, 북소경을 혁파하고 하슬라정을 설치하였다.

중고기에 소경은 서북지역과 동해안지역을 효율적으로 통치하기 위한 전략적 거점으로서 기능하였을 뿐만 아니라 외적으로부터 왕경을 보위함과 동시에 영역팽창을 위한 군사적 전초기지로서도 기능하였다. 또한 중고기에 신라는 여전히 촌주의 자치력에 의존하여 지방민을 통치하였음을 염두에 둔다면, 당시 소경에 거주하는 6부인들은 왕경 6부 출신 지방관의 지방통치를 배후에서 지원해주는 역할을 수행하였다고 볼 수도 있다. 신라는 중앙관리의 위상을 지닌 사대등(仕大等)과 사대사(仕大舍)를 소경에 파견하였는데, 신라에서 소경을 별도

(別都), 즉 왕경의 분신인 작은 서울로 취급하여 중앙에서 직접 관할하였음을 반영하는 것이다.

『삼국사기』 신라본기 상고기(上古期) 기록에 신라에서 현(縣)을 설치하였음을 알려주는 기사가 다수 전하지만, 중국 군현과 관련된 기사이거나 또는 신라에 복속되었던 사실을 마치 현을 설치한 것처럼 부회한 기사, 또는 지방을 지칭하는 관행적 표현을 사용한 기사에 불과하였다. 신라본기와 열전에서 7세기 전반 진평왕대에 현을 설치하고, 거기에 현령을 파견하였음을 시사해주는 기록을 여럿 발견할 수 있으나, 이것들에서 역시 통일신라시대에 부회 또는 개서하였음을 추정케 해주는 단서를 찾을 수 있기 때문에 7세기 전반 진평왕대에 현제를 실시하였다고 단정하기가 쉽지 않은 실정이라 말할 수 있다.

『삼국사기』 신라본기에서 문무왕 15년(675)과 16년(676)에 신라에서 변방지역에 현령(縣令)과 소수(小守)를 파견하였음을 알려주는 기록을 다수 확인할 수 있다. 또한 김유신열전에 태종무열왕대에 조미갑을 부산현(夫山縣)의 현령으로 임명하였음을 알려주는 기록과 선덕여왕 11년(642)에 임진강 근처에 대매현(代買縣)을 설치하였음을 시사해주는 기록이 전하고 있다. 조미갑과 대매현 관련 김유신열전의 기록을 세밀하게 분석·비판한 결과, 이것들은 김장청(金長淸)이 『김유신행록(金庾信行錄)』을 찬술하면서 후대에 부회, 개서하지 않은 기본원전을 그대로 전재(轉載)한 기록이었을 가능성이 높았다는 사실을 알 수 있었다. 신라본기와 김유신열전에 전하는 현들이 주로 고구려 및 백제와의 접경지역에 위치한 사실을 엿볼 수 있는데, 이러한 측면과 아울러 642년 무렵에 현제(縣制)를 실시하였을 가능성이 높았다는 사실을 염두에 둔다면, 신라는 642년 대야성전투에서 패배한 이후에 고구려 및 백제와의 접경지역에 위치한 행정촌(성)의 전정(田丁), 즉 토지와 호구 등을 조사하여 현으로 재편하고, 거기에 현령 또는 소수를 파견하였다고 볼 수 있지 않을까 한다.

『삼국사기』 신라본기에 문무왕 원년(661)에 일모산군(一牟山郡) 등에 태수(太守)를 파견하였다고 전한다. 따라서 군치(郡治)에 당주(幢主) 또는 나두(邏頭) 대신 태수를 파견하기 시작한 것은 현과 마찬가지로 전정과 호구를 고려하여 군(군치)을 설치하기 시작한 642년 무렵으로 추정된다. 군의 중심인 군치(郡治)에 태수(太守)라 불리는 지방관을, 행정촌을 현(縣)으로 재편하고, 거기에 현령(縣令) 또는 소수(少守)라 불리는 지방관을 파견함으로써 주군현제(州郡縣制)를 완비하였다고 말할 수 있다.

통일기에 촌을 단위로 인구의 현황, 우마(牛馬)와 과실수의 숫자, 토지지목과 면적 등을 상세하게 촌락문서에 기술하였음을 확인할 수 있고, 아울러 촌락문서에서 가호를 9등급으로 나누고, 호등(戶等)을 기초로 하여 계연(計烟)을 산출하였음을 살필 수 있다. 이를 통해 중대에 신라가 행정촌을 현으로 재편하면서, 촌락문서와 같은 형식 또는 이와 유사한 형식의 집계장(集計帳)을 작성하였음을 추론할 수 있다. 이와 같은 사실들을 근거로 중대에 들어 군(군치)과 현을 단위로 부세(賦稅)와 역역(力役)을 부과하는 한편, 중앙정부에서 중고기에 비하여 보다 체계적이고 효율적이면서도 합리적으로 군과 현을 관리·통제하였다고 정리하여도 무방할 것이다.

『신증동국여지승람』 권7 경기도 여주목 고적 등신장(登神莊)조에 '신라에서 주와 군을 설치할 때, 그 전정(田丁)과 호구(戶口)[의 수]가 현을 삼기에 부족하면, 혹은 향(鄕)을 설치하거나 혹은 부곡(部曲)을 설치하여 소재(所在)의 읍(邑)[군·현]에 소속시켰다.'고 전한다. 이것은 신라에서 전정, 즉 토지와 호구 등을 고려하여 군과 현을 설치하였는데, 만약 전정과 호구가 부족하여 현을 설치하기가 어려운 경우에는 향 또는 부곡을 설치하였음을 전하는 자료이다. 그러나 통일 신라의 자료에서 향(鄕)을 설치하였음을 알려주는 정보를 찾을 수 있으나 부곡(部曲)을 설치하였음을 알려주는 기록은 찾을 수 없다. 이것은 향과 달리 부곡은 고려시대에 비로소 설치하였기 때문으로 이해된다.

　신라 중고기에 몇 개의 자연촌 연합체인 지역촌이 존재하였고, 행정촌은 여러 개의 지역촌으로 구성되었다. 중고기 말·중대 초에 전정과 호구를 참작하여 행정촌을 현으로 재편할 때, 군·현의 치소에 위치하거나 또는 교통상의 요지에 위치하여 행정적으로 중요한 지역촌을 향으로 삼았는데, 이것은 군, 현의 명칭과 같은 향들이 존재한 사실을 통해 입증할 수 있다. 한편『삼국사기』지리지에 전하는 향명 가운데 조준향(調駿鄕), 사룡향(飼龍鄕), 철산향(鐵山鄕), 철구향(鐵求鄕)이 있다. 조준향과 사룡향은 그 어의상으로 짐작컨대, 말이나 소 등을 기르는 목장이 위치한 지역촌과 관련이 있고, 철산향과 철구향은 철광산이나 제철소가 위치한 지역촌과 관련이 있을 듯싶다. 목장과 철광산, 제철소가 위치한 지역촌, 즉 경제적으로 우세한 지역촌을 향으로 편제하였음을 시사해주는 측면으로 주목된다. 경덕왕 16년(757)에 주와 군, 현의 명칭을 한식(漢式)으로 개정할 때에 향이 군·현에 버금갈 정도로 행정적, 경제적으로 중요하게 여겨졌기 때문에 향의 명칭도 한식으로 개정하였음을 확인할 수 있다. 9세기 후반에 신라는 일부 향의 전정과 호구가 크게 증가하자, 거기에 향령(鄕令)을 파견하여 향을 군·현과 비슷한 기능을 수행하는 지방통치조직으로 인정해주었다.

　『삼국사기』잡지제4 지리2 명주조에 태종무열왕 5년(658)에 북소경(北小京)을 폐지하고, 하슬라주(何瑟羅州)를 설치한 다음, 거기에 군주(軍主)를 파견하였다고 전한다. 이것은 적어도 태종무열왕 5년까지 주의 장관을 군주라 불렀음을 알려주는 유력한 증거자료이다. 후대에 부회, 개서하지 않은 1차사료로서의 성격을 지닌 답설인귀서(答薛仁貴書)에 박도유(朴都儒)가 문무왕 8년(668)에 한성도독(漢城都督)이었다고 전하는데, 이를 통해 문무왕 8년에 신라에서 주의 장관을 도독(都督)이라 불렀음을 알 수 있다. 문무왕 3년(663)에 당나라에서 문무왕을 계림주대도독(雞林州大都督)에 책봉하였는데, 이를 계기로 신라는 주의 장관을 도독이라 부르기 시작한 것으로 짐작된다.

한편 혜공왕대에 작성된 사천 선진리비에 주(州)의 장관(長官)을 총관(總官) [摠管]이라 불렀다고 전한다. 이를 근거로 중대에 주의 장관을 총관이라고도 불렀음을 살필 수 있다. 신라본기에서 태종무열왕 7년(660)부터 문무왕 8년(668) 까지 임시로 편성한 행군군단의 지휘관을 총관이라 불렀다가 신문왕 5년(685) 과 7년(687), 효소왕 7년(698)에 주의 장관을 총관이라 불렀음을 알려주는 기록을 발견할 수 있다. 이를 통해 문무왕대까지 주의 장관을 도독이라 부르고, 임시로 편성한 행군군단의 사령관을 총관이라 부르다가 신문왕 5년(685) 무렵부터 주의 장관도 총관이라 부르기 시작하였음을 유추할 수 있다. 신문왕 5년에 6정체제(停體制)를 새롭게 정비하고, 각 군단의 사령관을 장군(將軍)이라 불렀는데, 신라인들은 6정군단의 사령관을 더 이상 총관이라 부르지 않게 되고, 삼국통일전쟁 중에 대규모 정벌을 위해 임시로 주(州) 단위로 행군군단을 편성한 다음, 복수의 인물을 '~주총관(州摠管)' 또는 '~주행군총관(州行軍摠管)'이라 불렀던 관행을 고려하여, 신문왕 5년부터 주의 장관을 총관이라고도 부르기 시작한 것으로 이해된다. 신라는 신문왕 5년 이후에 주의 장관을 총관 또는 도독이라 부르다가 원성왕 원년(785)에 주의 장관을 오로지 도독이라 부르는 것으로 규정하였다.

신라는 상주와 하주의 땅을 분할하여 삽량주를 설치한 문무왕 5년(665)부터 삽량주에 도독을 보좌하는 속관(屬官)으로서 주조(州助)와 장사(長史)를 두기 시작하였고, 신문왕 5년(685) 무렵에 9주 모두에 주조와 장사라는 속관을 두었던 것으로 추정된다. 주조는 주보(州輔), 장사는 사마(司馬)라 부르기도 하였다. 헌덕왕 14년(822)에서 문성왕 4년(842) 사이에 당나라에서 주의 속관인 장사 바로위에 별가(別駕)를 설치한 사실을 참고하여, 주조를 별가라고도 불렀는데, 금석문을 통해 이후 신라에서는 주보(州輔)와 별가(別駕)를 함께 사용하였음을 확인할 수 있다.

촌락문서를 현(縣)을 단위로 작성하였던 것에서 통일신라시대에 현이 지방행정의 기본 단위였음을 추론할 수 있다. 한편 『일본후기(日本後紀)』에 어떤 현에서 징발된 사람들이 수취한 곡물(穀物)을 배에 싣고 가다가 해적을 만나 세 사람이 일본에 표착하였다는 일화가 전하는데, 이를 통해 현이 수취의 기본 단위로서 기능하였음을 살필 수 있었다. 더구나 소성왕 원년(799)에 청주(菁州) 거로현(居老縣)[巨老縣]을 학생녹읍(學生祿邑)으로 삼았던 것에서 현에서 현인(縣人)에게서 거둔 수취물을 직접 중앙정부 또는 특정한 중앙행정관서, 이외의 또 다른 기관 등에 상공(上供)하였음을 유추할 수 있다. 이와 더불어 주와 군, 현마다 수취한 곡물을 저장하는 창고를 모두 구비하고 있었는데, 이는 현이 지방재정의 운영에서 독립적인 단위로 기능하였음을 시사해주는 측면으로 유의된다. 또한 관문성(關門城) 석각(石刻)에서 국가적 차원에서 역사(役事)를 전개할 때에 현을 단위로 역부를 징발하였음을 확인할 수 있다. 결과적으로 통일신라시대에 중앙정부에서 직접 현 또는 현급에 해당하는 지방행정단위인 군(군치)과 주(주치), 그리고 소경에 부세를 징수하도록 하고, 그들로 하여금 백성들에게 거둔 수취물을 직접 중앙정부 또는 이외의 여러 기관 등에 상공(上供)하게 하는 구조로 수취체계를 운용하였다고 정리할 수 있다.

통일신라시대에 지방 감찰의 기본 단위가 중간 지방행정단위로서의 군이었고, 군에 파견된 외사정(外司正)은 군 태수와 현령(소수)을 감찰하였을 뿐만 아니라 군내의 여러 문제에도 관여하였으며, 이에 관한 사항을 중앙정부 또는 사정부(司正府)에 직접 보고한 것으로 확인된다. 또한 국가적 차원에서 역사를 전개할 때, 중간 지방행정단위로서의 성격을 지닌 군을 단위로 역부를 징발하기도 하였으며, 이것을 단위로 진휼하였다는 사실도 확인할 수 있다. 중고기부터 중대까지 주로 옛 신라지역에 위치한 군을 단위로 편성된 외여갑당이 52개가 존재하였고, 여기에 법당주(法幢主), 법당감(法幢監), 법당화척(法幢火尺)이란 군관을 배치하였다. 하대에 들어 군(郡)의 수에 맞추어 외여갑당(外餘甲幢)[외법당(外法幢)]의 수를 102개로 확대하고, 여기에 법당두상(法幢頭上), 법당화척, 법당벽주(法幢辟主)란 군관을 배치하고, 그것을 군 태수에게 통수(統帥)하게 하였을 것으로 추정된다. 이에 따른다면, 중고기와 마찬가지로 하대의 군은 군관구(軍管區)로서의 성격을 지녔다고 평가할 수 있다.

통일신라시대에 벽골제(碧骨堤)를 증축(增築)하거나 여러 군에 걸치는 산성을 쌓을 때에 광역의 지방행정단위인 주 단위로 역부를 징발한 사례가 발견되고, 중대에 주의 총관(도독)이 10정군단(停軍團)과 만보당(萬步幢)을 지휘하였다가 하대에 이르러 각 주마다 비금당(緋衿幢)과 사자금당(師子衿幢)을 추가로 배치하면서 주 도독의 군사권(軍事權)이 한층 더 강화되었음을 확인할 수 있다. 한편 통일신라시대에 광역의 지방행정단위인 주라는 영역을 대표하는 위상을 지닌 주의 도독(총관)이 그가 관할하는 광역의 주 영역에서 발생한 각종의 사건 사고, 괴변, 기이한 일, 특이동향 등을 수렴하여 중앙정부에 보고하거나 주 영역에서 발견된 서물(瑞物)과 서수(瑞獸), 서조(瑞鳥) 등을 수합하여 국왕에게 진상(進上)하는 것이 일반적인 관행이었다. 836년(흥덕왕 11)에 신라의 집사성(執事省)에서 일본의 태정관(太政官)에 보낸 첩문(牒文) 및 845년(문성왕 7)에 강주(康州)의 첩문 2통을 가진 신라인이 표류한 일본인을 송환한 사례 등을 통해 사신의 접대와 환송, 표류민의 송환 등 외국과 관련된 제반 사항을 주에서 관장하였음을 확인할 수 있다. 이밖에 사신 접대와 환송 및 군대의 유지와 운용에 필요한 경비를 주에서 예하의 군·현에 분담하여 상공(上供)하게 하였을 가능성이 높다고 보인다. 하대에 각 주에 비금당과 사자금당을 추가로 설치함에 따라 군대의 유지와 운용에 필요한 경비가 늘어나면서 각 군·현에서 주에 상공하는 수취물의 비중이 증가하였음을 충분히 예상해볼 수 있다.

『삼국사기』신라본기 중대(中代)와 하대(下代)의 기록에 전하는 패강(浿江)은 바로 대동강을 가리키며, 사료에 보이는 '패강계(浿江界)', '패서지역(浿西地域)', '패서도(浿西道)[패강도(浿江道)]'는 경덕왕대와 그 이후 시기에 군현으로 편제한 재령강 이동지역과 군현으로 편제하지 않은 재령강 이서의 황해도지역을 크게 벗어나지 않은 범위였다. 신라는 735년(성덕왕 34)에 당나라가 패강지역의 영유권을 승인해준 것을 계기로 패강지역으로 진출하기 시작하여 마침내 경덕왕대부터 헌덕왕대까지 재령강 동쪽의 패강지역에 대곡군(大谷郡; 북한 황해북도 평산군)을 비롯한 14군·현을 설치하기에 이르렀다.

신라는 782년(선덕왕 3) 정월에 한편으로 발해의 잠재적인 침략에 대비하기 위하여, 다른 한편으로 새로 개척한 패강지역 군현의 치안을 안전하게 담보하기 위하여 개성에서 평양으로 향하는 교통의 요지에 해당하는 대곡성(大谷城; 북한의 황해북도 평산군)에 패강진을 설치하였다. 패강진 설치 이후 신라는 육상과 해상교통로의 요지에 청해진과 당성진(唐城鎭), 혈구진(穴口鎭), 시미지진(施彌知鎭)을 설치하였다. 당성진과 혈구진에는 태수와 별도로 거기에 주둔한 군사를 지휘하는 책임자, 즉 진두(鎭頭)를 파견하였다. 마찬가지로 패강지역의 군현에도 태수와 현령이 파견되어 행정적으로 한주(漢州) 도독(都督)의 통제와 감독을 받았음을 엿볼 수 있는데, 이는『삼국사기』지리지에 헌덕왕대에 취성군(取城郡)과 그 영현은 한주 소속이라 전하는 사실,『조당집(祖堂集)』과 흥녕사징효대사보인탑비(興寧寺澄曉大師寶印塔碑)에 쌍봉화상(雙峰和尙) 도윤(道允)이 박씨로서 한주 휴암인(鵂巖人)이라 전하는 사실 등을 통해 입증할 수 있다. 이와 같은 필자의 논지에 따른다면, 패강진은 다른 군진(軍鎭)과 달리 9주와 같은 광역의 지방행정단위로 기능하였고, 패강진전(浿江鎭典)의 군관(軍官)인 대감(大監) 7명과 소감(少監) 6명이 패강지역의 군과 현에 파견되어 다스렸다고 이해하는 기존의 통설적인 견해는 재고할 필요가 있을 것이다.

한편 재령강 동쪽 패강지역의 전략적 요충지 여러 곳에 군대가 주둔한 군진 (軍鎭)이 존재하였고, 일제식민지시기의 황해도 장연군 해안면(현재 북한의 황해 남도 용연군)에 설치한 장구진(長口鎭)의 사례에서 엿볼 수 있듯이 당성포에서 중 국으로 향하는 서해 북부 연안항로의 요지에 군대를 주둔시켜 해상교통로의 안 전을 담보하였음을 확인할 수 있다. 782년 패강진 설치 이후에 신라 정부는 패 강진전(浿江鎭典)의 대감(大監) 7명과 소감(少監) 6명을 패강지역에 위치한 여러 군진의 지휘관으로 파견하였고, 대곡성에 위치한 패강진의 두상대감(頭上大監) 으로 하여금 여러 군진을 통괄하게 하였던 것으로 이해된다. 특히 재령강 서쪽 의 황해도 해안지역을 군과 현으로 편제하지 않았지만, 해상교통로의 요지를 비롯한 전략적인 거점지역에 군대를 주둔시켜 실효적인 지배를 실현하였음이 주목된다고 하겠다. 이처럼 패강진이 패강지역의 경비와 치안을 책임졌기 때문 에 신라인에게 그것은 마치 당나라의 도호부(都護府)처럼 인식되어 9세기 중·후 반에 두상대감을 도호(都護)라 개칭(改稱)하기도 하였다. 청해진, 혈구진, 당성 진의 성격과 확연하게 차별되는 패강진의 특징적인 면모는 그것이 당과 고려의 도호부와 같은 성격을 지녔던 것에서 찾을 수 있지 않을까 한다.

경덕왕대 이전에 국원소경을 중원경(中原京)으로 개칭하였고, 문무왕 18년 (678) 정월에 신라는 중원지역에서 강원도 영서지역이나 영동지역과 통할 수 있 는 교통의 요지인 원주지역에 북원소경(北原小京)을 설치하였다. 이어 문무왕 20년(680)에 낙동강 하류 수로교통의 요지이면서 경주에서 양산을 거쳐 남해안 지역에 다다를 수 있는 육상교통의 요지인 김해지역에 금관소경(金官小京)을 설 치하였는데, 이를 동원경(東原京)이라 부르기도 하였다. 신문왕 5년(685)에 청주 와 남원지역에 서원소경(西原小京)과 남원소경(南原小京)을 설치하면서 5소경이 완비되었다. 청주지역은 경주에서 상주, 보은을 거쳐 천안이나 공주, 부여와 통 할 수 있는 교통의 요지이다. 한편 남원지역은 육로로 경상도지역에서 전라도

지역에 이르는 관문 역할을 하는 곳이다. 신라는 옛 백제지역 가운데 충청도지방과 전라도지역을 효과적으로 통제할 수 있는 지역인 청주와 남원에 각각 서원과 남원소경을 설치하였다고 이해된다.

통일기에 고구려와 백제, 당과 왜의 군사적 위협으로부터 수도 왕경을 방어할 수 있는 군사적 전초기지로서의 소경은 더 이상 필요하지 않게 되었으므로 통일기에 이르러 비로소 5소경은 왕경이 신라 영역 동남쪽에 편재한 관계로 전국적인 통제력을 강화할 필요성에서 설치한 이른바 배도(陪都)[또는 부도(副都)]로서의 성격을 분명하게 지니게 되었다. 이러한 5소경의 성격을 상징적으로 보여주는 측면이 바로 소경도 왕경과 마찬가지로 6부로 영역을 구획하고, 도심지를 도시계획에 의거하여 정비하였다는 사실이라 하겠다. 촌락문서에 '서원경□□촌(西原京□□村)'이라 전한다. 이를 통해 통일기 소경의 행정단위는 부가 아니라 촌(村)이었음을 알 수 있다. 『삼국사기』직관지에 왕경 6부의 행정기구[6부소감전(六部少監典)]에 관한 내용이 전하나, 소경의 행정조직에 관한 내용이 전하지 않는다. 일반적으로 주나 군의 직할지, 그리고 현 아래의 행정조직은 모두 촌이라는 공통점을 지니고 있었다. 이런 점을 염두에 둘 때, 소경의 경우도 그 아래의 공식적인 행정조직은 촌이고, 부는 편의상 구분한 영역단위였을 가능성이 높다고 볼 수 있다. 왕경과 달리 소경의 행정조직에 관한 구체적인 내용이 전하지 않는 이유도 바로 이 때문이었을 것이다. 소경을 편의상 6부로 구분한 배경은 전통적으로 왕경 6부인이 거기에 거주하였던 것에서 찾을 수 있을 것이다.

통일기에 소경과 더불어 주치(州治)도 계획적으로 도시를 건설하고, 그 영역을 6부로 구분하였다. 이것은 주치가 지방지배의 주요 거점으로서 부각되었음을 의미하는 것인데, 이러면서 지방민을 통제·감찰함에 있어 소경이 차지하는 비중은 낮아질 수밖에 없었다. 통일기에 소경에 파견된 사대등이나 사대사를 외관의 범주 속에 포괄시켜 이해하고, 또 소경 역시 지방의 작은 서울이 아니라 지방통치조직의 하나로서 간주하였던 측면은 이와 관련이 깊다고 하겠다.

소경이 다시 지방통제의 주요 거점으로서 주목을 받은 시기는 9세기 후반이었다. 봉림사진경대사탑비(鳳林寺眞鏡大師塔碑)와 태자사낭공대사백월서운탑비(太子寺朗空大師白月栖雲塔碑)에 '김해부(金海府)'란 표현이 보이고, 경문왕 10년(870)에 작성한 보림사 북탑지에 '서원부(西原部)'란 표현이 전한다. 이를 통해 9세기 후반에 5소경을 5부(府)로 개편하였음을 추정해볼 수 있다. 9세기 후반에 중앙정부의 지방에 대한 통제력이 약화되면서 농민들의 도적화현상이 빈발하였고, 종종 주치에 거주한 진골귀족이나 지방세력들이 중앙정부에 반란을 일으키는 경우도 있었다. 이러한 상황에서 주치(州治)는 더 이상 지방통제의 핵심 거점으로서 제대로 기능하기가 어려웠다.

한편 군과 현에서 왕경으로 물자를 운송할 때에 반드시 주치를 경유할 필요는 없었다. 반면에 5소경은 지방과 왕경을 연결하는 교통의 요지에 위치하였으므로 수취물을 상공할 때에 그곳을 경유하는 경우가 일반적이었을 것이다. 이럼에 따라 자연히 소경에는 여러 지역에서 징수한 수취물이 집적되었고, 그 가운데 일부는 아예 소경에서 소비되는 경우도 상정해볼 수 있다. 이러하였기 때문에 자연히 인구가 소경으로 유입되었고, 인구증가와 짝하여 나름대로 도시화가 진전되었으리라고 짐작해볼 수 있다. 신라 정부는 하대에 이르러 주치를 더 이상 지방통제의 거점으로 활용하기가 어렵게 되자, 이에 원활한 지방통제를 위하여 교통의 요지이면서 지방에서 중앙에 수취물을 상공할 때에 경유하였던 5소경을 주목하였고, 마침내 경문왕대에 신라는 당나라 유수부제(留守府制)를 수용하여 5소경을 5부(府)로 재편한 다음, 그곳의 군사력을 강화하는 방향으로 제도적인 개편을 단행한 것으로 이해된다. 나말여초에 5부에 기반한 지방세력의 활동이 두드러졌는데, 이것은 신라가 소경을 부로 재편하면서 군사력을 강화한 측면과 무관하지 않았음을 반영하는 측면으로 유의된다.

궁예는 901년 후고구려를 건국한 후에 신라 경덕왕과 헌덕왕대에 개척한 영풍군(永豊郡)[대곡군(大谷郡)]을 비롯한 14개 군·현과 대동강과 재령, 해주를 잇는 선의 황해도 서쪽지역을 영역으로 편제하고, 평양(平壤)과 증성(甑城; 북한 평안남도 증산군 증산읍)까지 차지하였다. 905년에 패서지역에 대한 지방 지배를 확고히 하는 한편, 북방에 위치한 발해와 여진족의 침략에 대비하기 위하여 13진(鎭)을 나누어 설치하였다. 고려시대에 개경에서 평양을 잇는 교통로상에 평주(平州)[대곡군-영풍군(永豊郡)], 동주(洞州)[오곡군(五谷郡)-오관군(五關郡)], 봉주(鳳州)[휴암군(鵂巖郡)-서암군(栖巖郡)], 황주(黃州)[동홀(冬忽)-취성군(取城郡)]가 위치하였고, 또 개경에서 해주를 잇는 교통로상에 해주(海州)[내미홀군(內米忽郡)-폭지군(瀑池郡)], 염주(鹽州)[동삼홀(冬彡忽)-해고군(海皐郡)], 백주(白州)[도납현(刀臘縣)-구택현(雛澤縣)]가, 해주에서 평양을 연결하는 교통로상에 안주(安州)[식성군(息城郡)-중반군(重盤郡)]가 위치하였으므로 황해도의 지역 중심지인 해주를 비롯하여 이들 지역에 진을 설치하였을 가능성이 높다고 보인다. 이밖에 철원에서 평양을 연결하는 교통로상에 위치한 협계현(俠溪縣)[수곡성현(水谷城縣)-단계현(檀溪縣)], 수안현(遂安縣)[장새현(獐塞縣)-장새현] 및 황해도 서해안의 해상교통 요지에 위치한 풍주(豊州)[구을현(仇乙峴)]와 대동강 하구에 위치한 안악군(安岳郡)[양악군(楊岳郡)], 장구진(長口鎭)이 위치한 장연(長淵)도 그것을 설치한 곳으로 추정된다.

궁예는 진이 설치된 지역에 근거지를 둔 지방세력을 그 책임자로 임명하고, 그들의 군사력을 이용하여 지방의 치안을 확보하는 방법으로 지방 지배를 실현하였는데, 이러한 사실은 박수경(朴守卿)의 조부(祖父) 박직윤(朴直胤)을 평주에 설치한 군진의 책임자로 임명한 것에서 잘 살필 수 있다. 당시 직윤의 직명(職名)은 신라 때에 패강진의 두상대감(頭上大監)[도호(都護)]에 비견되는 대모달(大

毛達)이었고, 그는 패서지역에 설치된 진(鎭)의 전부, 또는 그 가운데 일부를 통괄할 수 있는 권한을 부여받은 것으로 보인다. 나머지 진의 책임자에 관해서 신라와 고려 태조대의 사례에서 보듯이 진두(鎭頭)라 불렀을 가능성과 고구려의 무관 명칭을 채용하였을 가능성을 상정할 수 있다. 여러 가지 정황으로 판단컨대, 후자의 가능성이 더 높다고 보인다. 물론 일부 진에는 신라와 고려 태조의 경우처럼 중앙관리를 파견하기도 하였을 텐데, 이때 군사도 함께 파견하여 진수(鎭戍)를 지키게 하였던 것으로 보인다.

한편 궁예는 911년에 왕건이 해군을 이끌고 가서 점령한 금성군(錦城郡; 전남 나주시)을 나주(羅州)로 개칭하였고, 900년에 영역으로 편제하고 이후 어느 시기엔가 서원경(西原京)을 청주(青州, 清州)로 개명(改名)하였다. 그리고 송악과 철원에서 서해안으로 나갈 때 관문 역할을 하던 경기도 개풍군 풍덕면지역을 정주(貞州)라 명명하였다. 이밖에 패서 13진이 설치된 일부 지역도 주로 편제하였는데, 특히 그 가운데 송악 근처에 위치한 영풍군, 구택현, 해고군을 각기 평주, 백주, 염주로 개정하였을 가능성이 높다. 문헌자료나 금석문에 전하지 않지만, 궁예가 군이나 현을 주로 편제한 지역이 더 있었을 것으로 믿어진다. 고려 초기에 태조 왕건이 자신에게 귀순하거나 건국과 통일에 공을 세운 지방세력의 관향(貫鄉)을 주로 승격시켰던 사례가 많았다. 왕건의 이와 같은 정책을 고려하건대, 궁예 역시 그에게 귀순하거나 협조한 지방세력의 근거지를 주로 승격시키는 조치를 취하였다고 추정되며, 한편으로 정치군사적으로 중심지라고 생각되는 지역도 주로 설정하였던 것으로 보인다. 후자의 대표적인 사례로서 나주와 청주, 정주를 들 수 있다.

주의 숫자가 늘어나면서 그 성격도 함께 바뀌었다. 신라에서 주는 군보다 상위의 광역행정단위로서의 의미를 지녔지만, 태봉대의 주는 군·현과 동등한 위상을 지닌 행정단위에 불과하였다. 태봉에서는 주를 대신하여 전국을 몇 개의 도(道)로 편제하였는데, 이것은 나주와 그 인근지역의 군현을 관할하는 광역의 편제단위로서 나주도(羅州道)를, 패서지역을 망라하는 편제단위로서 패서도(浿西道)[패강도(浿江道)]를 설치한 사실을 통하여 입증할 수 있다. 이밖에 강원도 영서지역과 경기도 일부 지역을 망라하는 광역의 편제단위로서 삭방도(朔方道)를 설치하기도 하였다. 태봉에서 광역권인 도의 행정을 총괄하는 관리를 파견했다는 기록이 전해지지 않은 것으로 보아서 당시에 도는 전국을 막연하게 몇 개의 광역권으로 구분하는 편제단위로서의 의미만을 지녔다고 추정된다. 태봉대의 지방제도는 군·현을 주로 승격시켜, 그것을 증설(增設)하거나 신라의 주를 대신하여 전국을 몇 개의 도로 구분하여 편제한 내용으로 정리할 수 있다. 이러한 성격의 지방제도는 고려에 계승되어 더욱 발전되었기 때문에 그것이 고려 지방제도의 모태(母胎)가 되었다고 규정하여도 무방하지 않을까 한다.

『태조실록』 태조 1년 8월 20일조에 사헌부(司憲府)가 상소(上疏)하면서 '전조(고려) 5도 양계(兩界)의 역자(驛子)와 진척(津尺), 부곡인(部曲人)은 모두 태조 때에 명령을 거역한 자들이었으므로 함께 천역(賤役)에 당하게 했던 것입니다.'라 언급하였다고 전한다. 당나라에서 부곡은 객녀(客女)와 더불어 개인에게 예속된 천민의 신분이었다. 다만 노비와 달리 부곡과 객녀는 매매할 수 없었기 때문에 이들을 상급 천민이라 규정한다. 고려에서 역명자와 관련된 군과 현의 주민들을 집단적으로 처벌하는 형식이 바로 다른 일반 군·현의 주민들과 대비하여 그들을 법제적 또는 사회적으로 천한 존재로 대우하는 것이었는데, 고려인들은 당나라에서 부곡이라는 용어를 차용하여 그들을 부곡인이라 불러 일반 군·현인과 차별하였고, 이러면서 자연히 부곡인이 집단적으로 거주하는 곳을 '~부곡(部曲)'이라 불렀다고 추정된다.

『고려사』 식화지에 성종 2년(983) 6월에 주와 부, 군, 현 및 향과 부곡, 그리고 관(舘), 역(驛)에 공해전을 지급하였다고 전하는데, 이때 1000정 이상인 향, 부곡에는 겨우 공수전(公須田) 20결을 지급하였음에 반하여 일반 주, 부, 군, 현에는 공수전 300결을 지급하였고, 100정 이상의 군, 현에는 공수전 70결을 지급하였음에 반하여 같은 정수(丁數)의 향, 부곡에는 겨우 15결을 공수전으로 지급하였음을 확인할 수 있다. 정수가 같음에도 불구하고 주, 부, 군, 현에 비하여 향과 부곡에 공해전의 액수를 훨씬 적게 지급한 것은 9세기 후반 이래 일부 향을 공식적인 지방행정단위로 인정해준 신라의 관행을 계승하여 고려에서 모든 향을 지방행정단위로 설정하기에 이르렀지만, 그것을 주, 부, 군, 현과 동등하게 대우하지 않았음을 반영한 것으로서 주목된다. 이에서 부곡과 마찬가지로 향에 거주하던 주민들도 천한 존재로 규정하여 군·현인에 비하여 법제상으로, 사회적으로 차별 대우하기 시작한 것은 성종 2년(983) 이전 시기였음을 추론할 수 있다.

고려시대에 향과 부곡을 동질적인 성격의 지방행정단위로 규정하였음을 염두에 둘 때, 역명자와 관련된 군·현을 부곡이 아니라 새롭게 향으로 편제한 경우도 충분히 상정해볼 수 있을 것이다. 실제로 갈초도(葛草島)의 소적(小賊)들이 왕건에 저항하자, 고려에서 갈도현을 육창향(陸昌鄕)으로 삼았고, 경북 의성군 금성면에 위치한 문소성(聞韶城)이 후백제에 귀복하자, 후삼국통일 이후 고려에서 그곳에다 피촌향(皮村鄕)을 설치한 사실을 확인할 수 있다.

이외에 독자적 방어와 지배의 거점으로서 기능하던 지방의 소규모 지역자위공동체를 새롭게 향으로 재편하였다. 역명자와 관련된 군과 현을 부곡뿐만 아니라 향으로 편제한 것은 부곡과 향에 거주하는 주민들을 천한 존재로 규정하여 일반 군·현인과 정치적, 사회적으로 차별 대우하는 관행이 성립되었음을 전제로 할 때 합리적으로 이해할 수 있다. 이후 소규모의 지역자위공동체를 고려 국가 체제 내의 지방행정단위로 재편할 때, 각기 그것의 읍격을 조정하여 주와 현, 그리고 부곡, 향으로 편제하였을 것인데, 그 읍격을 결정하는 기준이 된 것은 각 지역자위공동체를 주도하는 호족 또는 그 지도자의 지배력이나 고려 왕실과의 친소관계 등이었다. 고려 정부는 토성분정(土姓分定)을 매개로 하여 주, 부, 군, 현 및 향, 부곡 등을 본관(本貫)의 단위로 설정하고, 그들 사이에 계서성(階序性)을 부여한 다음, 본관지역의 행정적 상하관계 및 사회신분적인 차별화를 모색하였다. 이처럼 고려 정부가 지방행정단위를 본관제를 매개로 계서화하여 지배체제를 점진적으로 정비하면서 비록 향이 소규모 지역자위공동체에서 연원하였다고 하더라도 그것을 부곡과 동질적인 성격의 지방행정단위로 인식하여 거기에 거주하던 주민들을 군·현인과 비교하여 차별 대우한 것이 아닐까 한다.

본관의 단위로 기능한 각 지방행정단위를 계서화하여 지방을 통치하는 지배체제는 궁극적으로 각 행정단위마다 공해전을 지급한 성종 2년(983) 무렵에 정비한 것으로 추정된다. 결국 고려 초기에 부곡을 설치하였고, 이후 향도 지방행정단위로서의 성격을 지니게 되면서 부곡에 거주하던 주민과 마찬가지로 거기에 거주하던 주민도 일반 군현에 거주하던 주민과 차별대우를 받았다고 정리할수 있는데, 이러한 향의 성격 변화는 신라의 지방제도에서 고려의 지방제도로의 이행과 유기적인 연관성을 지녔다고 평가할 수 있을 것이다.

결국 부곡의 등장과 향의 성격 변화는 주의 증설 및 도제의 실시와 더불어 신라적인 지방제도의 종말과 고려적인 지방제도의 출발을 상징하는 표징으로서 유의된다고 하겠다. 고대사회와 신라적인 지방제도 및 중세사회와 고려적인 지방제도와의 유기적인 연관성에 대한 설명이 필요하다고 판단되지만, 본서에서 이에 대해 자세하게 검토하지 못하였다. 이에 대해서는 향후의 과제로 남겨두고자 한다.

● 참고문헌

1. 저서

강종훈, 2000『신라상고사연구』, 서울대학교출판부

구산우, 2003『고려 전기 향촌지배체제 연구』, 혜안

국립가야문화재연구소, 2011『한국목간자전』

국립가야문화재연구소, 2017『한국의 고대목간』II

국립경주박물관, 1995『특별전 경주 남산』

국립경주박물관, 2001『신라황금-신비한 황금의 나라』

국립경주문화재연구소, 1996『재매정지 발굴조사보고서』

국립경주문화재연구소, 1998『경주 남산의 불교유적-동남산 사지조사보고서-』III

국립경주문화재연구소, 2019『포항중성리신라비』

국립대구박물관, 2002『召文國에서 義城으로』, 통천문화사

국립창원문화재연구소, 2000『울산조일리고분군』

국립춘천박물관, 2008『권력의 상징, 관-경주에서 강원까지-』

권덕영, 1997『고대한중외교사-견당사연구-』, 일조각

권용대, 2018『울산의 고분과 고대사회』, 서경문화사

기요하라노 나츠노저·이근우역주, 2014『令義解譯註』上·下, 세창출판사

김갑동, 1990『나말여초의 호족과 사회변동 연구』, 고려대학교출판부

김동호, 1971『동래복천동 1호분 발굴조사보고』, 동아대학교 박물관

김원룡, 1960『신라토기의 연구』, 을유문화사

김재원·윤무병, 1960『의성탑리고분』, 국립박물관

김창석, 2004『삼국과 통일신라 유통체계 연구』, 일조각

김창호, 2007『고신라 금석문의 연구』, 서경문화사

김철준, 1990『한국고대사연구』, 서울대학교출판부

김철준, 1990『한국고대사회연구』, 서울대학교출판부

김태식, 2002『미완의 문명 7백년 가야사 3권(왕들의 나라)』, 푸른역사

김현숙, 2005『고구려의 영역지배방식 연구』, 모시는 사람들

노명호, 2009『고려국가와 집단의식-자위공동체·삼국유민·삼한일통·해동천자의 천하-』, 서울대학교출판문화원

노태돈, 1999『고구려사연구』, 사계절

노태돈, 2009『한국고대사의 이론과 쟁점』, 집문당

문화재관리국·경주사적관리사무소, 1990『월성해자 발굴조사보고서』I

박종기, 1990『고려시대 부곡제 연구』, 서울대학교출판부

박종기, 2012『고려의 부곡인, 〈경계인〉으로 살다-부곡인과 부곡 집단의 기원과 전개-』, 푸른역사

박종진, 2000『고려시기 재정운영과 조세제도』, 서울대학교출판부

부산대학교 박물관, 1983『동래복천동고분군』I (본문)

부산대학교 박물관, 1997『울산하대유적-고분』I , 부산대학교 박물관 연구총서 제20집

사회과학원 고전연구실, 1964『고려사 역본』제5책; 신서원 편집부, 1991『북역 고려사』제5책

사회과학원 력사연구소, 1979『조선전사』2, 과학·백과출판사

서의식, 2010『신라의 정치구조와 신분편제』, 혜안

서정범, 2018『새국어어원사전』, 보고사

송기호, 1995『발해정치사연구』, 일조각

신성곤, 2005『중국의 부곡, 잊혀진 역사 사라진 인간』, 책세상

신형식, 1984『한국고대사의 신연구』, 일조각

신호철, 1993『후백제견훤정권연구』, 일조각

안병우, 2002『고려 전기의 재정구조』, 서울대학교출판부

안성시·단국대학교 중앙박물관, 1999『안성시의 역사와 문화유적』

양기석 등, 2001『신라 서원소경 연구』, 서경

양주동, 1965『증정고가연구』, 일조각

여호규, 2014『고구려 초기 정치사 연구』, 신서원

영남문화재연구원, 2009『상주 복룡동 230-3번지 유적Ⅱ』

울산발전연구원문화재센터, 2005『울산 다운동 바구역 유적』(울산발전연구원 문화재센
        터 학술연구총서 제10집)

울산광역시, 2008『울산의 유적과 유물-발굴로 드러난 울산의 역사-』

윤경진, 2012『고려사 지리지의 분석과 보정』, 여유당

이기동, 1984『신라 골품제사회와 화랑도』, 일조각

이기백, 1968『고려병제사연구』, 일조각

이기백·이기동, 1982『한국사강좌』Ⅰ(고대편), 일조각

이문기, 1997『신라병제사연구』, 일조각

이병도, 1959『한국사』(고대편), 진단학회

이병도, 1976『한국고대사연구』, 박영사

이병도, 1977『국역 삼국사기』, 을유문화사

이우성, 1991『한국중세사회연구』, 일조각

이인철, 1993『신라정치제도사연구』, 일지사

이한상, 2004『황금의 나라 신라』, 김영사

이한상, 2022『신라의 성장과 복식 사여체계』, 서경문화사

이현혜, 1984『삼한사회형성과정연구』, 일조각

이희준, 2007『신라고고학연구』, 사회평론

임건상, 1963『조선의 부곡제에 관한 연구』, 과학원출판사

장창은, 2020『삼국시대 전쟁과 국경』, 도서출판 온샘

재단법인 국강고고학연구소·현대중공업, 2015『강릉 강문동 신라 토성-강릉 경포대 현대호텔 신축부지내 유적』

전남대학교 박물관·광주직할시, 1989『武珍古城』I

전남대학교 박물관·광주직할시, 1990『武珍古城』II

전덕재, 1996『신라육부체제연구』, 일조각

전덕재, 2002『한국고대사회의 왕경인과 지방민』, 태학사

전덕재, 2006『한국고대사회경제사』, 태학사

전덕재, 2009『신라 왕경의 역사』, 새문사

전덕재, 2018『삼국사기 본기의 원전과 편찬』, 주류성

전덕재, 2021『삼국사기 잡지·열전의 원전과 편찬』, 주류성

정구복 등, 2012『개정증보 역주 삼국사기』1(감교원문편), 한국학중앙연구원출판부

정구복 등, 2012『개정증보 역주 삼국사기』2(번역편), 한국학중앙연구원출판부

정구복 등, 2012『개정증보 역주 삼국사기』3(주석편상), 한국학중앙연구원출판부

정구복 등, 2012『개정증보 역주 삼국사기』4(주석편하), 한국학중앙연구원출판부

정진술, 2009『한국해양사』(고대편), 경인문화사

정징원·신경철, 1983『동래복천동고분군』I (본문)

정청주, 1996『신라말 고려초 호족 연구』, 일조각

조상기, 2015『청주지역 백제토기 전개과정과 고대 정치체』, 진인진

주보돈, 1998『신라 지방통치체제의 정비과정과 촌락』, 신서원

주보돈, 2002『금석문과 신라사』, 지식산업사

창녕군지편찬위원회, 2002『창녕군지』(하권)

채웅석, 2000『고려시대의 국가와 지방사회-'본관제'의 시행과 지방지배질서-』, 서울대학교출판부

천관우, 1989『고조선사·삼한사연구』, 일조각

천관우, 1991『가야사연구』, 일조각

청주시·충북대학교 중원문화연구소, 1997『상당산성-서장대 및 남문외 유적지 조사
　　　보고』

충청북도, 1982『상당산성지표조사보고서』

하일식, 2006『신라 집권 관료제 연구』, 혜안

한국고대사회연구소편, 1992『역주 한국고대금석문』제2권(신라1·가야편), 재단법인
　　　가락국사적개발연구원

한국문화재재단, 2014『울산 하삼정고분군』Ⅷ

한국역사연구회편, 1996『譯註 羅末麗初金石文(上)』(원문교감편), 혜안

한글학회, 1980『한국지명총람』(충북편)

황선영, 2002『나말여초 정치제도사 연구』, 국학자료원

高寬敏, 1996『三國史記の原典的研究』, 雄山閣

堀敏一, 1975『均田制の研究』, 岩波書店

宮川尙志, 1956『六朝史研究』, 日本學術振興會

今西龍, 1933『新羅史研究』, 近沢書店; 1970『新羅史研究』, 國書刊行會

旗田巍, 1972『朝鮮中世社會史の研究』, 法政大學出版局

末松保和, 1954『新羅史の諸問題』, 東洋文庫

末松保和, 1995『末松保和朝鮮史著作集』2(新羅の政治と社會下), 吉川弘文館

武田幸男, 2020『新羅中古期の史的研究』, 勉誠出版

嚴耕望, 1963『中國地方行政制度史』(上編二 卷上 秦漢地方行政制度下冊), 中央研究員歷
　　　史語言研究所

嚴耕望, 1963『中國地方行政制度史』(上篇四 卷中 魏晉南北朝地方行政制度史下冊), 中央

　　　研究員歷史語言研究所

兪鹿年編著, 1992『中國官制大辭典』上·下, 黑龍江人民出版社

李成市, 1998『古代東アジアの民族と國家』, 岩波書店

井上光貞 等編, 1984『日本歷史大系』1(原始·古代), 山川出版社

曾資生, 1942『中國政治制度史』第二册(秦漢); 1979『中國政治制度史』第二册(秦漢 3
　　　版), 啓業書國

曾資生, 1943『中國政治制度史』第三册(魏晉南北朝); 1979『中國政治制度史』第三册
　　　(魏晉南北朝 3版), 啓業書國

曾資生, 1943『中國政治制度史』第四册(隋唐五代); 1979『中國政治制度史』第四册(隋唐
　　　五代 3版), 啓業書國

津田左右吉, 1964『津田左右吉全集』제11권, 岩波書店

2. 논문

강문석, 2017「신라 상대의 지방지배와 '성주'」, 한국학중앙연구원 박사학위논문

강봉룡, 1987「신라 중고기 주제의 형성과 운영」『한국사론』16, 서울대학교 국사학과

강봉룡, 1994「신라 지방통체제 연구」, 서울대학교 박사학위논문

강봉룡, 1997「신라 하대 패강진의 설치와 운영」『한국고대사연구』11

강재광, 2005「신라 중고기 나두·도사의 성·촌지배와 6부인의 지방민 인식」『사학연구』
　　　79

강종훈, 2009「울진봉평신라비의 재검토」『동방학지』148

강종훈, 2009「포항중성리신라비의 내용과 성격」『한국고대사연구』56

고경석, 2006「청해진 장보고세력 연구」, 서울대학교 박사학위논문

고경희, 1993「신라 월지 출토 在銘遺物에 대한 銘文 연구」, 동아대학교 석사학위논문

고승희, 2006「조선 후기 황해도 내지 방어체계」『한국문화』38

橋本繁, 2014「함안 성산산성 목간의 제작 기법」『함안 성산산성 출토 목간의 의의』, 국립가야문화재연구소·일본 와세다대학 조선문화연구소 공동연구 기념 학술대회 자료집

구문회, 2000「武珍古城 출토 명문자료와 신라통일기 武州」『하현강교수정년기념논총 한국사의 구조와 전개』, 하현강교수정년기념논총간행위원회

권인한, 2008「고대 지명소 '본파/본피'에 대하여」『목간과 문자』2

권인한, 2018「신출토 함안 목간에 대한 언어문화사적 연구」『목간과 문자』21

권인한, 2019「포항중성리신라비의 국어사적 의의 탐색 : 신라 3비문의 고유명사 표기자 분석 및 비교를 중심으로」『신라 왕경과 포항중성리신라비』, 국립경주문화재연구소

吉井秀夫, 2017「광주 선리 명문기와의 고고학적 재검토-이마니시 류 수집자료의 검토를 중심으로-」『佛智光照』, 청계정인스님정년퇴임기념논총간행회

김갑동, 1986「신라 군현제의 연구동향 및 그 과제」『호서사학』14

김광수, 1977「고려 건국기의 패서호족과 대여진관계」『사총』21

김기웅, 1979「가야의 관모에 대하여-성주 가암동 파괴고분 출토 금동관을 중심으로-」『문화재』12

김대환, 2014「신라의 묘제」『신라고고학개론』상, 진인진

김도영, 2021「함안 성산산성 출토 목간의 제작 유형과 제작단위」『목간과 문자』26

김동민, 2004「董仲舒 春秋學의 天人感應論에 대한 고찰-祥瑞·災異說을 중심으로-」『동양철학연구』36

김수태, 1998「3세기 중·후반 백제의 발전과 마한」『마한사연구』, 충남대학교출판부

김수태, 2001「신라촌락장적 연구의 쟁점」『한국고대사연구』21

김수태, 2012「포항중성리신라비와 냉수리신라비에 보이는 소송」『신라 최고의 금석문 포항중성리신라비』, 주류성

김영심, 1997「백제 지방통치체제 연구-5~7세기를 중심으로-」, 서울대학교 박사학위
　　　논문

김영민, 2015「연산동고분의 특질과 의미」『항도부산』31

김용선, 1979「박제상소고」『전해종박사회갑기념 사학논총』, 일조각

김용성, 2002「의성지역 고분문화의 성격」『김文國에서 義城으로』, 통천문화사

김용성, 2015「신라의 고총과 고총체계」『신라 고분고고학의 탐색』, 진인진

김용성, 2016「사로국에서 신라로」『신라의 건국과 성장』(신라의 역사와 문화 연구총서
　　　2), 경상북도

김원룡, 1960「경주금척리고분발굴조사약보」『미술자료』1

김은숙, 2006「일본 최후의 견당사 파견과 장보고 세력」『한국고대사연구』42

김재홍, 1991「신라 중고기의 촌제와 지방사회구조」『한국사연구』72

김재홍, 2001「4~5세기 신라의 고분문화와 지역지배」『한국고대사연구』24

김재홍, 2001「신라 중고기 촌제의 성립과 지방사회구조」, 서울대학교 박사학위논문

김재홍, 2015「신라 중고기 道使의 운영과 성격 변화」『한국학논총』44

김재열, 2010「5~6세기 신라 경산지역 정치체의 冠」『신라사학보』20

김종복, 2011「남북국의 경계와 상호교섭에 대한 재검토」『역사와 현실』82

김준식·이진혁, 2014「순흥지역 횡구식석실과 그 축조집단의 성격」『야외고고학』19

김창석, 2005「菁州의 녹읍과 향도-신라 하대 지방사회 변동의 사례-」『신라문화』26

김창석, 2007「신라 현제의 성립과 기능」『한국고대사연구』48

김창석, 2009「신라 중고기의 노인과 노비」『한국고대사연구』54

김창석, 2009「신라의 우산국 복속과 이사부」『역사교육』111

김창석, 2010「신라 법제의 형성과정과 율령의 성격-포항중성리신라비의 검토를 중심
　　　으로-」『한국고대사연구』58

김창석, 2014「함안 성산산성 목간을 통해 본 신라의 지방사회와 수취구조」『백제문화』54

김창석, 2019「포항중성리비의 '宮'과 상고기 신라의 지역지배」『한국고대사연구』96

김창호, 1994「6세기 신라 금석문의 석독과 그 분석」, 경북대학교 박사학위논문

김창호, 1998「함안 성산산성 출토 목간에 대하여」『함안 성산산성』, 국립창원문화재연구소

김창호, 2009「금석문 자료에서 본 고신라 성촌의 연구사적 조망」『삼국시대 금석문 연구』, 서경문화사

김창호, 2013「포항 중성리 신라비의 재검토」『신라사학보』29

김철준, 1952「新羅 上代社會의 Dual Organization(上·下)」『역사학보』1·2

김철준, 1976「신라의 촌락과 농민생활」『한국사』3, 국사편찬위원회

김태식, 1985「5세기 후반 대가야의 발전에 대한 연구」『한국사론』12, 서울대학교 국사학과

김태식, 1995「삼국사기 지리지 신라조의 사료적 검토」『삼국사기의 원전검토』, 한국정신문화연구원

김흥삼, 2010「선종과 강원지역」『강원도사』3, 강원도사편찬위원회

김희만, 2009「포항중성리신라비와 신라의 관등」『동국사학』47

나경준, 2000「신라 西原京 治址 研究」, 단국대학교 석사학위논문

남동신, 1992「자장의 불교사상과 불교치국책」『한국사연구』72

노중국, 1987「마한의 성립과 변천」『마한·백제문화』10

노중국, 1988「통일기 신라의 백제고지지배」『한국고대사연구』1

노중국, 1990「국사학 연구의 현황과 과제-통일신라의 지방통치조직의 편제를 중심으로-」『한국학논집』17

노중국, 2010「포항중성리비를 통해 본 마립간시기 신라의 분쟁처리 절차와 6부체제 운영」『한국고대사연구』59

노태돈, 1989「울진봉평신라비와 관등제의 성립」『한국고대사연구』2

노태돈, 1997「삼국사기 신라본기의 고구려 관계 기사 검토」『경주사학』16

노태돈, 2010「포항중성리신라비와 外位」『한국고대사연구』59

馬場基, 2008「古代日本의 荷札」『목간과 문자』2

木村誠 著·야마다 후미토 옮김, 2018「신라촌락문서의 작성 연대에 관하여」『대구사학』
　　　　133

武田幸男, 1981「中古 新羅의 軍事的 基盤」『민족문화논총』1

武田幸男, 1990「魏志東夷傳における馬韓」『마한·백제문화』12

문창로, 2007「'신라 중고기 지방통치조직' 연구의 동향과 과제」『진단학보』103

박남수, 2013「신라 성덕왕대 패강진 설치 배경」『사학연구』110

박남수, 2013「신라 패강진전의 정비와 한주 서북경의 군현 설치」『동국사학』54

박남수, 2017「신라 법흥왕대 '及伐尺'과 성산산성 출토 목간의 '役法'」『신라사학보』40

박명호, 2006「신라의 지방통치와 촌」『한국고대사입문』3(신라와 발해), 신서원

박방룡, 1982「신라 관문성의 명문석 고찰」『미술자료』31

박성현, 2010「新羅의 據點城 축조와 지방 제도의 정비 과정」, 서울대학교 박사학위논문

박성현, 2011「포항중성리신라비 비문의 형식과 분쟁의 성격」『한국문화』55

박성현, 2019「삼국통일 후 신라의 지방 제도, 얼마나 달라졌나?」『역사비평』127

박성현, 2021「신라 통일기 한주의 물자 이동과 조운-하남 선동 출토 명문 기와를 중심
　　　　으로-」『역사와 현실』121

박정화, 2011「금성산고분군에 나타난 의성지역 지배세력의 성격」『조문국의 성쇠와 지
　　　　배세력의 동향』, 경북 의성군·한국고대사탐구회

박태우, 1987「통일신라의 지방도시에 대한 연구」『백제연구』18

박한설, 1985「나주도대행대고」『강원사학』1

배종도, 1989「신라 하대의 지방제도 개편에 대한 고찰」『학림』11

배현준·이정철, 2021「화성 당성과 통일신라 대외 교류의 일면」『동아시아고대학』61

백승옥, 2011「고대 울산의 역사 지리적 성격과 박제상」『한일관계사연구』38

변태섭, 1971「고려 양계의 지배조직」『고려정치제도사연구』, 일조각

서경민, 2010「의성양식토기의 분포로 본 의성지역 권역」『한국고대사 속의 召文國』, 경
　　　북 의성군·경북대 영남문화연구원

서영수, 1987「삼국시대 한중외교의 전개와 성격」『고대 한중관계사의 연구』, 삼지원

서영일, 1999「안성 비봉산성 수습 '本彼'銘 기와 고찰」『문화사학』11·12합집

서의식, 1996「통일신라기의 開府와 진골의 受封」『역사교육』59

선석열, 2001「박제상의 가계와 관등 나마의 의미」『신라국가성립과정연구』, 혜안

선석열, 2009「인명표기방식을 통해 본 포항중성리신라비」『인문학논총』14-3, 경성대학
　　　교 인문과학연구소

성정룡, 2007「김제 벽골제의 성격과 축조시기 재론」『한·중·일의 고대 수리시설 비교
　　　연구』, 계명대학교출판부

소배경, 2011「김해 관동리유적과 가야의 항구-김해 관동리 삼국시대 진지(津址)를 중
　　　심으로-」『제17회 가야사학술회의; 가야의 포구와 해상활동』, 김해시·인제대학
　　　교 가야문화연구소

손홍호, 2019「9세기 전반 신라의 사회변동과 지방사회」『대구사학』135

송기호, 2002「발해 5경제의 연원과 현황」『강좌한국고대사』 제7권(촌락과 도시), 재단
　　　법인 가락국사적개발연구원

신경철, 1989「삼한·삼국·통일신라시대의 부산-고고학적 고찰-」『부산시사』 제1권

신성곤, 1994「북주기 부곡·객녀신분의 재편과 당대 부곡의 성격」『위진수당사연구』1

신현웅, 2006「박제상의 출자와 신분 문제」『신라문화』27

신형석, 1992「5~6세기 신라육부의 정치사회적 성격과 그 변화」『경북사학』15

신형식, 1975「신라군주고」『백산학보』19

심현용, 2009「고고자료로 본 5~6세기 신라의 강릉지역 지배방식」『문화재』42권 3호

양기석, 1993「신라 오소경의 설치와 서원경」『호서문화연구』11

양자량, 2021「포항중성리신라비에 보이는 신라 부체제 검토」『백산학보』119

여호규, 2002「한국 고대의 지방도시-신라 5소경을 중심으로」『강좌 한국고대사-촌락과
　　　도시-』7권, 재단법인 가락국사적개발연구원

여호규, 2019「신라 중성리비의 서사구조와 6부인의 지배이념」『한국고대사연구』93

여호규, 2020「고구려의 한반도 중부지역 지배와 한성 별도의 건설」『한국고대사연구』99

우한홍, 1989「신라 하대의 부에 관한 연구」, 동아대학교 석사학위논문

유원재, 1994「진서의 마한과 백제」『한국상고사학보』17

윤경진, 1999「高麗史 地理志의 연혁정리 방식에 대한 비판적 검토-'高麗初'의 연기비
　　　정과 관련하여-」『규장각』22

윤경진, 2000「고려 군현제의 구조와 운영」, 서울대학교 박사학위논문

윤경진, 2001「나말여초 성주의 존재양태와 고려의 대성주정책」『역사와 현실』40

윤경진, 2004「고려 전기 계수관의 운영체계와 기능」『동방학지』126

윤경진, 2006「고려 초기 10도제의 시행과 운영체계」『진단학보』101

윤경진, 2007「고려 태조대 도호부 설치의 추이와 운영-북방 개척과 통일전쟁-」『군사』64

윤경진, 2012「태봉의 지방제도 개편:『삼국사기』지리지 고구려조의 분석을 중심으로」
　　　『동방학지』158

윤무병, 1954「고려 북계 지리고(상·하)」『역사학보』4·5집

윤선태, 2001「마한의 진왕과 신분고국-영서예지역의 역사적 추이와 관련하여-」『백제
　　　연구』34

윤선태, 2002「신라 중고기의 村과 徒」『한국고대사연구』25

윤선태, 2002「신라의 문서행정과 목간-첩식문서를 중심으로-」『강좌 한국고대사』제5
　　　권(문자생활과 역사서의 편찬), 재단법인 가락국사적개발연구원

윤선태, 2005「신라 중대 말~하대 초의 지방사회와 불교신앙결사」『신라문화』26

윤선태, 2012 「포항중성리신라비가 보여주는 '소리'」『신라 최고의 금석문 포항중성리신라비』, 주류성

윤선태, 2012 「함안 성산산성 출토 신라 하찰목간의 재검토」『사림』31

윤선태, 2016 「신라의 초기 외위체계와 '及伐尺'」『동국사학』61

윤선태, 2017 「함안 성산산성 출토 신라목간의 연구성과와 전망」『한국의 고대목간』II, 국립가야문화재연구소

윤선태, 2018 「문헌자료로 본 삼국통일 이후 화성지역의 동향」『삼국통일과 화성지역 사람들 삶의 변화』, 화성시

윤온식, 2019 「사로국 고고학 연구」, 경북대학교 고고인류학과 박사학위논문

윤용구, 1998 「三國志 韓傳 대외관계기사에 대한 일검토」『마한사연구』, 충남대학교출판부

윤정숙, 1990 「통일신라시대의 도시계획-9주5소경을 중심으로」, 한국전통지리학 연속 강좌 발표논문

윤진석, 2012 「포항중성리신라비의 새로운 해석과 신라 부체제」『신라 최고의 금석문 포항중성리신라비』, 주류성

이경섭, 2012 「신라의 노인-성산산성 목간과 울진봉평비를 중심으로-」『한국고대사연구』68

이경섭, 2011 「성산산성 출토 신라 짐꼬리표[荷札] 목간의 지명 문제와 제작 단위」『신라사학보』23,

이경섭, 2018 「금석문과 목간으로 본 6세기 신라의 촌락 구조」『사학연구』132

이경찬, 1997 「고대 중국 격자형 토지구획법의 변용계열에 관한 연구」『도시계획학회지』32-2

이경찬, 1997 「全州市街地 格子形 토지구획의 형태적 특성에 관한 기원적 고찰」『도시계획학회지』32-4

이경찬, 2002 「고대 한국 지방도시 격자형 토지구획의 형태특성에 관한 연구」『건축역
　　　사연구』11-4, 한국건축역사학회

이기석, 1999 「한국 고대도시의 坊里制(條坊制)와 도시구조에 대한 소고」『한국도시지
　　　리학회지』2-2, 한국도시지리학회

이기백, 1958 「고려 太祖時의 鎭」『역사학보』10

이기백, 1974 「영천청제비 정원수치기 고찰」『신라정치사회사연구』, 일조각

이기동, 1976 「신라 하대의 패강진-고려왕조의 성립과 관련하여-」『한국학보』4

이기동, 1990 「백제국의 성장과 마한 병합」『백제논총』2, 백제문화개발연구원

이기동, 1997 「신라 상고의 전쟁과 유희」『신라사회사연구』, 일조각

이문기, 1981 「금석문자료를 통하여 본 신라의 육부」『역사교육논집』2

이문기, 1990 「통일신라의 지방관제 연구」『국사관논총』20

이문기, 1997 「경덕왕대 군제개편의 실태와 신군제의 운용」『신라병제사연구』, 일조각

이문기, 2001 「신라의 6부병과 그 성격」『역사교육논집』13·14합

이문기, 2009 「포항중성리신라비의 발견과 그 의의」『한국고대사연구』56

이문기, 2018 「신라 법당의 신고찰」『대구사학』131

이미란, 2012 「6세기 전후 신라 道使의 파견과 지방의 출현 과정」『역사와 경계』85

이병도, 1976 「고대남당고」『한국고대사연구』, 박영사

이병도, 1976 「낙랑군고」『한국고대사연구』, 박영사

이상화, 2012 「포항 북부지역의 고고학적 발굴유적과 그 성과」『신라 최고의 금석문 포
　　　항중성리비와 냉수리비』, 주류성

이성주, 1997 「목관묘에서 목곽묘로-울산 중산리유적과 다운동유적에 대한 검토-」『신
　　　라문화』14

이성규, 2008 「里耶秦簡 南陽戶人 戶籍과 秦의 遷徙政策」『中國學報』57

이성규, 2009 「前漢 更卒의 徵集과 服役 方式-松柏木牘 47호의 분석을 중심으로-」『동양

사학연구』109

이성호, 2015 「포항중성리신라비 판독과 인명표기」『목간과 문자』15

이수건, 1994 「군현제의 정비」『한국사』23(조선 초기의 정치구조), 국사편찬위원회

이수훈, 1993 「신라 촌락의 성격-6세기 금석문을 통한 행정촌, 자연촌 문제의 검토-」『한
　　　국문화연구』6

이수훈, 1995 「신라 중고기 촌락지배 연구」, 부산대학교 박사학위논문

이수훈, 1996 「남산신성비의 역역편성과 郡(中)上人-최근 발견된 제9비를 중심으로-」
　　　『부대사학』30

이수훈, 2007 「신라 중고기 행정촌·자연촌 문제의 검토」『한국고대사연구』48

이수훈, 2010 「성산산성 목간의 本波와 末那·阿那」『역사와 세계』38

이수훈, 2013 「포항중성리신라비의 모단벌과 금평」『역사와 세계』44

이용현, 2007 「함안 성산산성 출토 목간의 負, 本波, 奴人 시론」, 신라사학회 월례발표
　　　회 발표문

이용현, 2011 「중성리비의 기초적 검토 -냉수리비·봉평비와의 비교적 시점-」『고고학
　　　지』17

이용현, 2021 「성산산성 목간에 보이는 신라의 지방경영과 곡물·인력 관리-城下麥 서
　　　식과 本波, 喙의 분석을 중심으로 -」『동서인문』17, 경북대학교 인문학술원

이우태, 1981 「신라의 촌과 촌주」『한국사론』7, 서울대학교 국사학과

이우태, 1991 「신라 중고기 지방세력 연구」, 서울대학교 박사학위논문

이우태, 2009 「포항중성리신라비의 내용과 건립연대」『포항중성리신라비 발견기념 학
　　　술심포지엄』, 국립경주문화재연구소

이우성, 1961 「여대백성고-고려시대 촌락구조의 일측면-」『역사학보』14

이원태, 2020 「사로국 토기의 성립과 확산」『신라문화』56

이은창, 1981 「신라·가야토기 편년에 관한 연구」『효성여대연구논문집』23(인문과학)

이인철, 1988 「신라 법당군단과 그 성격」『한국사연구』61·62합

이인철, 1990 「신라 중고기의 지방통치체제」『한국학보』56

이재환, 2018 「함안 성산산성 출토 신라 荷札의 성격에 대한 새로운 접근」『한국사연구』
　　　182

李在俊, 1981 「沙喙部銘平瓦에 대한 小考」『西原學報』2, 서원학회

이종욱, 1974 「남산신성비를 통하여 본 신라의 지방통치체제」『역사학보』64

이종욱, 1980 「신라장적을 통하여 본 통일신라의 촌락지배체제」『역사학보』86

이한상, 1995 「5~6세기 신라의 변방지배방식-장신구 분석을 중심으로-」『한국사론』33,
　　　서울대학교 국사학과

이한상, 2000 「신라관 연구를 위한 일시론」『고고학지』11

이한상, 2000 「4세기 전후 신라의 지방통제방식」『역사와 현실』37

이한상, 2003 「동해안지역의 5~6세기대 신라분묘 확산양상」『영남고고학』32

이현혜, 1997 「3세기 마한과 伯濟國」『백제의 중앙과 지방』, 충남대학교 백제연구소

이현섭·전덕재, 2021 「포항중성리신라비 연구의 쟁점과 논의」『사학지』61

이현정·강진아, 2013 「태장리고분군3-1호분 출토 마구의 검토」『영주 순흥 태장리고분
　　　군3』, (재)세종문화재연구원 학술조사보고 제14책

이홍두, 2006 「고대 사회의 예속민과 부곡」『한국중세부곡연구』, 혜안

이홍직, 1971 「고구려유민에 대한 一·二의 사료」『한국고대사의 연구』, 신구문화사

이희준, 1998 「김해 예안리 유적과 신라의 낙동강 西岸 진출」『한국고고학보』39

이희준, 2007 「5세기 신라의 지방지배」『신라고고학연구』, 사회평론

이희준, 2016 「사로국의 성립과 성장」『신라의 건국과 성장』(신라의 역사와 문화 연구총
　　　서2), 경상북도

이희덕, 1999 「삼국시대의 상서설」『한국고대 자연관과 왕도정치』, 혜안

임기환, 2000 「3세기~4세기초 위·진의 동방정책」『역사와 현실』36

임병태, 1967 「신라소경고」『역사학보』35·36합집

전덕재, 1990 「신라 주군제의 성립 배경 연구」『한국사론』22, 서울대학교 국사학과

전덕재, 1997 「신라 하대 진의 설치와 성격」『군사』35

전덕재, 1997 「한산주의 설치와 변화」『경기도 역사와 문화』, 경기도사편찬위원회

전덕재, 1998 「신라 6부명칭의 어의와 그 위치」『경주문화연구』창간호

전덕재, 2000 「4세기 국제관계의 재편과 신라의 대응」『역사와 현실』36

전덕재, 2000 「7세기 중반 관직에 대한 관등규정의 정비와 골품제의 확립」『한국고대의
　　　　신분제와 관등제』, 아르케

전덕재, 2000 「6세기 초반 신라 6부의 성격과 지배구조」『한국고대사연구』17

전덕재, 2001 「신라 중고기 주의 성격 변화와 군주」『역사와 현실』40

전덕재, 2002 「新羅 소경의 설치와 그 기능」『진단학보』93

전덕재, 2003 「이사금시기 신라의 성장과 6부」『신라문화』21

전덕재, 2006 「4~6세기 농업생산력의 발달」『한국고대사회경제사』, 태학사

전덕재, 2006 「읍락사회의 변동과 지배체제의 재편」『한국고대사회경제사』, 태학사

전덕재, 2006 「조선시대 영남지역 포구와 나루의 변천-낙동강유역의 포구와 나루를 중
　　　　심으로-」『도서문화』28, 목포대학교 도서문화연구소

전덕재, 2006 「태봉의 지방제도에 대한 고찰」『신라문화』27

전덕재, 2007 「함안 성산산성 목간의 내용과 중고기 신라의 수취체계」『역사와 현실』65

전덕재, 2007 「삼국시대 황산진과 가야진에 대한 고찰」『한국고대사연구』47

전덕재, 2007 「중고기 신라의 지방행정체계와 군의 성격」『한국고대사연구』48

전덕재, 2009 「포항중성리신라비의 내용과 신라 6부에 대한 새로운 이해」『한국고대사
　　　　연구』56

전덕재, 2009 「관산성전투에 대한 새로운 고찰」『신라문화』34

전덕재, 2009 「신라의 한강유역 진출과 지배방식」『향토서울』73

전덕재, 2010 「6세기 금석문을 통해 본 신라 관등제의 정비과정」『목간과 문자』5

전덕재, 2010 「勿稽子의 避隱과 그에 대한 평가」『신라문화제학술논문집』31(명예보다 求道를 택한 신라인)

전덕재, 2012 「고대 의성지역의 역사적 변천에 관한 고찰」『신라문화』39

전덕재, 2013 「가잠성의 위치와 그 전투의 역사적 성격」『역사와 경계』87

전덕재, 2013 「신라 하대 패강진의 설치와 그 성격」『대구사학』113

전덕재, 2013 「상고기 신라의 동해안지역 경영」『역사문화연구』45

전덕재, 2013 「신라의 대중·일 교통로와 그 변천」『역사와 담론』65

전덕재, 2014 「이사부의 가계와 정치적 위상」『사학연구』115

전덕재, 2014 「신라의 동북지방 국경과 그 변천에 관한 고찰」『군사』91

전덕재, 2015 「한주의 지배영역과 경영 방식」『서울 2천년사』7(신라의 삼국통일과 한주), 서울역사편찬원

전덕재, 2016 「신라의 북진과 서북 경계의 변화」『한국사연구』173

전덕재, 2017 「『삼국사기』 지리지의 원전과 편찬-신라지를 중심으로-」『대구사학』129

전덕재, 2018 「『삼국사기』의 기록을 통해 본 신라 왕경의 實相- 문무왕대 이후 신라본기와 잡지, 열전에 전하는 기록을 중심으로 -」『대구사학』132

전덕재, 2018 「4~7세기 백제의 경계와 그 변화-경기와 충청지역을 중심으로-」『백제문화』58

전덕재, 2019 「충주고구려비를 통해 본 5세기 중반 고구려와 신라와의 관계」『고구려발해연구』65

전덕재, 2019 「한국사에서의 4세기」『아라가야의 전환기, 4세기』, 선인

전덕재, 2020 「『삼국사기』 김유신열전의 원전과 그 성격」『사학연구』139

전덕재, 2020 「고대·고려 초 울산지역 변동과 울주의 성립」『대구사학』141

전덕재, 2021 「신라 경덕왕대 지명 개정 내용과 그 배경」『백산학보』120

전덕재, 2021 「나말여초 경산부의 설치와 동향」『한국사연구』195

전덕재, 2022 「『삼국사기』 기록을 통해 본 가야 인식의 변천 고찰」『역사와 경계』123

조영헌, 2011 「원·명·청시대 首都 북경과 陪都의 변천」『역사학보』209

조혜정, 2020 「신라 하대 부의 설치와 그 의의-후삼국기 이전 사례를 중심으로-」『신라문화』56

주보돈, 1979 「신라 중고 지방통치조직에 대하여」『한국사연구』23

주보돈, 1987 「신라 중고기 6정에 관한 몇 가지 문제」『신라문화』3·4合

주보돈, 1988 「신라 중고기의 군사와 촌사」『한국고대사연구』1

주보돈, 1991 「이성산성 출토 목간과 道使」『경북사학』14

주보돈, 1992 「삼국시대 귀족과 신분제-신라를 중심으로-」『한국사회발전사론』, 일조각

주보돈, 1994, 「남북국시대의 지배체제와 정치」『한국사』3(고대사회에서 중세사회로1), 한길사

주보돈, 1994 「남산신성의 축조와 남산신성비 제9비」『신라문화』10

주보돈, 1998 「4~5세기 부산지역의 정치적 향방」『신라지방통치체제의 정비과정과 촌락』, 신서원

주보돈, 1998 「박제상과 5세기 초 신라의 정치동향」『경북사학』21

주보돈, 2000 「함안 성산산성 출토 목간의 기초적 검토」『한국고대사연구』19

주보돈, 2000 「신라 중고기 촌의 성격」『복현사림』23

주보돈, 2007 「한국 고대 촌락사연구의 진전을 위하여 - 신라를 중심으로 - 」『한국고대사연구』48

주보돈, 2011, 「울진봉평리신라비와 신라의 동해안 경영」『울진봉평리신라비와 한국고대금석문』, 울진군·한국고대사학회

주보돈, 2012 「포항중성리신라비의 구조와 내용」『한국고대사연구』65

천관우, 1976 「삼한의 국가형성」『한국학보』3

천관우, 1976 「진·변한제국의 위치 시론」『백산학보』26

최경선, 2021 「府를 통해 본 9세기 신라의 지방제도 개편과 의미: 「月光寺圓朗禪師塔碑」의 사례를 중심으로」『한국문화』94

최규성, 1995 「북방민족과의 관계」『한국사』15, 국사편찬위원회

최병헌, 1978 「신라 말 김해지방의 호족세력과 선종」『한국사론』4, 서울대학교 국사학과

최병헌, 2018 「진·변한에서 신라·가야로의 전환에 대한 고고학적 연구」『학술원논문집(인문·사회과학편)』57-1

최상기, 2015 「6~7세기 신라 장군의 역할과 운용」『역사와 현실』97

최완기, 1994 「조운제의 정비」『한국사』24, 국사편찬위원회

최재관, 1987 「신라 중고기 지방통치제도-지방관을 중심으로-」『경희사학』14(박성봉교수회갑기념논총)

최재영, 2002 「唐 前期 三府의 정책과 그 성격-唐朝의 京畿强化策과 관련하여-」『동양사학연구』77

최정환, 1997 「고려 양계의 성립과정과 그 시기」『계명사학』8

최종석, 2007 「고려시대 '치소성' 연구」, 서울대학교 박사학위논문

최종규, 1983 「중기고분의 성격에 대한 약간의 고찰」『부대사학』7

平川南, 1999 「日本古代木簡 硏究의 現狀과 新視點」『한국고대사연구』19

平川南, 2010 「日本古代の地方木簡と羅州木簡」『6~7세기 영산강유역과 백제』(국립나주박물관 개소 5주년 기념 국제학술대회), 국립나주박물관·동신대학교 박물관

하일식, 1993 「6세기 말 신라의 역역동원체계-남산신성비의 기재양식에 대한 재검토-」『역사와 현실』10

하일식, 1996 「昌寧 仁陽寺碑文의 연구」『한국사연구』95

하일식, 1997 「新羅 統一期의 王室 直轄地와 郡縣制- 菁堤碑 貞元銘의 力役運營 事例 分析」『동방학지』97

하일식, 1999 「고려 초기 지방사회의 주관과 관반-금석문 자료 분석을 통한 시론적 해석-」『역사와 현실』34

하일식, 2009 「포항중성리신라비와 신라 관등제」『한국고대사연구』56

하일식, 2011 「신라 왕경인의 지방 이주와 편적지」『신라문화』38

하일식, 2019 「포항중성리비에서 '奪'·'還'의 대상-토지 문제와 관련하여-」『한국고대사연구』96

하현강, 1977 「10도의 실시와 그 소멸」『한국중세사연구』, 일조각

한우근, 1960 「고대국가성장과정에 있어서의 대복속민시책-기인제기원설에 대한 검토에 붙여서-(상·하)」『역사학보』12·13

한준수, 2009 「신라 중·하대 鎭·道·府의 설치와 체제 정비」『한국학논총』31

홍기승, 2009 「6세기 신라 지방지배 방식의 변화와 촌」『한국고대사연구』55

홍승우, 2012 「포항중성리신라비의 분쟁과 판결」『신라 최고의 금석문 포항중성리신라비』, 주류성

홍연률, 1993 「고려 전기 도제의 성립과 그 성격」『부대사학』17

홍영호, 2010 「『삼국사기』所載 泥河의 위치 비정」『한국사연구』150

홍영호, 2013 「신라의 동해안 연안항로와 하슬라-강릉 경포호 강문동 신라 토성을 중심으로-」『백산학보』95

황선영, 1994 「신라 하대의 부」『한국중세사연구』1

榎一雄, 1936 「賈耽の地理書と道里記の稱とに就いて」『歷史學研究』6-7, 歷史學研究會

高寬敏, 1994 「三國史記新羅本紀の國內原典」『古代文化』46-9·10

堀敏一, 1970 「均田制と租庸調制の展開」『世界歷史』5(古代5 東アジア世界の形成), 岩波書店

堀敏一, 1987 「隋唐の部曲·客女をめぐる諸問題」『中國古代の身分制-良と賤-』, 汲古書院

宮川尙志, 1950「六朝時代の村に就いて」『羽田博士頌壽記念東洋史論叢』, 東洋史研究會

今西龍, 1933「新羅官位號考」『新羅史研究』, 近沢書店

今西龍, 1933「慈覺大師入唐求法巡禮行記を讀みて」『新羅史研究』, 近沢書店

今西龍, 1933「新羅上州下州考」『新羅史研究』, 近沢書店

藤田亮策, 1953「新羅九州五小京攷」『朝鮮學報』5

末松保和, 1954「新羅幢停考」『新羅史の諸問題』, 東洋文庫

末松保和, 1975「新羅の郡縣制, 特に完成期の二三の問題」『學習院大學 文學部研究年
　　　報』21

木村誠, 1976「新羅郡縣制の確立過程と村主制」『朝鮮史研究會論文集』13

木村誠, 1979「統一新羅の郡縣制と浿江地方經營」『朝鮮歷史論集』上, 龍溪書舍

木村誠, 1983「統一新羅時代の鄕-部曲制成立史の再檢討-」『歷史評論』42-2

木村誠, 1992「新羅國家發生期の外交」『アジアのなかの日本史』Ⅱ, 東京大學出版會

武田幸男, 1984「中古新羅の軍事的基盤 - 法幢軍團とその展開 - 」『東アジアにおける
　　　國家と農民』(西嶋定生博士還曆記念), 山川出版社

武田幸男, 2000「新羅の二人派遣官と外司正-新羅地方檢察官の系譜」『東アジア史の展
　　　開と日本』(西嶋定生博士追悼紀念會編), 山川出版社

山尾幸久, 1974「朝鮮三國の軍區組織-コホリのミヤケ研究序說-」『古代朝鮮と日本』, 龍
　　　溪書舍

友永植, 2004「宋都監探原考(三)-五代の州縣都監-」『史學論叢』34, 別府大學史學研究會

于振派, 2007「戶人與家長-以走馬樓戶籍簡爲中心-」『中國古中世史研究』17

李成市, 1979「新羅六停の再檢討」『朝鮮學報』92

李成市, 1981「新羅兵制における浿江鎭典」『早稻田大學文學研究科紀要』別冊7

赤羽木匡由, 2011「8世紀中葉における渤海の對新羅關係の一側面-『三國史記』所引, 賈
　　　耽『古今郡國縣道四夷述』逸文の分析-」『渤海王國の政治と社會』, 吉川弘文館

井上秀雄, 1974「新羅兵制考」『新羅史基礎研究』, 東出版

井上秀雄, 1974「新羅王畿の構成」『新羅史基礎研究』, 東出版

酒井改藏, 1970「三國史記の地名考」『朝鮮學報』54

重近啓樹, 1990「秦漢における徭役の諸形態」『東洋史研究』49-3

中田勳, 1956「古代日韓航路考」『古代日韓交涉史斷片考』, 創文社

池田雄一, 2002「漢代の里と自然村」『中國古代の聚落と地方行政』, 汲古書院

池田雄一, 2002「中國古代の聚落形態」『中國古代の聚落と地方行政』, 汲古書院

津田左右吉, 1913「羅濟境界考」『滿鮮歷史地理研究』1(朝鮮歷史地理)

村上四男, 1978「新羅における縣の成立について」『朝鮮古代史研究』, 開明書院

村上四男, 1978「新羅の摠管と都督」『朝鮮古代史研究』, 開明書院

詫間直樹, 1991「地方統治の變貌」『古文書の語る日本史』2(平安), 筑摩書房

和田軍一, 1924「淳仁朝における新羅征討計劃について」『史學雜誌』35-10·11

* 부기(附記): 본문 출처

본서의 본문은 필자가 여러 학술지에 발표하였던 논고를 수정, 보완한 것이다. 논고 가운데 상당히 기일이 지난 것도 있기 때문에 자료를 새로 추가, 보완하고, 논지를 수정, 보완할 수밖에 없었다. 본서에서 수정, 보완한 내용에 대하여 일일이 각주를 달아 밝히지 않았다. 기존 논고에서 제시된 견해와 차이가 나는 경우, 본서의 내용이 필자의 최종 소견임을 밝혀둔다. 이미 발표한 논고의 제목과 학술지는 다음과 같다.

제1부

전덕재, 1990 「신라 주군제의 성립 배경 연구」『한국사론』22, 서울대학교 국사학과

전덕재, 2009 「포항중성리신라비의 내용과 신라 6부에 대한 새로운 이해」『한국고대사연구』56

전덕재, 2012 「고대 의성지역의 역사적 변천에 관한 고찰」『신라문화』39

전덕재, 2013 「상고기 신라의 동해안지역 경영」『역사문화연구』45

전덕재, 2018 「4~7세기 백제의 경계와 그 변화-경기와 충청지역을 중심으로-」『백제문화』58

전덕재, 2020 「삼국·통일신라시대 울산지역의 동향과 신라의 진출」『우시산국 실존을 증명하다』, 울주군·울주문화원

○ 제1부는 기존에 발표한 논고 가운데 전부 또는 일부를 발췌하여 다시 수정, 보완한 것이다.

제2부

전덕재, 2001 「신라 중고기 주의 성격 변화와 군주」『역사와 현실』40

전덕재, 2002 「신라 소경의 설치와 그 기능」『진단학보』93

전덕재, 2007「함안 성산산성 목간의 내용과 중고기 신라의 수취체계」『역사와 현실』65

전덕재, 2007「중고기 신라의 지방행정체계와 군의 성격」『한국고대사연구』48

전덕재, 2009「함안 성산산성 출토 신라 하찰목간의 형태와 제작지의 검토」『목간과 문자』3

전덕재, 2011「신라 왕경과 소경」『역사학보』209

전덕재, 2018「7세기 백제·신라 지배체제와 수취제도의 변동」『신라사학보』42

전덕재, 2020「중고기 신라의 조세수취와 역역동원」『한국고대사연구』98

○ 제2부는 기존에 발표한 논고 가운데 전부 또는 일부를 발췌하여 수정, 보완한 것이다.

제3부

전덕재, 2002「신라 소경의 설치와 그 기능」『진단학보』93

전덕재, 2011「신라 왕경과 소경」『역사학보』209

전덕재, 2013「신라 하대 패강진의 설치와 그 성격」『대구사학』113

전덕재, 2014「통일신라의 향에 대한 고찰」『역사와 현실』94

전덕재, 2016「신라의 북진과 서북 경계의 변화」『한국사연구』173

전덕재, 2021「신라 중고기 말·중대 초 현제의 실시와 지방관에 대한 고찰」『신라문화』58

전덕재, 2021「통일신라 주·군·현의 기능과 운영」『역사문화연구』79

제4부

전덕재, 2006「태봉의 지방제도에 대한 고찰」『신라문화』27

전덕재, 2014「통일신라의 향에 대한 고찰」『역사와 현실』94

* 〈표〉와 〈그림〉 일람

● 영문초록

A Study on the History of Silla Local Governance System

This book examines Silla's local governance method, local governance organization, local government official, and local system of Taebong(泰封). Saroguk(斯盧國) conquered several neighboring small countries(小國) in the late 3rd century and guaranteed the ruling base for the Geosu(渠帥; ruler) of small countries. At the same time, Saroguk formed a domination-subjugation relationship with the small countries in the form of making the rulers of the small countries pay tribute to them. Saroguk dispatched an official to strategic key points, transportation hubs, and border areas to supervise the subjugated small countries or to monitor trade activities between them. When Saroguk conquered and subjugated the surrounding small country and Euprak(邑落), the ruling power of each Bu(部) participated by conscripting Bu people(部人). They were given the right to rule the subjugated small country or Euprak as a reward for participating in the war of conquest from the king of Saroguk, who belonged to Huebu(喙部). And through this, they collected tributes from small countries or Eupraks, or distributed various receivables that they dedicated to Saroguk from king of Saroguk. From the late 5th century, Silla state began organizing Gukeup(國邑) and Euprak of the subjugated small countries into administrative villages(行政村), and finally, in the 6th year of King Jijeung(505), the work of organizing Gukeup and Euprak into 52 administrative villages was completed. And in the 530s, while reorganizing the centralized territorial state system, several local administrative villages were grouped into Gun(郡), and several Guns were grouped to establish Ju(州), from this time on, the Jugun system(州郡制) began to operate in earnest.

Administrative villages and natural villages(自然村) existed in the middle ancient period(中古期) of Silla. At that time, various types of household and population registers(帳籍) such as household registers(戶籍) or Gyejang(計帳) were prepared for each natural village unit and administrative village was a local administrative unit that grouped several natural villages. In addition, among several natural villages, the natural village where the local governor was dispatched served as the administrative center, so its name was used as the name of the administrative village. Also among the various administrative villages, the name of the central administrative village of the Gun was made the name of the Gun. Administrative villages played a central role in the local administrative system and collection system and they functioned as the basic unit of tax collection and labor force requisition. Dosa(道使), Nadu(邏頭), Dangju(幢主), etc., dispatched to administrative villages, were commanded and supervised by the Haengsadaedeung(行使大等) of Ju, and collected tax or requisitioned labor force in the administrative village unit in the middle ancient period. And at that time, the Silla state operated the Beopdang-corps(法幢軍團), that is Oyeeogapdang(外餘甲幢), at the Gun level, which was an intermediate administrative unit.

In the 530s, Silla divided the provinces into Sangju(上州) and Haju(下州)

with the capital at the center, and in 553, when it occupied both the upper and lower reaches of the Han River, Sinju(新州) was installed to govern them. In 637(Queen Seondeok 6), the territory of Sinju was divided into Hansanju(漢山州) and Usuju(牛首州), and then, between 658(King Taejong Muyeol 5) and 661(King Munmu 1), Haslaju(何瑟羅州) was established in the east coast area. In 665(King Munmu 5), Sangju and Haju were divided into Ilseonju(一善州), Geoyeolju(居列州), and Sabryangju(歃良州), and then 9 Ju were completed by installing Soburiju(所夫里州), Balaju(發羅州), and Wansanju(完山州) in the old land of Baekje. The Gunju(軍主) was a local official who had administrative jurisdiction over the Ju of wide administrative units such as Sangju, Haju, and Sinju, and at the same time was a commander who commanded the Jeong-corps(停軍團) stationed in the Ju offices(州治: center of Ju) in the middle ancient period. At this time, Hsangdaedaedeung(行使大等), who was dispatched to Ju, assisted the Gunju in administrative affairs. In the middle ancient period, it can be understood that Ju functioned as a military branches of command(軍管區) because a marching corps called the Jugun(州軍) or Jubyeong(州兵) was temporarily organized on a Ju basis. During the reign of King Sinmun, as several high-ranking officials were appointed as generals of the 6jeong-corps, the Gunju was excluded from the operation of the 6 jeong-corps(6 停軍團). As a result, the Ju became the highest administrative unit in the local governance organization. In addition, while the successor of the Gunju, Chongwan(摠管) or Dodok(都督)'s role as a military government official was weakened, their character as a civil government official was strengthened.

In the middle ancient period, as Silla advanced into the northwest and northeast regions, it established Sogyeong(小京; small capitals) in Asichon(Angye-myeon, Uiseong-gun, Gyeongsangbuk-do), Gukwon(Chungju-si, Chungcheongbuk-do), and Hasla(Gangneung-si, Gangwon-do), which correspond to the transportation hubs connecting their regions and the capital. In addition, the Silla government relocated the people of the 6 Bu(6 部) of the capital to live in Sogyeong, and also dispatched Sadaedeung(仕大等) and Sadaesa(仕大舍) with the status of central officials there. At that time, Sogyeong not only functioned as a strategic foothold for efficiently governing the northwestern and eastern coastal regions, but also functioned as a military outpost for territorial expansion as well as protecting the capital from foreign enemies.

After the defeat in the Daeya-Castle Battle(大耶城戰鬪) in 642, Silla investigated the land ownership scale and number of household members of the administrative villages located on the border area between Goguryeo and Baekje and reorganized them into Gun and Hyeon. Silla also began to dispatch Taesu(太守) to Gun(the center of Gun) and Hyeonryeong(縣令) or Sosu(小守) to Hyeon, around 689(9th year of King Sinmun), by completing the work of reorganizing all local administrative villages into Hyeon, the Jugunhyeon system was established. In 663(3rd year of King Munmu), King Munmu was appointed as Gyerimju-Daedodog(雞林州大都督) by the Tang Dynasty, and this was when Silla began to call the Ju's minister as Dodog(都督). In 685(5th year of King Sinmun), Silla newly organized the 6 Jeong(六停) system and started to call Ju minister as Chonggwan(摠管). Afterward, in Silla, the Ju's minister was called the Chonggwan or Dodog for a while, but in 785(1st year of King Wonseong), Silla stipulated the Ju's minister to be only called as a Dodog. Along with this, from 665, Jujo(州助) and Jangsa(長史) to assist Dodok administratively began to be dispatched to the Ju, and around 685(5th year of King Sinmun), Jujo and Jangsa were dispatched to all 9 Ju(9 州). And Jujo was also called as Byeolga(別駕) between 822(14th year of King Heondeok) and 842(4th year of King Munseong), with reference to the system of the Tang Dynasty.

Meanwhil at the end of the middle ancient period, and in the early days of the middle period(中古期 末·中代 初), when administrative villages were reorganized into Hyeon, taking into account the land ownership scale and number of household members in the regions, local villages(地域村) that were administratively important because they were located in the center of Gun and Hyeon or at key points of transportation were organized into Hyang(鄕). In the latter half of the 9th century, land ownership scale and number of household members rapidly increased in some of the Hyang, so the Silla government dispatched Hyangryeong(鄕令) and recognized their status as virtually the same with other Gun and Hyeon, as official units in the governance organization.

During the Unified Silla Period, a Hyeon was the basic unit of local administration, tax collection, and labor force requisition. In addition, the Hyeon functioned as an independent unit in the management of local finances. At that time, the basic unit of local supervision was a Gun as an intermediate local administrative unit. And Oysajeong(外司正) dispatched to the Gun not only supervised the Taesu of Gun and the Hyeonryeong(Sosu), but also got involved in various issues within the Gun, and reported these directly to the central government or Sajeongbu(司正府). When labor force was requisitioned at the national level, Silla requisitioned as a unit of the Gun, which had the character of an intermediate local administrative unit, and this was also used as a relief unit. In the late period(下代), the number of Oeyeogapdang(Oebeopdang) was expanded to 102 according to the number of Gun. And military officers called Beopdangdusang(法幢頭上), Beopdanghwacheog(法幢火尺), Beopdangbyeogju(法幢辟主) were placed in this corps, and the Taesu was assigned to command it.

In the Unified Silla Period, there were cases of requisitioning labor force by Ju, and in the middle period(中代) the Dodog or Chonggwan commanded 10 Jeong corps(十停軍團) and Manbodang(萬步幢), and the military power of Ju's mimister was further strengthened in the late period of Silla with additional Bigeumdang(緋衿幢) and Sajageumdang(師子衿幢) deployed under their command. Also, in the Unified Silla Period, the Dodog or Chonggwan(Ju minister) of the Ju were obligated to collect various incidents, accidents, oddities, or unusual trends that occurred in the Ju's area of the province under their jurisdiction and report to the central government or collect and offer auspicious animals and plants found in the Ju's area to the King of Silla. In addition, each Ju was in charge of foreign affairs, such as entertainment and repatriation of envoys and repatriation of migrants, and all matters related to foreign countries. In each Ju, each subordinate Hyeon or Gun was allocated and made responsible for the expenses necessary for the reception and repatriation of envoys, and maintenance and operation of troops, etc.

Paegang(浿江) refers to the Daedong River, and Paegang rigion

encompassed an Hwanghae-do area of the east and west of the Jaeryeong River in the era of Unified Silla. Silla began advancing into the Paegang area with the Tang Dynasty approving its sovereignty in the Paegang area in 735(34th year of King Seongdeok), and finally, from the reign of King Gyeongdeok to the reign of King Heon-deok, came to establish 14 Gun and Hyeon including Daegokgun(大谷郡; Pyeongsan-gun, Hwanghaebukdo, North Korea) in the Paegang region located east of the Jaeryeong River. The Silla government installed the Paegangjin(浿江鎭) in Daegogseong in order to prepare for the potential invasion of the Balhae and to maintain a safe of the newly pioneered Paegang rigion's Gun·Hyeon in January of 782(3 years of King Seondeog). The Silla government dispatched Taesu and Hyeonryeong to the Gun and Hyeon in the Paegang region to manage them administratively. And it dispatched the Daegam(大監) and Sogam(少監) of the Paegangjnjeon as the commander of several Garrisons(鎭) located in the Paegang rigion's strategic point and transportation important spot, and then was to supervise them by the Dusangdaegam of Paegangjin in Daegogseong. In particular, although the coastal area of Hwanghae-do, west of the Jaeryeong River, was not organized into Gun and Hyeon, effective control was realized by stationing troops commanded by the Daegam ana Sogam of Paegangjinjeon(浿江鎭典) in strategic strongholds, including key points of maritime traffic routes.

Prior to the reign of King Gyeongdeok, Gukwonsogyeong(國原小京) was renamed Jungwonsoyeong(中原小京), and in the first month of King Munmu's 18th year(678), Bukwonsogyeong(北原小京) in Wonju, Gangwon-do, and Geumgwansogyeong(金官小京) in Gimhae, Gyeongsangnam-do in the 20th year of King Munmu's reign(680). After that, in the 5th year of King Sinmun's reign(685), Seowonsogyeong(西原小京) and Namwonsogyeong(南原小京) were installed in the Cheongju and Namwon areas, and the 5 Sogyeong were completed. During the unification period, Sogyeong as a military outpost that could defend the capital(Wanggyeong) from the military threats of Goguryeo, Baekje, Tang and Japan was no longer needed. As a result, the 5 Sogyeong which was installed out of necessity to strengthen nationwide control because the capital was located in the southeast of Silla's territory, clearly took on the character of a so-called auxiliary capital(陪都)[or second capital(副都)]. At that time, the official administrative unit of Sogyeong was the village(村), and for convenience, Sogyeong was divided into 6 Bu like the capital.

After the Unification of the peninsula, along with the Sogyeong, the town of Ju offices(州治: center of Ju) also built according to the city plan, in addition as it's area was divided into 6 Bu, Ju offices emerged as the main base for local governance. As a result, the proportion of Sogyeong in controlling and supervising local residents decreased. This fact can be proven through the fact that Sogyeong was regarded as one of the local governing organizations by including Sadaedeung or Sadaesa dispatched to Sogyeong in the category of local officials during the unification period. In the late 9th century, as the central government's control over the provinces weakened, the robbery of farmers occurred frequently, and there were cases in which jingol nobles or local forces residing in Ju offices revolted against the central government. When it became difficult for Ju offices to function as a key base for local control any longer, the Silla government reorganized the 5 Sogyeong into 5 Bu(府) by accepting the Yusubuje(留守府制) of the Tang Dynasty, and then they tried to use 5 Bu as an important base for controlling the province.

After founding Hugoguryeo(後高句麗) in 901, Gungye(弓裔) organized the 14 Gun and Hyeon pioneered during the reigns of King Gyeongdeok and Heondeok of Silla, and the western part of Hwanghae-do along the line connecting Daedong River, Jaeryeong River, and Haeju(海州), into territory, and he continued to advance to Pyongyang(平壤) and Jeungseong(甑城). In 905, he set up 13 Garrisons(13鎭) at strategic points and transportation hubs in the Paeseo(浿西) region in order to further solidify his control over the Paeseo region and, on the other hand, to prepare for the invasion of the Balhae and Jurchen tribes located in the north. Gungye also elevated the Gun and Hyeon located in the base of the local forces who defected to him or the political and military centers to Ju(州), and divided the entire territory into several Do(道) instead of the 9 Ju of Silla.

During the reign of King Taejo of Goryeo, Gun or Hyeon residents who were designated as disobedients(逆命者) were treated as beings lower than the ordinary Gun and Hyeon residents, and were called as 'Bugok' residents, while the areas they were living were renamed as "~ Bugok." At the time, the existing Silla Hyang were absorbed into the Ju and Hyeon, while disobedient Gun & Hyeon alongsid e self-defending local communities, which had been operating as independent defense posts and governing centers, were also newly established as Hyang. At the same time, the Goryeo government recognized the residents living in these new Hyang as lower beings, just as low as the residents of Bugok, unlike the Hyang people(鄕人) of Silla, and treated them discriminated against ordinary Gun and Hyeon people in in terms of laws and socially. It can be said that the appearance of Bugok and the change in the nature of Hyang, the expansion of the Ju and the implementation of the Do system(道制) are noted as signs symbolizing the end of the Silla-style local system and the start of the Goryeo-style local system.

● 찾아보기